KARL MARX

Dados Internacionais de Catalogação na Publicação (CIP)
(Câmara Brasileira do Livro, SP, Brasil)

McLellan, David
Karl Marx : vida e pensamento / David McLellan ; tradução de Jaime A. Clasen. – Petrópolis, RJ : Vozes, 2023.

Título original: Karl Marx : His life and thought

Bibliografia.
ISBN 978-65-5713-755-0

1. Economia marxista 2. Marx, Karl, 1818-1883 I. Título.

22-130771 CDD-335.4092

Índices para catálogo sistemático:
1. Marx, Karl : Biografia 335.4092

Cibele Maria Dias - Bibliotecária - CRB-8/9427

David McLellan

KARL MARX

VIDA E PENSAMENTO

Tradução de
Jaime A. Clasen

EDITORA
VOZES

Petrópolis

Tradução realizada a partir do original em inglês intitulado
Karl Marx – His life and thought.

Direitos de publicação em língua portuguesa – Brasil:
1973, 2023, Editora Vozes Ltda.
Rua Frei Luís, 100
25689-900 Petrópolis, RJ
www.vozes.com.br
Brasil

Revisão de original: Fernando Sérgio Olivetti da Rocha
Diagramação: Raquel Nascimento
Revisão gráfica: Heloisa Brown
Capa: Érico Lebedenco

ISBN 978-65-5713-755-0 (Brasil)
ISBN 978-03-331-2270-9 (Reino Unido)

Este livro foi composto e impresso pela Editora Vozes Ltda.

Este livro é dedicado a Nathanael, Madeline,
Tomas, Raphaelle, Arthr, Isolde e Elsa-Maude

Sumário

Prefácios

À quarta edição

Para esta quarta edição, fiz diversas emendas no texto e incorporei muitos novos materiais às notas de rodapé. Também expandi consideravelmente o aparato bibliográfico.

D.M.

Cantuária 2005

À terceira edição

Na terceira edição, adicionei um breve pós-escrito de como nossa visão de Marx tem sido moldada pelos eventos do século XX, também atualizei a bibliografia.

D.M.

À primeira edição

Não houve nenhuma biografia acabada de Marx em inglês que cobrisse todos os aspectos de sua vida desde a de Mehring, publicada primeiro no original alemão em 1918. Desde então ocorreram dois eventos que justificam uma nova tentativa: primeiro, há a publicação da correspondência Marx-Engels não expurgada – junto com numerosas outras cartas relacionadas às atividades de Marx; segundo, diversos escritos cruciais de Marx só foram publicados nos anos de 1930 e modificam consideravelmente o quadro de sua contribuição intelectual.

Muitos escritos sobre Marx sofreram obviamente sob o fio de machados políticos. É claro que é impossível pretender um relato completamente "neutro" da vida de alguém – menos ainda de Marx. Há uma vasta quantidade de informação e comentário sobre Marx e o próprio processo de seleção implica certo ponto de partida. O que tentei fazer pelo menos foi escrever *sine ira et studio* e presentear o leitor com um quadro razoavelmente equilibrado. Por isso recorri consideravelmente à citação e escrevo a partir de um ponto de vista simpaticamente crítico que evita os extremos da hagiografia e da maledicência.

O livro se destina ao leitor comum; e tentei cobrir plenamente as três principais facetas da vida de Marx – pessoal, política e intelectual. Quanto a este último aspecto, tive que incluir algumas passagens um tanto difíceis, particularmente nas últimas metades dos capítulos primeiro e segundo e no começo do capítulo sexto. Essas passagens são, contudo, necessárias para uma apreciação exata de Marx como pensador.

Sou grato ao Dr. R.D. McLellan, ao Dr. Brian Harrison e ao Sr. C.N. Taylor que leram partes do manuscrito e fizeram muitas sugestões proveitosas; meus agradecimentos particulares vão para o Dr. G.M. Thomas, cujo estilo inimitável deixou sua marca em praticamente cada página do livro. As deficiências restantes certamente não são falhas deles.

D.M.
122 Old Dover Road,
Canterbury,
Kent
dezembro de 1972

1
Trier, Bonn e Berlim

Senti-me repentinamente invadido pela dúvida e perguntei-me se seu coração é igual à sua inteligência e suas qualidades espirituais, se ele está aberto a sentimentos ternos que aqui na terra são uma fonte tão grande de consolação para uma alma sensível; fico pensando se o demônio peculiar, do qual seu coração é claramente uma vítima, é o Espírito de Deus ou o de Fausto. Pergunto-me – e esta não é a menor das dúvidas que assaltam meu coração – se você jamais conhecerá simples felicidade e prazeres familiares, e tornará felizes aqueles que o cercam.

Heinrich Marx a seu filho, *MEGA* II (2) 202.

I. Infância

Pode parecer paradoxal que Karl Marx, que tantos movimentos operários de nosso tempo reclamam como seu mestre e guia infalível para a revolução, tenha provindo de uma confortável casa de classe média. Pois numa medida notável ele mesmo resume sua própria doutrina, que os homens são condicionados por suas circunstâncias socioeconômicas. A cidade alemã em que ele cresceu lhe deu um senso de longa tradição histórica e ao mesmo tempo íntimo contato com as realidades sombrias do subdesenvolvimento que então caracterizavam a Alemanha. Plenamente judeu em suas origens, protestante por necessidade, mas vivendo numa região católica, sua família nunca podia considerar completa sua integração social. O sentimento de alienação era realçado no caso pessoal de Marx por sua subsequente impossibilidade de obter um posto de ensino num sistema universitário que não tinha lugar para intelectuais dissidentes.

Marx nasceu em Trier, aos 5 de maio de 1818. Uma comunidade com cerca de 15 mil habitantes, ela era a mais antiga cidade na Alemanha[1] e também uma das mais bonitas – pois estava situada no Vale do Mosela, cercada por vinhas e uma vegetação luxuriante quase mediterrânea. Sob o nome de Augusta Treverorum, a cidade foi considerada a Roma do Norte e serviu de quartel-general para os exércitos romanos mais poderosos. A Porta Nigra, em cujas sombras (literalmente) Marx cresceu, e a enorme basílica do quarto século eram monumentos permanentes da glória imperial de Trier. Na Idade Média a cidade foi a sede de um principado-arcebispado cujas terras se estendiam até Metz, Toul e Verdun; dizia-se que ela contava mais igrejas do que qualquer outra cidade alemã do mesmo tamanho. Marx não apenas adquiriu em Trier seu sotaque renano que durou a vida inteira – mais importante, sua paixão absorvente pela história originou-se no próprio ambiente de sua adolescência. Mas não foi exatamente a cidade dos tempos romanos que o influenciou: durante as guerras napoleônicas, junto com o resto da Renânia, ela fora anexada pela França que a governou bastante tempo de acordo com os princípios da Revolução Francesa para ser imbuída do gosto pela liberdade de expressão e liberdade constitucional que não eram característica do resto da Alemanha. Um descontentamento considerável seguiu-se à incorporação da Renânia à Prússia em 1814. Trier tinha pou-

---

1. Para um pano de fundo mais completo, cf. Bracht (1947), Monz (1964) e Hirsch (1965).

quíssimas indústrias e seus habitantes eram principalmente funcionários, comerciantes e artesãos. Suas atividades estavam amplamente ligadas com os vinhedos cuja prosperidade, devido às uniões aduaneiras e competição externa, estava em declínio. O consequente desemprego e os altos preços causaram aumento de mendicância, prostituição e emigração; mais de um quarto da população da cidade subsistia inteiramente da caridade pública.

Assim, não é de surpreender que Trier tenha sido uma das primeiras cidades na Alemanha em que as doutrinas francesas de um socialismo utópico apareceram. O arcebispo sentiu-se obrigado a condenar do púlpito as doutrinas de Saint-Simon; e os ensinamentos de Fourier foram ativamente propagados por Ludwig Gall, secretário do Conselho da Cidade, que constantemente enfatizava a crescente disparidade e daí a oposição entre o rico e o pobre.

Marx estava ao máximo predisposto a olhar criticamente a sociedade, já que provinha de um meio que estava necessariamente excluído de uma participação social completa. Desse modo, seria difícil encontrar alguém que tivesse uma ascendência mais judia do que Karl Marx[2]. O nome Marx é uma abreviação de Mordechai, mais tarde mudado para Marcos. O pai dele, Heinrich Marx, nasceu em 1782, o terceiro filho de Meier Halevi Marx, que se tornou o rabino de Trier com a morte de seu sogro e foi seguido em seu ofício por seu filho mais velho, Samuel (tio de Karl), que morreu em 1827. Meier Halevi Marx contava com muitos rabinos entre seus ancestrais, que vieram originalmente da Boêmia, e sua mulher, Chage, tinha uma ascendência mais ilustre ainda: ela era filha

2. Para uma pesquisa mais detalhada sobre a genealogia de Marx, cf. Wachstein (1923, p. 277s.), Lewin-Dorsch (1924, p. 240s., 309s.), Horowitz (1928, p. 487s.).

de Moses Lwow, rabino de Trier, cujo pai e avô tinham sido também rabinos na mesma cidade. O pai de Moses, Joshue Heschel Lwow, foi escolhido rabino de Trier em 1723, competindo com as personalidades judias dirigentes de seu tempo, e se tornou amplamente conhecido como um lutador intrépido na causa da verdade. Dele se dizia que nenhuma decisão importante era tomada no mundo judeu sem primeiro consultá-lo. O pai de Joshue Heschel, Aron Lwow, também foi rabino em Trier, tendo se mudado para Westhofen, na Alsácia, onde exerceu o rabinato durante 20 anos. O pai de Aron Lwow, Moses Lwow, veio de Lemberg (o nome alemão para Lwów), na Polônia, e contava entre seus ancestrais Meir Katzenellenbogen, dirigente da Escola Superior Talmúdica em Pádua durante o século XVI, e Abraham Ha-Levi Minz, rabino em Pádua, cujo pai deixou a Alemanha em meados do século XV devido a perseguições. De fato, quase todos os rabinos de Trier do século XVI em diante eram ancestrais de Marx[3].

Menos conhecida é a ascendência da mãe de Karl, Henrietta, mas parece que ela não esteve menos embebida na tradição rabínica do que seu marido. Ela era holandesa, filha de Isaac Pressburg, rabino de Nijmegen. De acordo com Eleanor (filha de Karl), na família de sua avó "os filhos tinham sido rabinos por séculos"[4]. Numa carta ao socialista holandês Polak, Eleanor escreveu: "É estranho que o parentesco semi-holandês de meu pai seja tão pouco conhecido... o nome da família de minha avó era Pressburg e ela pertencia por descendência a uma antiga família judia húngara. Esta família, levada para a Holanda pela perseguição, esta-

3. Cf. "Árvore genealógica" nos apêndices.

4. Eleanor Marx a Wilhelm Leibknecht, em: *Mohr und General*, Berlim, 1965, p. 159.

beleceu-se neste país e foi conhecida, como disse, pelo nome Pressburg – de fato a cidade de onde provinha"[5].

O pai de Marx foi notavelmente não influenciado por esta tradição secular de estrita ortodoxia judia. Ele rompera bem cedo com sua família, da qual ele dizia não ter recebido nada "além de, para ser justo, o amor de minha mãe"[6], e frequentemente mencionava a seu filho as grandes dificuldades que tivera no começo de sua carreira. No tempo do nascimento de Marx, ele era advogado junto à Corte Suprema de apelo em Trier; ele também exerceu a profissão na Corte Provincial de Trier, e recebeu o título de *Justizrat* (muito malcomparado com o conselheiro da rainha inglês). Durante muitos anos, ele foi presidente da associação dos advogados da cidade e ocupava uma posição respeitável na sociedade civil, embora ele se restringisse muito à companhia de seus colegas.

Ainda que suas convicções pareçam ter sido muito pouco influenciadas por sua educação judia, a "conversão" de Heinrich Marx ao cristianismo foi feita apenas para poder continuar sua profissão[7]. As leis napoleônicas tinham dado aos judeus na Renânia uma certa igualdade, mas tentavam controlar estritamente suas práticas comerciais. Por ocasião da transferência da Renânia para a Prússia, Heinrich Marx endereçou um memorando ao novo governador-geral no qual ele respeitosamente pedia que as leis que se aplicavam exclusivamente a judeus fossem anuladas. Ele falava de seus "companheiros crentes" e se identificava plenamente com a comunidade judia. Mas o memorando não surtiu efeito. Os judeus levaram o pior dos dois mundos: em 1818 foi publi-

5. Eleanor Marx a Henri Polak, em: Blumenberg (1956).

6. Heinrich Marx a Karl Marx, em: Marx; Engels (1927, I (2), p. 242) [daqui para a frente citado como *MEGA*].

7. Mehring (1936, p. 3) está equivocado neste ponto.

cado um decreto mantendo as leis napoleônicas em vigor por um período ilimitado; e dois anos antes o governo prussiano decidira que a Renânia também estaria sujeita às leis em vigor na Prússia desde 1812. Essas leis, embora admitissem os direitos dos judeus iguais aos dos cristãos, tornava a sua manutenção de posições no serviço do Estado dependente de uma dispensa real. O presidente da Corte Suprema provincial, Von Sethe, fez uma viagem de inspeção à Renânia em abril de 1816 e se entrevistou com Heinrich Marx, que o impressionou como "alguém de amplo conhecimento, muito diligente, eloquente e completamente honesto". Como resultado ele recomendou que Heinrich Marx e dois outros funcionários judeus fossem conservados em seus postos. Mas o ministro da Justiça prussiano era contra exceções e Heinrich Marx foi obrigado a mudar sua religião para evitar que se tornasse, como colocou Von Sethe, "sem sustento". Ele preferiu tornar-se protestante – embora só houvesse cerca de 200 protestantes em Trier – e foi batizado um pouco antes de agosto de 1817[8]. (Foi nesse período que ele mudou seu nome para Heinrich, tendo sido conhecido até então como Heschel.)

A mãe de Marx, que permanece uma figura obscura, parece ter se ligado mais às crenças judaicas do que o pai dele. Quando os filhos foram batizados em 1824 – estando o filho mais velho, Karl, em idade de entrar na escola – a religião dela foi registrada como judaica com a cláusula de que ela consentia com o batismo dos filhos, mas desejava adiar seu próprio batismo por causa de seus pais. O pai dela morreu em 1825 e ela se batizou no mesmo ano. As poucas cartas dela que sobreviveram estão escritas num alemão não gramatical sem qualquer pontuação. O fato de suas cartas, mesmo para

8. Para detalhes, cf. Kober (1932).

parentes holandeses, terem sido escritas em alemão sugerem que ela falava iídiche na casa de seus pais. Sendo muito ligada a sua própria família, ela sempre se sentia um pouco estranha em Trier. As poucas indicações que sobreviveram a retratam como uma mulher simples, sem instrução e trabalhadora, cujo horizonte era quase totalmente limitado a sua família e casa, muito inquieta, inclinada a se lamentar e moralizar sem senso de humor. É, portanto, bastante possível que Henrietta Marx mantivesse vivos na casa certos costumes e comportamentos judeus.

É impossível avaliar com precisão a influência dessa forte tradição familiar sobre Marx. "A tradição de todas as gerações mortas pesa como uma montanha sobre a mente da viva"[9], ele escreveria mais tarde. O judaísmo, sobretudo daquele tempo, não era algo que se pudesse facilmente descartar. Heine e Hess, ambos amigos íntimos de Marx – um convertido ao protestantismo por razões culturais, o outro um ateu confesso – conservaram a autoconsciência judaica até o fim de suas vidas. Até a filha mais nova de Marx, Eleanor, embora apenas meio judia, proclamava constantemente e com um certo orgulho provocador nos encontros de operários no East End de Londres: "Eu sou judia"[10]. A posição dos judeus na Renânia, onde eles eram frequentemente bodes expiatórios para a crescente pobreza dos camponeses, provavelmente fazia crescer sua autoconsciência coletiva. Embora se tivesse alcançado igualdade civil sob as leis napoleônicas, a inauguração da Santa Aliança e sua política do "Estado cristão" envolviam inevitavelmente um antissemitismo no duplo aspecto de os judeus religiosos professarem uma fé estranha e de muitos dizerem que eram

9. Marx; Engels (1935, I 247) [daqui para a frente citado como *MESW*].

10. Cf. Bernstein (1898, p. 122).

um povo separado. Em muitas das duríssimas polêmicas – em que Marx se meteu, por exemplo, com Ruge, Proudhon, Bakunin e Dühring – sua qualidade de judeu foi arrastada ao debate. Se o próprio Marx tinha tendências antissemitas, é um assunto muito controvertido: uma leitura superficial de seu panfleto *Sobre a questão judaica* certamente indica que sim[11]; e suas cartas contêm inumeráveis epítetos ofensivos em relação aos judeus[12]; mas isto não justifica uma acusação de antissemitismo sustentado. Alguns estudantes de Marx acreditam que encontraram a chave para todo o sistema de ideias de Marx em sua ascendência rabínica; mas mesmo que algumas de suas ideias – e até seu estilo de vida – tenham ecos da tradição profética, essa tradição em si é mais ou menos parte da herança intelectual ocidental; e seria muito simplista reduzir as ideias de Marx a um judaísmo secularizado[13].

Atitudes tipicamente judaicas certamente não estavam de acordo com as visões gerais do pai de Marx. Segundo Eleanor, ele estava "imbuído das ideias livres francesas do século XVIII sobre política, religião, vida e arte"[14]. Ele concordava plenamente com as visões dos racionalistas franceses do século XVIII, partilhando de sua fé ilimitada no poder da razão para explicar e melhorar o mundo. Nessa convicção os

---

11. Cf. texto e comentários no cap. 2, p. 99s.

12. Cf. particularmente suas observações sobre Lassalle no cap. 6, p. 344s.

13. Este problema deu motivo a uma ampla literatura que é interessante em suas especulações, mas escassa em conclusões convincentes. Os dois melhores estudos em inglês são: Bloom (1942) e Silberner (1949). Há um estudo mais amplo que aduz todas as evidências disponíveis – e algumas indisponíveis – para demonstrar o antissemitismo de Marx e sua autoaversão judia patológica em Künzli (1966). Do ponto de vista oposto, Massiczek (1968) argumenta que todos os elementos positivos no humanismo de Marx provêm de sua educação judia. Uma boa discussão completa da literatura é Lamm (1968).

14. E. Marx (1883, p. 441).

intelectuais franceses temperaram o racionalismo dogmático de metafísicos clássicos como Leibniz com o empirismo britânico de Locke e Hume. Eles acreditavam que eram capazes de mostrar que os homens eram bons por natureza e todos igualmente racionais; a causa da miséria humana era simplesmente a ignorância, que resultava em parte das circunstâncias materiais infelizes e em parte de uma deliberada supressão ou distorção da verdade por aqueles que têm autoridade, seja civil ou religiosa, cujo interesse óbvio era perpetuar a fraude sob a qual penava a humanidade. Um dos principais meios de destruir esta situação era a educação; outro era uma mudança nas condições materiais.

As cartas que sobreviveram mostram que Heinrich Marx era de fato, nas palavras de sua neta Eleanor, "um verdadeiro francês do século XVIII que sabia de cor seu Voltaire e Rousseau"[15]. Sua religião era um deísmo superficial e moralizante: Edgar von Westphalen, futuro sogro de Karl Marx, descrevia Heinrich Marx como um "protestante *à la* Lessing"[16]. Seu modo de ver a vida está bem resumido no conselho que deu a Karl: "Um bom apoio para a moral é uma fé simples em Deus. Você sabe que eu sou a última pessoa a ser um fanático. Mas cedo ou tarde um homem tem real necessidade desta fé, e há momentos na vida em que até o homem que nega a Deus é compelido contra a vontade a rezar ao Todo-poderoso... todos devem se submeter àquilo que era a fé de Newton, Locke e Leibniz"[17].

Heinrich Marx também estava intimamente ligado ao movimento liberal renano. Ele era membro da sociedade li-

15. Eleanor Marx a Wilhelm Liebknecht em: *Reminiscences of Marx and Engels*, Moscou, s.d., p. 130.

16. Citado em Nicolaievsky; Maenchen-Helfen (1970, p. 19).

17. Heinrich Marx a Karl Marx, *MEGA* I i (2) 186.

terária, o Trier Cassino Club, fundado durante a ocupação francesa e assim chamado por ser um lugar de encontro. O movimento liberal ganhou força depois da revolução de 1830 na França, e o clube deu um jantar em 1834 (quando Karl tinha 16 anos) em homenagem aos deputados liberais de Trier que faziam parte do Parlamento renano. O jantar – parte de uma campanha por constituições mais representativas – foi o único dado na Prússia, embora muitos deles tenham se realizado em áreas não prussianas da Alemanha. Embora Heinrich Marx tivesse sido extremamente ativo como um dos cinco organizadores desse jantar político, o brinde que ele fez no final foi caracteristicamente moderado e deferente. O mais próximo que ele chegou das reivindicações dos liberais foi agradecer efusivamente a Frederico Guilherme III, a cuja "magnanimidade devemos as primeiras instituições de representações popular". Ele concluiu: "Imaginemos confiantemente um futuro feliz, pois ele está nas mãos de um pai benevolente, de um rei justo. Seu nobre coração dará sempre uma recepção favorável aos desejos justificáveis e razoáveis de seu povo"[18]. Foram cantados então diversos cânticos revolucionários e um relatório da polícia informou o governo que Heinrich se juntou ao cântico. O jantar provocou raiva nos círculos governamentais e a raiva aumentou com uma demonstração mais radical duas semanas mais tarde, no aniversário da fundação do Cassino Club, quando ao som da "Marseillaise" brandiram a Tricolor. O governo repreendeu severamente o governador provincial e colocou o Cassino Club sob vigilância cada vez maior. Heinrich Marx estava presente a essa segunda demonstração, mas se absteve de participar do cântico: ele não era nenhum

18. O discurso está reimpresso em Monz, *Karl Marx und Trier*, p. 88.

francófilo e odiava o que ele chamou de "ideologia doida"[19] de Napoleão. Embora suas ideias liberais fossem sempre temperadas com um certo patriotismo prussiano, Heinrich Marx possuía uma simpatia pelos direitos do oprimido que não pode ter deixado de influenciar seu filho[20].

A família de Marx tinha dinheiro bastante para viver confortavelmente bem. Os pais de Heinrich tinham sido pobres e, embora sua esposa tivesse trazido um bom dote, ele foi um homem que se fez em parte por si mesmo. O prédio em que Marx nasceu era uma casa muito bem edificada de três andares com um pátio com corredores[21]. Heinrich alugou apenas dois quartos no andar térreo e três no primeiro andar onde acomodou sete pessoas e exercia sua prática legal. Passados 18 meses do nascimento de Karl, a família efetuou a compra e mudou-se para outra casa em Trier, consideravelmente menor do que a anterior, mas com dez quartos – e com uma pequena casa nos fundos[22]. A família tinha duas empregadas e possuía também uma vinha perto da cidade. No entanto o pequeno imposto pago por Heinrich Marx e algumas observações suas em cartas a seu filho (ele insistia que Karl mandasse diversas cartas juntas pelo correio, pois era mais barato) sugerem que não havia muito dinheiro à disposição[23].

Eram nove filhos na Família Marx, sendo Karl o terceiro; seu irmão mais velho, Moritz David, morreu com quatro

---

19. Heinrich Marx a Karl Marx, *MEGA* I i (2) 205.

20. Cf. tb. Monz (1968).

21. A casa, então Brückengasse 664, agora Brückenstrasse 10, foi recentemente transformada em museu e biblioteca com numerosas fotografias, primeiras edições e originais dos manuscritos de Marx.

22. Agora é uma loja de oculista, Simeonstrasse 8, na rua principal ao lado da Porta Nigra.

23. Para mais detalhes, cf. Monz, Die soziale Lage der elterlichen Familie von Karl Marx. In: *Karl Marx 1818-1968*.

anos, um ano depois do nascimento de Karl, passando este a ocupar a posição de filho mais velho. Ele tinha uma irmã mais velha, Sophie, a quem parece ter-se ligado de modo particular durante sua infância; mais tarde ela se casou com um advogado e foi morar em Maastricht, na Holanda. Os dois irmãos mais novos de Marx também morreram cedo de tuberculose, bem como duas irmãs suas. Das duas irmãs restantes, Louise casou-se com um holandês, Juta, e emigrou com ele para a Cidade do Cabo, e Emilie casou-se com um engenheiro e ficou morando em Trier. A maior parte das poucas informações sobre a infância de Marx vêm dessas irmãs, que contaram à sobrinha delas, Eleanor, que como criança Marx foi "um terrível tirano para as irmãs, as quais ele 'guiava' como seus cavalos por Markusberg em Trier a toda velocidade – pior ainda, insistia que elas comessem os 'bolos' que ele fazia com massa suja e mãos mais sujas. Mas elas continuavam 'correndo' e comendo os 'bolos' sem murmurar, em troca das estórias que Karl contaria a elas como recompensa por sua obediência"[24].

Até a idade de 12 anos Marx foi educado provavelmente em casa. Durante os cinco anos seguintes, 1830-1835, ele frequentou a escola secundária em Trier, que antigamente fora uma escola jesuíta e então levava o nome de Escola Secundária Frederico Guilherme. Nela, ele recebeu uma sólida educação tipicamente humanista. O espírito liberal da Ilustração fora introduzido na escola pelo último príncipe-eleitor de Trier, Clemente Wenceslau, que adotou os princípios de seu famoso predecessor Febronius e tentou reconciliar fé e razão a partir de uma posição kantiana. A fim de combater a ignorância do clero, ele transformou a escola numa espécie de seminário menor. Ela desceu a um nível muito baixo durante a ocupação

---

24. E. Marx, Karl Marx. A few Stray Notes. In: *Reminiscenses of Marx and Engels*, p. 251.

francesa, mas foi reorganizada depois da anexação da Renânia e recrutou diversos professores renomados[25]. A principal influência na escola foi seu reitor, Hugo Wyttenbach, professor de História de Karl e amigo da Família Marx. Ele causara impressão favorável a Goethe como "adepto da filosofia kantiana"[26], e participou da fundação do Cassino Club. Após uma grande demonstração em Hambach em favor da liberdade de imprensa em 1832, Wyttenbach foi posto sob observação policial e a escola foi investigada: cópias dos discursos de Hambach e sátiras antigovernamentais foram encontradas em posse dos estudantes. Como resultado da questão do Cassino de 1834, Karl Marx estava no quarto ano escolar, o professor de Matemática foi acusado de materialismo e ateísmo, e o professor de Hebraico de ter se juntado aos cânticos revolucionários. Wyttenbach chegou a ser ameaçado de demissão, mas finalmente um correitor reacionário, Loehrs, foi indicado para neutralizar o liberalismo predominante. A atitude de Karl Marx pode ser calculada aqui pela queixa que lhe dirigiu seu pai de que ele e outro aluno tinham sobressaído demais ao desdenharem deliberadamente de Loehrs quando deixaram a escola, porque se despediram de todos os professores, exceto dele[27].

Dos colegas de escola de Karl Marx, quatro quintos eram católicos e a maioria com origem na classe média baixa, filhos de camponeses e artesãos. Diz-se que Karl era "ao mesmo tempo amado e temido por seus colegas, amado porque ele estava sempre pronto para as brincadeiras de garotos e temido pela facilidade com que compunha versos satíricos con-

25. Cf. Grünberg (1926, p. 239s.).

26. Goethe, *Die Campagne des Frankreichs*, 25 de outubro de 1792.

27. Cf. Heinrich Marx a Karl Marx, *MEGA*, I i (2) 186.

tra seus inimigos e os ridicularizava"[28]. Numa carta a Engels, muito mais tarde, ele falava depreciativamente "da grosseria e da idade" dos "caipiras que se preparavam para o seminário católico, vivendo a maioria de estipêndios"[29]. Marx não criou nenhuma amizade duradoura na escola, embora estivesse para desenvolver uma afeição por um de seus contemporâneos, seu futuro cunhado Edgard von Westphalen, a quem Jenny, a irmã de Edgar, descreveu como "o ídolo de minha infância e juventude".

O nível acadêmico dos alunos não era alto e a metade deles não conseguiu passar no exame final. Intelectualmente, Marx estava acima da média embora não fosse proeminente, sendo o oitavo numa classe de 32. Ele era um dos mais jovens em sua classe, cuja idade média, quando saíram da escola, era em torno de 20 anos. A escola punha muita ênfase nas línguas, e o verso latino e grego de Marx eram bons, sua religião satisfatória, francês e matemática fracos, e sua história (estranhamente) a mais fraca de todas[30]. Os primeiros documentos sobreviventes de Marx são os três ensaios que ele escreveu para sua *Abitur*, o exame final escolar alemão. O ensaio em latim sobre o imperador Augusto é sem interesse. O sobre religião, porém, e o de composição alemã mostravam mais individualidade; ambos estavam cheios de idealismo e entusiasmo pelo desenvolvimento pleno da personalidade evitando poder e glória e trabalhando com autossacrifício pelo bem da humanidade como um todo. O tema do ensaio de religião era "uma demonstração, segundo o evangelho de S. João, capítulo 15, vers. 1-14, da razão, natureza, necessi-

---

28. E. Marx (1885).

29. Marx a Engels, em Marx; Engels (1956, XXXIV 87) [daqui para a frente citado como *MEW*].

30. Cf. Grünberg (1925, p. 424s.).

dade e efeitos da união dos crentes com Cristo"[31]. Marx começava dizendo que a história, "a grande mestra da humanidade", mostrou-nos que, desde a Antiguidade, a natureza humana sempre procurou elevar-se a uma moral mais alta. "Assim a história da humanidade ensina-nos a necessidade de união com Cristo. Também quando consideramos a história dos indivíduos, e a natureza do homem, vemos imediatamente a centelha do divino em seu peito, o entusiasmo pelo bem, um esforço pelo conhecimento, um desejo da verdade"[32]. Embora esses instintos naturais estivessem cobertos por desejos pecaminosos, a união dos crentes com Cristo pode vencer estes e dar uma "felicidade que um epicureu em sua filosofia simples e o pensador mais profundo nas profundezas do conhecimento procuram em vão, que somente alguém ligado incondicional e infantilmente a Cristo, e por intermédio dele a Deus, pode saber, e que conduz a uma vida mais bela e mais elevada"[33].

O ensaio foi escrito com considerável emoção e uma piedade um tanto açucarada, mas tinha uma estrutura basicamente racional, explicando como o advento do cristianismo era necessário para o desenvolvimento moral pleno da humanidade. Marx tinha uma concepção de Deus deísta muito distante e sem colorido – semelhante à de seu pai e à do Pastor José Küpper, que lhe deu instrução religiosa na escola e confirmou Marx em março de 1834. Küpper era também encarregado da pequena paróquia protestante em Trier e amigo de Heinrich Marx. Particularmente interessado por questões éticas e fortemente influenciado por Kant, considerava a religião o melhor meio de educar os homens numa

---

31. Publicado pela primeira vez em *MEGA*, I i (2) 171s.

32. *MEGA*, I i (2) 171.

33. *MEGA*, I i (2) 174.

"verdadeira humanidade". Küpper baseava seu ensinamento na pessoa de Cristo e na Bíblia e, graças à forte influência de elementos racionalistas, evitava qualquer sectarismo[34]. O ensaio de Marx refletia muitíssimo o enfoque de seu professor, que o elogiou – embora fizesse também o comentário justificado que "a essência da união em questão não foi tratada e sua razão só foi tratada num aspecto"[35].

A composição em alemão, intitulada "Reflexões de um homem jovem sobre a escolha de uma carreira", mostrou mais originalidade[36]. O tema de Marx era que, embora a escolha da carreira de um homem não fosse completamente arbitrária, era, contudo, a liberdade de escolha que o distinguia dos animais. Ninguém se deve deixar levar por ambição ou entusiasmo momentâneo: o importante é aproveitar a oportunidade oferecida de trabalhar para o serviço da humanidade e ao mesmo tempo evitar ser arrebatado por verdades abstratas. O ensaio terminava com uma apaixonada declaração de fé no valor de uma vida sacrificada pelo bem da humanidade.

No tema e na estrutura o ensaio é muito semelhante aos dos colegas de Marx. Suas ideias básicas são as do ideal humanista da Ilustração alemã e do Período Clássico – o pleno desenvolvimento do indivíduo e o pleno desenvolvimento da comunidade humana são interdependentes[37]. No ensaio de Marx não há nenhum traço de um Deus transcendente:

---

34. Para outros dados sobre Küpper, cf.: Sens (1935, p. 13s.).

35. *MEGA*, I i (2) 174.

36. Publicado pela primeira vez em *MEGA*, I i (2) 164s. Traduzido em *Writings of the Young Marx on Philosophy and Society* (1967, p. 35s.) [daqui para frente citado como Easton and Guddat].

37. Para paralelos evidentes entre o ensaio de Marx e o *Émile* de Rousseau, cf. o comentário detalhado em Hillman (1966, p. 33s.).

as palavras Deus, natureza e criação são intercambiáveis e o processo da história é imanente. Marx começou seu ensaio:

> A natureza assinalou ao animal a esfera de sua atividade e o animal age calmamente dentro dela, não se esforçando para ir além, nem suspeitando que haja outra. Para o homem, também, a deidade deu uma meta geral, melhorar a humanidade e a si mesmo, mas deixou que ele buscasse os meios pelos quais deve atingir este ideal, deixou que ele escolhesse a posição na sociedade que seja mais adequada e da qual possa elevar a si mesmo e a sociedade. Essa escolha oferece uma grande vantagem sobre as outras criaturas, mas ao mesmo tempo é um ato que pode destruir a vida inteira do homem, frustrar todos os seus planos e torná-lo infeliz[38].

A cada pessoa foi dada sua própria finalidade na vida, uma finalidade indicada pela "suave e verdadeira" voz interior do coração. Seria fácil ser iludido por ambição e por desejo de glória, era preciso muita atenção para ver para que se estava realmente preparado. Depois de todos os fatores terem sido friamente considerados, então a carreira escolhida deveria ser avidamente perseguida. "Mas não podemos escolher sempre a carreira para a qual achamos que temos vocação. Nossas relações sociais já começaram a se formar, em certa medida, antes de estarmos em posição de determiná-las"[39]. Esta frase foi saudada como o primeiro germe da posterior teoria marxista do materialismo histórico[40]. No entanto, o fato de a atividade humana estar continuamente limitada pelo ambiente pré-estruturado é uma ideia ao menos tão antiga como a Ilustração e os Enciclopedistas. Seria de fato surpreendente se até o

38. *MEGA*, I i (2) 164; Easton and Guddat, p. 35s.

39. *MEGA*, I i (2) 165; Easton and Guddat, p. 37.

40. Cf., p. ex., Mehring, Karl Marx, p. 5; Cornu (1955, I, p. 64).

germe do materialismo histórico já estivesse presente na mente de um estudante de 17 anos. Seria um erro pensar que, em seus primeiros escritos, Marx estava levantando questões para as quais ele mais tarde produziria respostas: sua obra posterior, vindo como veio depois do tremendo impacto sobre ele de Hegel e da Escola Hegeliana, continha perguntas bem diferentes – e, portanto, respostas bem diferentes. De qualquer modo, as passagens seguintes do ensaio, com sua menção de deficiências físicas e mentais, mostram que Marx quer dizer apenas que ao escolher uma carreira é preciso considerar as circunstâncias próprias.

Marx então prosseguiu recomendando que se escolhesse uma carreira que conferisse ao homem tanto valor quanto possível, permitindo-o atingir uma posição que fosse "baseada em ideias de cuja verdade estejamos completamente convencidos, que ofereça o campo mais amplo para trabalhar pela humanidade e se aproximar da meta universal para a qual toda posição é apenas um meio: perfeição"[41]. Essa ideia de perfectibilidade era o que deveria acima de tudo governar a escolha de uma carreira, sempre tendo em mente que

> as vocações que não abrangem a vida, mas tratam, de preferência, de verdades abstratas são as mais perigosas para a juventude cujos princípios ainda não estão cristalizados, cuja convicção ainda não é firme e inabalável, embora elas pareçam ao mesmo tempo ser as mais sublimes quando se enraízam profundamente no peito e quando sacrificamos a vida e todo esforço pelas ideias que as regulam[42].

Aqui, também, comentadores tentaram descobrir um embrião da ideia posterior de Marx sobre a "unidade entre teo-

---

41. *MEGA*, I i (2) 166; Easton and Guddat, p. 38.

42. *MEGA*, I i (2) 166s; Easton and Guddat, p. 38s.

ria e prática"[43]. Novamente, isto é ler no ensaio de Marx mais do que nele há. Tudo o que Marx queria dizer é que as profissões que lidam com ideias abstratas deveriam ser consideradas com cautela especial pois "elas podem tornar feliz aquele que é chamado a elas; mas destroem aquele que as tomam com demasiada pressa, sem reflexão, obedecendo ao momento"[44]. O problema era acima de tudo uma profissão prática e não colocada em termos de teorias.

O ensaio termina com uma bela passagem revelando um idealismo puro, juvenil:

> A história chama estes de grandes homens que se enobrecem trabalhando pelo universal. A experiência louva como mais feliz aquele que tornou mais pessoas felizes. A própria religião ensina que o ideal pelo qual lutamos se sacrificou pela humanidade, e quem ousaria negar tal afirmação?
>
> Quando escolhemos a vocação na qual mais podemos contribuir para a humanidade, os fardos não nos podem dobrar porque eles são apenas sacrifícios por todos. Então não experimentamos nenhuma alegria pequena, limitada, egoísta, mas nossa felicidade pertence a milhões, nossos feitos serão silenciosos mas eternamente eficazes, e lágrimas ardentes de homens nobres cairão sobre nossas cinzas[45].

O ensaio estava marcado por Wyttenbach, que o qualificou como "muito bom" e elogiou Marx por ser rico em ideias e bem-organizado, embora criticasse corretamente o "desejo exagerado de Marx por expressões raras e imaginativas"[46].

---

43. Cf. Cornu (1955, I, p. 65; Mende (1960^3, p. 26).

44. *MEGA*, I i (2) 167; Easton and Guddat, p. 39.

45. *MEGA*, I i (2) 167; Easton and Guddat, p. 39.

46. *MEGA*, I i (2) 167.

O entusiasmo por um quimérico excessivo e o amor pela poesia que Marx exibiria em seus primeiros anos na universidade se intensificaria com sua amizade com o Barão von Westphalen, que foi a terceira influência importante sobre o jovem Marx depois da casa e da escola. Ludwig von Westphalen era 12 anos mais velho do que Heinrich Marx, tendo nascido em 1770 numa família recentemente enobrecida. O pai dele, Philip von Westphalen, um membro reto, honesto e extremamente capaz da classe média alemã nascente, tinha sido secretário particular do Duque de Brunswick durante a Guerra dos Sete Anos e lhe dera ajuda essencial em diversas campanhas militares culminando na Batalha de Minden, sendo em consequência elevado a nobre por Jorge III da Inglaterra. Durante a guerra ele se casara com uma nobre escocesa, Jeanie Wishart, que tinha ido à Alemanha para visitar sua irmã cujo marido, general Beckwith, comandava os soldados ingleses. Jeanie Wishart descendia dos condes de Argyll e trouxe com ela, entre outras coisas, a prata do brasão que Marx e Jenny mais tarde tiveram tantas ocasiões para empenhar[47]. O filho mais novo deles, Ludwig von Westphalen, herdou a visão liberal e progressista de seu pai: depois da derrota da Prússia ele entrou para o serviço civil do reino napoleônico da Vestfália tornando-se vice-prefeito da cidade de Salzwedel na Saxônia do Norte. Tendo morrido sua primeira esposa, que lhe dera quatro filhos, casou-se com Caroline Heubel, filha de um treinador de cavalos.

Ludwig e Caroline tiveram três filhos, sendo Jenny a mais velha, tendo nascido em 1814 – dois anos antes eles tinham se mudado para Trier, para onde ele fora transferido (e ligeiramente rebaixado) como advogado da cidade: ele não concordava plenamente com a política do novo governo prussiano e se pensou que sua visão liberal o deixasse mais à vontade na

47. Sobre a árvore genealógica em geral, cf. Mehring (1891-2, p. 481s.).

Renânia ex-francesa. Os Westphalen foram morar numa bela casa perto da dos Marx[48], embora de modo algum fossem uma família rica[49]. Como Heinrich Marx e Ludwig von Westphalen estivessem ambos no serviço legal da cidade e fossem membros da pequena comunidade protestante, era natural que se tornassem amigos. Jenny se tornou muito íntima de Sophie Marx e as famílias estavam em contato constante. O barão, agora com mais de 60 anos, desenvolveu uma afeição especial por Karl. Era um homem de cultura muito grande, falava inglês tão bem quanto alemão, lia latim e grego sem dificuldade, e gostava sobretudo de poesia romântica. Eleanor Marx escreveu que o Barão von Westphalen "encheu Karl Marx de entusiasmo pela escola romântica e, ao passo que seu pai lia Voltaire e Racine com ele, o barão lia-lhe Homero e Shakespeare – que continuaram seus autores favoritos por toda a vida"[50]. O barão dedicava muito de seu tempo ao jovem Marx e os dois saíam para passeios intelectuais pelos "maravilhosamente pitorescos colinas e bosques" da vizinhança. Além de ser um homem de cultura, o barão gostava muito das ideias políticas progressistas e despertou o interesse de Marx pela personalidade e pelo trabalho do socialista utopista francês Saint-Simon.

Heinrich Marx aprovava a afeição de seu filho ao barão e o admoestava: "Você tem a sorte que é dada a poucos jovens de sua idade. No primeiro período importante de sua vida você encontrou um amigo, e um muito digno, mais velho e mais experiente do que você. Será a melhor prova de seu caráter, espírito e coração, até de sua moral, se você puder conservar seu

---

48. Que Marx se casou "com a vizinha do lado" é uma impressão generalizada, mas infelizmente inexata.

49. Cf. a herança muito pequena deixada pela mãe de Jenny em 1856. Para este e outros detalhes, cf. Monz (1968).

50. E. Marx (1883, p. 441).

amigo e ser digno dele"[51]. A gratidão de Marx pela amizade do barão era tal que em 1841 ele dedicou sua tese de doutorado a ele da maneira mais efusiva:

> Perdoe-me, meu querido amigo paternal, por prefaciar uma obra sem importância com um nome amado como o seu: mas estou impaciente demais para esperar por outra oportunidade para lhe dar uma pequena prova de meu amor. Que todos os que têm dúvidas a respeito do poder do espírito tenham, como eu, a sorte de admirar um homem idoso que conservou seus impulsos juvenis e que, com um entusiasmo sábio pela verdade, aceita com prazer todo progresso. Longe de fugir dos fantasmas reacionários e do céu frequentemente escuro de nosso tempo, você sempre foi capaz, inspirado por um idealismo profundo e ardente, de perceber, por trás dos véus que o escondem, o santuário que queima no coração deste mundo. Você, meu paternal amigo, sempre tem sido para mim a prova viva de que o idealismo não é uma ilusão, mas a realidade verdadeira[52].

II. Estudante

Em outubro de 1835, com 17 anos de idade, Marx deixou a casa para ir para a universidade. Sua família inteira saiu às quatro horas da manhã para vê-lo partir no vapor que levava 17 horas Mosela abaixo até Coblença, onde no dia seguinte ele tomou outro vapor descendo o Reno até Bonn; no terceiro dia ele matriculou-se como estudante na Faculdade de Direito da Universidade de Bonn. O entusiasmo pelo romantismo que o Barão von Westphalen fizera surgir

---

51. Heinrich Marx a Marx, *MEW*, Ergsbd. (supl.) I, p. 617.

52. *MEGA*, I i (2) 7.

em Marx – suplantando assim em certa medida o racionalismo da Ilustração da casa e da escola – foi aumentado pelos anos que passou em Bonn. A cidade era pouco maior do que Trier. Mas a universidade – com 700 estudantes – servia como centro intelectual da Renânia; a perspectiva dominante aí era totalmente romântica e as aulas mais populares (a que Marx assistiu) eram as dadas pelo velho A.W. Schlegel sobre filosofia e literatura. Em geral, a política era pouco discutida: a universidade, como a maioria na Alemanha, experimentara uma onda de liberdade de palavra e atividade antigovernamental no começo da década de 1830, mas isso fora totalmente suprimido. Marx começou o ano com grande entusiasmo por seu trabalho, inscrevendo-se para nove cursos, que depois ele reduziu para seis por conselho de seu pai, três dos quais eram sobre assuntos literários. Sua primeira informação de aproveitamento de fim de período dizia que ele seguiu os seis cursos com zelo e atenção. No segundo período, porém, seguindo-se uma doença devido ao trabalho excessivo no começo de 1836, ele reduziu para quatro o número de cursos e dedicou muito menos tempo para os estudos formais.

O pai dele continuamente lamentava a incapacidade do filho em manter sua família informada de suas atividades: ao chegar a Bonn ele os deixou três semanas sem notícias e então produziu apenas duas pequenas cartas em três meses. Ele também estava gastando muito mais dinheiro do que sua família podia dar – uma característica que durou a vida toda. Durante o primeiro semestre Marx dividiu um quarto com um estudante de filosofia de Trier muito respeitado (ele entrara na universidade um ano antes), tornou-se um dos 30 membros do Trier Tavern Club e se tornou logo um de seus cinco presidentes. As atividades do clube estavam amplamente limitadas a beber e Marx entrou tão plenamente no espírito da coisa que acabou preso pela universidade "por perturbar o sossego noturno com barulho de bêbado"[53] – embora apenas por 24 horas; e a "prisão" da universidade estava longe de ser desconfortável, pois os amigos do condenado tinham o direito de entrar e ajudá-lo a passar o tempo com cerveja e cartas. Durante o ano de 1836 estourou uma rivalidade entre os estudantes de Trier e os jovens aristocratas prussianos. Às vezes degenerava em luta aberta, e em agosto de 1836 Marx foi ferido acima do olho esquerdo num duelo. Foi também denunciado às autoridades da universidade por "possuir armas proibidas em Colônia"[54], mas a investigação não foi adiante.

Quando não estava bebendo ou duelando, Marx passava a maior parte do seu tempo escrevendo poesias e juntou-se a um clube de estudantes que tinham os mesmos interesses. O clube tinha provavelmente colorido político: um de seus membros era Karl Grün, um dos futuros fundadores do "verdadeiro" socialismo; o clube era vigiado pela polícia e tinha contatos com outros clubes de poesia da universidade que eram igualmente suspeitos. Em suas raras cartas para casa, Marx tinha o hábito de incluir amostras de suas composições que seu pai achava bastante incompreensíveis. Ao ser perguntado sobre a possibilidade de arcar com o custo da publicação delas, ele preveniu seu filho de que "embora eu esteja muito alegre com seu dom poético e tenha muitas esperanças nele, ficaria muito triste em ver você aparecer em público na figura de um poeta menor"[55]. Bem antes do fim do ano acadêmico, Heinrich Marx decidiu que um ano em Bonn era o bastante e que seu filho deveria transferir-se para a Universidade de Berlim.

---

53. *MEGA*, I i (2) 194.

54. *MEGA*, I i (2) 194.

55. Heinrich Marx a Marx, *MEW*, Ergsbd. I, p. 621.

Antes de Marx ir para Berlim, porém, surgiu outro problema: "Mal terminara a furiosa agitação selvagem em Bonn", Heinrich Marx escreveu-lhe durante as férias de verão de 1836, "mal estavam pagas suas dívidas – e elas eram de fato da mais variada natureza – quando para nossa consternação apareceram as tristezas do amor"[56]. Jenny e Karl tinham sido amigos desde a tenra infância. Jenny, com seus cabelos castanhos e olhos verdes, era muito conhecida em Trier e tinha até sido escolhida como rainha do baile. O jovem Marx, que mais tarde descreveu a si mesmo como "um Rolando realmente furioso"[57], era um pretendente insistente: houvera um entendimento entre eles antes de Marx partir para Bonn e no verão de 1836 transformou-se em noivado formal. Para os padrões do tempo este era um noivado extremamente incomum: Marx tinha apenas 18 anos, Jenny era quatro anos mais velha e havia também uma certa diferença de *status* social. No começo somente os pais de Marx e sua irmã Sophie – que atuava como emissária entre os amantes – partilhavam do segredo. O pai de Jenny deu o seu consentimento em março de 1837. Os pais de Marx (ao menos no começo) não gostavam muito do casamento; e o casal também teve que aguentar "anos de conflitos desnecessários e exaustivos"[58] com a família de Jenny. Marx mais tarde negou veementemente a declaração de seu genro num jornal de que a oposição dos Westphalen se baseava em antissemitismo[59], e é mais provável que os conflitos tenham surgido de atitudes geralmente reacionárias de alguns membros dessa família.

---

56. Heinrich Marx a Marx, *MEW*, Ergsbd. I, p. 638.

57. E. Marx, Remarks on a letter by the young Marx. *Reminiscences*, p. 256.

58. Marx a Ruge, em: Marx, *Early Texts* (1971, p. 59).

59. Marx a Jenny Longuet, *MEW*, XXX, p. 241s.

Seu gosto pelo romantismo e poesia aumentou com seu bem-sucedido embora semissecreto namoro. Marx saiu de Trier em outubro de 1836 para Berlim. A capital era um contraste quase total a Bonn. Engels mais tarde lembrou vividamente da Berlim desse tempo "com sua malformada e insignificante burguesia que vive xingando, tão pouco empreendedora e bajuladora, seus operários ainda completamente desorganizados, sua massa de burocratas e de nobres e cortesãos ociosos, todo seu caráter de mera 'residência'"[60]. Berlim era, realmente, uma cidade completamente sem raízes, sem nenhuma aristocracia tradicional, sem burguesia sólida, sem classe operária nascente. Contando mais de 300 mil habitantes, ela era a maior cidade alemã depois de Viena, com uma universidade três vezes maior do que a de Bonn e uma atmosfera totalmente diferente. Três anos antes o estudante Feuerbach escrevera a seu pai: "Não há lugar para bebedeira, duelo e agradáveis passeios comuns; em nenhuma outra universidade se pode encontrar tal paixão pelo trabalho, tal interesse por coisas que não sejam intrigas estudantis banais, tal inclinação para a ciência, tal calma e tal silêncio. Comparadas com este templo de trabalho, as outras universidades parecem tabernas"[61].

Estamos excepcionalmente bem-informados sobre o primeiro ano de Marx em Berlim (onde ele permaneceria por quatro anos e meio) graças à carta que sobreviveu escrita a seu pai (à luz de vela, nas primeiras horas da madrugada) em novembro de 1837. É uma carta extraordinariamente íntima em que ele narra em detalhes o itinerário espiritual de seu último ano.

---

60. Engels, *Marx und die Neue Rheinische Zeitung.*

61. Feuerbach (1876, I, p. 183).

> Quando eu o deixei (começava ele), um novo mundo começou a existir para mim, o mundo do amor que a princípio foi bebido com seu próprio desejo e sem esperança. Até a viagem a Berlim, que de outro modo teria me encantado por inteiro, excitando em mim uma admiração pela natureza e inflamando-me com um gosto pela vida, me deixava frio e, surpreendentemente, até me deprimia; pois as rochas que eu via não eram mais ásperas e duras do que as emoções de minha alma, as cidades extensas não mais cheias de vida que meu sangue, as mesas das estalagens não mais sobrecarregadas e sua comida não mais indigesta que as muitas fantasias que levava comigo, nem, por fim, nenhuma obra de arte era tão bela como Jenny[62].

Assim que chegou a Berlim, sem muita disposição fez algumas visitas necessárias e então se isolou por completo, a fim de mergulhar na ciência e na arte. Escrever poesias líricas foi sua primeira preocupação; ao menos, como ele mesmo disse, era "o mais agradável e estava mais à mão"[63]. Seus poemas escritos enquanto estava em Bonn e estes redigidos durante o outono de 1836 em Berlim não sobreviveram. Os últimos foram compostos em três livros intitulados *Livro do Amor, parte 1 e 2* e *Livro do Canto* – todos os três dedicados a Jenny von Westphalen que, segundo Sophie Marx, "chorou lágrimas de prazer e dor"[64] ao recebê-los. Ela os guardou com cuidado durante toda a sua vida, embora sua filha Laura relatasse que: "meu pai tratava estes versos com pouco respeito; toda vez que meus pais falavam deles, riam-se muito destas loucuras juve-

---

62. Marx, *Early Texts*, p. 2.

63. Marx, *Early Texts*.

64. Sophie Marx a Karl Marx, *MEGA*, I i (2) 211.

nis"[65]. Segundo o historiador social-democrata Mehring, estes poemas, com uma exceção, eram baladas líricas e românticas de amor. Ele tivera oportunidade de lê-los antes de a maioria se perder e os julgou "sem forma em todo o sentido da palavra"[66]. Eram cheios de gnomos, sereias, cantos a estrelas e a cavaleiros arrojados, "românticos no tom sem a mágica própria ao romantismo"[67]. Eles estavam, disse Marx:

> de acordo com minha atitude e todo o meu desenvolvimento anterior, puramente idealista. Meu céu e minha arte se tornaram um Além tão distante como meu amor. Todo o real começava a se dissolver e a perder seus contornos. Eu atacava o presente, o sentimento era expresso sem moderação ou forma, nada era natural, tudo era feito de luar; eu acreditava numa oposição completa entre o que é e o que deveria ser, e reflexões retóricas ocupavam o lugar dos pensamentos poéticos, embora talvez houvesse também um certo ardor de emoção e desejo de exuberância. Estas são as características de todos os poemas dos três primeiros volumes que Jenny recebeu de mim[68].

---

65. Laura Lafargue a Franz Mehring, em: Mehring (1902, I, p. 25).

66. Mehring (1902, I, p. 26).

67. Mehring (1902).

68. *Early Texts*, p. 2s.

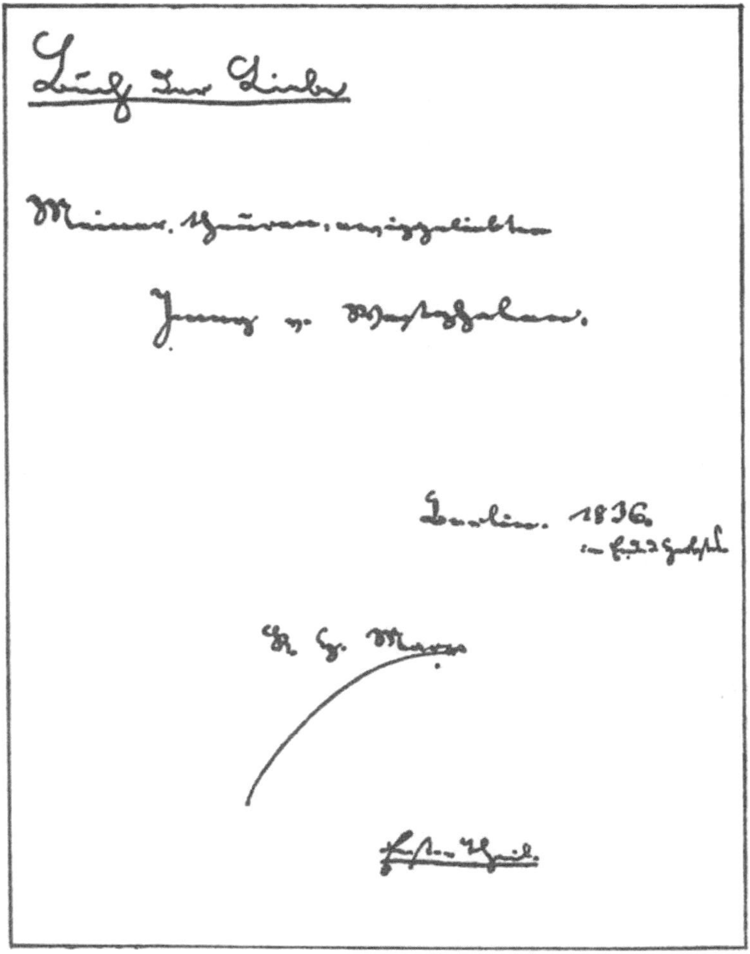

Presente de Marx a Jenny von Westphalen quando ele chegou a Berlim. O texto diz: *"Buch der Liebe. Meinen teuren ewiggeliebten Jenny von Westphalen. Berlin, 1836, am Ende des Herbstes"*. Tradução: "Livro do Amor. À minha querida, eternamente amada Jenny von Westphalen. Berlim, 1836, no fim do outono".

A maior parte dos poucos poemas que sobreviveram corresponde aos escritos durante a primeira metade de 1837, junto com fragmentos de uma fantasia dramática e uma novela cômica. Marx tentou publicar alguns desses poemas e os enviou a Adalbert von Chamisso, editor do anuário *Deutscher Musenalmanach*, mas a edição já estava no prelo. Embora dedicados a seu pai, os poemas não eram muito do gosto dele e Heinrich Marx até encorajou o filho a tentar uma ode que "glorificasse a Prússia e desse uma oportunidade de louvar o gênio do monarca... patriota, comovente e composta à maneira alemã"[69]. Os modelos de Marx, no entanto, eram Heine, Goethe e Schiller, e seus versos continham todos os conhecidos temas do romantismo alemão, com exceção da reação política e do nacionalismo. Eles estavam cheios de amor trágico e falavam do destino humano como o jogo de forças misteriosas. Havia o subjetivismo familiar e a exaltação extrema da personalidade do artista criativo isolado do resto da sociedade, mas procurando, ao mesmo tempo, uma comunidade de indivíduos de interesses iguais. Como resultado de seu amor por Jenny,

> com desdém jogarei minha luva
> bem na cara do mundo,
> e verei o colapso deste gigante pigmeu
> cuja queda não sufocará meu ardor.
> Então errarei divino e vitorioso
> pelas ruínas do mundo
> e, dando uma força ativa às minhas palavras,
> me sentirei igual ao criador[70].

Outros poemas mostram um desejo por algo infinito e um amor à morte *à la* Novalis, enquanto ainda outros consistem inteiramente de um mundo ilusório de imaginação mística.

---

69. Heinrich Marx a Karl Marx, *MEGA*, I i (2) 204.

70. *MEGA*, I i (2) 50.

A este idealismo estético desses poemas foi acrescentada uma série de ataques irônicos tipicamente românticos aos "filisteus", pessoas como médicos e matemáticos, que seguiam profissões utilitárias baseadas num enfoque ordenado e racional dos problemas.

Para ajudá-lo em sua composição, Marx copiara longos extratos do *Laocoonte* de Lessing, do *Erwin* de Solger e da *História da arte* de Winckelmann. O hábito de Marx de fazer excertos de todos os livros que lia (e às vezes acrescentando comentários próprios) ficou com ele a vida toda, e esses cadernos de anotações que permaneceram formam um guia valioso do desenvolvimento do seu pensamento[71]. Ele também escreveu alguns capítulos de uma novela cômica, *Escorpião e Félix*, no estilo de Sterne e então a abandonou para compor a primeira cena de *Oulanem*, uma obra de suspense cômica contemporânea cujo herói era uma cópia fraca do Fausto envelhecido. *Oulanem* também não foi além de um primeiro ato imensamente longo que continha agitações frenéticas sobre amor (em todas as suas formas), morte, destruição e eternidade[72]. Finalmente, há uma interessante série de epigramas sobre Hegel, a quem Marx acusa de ser arrogante e obscuro. No primeiro epigrama ele diz:

> Porque minhas meditações descobriram o mais alto das coisas e também a profundeza,
> eu sou tão cru como um deus e me encubro em trevas como ele,
> em minhas longas pesquisas e viagens pelo mar ondulante do pensamento,
> encontrei a palavra e permaneço firmemente ligado a meu achado[73].

---

71. Cf. Rubel (1957).

72. Há uma tradução em *The Unknown Marx*, ed. R. Payne, Londres, 1972.

73. *MEGA*, I i (2) 41.

O segundo epigrama tinha o mesmo tema, começando:

> Ensino palavras que estão enredadas numa confusão diabólica e caótica[74].

O mais interessante era o último epigrama:

> Kant e Fichte querem entrar no céu
> e buscar lá uma terra distante,
> ao passo que meu único alvo é entender completamente
> o que eu encontro na rua[75].

O assunto deste epigrama é totalmente mal-interpretado se for tomado como Marx mesmo falando[76]. Como no epigrama anterior, é "Hegel" que está falando, criticado por Marx, o romântico subjetivo, por estar ligado demais à realidade do dia a dia. Todo o teor dos poemas de Marx torna este uma crítica óbvia a Hegel, o que era comum entre os escritores românticos.

De modo geral o primeiro contato de Marx com a Universidade de Berlim causou uma grande mudança no modo de ver que ele expressara em seus ensaios de conclusão do período escolar. Ele não estava mais inspirado pelo pensamento do serviço à humanidade e preocupado em encontrar um lugar onde melhor fosse capaz de se sacrificar por esse nobre ideal; seus poemas de 1837, ao contrário, revelam um culto do gênio isolado e uma preocupação introvertida pelo desenvolvimento de sua própria personalidade separada do resto da humanidade[77].

---

74. *MEGA*, I i (2) 42.

75. *MEGA*, I i (2) 42.

76. Esta é a interpretação de, p. ex., Johnston (1967, p. 261); também de Kamenka (1962, p. 20); e de Avineri (1968, p. 8).

77. Para uma discussão mais ampla dos poemas de Marx do que, talvez, eles merecem, cf. Cornu (1955. p. 74s.); Payne (1968, p. 59s.); Demetz (1967,

A inclinação de Marx pela poesia romântica aumentou indubitavelmente pela pressão de seu relacionamento com Jenny e a incerteza de seu futuro. Enquanto o noivado deles era ainda um segredo para os pais dela, ela se recusou totalmente a se corresponder com seu noivo. "Ganhei a confiança completa de sua Jenny", Heinrich Marx escreveu para seu filho, "mas a boa e gentil moça está continuamente se atormentando, ela tem medo de magoá-lo, de fazê-lo ficar sobrecarregado etc., etc. Ela está oprimida porque os pais dela não sabem nada ou, como eu acho, não *querem* saber de nada. E não entende de que forma ela, que se considera tão racional, pode se deixar levar assim". Ele aconselhou seu filho a incluir uma carta para Jenny "cheia de sentimento terno, devotado... mas com uma visão clara de vosso relacionamento" e definitivamente "não uma carta distorcida pelas fantasias de um poeta"[78].

Finalmente foi decidido que Marx enviaria uma carta ao barão declarando sua intenção e daria à própria família a notícia da semana de sua chegada para que seu pai estivesse bem seguro de uma recepção favorável. A própria Jenny, mesmo quando o noivado foi aceito por seu pai, continuava extremamente apreensiva, já tendo passado a idade em que a maioria das moças de sua classe estavam casadas. "Ela acha", relatou Heinrich Marx, "que é desnecessário escrever a você... Mas que importância tem? Pode estar tão certo como eu (e você sabe que é difícil me convencer) que até um príncipe não conseguiria roubar a afeição dela por você. Ela está

p. 47s.). Estes esforços literários essencialmente imaturos não devem ser tomados como evidência da capacidade de Marx neste campo; pelo contrário, observações espalhadas pelos seus escritos posteriores mostram que ele poderia ser um crítico literário de primeira classe.

78. Heinrich Marx a Marx, *MEW*, Ergsbd., I, p. 624.

ligada a você de corpo e alma..."[79]. A própria Jenny explicou seu estado mental:

> Que eu não estou em condição de corresponder a seu amor romântico juvenil eu sei desde o começo e senti-o profundamente mesmo antes de isto me ser explicado tão fria, sábia e racionalmente. Oh, Karl, minha angústia consiste precisamente no fato de que seu amor belo, tocante e apaixonado, suas descrições indescritivelmente belas dele, as arrebatadoras imagens evocadas por sua imaginação, que encheriam qualquer outra moça com prazer inefável, servem apenas para me tornar mais ansiosa e frequentemente incerta. Se eu me entregar a esta felicidade, então meu destino seria o mais horrível se seu fogoso amor morresse e se você se tornasse frio e relutante... É por isso, Karl, que eu não sou tão completamente grata, tão completamente encantada com seu amor como deveria; é por isso que eu muitas vezes me preocupo com coisas externas, com a vida e a realidade, em vez de agarrar, como você gostaria, o mundo do amor, perdendo-me nele e encontrando aí a mais alta e cara unidade espiritual, com você me capacitando a esquecer todas as outras coisas[80].

Às vezes até Heinrich Marx se lamentava por ter sancionado o noivado e estava cheio de bons conselhos que seu filho obviamente não estava disposto a seguir:

> Seu exaltado e exagerado amor não pode devolver a paz à pessoa a quem você se doou inteiramente e corre o risco contrário de a destruir por completo. Conduta exemplar, um desejo varonil e firme de se elevar rapidamente no mundo, sem com isso alienar a benevolência e favor das pessoas: esse é o único modo de

79. Heinrich Marx a Marx, *MEW*, Ergsbd., I, p. 632.

80. Jenny von Westphalen a Marx, citado em Dornemann (1969, p. 41).

> criar uma situação satisfatória para tranquilizar Jenny e elevá-la aos próprios olhos e aos do mundo... Ela está fazendo um inestimável sacrifício por você e dá evidência de abnegação tal que somente a razão fria pode avaliar plenamente... Deve lhe dar a certeza de que apesar de sua juventude é um homem que merece o respeito do mundo e pode ganhá-lo[81].

Sob o impacto do conselho de seu pai e a atmosfera geral da universidade, o período romântico de Marx não durou muito. A poesia, mesmo durante seu primeiro ano em Berlim, não foi a única preocupação dele. Ele também leu muita jurisprudência e sentiu-se compelido a "lutar com a filosofia"[82]. Na Faculdade de Direito de Berlim a posição progressista hegeliana era representada por Eduardo Gans, a cujas aulas Marx assistiu durante o primeiro período escolar. Gans era um judeu batizado, um hegeliano liberal que em suas brilhantes aulas elaboradas a partir da ideia hegeliana de uma evolução racional na história enfatizava particularmente seus aspectos libertadores e a importância das questões sociais. Gans tinha uma visão favorável da Revolução Francesa de 1830, defendia um estilo britânico de monarquia, estava impressionado pelas ideias de Saint-Simon e estava desejoso de encontrar soluções para vencer "a luta dos proletários com as classes médias"[83]. A escola de pensamento oposta, conhecida como a Escola Histórica de Direito, era representada por Karl von Savigni, a cujas aulas Marx também assistia. A Escola Histórica pretendia encontrar a justificação das leis nos costumes e tradições de um povo e não nos sistemas teóricos dos legisladores. Esse ponto de vista ligava a lei intimamente à história, mas tinha

81. Heinrich Marx a Marx, *MEGA*, I i (2) 198.

82. *Early Texts*, p. 3.

83. Gans (1836, p. 99s.). Mais sobre Gans em Reissner (1965).

necessariamente tons reacionários na medida em que olhava para o passado para reforçar seus princípios de desenvolvimento orgânico[84]. Não havendo discussão política aberta na Prússia desse tempo, o conflito entre os princípios da Revolução Francesa e os da reação que se seguiu era resolvido em disputas como as que então existiam na Faculdade de Direito.

Não é, portanto, surpreendente que Marx fosse levado, por intermédio de seus estudos legais, a se engajar em especulação filosófica. As duas estavam, em sua mente, intimamente ligadas e ele tentou elaborar uma filosofia da lei. O prefácio era uma introdução metafísica e o todo chegou a ser uma obra de 300 páginas antes de ele desistir. O problema particular que ele foi incapaz de resolver na introdução metafísica foi o conflito entre o que é e o que deveria ser, "a marca de idealismo que deu origem a suas feições dominadoras e muito destrutivas e gerou a seguinte divisão desesperançosamente equivocada do assunto: em primeiro lugar vem o que eu batizei de metafísica da lei, isto é, primeiros princípios, reflexões, definições distintas de toda lei efetiva e toda forma atual de lei – tal como se encontra em Fichte, só que aqui mais moderno e com menos substância"[85]. Foi precisamente essa lacuna entre o que é e o que deveria ser que Marx mais tarde achou ter sido preenchida pela filosofia hegeliana. A segunda objeção de Marx ao sistema metafísico que ele construiu foi seu "dogmatismo matemático". Segundo Marx, os sistemas de Kant e Fichte, que foram as inspirações para suas próprias ideias nesse tempo, estavam abertos a essa objeção: eles eram sistemas abstratos que, como a geometria, passavam dos axiomas para as conclusões. Ao

84. Cf. o muito minucioso artigo de Jaegar, Savigny et Marx. *Archives de la Philosophie du Droit* (1967).

85. Marx a Heinrich Marx, *Early Texts*, p. 3.

contrário, "na expressão prática do mundo vivo de ideias no qual a lei, o estado, a natureza e toda a filosofia consistem, o objeto em si deve ser estudado em seu próprio desenvolvimento, e não se devem introduzir divisões arbitrárias"[86]. Marx, então, delineou o complicado *schema* de sua filosofia da lei que abrangia a segunda parte de seu tratado. A principal razão para sua insatisfação com esta classificação parece ter sido que ela era essencialmente vazia – uma escrivaninha, como ele disse, em cujas gavetas ele mais tarde deitou areia.

Embora tenha chegado tão longe com a discussão da lei material privada, ele percebeu que seu desígnio estava equivocado:

> No fim do direito privado material eu vi a falsidade de toda a concepção (cujo delineamento toca a concepção kantiana, mas quando elaborada afasta-se por completo), e mais uma vez ficou simples para mim que eu não conseguiria sem a filosofia. Por isso fui novamente forçado com consciência tranquila a me lançar nos braços dela e compus um novo sistema básico de metafísica no fim do qual fui forçado a perceber a perversidade deste e de todos os meus esforços anteriores[87].

Isto levou Marx ao fim de seu primeiro semestre e ele buscou refúgio de seus problemas filosóficos escrevendo a poesia discutida acima:

> No fim do semestre mais uma vez procurei as danças das musas e a música dos sátiros e, no último volume que lhe enviei, o humor forçado de *Escorpião e Félix* e o malconcebido fantástico drama de *Oulanem* estão perpassados de idealismo que finalmente muda por completo, dissolvendo-se em arte puramente formal

---

86. Marx a Heinrich Marx, *Early Texts*, p. 3.

87. Marx a Heinrich Marx, *Early Texts*, p. 6.

> que não tem objetos a inspirar e nenhum progresso excitante de ideias[88].

Mas essa atividade, ao mesmo tempo em que revela o que a poesia seria, torna possível a Marx continuar: "Estes últimos poemas foram os únicos em que, de repente, como que por um toque de varinha de condão - oh, o toque foi inicialmente destruidor - o reino da verdadeira poesia brilhou na minha frente como um distante palácio de conto de fadas e todas as minhas criações dissolveram-se em nada"[89].

Não é de surpreender que este período de intensa atividade intelectual em diversos campos, levando-o muitas vezes a trabalhar durante a noite, acabou num período de doença grave. Parece que Marx sofreu gravemente com a tendência à tuberculose que matou tantos de sua família: no ano seguinte seu serviço militar foi adiado "por causa da fraqueza dos pulmões e periódicos vômitos de sangue". E em 1841 ele foi dispensado de suas obrigações militares, sendo declarado completamente inválido "devido à sensibilidade de seus pulmões"[90]. O médico dele aconselhou uma mudança de ambiente e Marx foi para a aldeia de Stralow nos arredores de Berlim. Aqui suas visões sofreram uma mudança radical: "Uma cortina caíra, meu santo dos santos se rasgara ao meio e novos deuses deveriam ser instalados. Deixei para trás o idealismo que, incidentalmente, alimentara com o de Kant e Fichte, e passei a procurar a ideia no próprio real. Se os deuses tinham antes habitado sobre a terra, agora tornavam-se o centro dela"[91].

---

88. Marx a Heinrich Marx, *Early Texts*.

89. Marx a Heinrich Marx, *Early Texts*.

90. Citado em Monz, *Karl Marx und Trier*, p. 133s.

91. Monz, *Karl Marx und Trier*, p. 7.

O racionalismo conceitual de Hegel já tinha sido rejeitado por Marx, o discípulo de Kant e Fichte, o subjetivista romântico que considerava como ser mais alto o separar-se da realidade terrena. Agora, porém, começava a parecer como se a Ideia estivesse imanente no real. Antes Marx "lera fragmentos da filosofia de Hegel, mas não me preocupara com sua melodia grotesca e rochosa"[92]. Agora ele tinha que resolver sua crise espiritual por uma conversão ao hegelianismo – uma conversão que foi tão profunda quanto repentina. É provável que tenha sido o passo intelectual mais importante de toda a vida de Marx. Por mais que ele houvesse de criticar Hegel, de acusá-lo de idealismo e de tentar pôr sua dialética "sobre seus pés", Marx foi o primeiro a admitir que seu método provinha diretamente de seu mestre de 1830.

O hegelianismo era a filosofia dominante em Berlim onde Hegel ocupara a cátedra de filosofia de 1818 até sua morte em 1831. Edificada sobre a centralidade da razão humana proposta por Kant, Hegel unira num sistema compreensivo os temas da filosofia idealista alemã e particularmente a filosofia de Fichte e Schelling: imanência, desenvolvimento e contradição. "O grande mérito da filosofia de Hegel", escreveu Engels, "foi que pela primeira vez a totalidade dos aspectos naturais, históricos e espirituais do mundo foram concebidos e representados como um processo de transformação constante e desenvolvimento e foi feito um esforço para mostrar o caráter orgânico deste processo"[93]. Hegel parte da convicção de que, como ele disse da Revolução Francesa, "a existência do homem tem seu centro na cabeça, isto é, na Razão, sob cuja inspiração ele edifica o mundo da realidade".

92. Marx a Heinrich Marx, *Early Texts*, p. 7.

93. Engels, *MESW*, II, p. 162.

Em sua maior obra, a *Phaenomenologie*, Hegel traçou o desenvolvimento da mente ou espírito, reintroduzindo movimentos históricos na filosofia e afirmando que a mente humana pode atingir conhecimento absoluto. Ele analisou o desenvolvimento da consciência humana desde sua percepção imediata do aqui e agora até o estágio da autoconsciência, a compreensão que permite ao homem analisar o mundo e ordenar suas próprias ações de acordo. Seguindo-se a este o estágio da própria razão – compreensão do real –, depois do qual o espírito – por meio da religião e da arte – atinge conhecimento absoluto, o nível em que o homem reconhece no mundo os estágios de sua própria razão. Hegel chamou esses estágios de "alienações" na medida em que eram criações da mente humana, embora considerados independentes e superiores à mente humana. Este conhecimento absoluto é também uma espécie de recapitulação do espírito humano, pois cada estágio sucessivo retém elementos dos anteriores ao mesmo tempo que vai além deles. A este movimento que suprime e, contudo, conserva Hegel chamou *Aufhebung*, uma palavra que tem duplo sentido em alemão. Hegel também falou do "poder do negativo" pensando que havia sempre uma tensão entre qualquer estado presente das coisas e o que se tornava. Pois qualquer estado presente das coisas estava em processo de ser negado, mudado para algo diferente. A este processo é que Hegel dava o significado de dialética[94].

Perante a atração manifesta desta filosofia, Marx começou a aclarar suas ideias por escrito – um procedimento que

94. É obviamente impossível fazer um relato adequado das ideias de um pensador tão complexo num espaço tão pequeno. Dois bons livros recentes em inglês sobre a filosofia de Hegel em geral são: Findlay (1958) e Kaufmann (1965). Cf. tb. Marcuse (1941) e a abordagem mais analítica em Plamenatz (1963, II, p. 129s.).

ele adotara antes e adotaria muitas vezes depois. Ele produziu um diálogo de 24 páginas intitulado "Cleantes, ou o ponto de partida e progresso necessário da filosofia". Para esta finalidade, ele familiarizou-se com a ciência natural, história e um estudo das obras de Schelling. Esse diálogo terminou com a conversão de Marx ao hegelianismo: "Minha última sentença era o começo do sistema de Hegel e desta obra que me causou uma dor de cabeça interminável... este meu filho mais querido, educado pelo luar, como uma falsa sereia me entrega nos braços do inimigo"[95]. Assim Marx passou pela mesma evolução que a própria filosofia alemã clássica, de Kant e Fichte passando por Schelling até Hegel.

Este processo de abandonar seu idealismo romântico e se entregar "ao inimigo" foi extremamente radical e doloroso para Marx. Ele descreveu seus resultados imediatos:

> Minha aflição impedia-me de pensar absolutamente por diversos dias e corria como uma madame em torno do jardim ao lado das águas sujas do Spree "que lava almas e faz chá fraco". Fui até a uma caçada com meu senhorio, apressando a volta para Berlim e querendo abraçar todo vadio de rua que via... Meus infrutíferos e falhos esforços intelectuais e minha ira consumidora por ter idolatrado uma visão que eu odiava deixavam-me doente[96].

Sua conversão a Hegel foi concluída em primeiro lugar por uma leitura completa desse autor: enquanto estava doente ele "começou a ler Hegel, junto com muitos de seus discípulos, do começo ao fim"; e, em segundo lugar, juntando-se a uma espécie de grupo de discussão hegeliano: "através de várias reuniões com amigos em Stralow consegui entrar para

95. Marx a Heinrich Marx, *Early Texts*, p. 7.

96. Marx a Heinrich Marx, *Early Texts*, p. 8.

um clube graduado cujos membros eram diversos professores universitários e o mais íntimo de meus amigos em Berlim, Dr. Rutenberg. Nas discussões aqui apareciam muitas visões contraditórias e eu me ligava cada vez mais intimamente a uma corrente filosófica da qual julgara possível escapar"[97]. Este clube, que se encontrava regularmente no café na Franzoesische Strasse e depois nas casas dos membros, era uma companhia de muito beber e muito animada, e formava o ponto focal do Movimento Jovem Hegeliano.

Os ataques dos Jovens Hegelianos contra as ortodoxias de seu tempo começavam na esfera da religião – uma área mais segura do que a política. Aqui o legado de Hegel era ambíguo. A religião, junto com a filosofia, era para ele a forma mais elevada da vida espiritual do homem. Religião (e por religião Hegel, que permaneceu luterano praticante toda a sua vida, entendia o cristianismo protestante que ele considerava a forma mais alta e final de religião) era a volta do Espírito Absoluto a si mesmo. O conteúdo da religião era o mesmo que o da filosofia, embora seu método de compreender fosse diferente. Pois enquanto a filosofia empregava conceitos, a religião usava imaginação. Os usos insatisfatórios da imaginação davam apenas um conhecimento fragmentário e impreciso do que a filosofia compreende racionalmente. Mas a religião podia ligar-se à filosofia por intermédio da filosofia da religião, e Hegel achava que os conteúdos dogmáticos particulares da imaginação religiosa eram estágios necessários no desenvolvimento do Espírito Absoluto. A filosofia da religião interpretava num nível mais alto tanto a fé ingênua como a razão crítica. Assim, Hegel rejeitava a visão dos racionalistas do século XVIII de que a religião fazia de modo insuficiente o que a

97. Marx a Heinrich Marx, *Early Texts*, p. 8.

ciência tinha competência para fazer; aos seus olhos a religião (ou sua interpretação filosófica dela) preenchia a constante necessidade psicológica do homem de ter uma imagem de si mesmo e do mundo pela qual pudesse se orientar[98].

Embora nos anos imediatamente seguintes à morte de Hegel sua escola fosse unida e suprema nas universidades alemãs, no fim da década de 1830 ela já começara a rachar em duas facções a respeito da religião. Enquanto a ala conservadora da escola se apegava ao lema de que "o real é o racional" e não via nada de irracional na representação tradicional da religião, a ala radical se opunha à complacência dos conservadores com um descontentamento que parecia querer destruir os dogmas contidos nas representações religiosas que naquele momento diziam estar ultrapassados. Essas representações todas deviam ser julgadas por uma razão progressista, não uma que, como Hegel dizia, só "pinta cinzento com cinzento" e assim reconhece apenas o que já existe. Pois o mestre tinha dito que uma idade compreendida no pensamento estava à frente de seu tempo, e os radicais tiraram a conclusão de que a compreensão da religião já modificava até seu conteúdo, enquanto sua forma se tornava um mero mito. Este debate começou com a publicação da *Vida de Jesus*, de David Strauss, em 1835. Tendo falhado em extrair um quadro do Jesus histórico a partir das narrativas evangélicas, Strauss apresentava essas narrativas como meras expressões da ideia messiânica presente nas comunidades cristãs primitivas, mitos que nunca pretenderam ser tomados como narrativas históricas reais. Era muito natural que a discussão dos Jovens Hegelianos fosse primeiramente teológica: a maioria dos membros da escola hegeliana estava interessada sobretudo na religião; e a atitu-

98. Para a visão de Hegel sobre religião, cf. Barth (1939, p. 268s.); Asveld (1953); Chappelle (1964); Löwith (1966, p. 162s.).

de do governo prussiano tornava a política um assunto extremamente perigoso para debate. Levando em conta, porém, a instituição da Igreja na Alemanha e a ligação íntima entre religião e política, era inevitável que um movimento de crítica religiosa rapidamente se secularizasse numa crítica de oposição política. Foi como membro desse movimento que mudava rapidamente, que tinha seu centro no Clube dos Doutores de Berlim, que Karl Marx começou a elaborar seu ponto de vista sobre filosofia e sociedade.

Segundo um dos membros do Clube dos Doutores, "neste círculo de homens jovens ambiciosos, muitos dos quais já tinham terminado seus estudos, reinavam soberanos o idealismo, a sede do saber e o espírito liberal, que ainda inspiravam completamente a juventude daquele tempo. Nessas reuniões os poemas e ensaios que tínhamos compostos eram lidos em voz alta e avaliados, mas a maior parte de nossa atenção era dedicada à filosofia hegeliana..."[99]. Um dos amigos mais íntimos de Marx no clube, Adolph Rutenberg, tinha sido recentemente demitido como professor de Geografia e agora ganhava a vida como jornalista; Karl Köppen era um professor de História que mais tarde tornou-se um perito reconhecido sobre as origens do budismo. Köppen publicou em 1840 *Frederico o Grande e seus opositores*: dedicado a Marx, o livro era um elogio de Frederico e dos princípios da Ilustração[100]. A luz dirigente no clube era Bruno Bauer, que ensinava teologia na universidade desde 1834 e seria o amigo mais íntimo de Marx pelos próximos quatro anos[101]. Um de seus contemporâneos descreveu-o assim: "Seu nariz pontudo, com osso agudo, projeta-se intrepidamente, sua fronte é alta e arredondada e sua

---

99. Ring (1898, I, p. 113s.).

100. Sobre Köppen, cf. Hirsch (1955).

101. Sobre Bauer, cf. McLellan (1969, p. 48s.) e Barnikol (1972).

boca delicadamente formada; sua figura é quase napoleônica. É um homem muito decidido que, sob um exterior frio, arde com um fogo interior. Ele não tolerará nenhuma oposição e cedo será mártir de suas próprias convicções"[102]. A especialidade de Bauer era crítica do Novo Testamento, para o que deu uma contribuição duradoura.

O próprio Marx parece ter sido uma figura ativa e central no clube. Edgar Bauer (irmão de Bruno) deu a seguinte descrição de Marx num poema satírico sobre membros do clube:

> Quem avança aqui cheio de impetuosidade?
> É uma forma escura de Trier, um monstro solto,
> com passo autoconfiante ele martela o chão com seus calcanhares
> e ergue seus braços com toda fúria ao céu
> como se quisesse pegar a abóbada celeste e baixá-la à terra.
> Com raiva ele continuamente move seu formidável punho,
> como se milhares de demônios se agarrassem a seus cabelos[103].

Köppen chamou seu amigo de "um verdadeiro arsenal de pensamentos, uma autêntica fábrica de ideias" e observou que o "Estado cristão em nosso tempo" – o primeiro artigo diretamente político dos Jovens Hegelianos – aproximava-se muito das ideias de Marx[104]. Entretanto seu estilo de vida, que estava muito de acordo com a boemia estudada do Clube dos Doutores, levou Marx a se afastar cada vez mais de sua família. Enquanto sua mãe apenas recomendava moderação no seu consumo de vinho, café e papel, a longa "confissão" de

---

102. Von Ense (1861, I, p. 341).

103. Bauer e Engels, *MEW*, Ergsbd., II, p. 301.

104. Köppen a Marx, *MEGA*, I i (2) 257.

novembro de 1837 provocou uma resposta muito amarga de seu pai:

> Aí, sua conduta consistiu apenas em desordem, em serpear todos os campos do conhecimento, tradições mofadas pela luz sombria da lâmpada; degeneração num roupão erudito com cabelos despenteados substituiu a degeneração com um copo de cerveja. E uma insociabilidade encolhedora e uma rejeição de todas as convenções e até todo respeito por seu pai. Sua relação com o mundo está limitada a seu sórdido quarto, onde talvez estejam abandonados na clássica desordem as cartas de amor de Jenny e os conselhos manchados de lágrimas de seu pai... Pensa que neste grupo de aprendizado sem sentido e sem alvo pode amadurecer os frutos para dar a você e à sua amada alguma felicidade?... Como se nós fôssemos feitos de ouro, meu cavalheiro-filho gasta quase 700 táleres num único ano, transgredindo todo acordo e todo costume, ao passo que o mais rico não gasta mais de 500[105].

De fato, o relatório final sobre a carreira universitária de Marx declarava que ele fora "processado diversas vezes por causa de dívidas" e mudara seu endereço ao menos dez vezes durante sua permanência de cinco anos.

Seus laços familiares ficaram mais frouxos com a morte de seu pai em maio de 1838. Apesar de suas divergências, Marx sempre teve forte afeição por seu pai: "ele nunca se cansou de falar dele", escreveu Eleanor, "e sempre levava uma velha fotografia daguerreotipada dele. Mas ele nunca mostrava a foto a estranhos porque, dizia ele, ela era tão diferente do original"[106]. Quando Marx morreu, Engels colocou a fotografia no

---

105. Heinrich Marx a Marx, *MEW*, Ergsbd., p. 637s.

106. E. Marx, Remarks on a letter by the young Marx. *Reminiscences*, p. 257.

caixão dele. A morte de Heinrich Marx naturalmente reduziu consideravelmente a renda da Família Marx. Levou também a aumentar as dificuldades com a família von Westphalen, parece que alguns deles repeliram completamente Henrietta Marx[107]. Ao mesmo tempo os interesses de Marx começavam a mudar definitivamente da lei para a filosofia. Embora em sua carta de novembro de 1837 ele tivesse escrito a seu pai sobre a possibilidade de se tornar juiz assistente, agora ele começava cada vez mais a optar por não participar dos aspectos formais da universidade. Gans morreu em 1839 e durante seus últimos três anos em Berlim Marx apenas participou de dois cursos: um sobre Isaías dado por Bruno Bauer e outro sobre o drama de Eurípides. Marx desistira inteiramente de escrever poesia e quando quis enviar mais poemas a Jenny em 1839 mui sensatamente copiou alguns de duas antologias que tinham aparecido recentemente.

Com a crescente falta de ajuda de sua família, a escolha de uma carreira se tornava cada vez mais premente, e o mundo acadêmico parecia oferecer a perspectiva mais imediata de ação efetiva. "Seria tolo", Bruno Bauer escreveu a ele, "se você se dedicasse a uma carreira prática. Teoria é agora a prática mais forte, e somos absolutamente incapazes de predizer a extensão de sua praticabilidade"[108]. No começo de 1839, Marx decidiu iniciar a elaboração de uma dissertação doutoral para conseguir um posto universitário de professor-assistente de Filosofia – de preferência em Bonn para onde Bauer, cada vez mais perseguido por suas visões radicais, fora removido pelo ministro da Educação. Durante todo o ano de 1839 e começo de 1840, Marx esteve ocupado em ler e fazer extratos para usar

107. Cf. a longa carta queixosa dela em *MEGA*, I i (2) 242s.

108. Bauer a Marx, *MEGA*, I i (2) 250.

em sua tese. O título geral que deu a essas notas era "Filosofia epicureia". Nesse tempo ele estava lendo Hegel, Aristóteles, Leibniz, Hume e Kant, e suas notas preliminares eram muito abrangentes, tratando de assuntos como a relação entre epicurismo e estoicismo, o conceito do sábio na filosofia grega, as visões de Sócrates e Platão sobre religião e as perspectivas da filosofia pós-hegeliana.

A escolha desse assunto por Marx foi influenciada pelo interesse geral que os Jovens Hegelianos (particularmente Bauer e Köppen) tinham pela filosofia grega pós-aristotélica. Havia duas razões para esse interesse: primeiro, depois da "filosofia total" de Hegel os Jovens Hegelianos sentiam-se na mesma posição que os gregos depois de Aristóteles; segundo, eles achavam que a filosofia pós-aristotélica continha os elementos essenciais do pensamento moderno: eles tinham lançado os fundamentos filosóficos do Império Romano, tinham influenciado profundamente a moral cristã primitiva e também continham os traços racionalistas da Ilustração do século XVIII. Para Marx, também as filosofias estoica, cética e epicureia eram "protótipos da mentalidade romana, a forma na qual a Grécia emigrou para Roma"[109]. Eles eram "tais seres intensos e eternos, tão cheios de caráter, que até o mundo moderno deve a eles sua cidadania espiritual plena"[110]. "Não é digno de nota", continuava Marx na introdução a sua tese, "que depois das filosofias de Platão e Aristóteles, que se estendem à universalidade, apareceram novos sistemas que não se referem a estas figuras intelectuais ricas, mas olham para mais atrás e se voltam para as mais simples escolas – no tocante à física, aos filósofos da natureza; no tocante à ética, à escola so-

---

109. Marx (1967, p. 64).

110. Marx (1967).

crática?"[111]. Em suma, a escolha do assunto por Marx pretendia lançar luz sobre a situação pós-hegeliana contemporânea na filosofia pelo exame de um período paralelo na história da filosofia grega.

As notas preliminares de Marx à tese eram um tanto obscuras, em parte porque elas eram apenas notas pessoais e em parte porque estavam muitas vezes redigidas numa linguagem vivamente metafórica, característica dos Jovens Hegelianos que achavam estar vivendo numa atmosfera geral de crise e de catástrofe iminente. Bruno Bauer, por exemplo, com quem Marx mantinha uma correspondência constante enquanto ele compunha sua tese, escreveu em 1840: "nossa época torna-se cada vez mais terrível e bela"[112]. Ou novamente: "A catástrofe será terrível e deve ser grande. Quase diria que será maior e mais horrível do que a que anunciou o aparecimento do cristianismo no cenário mundial"[113]. A passagem mais interessante nas notas de Marx era uma onde ele tratava do clima filosófico a seguir-se à filosofia mundial de Hegel. A filosofia, dizia ele, chegou agora a um ponto crítico: "como Prometeu que roubou fogo do céu e começou a construir casas e se estabelecer na terra, assim a filosofia, que evoluiu de tal modo no mundo, volta-se agora contra o mundo que ela encontra. É o que acontece agora com a filosofia hegeliana"[114]. Marx acreditava que a filosofia de Hegel tinha, por sua plenitude e universalidade, se tornado irreal e oposta ao mundo que continuava a dividir-se. Assim a filosofia também se partiu: "A atividade desta filosofia se mostra, também, como rasgada e contraditória; sua universalidade objetiva volta para formas

111. Marx (1967).

112. Bauer a Marx, *MEGA*, I i (2) 236.

113. Bauer a Marx, *MEGA*, I i (2) 241.

114. Marx, Dissertação de Doutorado, em *Early Texts*, p. 19.

subjetivas das mentes individuais nas quais tem sua vida. Harpas normais soarão sob qualquer mão; as de Éolo só quando a tempestade bate nelas. Mas não devemos nos deixar desorientar pela tempestade que se segue a uma filosofia grande, mundial"[115]. "Qualquer um", continuava Marx, "que não entendeu este desenvolvimento necessário, tinha que negar a possibilidade de continuar a filosofar depois de um tal sistema total: para este homem o aparecimento de Zenão ou Epicuro depois de um pensador como Aristóteles seria incompreensível".

O que era necessário era uma mudança fundamental de direção:

> Em tais tempos espíritos semiformados têm uma visão oposta à dos verdadeiros comandantes. Eles acreditam que podem sanar seus prejuízos reduzindo e dividindo suas forças e fazendo tratado de paz com as necessidades reais, ao passo que Temístocles, quando Atenas foi ameaçada de destruição, persuadiu os atenienses a abandonar completamente sua cidade e fundar uma nova Atenas em outro elemento, o mar[116].

Marx continuou dizendo que num período assim apresentam-se duas alternativas: imitar debilmente o que já ocorreu ou começar uma transformação realmente fundamental:

> Também não devemos esquecer que o período que se segue a tais catástrofes é um período de ferro, feliz se é marcado por lutas titânicas, lamentável se é como os séculos que coxeiam atrás do grande período de arte e se agitam imitando em cera, estuque e cobre o que surgiu de mármore de Carrara como Palas Atenas da cabeça de Zeus, pai dos deuses. Mas são titânicos os períodos que se seguem a uma filosofia total e suas formas subjetivas de desenvolvimento, pois a divisão

---

115. Marx, Dissertação de Doutorado, em *Early Texts*, p. 20.

116. Marx, Dissertação de Doutorado, em *Early Texts*.

> que forma sua unidade é gigantesca. Assim as filosofias estoica, epicureia e cética são seguidas por Roma. Elas são infelizes e inflexíveis pois seus deuses estão mortos e a nova deusa tem ainda apenas a forma obscura do destino, de pura luz ou de pura treva[117].

No prefácio à própria tese Marx delineou brevemente as interpretações prévias, errôneas da filosofia de Epicuro e mencionou a insuficiência do modo como Hegel trata o período. Acrescentou então um hino em louvor da supremacia da filosofia sobre todas as disciplinas, particularmente sobre a Teologia. Para provar seu ponto, Marx citou Hume: "É certamente uma espécie de indignidade para com a filosofia, cuja autoridade soberana deveria ser reconhecida por toda parte, obrigá-la em qualquer ocasião a fazer apologias de suas conclusões e justificar-se perante qualquer arte e ciência que talvez a tenha ofendido. Isto faz lembrar um rei acusado de alta traição contra seus súditos"[118]. Assim Marx tornou sua a crítica dos Jovens Hegelianos à reconciliação do mestre entre filosofia e religião. Ele continuou:

> Enquanto correr uma gota de sangue que seja no coração conquistador do mundo e totalmente livre da filosofia, ela continuará a gritar para seus opositores o grito de Epicuro: "A impiedade não consiste em destruir os deuses da multidão, mas antes em atribuir aos deuses as ideias da multidão". A filosofia não faz nenhum segredo disso. A proclamação de Prometeu: "Numa palavra – odeio todos os deuses" é a própria profissão dela, seu próprio lema contra todos os deuses do céu e da terra que não reconhecem a autocons-

---

117. Marx, Dissertação de Doutorado, em *Early Texts*.

118. *MEGA*, I i (1) 10; a citação é do *Treatise of Human Nature* de Hume, ed. L. Selby-Biggs, Oxford, 1888, p. 250.

ciência do homem como a mais alta divindade. Não deverá haver nenhum outro além dela[119].

Essa "consciência de si mesmo" era o conceito central da filosofia que os Jovens Hegelianos, e Bruno Bauer em particular, estavam elaborando. Para eles, a autoconsciência do homem se desenvolveu continuamente e percebeu que forças que ela pensara separadas de si mesma – religião, por exemplo – eram realmente criação sua. Assim a tarefa da autoconsciência e sua principal arma, a crítica filosófica, era expor todas as forças e ideias que se opunham ao livre-desenvolvimento dessa autoconsciência humana[120].

O entusiasmo pela filosofia da autoconsciência se refletia no corpo da tese onde Marx criticava o determinismo mecanicista de Demócrito contrastando-o com a ética epicureia de liberdade[121]. Nascido em Abdera, na Trácia, escrevendo pelo fim do século V a.C., Demócrito resumiu, em sua teoria dos átomos e do vazio, os dois séculos anteriores de especulação física grega. Epicuro ensinou mais de um século mais tarde numa Atenas marcada pelo caos social geral da época pós-alexandrina e estava preocupado em fornecer princípios para a conduta dos indivíduos[122]. Marx começou seu relato do relacionamento dos dois filósofos com um paradoxo: Epicuro tinha todas as aparências de ser objetivamente real, mas, ao mesmo tempo, como quisesse conservar a liberdade da vontade, negou que o mundo fosse governado por leis imutáveis e assim de fato parecia rejeitar a realidade objetiva da natureza.

119. Marx, Dissertação de Doutorado, em *Early Texts*, p. 13.

120. Sobre isto em particular, cf.: Cesa (1960) e McLellan (1969, p. 48s.).

121. A preferência de Marx parece ter dependido simplesmente do contraste que fez das filosofias morais deles; como filósofo e cientista natural, Demócrito é de longe um pensador mais profundo e original.

122. Cf. tb Farrington (1967, p. 7s.).

Demócrito, por outro lado, era muito cético sobre a realidade da aparência e, contudo, sustentou que o mundo há de ser governado pela necessidade. Assim Marx concluiu, corretamente, que a física de Epicuro era realmente apenas uma parte de sua filosofia moral. Epicuro não copiou simplesmente a física de Demócrito, como comumente se pensava, mas introduziu a ideia de espontaneidade no movimento dos átomos, e ao mundo da natureza inanimada de Demócrito regulada por leis mecânicas ele acrescentou um mundo de natureza animada no qual a vontade do homem operava. Marx preferiu então a visão de Epicuro por duas razões: primeira, sua ênfase sobre a autonomia absoluta do espírito humano libertava os homens de toda superstição de objetos transcendentes; segunda, a ênfase sobre "a autoconsciência individual livre" mostrava o caminho para se ir além do sistema de uma "filosofia total".

Era sobretudo esse aspecto libertador de Epicuro que Marx admirava. Alguns anos mais tarde em *A ideologia alemã* ele chamou Epicuro "a genuína mente radicalmente iluminada da antiguidade"[123], e muitas vezes se referiu a ele em termos semelhantes nos seus escritos posteriores. Esse entusiasmo por Epicuro também se via no apêndice (à tese) que atacava Plutarco e particularmente seu tratado intitulado "É impossível viver de modo feliz seguindo os princípios de Epicuro"[124]; tomando cada argumento de Plutarco separadamente, Marx demonstrou a conclusão oposta. Embora faça uma leitura seca e muitas vezes interprete as ideias dos antigos numa perspectiva hegeliana inadequadamente sutil, a tese de Marx era um trabalho profundamente original. Um dos mais bem qualifi-

123. *MEGA*, I, v, p. 122.

124. Este apêndice não sobreviveu, mas pode ser reconstruído a partir das notas preliminares: cf. *MEGA*, I, i, p. 31; Baumgarten (1949).

cados para julgar escreveu que "é quase assombroso ver quão longe ele foi, considerando os materiais então disponíveis"[125].

Durante esses anos Marx não se preocupou apenas em escrever sua tese. Os outros projetos em que estava engajado refletiam de modo semelhante o clima Jovem Hegeliano e as discussões no Clube dos Doutores. Ele planejava editar uma revista literária e era muito encorajado, "pois, através da atuação de Bauer, que exerce liderança entre eles, e do meu colega Dr. Rutenberg, todas as celebridades estéticas da Escola Hegeliana tinham prometido colaborar"[126]. Mas o único resultado dos esforços literários de Marx foi o aparecimento de dois poemas curtos na revista berlinense *Athenaeum* em 1841: esses poemas foram sua primeira obra publicada. No começo de 1840 Marx estava cooperando com Bruno Bauer na edição da *Filosofia da religião*, de Hegel, e pensava em escrever um livro semelhante. Também pensou em dar uma série de conferências em Bonn atacando Hermes, um teólogo católico que tentara reconciliar religião e filosofia kantiana; como todos os seus planos nesse tempo, ele discutiu o projeto longamente com Bruno Bauer. No verão de 1840 Marx terminara um livro sobre o assunto e enviou o manuscrito a Bauer incluindo uma carta a um editor, mas o livro não foi publicado, e Bauer escreveu a Marx sobre a carta anexada: "Talvez você possa escrever em tais termos para sua lavadeira, mas não para um editor a quem você está pedindo um favor"[127]. Ao mesmo tempo, Marx tinha a ideia de escrever uma farsa intitulada *Fischer Vapulans*, usando-a como veículo para atacar *Die Idea der Gottheit*, uma tentativa de K.P. Fischer de justificar o teísmo. Marx também estava muito preocupado com problemas lógicos e queria de-

125. Bailey (1928).

126. Marx a Heinrich Marx, *Early Texts*, p. 9.

127. Bauer a Marx, *MEGA*, I, i (2) 244.

dicar um trabalho à dialética: ele tomou muitas notas de Aristóteles e discutiu a questão em cartas com Bauer; ele propôs escrever uma crítica ao filósofo contemporâneo Trendelenburg e demonstrar que Aristóteles era dialético ao passo que Trendelenburg era apenas formal.

Entretanto Bauer estava cheio de bons conselhos sobre como terminar seu "estúpido exame" e se juntar a ele em Bonn. Ele já tinha escrito a Marx em 1840: "Você pode falar com Gabler (professor de Filosofia em Berlim) sobre seus interesses e ele se entusiasmará muito e se deliciará com o exame quando souber que outro hegeliano está conquistando uma cátedra"[128]. E um ano mais tarde escrevia: "De qualquer modo, veja que Ladenberg (reitor da Universidade de Berlim) aplane o caminho para você. Consiga que ele escreva para cá em seu favor e antecipe toda espécie de intriga que possa haver. Veja também se você pode convencer Eichhorn (ministro da Cultura)"[129].

Assim encorajado, Marx submeteu sua tese a exame no tempo devido, em abril de 1841, mas não à Universidade de Berlim: em vez disso, ele a mandou a Jena, uma das pequenas universidades que "facilitavam muito a obtenção de título de Doutor"[130]. De fato, Jena tinha o recorde em produção de doutores de Filosofia. Todo o caso foi manejado por Wolf, professor de Literatura em Jena, amigo de Heinrich Heine e conhecido de Marx, que provavelmente o tinha informado da situação dentro da faculdade. Marx recebeu imediatamente a sua colação de grau *in absentia* aos 15 de abril de 1841.

---

128. Bauer a Marx, em: Karl Marx, *Dokumente seines Lebens*, p. 100.

129. Bauer a Marx, em: Karl Marx, *Dokumente seines Lebens*.

130. Kautsky, citado em Karl Marx, *Dokumente seines Lebens*, p. 97.

III. Jornalismo

Assim que sua tese foi aceita, Marx começou um ano muito agitado que finalmente culminaria na sua adoção do jornalismo como carreira em meados de 1842. Em busca de um meio seguro de subsistência ele viajou entre Trier, Bonn e Colônia, nunca ficando muito tempo em nenhum lugar. Ele começava muitos projetos, mas – fiel a seu estilo de vida anterior – não terminava nenhum deles.

Depois de seis semanas na casa dos pais em Trier, Marx foi para Bonn em busca de sua carreira acadêmica na companhia de Bruno Bauer. Para chegar ao posto de assistente, os estatutos da universidade exigiam uma dissertação além da tese doutoral, e por isso Marx começou a rever sua tese para publicação e também acrescentou "uma longa dissertação, na qual apresentarei detalhadamente o ciclo da filosofia epicureia, estoica e cética em relação a toda a especulação grega"[131]. Acrescentou também como apêndice duas extensas notas à sua tese.

A primeira das grandes notas que Marx acrescentou à sua tese pelo fim de 1841 dirigia-se em primeiro lugar contra Schelling, que acabara de ser chamado a Berlim por Frederico Guilherme IV a fim de "erradicar a semente de dragão do hegelianismo"[132]. Em seu curso intitulado "A filosofia da revelação" Schelling fez uma distinção entre uma filosofia negativa e puramente racional e uma filosofia positiva cujo conteúdo real era a evolução do divino na história assim como era lembrado nas várias mitologias e religiões da humanidade. As conferências de Schelling foram acompanhadas de muita publicidade e inicialmente atraíram muita atenção: Engels,

131. Marx, Dissertação de Doutorado, em: Livergood (1967, p. 61).

132. Frederico Guilherme IV a Bunsen, em: Von Bunsen (1869, II, p. 133).

Kierkegaard e Bakunin estavam todos presentes na palestra inaugural. A reação dos hegelianos foi forte, e não menos a de Marx: sua técnica aqui era contrastar o que Schelling estava dizendo então com seus escritos anteriores e mostrar a disparidade entre suas conferências dogmáticas em Berlim e sua crença anterior na liberdade da especulação. Marx continuava afirmando que Hegel tinha invertido as provas tradicionais da existência de Deus e por isso as refutou. Para Marx, ou as provas da existência de Deus eram tautologias ou elas eram "nada mais do que provas da existência de uma autoconsciência essencialmente humana e elaborações dela"[133]. Marx terminava sua nota – com uma estranha mistura de filosofia pós-hegeliana e racionalismo simples da Ilustração – citando duas passagens do Schelling anterior: "Se você pressupõe a ideia de um Deus objetivo, como você pode falar de leis que a razão cria independentemente, pois a autonomia só pode ser atribuída a um ser absolutamente livre?" "É um crime contra a humanidade ocultar princípios que são comunicáveis a cada um"[134].

A segunda nota acrescentada à tese retoma os temas já tratados de passagem nas notas preliminares sobre o futuro da filosofia depois do sistema total de Hegel e elabora pela primeira vez (embora ainda de uma maneira muito idealista) as noções da abolição da filosofia e práxis que seriam tão centrais no seu pensamento posterior[135].

Ao mesmo tempo que ampliava sua tese com essas discussões mais teóricas, Marx se engajava em projetos mais

---

133. Marx, *Early Texts*, p. 18.

134. Marx, *Early Texts*, p. 19.

135. Estas duas ideias são provenientes de um pequeno livro com o misterioso título Prolegomena à Historiosofia publicado por um conde polonês, August von Cieszkowski em 1838. Sobre o livro e sua influência sobre os Jovens Hegelianos, cf. tb. McLellan (1969, p. 9s.).

imediatos e polêmicos – a maioria em colaboração com Bruno Bauer cujas crescentes dificuldades com as autoridades governamentais pareciam pôr em risco a futura carreira universitária de ambos. Porque Bauer estava escrevendo sua *Crítica dos Evangelhos Sinóticos*, uma obra que negava a historicidade de Cristo e retratava os evangelhos como invenções míticas. A partir de março de 1841 os dois homens planejaram fundar uma revista intitulada *Arquivo Ateu*, que teria como sua fundação a crítica de Bauer sobre o Evangelho[136]. O ateísmo de Marx era certamente de uma espécie extremamente militante. Ruge escreveu a um amigo: "Bruno Bauer, Karl Marx, Christiansen e Feuerbach estão formando uma nova 'Montagne' e fazendo do ateísmo o seu lema. Deus, religião, imortalidade são derrubados de seus tronos e o homem é proclamado Deus"[137]. E Georg Jung, um próspero jovem advogado de Colônia e partidário do movimento radical, escreveu a Ruge: "Se Marx, Bruno Bauer e Feuerbach juntos fundarem uma revista teológico-filosófica, Deus faria bem em cercar-se de todos os seus anjos e se entregar à autopiedade, pois estes certamente o tirarão de seu céu... Para Marx, de qualquer forma, a religião cristã é uma das mais imorais que há"[138].

Estes planos deram em nada. Em vez disso, Bauer publicou anonimamente em novembro o que pretendia ser um ataque pietista extremamente conservador contra Hegel, intitulado *A trombeta do último juízo sobre Hegel, o ateu e anticristo*. Sob o pretexto de atacar Hegel, esse escrito queria mostrar que ele era realmente um revolucionário ateu. Marx bem que pode ter colaborado com Bauer ao escrever *A trombeta*, e alguns

---

136. Cf. *MEGA*, I, i (2) 152.

137. Ruge (1886, I, p. 239).

138. *MEGA*, I, i (2) 261s.

realmente pensaram que era obra conjunta deles. De qualquer forma eles certamente pretendiam conjuntamente produzir uma série, a ser chamada *Ódio de Hegel à religião e à arte cristãs e sua destruição de todas as leis do Estado*. Marx por isso começou a ler uma série de livros sobre arte e religião. Bauer terminara sua parte em dezembro de 1841, mas teve que publicá-la sem a contribuição de seu colaborador: em dezembro de 1841 Marx foi obrigado a voltar a Trier onde o Barão von Westphalen caíra seriamente doente. Até à morte de seu sogro aos 3 de março de 1842 Marx ficou na casa dos Westphalen e ajudou, como disse Bauer, a "aliviar os dias" do homem moribundo. Março foi um mês ruim para Marx: ele não apenas perdeu seu amigo mais íntimo e defensor na casa Westphalen, mas suas esperanças de uma carreira universitária foram destruídas quando Bauer foi privado de seu posto de ensino por causa de suas doutrinas não ortodoxas. Enquanto estava em Trier, Marx compusera um artigo que ele enviou a Arnold Ruge, editor do *Deutsche Jahrbücher*.

Ruge, que seria colega íntimo de Marx pelos próximos dois anos, também era um exilado do ensino universitário; tendo-lhe sido recusada uma cátedra devido a suas visões não ortodoxas, ele renunciou à universidade e se dedicou inteiramente ao jornalismo. Ele se adaptou admiravelmente a isso: era um homem independente e, embora não fosse muito original, escrevia rápido e bem, e tinha muitos contatos[139]. Em 1838 ele lançou o *Hallische Jahrbücher* que logo se tornou o periódico dirigente dos Jovens Hegelianos. Embora durante os primeiros anos as contribuições para o *Hallische Jahrbücher* em geral se dirigissem a um estado prussiano ilustrado, em 1840 começaram a aparecer artigos abertamente políticos,

139. Sobre Ruge Cf. tb. Neher (1933).

que se seguiam aos religiosos – uma lógica implícita na noção de "Estado cristão". Como resultado, o *Jahrbücher* foi proibido na Prússia em junho de 1841 e se mudou para Dresden, onde apareceu sob o título de *Deutsche Jahrbücher*[140]. Durante o ano de 1840 os Jovens Hegelianos de Berlim tinham começado a escrever para ele e em meados de 1841 Bauer tinha se tornado um colaborador regular.

Marx já fora apresentado a Ruge pelo seu amigo berlinense Köppen, este também um colaborador frequente. O artigo que Marx enviou para Ruge em fevereiro de 1842 (junto com a carta anexa oferecendo-se a resenhar livros e pôr todas as suas energias ao serviço do *Deutsche Jahrbücher*) tratava da nova instrução sobre censura promulgada por Frederico Guilherme IV em dezembro de 1841. Frederico Guilherme IV sucedera ao trono prussiano no ano anterior e os Jovens Hegelianos esperavam que se seguisse uma liberalização. O novo rei certamente partilhava com a burguesia um ódio contra a burocracia organizada: o ideal dele era um governo paternalista. Ele concordou com a reivindicação da burguesia de expressar suas opiniões no Parlamento e na imprensa, e até enfatizou na instrução sobre a censura "o valor e a necessidade de publicidade franca e leal". O que a burguesia propugnava, porém, não era uma sociedade romanticamente paternalista, um choque era inevitável. Em seu artigo, intitulado "Comentários sobre a última instrução prussiana sobre a censura", Marx expôs as inconsistências das novas regulamentações da censura que pretendiam atenuar as que predominavam. Uma vez que proibiam ataques à religião cristã e previam penas para delitos contra "disciplina, moral e lealdade externa", ele considerou que a "censura deve rejeitar os grandes pensadores morais do passa-

140. Cf. tb. McLellan (1969, p. 11s.).

do – Kant, Fichte, Spinoza, por exemplo – como irreligiosos e violadores da disciplina, da moral e da respeitabilidade social. E esses moralistas partem de uma contradição em princípio entre moral e religião, pois a moral é baseada na autonomia da mente humana ao passo que a religião é baseada em sua heteronomia"[141]. Além disso as novas regulamentações eram contrárias à boa lei na medida em que estavam orientadas para "tendências" e "intenções" tanto como a atos. Para Marx isto era criar uma sociedade em que um único órgão estatal se considerava o único possuidor da razão e da moral, ao passo que "um estado ético reflete as visões de seus membros mesmo que se oponham a um órgão dele ou ao próprio governo"[142]. Ele estava assim começando a tirar conclusões liberal-democráticas da filosofia política de Hegel.

O artigo de Marx era uma obra-prima de exegese polêmica, demonstrando o grande talento panfletário no estilo de Boerne que ele exibiria em toda a sua vida. Todos os seus artigos do período Jovem Hegeliano – e, em menor medida, muitos de seus artigos posteriores – eram escritos num estilo extremamente vivo: seu enfoque radical e não comprometido, seu amor pela polarização, seu método de tratar as visões dos opositores pela *reductio ad absurdum*, tudo o levava a escrever muito antiteticamente. Slogan, clímax, anáfora, paralelismo, antítese e quiasma (especialmente os dois últimos) foram todos empregados por Marx – às vezes ao excesso. O resultado foi que as autoridades não deixaram passar este seu artigo (ele finalmente apareceu em fevereiro de 1843 na Suíça em *Anekdota*, uma coleção de artigos suprimidos pela censura prussiana e publicados em forma de livro por Ruge).

---

141. Marx, Comments on the latest Prussian Censorship Instruction. *Early Texts*, p. 29s.

142. Marx, *Writings of the Young Marx*, p. 80.

Achando "a proximidade dos professores de Bonn insuportável"[143], Marx se mudou para Colônia em abril de 1842 com a intenção de ao menos escrever *algo* que pudesse ser publicado. Enquanto estava em Bonn ele fizera diversas visitas a Colônia onde encontrou muito prazer em champanhe e discussões sobre Hegel. Jenny escreveu para ele: "Meu pequeno selvagem inculto, como estou feliz porque você está feliz, porque minha carta alegrou-o, porque você tem saudades de mim, porque você vive em quartos forrados de papel, porque você bebeu champanhe em Colônia, porque aí há clubes de Hegel, porque você sonhou e, em suma, porque você é meu querido, meu próprio pequeno selvagem inculto"[144]. Mas a boa vida em Colônia acabou sendo demais para ele pois "a vida aqui é barulhenta demais e bons amigos muito animados nada fazem para melhorar a filosofia"[145]. Marx volta então para Bonn onde pôde relaxar com Bauer. "Marx voltou", escreveu seu amigo. "Mais tarde saímos para o campo para gozar mais uma vez as belas vistas. A viagem foi maravilhosa. Estávamos alegres como sempre. Em Godesberg nós alugamos um par de burros e galopamos sobre eles como madames em torno da colina e pela vila. A sociedade de Bonn olhava para nós espantada como sempre. Nós os atiçávamos e eles zurravam"[146]. Mas seus caminhos separaram-se para sempre quando Bauer foi a Berlim tentar rescindir sua demissão. Enquanto isso Marx continuava com seu jornalismo. No fim de abril ele já tinha quatro artigos para propor a Ruge. Suas visitas a Colônia não consistiam apenas em beber champa-

143. Marx a Ruge, *MEW*, XXVII, p. 401.

144. Jenny von Westphalen a Marx, *MEW*, Ergsbd., I, p. 641.

145. Marx a Ruge, *MEW*, XXVII, p. 402.

146. *Briefwechsel zwischen Bruno und Edgar Bauer*, Charlottenburg. 1844, p. 192.

nhe: ele gradualmente estava se envolvendo no movimento de oposição liberal da cidade, um envolvimento em política prática que finalmente levou a seu rompimento com os Jovens Hegelianos e a assumir o controle do editorial do *Rheinische Zeitung*. Apesar dos avisos de Jenny contra "misturar-se" em política (uma atividade que ela escreveu como "a mais arriscada que há")[147], era quase um passo inevitável para um intelectual renano jovem de visão progressista.

A atmosfera política na Renânia era bem diferente da de Berlim: Renânia-Vestfália, anexada pela França entre 1795 e 1814, tivera o benefício de reformas econômicas, administrativas e políticas. O que tinha sido antes cento e oito pequenos estados foi organizado em quatro distritos; o feudalismo foi abolido e várias anomalias administrativas – com relação aos sistemas político, jurídico e financeiro – foram eliminadas. As corporações e barreiras alfandegárias foram abolidas, podia exportar-se mais para a França e os produtores eram protegidos contra a competição da Inglaterra. A expansão, liderada pela indústria têxtil, foi tão rápida que em 1810 o prefeito do Ruhr insinuou que era a região mais industrial da Europa. A maioria das figuras progressistas na Alemanha daquele tempo provinham da Renânia: os líderes da oposição liberal e muitos futuros ativistas na revolução de 1848, e poetas como Heine e Boerne.

Um dos pontos focais dessa atividade política era o "Círculo de Colônia" – o equivalente mais próximo do Clube dos Doutores – para o qual Marx entrou assim que se estabeleceu em Bonn. De muitos modos a figura central do Círculo de Colônia era Georg Jung que também fora membro do Clube dos Doutores. Ele rapidamente se tornou o amigo mais ín-

147. Jenny von Westphalen a Marx, *MEW*, Ergsbd., I, p. 641.

timo de Marx no Círculo, cujos outros membros incluíam indivíduos como os financistas Camphausen e Hansemann, ambos futuros primeiros-ministros da Prússia, os industriais Mevissen e Malinckrodt, e um grande número de intelectuais jovens como Moses Hess, que talvez tivesse mais direito do que todos de ter introduzido as ideias comunistas na Alemanha. Era natural que o Círculo acolhesse bem a ideia de um jornal para propagar sua doutrina. Já em 1840 um jornal com o título *Rheinische Allgemeine Zeitung* tinha sido fundado por um grupo que considerava o *Kölnische Zeitung* inadequado para defender seus interesses sociais e econômicos. Quando ficou evidente que o jornal iria falir em breve, Georg Jung e Moses Hess persuadiram os principais liberais ricos da Renânia, incluindo Camphausen, Mevissen e Oppenheim, a formar uma companhia que comprasse o *Rheinische Allgemeine Zeitung* (a fim de evitar ter que renegociar uma concessão) e o republicaram a partir de 1º de janeiro de 1842 sob o título de *Reinische Zeitung*[148]. O subtítulo do jornal era "Para política, comércio e indústria", e seu objetivo declarado era defender os interesses da numerosa classe média renana cuja finalidade era salvaguardar o Código Civil napoleônico e o princípio da igualdade de todos os cidadãos perante a lei, e finalmente levar a efeito a unificação política e econômica de toda a Alemanha – aspirações que necessariamente levavam-nos a se oporem à política religiosa da Prússia e ao absolutismo semifeudal.

A companhia controladora do *Rheinische Zeitung* não tinha falta de dinheiro e começou com um capital acionário de mais de 30 mil táleres. Eles foram, porém, infelizes em sua escolha inicial dos editores. Moses Hess teve a liderança na

148. Mais detalhes sobre os antecedentes do *Rheinische Zeitung* podem ser encontrados em Silberner (1966, p. 91s.).

fundação do jornal e consequentemente esperara que fosse nomeado como editor; mas os sócios comandatários não queriam um revolucionário na presidência editorial. Sua finalidade principal era batalhar por medidas que ajudassem a expandir a indústria e o comércio, tal como uma expansão das uniões aduaneiras, construção acelerada de ferrovias e redução dos encargos postais. Então os acionistas ofereceram o editorial primeiro ao economista protecionista Friedrich List e depois (quando este foi forçado a declinar por motivos de saúde) a Hoeffken, editor do *Augsburguer Allgemeine Zeitung* e seguidor de List. Engolindo seu orgulho, Hess aceitou um posto como subeditor com referência especial à França. Renard, Oppenheim e Jung foram nomeados diretores. Como Oppenheim e particularmente Jung tinham sido convertidos por Hess ao radicalismo Jovem Hegeliano, logo surgiram atritos entre eles e Hoeffken. Este se recusou a aceitar artigos dos Jovens Hegelianos de Berlim e foi obrigado a renunciar (aos 18 de janeiro de 1842) – declarando-se "não adepto do neo-hegelianismo"[149].

Hoeffken foi substituído por Rutenberg, cunhado de Bruno Bauer. Ele era apoiado por Marx, que tomara parte nas discussões sobre a organização do jornal desde setembro do ano anterior. A nova nomeação deixou as autoridades tão apreensivas sobre a tendência do jornal que o governo central sugeriu a supressão do jornal; mas o presidente da província da Renânia, temendo que isso pudesse criar agitação popular, apenas prometeu maior supervisão.

Desde o começo Marx gozou de grande reputação no Círculo de Colônia. Jung disse dele que "embora um diabo de um revolucionário, Dr. Marx é uma das inteligências mais pe-

149. *Rheinische Briefen und Akten*, ed. Hansen, I, p. 315.

netrantes que eu conheço"[150]. E Moses Hess, um homem de entusiasmo generoso, apresentou-o a seu amigo Auerbach do seguinte modo:

> Tenho o prazer de apresentar um homem que é agora um de nossos amigos, embora viva em Bonn, onde em breve estará lecionando. Ele me impressionou consideravelmente embora nossos campos sejam muito próximos; em suma, prepare-se para encontrar o maior – talvez o único genuíno – filósofo atualmente vivo, que atrairá em breve... os olhos da Alemanha... Dr. Marx dará à religião e à política medieval seu *coup de grâce*. Ele combina a seriedade filosófica mais profunda com o humor mais mordaz. Imagine Rousseau, Voltaire, Holbach, Lessing, Heine e Hegel fundidos numa única pessoa – digo fundidos, não justapostos – e terá Dr. Marx[151].

Bauer já perguntara a Marx em janeiro por que ele não escrevia para o *Rheinische Zeitung*; e em março, pressionado por Jung, ele começou a transferir seu maior esforço do jornal de Ruge para este jornal[152]. Uma de suas primeiras contribuições, embora não fosse publicada até agosto, foi uma crítica da Escola Histórica de Direito. Escrito em abril de 1842, este artigo foi motivado pela nomeação de Karl von Savigny como ministro da Justiça, do qual se esperava que introduzisse no sistema legal as ideias românticas e reacionárias do novo rei. Era, portanto, um ataque indireto às instituições do "Estado cristão" prussiano. A Escola Histórica de Direito acabara de publicar um manifesto em homenagem a seu fundador Gustav Hugo (1764-1844), que sustentava que a existência histó-

---

150. Jung a Ruge, *MEGA*, I (2) 261.

151. Hess a Auerbach, em: Hess (1959, p. 80).

152. Sobre os artigos de Marx para o *Rheinische Zeitung* em geral, cf. McGovern (1969).

rica era a primeira justificação de qualquer lei. O principal ponto de Marx era que esta posição forçava Hugo a adotar um ceticismo absoluto que o privava de qualquer critério de julgamento. Contra essa posição Marx empregou um racionalismo baseado em Spinoza e Kant, sendo que ambos se recusavam a equiparar o positivo e o racional: "Hugo dessacraliza tudo o que é sagrado para o homem legal, moral e político. Ele esmaga o que é sagrado de modo a poder venerá-lo como uma relíquia histórica; violenta-o perante os olhos da razão para poder depois honrá-lo perante os olhos da história; ao mesmo tempo ele também quer honrar os olhos históricos"[153]. Em resumo, a Escola Histórica de Direito tinha apenas um princípio – "a lei do poder arbitrário"[154].

Ao mesmo tempo que escrevia o ataque contra Hugo, Marx decidiu dedicar uma série de artigos aos debates do Parlamento da Renânia que tivera uma longa sessão em Düsseldorf em meados de 1841. Ele originalmente tencionou uma série de cinco artigos sobre os debates, o primeiro dos quais seria um escrito no começo de abril e intitulado "Debates sobre a liberdade da imprensa e sobre a publicação das atas parlamentares"; os outros quatro tratariam do Caso Colônia, as leis sobre roubo de lenha, sobre furto de caça e pesca e a "realmente terrena questão em toda a sua extensão vital, a divisão da terra"[155]. Mas os únicos artigos que seriam publicados foram os da liberdade da imprensa e do roubo de lenha. Nos debates parlamentares sobre a liberdade da imprensa Marx achou que "o modo de ver característico de cada classe" não foi "em lugar algum mais claramente expresso do que nestes debates". Os oradores não viam a liberdade como um dom

153. *Writings of the Young Marx*, p. 98.

154. *Writings of the Young Marx*, p. 105.

155. Marx a Ruge, *MEGA*, I i (2) 278.

natural para todos os homens; para eles ela era "uma característica individual de certas pessoas e classes"[156]. Tal atitude era incapaz de redigir qualquer lei para governar a imprensa. Marx continuou criticando particularmente o romantismo feudal do regime prussiano e desenvolveu ideias sobre evasiva e projeção que mais tarde se tornaram uma teoria completa da ideologia:

> porque a situação real destes cavalheiros no estado moderno não tem absolutamente nenhuma relação com a concepção que eles têm da própria situação; porque vivem num mundo situado além do mundo real e porque, em consequência, a imaginação ocupa o lugar de suas cabeças e seus corações, eles necessariamente se voltam para a teoria, estando insatisfeitos com a prática, mas é para a teoria do transcendente, isto é, da religião que se voltam. Porém, nas mãos deles a religião adquire um amargor polêmico impregnado de tendências políticas e se torna, de uma maneira mais ou menos consciente, simplesmente um manto sagrado para esconder desejos que são ao mesmo tempo muito seculares e muito imaginários.
>
> Vemos que nosso presidente do Parlamento opõe uma teoria mística/religiosa de sua imaginação a exigências práticas... e ao que é racional do ponto de vista humano ele opõe entidades sagradas super-humanas[157].

Marx terminou delineando o papel que as leis deveriam desempenhar no Estado: "A lei de imprensa é uma verdadeira lei porque é uma existência positiva da liberdade. Ela trata a liberdade como a condição normal da imprensa..."[158] Marx prosseguiu tirando conclusões sobre a natureza da lei em ge-

156. Marx, Debates sobre a liberdade da imprensa, *MEW*, I, p. 34.

157. Marx, Debates sobre a liberdade da imprensa, *Early Texts*, p. 35s.

158. Marx, *MEW*, I, p. 57.

ral: "As leis são regras que reprimem a liberdade não mais do que a lei da gravidade é uma lei que reprime o movimento... as leis são antes luzes positivas, normas gerais, em que a liberdade obteve uma existência impessoal, teórica que é independente de qualquer indivíduo arbitrário. O livro de leis de um povo é sua bíblia de liberdade"[159]. Neste caso seria sem sentido falar de leis preventivas, pois as verdadeiras leis não impedem as atividades do homem, mas seriam "as leis interiores, vitais da atividade humana, o espelho consciente da vida humana"[160]. Este artigo, o primeiro que Marx publicou, foi entusiasticamente saudado por seus amigos: Jung escreveu-lhe, dizendo: "seu artigo sobre a liberdade da imprensa é magnífico"[161], Ruge escreveu de modo parecido: "seu comentário no artigo sobre a liberdade da imprensa é maravilhoso. É certamente o melhor que foi escrito sobre o assunto"[162].

Marx estava cada vez mais ansioso em ganhar a vida com o jornalismo pois se desentendeu definitivamente com sua mãe no fim de junho de 1842 e foi privado de toda a ajuda financeira de sua família. "Durante seis semanas", escreveu ele, "fiquei em Trier por causa de uma nova morte e o resto do tempo foi gasto e perturbado com as mais desagradáveis controvérsias familiares. Minha família pusera dificuldades no meu caminho que, apesar de sua prosperidade, me sujeitavam às mais angustiantes situações"[163]. A desavença foi tão violenta que Marx deixou a casa de sua família e se alojou numa hospedaria na Simeonstrasse. Ele ficou em Trier até o casamento

159. Marx, *MEW*, I, p. 58.

160. Marx, *MEW*, I, p. 58.

161. Jung a Marx, *MEGA*, I i (2) 275.

162. Ruge a Marx, *MEGA*, I i (2) 276.

163. Marx a Ruge, *MEW*, XXVII, p. 405.

de sua irmã Sophie e em meados de julho ele partiu para Bonn onde pôde se dedicar ininterruptamente ao jornalismo.

Apesar da atmosfera tensa em Trier, Marx encontrara tempo para compor outra contribuição importante para o *Rheinische Zeitung*. Em junho de 1842, o tom radical do jornal provocou seu grande rival, o *Kölnische Zeitung*, a fazer um ataque a sua "disseminação de ideias filosóficas e religiosas através de jornais"[164], e dizer num artigo de fundo que a decadência religiosa envolvia decadência política. Marx acreditava que o contrário fosse verdadeiro:

> Se a queda dos estados da Antiguidade acarreta o desaparecimento das religiões destes estados, não é necessário prosseguir procurando outra explicação, porque a "verdadeira religião" dos antigos era o culto da "nacionalidade deles", de seu "Estado". Não é a ruína das antigas religiões que acarretaram a queda dos estados da Antiguidade, mas a queda dos estados da Antiguidade que acarretaram a ruína das antigas religiões[165].

Marx prosseguiu defendendo o direito da filosofia – "a quintessência espiritual de nosso tempo" – de comentar livremente todas as questões e terminava o artigo com um delineamento do Estado ideal segundo a filosofia moderna, isto é, Hegel e depois.

> Se os professores anteriores de direito constitucional construíram o Estado a partir de instintos de ambição, de sociabilidade ou até a partir da razão, a concepção mais profunda da filosofia moderna deduz o Estado da ideia de todos. Ela considera o Estado como o grande organismo no qual as liberdades ju-

164. Marx, O artigo de fundo do *Kölnische Zeitung*, *MEGA*, I i (2) 233.

165. Marx, *Early Texts*, p. 38.

> rídicas, morais e políticas devem se realizar e no qual cada cidadão, obedecendo as leis do Estado, somente obedece às leis naturais de sua própria razão, a razão humana. *Sapienti sat*[166].

Finalmente, Marx acolhia a ideia da colisão das partes, outro tópico Jovem Hegeliano favorito: "Sem partes não há nenhum desenvolvimento; sem divisão, nenhum progresso"[167].

Depois de voltar a Bonn em julho de 1842, Marx começou a participar cada vez mais da organização do *Rheinische Zeitung*, devido principalmente à incompetência do alcoólatra Rutenberg, de quem Marx se declarou envergonhado de ter indicado para o trabalho. Simultaneamente com seu envolvimento mais íntimo com o jornal, vieram sinais de um desentendimento crescente com seus antigos colegas de Berlim. Eles tinham se organizado num clube conhecido como os *Freien*, que era o sucessor do Clube dos Doutores. Os *Freien* eram um grupo de jovens escritores que, desgostosos com as atitudes servis dos berlinenses, viviam um estilo de vida cujo objetivo era em muitos aspectos simplesmente *épater les bourgeois*. Eles passavam grande parte de seu tempo em cafés e até mendigavam nas ruas quando precisavam de dinheiro. A intransigência da oposição deles às doutrinas estabelecidas, e particularmente à religião, estava causando transtorno público. Entre seus membros estavam Max Stirner, que publicara artigos ateus no *Rheinische Zeitung* como prelúdio a seu livro extremamente anárquico-individualista *O ego e o seu próprio*; Edgar Bauer (irmão de Bruno), cujos ataques apaixonados contra qualquer espécie de compromisso político liberal foi seguido por Bakunin; e Friedrich Engels, que era autor de diversas polêmicas contra Schelling e o liberalismo.

---

166. Marx, *Early Texts*, p. 42.

167. Marx, *MEGA*, I i (2) 250.

Marx, contudo, era contra essas declarações públicas de emancipação, ele achava que eram mero exibicionismo. Por causa da associação dos Jovens Hegelianos com o *Rheinische Zeitung* ele também temia que os artigos provenientes de Berlim pudessem dar ao editor rival, Hermes, outra oportunidade para atacar o jornal. Marx estava escrevendo para um jornal comercial na Renânia, onde a indústria estava relativamente desenvolvida, ao passo que os *Freien* filosofavam em Berlim, onde havia pouca indústria e a atmosfera era dominada pela burocracia governamental. Por isso, ele era favorável a apoiar a burguesia em sua luta por uma reforma liberal, e era contra uma crítica indiscriminada. Foi de fato a conselho dele que o editor do *Rheinische Zeitung*, Renard, prometera ao presidente da Renânia que o jornal moderaria seu tom – particularmente em assuntos religiosos[168].

A atitude dos *Freien* levantou a questão sobre quais deveriam ser os princípios editoriais do *Rheinische Zeitung*. Por conseguinte, pelo fim de agosto Marx escreveu a Oppenheim, cuja voz era decisiva em determinar a política, apresentando detalhadamente suas propostas para o jornal, caso o editorial lhe fosse confiado. Ele escreveu:

> Se você concordar, mande-me o artigo (da autoria de Edgar Bauer) sobre o *juste-milieu* para que eu possa resenhá-lo. Esta questão deve ser discutida desapaixonadamente. Considerações gerais e teóricas sobre a constituição do Estado ficam melhor em revistas eruditas do que em jornais. A verdadeira teoria deve ser expandida e desenvolvida com relação a fatos concretos e ao estado atual dos negócios. Por isso uma atitude manifesta contra os atuais pilares do Estado resultariam apenas numa intensificação da censura e

168. Cf. *MEGA*, I i (2) 281s.

> até na supressão do jornal... em qualquer caso estamos aborrecendo um grande número, talvez a maioria, de liberais engajados na atividade política que assumiram a tarefa ingrata e penosa de conquistar a liberdade passo a passo dentro dos limites impostos pela Constituição, enquanto nós, confortavelmente instalados em teoria abstrata, apontamos as contradições deles. É verdade que o autor dos artigos sobre o *juste-milieu* nos convida a criticar, mas (1) nós todos sabemos como o governo responde a tais provocações; e (2) não é suficiente fazer uma crítica... a verdadeira questão é saber se se escolheu o campo adequado. Jornais somente se prestam à discussão destas questões quando elas se tornaram questões que interessam intimamente ao Estado - questões práticas. Eu considero absolutamente indispensável que o *Rheinische Zeitung* não seja dirigido por seus colaboradores, mas, pelo contrário, que *ele* possa dirigi-*los*. Artigos como estes fornecem uma excelente oportunidade de mostrar aos colaboradores a linha de ação a seguir. Um escritor isolado não pode, como um jornal, ter uma visão sinótica da situação[169].

Em meados de outubro, como resultado de sua carta, Marx, que já estava de fato dirigindo o jornal há alguns meses, foi feito editor-chefe.

Quando Marx se tornou editor, a circulação do jornal mais do que dobrou nos primeiros meses. Sua personalidade era tão dominante que a censura oficial chamaria a organização do jornal simplesmente de "ditadura de Marx"[170]. Nos últimos meses de 1842 o *Rheinische Zeitung* começou a adquirir reputação nacional. Robert Prutz, ele mesmo colaborador e

169. Marx a Oppenheim, *MEGA*, I i (2) 280.

170. Karl Marx: *Dokumente seines Lebens*, p. 117.

mais tarde um proeminente político liberal, posteriormente escreveu do jornal:

> Todos os talentos jovens, novos, livres-pensadores ou (como os amigos do governo se queixavam) revolucionários que a Prússia e a Alemanha tinham se refugiaram aqui. Lutando com uma grande variedade de armas, ora sérios, ora zombadores, ora eruditos, ora populares, hoje em prosa, amanhã em verso, eles formavam uma falange contra a qual a censura e a polícia lutavam em vão[171]...

E o editor não parece ter sido menos impressivo que o jornal. Mevissen deixou a seguinte descrição viva de Marx naquele tempo:

> Karl Marx de Trier era um homem poderoso de 24 anos cujo espesso cabelo preto brotava de seu rosto, braços, nariz e orelhas. Ele era dominador, impetuoso, apaixonado, cheio de uma autoconfiança ilimitada, mas ao mesmo tempo profundamente sério e erudito, um dialético incansável que com sua incansável perspicácia judia levava qualquer proposição da doutrina dos Jovens Hegelianos a sua conclusão final e já estava então, por seu estudo concentrado de economia, preparando sua conversão ao comunismo. Sob a liderança de Marx o jovem jornal logo começou a falar muito estouvadamente[172]...

Em sua tarefa inicial como editor, porém, Marx se mostrou muito circunspecto: ele se defrontou com acusações de comunismo feitas contra o *Rheinische Zeitung* pelo *Augsburger Allgemeine Zeitung*, provavelmente inspirado por Hoeffken, outrora editor do *Rheinische Zeitung*, que já atacara o *Rheinische Zeitung* em março por ter impresso um artigo de Bruno

171. Prutz (1856, II, p. 359s.).

172. Mevissen, em: Von Treitschke (1905, V, p. 201).

Bauer. A base para a acusação era que em setembro o *Rheinische Zeitung* resenhara dois artigos sobre habitação e reformas comunistas de governo, e que em outubro tinha relatado uma conferência em Estrasburgo onde seguidores de Fourier tinham apresentado suas ideias. Todos esses itens tinham sido escritos por Hess. Em sua resposta Marx criticou o jornal de Augsburg por tentar negligenciar uma questão que era importante, mas negava que o *Rheinische Zeitung* tivesse qualquer simpatia pelo comunismo:

> O *Rheinische Zeitung*, que não pode conceder realidade teórica às ideias comunistas na sua forma atual, e pode menos ainda desejar ou considerar possível sua realização prática, submeterá estas ideias a uma crítica completa. Se o *Augsburger* quisesse e pudesse conseguir mais que frases bonitas, veria que escritos como os de Leroux, Considérant, e sobretudo a penetrante obra de Proudhon, só podem ser criticados depois de um longo e profundo estudo, não através de noções superficiais e passageiras[173].

Mas essas noções tinham que ser levadas a sério, pois as ideias eram muito poderosas:

> Por causa desta divergência devemos levar estas obras teóricas o mais possível a sério. Estamos firmemente convencidos de que não é o esforço prático, mas antes a explicação teórica das ideias comunistas que é o perigo real. Tentativas práticas perigosas, mesmo aquelas em larga escala, podem ser respondidas com canhão, mas as ideias conseguidas por nossa inteligência, incorporadas em nosso modo de ver, e forjadas em nossa consciência, são correntes que nós mesmos não podemos romper sem partir nossos corações; elas

---

173. Marx, Communism and the Augsburger Allgemeine Zeitung, *Early Texts*, p. 47s.

são demônios que não podemos vencer sem nos submetermos a eles[174].

Essa resposta refletia a política geral do *Rheinische Zeitung*, que certamente tratava a pobreza como uma questão social e não meramente política, mas que não via o proletariado como uma nova classe social, mas apenas como vítima inocente de uma má organização econômica.

Não foi na classe operária alemã que as ideias socialistas se originaram ou criaram raízes inicialmente. A Alemanha mal estava começando a se tornar um país industrializado e os trabalhadores industriais estavam longe de ser a maioria da população. Eles não tinham organização suficiente e, sendo a maioria ex-artesãos, eram mais saudosos do passado do que revolucionários. As ideias socialistas eram difundidas por uma parte da elite intelectual, que via as massas proletárias como um instrumento possível de renovação social. O socialismo utopista francês começou a ter influência dentro da Alemanha durante a década de 1830[175]. Na própria Trier (onde Marx nasceu), Ludwig Gall difundia as ideias de Fourier; mas em Berlim os poemas de Heine e as aulas de Gans atingiam um público maior. O primeiro livro de um comunista alemão nativo foi *A história sagrada da humanidade*, escrito por Moses Hess, que recolhera ideias comunistas depois de fugir para Paris, da fábrica de seu pai em Colônia[176]. O livro era místico e meândrico, mas continha bastante clara a ideia da polarização de classes e a iminência de uma revolução proletária. Acontece que Hess converteu Engels ao comunismo e publicou muita propaganda velada do comunismo no

---

174. Marx, Communism and the Augsburger Allgemeine Zeitung, *Early Texts*, p. 48.

175. Cf. Butler (1926).

176. Sobre Hess, cf. Silberner (1966).

Rheinische Zeitung. Um ano mais tarde um alfaiate, Wilhelm Weitling, ativista na expatriada associação operária alemã em Paris e na Suíça, publicou um livreto intitulado *A humanidade como ela é e como deveria ser*. Era uma obra messiânica que defendia, contra o rico e o poderoso da terra que causava toda desigualdade e injustiça, o direito de todos à educação e à felicidade por meio da igualdade e justiça sociais.

O livro que mais ajudou a difundir o conhecimento do socialismo foi a pesquisa de Lorenz von Stein, *O socialismo e o comunismo na França de hoje*. Foi devido ao livro de Stein que o socialismo e o comunismo (os termos eram geralmente usados de modo intercambiável na Alemanha nessa época) começou a chamar a atenção em 1842. Encarregado pelo governo prussiano, Stein conduziu uma pesquisa sobre a difusão do socialismo francês entre os trabalhadores imigrantes alemães em Paris; embora o autor estivesse longe de ter simpatia pelos socialistas, o relatório que publicou ajudou enormemente a difundir informação sobre eles e até a gerar entusiasmo pela sua causa[177]. O clima de opinião em Colônia era particularmente favorável à recepção de ideias socialistas: os liberais renanos (diferente de seus equivalentes em Manchester) tinham grande consciência social e achavam que o Estado tinha deveres amplos para com a sociedade. Mevissen, por exemplo, quando visitou a Inglaterra ficou muito chocado com a redução dos salários e se converteu às ideias de Saint-Simon durante sua estadia em Paris. Nos escritórios do *Rheinische Zeitung* as questões sociais eram regularmente discutidas nas reuniões de um grupo (fundado por Moses Hess) que era de fato a comissão editorial do jornal. Entre seus membros estavam Jung e os futuros comunistas Karl d'Ester e Anneke. O grupo reunia-se mensalmente, jornais

177. Sobre Stein cf. adiante, p. 149, n. 92.

eram lidos, e seguia-se uma discussão entre os membros que necessariamente não tinham os mesmos pontos de vista políticos, mas todos estavam interessados em questões sociais. Marx juntou-se ao grupo quando se mudou para Colônia em outubro de 1842[178].

O interesse por questões sociais que esses seminários provocaram foi aumentado, para Marx, pelo seu estudo das condições socioeconômicas na Renânia. Em seu primeiro importante artigo como editor (o quarto numa série planejada de cinco que tratavam dos debates no Parlamento renano), ele discutia as leis mais rigorosas recentemente propostas a respeito de roubos de madeira. A coleta de lenha seca era tradicionalmente irrestrita, mas a escassez causada pelas crises agrárias dos anos de 1820 e a crescente necessidade da indústria conduziu a controles legais. A situação se tornara incontrolável: cinco sextos de todos os processos legais na Prússia eram sobre madeira, e a proporção era maior ainda na Renânia[179]. Por isso agora se propunha que o dono era o único árbitro de uma acusação e que somente ele avaliava os danos.

Marx discutia essas questões a partir de uma posição legal e política, sem muito detalhe social e histórico, e dizia que o Estado devia defender as leis costumeiras contra a rapacidade do rico. Pois algumas coisas nunca podem se tornar propriedade privada de um indivíduo sem injustiça; além disso, "se qualquer violação da propriedade, sem distinção ou determinação mais precisa, é roubo, não seria toda propriedade privada um roubo? Através de minha propriedade privada eu não estaria privando outra pessoa desta propriedade? Não violo assim o direito à propriedade?"[180]. Marx

178. Cf. Hansen (1906, I, p. 264s.).

179. Cf. Stein (1932).

180. Marx, Debates on the Law on Thefts of Wood. *Early Texts*, p. 49.

aqui usava a linguagem de Proudhon, mas sem seu espírito, pois ele se limitava a estritos fundamentos legais. As relações sociais dos homens se tornariam "fetiches" - coisas mortas que mantêm um domínio secreto sobre os homens vivos; as relações naturais de dominação e posse se inverteriam, e o homem era determinado pela madeira, porque a madeira era uma comodidade que era simplesmente uma expressão objetivada de relações sociopolíticas. Marx sustentava que esta desumanização era consequência direta do aviso dado pelo *Preussische Staats-Zeitung* aos legisladores: "ao fazer uma lei sobre lenha e madeira, eles devem pensar apenas em lenha e madeira, e não devem tentar resolver cada problema material de uma maneira política - isto é, em conexão com todo o complexo de raciocínio cívico e moralidade cívica"[181]. Marx concluiu seu artigo com a comparação da impressão de um observador independente de que a madeira era o fetiche da Renânia como a crença dos selvagens de Cuba de que o ouro era o fetiche dos espanhóis.

Esse parágrafo ilustra o crescente interesse de Marx pelas realidades socioeconômicas. Ele cravou-se em sua mente como o ponto decisivo de sua evolução intelectual. Como ele mesmo escreveu mais tarde: "No ano 1842-1843, como editor do *Rheinische Zeitung*, experimentei pela primeira vez o incômodo de ter que participar de discussões sobre os chamados interesses materiais. Os procedimentos do Parlamento renano sobre roubo de lenha etc. forneciam a primeira ocasião de me ocupar com questões econômicas"[182]. Também Engels disse mais tarde que ele "sempre ouviu de Marx que foi exatamente por se concentrar sobre a lei do roubo de madeira e a situação

---

181. Marx, *MEGA*, I i (1) 304.

182. Marx, Preface to A Critique of Political Economy. *MESW*, I, p. 361s.

dos viticultores do Mosela que ele foi levado da política pura para as relações econômicas e, portanto, para o socialismo"[183].

O crescente sucesso do *Rheinische Zeitung*, junto com sua crítica ao Parlamento renano, irritou tanto o governo que o presidente da província escreveu em novembro ao ministro do Interior que ele pretendia processar o autor do artigo sobre o roubo de lenha. As relações lá tinham se tornado tensas pela publicação no *Rheinische Zeitung* em outubro de um projeto secreto do governo para reformar a lei do divórcio, a primeira medida de Frederico Guilherme IV para "cristianizar" a lei. O jornal prosseguiu com sua exposição em três artigos críticos, o terceiro dos quais (em meados de dezembro) era de Marx. Ele concordava que a atual lei era individualista demais e não levava em conta a "substância ética" do casamento com relação à família e aos filhos. A lei ainda "pensa apenas em dois indivíduos e esquece a família"[184]. Mas ele não podia aceitar as novas propostas, pois o casamento não era tratado como uma instituição ética, mas religiosa e, portanto, não tinha reconhecida sua natureza secular.

Pelo fim de novembro o rompimento entre Marx e seus antigos colegas de Berlim estava completo. A questão estourou com a visita de Ruge e do poeta Herwegh a Berlim, onde eles queriam convidar os *Freien* para cooperarem na fundação de uma nova universidade. Ruge (que sempre tivera um pouco de puritano) e Herwegh ficaram revoltados com a licenciosidade e as ideias extravagantes dos *Freien*. Segundo Ruge, Bruno Bauer, por exemplo, "pretendia fazer-me engolir as coisas mais grotescas: que o Estado e a religião devem ser suprimidos em teoria, e também a propriedade e a família, sem

183. Engels a Fischer, *MEW*, XXXIX, p. 466.

184. Marx, sobre uma proposta de lei do divórcio. *MEGA*, I i (1) 317.

se preocupar em saber o que os substituiria, sendo o essencial destruir tudo"[185]. Aos 25 de novembro Marx deixou clara a sua posição a todo mundo ao publicar uma reportagem de Berlim cujos pontos essenciais eram tirados de uma carta enviada por Herwegh ao *Rheinische Zeitung*. O rompimento se consumou e Marx justificou sua ação como segue numa carta enviada alguns dias mais tarde a Ruge:

> Você sabe que diariamente a censura mutila nosso jornal de tal maneira que ele tem dificuldade em aparecer. Isso me obrigou a suprimir muitos artigos dos *Freien*. Eu me permiti anular tanto quanto o censor. Meyen e Cia. nos envia pilhas de garranchos cheios de revoluções mundiais e vazios de pensamento, escritos num estilo desleixado e temperado com um pouco de ateísmo e comunismo (que estes cavalheiros nunca estudaram)... Eu declarei que considero o contrabando de ideias comunistas e socialistas para casuais revistas de teatro inapropriado, de fato imoral, e que se requeria um tratamento muito diferente e mais fundamental do comunismo, se é que deva ser discutido. Eu dizia então que a religião deve ser criticada mais através de uma crítica da situação política do que a situação política ser criticada através da religião. Pois este enfoque combina melhor com a maneira de um jornal e a educação do público, pois a religião não tem nenhum conteúdo próprio e vive não do céu e sim da terra e cai por si mesma com a dissolução da realidade invertida cuja teoria ela é[186].

O furor causado pela publicação do projeto de lei sobre o divórcio aumentara a pressão governamental sobre o *Rheinische Zeitung* e cada vez mais o tempo de Marx era ocupado em

185. Ruge (1886, I, p. 290).

186. Marx a Ruge, *MEW*, XXVII, p. 412.

negociar com os oficiais da censura. "O *Rheinische Zeitung*", escreveu Engels, "quase sempre conseguia fazer passar os artigos mais importantes; em primeiro lugar dávamos uma ração menor ao censor até que ele desistisse espontaneamente ou era forçado a fazê-lo com a ameaça: neste caso o jornal não sai amanhã"[187]. Até dezembro de 1842 a censura era feita por um funcionário tão estúpido que se dizia ter censurado um anúncio de uma tradução da *Divina Comédia* de Dante alegando que coisas divinas não eram assunto próprio para comédia. Ele frequentemente não era astuto bastante para notar o que era importante censurar e, ao ser repreendido por seus superiores por sua negligência, costumava chegar ao trabalho com as palavras: "agora que minha subsistência está em perigo, vou cortar tudo"[188]. Blos relatou uma estória contada a ele por Marx sobre o mesmo funcionário. "Ele fora convidado, com sua mulher e a filha em idade de se casar, a um grande baile dado pelo presidente da província. Antes de sair tinha que terminar o trabalho de censura. Mas exatamente nesta tarde as provas não tinham chegado. O desorientado censor foi em seu carro para o alojamento de Marx que era um pouco distante. Eram quase onze horas. Depois de muito tocar a campainha, Marx pôs a cabeça pela janela do terceiro andar. 'As provas!', gritou o censor. 'Não há', Marx berrou para baixo. 'Mas...!' 'Não vamos publicar amanhã'. Imediatamente Marx fechou a janela. O censor, assim enganado, ficou sem saber o que dizer. Mas depois disso se tornou muito mais polido"[189].

Em janeiro de 1843 Marx publicou um trecho de uma pesquisa sobre pobreza que seria a sua última colaboração substancial para o *Rheinische Zeitung*. Os viticultores de Mosela

---

187. Engels, *MEW*, XIX, p. 97.

188. Marx a Engels, *MEW*, XXXIV, p. 60.

189. Blos (1965, p. 352).

sofreram muito com a competição depois do estabelecimento da *Zollverein*. Sendo já o assunto de considerável protesto público, o empobrecimento deles provocou uma reportagem em novembro de 1842 de um correspondente do *Rheinische Zeitung* cuja exatidão foi imediatamente questionada por von Schaper, o presidente da província da Renânia. Julgando insatisfatória a resposta do correspondente, Marx se preparou para confirmar ele mesmo a reportagem. Ele planejou uma série de cinco artigos. Enfim, porém, apenas três foram escritos e somente dois publicados antes de o *Rheinische Zeitung* ser proibido. Compreendendo muitos detalhes para justificar as afirmações de seu correspondente, os dois artigos publicados concorreram amplamente, na visão de Marx, para a supressão do jornal. As condições no Vale do Mosela eram devidas a relações objetivamente determinadas:

> Na investigação de condições políticas é-se tentado muito facilmente a não ver a natureza objetiva das relações e explicar tudo a partir da vontade da pessoa que age. Há relações, porém, que determinam as ações de pessoas privadas tanto quanto das autoridades individuais e que são tão interdependentes como os movimentos na respiração. Tomando essa postura objetiva desde o início, não se há de pressupor uma vontade exclusivamente boa ou má de ambos os lados. Antes, observar-se-ão relações em que apenas pessoas parecem atuar a princípio[190].

Para remediar essas relações, argumentava Marx, era necessário debate público aberto: "Para resolver a dificuldade, a administração e o administrado precisam de um terceiro elemento, que é político sem ser oficial e burocrático, um ele-

190. Sobre a miséria dos viticultores do Mosela. *MEGA*, I i (1) 360; Easton and Guddat, p. 144s.

mento que ao mesmo tempo represente o cidadão sem estar diretamente envolvido em interesses privados. Este elemento solucionador, composto de uma mente política e um coração cívico, é a livre-imprensa"[191].

Marx devia já ter tido a impressão de que os dias do *Rheinische Zeitung* estavam contados. Aos 24 de dezembro de 1842, o primeiro aniversário da censura mitigada, o *Leipziger Allgemeine Zeitung*, um dos mais importantes jornais liberais na Alemanha, publicou uma carta de Herwegh protestando contra o fato de que um jornal que ele esperara editar a partir de Zurique fora proibido na Prússia. Em resposta, Herwegh foi expulso da Prússia e o *Leipziger Allgemeine Zeitung* foi supresso; aos 3 de janeiro de 1843, sob pressão de Frederico Guilherme IV, o governo saxão suprimiu o *Deutsche Jahrbücher*; e aos 21 de janeiro o Conselho de Ministros presidido pelo rei decidiu suprimir o *Rheinische Zeitung*. Marx escreveu a Ruge:

> Diversas razões particulares têm concorrido para motivar a supressão de nosso jornal: nosso crescimento de circulação, minha justificação do correspondente de Mosela que culpou políticos do alto escalão, nossa teimosia em não dar o nome da pessoa que nos informou sobre o projeto de lei do divórcio, a convocação dos parlamentares que seríamos capazes de influenciar e, finalmente, nossa crítica à supressão do *Leipziger Allgemeine Zeitung* e do *Deutsche Jahrbücher*[192].

Além disso, o czar pessoalmente protestara junto ao governo prussiano contra artigos antirrussos no *Rheinische Zeitung*. Marx oferecera antes sua renúncia na esperança de

---

191. Sobre a miséria dos viticultores do Mosela. *Writings of the Young Marx*, p. 145s.

192. Marx a Ruge, *MEW*, XXVII, p. 414.

salvar o jornal, mas a decisão do governo era definitiva[193]. A data escolhida para a edição final do jornal foi 31 de março de 1843, mas a censura estava tão intolerável que Marx preferiu renunciar aos 17 de março. Numa declaração publicada no jornal, Marx dizia que sua renúncia era devida ao "atual estado da censura"[194], embora mais tarde ele a atribuísse ao desejo dos acionistas de se comprometerem com o governo[195].

Durante os últimos poucos meses Marx certamente foi a principal força por trás do jornal. Pelo fim de dezembro sua circulação chegara a 3.500. Aos 18 de março o censor, Saint-Paul, escreveu: "Hoje o vento mudou. Ontem o homem que era o *spiritus rector*, a alma de toda a empresa, finalmente renunciou... Estou bastante contente e hoje tive que censurar apenas um quarto do tempo que comumente levava"[196]. Os pontos de vista de Marx certamente eram fortemente mantidos. Saint-Paul escreveu que "Marx morreria por seus pontos de vista, de cuja verdade ele está absolutamente convencido".

A decisão de suprimir o *Rheinische Zeitung* veio como uma libertação: "O governo", disse ele, "devolveu-me a liberdade"[197]. Embora ele ainda estivesse escrevendo, ele estava certo de que seu futuro estava no estrangeiro: "Na Alemanha eu não posso começar nada novo; aqui você é obrigado a se falsificar"[198]. A decisão dele de emigrar já estava tomada: os únicos problemas que restavam eram quando e onde.

193. Sobre este aspecto, cf. ainda Nicolaievsky e Maenchen-Helfen, *La vie de Karl Marx*, p. 76s.

194. Marx, *MEW*, I, p. 200.

195. Marx a Engels, *MEW*, XXXII, p. 128.

196. *Rheinische Briefen und Akten*, ed. Hansen, I, p. 496.

197. Marx a Ruge, *MEW*, XXVII, p. 415.

198. Marx a Ruge, *MEW*, XXVII, p. 415.

2
Paris

Iremos para a França, o limiar de um novo mundo. Que ela esteja de acordo com nossos sonhos! No fim de nossa viagem encontraremos o vasto vale de Paris, o berço da nova Europa, o grande laboratório onde se forma a história mundial e tem a sua fonte sempre fresca. É em Paris que viveremos nossas vitórias e derrotas. Até nossa filosofia, o campo em que estamos adiantados em nosso tempo, só será capaz de triunfar quando proclamada em Paris e impregnada de espírito francês.
A. RUGE. *Zwei Jahre in Paris.* Leipzig, 1846, I, 4s.

I. Casamento e Hegel

Com a supressão do *Rheinische Zeitung* Marx se encontrou mais uma vez como um intelectual desempregado. Suas preocupações imediatas foram encontrar um emprego seguro e se casar. No tocante ao jornalismo, tornara-se virtualmente impossível uma variação para Marx na Alemanha. As diferenças de opinião entre os Jovens Hegelianos, já manifestadas nas atitudes deles com relação ao *Rheinische Zeitung*, provocaram uma cisão completa, seguindo-se à decisão do governo prussiano de suprimir a imprensa liberal. Os que estavam em Berlim, liderados por Bruno Bauer, tendiam cada vez mais a se afastarem da ação política. Eles tinham imaginado que sua influência fosse tal que a supressão de seus pontos de vista levasse a um grande protesto entre a burguesia liberal. Quando nada disto aconteceu, eles se limitaram cada vez mais à crítica puramente teórica que deliberadamente renunciava a toda esperança de influência política imediata. A resposta do grupo em torno de Ruge foi diferente: eles queriam continuar a luta política, mas de uma maneira ainda mais efetiva. Uma revista própria ainda lhes parecia o meio mais promissor de ação política, e a primeira ideia deles foi se basearem na editora de Julius Froebel em Zurique. Froebel era um professor de Mineralogia em Zurique que iniciou seu negócio no fim de 1841, a fim de publicar os poemas radicais de Georg Herwegh; ele também publicava uma revista, editada por Herwegh, que aguardava o momento de suceder ao *Deutsche Jahrbücher*. Com a expulsão de Herwegh de Zurique em março de 1843 havia um vazio óbvio a ser preenchido. Ruge sentia-se tanto mais atraído por Zurique porque era (junto com Paris) o principal centro dos expatriados alemães. Uma vez que estes exílios compreendiam tanto intelectuais como operários, era sensato que qualquer nova revista combinasse a teoria do *Deutsche Jahrbücher* com as ideias mais imediatamente políticas do *Rheinische Zeitung*. Ruge tinha uma grande admiração por Marx e escreveu ao irmão dele, Ludwig: "Marx tem uma grande inteligência. Ele está muito preocupado com o futuro dele e particularmente com seu futuro imediato. Continuando com o *Jahrbücher* é muito natural pedir a assistência dele"[1]. Assim, quando Ruge propôs em janeiro de 1843 que ele e Marx fossem coeditores, Marx aceitou com entusiasmo.

A concepção que Marx tinha da revista estava naturalmente condicionada por sua avaliação do futuro político da Alemanha, que ele via como revolucionário. Em março de 1843 ele escreveu: "Você provavelmente poderia deixar um

1. Ruge (1886, I, p. 295).

navio cheio de loucos ser levado pelo vento um bom tempo, mas ele chegaria a seu destino exatamente porque os loucos não acreditavam nele. Esse destino é a revolução que está diante de nós"[2]. Numa carta a Ruge, escrita dois meses depois para ser publicada na revista, Marx o repreendia por sua visão pessimista do futuro da Alemanha. "É verdade", escreveu ele, "que o velho mundo está em poder do filisteu; mas não o devemos temer como a um espantalho e retroceder amedrontados. Que os mortos enterrem e chorem seus mortos. Ao contrário, é desejável ser o primeiro a entrar vivo na nova vida; e esta é nossa herança"[3]. Depois de uma longa análise da natureza "filisteia" da Alemanha contemporânea, Marx declarou que "é apenas sua própria situação desesperada que me enche de esperança". Ele já estava começando a perceber a possibilidade de uma revolução consistindo numa aliança entre "pensadores" e "sofredores":

> O sistema de lucro e comércio, de exploração humana e de propriedade produz, muito mais rapidamente do que o aumento da população, uma divisão da sociedade contemporânea que a velha sociedade é incapaz de sanar, porque ela nunca sana ou cria, mas apenas existe e goza. A existência de uma humanidade sofredora que pensa e uma humanidade pensadora que é oprimida deve necessariamente ser desagradável e inaceitável ao mundo animal dos filisteus que nunca agem nem pensam, mas apenas gozam.
>
> Por nosso lado o velho mundo deve ser trazido à luz do dia e deve ser dada uma forma positiva ao novo. Quanto mais tempo os acontecimentos concederem à humanidade pensante para se recordar e à huma-

2. Marx a Ruge, A Correspondence of 1843. *Early Texts*, p. 74.

3. Marx a Ruge, A Correspondence of 1843. *Early Texts*, p. 74.

> nidade sofredora para se reunir, mais perfeito será o produto que o tempo atual leva em seu ventre[4].

Em virtude do seu otimismo revolucionário, Marx era de modo definitivo contra simplesmente continuar o *Deutsche Jahrbücher*. "Mesmo que o *Jahrbücher* fosse de novo permitido, tudo o que poderíamos conseguir seria uma imitação pálida da extinta revista e isto não é mais suficiente"[5]. Ruge a princípio pensara numa série de panfletos, mas Marx estava determinado a favor de um meio de propaganda mensal e mais eficaz. Assim ele e Ruge decidiram levar à prática a ideia de uma cooperação franco-germânica que fora sugerida pela maioria dos Jovens Hegelianos de vez em quando durante os dois anos anteriores. A influência do pensamento francês tornara os radicais muito preocupados com o âmbito internacional – ao contrário dos liberais a quem a crise dos anos de 1840 impingiu um nacionalismo estreito. Hess e Weitling tinham aprendido seu socialismo na França e Feuerbach expressara vigorosamente a ideia de que uma "nova" filosofia, se quisesse ser eficaz, teria que combinar uma cabeça alemã com um coração francês. Marx estava extremamente entusiasmado com a perspectiva: "Anais franco-germânicos – isto poderia ser um princípio, um acontecimento importante, um empreendimento que enche alguém de entusiasmo"[6]. Froebel concordou em publicar uma revista deste tipo e os preparativos começaram. Em maio, Marx e Froebel foram visitar Ruge em Desdren; Ruge concordou em contribuir com 6 mil táleres, Froebel com 3 mil, e os três decidiram que Estrasbugo seria o local da publicação. O futuro imediato de Marx estava

4. Marx, A Correspondence of 1843. *Early Texts*, p. 79.

5. Marx a Ruge, *MEW*, XXVII, p. 416.

6. Marx a Ruge, *MEW*, XXVII, p. 416.

agora garantido: como coeditor da revista ele tinha um salário de 550 táleres, e receberia além disso cerca de 250 por direitos autorais.

O caminho finalmente estava aberto ao casamento. Em março ele escrevera a Ruge:

> Assim que eu tiver assinado o contrato irei a Kreuznach e me casarei... Sem romantismo, posso lhe dizer que estou profundamente apaixonado e isso é tão sério quanto pode ser. Estou noivo há mais de sete anos e minha noiva se envolveu tanto em minhas mais duras lutas que arruinou a saúde dela. Isso aconteceu em parte contra suas relações pietistas e aristocratas, para quem o Senhor no Céu e o Senhor em Berlim são objetos de igual veneração, e em parte contra minha própria família em que certos radicais e outros inimigos jurados se insinuaram. Durante anos minha noiva e eu temos lutado mais batalhas inúteis e exaustivas do que pessoas três vezes mais velhas – que estão eternamente falando de suas "experiências", uma palavra particularmente cara a nossos partidários do *juste-milieu*[7].

As dificuldades com a família de Jenny tinham aumentado com a chegada do meio-irmão dela Fernando, um funcionário público de carreira e mais tarde ministro do Interior prussiano, que em 1838 fora nomeado para um importante cargo em Trier. Era impossível evitar a influência dele pois Jenny se mudara com sua mãe, provavelmente no começo de julho de 1842, para a estância termal de Kreuznach, cerca de 50 milhas a leste de Trier. Marx visitou-a aí em março para fazer planos para o casamento.

Logo que ele partiu, Jenny lhe escreveu:

---

7. Marx a Ruge, *MEW*, XXVII, p. 416.

> Acho que você nunca foi tão querido, tão doce, tão encantador. Toda vez que nós nos separávamos antes, eu ficava tão arrebatada por você, que gostaria de tê-lo de volta para dizer mais uma vez quão querido, quão completamente querido você é para mim. Mas desta última vez você partiu triunfante; não sabia o quanto você era querido para mim no mais profundo do meu coração senão quando não o vi mais pessoalmente; eu tenho apenas o seu retrato fiel, tão cheio de vida perante minha alma em toda a sua angélica suavidade e bondade, amor profundo e esplendor espiritual. Se você estivesse de volta novamente, meu querido Karl, quanta capacidade de felicidade você encontraria em sua valente garota; e mesmo que você mostrasse uma tendência ainda pior e até intenções mais repulsivas, mesmo assim eu não tomaria medidas reacionárias[8]; eu pacientemente inclinaria minha cabeça, sacrificando-a ao garoto travesso... Você ainda lembra de nossa conversa ao crepúsculo, nossos acenos, nossas horas de sonolência? Meu amor, como você foi bom, amoroso, atencioso, alegre[9].

A carta também continha instruções cuidadosas sobre o que comprar e o que não comprar para o casamento, que ocorreu na igreja protestante e no cartório em Kreuznach aos 19 de junho de 1843. O registro oficial descrevia o casal como "Herr Karl Marx, doutor em Filosofia, residente em Colônia, e Fräulein Johanna Bertha Julie Jenny von Westphalen, sem ocupação, residente em Kreuznach". Das duas famílias apenas a mãe de Jenny e o irmão Edgar estavam presentes, sendo as testemunhas conhecidos de Kreuznach.

---

8. A linguagem aqui é ironicamente tomada da troca de correspondência entre as autoridades censoras e o *Rheinische Zeitung*.

9. Jenny von Westphalen a Marx, *MEW*, Ergsbd, I, p. 644s.

Marx e Jenny partiram imediatamente para uma lua de mel de diversas semanas. Eles foram primeiro para a Suíça para ver as cataratas do Reno perto de Schaffhausen e depois – viajaram pela província de Baden – eles não se apressaram em voltar a Kreuznach. Jenny mais tarde contou uma história que ilustrava quão extraordinariamente irresponsáveis eram os dois (e continuavam a ser) com o dinheiro. A mãe de Jenny dera-lhes dinheiro para a lua de mel e eles o levaram consigo numa mala. Eles o levavam no carro durante a viagem e nos diferentes hotéis. Quando recebiam visitas de amigos necessitados eles a deixavam aberta sobre a mesa em seu quarto e cada um podia tirar quanto quisesse. Não é necessário dizer que em pouco tempo estava vazia[10].

Ao voltar a Kreuznach, Marx e Jenny viveram por três meses na casa da mãe dela – o que permitiu a Marx "retirar-me do cenário público para meu escritório"[11] e dedicar-se a escrever para o *Deutsch-französische Jahrbücher*. Estava claro que o *Jahrbücher* seria uma revista especificamente política. Embora Marx tivesse tratado de assuntos políticos em seus artigos para o *Rheinische Zeitung*, sua abordagem – como era normal em artigos polêmicos – tinha sido muito eclética, com linhas de argumento tiradas de Spinoza, Kant e Hegel. Agora ele sentia a necessidade de uma estrutura mais sistemática de crítica e decidiu tentar fazer as pazes com a filosofia política de Hegel, particularmente como está expressa em *A filosofia do direito*. Todos os discípulos de Hegel tinham que mais cedo ou mais tarde fazer isso quando ficou claro que o governo prussiano não mostrava nenhuma possibilidade de se tornar o "estado racional" de Hegel. Marx tinha tido a ideia havia

10. Cf. Kugelmann, Small Traits of Marx's Great Character. In: *Reminiscences*, p. 279.

11. Marx, Prefácio a A Critique of Political Economy, *MESW*, I, p. 362.

pelo menos um ano. Em março de 1842 ele escrevera a Ruge: "Outro artigo que tenho em mente para o *Deutsche Jahrbücher* é uma crítica da parte do direito natural de Hegel em que ele fala da constituição. A sua parte essencial é a crítica da monarquia constitucional, uma instituição bastarda, contraditória e injustificável"[12]. Ele prosseguiu dizendo que o artigo estava terminado e precisava apenas ser reescrito. Seis meses depois ele ainda estava falando em publicá-lo no *Rheinische Zeitung*. A crítica da política de Hegel que Marx elaborou nos três meses que passou em Kreuznach é muito mais rica do que o enfoque puramente lógico-político dos anos anteriores.

Dois fatores modelaram a visão de Marx sobre a política de Hegel. O primeiro foi a sua recente experiência como editor do *Rheinische Zeitung*. Muitos anos mais tarde, no prefácio à sua *Crítica da economia política*, Marx escreveu:

> O primeiro trabalho que iniciei para solucionar as dúvidas que me assaltavam foi uma revisão crítica da filosofia hegeliana do direito... Minha investigação conduziu à conclusão, em primeiro lugar, de que as relações legais bem como as formas de estado não devem ser compreendidas nem em si mesmas nem a partir do assim chamado desenvolvimento geral da mente humana, mas têm antes suas raízes nas condições materiais de vida (a soma total do que Hegel, seguindo o exemplo dos ingleses e franceses do século XVIII, junta sob o nome de "sociedade civil"); mas, em segundo lugar, que a anatomia da sociedade civil deve ser buscada na economia política[13].

Embora seu relato seja simplificado demais, sua experiência com o *Rheinische Zeitung* e a rejeição da política liberal

---

12. Marx a Ruge, *MEW*, XXVII, p. 397.

13. Marx, Prefácio a A Critique of Political Economy, *MESW*, I, p. 362.

por Heine e pelos socialistas (incluindo Hess) possibilitou sua crítica de Hegel levar em conta fatores socioeconômicos em medida muito maior.

O segundo fator foi a impressão que causou em Marx sua leitura das *Teses preliminares para a reforma da filosofia* de Feuerbach. Marx já tinha lido Feuerbach quando elaborou sua tese doutoral, mas o *magnum opus* de Feuerbach, *A essência do cristianismo*, que dizia que as crenças religiosas eram apenas projeções de desejos e capacidades humanas alienadas, não causara nele a impressão que causara em Ruge[14]. Mas as *Teses* tiveram uma influência imediata e importante sobre Marx: elas tinham sido publicadas na Suíça em fevereiro de 1843 numa coleção de ensaios que tinham sido censurados do *Deutsche Jahrbücher* de Ruge. Nelas Feuerbach aplicava à filosofia especulativa a abordagem que ele já usara em relação à religião: a teologia ainda não tinha sido completamente destruída; ela tinha um último baluarte racional da filosofia de Hegel, que era uma mistificação tão grande como qualquer teologia. Uma vez que a dialética de Hegel começava e terminava com o infinito, o finito – a saber, o homem – era apenas uma fase na evolução de um espírito super-humano: "A essência da teologia é um pensamento humano transcendente e exteriorizado"[15]. Mas a filosofia não devia partir de Deus ou do Absoluto, nem sequer do fato de ser predicado do Absoluto; a filosofia tinha que começar com o finito, o particular, o real, e reconhecer a primazia dos sentidos. Embora a França tivesse sido pioneira neste enfoque, o verdadeiro filósofo devia ter "sangue galo-germânico". A filosofia de Hegel

14. Cf. McLellan (1969, p. 92s.). Que Marx muito provavelmente não foi o autor do artigo "Luther as judge between Strauss and Feuerbach" foi mostrado por Sass (1967).

15. Feuerbach (1959, II, p. 226).

era o último refúgio da teologia e como tal devia ser abolida. Isto ocorreria a partir de uma percepção de que "a verdadeira relação entre pensamento e ser é a seguinte: o ser é o sujeito, o pensamento é o predicado. O pensamento surge do ser; o ser não surge do pensamento"[16].

Marx leu o livro das *Teses* de Feuerbach imediatamente após sua publicação e escreveu uma carta entusiasmada a Ruge, que lho enviara: "O único ponto nos aforismas de Feuerbach que não me satisfaz é que ele dá importância de mais à natureza e de menos à política. Pois uma aliança com a política fornece o único meio para a filosofia contemporânea se tornar verdade. Mas o que aconteceu no século XVI, quando o Estado tinha seguidores tão entusiastas como os da natureza, sem dúvida não se repetirá"[17]. Para Marx o caminho em frente era a política, mas uma política que questionava as concepções correntes da relação entre Estado e sociedade. Foram as *Teses* de Feuerbach que permitiram que ele efetuasse sua inversão particular da dialética de Hegel. Para Marx, em 1843 (e isto era verdadeiro também para a maioria dos contemporâneos democratas radicais), Feuerbach era *o* filósofo. Cada página da crítica à filosofia política de Hegel que Marx elaborou durante o verão de 1843 mostrava a influência do método de Feuerbach. É verdade que Marx deu à sua crítica uma dimensão social e histórica que faltava em Feuerbach, mas um ponto era central em ambos os enfoques: a afirmação de que Hegel invertera a relação correta entre sujeitos e predicados. A ideia fundamental de Marx era tomar as instituições políticas existentes e demonstrar com isso que a concepção de Hegel do relacionamento entre ideias e realidade estava

16. Feuerbach (1959, II, p. 239).

17. Marx a Ruge, *MEGA*, I i (2) 308.

equivocada. Hegel tentara reconciliar o ideal e o real ao mostrar que a realidade era o desdobramento de uma ideia, e era, portanto, racional. Marx, ao contrário, enfatizava a oposição entre ideais e realidade no mundo secular e classificava todo o empreendimento de Hegel como especulativo, querendo dizer com isso que se baseava em concepções subjetivas que estavam em desacordo com a realidade empírica[18].

Inspirado pela filosofia e pela análise histórica de Feuerbach, esse manuscrito foi o primeiro de muitas obras de Marx (incluindo *O capital*) que receberam o título de "Crítica" – um termo muito em voga entre os Jovens Hegelianos. O enfoque que representava – refletindo ou trabalhando sobre as ideias de outros – era muito do gosto de Marx, que preferia desenvolver suas próprias ideias por meio desta análise crítica de ideias de outros pensadores. O método de Marx em seu manuscrito – que era obviamente apenas um primeiro esboço geral – era copiar um parágrafo de *A filosofia do direito* de Hegel e acrescentar um parágrafo crítico próprio. Ele tratou apenas da parte final de *A filosofia do direito* que se dedicava ao Estado. Segundo a filosofia política de Hegel – que era uma parte de seu esforço geral de reconciliar filosofia e realidade – a consciência humana se manifestava objetivamente nas instituições jurídicas, morais, sociais e políticas do homem. Essas instituições permitiam que o Espírito alcançasse plena liberdade, e a obtenção dessa liberdade se tornava possível através da moralidade social presente nos sucessivos grupos de família, sociedade civil e Estado. A família educava o homem para a autonomia moral, ao passo que a sociedade civil organizava a vida econômica, profissional e cultural. So-

---

18. Há uma excelente edição dos manuscritos de Marx: Marx (1970). Cf. tb. Dupré (1966, p. 87s.); Avineri (set. 1967); Lefebvre (1968, p. 123s.); Hyppolite (1965^2); Barion (1963).

mente o nível mais alto da organização social – o Estado, que Hegel chamava de "a realidade de liberdade concreta" – era capaz de sintetizar direitos particulares e razão universal no estágio final da evolução do espírito objetivo. Assim Hegel rejeitava a visão de que o homem era livre por natureza e que o Estado diminuía essa liberdade natural; e porque ele acreditava que nenhum filósofo podia se mover fora de seu próprio tempo e assim se recusava a teorizar sobre ideais abstratos, ele achava que o Estado que ele descrevia em certa medida já estava presente na Prússia[19].

Em seu comentário Marx examinava sucessivamente os poderes monárquico, executivo e legislativo nos quais (segundo Hegel) o Estado se dividia, e mostrou que a suposta harmonia alcançada em cada caso era de fato falsa.

Com relação à monarquia, a principal crítica de Marx era que ela via o povo apenas como um acessório à constituição política ao passo que na democracia (que era o termo de Marx neste tempo para a forma preferida de governo) a constituição era a autoexpressão do povo. Para explicar a sua visão da relação entre democracia e formas anteriores de constituição, Marx invocou um paralelo com a religião:

---

19. A filosofia política de Hegel era sem dúvida bastante ambivalente: por um lado ele descrevia a Revolução Francesa como uma "gloriosa aurora" e durante toda a sua vida ele brindava o aniversário da queda da Bastilha; por outro lado, muitos de seus pronunciamentos, particularmente no final de sua vida, tendiam para uma posição mais conservadora, para não dizer reacionária. Sobre a questão a respeito de quão liberal Hegel realmente era em política, cf. a introdução de Pelczynski (1964) e a crítica de Sidney Hook a Pelczynski em seu artigo "Hegel Re-habilitated". Encounter (jan. 1965), e "Hegel and his Apologists". Encounter (maio de 1966), junto com as réplicas de Avineri e Pelczynski em Encounter (nov. 1965 e março 1966). Os dois melhores livros sobre a política de Hegel são Avineri (1972) e Plant (1973).

> Assim como a religião não faz o homem, mas o homem faz a religião, também a constituição não faz o povo, mas o povo faz a constituição. De certa forma a democracia tem a mesma relação com todas as outras formas de estado como o cristianismo para as outras formas de religião. O cristianismo é a religião *par excellence*, a essência da religião, deificou o homem como uma religião particular. De modo semelhante a democracia é a essência de todas as constituições do Estado, o homem socializado como uma constituição particular do Estado[20].

Na Grécia e na Idade Média os aspectos políticos da vida estavam intimamente ligados aos aspectos sociais; foi apenas nos tempos modernos que o estado político foi abstraído da vida da sociedade. A solução para este problema em que "a constituição política era antigamente a esfera religiosa, a religião da vida do povo, o céu de sua universalidade em oposição à existência terrena e real" era o que Marx chamou "verdadeira democracia"[21]. Esta concepção poderia ser resumida como uma forma humanista de governo em que o homem socializado livre era o único sujeito do processo político em que o Estado como tal teria desaparecido.

Voltando-se às visões de Hegel sobre o poder executivo, Marx produziu diversas passagens interessantes sobre a burocracia que representavam sua primeira tentativa de dar uma definição sociológica do poder estatal e refletiam em parte suas próprias dificuldades com os funcionários quando era editor do *Rheinische Zeitung*[22]. Hegel dissera que o Estado servia de intermediário entre elementos conflitantes dentro

---

20. Marx, Critique of Hegel's Philosophy of Right. *Early Texts*, p. 65.

21. Marx, *Early Texts*, p. 67.

22. Para ulteriores referências à burocracia nos escritos de Marx, cf. Avineri (1968, p. 48s.); Axelos (1961, p. 97s.); Fetscher (1960).

da sociedade civil através de corporações e da burocracia: as primeiras agrupavam interesses privados individuais a fim de fazer pressão para apoiar o Estado; a última servia de intermediária entre o Estado e os interesses privados assim expressos. Por burocracia Hegel entendia um corpo de funcionários públicos que eram recrutados por concurso entre as classes médias. A eles era confiada a formulação dos interesses comuns e a tarefa de manter a unidade do Estado. Evitavam que as decisões deles fossem arbitrárias o monarca acima deles e a pressão das corporações a partir de baixo.

Marx começou denunciando esta mediação intentada que não resolvia, e quando muito disfarçava, oposições historicamente determinadas. Hegel entendera bem o processo da dissolução dos estados medievais, o progresso da indústria e a guerra econômica de todos contra todos. De fato, algumas das caracterizações mais impressionantes de Marx a respeito da ética capitalista eram tomadas quase diretamente de Hegel[23]. Ao tentar, porém, construir uma unidade estatal formal, Hegel apenas criou mais uma alienação: o ser humano, que já estava alienado na monarquia, alienava-se agora mais ainda no poder crescente do executivo, da burocracia. Tudo o que ele oferecia era uma descrição empírica da burocracia, em parte como ela era e em parte como ela pretendia ser. Marx rejeitava a afirmação de Hegel de que a burocracia era uma classe imparcial e por isso "universal". Ele inverteu a dialética hegeliana asseverando que, embora a função deles fosse universal em princípio, os burocratas na prática acabaram transformando-a em assunto privado ao criarem um interesse de grupo separado da sociedade. Assim a burocracia, sendo uma sociedade particular, fechada, dentro do Estado, apropriou-se

23. Cf. Heiss (1948).

da consciência, da vontade e do poder do Estado. Na batalha contra as corporações medievais a burocracia saía necessariamente vitoriosa pois cada corporação precisava dela para combater outras corporações, ao passo que a burocracia era autossuficiente. A burocracia, que foi criada para resolver problemas e então os engendrou a fim de dar a si mesma uma *raison d'être* permanente, tornou-se mais um fim do que um meio e assim não realizou nada. Era esse processo que explicava todas as características da burocracia: o formalismo, a hierarquia, a mística, a identificação de seus próprios fins com os do Estado.

Marx resumiu estas características numa passagem que por causa de sua perspicácia e penetração merece citação extensa:

> A burocracia julga-se o objetivo final do Estado... Os objetivos do Estado são transformados nos objetivos dos "bureaux" (escritórios) e os objetivos dos "bureaux" nos objetivos do Estado. Burocracia é um círculo do qual ninguém pode escapar. Sua hierarquia é uma hierarquia de conhecimento. O escalão superior dá ao inferior discernimento no individual enquanto o escalão inferior dá ao superior discernimento no universal, e assim um ilude o outro.
>
> A burocracia constitui um estado imaginário junto com o estado real, e é o espiritualismo do Estado. Assim todo objeto tem um sentido dual – um real e um burocrático, exatamente como o conhecimento é dual – real e burocrático (e acontece o mesmo com a vontade). Mas a coisa real é tratada segundo sua essência burocrática, em sua essência espiritual além-terrena. A burocracia possui a essência do Estado – a essência espiritual da sociedade; o Estado é sua propriedade privada. A índole geral da burocracia é o segredo, mistério, salvaguardado dentro pela hierarquia e fora pela

> sua natureza como corporação fechada. Assim o espírito político público e também a mentalidade parecem à burocracia uma traição de seu segredo. O princípio de seu conhecimento é, portanto, a autoridade, e sua mentalidade é a idolatria da autoridade. Mas dentro da burocracia o espiritualismo se torna um materialismo crasso, o materialismo da obediência passiva, fé na autoridade, o mecanismo do comportamento fixo e formal, de princípios, atitudes e tradições fixas. Quanto ao burocrata individual, o objetivo do Estado se torna o seu objetivo privado, na forma de competição por postos mais altos – carreirismo. Ele considera como real a vida material, pois o espírito desta vida tem sua existência separada própria na burocracia[24].

A crítica fundamental de Marx a Hegel era a mesma contida nas seções precedentes: os atributos da humanidade como um todo foram transferidos para um indivíduo ou classe particulares, que assim representava a universalidade ilusória da vida política moderna.

Finalmente Marx tratou da discussão de Hegel sobre o poder legislativo e particularmente dos estados prussianos que, segundo Hegel, constituíam uma síntese entre o Estado e a sociedade civil. Marx objetou que tal visão de fato pressupunha a separação entre Estado e sociedade civil – considerando-as como entidades a serem reconciliadas, e aí está todo o problema pois "a separação entre estado político e sociedade civil surge necessariamente como uma separação entre homem político – o cidadão – e a sociedade civil, e sua própria realidade empírica atual"[25]. A fim de ter uma perspectiva histórica a partir da qual criticar Hegel, durante o verão de 1843 Marx não apenas mergulhou nas teorias políticas de Maquia-

24. Marx, *Early Texts*, p. 69.

25. Marx, *Critique of Hegel's Philosophy of Right*, p. 78.

vel, Montesquieu e Rousseau; ele também fez extensas anotações sobre a história recente da França, Inglaterra, América, e até da Suécia, e elaborou um quadro cronológico do período 600-1589 que abrangia 80 páginas. Essas leituras levaram Marx à conclusão de que a Revolução Francesa destruíra completamente qualquer significado político que os estados gozavam na Idade Média: a ideia de Hegel de eles serem representantes adequados da sociedade civil era arcaica e indicadora do subdesenvolvimento germânico. A estrutura conceitual de Hegel baseava-se nas ideias da Revolução Francesa, mas as soluções dele ainda eram medievais; isso era um sinal do quanto a situação política na Alemanha estava atrasada em comparação com a filosofia alemã. De fato, o único estado no sentido medieval da palavra que ainda restava era a própria burocracia. O enorme crescimento na mobilidade social tornara obsoletos os antigos estados como originalmente diferenciados em termos de necessidade e de trabalho. "A única diferença geral, superficial e formal, é apenas a existente entre campo e cidade. Mas na sociedade em si, as diferenças se desenvolviam em esferas que estavam constantemente em movimento tendo a arbitrariedade como seu princípio. Dinheiro e educação são as principais características distintivas"[26]. Marx parou ao notar que o lugar adequado para discutir isso seria em sessões posteriores (nunca escritas) sobre a concepção de Hegel da sociedade civil. Ele prosseguiu, contudo, com uma observação que pressagiava a futura importância do proletariado em seu pensamento, que a coisa mais característica sobre a sociedade civil contemporânea era precisamente que "os desprovidos de propriedade, a classe que tem necessidade imediata de trabalho, a classe do trabalho físico, não formava tanto uma classe

26. Marx, *Critique of Hegel's Philosophy of Right*, p. 80s.

da sociedade civil como a base sobre a qual os componentes da sociedade se apoiam e movem"[27]. Marx resumiu sua objeção a Hegel da seguinte forma: "Logo que os estados civis como tais se tornam estados políticos, então não se precisa de mediação, e logo que a mediação é necessária, então elas não são mais políticas... Hegel deseja preservar o sistema medieval de estados, mas no contexto moderno de poder legislativo; e ele quer o poder legislativo, mas na estrutura de um sistema medieval de estados! É a pior espécie de sincretismo"[28].

Uma vez que o problema todo surgia, na visão de Hegel, da separação entre Estado e sociedade civil, Marx via duas possibilidades: se o Estado e a sociedade civil continuavam a ser separados, então todos como indivíduos só poderiam participar na legislatura por meio de representantes, a "expressão da separação e uma unidade meramente dualista"[29]. Em segundo lugar, se a sociedade civil se tornasse sociedade política, então o significado do poder legislativo como representativo desaparecia, pois dependia de uma espécie teológica de separação entre Estado e sociedade civil. Por isso, o que o povo poderia aspirar não era ao poder legislativo, mas ao poder governamental. Marx terminava sua discussão com uma passagem que deixa claro como, no verão de 1843, ele via a evolução política futura:

> ...A questão não é se a sociedade civil exerceria o poder legislativo através de deputados ou através de todos como indivíduos. Trata-se antes da medida e da maior extensão possível do direito de voto, de sufrágio tanto ativo como passivo. Esse é o verdadeiro pomo de

27. Marx, *Critique of Hegel's Philosophy of Right*, p. 81.

28. Marx, *Critique of Hegel's Philosophy of Right*, p. 96.

29. Marx, *Critique of Hegel's Philosophy of Right*, p. 119.

> discórdia da reforma política, tanto na França como na Inglaterra...
> O voto é a relação real entre a sociedade civil real e a sociedade civil do poder legislativo, e o elemento representativo. Ou, votar é uma relação imediata, direta entre sociedade civil e estado político, não apenas na aparência, mas também na realidade... Somente com sufrágio universal, tanto ativo como passivo, a sociedade civil chega realmente a uma abstração de si mesma, a uma existência política como sua verdadeira existência universal e essencial. Mas a realização desta abstração é também a transcendência da abstração. Tornando sua existência política real como sua verdadeira existência, a sociedade civil também torna a sua existência civil não essencial em contraste com sua existência política. E com uma coisa separada, a outra – seu oposto – cai. Dentro do estado político abstrato a reforma do voto é uma dissolução do Estado, mas igualmente a dissolução da sociedade civil[30].

Assim Marx chega aqui à mesma conclusão que em sua discussão sobre a "verdadeira democracia". Democracia implicava sufrágio universal, e sufrágio universal conduziria à dissolução do Estado.

Está claro a partir desse manuscrito que Marx estava adotando o humanismo fundamental de Feuerbach e com ele a inversão que Feuerbach fazia do sujeito e predicado na dialética de Hegel. Marx achava evidente que qualquer futura evolução envolveria a recuperação do homem da dimensão social que perdera desde que a Revolução Francesa nivelara todos os cidadãos no estado político e assim acentuava o individualismo da sociedade burguesa. Embora ele estivesse convencido de que a organização social não mais deveria se basear na pro-

30. Marx, *Critique of Hegel's Philosophy of Right*, p. 120s.

priedade privada, ele não estava aqui argumentando explicitamente por sua abolição, nem deixava claros os vários papéis das classes na evolução social. A imprecisão de suas ideias positivas não é absolutamente surpreendente pois o manuscrito de Marx não representava mais do que um exame preliminar do texto de Hegel; e foi escrito num estágio muito transitório na evolução intelectual tanto de Marx como de seus colegas. Além disso, o manuscrito que sobreviveu é incompleto e há referências a elaborações projetadas que nunca foram iniciadas ou estão agora perdidas[31].

Uma carta de Marx a Ruge, escrita em setembro de 1843 e mais tarde publicada no *Deutsch-französische Jahrbücher*, dá uma boa impressão da posição intelectual e política de Marx imediatamente antes de deixar a Alemanha, e quanta importância ele atribuía ao que chamou de "reforma da consciência". A situação pode não ser muito clara, escreveu ele, mas "esta é exatamente a vantagem da nova linha: que não antecipamos dogmaticamente acontecimentos, mas procuramos descobrir o novo mundo pela crítica do antigo"[32]. O que estava claro era que todo dogmatismo era inaceitável, e isto incluía os diversos sistemas comunistas:

> O comunismo em particular é uma abstração dogmática, embora com isso eu não queira dizer um comunismo imaginável e possível, mas o comunismo realmente existente ensinado por Cabet, Dezamy etc. Este comunismo é somente uma apresentação peculiar do princípio humanista infeccionado pelo seu oposto:

31. Evidência disto pode ser encontrada no próprio manuscrito de Marx. P. ex., numa frase sobre "partir do Espírito autoconsciente, real", ele depois apagou a palavra "autoconsciente" que, sem dúvida, lembrava demasiado o idealismo de Bauer. Cf.: Critique of Hegel's Philosophy of the State. *MEGA*, I i (1) 418.

32. Marx a Ruge, *Early Texts*, p. 80.

> individualismo privado. A abolição da propriedade privada, portanto, de modo algum é idêntica ao comunismo; e não é acidental que o comunismo tenha visto outras doutrinas socialistas como as de Fourier, Proudhon etc. surgirem necessariamente em oposição a ele, uma vez que ele mesmo é apenas uma realização particular, unilateral, do princípio socialista. Além disso, todo o princípio socialista é apenas uma faceta da verdadeira realidade da essência humana[33].

Na Alemanha, o cumprimento desta natureza humana dependia sobretudo de uma crítica à religião e à política, pois esses eram os focos de interesse; sistemas prontos não adiantavam nada; a crítica devia tomar as atitudes contemporâneas como seu ponto de partida. Em termos que lembram a explicação de Hegel sobre o progresso da Razão na história, Marx afirmava: "A razão sempre existiu, mas nem sempre em forma racional"[34]. Metas racionais estavam já inerentes em qualquer forma de consciência prática ou teórica e aguardavam o crítico que as revelasse.

Assim Marx não via objeção em começar a partir das lutas políticas atuais e explicar por que elas ocorreram. Tratava-se de demitizar problemas religiosos e políticos incutindo uma consciência de suas dimensões exclusivamente humanas. Ele terminava sua carta:

> Portanto, nosso lema deve ser: reforma da consciência não através de dogmas, mas através da análise da consciência mística que não está clara para ela mesma, quer apareça numa forma religiosa ou política. Então ficará claro que há muito o mundo sonhou com algo do qual ele precisa apenas uma consciência plenamente desenvolvida a fim de possuí-lo realmente.

33. Marx a Ruge, *Early Texts*, p. 80s.

34. Marx a Ruge, *Early Texts*, p. 81.

> Está claro que o problema não consiste em encher um vazio entre ideias passadas e futuras, mas no acabamento das ideias do passado. Finalmente, ficará claro que a humanidade não está iniciando uma obra nova, mas conscientemente levando à terminação a antiga. Assim podemos resumir a finalidade de nosso jornal em uma palavra: autocompreensão (no sentido de filosofia crítica) por parte de nossa época de suas lutas e desejos. Esta é uma tarefa para o mundo e para nós. Pode somente ser realizada por forças unidas. O que está em jogo é uma confissão, nada mais. Para ter seus pecados perdoados, a humanidade precisa apenas reconhecê-los como eles são[35].

Essa noção de salvação através de uma "reforma da consciência" era, naturalmente, muito idealista. Mas isto era simplesmente típico da filosofia alemã deste tempo. O próprio Marx estava muito cônscio da desordem intelectual entre os radicais e escreveu a Ruge logo após terminar sua crítica a Hegel: "mesmo quando o 'de onde' não está em dúvida, ainda reina a maior confusão sobre o 'para onde'. Não apenas difundira-se uma anarquia geral entre os reformadores. Cada um terá que admitir para si mesmo que não tem uma visão exata do que há de acontecer"[36]. Foi o clima intelectual de Paris que finalmente levou Marx a fazer a transição do reino da pura teoria para o mundo da política imediata, prática.

II. O Deutsch-französische Jahrbücher

Enquanto Marx escrevia em Kreuznach seu comentário sobre a política de Hegel, Ruge estava ocupado em organizar a administração do *Deutsch-französische Jahrbücher*. Para

35. Marx a Ruge, *Early Texts*, p. 82.

36. Marx a Ruge, *Early Texts*, p. 80.

financiá-lo ele tentou um grande empréstimo na Alemanha; como isso falhasse completamente, ele arcou praticamente com todo o custo da publicação. Como Estrasburgo (que foi a primeira opção deles) fosse rejeitada como local de publicação, Froebel propôs que ele e Ruge fossem a Bruxelas e Paris para ver qual cidade era melhor para isso. No fim de julho Ruge viajou para o oeste, parou em Kreuznach para ver Marx, e então, juntando forças com Hess e Froebel em Colônia, prosseguiu para a Bélgica. Bruxelas também não era satisfatória, pois – embora sua imprensa gozasse de comparativa liberdade – a cidade era pequena demais e pouco politizada. Assim, em agosto (1843), Hess e Ruge se mudaram para Paris visando estabelecer o *Deutsch-französische Jahrbücher* aí.

Foi difícil atrair colaboradores – especialmente com um ponto de vista comum: tanto Ruge como Froebel eram muito ativos em tentar conseguir participação alemã, mas os escritores liberais se recusaram, e dos Jovens Hegelianos de Berlim apenas Bruno Bauer concordou (e acabou não colaborando com nada). Assim os colaboradores foram reduzidos aos já associados a Froebel por meio de suas publicações em Zürich: Hess, Engels, Bakunin e Herwegh. Seus pontos de vista eram diferentes: Hess e Bakunin proclamavam sua própria marca de anárquico-comunismo eclético, ao passo que Froebel, Herwegh e Ruge chamavam-se vagamente de democratas e enfatizavam a importância da educação popular. Na medida em que a influência francesa aumentava a consciência política dos Jovens Hegelianos, o slogan "radicalismo" começou a ceder lugar ao termo mais especificamente político "democracia". Mas a unidade do grupo de Ruge chegou a ser pouco mais do que um desejo de promover a aplicação política da filosofia de Feuerbach; e seu termo favorito era "humanismo". O próprio Feuerbach, porém, não estava disposto a colaborar. Marx achou que Schelling gozava de uma reputação injustificável entre os franceses: pouco antes de partir de Kreuznach para Paris ele escreveu a Feuerbach sugerindo que ele colaborasse com uma crítica dele:

> Estas ideias juvenis sinceras que, com Schelling, permaneciam um sonho imaginativo de sua juventude, com você tornaram-se verdade, realidade e seriedade varonil. Schelling é, portanto, uma caricatura antecipadora de você, e quando a realidade surge como oposta à caricatura, esta deve se dissolver em pó ou neblina. Assim, eu considero você um opositor necessário e natural de Schelling – convocado por suas majestades: Natureza e História. Sua luta com ele é a luta de uma filosofia imaginária com a própria filosofia[37]...

Feuerbach, porém, replicou que em sua opinião o tempo ainda não estava maduro para uma transição da teoria para a prática, pois a teoria ainda precisava ser aperfeiçoada; a Marx e Ruge ele disse sem rodeios: eles estavam impacientes demais por ação.

Todos os colaboradores do *Deutsch-französische Jahrbücher* estavam ao menos unidos em considerar Paris tanto um abrigo como uma inspiração. As expectativas deles eram justificadas pois as revoluções de 1789 e 1830 fizeram de Paris o centro incontestável do pensamento socialista. A "monarquia burguesa" de Luís Filipe estava se aproximando do fim e tornando-se mais conservadora; a censura foi intensificada em 1835, e a partir de 1840 o antiliberal Guizot dominava o governo. A atividade política não estava menos viva por ser semiclandestina, e havia uma variedade confusa de toda espécie imaginável de seita, agremiação e jornal, cada qual procla-

37. Marx a Feuerbach, *Early Texts*, p. 84.

mando uma forma de socialismo[38]. Logo que chegou a Paris Ruge começou a fazer contatos, guiado por Hess que tinha familiaridade com o ambiente político desde seus dias como correspondente francês do *Rheinische Zeitung*. O relato de Ruge sobre sua visita aos salões é um catálogo de um mal-entendido atrás do outro[39]. Cada grupo achava que o outro estava um século atrasado. Admirados por ele parecer tão pouco versado em comunismo, os franceses ficaram igualmente surpresos por ser ele um defensor do ateísmo e do materialismo, lemas do pensamento francês anterior a 1789. Ruge, por seu lado, não entendia como os franceses podiam estar tão ligados à religião, que a filosofia alemã se esforçara tanto tempo em neutralizar.

Lamartine inicialmente descreveu a ideia do *Deutsch-französische Jahrbücher* como "santa" e sublime, mas depois desistiu de colaborar ao saber de sua natureza revolucionária. Leroux estava ocupado em inventar uma nova impressora. Cabet estava impressionado pelo ateísmo de Ruge e sua falta de compromisso com o comunismo. Considérant também se afastou ao suspeitar que a revista defenderia a violência. Proudhon não estava em Paris. Assim, apesar dos esforços, o *Deutsch- französische Jahrbücher* apareceu sem uma única colaboração francesa. Em novembro Ruge começou a se preocupar até com o número de seus colaboradores alemães: Herwegh estava em lua de mel; Bakunin levava uma vida errante depois da expulsão de Zurique. A ausência deles foi compensada por Heine que (tornando-se cada vez mais simpático às ideias socialistas durante sua estadia em Paris) concordou em contribuir com algumas poesias, e também por Ferdinand

38. Para uma excelente descrição dos grupamentos e publicações políticos correntes, cf. Kägi (1965, p. 157s.).

39. Ruge, *Zwei Jahre in Paris*, I, p. 69s.

Bernays (recentemente expulso da Bavária depois de ser o editor do *Mannheimer Abend-Zeitung*).

O próprio Marx chegou a Paris no fim de outubro de 1843. Jenny, já grávida de quatro meses, veio com ele. Eles primeiro se alojaram na Rua Vaneau n. 23, uma sossegada rua lateral na área de St. Germain, na Margem Esquerda, onde concentravam-se muitos outros imigrantes alemães. O "escritório" do *Deutsch-französische Jahrbücher* era o andar térreo do n. 22 e Ruge alugara dois andares do n. 23 onde Germain Maurer, um importante escritor socialista alemão, já estava morando. Ruge escrevera a Marx delineando seu projeto de um "falanstério" segundo as linhas de Fourier: ele convidava os Marx, os Herwegh e os Maurer a se juntarem a ele e sua mulher numa experiência em vida comunitária. Cada família teria moradia separada, mas haveria uma cozinha e um refeitório comuns; as mulheres cuidariam dos serviços domésticos por turnos[40]. Emma Herwegh resumiu a situação de relance e recusou imediatamente: "Como a mulher de Ruge, uma mulherzinha saxã, bonita mas sem caráter, se daria com a Senhora Marx que era muito inteligente e ainda mais ambiciosa e muito mais erudita do que ela? Como a Senhora Herwegh, a mais nova das três mulheres e casada tão recentemente, poderia cuidar da vida comunitária?"[41]. Marx e Jenny também não ficaram por muito tempo. Dentro de duas semanas eles tinham se mudado para o n. 31 e em dezembro finalmente se estabeleceram à Rua Vaneau n. 38 onde moraram o resto do tempo que ficaram em Paris.

Marx trouxera consigo de Kreuznach um ensaio intitulado "Sobre a questão judaica", uma destilação de sua leitura no verão anterior sobre a França e América. O problema central

40. Cf. Ruge a Marx, *MEGA*, I i (2) 315.

41. Citado em Karl Marx: *Dokumente seines Lebens*, p. 155.

era ainda a separação contemporânea entre Estado e sociedade civil e o consequente fracasso da política liberal em solucionar questões sociais. A questão da emancipação judaica era agora de interesse geral na Prússia onde, desde 1816, os judeus tinham direitos muito inferiores aos dos cristãos. Marx mesmo estivera pensando sobre este assunto por algum tempo. Já em agosto de 1842 ele pedira a Oppenheim que lhe enviasse todos os artigos antissemitas de Hermes, editor do *Kölnische Zeitung*, que defendia uma espécie de *apartheid* para judeus na Alemanha. Marx fez pouco uso desse material, mas em novembro de 1842 Bauer publicou uma série de artigos sobre o problema no *Deutsche Jahrbücher* de Ruge. Marx achava a visão de Bauer "abstrata demais"[42], e decidiu que uma revista completa seria um conveniente cabide onde pendurar sua crítica do estado liberal. Em seus artigos Bauer dissera que, a fim de poderem viver juntos, tanto judeus como cristãos teriam que renunciar ao que os separava. Nem cristãos nem judeus como tais teriam direitos humanos, por isso não apenas os judeus, mas todos os homens precisavam de emancipação. Direitos civis eram inconcebíveis num sistema absoluto. Preconceitos religiosos e separação religiosa desapareceriam quando castas e privilégios civis e políticos fossem eliminados e todos os homens gozassem de direitos iguais num estado liberal, secular.

Marx acolheu bem a crítica de Bauer sobre o Estado cristão, mas atacou-o por não debater o Estado como tal – e assim falhando em examinar a relação da emancipação política (isto é, a concessão de direitos políticos) com a emancipação humana (a emancipação do homem em todas as suas faculdades). A sociedade não poderia ser curada de todos os seus ma-

42. Marx a Ruge, *Early Texts*, p. 60.

les simplesmente emancipando a esfera política da influência religiosa. Marx citou diversas autoridades para mostrar a extensão da prática religiosa na América do Norte e prosseguiu:

> O fato de que mesmo na terra da completa emancipação política encontramos não apenas a existência da religião, mas sua existência viva, cheia de frescor e vigor, demonstra que a permanência da religião não conflita com a perfeição do Estado nem a impede. Mas desde que a existência da religião acarrete a existência de um defeito, a fonte deste defeito só pode ser buscada na natureza do próprio Estado. Deste ponto de vista, a religião não tem mais a força de uma base para as deficiências seculares, mas somente um sintoma. Por isso explicamos os preconceitos religiosos de cidadãos livres através do preconceito secular deles. Não insistimos em que eles suprimam suas coações religiosas a fim de abolir as coações seculares, insistimos em que eles revoguem suas coações religiosas logo após suprimirem suas coações seculares. Não transformamos questões seculares em questões religiosas, transformamos questões teológicas em questões seculares. Por bastante tempo a história tem sido analisada à luz da superstição, agora analisamos a superstição à luz da história. A questão da relação entre emancipação política e religião torna-se para nós uma questão da relação entre emancipação política e emancipação humana. Criticamos a fraqueza religiosa do estado político criticando a construção secular do estado político sem consideração à sua fraqueza religiosa[43].

A emancipação política a partir da religião não libertou o homem de concepções religiosas porque a emancipação política não era o mesmo que emancipação humana. Por exemplo, os cidadãos podem ainda ser coagidos por uma religião

43. Marx, On the Jewish Question. *Early Texts*, p. 91.

da qual o próprio Estado se libertou. O que Bauer não percebeu foi que a emancipação política que ele defendia continha uma alienação similar à alienação religiosa que ele acabara de criticar. A emancipação do homem, porque passava por intermédio do Estado, ainda era abstrata, indireta e parcial. "Mesmo quando o homem se proclama ateu por intermédio do Estado – isto é, quando ele proclama que o Estado é ateu – ele ainda conserva seu preconceito religioso, exatamente porque ele se reconhece apenas indiretamente – por meio de outra coisa. A religião é exatamente o reconhecimento indireto do homem de si mesmo através de um intermediário. O Estado é o intermediário entre o homem e sua liberdade"[44].

Algo semelhante acontece com a propriedade privada: na América ela foi abolida no que tange à constituição ao declarar que não era preciso ser proprietário para votar. Mas isso, longe de abolir realmente a propriedade privada, de fato a pressupõe. O resultado foi que o ser humano ficou profundamente dividido:

> Quando o estado político alcançou sua verdadeira realização, o homem leva uma vida dupla, uma celeste e uma terrena, não só no pensamento e na consciência, mas realmente também na vida. Ele tem uma vida tanto na comunidade política, onde ele é valorizado como um ser comunitário, como na sociedade civil onde ele é ativo como indivíduo privado, trata os outros homens como meios, degrada-se a um meio e se torna um instrumento de forças fora dele mesmo[45].

A democracia política, contudo, não devia ser depreciada. Pois era um grande passo adiante e "a forma final da emanci-

44. Marx, *Early Texts*, p. 92.

45. Marx, *Early Texts*, p. 93s.

pação humana dentro da atual ordem do mundo"[46]. A democracia política não podia ser chamada cristã pelo fato de o homem ser seu princípio e ela considerá-lo soberano e supremo. Mas infelizmente isso queria dizer que

> o homem como ele aparece inculto e associal, o homem em sua existência acidental, o homem como ele vem e vai, o homem como ele é corrompido por toda a organização de nossa sociedade, perdido para si mesmo, vendido, sujeito à dominação por condições e elementos desumanos – numa palavra, o homem que não é mais um ser-específico real. A fantasia, o sonho e o postulado do cristianismo, a soberania do homem – mas o homem como um ser estranho separado do homem real, está presente na democracia como uma realidade tangível e é seu lema secular[47].

Tendo mostrado que a religião era mais do que compatível com os direitos civis, Marx agora contestava a recusa de Bauer em reconhecer a reivindicação judaica por direitos *humanos*, os direitos do homem. Bauer dissera que nem judeus nem cristãos podiam reivindicar direitos humanos universais porque suas religiões particulares e exclusivas necessariamente invalidavam tais reivindicações. Marx refutou o ponto de vista de Bauer referindo-se às constituições americana e francesa. Em primeiro lugar ele discutiu a distinção entre os direitos do *cidadão* e os direitos do *homem*. Os direitos do cidadão eram de ordem política; expressavam-se na participação do homem na universalidade do Estado e, como fora mostrado, de modo algum pressupunha a abolição da religião. Esses direitos refletiam a essência social do homem – embora numa forma totalmente abstrata – e a recuperação desta essência

46. Marx, *Early Texts*, p. 95.

47. Marx, *Early Texts*, p. 99.

faria surgir a emancipação humana. Não acontecia o mesmo com os direitos do homem em geral: sendo expressões da divisão da sociedade burguesa, eles não tinham nada de social neles. Como está exemplificado nas constituições francesas de 1791 e 1793 e nas constituições de New Hampshire e Pennsylvania, os direitos do homem não negavam o direito de praticar religião; pelo contrário, elas o reconheciam, e Marx citou capítulo e versículo para provar isto.

Marx então perguntou: por que estes direitos são chamados direitos do *homem*? Porque eles eram os direitos do homem visto como membro da sociedade civil. E por que o membro da sociedade civil identificava-se com o homem? Porque os direitos do homem eram egoístas e antissociais. Este foi o caso em todas as constituições em questão, mesmo as mais radicais; nenhuma conseguiu subordinar o "homem" ao "cidadão". Todos os direitos do homem que elas proclamavam tinham o mesmo caráter. Liberdade, por exemplo, "o direito de realizar o que não prejudica os outros", era, segundo Marx, "não baseada na união do homem com o homem, mas na separação entre homem e homem. É o direito a esta separação, o direito do indivíduo limitado que é limitado a si mesmo"[48]. Propriedade, o direito a dispor das próprias posses ao bel-prazer sem consideração aos outros, era "o direito de egoísmo... ele leva o homem a ver nos outros homens não a realização, mas a limitação de sua própria liberdade"[49]. Igualdade não era mais do que o direito correspondente à liberdade descrita acima, e segurança era a garantia do egoísmo.

Portanto, nenhum dos chamados direitos do homem ia além do homem egoísta separado da comunidade como

48. Marx, *Early Texts*, p. 102s.

49. Marx, *Early Texts*, p. 103.

membro da sociedade civil. Resumindo algumas das mais detalhadas análises de sua *Crítica da filosofia do direito de Hegel*, Marx mostrou que a emancipação política incluía a dissolução da antiga sociedade feudal. Mas a transição da sociedade feudal para a burguesa não trouxe emancipação *humana*: "O homem não foi libertado da religião; foi-lhe dado liberdade religiosa". Marx terminava sua análise declarando:

> O homem individual real deve retirar para dentro de si mesmo o cidadão abstrato e, como homem individual em sua vida empírica, e em seu trabalho individual e relações individuais se tornar um ser-específico; o homem deve reconhecer suas próprias forças como forças sociais, organizá-las e portanto não mais separar forças sociais de si mesmo na forma de forças políticas. Somente quando se tiver conseguido isso, a emancipação humana estará completa[50].

No mesmo artigo Marx incluiu uma resenha muito mais curta de um ensaio de Bauer intitulado "A capacidade de os judeus e cristãos atuais se tornarem livres" que foi publicado nas *Vinte e uma folhas da Suíça* de Herwegh. O tema de Bauer era que o judeu estava mais longe da emancipação do que o cristão: enquanto o cristão tinha apenas que romper com sua própria religião, o judeu tinha também que romper com a plenitude de sua religião, isto é, o cristianismo; o cristão tinha apenas um passo a dar, o judeu dois. Contestando a formulação de Bauer sobre o problema, Marx desenvolveu um tema que ele já abordara na primeira parte de seu artigo: a religião como a fachada espiritual de um mundo sórdido e egoísta. Para Marx a questão da emancipação judaica se tornara a questão de qual elemento *social* específico precisava ser vencido a fim de abolir o judaísmo. Ele definiu a base secular do judaís-

50. Marx, *Early Texts*, p. 108.

mo como necessidade e interesse pessoal práticos e o culto mundano do judeu como troca, e o deus mundano dele como dinheiro. Ele afirmou na conclusão:

> Uma organização da sociedade que abolisse o pressuposto da barganha, e assim sua possibilidade, tornaria o judeu impossível. Sua consciência religiosa se dissolveria como um vapor insípido no ar vivo real da sociedade. Por outro lado, se o judeu reconhece esta essência prática de si como vazia e se esforçar em aboli-la, ele está trabalhando pela emancipação humana com seu desenvolvimento prévio como base, e voltando-se contra a expressão prática mais alta da autoalienação humana[51].

O judeu, porém, já se tinha emancipado de uma maneira judia. Isso fora possível porque o mundo cristão ficara impregnado com o espírito prático judeu. A falta de direitos políticos nominais deles importava pouco aos judeus, que na prática exerciam grande poder financeiro. "A contradição entre a falta de direitos políticos do judeu e seu poder político prático é a contradição geral entre política e poder do dinheiro. Enquanto o primeiro é idealmente superior ao segundo, de fato é seu escravo"[52]. A base da sociedade civil era a necessidade prática, e o deus desta necessidade prática era o dinheiro – o deus secularizado dos judeus:

> O dinheiro é o deus ciumento de Israel diante do qual não pode haver outro deus. O dinheiro rebaixa todos os deuses do homem e os transforma em mercadoria. O dinheiro é o valor universal, constituído por si mesmo, de todas as coisas. Privou, portanto, o mundo todo, tanto humano como natural, de seus próprios valores. O dinheiro é a essência alienada do trabalho

51. Marx, *Early Texts*, p. 110.

52. Marx, *Early Texts*, p. 111.

> e ser do homem; esta essência alheia o domina; e ele a adora[53].

O judaísmo não conseguiu se desenvolver mais como religião, mas teve êxito em se instalar na prática no coração da sociedade civil e no mundo cristão:

> O judaísmo atinge seu apogeu com a realização da sociedade civil; mas a sociedade civil alcança sua perfeição primeiro no mundo cristão. Somente sob o domínio do cristianismo que tornou todas as relações nacionais, naturais, morais e teóricas exteriores ao homem, a sociedade civil podia se separar completamente da vida do Estado, romper todos os vínculos do homem com a espécie, colocar o egoísmo e a necessidade egoísta no lugar dessas vinculações com a espécie e dissolver o homem num mundo de indivíduos atomizados hostis uns aos outros[54].

Assim o cristianismo, que surgiu do judaísmo, agora se dissolveu e voltou ao judaísmo.

A conclusão de Marx delineava a ideia do trabalho alienado que ele em breve desenvolveria longamente:

> Na medida em que o homem é aprisionado dentro da religião, ele só consegue objetivar sua essência tornando-se um ser alheio, imaginário. De modo semelhante, sob o domínio de necessidade egoísta ele só pode se tornar prático, somente criar objetos práticos pondo seu produto e sua atividade sob o domínio de uma entidade estranha e emprestando-lhes o significado desta entidade estranha: o dinheiro[55].

---

53. Marx, *Early Texts*, p. 112.

54. Marx, *Early Texts*, p. 113.

55. Marx, *Early Texts*, p. 114.

Foi em grande parte esse artigo que deu motivo a opinião de que Marx era antissemita. É verdade que uma leitura rápida e irrefletida, particularmente da segunda seção mais breve, deixa uma má impressão. É também verdade que Marx abusava de observações antijudaicas, embora nenhuma tão firme como aqui. Ele mesmo era atacado como judeu pelos seus mais importantes opositores – Ruge, Proudhon, Bakunin e Dühring; mas não há virtualmente nenhum traço de autoconsciência judaica nem em seus escritos publicados nem em suas cartas particulares. Um incidente que ocorreu enquanto Marx estava em Colônia lança alguma luz sobre sua atitude:

> Agora mesmo (ele escreveu a Ruge em março de 1843) o presidente dos israelitas daqui me visitou e pediu-me que ajudasse com um requerimento parlamentar em favor dos judeus; e eu concordei. Por mais odiosas que eu considere as crenças judaicas, a visão de Bauer me parece, no entanto, abstrata demais. A questão é fazer o máximo possível de buracos no Estado cristão e introduzir sub-repticiamente tantas visões racionais quantas pudermos. Esse deve ser ao menos nosso alvo – e a amargura cresce a cada petição rejeitada[56].

A disposição de Marx em ajudar os judeus de Colônia sugere que seu artigo visava muito mais ao capitalismo vulgar popularmente associado com os judeus do que à comunidade judaica como tal – seja como corpo religioso ou (menos ainda) como grupo étnico. Realmente, a palavra alemã para comunidade judaica – *Judentum* – tem um sentido secundário de comércio e, em certa medida, Marx jogou com este duplo sentido. É significativo, além disso, que alguns dos principais pontos na segunda seção do artigo de Marx – inclusive o ataque do judaísmo como a incorpora-

56. Marx, *Early Texts*, p. 60. Cf. Hirsch (1968).

ção de um fetichismo do dinheiro – foram tomados quase *verbatim* de um artigo de Hess – que era exatamente o oposto de um antissemita. (O artigo de Hess, intitulado "Sobre a essência do dinheiro", fora apresentado para ser publicado no *Deutsch-französische Jahrbücher*, mas o jornal faliu antes que ele pudesse aparecer[57].)

O segundo artigo de Marx no *Deutsch-französische Jahrbücher* foi escrito depois de sua chegada a Paris: revela o imenso impacto causado nele por sua descoberta aí da classe a cuja emancipação ele devotaria o resto de sua vida. Paris, a capital cultural da Europa, tinha uma grande população de operários imigrantes alemães – quase 100 mil. Alguns chegaram a aperfeiçoar as técnicas de suas várias profissões, alguns tinham vindo simplesmente porque não puderam encontrar trabalho na Alemanha. Marx ficou imediatamente impressionado:

> Quando artesãos comunistas formam associações, educação e propaganda são suas primeiras metas. Mas o próprio ato de se associar cria uma nova necessidade – a necessidade de sociedade – e o que parecia ser um meio torna-se um fim. Os resultados mais impressionantes deste desenvolvimento prático são vistos quando os operários socialistas franceses se encontram. Fumar, comer e beber não são mais simplesmente meios de reunir pessoas. Companhia, associação, divertimento, pois também há sociedades para essas finalidades, são suficientes para reuni-las; a fraternidade do homem não é mais uma frase bonita, mas uma realidade, e a nobreza do homem brilha diante de nós a partir de seus corpos exaustos de trabalho[58].

57. Cf. McLellan (1969, p. 152s.).

58. Marx (1963, p. 176). Há comentários entusiásticos semelhantes numa carta a Feuerbach, *Early Texts*, p. 185, e em *The Holy Family*, Moscou, 1956, p. 113.

Marx participava dos encontros da maioria das associações de operários franceses, mas era naturalmente mais achegado aos alemães – particularmente à Liga dos Justos, a mais radical das sociedades secretas alemãs e composta de artesãos emigrados cuja finalidade era introduzir uma "república social" na Alemanha[59]. Ele conhecia intimamente os seus dois líderes: Ewerbeck, um médico, e Maurer, que fora membro do breve falanstério de Ruge. Mas ele não estava realmente ligado a nenhuma das sociedades[60].

Embora o segundo artigo de Marx terminasse com uma vigorosa proclamação do destino do proletariado, a primeira parte era uma reelaboração de velhos temas. Fora escrito como uma introdução a uma pretensa reelaboração de sua *Crítica da filosofia do direito de Hegel*. De fato, diversos argumentos delineados na *Crítica* já tinham sido desenvolvidos na "Questão judaica". Sendo apenas uma introdução, tinha a natureza de um sumário, ordenando os temas de um modo que refletissem as diferentes fases do próprio desenvolvimento de Marx: religioso, filosófico, político, revolucionário. Tomado como um todo, ele formava um manifesto cuja agudeza e dogmatismo antecipavam o *Manifesto comunista* de 1848.

Todos os elementos do artigo já estavam contidos na *Crítica da filosofia do direito de Hegel*, mas havia agora uma ênfase bastante nova no proletariado como futuro emancipador da sociedade. Embora escrito em Paris, o artigo todo estava orientado para a Alemanha e a possibilidade de uma revolução alemã; como de costume começava com a religião e passava para a política – os dois assuntos mais prementes

---

59. Cf. Schraepler (1962).

60. Marx, Herr Vogt, *MEW*, XIV, p. 439.

na Alemanha (segundo sua carta programática a Ruge em setembro de 1843).

Marx começava com uma brilhante passagem sobre religião resumindo toda a obra da escola dos Jovens Hegelianos, desde Strauss até Feuerbach. "Pelo que diz respeito à Alemanha", escreveu, "a crítica da religião está essencialmente completa, e a crítica da religião é a pressuposição de toda crítica"[61]. Esta última afirmação dependia sem dúvida de dois principais fatores: na Alemanha a religião era um dos principais pilares do estado prussiano e tinha que ser banida antes que qualquer mudança política fundamental fosse considerada; de modo mais geral, Marx acreditava que a religião era a forma mais extrema de alienação e o ponto de onde deveria partir qualquer processo de secularização, e isso lhe proporcionava um modelo para criticar outras formas de alienação. Mas ele diferia de Feuerbach nisso: não era uma simples questão de redução – de reduzir elementos religiosos a outros que fossem mais fundamentais. A falsa consciência que a religião tinha do homem e do mundo existia como tal porque o homem e o mundo estavam radicalmente viciados: "O fundamento da crítica irreligiosa é este: o homem faz a religião, a religião não faz o homem. Mas o homem não é nenhum ser abstrato arrastado para fora do mundo. O homem é o mundo do homem, o Estado, a sociedade. Este Estado e esta sociedade produzem a atitude invertida da religião para com o mundo porque eles próprios são um mundo invertido"[62]. A religião era a realização idealista necessária de um mundo material deficiente e Marx empilhou metáfora sobre metáfora: "Religião é a teoria geral deste mundo, seu compêndio enciclopédico, sua lógica

61. Marx, Introduction to A Critique of Hegel's Philosophy of Right, *Early Texts*, p. 115.

62. Marx, *Early Texts*, p. 115s.

em forma popular, seu *point d'honneur* espiritual, seu entusiasmo, sua sanção moral, seu complemento solene, sua base universal para consolação e justificação"[63].

Marx continuou com uma série de brilhantes metáforas para mostrar que a religião era a um e mesmo tempo tanto o sintoma de um profundo mal-estar social e um protesto contra ele. A religião, no entanto, impedia qualquer cura do mal social pois tendia ao mesmo tempo a justificá-lo. Assim,

> a luta contra a religião é indiretamente a luta contra este mundo cujo aroma espiritual é a religião. Sofrimento religioso é ao mesmo tempo uma expressão de sofrimento real e um protesto contra sofrimento real. A religião é o suspiro da criatura oprimida, o sentimento de um mundo sem coração, e a alma de circunstâncias sem alma. Ela é o ópio do povo... A crítica da religião é, portanto, o germe da crítica deste vale de lágrimas cuja auréola é a religião[64].

Marx não escreveu muito sobre religião (Engels escreveu muito mais) e essa é a passagem mais detalhada em todos os seus escritos. O que ele disse aqui – que a religião é uma fantasia do homem alienado – está totalmente de acordo com seu pensamento anterior. (Depois, o elemento da ideologia de classe predominaria muito mais.) Ele imaginava a religião ao mesmo tempo como importante e sem importância: importante, porque a compensação puramente espiritual que ela proporcionava aos homens os desvia dos esforços para melhorias sociais; sem importância, porque sua verdadeira natureza tinha sido plenamente exposta, no modo de ver dele, por seus colegas – particularmente por Feuerbach. Ela era apenas um

63. Marx, *Early Texts*, p. 116.

64. Marx, *Early Texts*, p. 116.

fenômeno secundário e, dependendo de circunstâncias socioeconômicas, não merecia nenhuma crítica independente.

Tentativas de caracterizar o marxismo como uma religião, embora plausíveis em seus próprios termos, confundem a questão, como também as tentativas de dizer que Marx não era realmente ateu. Esta é a abordagem comum dos autores que acentuam o paralelo entre marxismo e história da salvação judeu-cristã[65] – embora alguns digam que Marx se apossou dessa tradição quando já secularizada por Schelling ou Hegel numa revelação estética ou filosófica[66]. É verdade que Marx tinha em mente a religião da Alemanha contemporânea dominada por um luteranismo dogmático e superespiritual, mas ele escreveu sobre a "religião" em geral e sua rejeição era absoluta. Diferente de tantos socialistas anteriores (Weitling, Saint-Simon, Fourier), ele não toleraria compromisso nenhum. Ele sustentava que o ateísmo era inseparável do humanismo; de fato, dados os termos em que ele levantava o problema, isso era inegável. É, naturalmente, legítimo mudar o sentido de "ateísmo" a fim de tornar Marx um crente *malgré lui*, mas isto tende a tornar a questão sem sentido ao obscurecer distinções demais[67].

Marx então abandonou um sumário de crítica passada, e o que ela conseguira, em favor de desenvolvimentos correntes:

> A crítica colheu flores imaginárias das cadeias não de maneira que o homem possa usar cadeias sem nenhuma imaginação ou conforto, mas de modo que ele possa deitar fora as cadeias e colher flores vivas.

---

65. Cf., p. ex., Tucker (1961).

66. Cf. Popitz (1953).

67. As melhores discussões gerais sobre este tópico são os dois livros de Desroches, *Marxisme et religions* (1962); *Socialismes et sociologie religieuse* (1965).

> A crítica da religião desilude o homem de modo que ele possa pensar, agir e moldar sua própria realidade como um homem desiludido recupera os sentidos; de modo que ele possa girar em torno de si mesmo como seu verdadeiro sol. A religião é apenas o sol ilusório que gira em torno do homem enquanto ele não girar em torno de si mesmo[68].

A crítica tinha, consequentemente, que se voltar para uma alienação mais profunda, a da política:

> É pois a tarefa da história, agora que a verdade não está mais no além, estabelecer a verdade do aqui e agora. A primeira tarefa da filosofia – que está a serviço da história –, uma vez que a forma sagrada da autoalienação humana foi descoberta, é descobrir a autoalienação em suas formas não religiosas. A crítica do céu transformou-se assim em crítica da terra, a crítica da religião em crítica da lei, e a crítica da teologia em crítica da política[69].

Seguindo a esta introdução, o corpo do artigo de Marx consistia em duas partes: uma análise da brecha entre a natureza reacionária da política alemã e a situação progressista da filosofia alemã; e as possibilidades de surgir uma revolução a partir deste contraste. Marx começava indicando que mesmo a necessária negação do presente da Alemanha era anacrônica e ainda deixaria a Alemanha 50 anos atrás da França,

> De fato, a história alemã pode se congratular por seguir um caminho que nenhum povo no firmamento histórico tomou antes e não tomará depois dela. Pois partilhamos com povos modernos da restauração sem participar de suas revoluções. Tivemos restaurações em primeiro lugar porque outros povos ousaram fa-

68. Marx, *Early Texts*, p. 116.

69. Marx, *Early Texts*, p. 116.

> zer uma revolução e então porque eles sofreram uma contrarrevolução; porque nossos senhores num momento estavam com medo e em outro não estavam com medo. Sem pastores à nossa frente, nós sempre nos encontramos em companhia da liberdade apenas uma vez – no dia de seu enterro[70].

Mas havia, argumentava Marx, um aspecto em que a Alemanha estava realmente mais avançada que outras nações e que lhe proporcionava a oportunidade para uma revolução radical: sua filosofia. Este modo de ver, partilhado por todos os colaboradores do *Deutsch-französische Jahrbücher*, fazia com que eles parecessem na França como uma espécie de missionários; isso fora comum entre o movimento Jovem Hegeliano desde que Heine (em sua *História da religião e da filosofia na Alemanha*, escrito em 1835) traçara um paralelo entre a filosofia alemã e a política francesa e profetizara como consequência uma revolução radical para a Alemanha. Para estar no centro das questões contemporâneas era preciso que a filosofia alemã fosse criticada. Na Alemanha era apenas a filosofia política que estava à altura das condições modernas.

Marx então clarificou sua própria posição assinalando duas atitudes diferentes, sendo que ambas lhe pareciam inadequadas. A primeira, que em alguns aspectos lembrava os pontos de vista de Feuerbach, Marx chamou de "partido político prático":

> Este partido é justificado ao exigir a negação da filosofia. O erro deles não consiste em sua exigência, mas em estarem contentes com uma exigência que eles não podem realmente satisfazer. Eles acreditam que podem completar esta negação dando as costas à filosofia. Você pergunta se começamos a partir da

70. Marx, *Early Texts*, p. 117.

> semente real de vida, mas esquece que até agora a verdadeira semente do povo alemão floresceu apenas em sua mente. Numa palavra: você não pode transcender a filosofia sem lhe dar efeito prático[71].

A segunda atitude, característica do partido teórico – pelo que Marx entendia Bruno Bauer e seus seguidores – cometeu o mesmo erro, mas da direção contrária:

> Ela vê na atual luta nada além da luta crítica da filosofia com o mundo alemão e não reflete que a própria filosofia anterior pertencera a este mundo e é sua terminação, ainda que em ideias. Sua falta principal pode ser resumida assim: ela pensava que podia dar expressão prática à filosofia sem transcendê-la[72].

A filosofia de Bauer, porque rejeitava qualquer mediação com o real, era não dialética e estava condenada à esterilidade. O que Marx propunha era uma síntese das duas visões que ele condenava: uma mediação com o real que aboliria a filosofia "como filosofia" enquanto lhe dava uma expressão prática. Isso estava ligado com sua posterior defesa da "unidade entre teoria e prática", e retomava um tema que estivera em sua mente desde sua tese doutoral (se não antes): o da secularização da filosofia. Desde a *práxis* de Cieszkowski em 1838 até a "Filosofia da Ação" de Hess em 1843 esse era um tema central aos discípulos de Hegel procurando se libertar do sistema de seu mestre, a fim de se prenderem aos eventos contemporâneos. Era ao longo dessas linhas que Marx via o único caminho para resolver os problemas políticos da Alemanha.

Na segunda parte de seu artigo, Marx voltou-se para a exploração da possibilidade de uma revolução que não apenas eliminasse o atraso da Alemanha, mas também que a impe-

---

71. Marx, *Early Texts*, p. 121.

72. Marx, *Early Texts*, p. 121s.

lisse para a dianteira das nações europeias fazendo com que fosse a primeira a alcançar uma emancipação que não era meramente política. Ele pôs a questão assim: "Pode a Alemanha alcançar uma *práxis* que seja igual a seus princípios, isto é, pode ela conseguir uma revolução que não apenas a elevará ao nível oficial dos povos modernos, mas também ao nível humano que é o futuro imediato destes povos?"[73]. Como resposta preliminar Marx recapitulou sua conclusão prévia:

> A arma da crítica não pode, naturalmente, suplantar a crítica das armas; a força material deve ser derrotada pela força material. Mas a teoria, também, tornar-se-á força material assim que tomar as massas. A teoria é capaz de se apoderar das massas assim que suas provas forem *ad hominem*, e suas provas são *ad hominem* quando são radicais. Ser radical é pegar a questão pela raiz. Mas para o homem o homem mesmo é a raiz. A prova clara do radicalismo da teoria alemã e de sua energia prática é que ela parte da abolição decisiva e positiva da religião. A crítica da religião acaba na doutrina de que o homem é para si mesmo o ser mais alto – isto é, no imperativo categórico de derrotar todos os sistemas em que o homem é humilhado, escravizado, abandonado e desprezado[74].

A importância da "arma da crítica" para a Alemanha foi mostrada pela revolução teórica de Lutero – a Reforma. Essa revolução foi naturalmente incompleta: Lutero apenas internalizou a consciência religiosa do homem; ele tinha "destruído a fé na autoridade ao restaurar a autoridade da fé"[75]. Mas embora o protestantismo não tenha encontrado a verdadeira solução, ao menos sua formulação do problema tinha sido

73. Marx, *Early Texts*, p. 122.

74. Marx, *Early Texts*, p. 122s.

75. Marx, *Early Texts*, p. 123.

correta. A presente situação da Alemanha era semelhante à que precedeu a Reforma; a única diferença era que a filosofia tomou o lugar da teologia e o resultado seria uma emancipação humana em vez de uma que ocorresse inteiramente dentro da esfera da religião.

No final, páginas significativas do artigo, Marx tirou de sua análise sombria do cenário alemão a conclusão otimista de que a revolução na Alemanha, em oposição à França, não podia ser parcial e devia ser radical; e apenas o proletariado, aliado à filosofia, seria capaz de realizá-la. Marx começou com as dificuldades que pareciam impedir uma revolução alemã radical. "A revolução precisa de um elemento passivo, uma base material. Uma teoria somente poderá ser implementada num povo na medida em que é a implementação do que ele precisa"[76]. E "uma revolução radical só pode ser uma revolução de necessidades radicais cujas pressuposições e circunstâncias parecem exatamente faltar"[77]. Mas o simples fato de que a Alemanha era politicamente tão deficiente indicava a espécie de futuro que a aguardava: "A Alemanha são as deficiências políticas do presente constituídas num mundo que lhes é próprio e como tais não serão capazes de eliminar barreiras especificamente alemãs sem derrubar as barreiras gerais do presente político"[78]. O que era utópico para a Alemanha não era uma revolução radical que conseguisse a emancipação completa da humanidade, mas uma revolução parcial, uma revolução que fosse meramente política, uma revolução que "deixasse os pilares da casa ainda de pé"[79]. Marx caracterizou então uma

---

76. Marx, *Early Texts*, p. 124

77. Marx, *Early Texts*, p. 124.

78. Marx, *Early Texts*, p. 125.

79. Marx, *Early Texts*, p. 125.

revolução puramente política, tomando obviamente a Revolução Francesa como seu paradigma:

> Parte da sociedade civil se emancipa e consegue domínio universal, uma classe particular se encarrega da emancipação geral da sociedade a partir de sua situação particular. Essa classe liberta toda a sociedade, mas na suposição de que toda a sociedade esteja na mesma situação que esta classe - que possui, ou pode facilmente, adquirir (por exemplo) dinheiro e educação[80].

Nenhuma classe podia ocupar esta "situação especial" na sociedade sem

> despertar um impulso de entusiasmo em si mesma e nas massas. É um momento em que a classe se confraterniza com a sociedade em geral e se funde com a sociedade; ela é identificada com a sociedade e é sentida e reconhecida como representante geral da sociedade. Suas reivindicações e direitos são de fato as reivindicações e direitos da própria sociedade da qual ela é a verdadeira cabeça e coração sociais[81].

E para uma classe ser capaz de tomar essa posição emancipatória deveria haver uma polarização de classes:

> Uma classe particular deve ser uma classe que desperta reprovação universal e incorpora todas as deficiências: uma esfera social particular deve ser considerada como o crime notório de toda a sociedade, de modo que a libertação desta esfera pareça autolibertação universal. Se uma classe *par excellence* pode surgir como a classe de libertação, outra classe deve, ao invés, ser a classe manifesta de opressão[82].

---

80. Marx, *Early Texts*, p. 125.

81. Marx, *Early Texts*, p. 125.

82. Marx, *Early Texts*, p. 126.

Esta, segundo Marx, era a situação na França antes de 1789 quando "o significado universalmente negativo da nobreza e do clero franceses determinou o significado universalmente positivo da classe mais próxima a eles e oposta a eles: a burguesia"[83].

Na Alemanha a situação era muito diferente. Aí nenhuma classe tinha a coesão e coragem para fazê-la desempenhar o papel de representante negativo da sociedade, e nenhuma classe tinha a imaginação de se identificar com o povo em geral. A consciência de classe surgia mais da opressão de uma classe inferior do que do protesto desafiante contra opressão de cima. O progresso na Alemanha era, portanto, impossível pois cada classe estava engajada numa luta em mais de uma frente:

> Assim os príncipes estão lutando contra o rei, a burocracia contra a nobreza, a burguesia contra todos eles, enquanto o proletariado já está começando sua luta contra a burguesia. A classe média mal ousa conceber emancipação de seu próprio ponto de vista e o desenvolvimento em circunstâncias sociais e a teoria política já tornam este próprio ponto de vista antiquado ou ao menos problemático[84].

Marx então resumiu o contraste que ele estivera elaborando entre França e Alemanha:

> Na França é suficiente que se seja algo a fim de desejar ser tudo. Na Alemanha se deve ser nada, se se quer evitar de desistir de tudo. Na França a emancipação parcial é a base da emancipação universal, na Alemanha a emancipação universal é uma condição *sine qua non* de toda emancipação parcial. Na França é a realidade, na Alemanha a impossibilidade, de uma liberta-

83. Marx, *Early Texts*, p. 126.

84. Marx, *Early Texts*, p. 127.

> ção gradual que deve dar nascimento à liberdade total. Na França cada classe do povo é politicamente idealista e não está primariamente consciente de si mesma como uma classe particular, mas como representante de necessidades sociais gerais. O papel de emancipador passa assim num movimento dramático para diferentes classes do povo francês até chegar à classe que não mais dá origem à liberdade social por pressupor certas condições que estão fora da humanidade e são contudo criadas pela sociedade humana, mas que organiza as condições da existência humana por pressupor liberdade social. Na Alemanha, ao contrário, onde a vida prática é tão inintelectual como a vida intelectual é imprática, nenhuma classe da sociedade civil tem necessidade, ou capacidade, de realizar a emancipação universal enquanto não for compelida por sua situação imediata, pela necessidade material e por seus próprios vínculos[85].

Essa passagem mostra a importância do estudo de Marx da Revolução Francesa na formação de suas visões. A Renânia – onde ele nasceu e passou a primeira parte da vida – tinha sido francesa até 1814, e gozara dos benefícios da Revolução Francesa em que a emancipação civil era uma experiência genuína e não apenas uma possessão de estrangeiros, a ser invejada de longe. Para todos os intelectuais alemães a Revolução Francesa era *a* revolução, e Marx e seus amigos Jovens Hegelianos constantemente se comparavam aos heróis de 1789. Foi sua leitura da história da Revolução Francesa no verão de 1843 que lhe mostrou o papel da luta de classe no desenvolvimento social[86].

---

85. Marx, *Early Texts*, p. 127.

86. Enquanto estava em Kreuznach Marx leu e fez muitos extratos das obras de Wachsmuth, Condorcet, Madame Roland, Madame de Staël, Mignet, Thiers, Buchez e Roux, Bailleul e Levasseur.

Chegando à conclusão de seu artigo, Marx introduziu o *dénouement* com a pergunta: "Onde está a real possibilidade de emancipação alemã?". Sua resposta foi:

> ...na formação de uma classe com vínculos radicais, uma classe na sociedade civil que não é uma classe da sociedade civil, a formação de um grupo social que é a dissolução de todos os grupos sociais, a formação de uma esfera que tem caráter universal por causa de seus sofrimentos universais e não alega nenhum direito particular, porque é o objeto de nenhuma injustiça particular, mas da injustiça em geral. Esta classe não pode mais alegar um *status* histórico, mas apenas humano. Ela não está em oposição unilateral às consequências do regime político alemão; está em oposição total a seus pressupostos. É, finalmente, uma esfera que não pode emancipar-se a si mesma sem se emancipar de todas as outras esferas da sociedade e assim emancipar essas mesmas outras esferas. Numa palavra, é a perda completa de humanidade e isso só pode ser recuperado por uma redenção completa da humanidade. Essa dissolução da sociedade, como uma classe particular, é o proletariado[87].

Essa passagem levanta uma pergunta óbvia e crucial sobre as razões para a repentina adesão de Marx à causa do proletariado. Alguns acharam que a descrição que Marx faz do proletariado é não empírica e que sua fonte última é então a filosofia de Hegel. Foi, por exemplo, sustentado que "A percepção do papel mundial-histórico do proletariado é obtida de uma maneira puramente especulativa através da 'inversão' da conexão que Hegel estabelecera entre formas

87. Marx, *Early Texts*, p. 127s.

diferentes de espírito objetivo"[88]. Outros afirmaram que a compreensão de Hegel era fundamentalmente a de um protestante alemão e que o *schema* subjacente de Marx aqui era a concepção cristã de salvação – o proletariado desempenhava o papel do servo sofredor de Isaías:

> Através de Hegel o jovem Marx se encontra, sem dúvida inconscientemente, com o *schema* soteriológico subjacente à tradição judeu-cristã: a ideia da salvação coletiva obtida por um grupo particular, o tema da pobreza salvífica, a oposição entre injustiça que escraviza e generosidade que liberta. O proletariado, trazendo salvação universal, desempenha um papel análogo ao da comunidade messiânica ou do salvador pessoal na revelação bíblica[89].

Mais explicitamente ainda: "Que a universalidade do proletariado ressoa as pretensões do Cristo *universal* é confirmado pela insistência de Marx de que o proletariado existirá, exatamente no momento em que se torna universal, numa condição calamitosa e esvaziada – e isto, naturalmente, é uma variante de Marx da *kénosis* divina"[90]. Outros afirmaram que, uma vez que as visões de Marx não são empiricamente baseadas, isso mostra que tiveram sua origem numa indignação moral pela condição do proletariado.

Todas essas interpretações estão equivocadas – ao menos como tentativas de explanação total. A proclamação de Marx do papel-chave do proletariado era uma aplicação contemporânea da análise da Revolução Francesa delineada antes em seu artigo, quando ele falava de uma esfera social particular tendo que "ser vista como o crime notório de toda

---

88. Friedrich (1962, p. 81), seguindo Popitz (1967, p. 99).

89. Wackenheim (1963, p. 200).

90. Olssen (1968, p. 136).

a sociedade de modo que a libertação desta esfera apareça como autoemancipação universal"[91]. O proletariado estava agora na posição que a burguesia ocupara em 1789. Agora era o proletariado que podia fazer eco às palavras de Sieyès: "Eu não sou nada e posso ser tudo". O contexto mostra assim que o relato de Marx do papel do proletariado foi tirado de seu estudo da Revolução Francesa, por mais que sua linguagem seja do jornalismo Jovem Hegeliano.

A essa base histórica foi acrescentada uma destilação de ideias socialistas francesas contemporâneas. Marx já vivia por três meses em Paris e trabalhava com socialistas proeminentes. A visão do proletariado contida em seu artigo não era única mesmo nos círculos Jovens Hegelianos, mas era naturalmente lugar-comum em Paris[92].

O casamento repentino de Marx com a causa proletária pode ser atribuído diretamente (como também de outros primeiros comunistas alemães como Weitling e Hess) a seus contatos de primeira mão com intelectuais socialistas na França. Em vez de editar um jornal para a burguesia renana ou ficar sentado em seu escritório em Kreuznach, ele agora estava no coração do pensamento e ação socialistas. Ele vivia na mesma casa que Germain Maurer, um dos líderes da Liga dos Justos cujos encontros ele frequentava. Desde outubro de 1843 Marx estava respirando uma atmosfera socialista.

---

91. Marx, *Early Texts*, p. 126.

92. É surpreendente, então, que se tenha argumentado que o livro de Lorenz von Stein, *Socialism and Communism in Contemporary France*, tenha concorrido para a conversão dele. O livro aparecera pela primeira vez 18 meses antes, quando Marx não era susceptível a ideias socialistas; embora ele tivesse grande influência sobre os círculos radicais alemães nos quais ele se movia, aparentemente não causou impacto sobre ele nesta ocasião. Para mais sobre Stein, cf. Mengelberg (1961) e Weiss (1963).

Não é de surpreender que o ambiente tivesse um impacto imediato sobre ele[93].

Marx admitia que o proletariado que ele descrevia estava apenas começando a existir na Alemanha – de fato, os operários industriais não eram mais do que quatro por cento da população masculina total acima de 14 anos[94]. O que o caracterizava não era a pobreza natural (embora tivesse alguma influência), mas uma pobreza que era artificialmente produzida e resultava particularmente na desintegração da classe média. O proletariado realizaria a dissolução da velha ordem da sociedade pela negação da propriedade privada, uma negação do que ele mesmo era uma incorporação. Era essa a classe em que a filosofia podia finalmente dar-se expressão prática: "Assim como a filosofia encontra suas armas materiais no proletariado, assim o proletariado encontra suas armas intelectuais na filosofia, e assim que o relâmpago do pensamento penetrar profundamente o solo virgem do povo, a emancipação dos alemães em homens será completa"[95]. O sinal para esta revolução virá da França: "Quando todas as condições estiverem preenchidas, o dia da ressurreição alemã será anunciado pelo canto do galo gaulês"[96].

O primeiro número duplo do *Deutsch-französische Jahrbücher* foi também o último. Tendo suprimido a imprensa dentro da Prússia, seu governo estava particularmente ansioso em evitar a importação de literatura sediciosa. A propagação de ideias comunistas estava explicitamente proibida na Prússia e vários

93. Sobre o imenso interesse em "questões sociais" na Alemanha em meados de 1840, e a literatura que isso fez surgir, cf. Obermann (1963).

94. Cf. Noyes (1966, p. 15s.), e para a França em particular, Price (1972, cap. I).

95. Marx, *Early Texts*, p. 128.

96. Marx, *Early Texts*, p. 129.

artigos no *Jahrbücher* tinham um sabor claramente socialista. As autoridades alemãs agiram rapidamente: o jornal foi proibido na Prússia, várias centenas de cópias foram apreendidas. Foram emitidas ordens de prisão para Marx, Heine e Ruge, e pela primeira vez em sua vida Marx se tornara um refugiado político. O *Jahrbücher* teve pouco sucesso na França; não havia nenhum colaborador francês e não atraiu virtualmente nenhum comentário na imprensa francesa. Froebel retirou-se do empreendimento, tanto porque ele não estava disposto a arriscar a perder mais dinheiro como porque não gostou do tom revolucionário do primeiro número. Mas o destino do *Jahrbücher* foi finalmente selado pela divergência crescente nos pontos de vista de dois coeditores. Ruge ficara doente durante as semanas imediatamente anteriores à publicação, e a maioria do editorial crucial recaiu sobre Marx. Ruge ficou desanimado ao ver que a impressão geral deixada pelo conjunto do *Jahrbücher* era consideravelmente diferente de seu próprio prefácio vagamente humanista; ele apreciava os artigos de Marx, mas os considerava muito elegantes e epigramáticos. Havia também problemas de finanças: Ruge pagara adiantado a Hess por artigos que ele de fato acabou não escrevendo e queria o dinheiro imediatamente de volta – o que aborreceu Hess que estava sem dinheiro (e sabia que Ruge acabara de ganhar uma quantia considerável através de uma bem-sucedida especulação com ações em ferrovia). Marx insistiu com Ruge para continuar com a publicação: Ruge recusou e como pagamento pelas colaborações de Marx deu-lhe cópias da única edição do *Jahrbücher*. As finanças de Marx, contudo, foram restabelecidas pela receita, em meados de março de 1844, de 1.000 táleres (cerca de o dobro de seu salário anual como coeditor) enviados por iniciativa de Jung pelos antigos acionistas do *Rheinische Zeitung*[97].

---

97. Cf. Marx (1971, p. 21).

Durante a primavera de 1844 Marx e Ruge ainda estavam em íntimo contato. O que levou à ruptura final entre eles foi a adoção aberta do comunismo por parte de Marx e seu estilo de vida boêmio. Ele não tinha usado o termo "comunismo" no *Jahrbücher*, mas na primavera de 1844 Marx adotou definitivamente o termo como uma descrição breve de seus pontos de vista[98]. Ruge não suportava comunistas. "Eles desejam libertar o povo", ele escreveu para a mãe dele com o amargor de alguém cujos recursos financeiros tinham sido outra vez requisitados, "transformando-o em artesãos e abolindo a propriedade privada através de uma repartição comunitária de bens; mas por enquanto eles dão a máxima importância à propriedade e particularmente ao dinheiro..."[99]. "As ideias deles", escreveu ele mais tarde, "levam a um estado policial e escravidão. Para libertar o proletariado intelectual e fisicamente do peso de sua miséria, eles sonham com uma organização que generalizaria esta miséria e faria todos os homens arcarem com o seu peso"[100]. Ruge tinha um forte traço puritano e estava também exasperado pela companhia sibarítica que Marx tinha. O poeta Herwegh tinha recentemente se casado com uma filha de um rico banqueiro e levava a vida de um *playboy*. Segundo Ruge,

> numa noite nossa conversa girava sobre as relações de Herwegh com a Condessa d'Agoult[101]. Exatamente neste tempo eu estava ocupado em tentar reiniciar o *Jahrbücher* e estava injuriado pelo estilo de vida e preguiça de Herwegh. Eu me referi a ele várias vezes como

---

98. Sobre o que Marx entendia por este termo nesta data, cf. mais adiante neste mesmo capítulo, p. 176s.

99. Ruge (1886, I, p. 341).

100. Ruge, (1886, I, p. 346).

101. Anteriormente a amante do compositor Liszt.

> luxurioso e disse que quando alguém se casa, deveria saber o que está fazendo... Marx não disse nada e se despediu amigavelmente de mim. Mas no dia seguinte ele me escreveu que Herwegh era um gênio que tinha um grande futuro diante dele e que tinha se irritado ao me ouvir tratá-lo como luxurioso, acrescentando que eu tinha uma mentalidade estreita com falta de humanidade... Ele não podia mais continuar trabalhando comigo pois eu estava apenas interessado em política ao passo que ele era um comunista[102].

Depois disso o rompimento entre os dois foi completo. Marx publicou mais tarde estes desentendimentos neste verão através de um ataque áspero contra um artigo que Ruge escrevera a respeito da revolta dos tecelões na Silésia. Vários milhares de tecelões tinham destruído a recém-introduzida maquinaria que reduzira seus salários, e tinham sido reprimidos com grande brutalidade. O artigo de Ruge criticando a atitude paternalista de Frederico Guilherme IV para com o problema apareceu no *Vorwärts*, uma nova publicação bissemanal que se tornara (amplamente devido à aptidão de seu editor, F. C. Bernays) o principal foro para uma discussão radical entre os emigrados alemães. Bernays, que fugira recentemente de Baden, era um jornalista de algum recurso: a fim de fazer com que a imprensa conservadora na Alemanha parecesse ridícula, ele apostou uma vez que em uma semana ele conseguiria imprimir 50 itens de manifesta estupidez; ele ganhou a aposta e republicou os itens em forma de livro. Em seu artigo, Ruge negou justamente que a rebelião dos tecelões tivesse qualquer importância imediata: nenhuma revolta social, disse ele, poderia ocorrer na Alemanha pois a consciência política era ex-

---

102. Ruge (1886, I, p. 350), e *Zwei Jahre in Paris* (1946, II, p. 140). Cf. tb. a introdução de Mehring a *Aus dem literarischen Nachlass von K. Marx, F. Engels, F. Lassalle*, II, p. 13s.

tremamente subdesenvolvida e uma reforma social surgia de revolução política.

Marx publicou sua réplica em *Vorwärts* no fim de julho de 1844. Ele atribuía um peso totalmente irreal às ações dos tecelões e contrastou favoravelmente a revolta deles com as revoltas operárias na Inglaterra. Uma consciência política não era suficiente para lidar com a pobreza: a Inglaterra tinha uma consciência política muito desenvolvida, no entanto era o país com o mais extenso pauperismo. O governo britânico tinha uma grande quantidade de informação à disposição, mas, depois de dois séculos de legislação sobre o pauperismo, não pôde encontrar nada melhor do que o asilo. Na França, também, a Convenção e Napoleão tentaram sem êxito acabar com a mendicância. A falha, portanto, não estava nesta ou naquela forma de Estado – como acreditava Ruge – e a solução não haveria de ser encontrada neste ou naquele programa político. A falha estava na própria natureza do poder político:

> Do ponto de vista político o Estado e qualquer organização da sociedade não são duas coisas distintas. O Estado é a organização da sociedade. Na medida em que o Estado admite a existência de abusos sociais, ele busca sua origem nas leis naturais que nenhum poder humano pode controlar ou no setor privado que é independente dele ou na insuficiência da administração que depende do Estado. Assim, a Inglaterra acha que a miséria funda-se na lei natural segundo a qual a população deve sempre exceder os meios de subsistência; por outro lado, explica o pauperismo pela teimosia do pobre; ao passo que o rei da Prússia a explica pelo espírito não cristão do rico, e a Convenção pela atitude contrarrevolucionária e suspeita dos proprietários. Portanto, a Bretanha

> pune o pobre, o rei da Prússia exorta o rico e a Convenção decapita o proprietário[103].

Assim, se o Estado quisesse sobrepujar a impotência de sua administração, teria que abolir a si mesmo, pois, quanto mais poderoso o Estado e mais desenvolvida a consciência política de uma nação, menos disposto está em procurar a causa dos males sociais no próprio Estado. Marx mais uma vez substanciou sua posição referindo-se à Revolução Francesa, cujos heróis "longe de verem a fonte dos defeitos sociais no Estado, veem nos defeitos sociais a fonte de infortúnios políticos"[104].

Deste modo para Marx não era a "consciência política" que era importante. A revolta silesiana era ainda mais importante do que as revoltas na Inglaterra e na França porque ela mostrou uma consciência de classe mais desenvolvida. Depois de comparar favoravelmente as obras de Weitling com as de Proudhon e a burguesia alemã, Marx repetiu sua predição feita no *Deutsch-französische Jahrbücher* sobre o papel do proletariado e as possibilidades de uma revolução radical:

> o proletariado alemão é o teórico do proletariado europeu, como o proletariado inglês é o seu economista e o francês, seu político. Deve-se admitir que a Alemanha tem uma vocação para revolução social, sendo ainda mais clássico nisso que é incapaz de revolução política. É somente no socialismo que um povo filosófico pode encontrar uma atividade correspondente, e, portanto, somente no proletariado pode encontrar o elemento ativo de sua liberdade[105].

---

103. Marx, Critical Remarks on the Article: The King of Prussia and Social Reform, *Early Texts*, p. 213.

104. Marx, *Early Texts*, p. 220.

105. Marx, *Early Texts*, p. 221.

Marx terminava seu artigo com uma passagem que dava um resumo conciso de seus estudos sobre mudança social:

> Uma revolução social, mesmo que esteja limitada a um único distrito industrial, afeta a totalidade, porque é um protesto humano contra uma vida desumanizada, porque parte do ponto de vista do indivíduo singular, real, porque a coletividade contra cuja separação de si mesmo o indivíduo reage é a verdadeira coletividade do homem, a essência humana. A alma política da revolução consiste ao contrário numa tendência das classes sem influência política a acabarem com seu isolamento das posições superiores no Estado. O ponto de vista delas é o do Estado – um todo abstrato, que existe apenas através de uma separação da vida real. Assim uma revolução com uma alma política também organiza, de acordo com sua natureza limitada e dupla, um grupo dominante na sociedade para detrimento da sociedade[106].

Assim a ideia de Ruge, de que uma revolução social tinha necessariamente uma alma política, era o oposto da verdade:

> Toda revolução é social na medida em que destrói a velha sociedade. Toda revolução é política na medida em que destrói o velho poder... A revolução em geral – a derrota do poder existente e a dissolução de relações prévias – é um ato político. O socialismo não pode ser realizado sem uma revolução. Mas quando sua atividade organizadora começa, quando suas finalidades particulares são formuladas, quando sua alma se apresenta, então o socialismo põe de lado seu manto político[107].

106. Marx, *Early Texts*, p. 220.

107. Marx, *Early Texts*, p. 221.

Essa controvérsia marcou o fim de todo contato com Ruge. Embora Marx continuasse sua amizade com Herwegh, esta também não durou muito, e Marx logo admitiu que havia algo afinal de contas nas restrições de Ruge. O caráter sibarítico de Herwegh e sua versão sentimental do comunismo nunca se harmonizariam com o temperamento e ideias de Marx, de quem Herwegh escreveu na ocasião que "ele teria sido a encarnação perfeita do último escolástico. Um trabalhador infatigável e um grande *savant*, ele conhecia o mundo mais na teoria do que na prática. Ele estava plenamente consciente de seu próprio valor... O sarcasmo com que ele atacava seus adversários tinha a penetração fria do machado do executor"[108]. Desiludido com Herwegh, Marx passava cada vez mais tempo com Heine, a única pessoa que ele declarou sentir por deixar para trás quando foi expulso de Paris.

Heine fizera de Paris sua base imediatamente depois da revolução de 1830. Além de prosperar como poeta numa cidade que podia ostentar Musset, Vigny, Sainte-Beuve, Ingres e Chopin entre muitas outras famosas figuras culturais, Heine sentiu-se muito atraído para as doutrinas de Saint-Simon e pelos socialistas franceses tardios. Amargurado com a proibição de seus livros na Prússia, ele considerava o sucesso do comunismo inevitável, mas temia o triunfo das massas e "o tempo em que estes iconoclastas sombrios destruirão meus loureiros e plantarão batatas"[109]. Sua amizade com Marx coincidiu com muitos de seus melhores versos satíricos em que se disse que Marx o encorajou com as palavras: "Deixe seus eternos lamentos de amor e mostre aos poetas satíricos a maneira real de tratar isso – com um chicote!"[110]. Segundo Eleanor:

---

108. Herwegh (1898, p. 328).

109. Heine (1855, p. XII).

110. Ruge, *Briefwechsel*, II, p. 346.

> Houve um período em que Heine vinha diariamente ver Marx e sua mulher para ler-lhes seus versos e ouvir a opinião deles a respeito. Marx e Heine podiam revisar interminavelmente um pequeno poema de dez linhas, pensando cada palavra, corrigindo e polindo até que tudo estivesse perfeito e qualquer traço de sua reelaboração tivesse desaparecido. Era necessária muita paciência pois Heine era extremamente sensível a qualquer espécie de crítica. Às vezes ele chegava à casa dos Marx literalmente em lágrimas porque um obscuro escritor atacara-o num jornal. A melhor tática de Marx então era encaminhá-lo à sua esposa cuja bondade e humor logo traziam o poeta desesperado à razão[111].

Heine também teve o mérito de salvar a vida do primeiro bebê dos Marx: ele chegou um dia e encontrou a criança com convulsões e os pais sem saber o que fazer; ele imediatamente prescreveu um banho quente, que ele mesmo preparou e deu o banho no bebê, que imediatamente se recuperou.

Marx também passava boa parte de seu tempo em companhia de emigrados aristocratas russos que, disse ele mais tarde, o "festejavam" durante toda a sua visita[112]. Entre eles estava seu posterior adversário Bakunin com quem Marx parece ter tido boas relações. O mesmo não pode ser dito do conde polonês Cieszkowski, autor de um livro criativo no começo do movimento Jovem Hegeliano, de quem Marx mais tarde lembrava que "ele me aborreceu tanto que não quis nem pude olhar para mais nada que ele depois perpetrou"[113]. Marx natu-

111. E. Marx, em: *Die neue Zeit*, XIV (1896): I, p. 16s. Estas reminiscências, e a estória seguinte que procede da mesma fonte, não são naturalmente dignas de confiança. Cf. Marcuse (1955); Victor (1952); e especialmente Reeves (1972).

112. Marx a Kugelmann, *MEW*, XXXII, p. 567. Cf. Ryazanov (1913).

113. Marx a Engels, *MEW*, XXXV, p. 35.

ralmente passava a maior parte de seu tempo com os socialistas franceses – tais como Louis Blanc, e particularmente Proudhon (também mais tarde um adversário) cuja marca singular de anárquico-socialismo já o tornara o pensador esquerdista mais importante em Paris. Marx mais tarde dizia que ele era responsável por ter instruído Proudhon a respeito do idealismo alemão: "Em longas discussões que às vezes duravam a noite inteira eu injetei nele grandes doses de hegelianismo; isto foi, além disso, muito desvantajoso para ele, pois ele não sabia alemão e não podia estudar o assunto em profundidade"[114]. O máximo que pode ser dito é que Marx partilhava este mérito com Bakunin[115].

III. Os "Manuscritos de Paris"

Marx prosperou nesta atmosfera intelectual calorosa. Por mais que Ruge desaprovasse o que ele considerava vida desregrada, cinismo e arrogância de Marx, ele não podia deixar de admirar a capacidade dele para trabalho duro.

> Ele lê muito. Trabalha de um modo extraordinariamente intenso. Ele tem um talento crítico que degenera às vezes em algo que é simplesmente um jogo dialético, mas ele nunca termina nada – ele interrompe a cada instante uma pesquisa para mergulhar num oceano novo de livros... Ele está mais excitado e vio-

---

114. Marx a Schweitzer, *MESW*, I, p. 392. Cf. tb. Engels (1963, p. 7).

115. Herzen lembrou em suas *Memoirs* que Karl Vogt – contra quem Marx mais tarde polemizou longamente – uma vez ficou tão aborrecido de noite na casa de Bakunin quando Proudhon estava lá discutindo a *Fenomenologia* de Hegel que ele foi para casa. Ele voltou na manhã seguinte e "admirou-se ao ouvir uma conversa em voz alta àquela hora da manhã... abrindo a porta ele viu Proudhon e Bakunin ainda sentados nos mesmos lugares na frente das cinzas da lareira, concluindo a discussão que eles tinham iniciado na noite anterior".

> lento do que nunca, especialmente quando seu trabalho o tornou doente e ele não se deitou por três ou até quatro noites seguidas[116].

Marx pretendia continuar sua crítica da política de Hegel, então quis fazer uma história da Convenção; "ele sempre quer escrever sobre o que leu por último, no entanto continua a ler incessantemente, fazendo novos excertos"[117]. Se Marx escreveu algo de substancial sobre a política de Hegel ou a Convenção, não sobreviveu. Durante julho e agosto, porém, Marx teve um período de paz e sossego que ele usou bem. No dia 1º de maio nasceu-lhes o primeiro filho – uma menina, chamada Jenny em atenção à mãe. O bebê era muito doentio e Jenny levou-a para Trier por dois meses para mostrá-la à família e consultar um velho médico. Enquanto a mulher e o bebê estavam fora, Marx fez volumosas notas sobre economia clássica, comunismo e Hegel. Conhecidos como "Manuscritos Econômicos e Filosóficos" ou "Manuscritos de 1844", esses documentos (quando integralmente publicados em 1932) foram saudados por alguns como sua obra isolada mais importante. Quatro dos manuscritos que haveriam de formar a base desta crítica da economia política sobreviveram, embora de forma incompleta. O primeiro – de 27 páginas – consiste sobretudo de excertos de economistas clássicos sobre salário, lucro e renda seguido de reflexões do próprio Marx sobre trabalho alienado. O segundo é um fragmento de quatro páginas sobre a relação entre capital e trabalho. O terceiro consta de 45 páginas e compreende uma discussão sobre propriedade privada, trabalho e comunismo; uma crítica da dialética de Hegel; uma seção sobre produção e divisão do trabalho; e uma seção curta

116. Cf. Ruge, *Briefwechsel*, I, p. 343.

117. Ruge a Dunker, *Tägliche Rundschau*, 22 de julho de 1921.

sobre dinheiro. O quarto manuscrito, de quatro páginas, é um sumário do capítulo final da *Fenomenologia* de Hegel.

Os manuscritos como um todo eram o primeiro de uma série de esboços para um trabalho maior, parte do qual, muito revisado, apareceu em 1867 como *Capital*. Num prefácio rascunhado para esta obra Marx explicava por que ele não pôde cumprir a promessa (feita no *Deutsch-französische Jahrbücher*) de publicar uma crítica da filosofia do direito de Hegel:

> Enquanto eu trabalhava no manuscrito para publicação ficou claro que era totalmente inoportuno misturar crítica dirigida diretamente contra especulação com a de outros e diferentes assuntos, e que esta mistura era um obstáculo ao desenvolvimento de minha linha de pensamento e para sua inteligibilidade. Além disso, a condensação de assuntos tão ricos e variados numa única obra teria permitido apenas um tratamento muito aforístico; e, ademais, tal apresentação aforística teria criado a aparência de uma sistematização arbitrária[118].

Ele, portanto, se propôs a tratar de vários assuntos – entre eles lei, moral, política – em "livrinhos" separados, começando com economia política e terminando com um tratado geral que mostrasse a relação entre os assuntos e criticasse o tratamento especulativo do material. Neste projeto para uma vida toda Marx nunca foi além do primeiro estágio: *Capital* e seus predecessores.

Marx estivera lendo economia de uma maneira desconexa desde o outono de 1843 e na primavera de 1844 leu e copiou trechos de todos os principais economistas desde Boisguillebert e Quesnay no fim do século XVII até James Mill e Say. Ele também mencionou seu débito para com socialistas

118. Marx, Paris Manuscripts, *Early Texts*, p. 131.

franceses e ingleses não especificados e, entre os seus compatriotas, a Weitling, Hess e Engels. Marx ficara muito impressionado pelo ensaio de Engels no *Deutsch-französische Jahrbücher* intitulado "Esboço de uma crítica da economia política", e trechos dele encabeçavam as anotações de Marx em Paris. A essência do artigo era a acusação da propriedade privada e do espírito de competição que ela gerava. As crises periódicas eram o resultado da anarquia na produção; o crescimento e acumulação de capital envolvia uma diminuição dos salários e acentuava a luta de classe. Ciência e tecnologia, que proporcionaria imensas possibilidades no comunismo, serviam apenas, numa sociedade capitalista, para aumentar a opressão dos operários.

Marx mais tarde chamou o artigo de Engels de "esboço brilhante"[119] e citou-o várias vezes em *Capital*. A leitura dele marcou o verdadeiro começo de seu interesse, que durou a vida toda, por questões econômicas. Engels (como Hess) teria descrito a si mesmo como discípulo de Feuerbach; e certamente em todas as notas de Marx em Paris o humanismo de Feuerbach é completamente central. A crítica positiva, e também a crítica positiva alemã da economia política, baseava-se, dizia Marx, nas descobertas de Feuerbach em suas *Teses* e *Grundsätze*. "A primeira crítica humanista e naturalista positiva data de Feuerbach. Quanto menos bombásticas elas são, tanto mais certo, profundo, compreensivo e duradouro é o efeito das obras de Feuerbach, as únicas desde a *Fenomenologia* e a *Lógica* de Hegel a conter uma real revolução teórica"[120].

O primeiro manuscrito de Marx era sobretudo econômico e começava com extratos ou paráfrases dos livros sobre eco-

119. Marx, Preface to A Critique of Political Economy, *MESW*, I, p. 364.

120. Marx, Paris Manuscripts, *Early Texts*, p. 132.

nomia que ele estava lendo na ocasião[121]. Ele dividiu esses extratos em três seções sobre salários, capital e renda, cada uma ocupando uma das três colunas verticais em que Marx dividiu suas páginas. Na primeira, baseando-se em Adam Smith, Marx notou que a dura luta entre capitalista e trabalhador que determinava os salários também reduzia o trabalhador à categoria de mercadoria. O trabalhador não podia ganhar: se a riqueza da sociedade estava diminuindo, era ele quem mais sofria; se estava crescendo, isso significava que o capital estava sendo acumulado e o produto do trabalho estava cada vez mais alienado do trabalhador.

A economia política, disse Marx, trata o homem exatamente nos mesmos termos como trata, por exemplo, uma casa. Ela não trata o homem "em seu tempo livre, como ser humano"; este aspecto é deixado para outras disciplinas. Ele continuou:

> Elevemo-nos acima do nível da economia política e procuremos a partir do argumento mencionado, que foi apresentado quase nas palavras dos economistas, respostas a duas perguntas:
> 1. Qual é o significado, na evolução da humanidade, desta redução de uma parte maior da humanidade ao trabalho abstrato?
> 2. Quais os erros cometidos pelos defensores de uma reforma gradual, que ou querem elevar os salários e assim melhorar as condições da classe trabalhadora, ou (como Proudhon) consideram a igualdade dos salários como o objetivo da revolução social?[122]

Para responder a essas duas perguntas Marx acumulou uma série de citações de três fontes: em primeiro lugar do

121. Sobre as partes econômicas do manuscrito cf. particularmente Mandel (1971, cap. 2); Maguire (1972, cap. 3).

122. Marx, *Early Writings*, p. 76s.

escritor alemão Wilhelm Schulz sobre a pauperização dos operários, o efeito desumanizador da maquinaria e o número de mulheres e crianças trabalhando[123]; em segundo lugar de Constantin Pecqueur sobre a dependência e degradação forçada dos trabalhadores sob o capitalismo[124]; em terceiro lugar de Eugène Buret sobre a miséria e a exploração do proletariado[125].

Na segunda seção Marx anotou várias passagens sob o título "Lucro de capital". Primeiro, citando Adam Smith, ele definiu capital como o poder de mandar sobre o trabalho e seus produtos. Descreveu então os meios pelos quais os capitalistas têm lucro tanto de salários como de matérias-primas avançadas; os motivos que inspiraram o capitalista; e a acumulação do capital e competição entre capitalistas. A terceira seção de Marx era sobre a renda e ele delineou as semelhanças entre o senhor rural e o capitalista: em última análise não havia distinção entre eles, e a sociedade se dividia em duas classes apenas – trabalhadoras e capitalistas. O caráter da propriedade rural transformara-se completamente desde os tempos feudais e nem a preservação de grandes propriedades nem sua divisão em pequenas pôde evitar que se precipitasse uma crise. Mais adiante no manuscrito Marx apresentou sua própria crítica penetrante da "ética protestante" consagrada nos economistas clássicos:

---

123. Cf. Schulz (1943). As seções econômicas dos Manuscritos mostram a influência de Schulz mais do que qualquer outro escritor.

124. Pecqueur (1842). Pecqueur defendia um socialismo democrático, bastante centralizado, e criticava o capitalismo como contrário à religião e à moralidade.

125. Buret (1840). O livro de Buret é um relato bem documentado tanto dos horrores da revolução industrial como das possibilidades positivas que ela oferece aos homens. Para a influência de Buret sobre as concepções econômicas de Marx, cf. Cottier (1961).

> Assim, apesar de sua aparência mundana e buscadora de prazeres, ela é uma ciência verdadeiramente moral e a mais moral de todas as ciências. Sua principal tese é a renúncia da vida e das necessidades humanas. Quanto menos você comer, beber, comprar livros, for ao teatro ou a bailes ou a restaurantes, e quanto menos você pensar, amar, teorizar, cantar, pintar, esgrimir etc., mais você poderá poupar e maior se tornará seu tesouro que nem a traça nem a ferrugem consumirão – seu capital. Quanto menos você é, quanto menos você expressar sua vida, mais você tem, maior é sua vida alienada e maior é a poupança de seu ser alienado[126].

A esta altura de seu manuscrito Marx deixou de escrever em colunas paralelas e começou a escrever linearmente. Também mudou seu estilo, escrevendo agora sem recorrer a citações de outros escritores. Essa passagem sobre o trabalho alienado é a parte mais bem escrita de seus manuscritos. Nela Marx criticou o conceito de trabalho encontrado nos economistas clássicos dos quais acabara de fazer citações, baseado no fato de as concepções deles serem superficiais e abstratas ao passo que a dele dava uma relação coerente da natureza essencial da economia. Partindo de seus pressupostos Marx pretendia mostrar que quanto mais o trabalhador produzia mais pobre ele ficava. Mas esta análise era superficial:

> A economia política começa com o fato da propriedade privada, ela não no-la explica. Ela concebe o processo material como a propriedade privada de fato se realizando em fórmulas abstratas que então têm o valor de leis... Mas a economia política não nos diz nada sobre quanto estas circunstâncias externas, aparentemente fortuitas, são apenas a expressão de um desen-

---

126. Marx, *Early Writings*, p. 171.

> volvimento necessário. Vimos como ela considera a própria troca como algo fortuito. As únicas rodas que a economia política põe em movimento são a gula e a guerra entre os gulosos: a concorrência[127].

Mas, porque os economistas clássicos falharam em entender a conexão necessária e o desenvolvimento dos diferentes fatores econômicos, eles não podem explicar coerentemente a economia. Ele, ao contrário, pretendia "entender a conexão essencial da propriedade privada, do egoísmo, da separação do trabalho, capital e propriedade rural, da troca e competição, do valor e degradação do homem, do monopólio e competição etc. – a conexão de toda essa alienação com o sistema monetário"[128]. O método comum do economista era supor um estado primordial fictício e partir dele; mas isto simplesmente aceitava como um fato o que supunha explicar: "De modo semelhante o teólogo explica a origem do mal através da queda, isto é, ele pressupõe como fato histórico o que estaria explicando"[129].

Depois de apresentar seu ponto importante, Marx mais uma vez insistiu em sua base empírica. "Começamos", diz ele, "com um fato contemporâneo da economia política"[130]. Este fato era o geral empobrecimento e desumanização do operário. Marx desenvolveu as implicações disso, introduzindo assim o tema desta seção:

> O objeto que o trabalho produz, seu produto, se opõe a ele como um ser estranho, como um poder independente de seu produtor. O produto do trabalho é trabalho que se solidificou num objeto, transformou-se

127. Marx, Paris Manuscripts, *Early Texts*, p. 133s.

128. Marx, *Early Texts*, p. 134.

129. Marx, *Early Texts*, p. 134.

130. Marx, *Early Texts*, p. 134.

> numa coisa, a objetivação do trabalho. A realização do trabalho é sua objetivação. Na economia política esta realização do trabalho aparece como uma perda de realidade para o trabalhador, objetivação como perda do objeto ou escravidão a ele, e apropriação como alienação, como externalização[131].

Dito de maneira simples, o que Marx queria dizer quando falava de alienação era isto: pertence à natureza do homem ser seu próprio criador; ele forma e desenvolve a si mesmo atuando sobre e transformando o mundo fora dele em cooperação com seus semelhantes. Neste intercâmbio progressivo entre o homem e o mundo, é da natureza do homem controlar o processo, ser o iniciador, o sujeito no qual se origina o processo. Contudo, esta natureza se tornou alheia ao homem; isto é, ela não é mais dele e pertence a outra pessoa ou coisa. Na religião, por exemplo, é Deus que é o sujeito do processo histórico. É Deus que tem a iniciativa e o homem está numa situação de dependência. Na economia, segundo Marx, é o dinheiro ou os vínculos monetários que manobram os homens como se eles fossem objetos em vez de o contrário. O ponto central é que o homem perdeu o controle de seu próprio destino e viu este controle investido em outras entidades. O que é próprio do homem se tornou alheio a ele, sendo o atributo de outra coisa[132].

Tendo discutido essa relação entre o trabalhador e os objetos de sua produção, Marx definiu e analisou três outras características do homem alienado. A segunda era sua alienação no ato de produção. "Como o trabalhador seria capaz de con-

131. Marx, *Early Texts*, p. 134s.

132. Marx usou duas palavras alemãs para expressar suas ideias de alienação: eram elas *Entäusserung* e *Entfremdung*. Estritamente falando, a primeira enfatiza a ideia de despossessão e a segunda enfatiza a ideia de algo que é estranho ou alheio. Marx parece ter usado os dois termos indiscriminadamente, às vezes usando os dois juntos para efeitos retóricos.

frontar o produto de seu trabalho como um ser alheio se ele não alienou a si mesmo no próprio ato de produção?"[133] Marx distinguiu três aspectos neste tipo de alienação: primeiro, o trabalho era externo ao trabalhador e não parte de sua natureza; segundo, não era trabalho voluntário, mas forçado; terceiro, a atividade do homem aqui pertencia a outro, novamente com paralelo religioso. "Assim como na religião a própria atividade da imaginação humana, a atividade da cabeça do homem e de seu coração, reage independentemente sobre o indivíduo como uma atividade alheia de deuses ou demônios, assim a atividade do operário não é atividade espontânea própria dele. Pertence a outrem e é a perda de si mesmo."[134] O resultado disso era transformar o homem em animal, pois ele só se sentia à vontade ao realizar as funções animais de comer, beber e procriar – em suas funções distintivamente humanas ele foi levado a se sentir como um animal.

Marx analisara o homem como alienado do produto de seu trabalho e também como alienado no ato de produção (a esta segunda ele também chamou de "autoalienação"). Ele então derivou sua terceira característica do trabalho alienado a partir das duas anteriores: o homem estava alienado de sua espécie, de seus semelhantes. Marx então definiu o que ele entendia por "espécie", termo que ele tomou de Feuerbach. As duas principais características de um ser específico seriam autoconsciência e universalidade: "O homem é um ser específico não apenas porque prática e teoricamente ele torna seus objetos tanto a sua espécie como as outras, mas também, e isto é outra maneira de colocar a mesma coisa, ele se relaciona com a espécie presente, viva, na medida em que ele se relacio-

133. Marx, *Early Texts*, p. 137.

134. Marx, *Early Texts*, p. 137.

na a si mesmo como a um ser universal e, portanto, livre"[135]. Esta universalidade consistia no fato de o homem poder se apropriar para seu uso de todo o reino da natureza inorgânica. Era verdade que os animais também produziam – mas apenas o que era imediatamente necessário para eles. Era da natureza do homem, por outro lado, produzir universal e livremente: ele era capaz de "produzir de acordo com a medida de cada espécie e sabe em toda parte como aplicar seu padrão inerente ao objeto; assim o homem também forma as coisas segundo as leis da beleza"[136].

Marx então completou seu quadro extraindo uma quarta característica da alienação a partir das três primeiras: todo homem está alienado de seus semelhantes.

> Em geral, a afirmação de que o homem é alienado de seu ser específico significa que um homem está alienado do outro como cada um deles está alienado da essência humana. A alienação do homem e de modo geral de toda relação em que ele está é primeiro percebida e expressa na relação que o homem está aos outros homens. Assim, na situação do trabalho alienado cada homem mede sua relação aos outros homens pela relação em que ele se encontra como trabalhador[137].

O fato de que tanto o produto do trabalho do homem como a atividade de produção se tornaram estranhas a ele significava que outro homem havia de controlar o produto e a atividade dele.

> Cada autoalienação do homem de si mesmo e da natureza aparece na relação em que ele coloca a si mesmo e a natureza frente aos outros distintos dele mesmo. Por

---

135. Marx, *Early Texts*, p. 138.

136. Marx, *Early Texts*, p. 140.

137. Marx, *Early Texts*, p. 141.

> isso a autoalienação religiosa aparece necessariamente na relação do leigo ao sacerdote, ou, porque aqui estamos lidando com um mundo espiritual, a um mediador etc. No mundo prático, real, a autoalienação pode somente aparecer através da relação prática, real a outros homens[138].

Marx prosseguiu mostrando consequências práticas com relação à propriedade privada e aos salários, que se seguiam de sua conclusão de que o trabalho social era a fonte de todo valor e por conseguinte da distribuição da riqueza. Ele usou sua conclusão para resolver dois problemas contemporâneos. O primeiro era a completa rejeição de qualquer sistema que envolvesse o pagamento de salários. Os salários serviam apenas para reforçar a noção de propriedade privada e por isso até a proposta de Proudhon de que todos os salários deveriam ser iguais está totalmente equivocada. Em segundo lugar, Marx achava – de modo extremamente otimista – que a emancipação humana universal poderia ser conseguida através da emancipação da classe operária, pois "a totalidade da escravidão humana está envolvida na relação do trabalhador a seu produto"[139].

Em seguida ele planejava estender toda a discussão a todos os aspectos da economia clássica – troca, competição, capital, dinheiro – e também a uma comparação das alienações relativas do capitalista e do operário[140]. Mas o manuscrito foi interrompido, inacabado.

Apesar de incompleto o manuscrito, é possível inferir o que o seu restante conteria. Em suas anotações desta época

---

138. Marx, *Early Texts*, p. 142.

139. Marx, *Early Texts*, p. 144.

140. Cf. ainda sobre este ponto Cohen, Bourgeois and Proletarians, *MEW*, XXI, p. 19 (abril de 1968).

Marx registrou suas reflexões sobre sua leitura dos economistas clássicos. Sua nota sobre os *Elementos de economia política* de James Mill é excepcionalmente longa e rica: nela Marx trata das categorias da economia clássica que ele planejara discutir na parte inacabada de seu manuscrito sobre o trabalho alienado – troca, competição, capital e dinheiro. Ele se concentrou sobre o efeito desumanizador do dinheiro e da propriedade privada, terminando com um relato de sua concepção do trabalho inalienado que era o lado positivo de sua crítica do trabalho alienado. Marx começava sua nota criticando a tentativa de Mill de formular "leis" precisas na economia, um campo tão caótico e sujeito a constante flutuação; e passou a comentar a descrição que Mill faz do dinheiro como meio de troca. Na sociedade capitalista, argumentava Marx, o dinheiro sozinho dava significado à relação do homem com seus companheiros e até com seus produtos.

As anotações tratavam extensamente do problema do crédito. O crédito apenas aumentava o poder desumanizador do dinheiro:

> O crédito é o julgamento econômico da moralidade de um homem. No crédito o próprio homem, em vez de metal ou papel, tornou-se o mediador de troca, mas não como homem e sim como existência de capital e juro. A individualidade humana, a moralidade humana, tornou-se ela mesma tanto um artigo de comércio como a forma em que o dinheiro existe. Em vez de dinheiro, o papel é meu ser pessoal próprio, minha carne e sangue, meu valor e *status* social, o corpo material do espírito do dinheiro[141].

O sistema de crédito, segundo Marx, tinha quatro características principais: ele aumentava o poder do rico – pois o crédi-

141. Marx, On James Mill, *Early Texts*, p. 192.

to era mais prontamente disponível aos que já tinham dinheiro; ele acrescentava um julgamento moral a um julgamento econômico, sugerindo que um homem sem crédito era indigno de confiança; obrigava as pessoas a tentarem obter crédito pela mentira e a fraude; e, finalmente, o crédito atingia sua perfeição no sistema bancário. Numa breve seção sobre dinheiro posteriormente no manuscrito Marx citou extensamente o *Fausto* de Goethe e *Timão de Atenas* de Shakespeare para mostrar que o dinheiro era a ruína da sociedade. Uma vez que o dinheiro podia comprar qualquer coisa, ele podia remediar todas as deficiências: ele era o "vínculo de todos os vínculos"[142]. "Uma vez que o dinheiro é o conceito existente e autoafirmador do valor e confunde e troca todas as coisas, ele é a confusão e troca universais de todas as coisas, o mundo invertido, a confusão e troca de todas as qualidades humanas e naturais"[143]. Numa sociedade verdadeiramente humana em que o homem seria homem – então tudo teria um valor definido, humano, e somente amor poderia ser trocado por amor etc.

Foi em contraste com essa sociedade baseada no dinheiro e no crédito que Marx esboçou a sua ideia da existência social autêntica do homem:

> Uma vez que a natureza humana é a verdadeira natureza comunitária do homem, os homens criam e desenvolvem sua natureza comunitária através de sua ação natural; eles desenvolvem seu ser social que não é poder abstrato, universal enquanto oposto a indivíduos singulares, mas a natureza de cada indivíduo, sua própria atividade, sua própria vida, sua própria satisfação, sua própria riqueza. Por isso esta verdadeira natureza comunitária não se origina na reflexão, ela

142. Marx, Paris Manuscripts, *Early Texts*, p. 181.

143. Marx, Paris Manuscripts, *Early Texts*, p. 182.

> toma forma através da necessidade e do egoísmo dos indivíduos, isto é, é produzida diretamente pelo ser deles. Não depende do homem o fato deste ser comunitário existir ou não; mas enquanto o homem não se tiver reconhecido como homem e não tiver organizado o mundo de uma maneira humana, esta natureza comunitária aparece na forma de alienação - porque seu sujeito, o homem, é um ser autoalienado. Os homens - não abstratamente, mas como indivíduos reais, vivos, particulares - são esta natureza[144].

Com a transformação do trabalho em trabalho assalariado essa alienação era inevitável. No escambo primitivo os homens trocavam apenas o excedente de seu próprio produto. Mas logo os homens produziam com o único objetivo de trocar e finalmente "tornou-se totalmente acidental e não essencial se o produtor tirava satisfação imediata de um produto de que ele necessitava pessoalmente, e também se a mesma atividade de seu trabalho o capacitava a realizar sua personalidade, suas capacidades naturais e seus objetivos espirituais"[145]. Esse processo apenas acelerou-se pela divisão do trabalho que crescia com a civilização e significava que "você não tem nenhuma relação ao meu objeto como ser humano porque eu mesmo não tenho nenhuma relação humana com ele"[146].

Marx terminava sua nota sobre o dinheiro com uma descrição do trabalho inalienado e esta é uma das poucas passagens em que ele descreve detalhadamente sua visão da futura sociedade comunista. Por isso vale a pena citá-la por extenso:

> Supondo que tenhamos produzido de uma maneira humana; em sua produção cada um de nós teria se afir-

144. Marx, On James Mill, *Early Texts*, p. 193s.

145. Marx, On James Mill, *Early Texts*, p. 197s.

146. Marx, On James Mill, *Early Texts*, p. 201.

mado duplamente a si e a seus semelhantes. (1) Em minha produção eu teria objetivado minha individualidade e sua peculiaridade, e teria tido satisfação em minha atividade de uma expressão de minha vida e teria tido também – ao olhar para o objeto – o prazer individual de ver que minha personalidade era objetiva, visível aos sentidos e por conseguinte um poder acima de qualquer dúvida; (2) em seu gozo ou uso de meu produto eu teria tido o prazer direto de ver que pelo meu trabalho eu teria tanto satisfeito uma necessidade humana como também objetivado a essência humana e, portanto, feito para outro ser humano o objeto que satisfez as necessidades dele. (3) Eu teria sido para você o mediador entre você e a espécie e assim seria sentido por você e reconhecido como realização de sua própria essência e uma parte necessária de você mesmo, e com isso eu perceberia que eu era confirmado tanto em seu pensamento como em seu amor; (4) em minha expressão de minha vida eu teria dado forma à sua expressão de sua vida, e assim em minha própria atividade eu teria realizado minha própria essência, minha essência humana, comunitária. Em tal situação nossos produtos seriam como outros tantos espelhos, cada um refletindo nossa essência. Portanto, neste relacionamento o que ocorreu do meu lado também ocorreria do seu. Meu trabalho seria uma livre-expressão de minha vida e, portanto, um livre gozo de minha vida. No trabalho a peculiaridade de minha individualidade teria sido afirmada pois ele é minha vida individual. Deste modo o trabalho seria uma propriedade genuína, ativa. Pressupondo a propriedade privada, minha individualidade é tão externalizada que odeio minha atividade: ela é um tormento para mim e somente a aparência de uma atividade e, portanto, também apenas uma atividade forçada que me é imposta pela necessidade externa, arbitrária – não uma interna e necessária[147].

---

147. Marx, On James Mill, *Early Texts*, p. 202s.

A tese básica de Marx era, portanto, que a objetivação do homem de si mesmo na sociedade capitalista negava seu ser específico em vez de confirmá-lo. Ele afirmava que esse era um julgamento baseado puramente num estudo de fatos econômicos; ele dizia que estava usando a evidência apresentada pelos próprios economistas clássicos e apenas criticando as premissas deles. Diversas vezes ele disse que apenas estava dando expressão a fatos econômicos; e na introdução dos manuscritos como um todo ele escreveu: "Não preciso garantir novamente ao leitor que tem familiaridade com a economia política que meus resultados foram obtidos com uma análise completamente empírica fundada sobre um estudo consciencioso e crítico da economia política"[148]. No entanto, o uso que ele faz de termos como "alienação" e "a realização da essência humana" mostram claramente que a análise de Marx não era puramente científica. Também não era empírica, tomando-se no sentido de estar isenta de julgamentos de valor. Porque a descrição de Marx estava cheia de afirmações dramaticamente supersimplificadas que raiavam ao epigramático. E enquanto a análise econômica se baseava em economistas clássicos, os julgamentos morais eram inspirados pela leitura (notada acima) de Schulz, Pecqueur, Sismondi e Buret. A fim de entender a afirmação de Marx é importante ter presente que "empírico" para ele não envolvia uma distinção cujo valor se fundava em fato (uma ideia que ele sempre rejeitaria), mas apenas que a análise (para onde quer que levasse) partia do lugar certo – das necessidades materiais do homem[149].

---

148. Marx, Paris Manuscripts, *Early Texts*, p. 131.

149. Para uma análise mais bem fundamentada dos aspectos empíricos da doutrina marxista da alienação cf. Braybrooke (1958). Há diversas pesquisas que tomam a doutrina de Marx como base, uma das mais conhecidas é Blauner (1964).

O segundo manuscrito de Marx fornecia o cerne de seus escritos de 1844 e é este que suscitou o maior entusiasmo entre os comentadores posteriores. É certamente um texto básico para qualquer um interessado em "socialismo com rosto humano". Nele Marx delineia numa linguagem viva e visionária a sua contraproposta positiva à alienação sofrida pelo homem sob o capitalismo – uma proposta que ele chamou de "comunismo". Suas concepções obviamente refletiam o primeiro dos muitos longos debates com operários alemães e com socialistas franceses cujas deficiências ele acentuou desde o começo. Proudhon, por exemplo, defendera a abolição do capital; Fourier e Saint-Simon levaram a alienação do trabalho a uma forma particular de trabalho. Fourier defendeu consequentemente a volta ao trabalho agrícola; ao passo que Saint-Simon via a solução essencial em termos de uma organização correta do trabalho industrial. O comunismo, porém, ia além dessas visões parciais e representava "a expressão positiva para vencer a propriedade privada"[150]. Naturalmente, a ideia do comunismo tinha sua própria história intelectual e evoluiu apenas por estágios.

A primeira forma a aparecer – que Marx chamou de comunismo "rude" – era simplesmente a universalização da propriedade privada. "Esta espécie de comunismo se defronta com uma dominação tão grande da propriedade privada que procura destruir tudo o que não pode ser possuído por cada um como propriedade privada; deseja abstrair à força do talento etc. Ele considera a propriedade física imediata como o único objetivo da vida e do ser"[151]. Essa concepção de comunismo tem sua contraparte na proposta de abolir o casa-

150. Marx, Paris Manuscripts, *Early Texts*, p. 146.

151. Marx, Paris Manuscripts, *Early Texts*, p. 146.

mento e substituí-lo pela comunidade das mulheres. Pois era a relação entre os sexos que era "a relação imediata, natural e necessária do ser humano com o ser humano...".

> Ao negar sistematicamente a personalidade do homem este comunismo é simplesmente a expressão consistente da propriedade privada que é justamente sua negação. A inveja universal erigida como poder é a forma disfarçada de gula que apenas se afirma e se satisfaz de outra maneira. O quão pouco esta abolição da propriedade privada constitui uma real apropriação está provado pela sua negação abstrata de todo o mundo da cultura e da civilização, uma regressão à simplicidade inatural dos pobres sem nenhuma necessidade que nem sequer chegaram ao estágio da propriedade privada, menos ainda a ultrapassaram[152].

A única comunidade aqui era uma comunidade de trabalho (alienado) e a única igualdade era a dos salários pagos pela comunidade como capitalista universal.

A segunda forma de comunismo que Marx classificava como inadequado era de duas espécies: ele descreveu o primeiro como "ainda político por natureza, seja democrático ou despótico", e o segundo como alcançando "a abolição do Estado, mas ainda incompleto e sob a influência da propriedade privada, isto é, da alienação do homem"[153]. Sobre ambas as formas Marx comentou (um tanto obscuramente):

---

152. Marx, Paris Manuscripts, *Early Texts*, p. 146s. Aqui parece que Marx se referia a dois grupos ativos em Paris neste tempo – os *Travailleurs Égalitaires* e os *Humanitaires*. Os primeiros eram seguidores de Babeuf com fortes tendências anticulturais; os últimos eram bem conhecidos por seus ataques contra o casamento e a família. Cf. ainda Kägi (1965, p. 328s.) e Dolléans (1957, I, p. 179).

153. Marx, *Early Texts*, p. 148.

> O comunismo sabe que há de ser a reintegração ou retorno do homem para si mesmo, a abolição da autoalienação do homem. Mas como ele não compreendeu ainda a essência positiva da propriedade privada nem a natureza humana das necessidades, está ainda preso e contaminado pela propriedade privada. Ele entendeu seu conceito, não porém sua essência[154].

O comunismo "democrático" que Marx mencionou aqui deve ter sido o do tipo utópico, não violento defendido por Étienne Cabet, que se tornava cada vez mais popular em Paris neste tempo, particularmente na Liga dos Justos; o tipo "despótico" provavelmente fazia alusão à ditadura transitória do proletariado defendida pelos seguidores de Babeuf. O segundo tipo de comunismo, envolvendo a abolição do Estado, era representado por Dezamy (que cunhou a famosa frase sobre um contador e um registro como tudo o que era necessário para garantir o perfeito funcionamento da futura sociedade comunista).

Em terceiro lugar Marx descreveu em algumas páginas escritas compacta e profundamente sua própria ideia de comunismo – a culminação das concepções anteriores inadequadas:

> O comunismo é a abolição positiva da propriedade privada e por conseguinte da autoalienação humana e, portanto, a reapropriação real da essência humana pelo e para o homem. Isto é o comunismo como a volta completa e consciente ao homem – conservando todas as riquezas dos desenvolvimentos anteriores para o próprio homem como ser social, isto é, humano. Comunismo como naturalismo acabado é humanismo e como humanismo acabado é naturalismo. É a solução genuína do antagonismo entre homem e natureza e entre homem e homem. Ele é a solução verda-

154. Marx, *Early Texts*, p. 148.

> deira da luta entre existência e essência, entre objetivação e autoafirmação, entre liberdade e necessidade, entre indivíduo e espécie. É a solução do enigma da história e sabe que há de ser esta solução[155].

Tendo assim esboçado sua própria concepção de comunismo, Marx passou a trabalhar sobre três de seus aspectos particulares: sua base histórica, seu caráter social e seu interesse pelo indivíduo.

Tratando do primeiro aspecto – as bases históricas do comunismo – Marx fez mais uma distinção entre seu próprio comunismo e a variedade "subdesenvolvida". Os últimos tipos (ele citava como exemplos o comunismo utópico de Cabet e Villegardelle) procuraram se justificar apelando para certas formas históricas de comunidade que se opunham à propriedade privada. Para Marx, esta escolha de aspectos ou épocas isoladas implicava em que o resto da história *não* servia para o comunismo. Em sua versão própria, por outro lado, "tanto quanto à geração real deste comunismo – o nascimento de sua existência empírica –, como também quanto a sua consciência e pensamento, todo o movimento da história é o processo conscientemente compreendido de seu devir"[156]. Assim todo o movimento revolucionário "encontra não tanto sua base empírica como teórica na evolução da propriedade privada, e particularmente do sistema econômico"[157]. Era por isso que a alienação da vida humana era expressa na existência da propriedade privada, e era no movimento da propriedade privada, na produção e no consumo, que o homem até agora tentara perceber a si mesmo.

---

155. Marx, *Early Texts*, p. 148.

156. Marx, *Early Texts*, p. 148.

157. Marx, *Early Texts*, p. 148s.

> Religião, família, Estado, lei, moral, ciência e arte são apenas formas particulares de produção e estão sujeitas à sua lei geral. A abolição positiva da propriedade privada e da apropriação da vida humana é por conseguinte a abolição positiva de toda alienação, a volta do homem saindo da religião, família, Estado etc., para seu ser humano, isto é, ser social[158].

A alienação básica, continuava Marx, ocorria na esfera econômica: a alienação religiosa ocorria apenas na consciência do homem, ao passo que a alienação econômica ocorria em sua vida real e assim a sua substituição incluía a substituição de todas as alienações. É claro que a pregação do ateísmo podia ser importante onde a religião era forte, mas o ateísmo era apenas um estágio no caminho para o comunismo, e apenas um estágio abstrato; apenas o comunismo propunha uma doutrina de ação que afetava ao que era real.

Em segundo lugar, Marx enfatizou o caráter social do comunismo e estendeu a relação recíproca entre homem e sociedade para homem e natureza:

> ... apenas para um homem social a natureza está disponível como um vínculo com outros homens, como a base de sua própria existência para outros e deles para ele, e como o elemento vital na realidade humana; apenas para um homem social a natureza é o fundamento de sua própria existência humana. Somente como tal sua existência natural se tornou uma existência humana e a própria natureza se tornou humana. Assim a sociedade completa a unidade essencial entre homem e natureza: ela é a ressurreição genuína da natureza, a realização do naturalismo do homem e o humanismo realizado da natureza[159].

158. Marx, *Early Texts*, p. 149.

159. Marx, *Early Texts*, p. 150.

(Esta passagem, e outras semelhantes, mostram um Marx muito sujeito à influência de Hegel, em tal medida que ele quase disse que a natureza foi *criada* pelo homem)[160]. Quanto ao aspecto social, Marx mostrou que as capacidades peculiares ao homem evoluíram no relacionamento social. Mesmo quando o homem trabalhava isoladamente, ele realizava um ato social simplesmente porque ele era um ser humano. Até o pensamento – uma vez que ele usava linguagem – era uma atividade social.

Mas essa ênfase sobre os aspectos sociais do ser humano não destroem a individualidade do homem (e este era o terceiro ponto de Marx): "quanto mais ele é um indivíduo particular (e é exatamente sua particularidade que o torna um indivíduo e um ser individual verdadeiramente comunitário), o homem é justamente a totalidade – a totalidade individual – e a existência da sociedade como algo pensado e sentido"[161].

Marx dedicou a maior parte do resto da seção para descrever o homem inalienado, homem que ele chamou de "total" e "multilateral". Não se devia, dizia ele, ter uma ideia muito estreita sobre o que a substituição da propriedade privada conseguiria: assim como o estado de alienação viciou totalmente todas as faculdades humanas, também a substituição da alienação seria uma libertação total. Não se limitaria ao gozo ou posse de objetos materiais. Todas as faculdades humanas – Marx citou visão, audição, cheiro, gosto, tato, pensar,

160. Cf., p. ex., a interpretação de Calvez (1956, p. 380s.).

161. Marx, *Early Texts*, p. 151. Marx acrescentou uma observação (não muito convincente) sobre a morte, que "parece ser a dura vitória da espécie sobre o indivíduo particular e parece contradizer a unidade deles; mas o indivíduo particular é apenas um determinado ser específico e, portanto, mortal".

observar, sentir, desejar, agir, amar – se tornariam, em seus diferentes modos, meios de apropriação da realidade. Era difícil o homem alienado imaginar isto, pois a propriedade privada tornara os homens tão estúpidos que eles só podiam imaginar um objeto como seu quando eles realmente o usavam e mesmo então ele era empregado somente como um meio de sustentar a vida que era entendida como consistindo em trabalho e criação de capital.

Referindo-se à obra de Hess sobre este assunto, Marx declarou que todos os sentidos físicos e mentais tinham sido embotados por uma única alienação – a do *ter*. Mas esta pobreza absoluta daria nascimento à riqueza interior dos seres humanos:

> A supressão da propriedade privada é, portanto, a completa emancipação de todos os sentidos e qualidades humanas, mas é exatamente nesta emancipação que estes sentidos e qualidades se tornaram humanos, tanto subjetiva como objetivamente. O olho se tornou um olho humano quando seu objeto se tornou um objeto social, humano, produzido pelo homem e destinado a ele. Assim, na prática os sentidos se tornaram teóricos diretos. Eles se relacionam à coisa por causa dela mesma, mas a própria coisa é uma relação humana objetiva a si mesma e ao homem e vice-versa. (Na prática eu só posso me relacionar humanamente a um objeto se o objeto se relaciona humanamente com o homem.) Necessidade e gozo perderam, portanto, sua natureza egoísta e a natureza perdeu sua mera utilidade sendo que sua utilidade se tornou utilidade humana[162].

Esse cultivo ou criação das faculdades seria conseguido apenas em certas circunstâncias.

---

162. Marx, *Early Texts*, p. 152.

> Não é uma questão apenas dos cinco sentidos, mas também dos assim chamados sentidos espirituais – os sentidos práticos (desejar, amar etc.) – em resumo: a sensibilidade humana e o caráter humano dos sentidos, que só podem vir a ser através da existência do seu objeto, através da natureza humanizada. O cultivo dos cinco sentidos é a obra de toda a história anterior[163].

Um homem morrendo de fome evidentemente apreciaria a comida de uma maneira puramente animal; e um negociante de minério via somente o valor, e não necessariamente a beleza, em seus artigos. Para que suas faculdades se tornem faculdades humanas o homem precisava ser libertado de todas as coações externas.

São passagens como esta que levaram alguns comentadores a argumentar plausivelmente que o modelo da atividade humana de Marx era um modelo artístico e que ele tirava muitas de suas descrições do homem de fontes românticas e particularmente de Schiller. A ideia dos sentidos alienados do homem procurando objetos adequados a eles, a tentativa de criar uma ligação entre liberdade e atividade estética, a ideia do homem completo – tudo isso ocorria nas *Briefe* de Schiller[164]. É possível que houvesse uma influência mais contemporânea e pessoal da mesma natureza, pois Marx passava grande

---

163. Marx, *Early Writings*, p. 161.

164. As passagens seguintes mostram o que Schiller estava descrevendo: "... O gozo era separado do trabalho, os meios do fim, o esforço da recompensa. Eternamente preso a um único pequeno fragmento do todo, o homem molda-se apenas como um fragmento; sempre ouvindo apenas o rodar da roda que ele gira, ele nunca manifesta a harmonia plena de seu ser... O impulso formativo estético estabelece... um alegre império no qual liberta o homem de todos os grilhões da circunstância, e o liberta tanto física como moralmente de tudo o que pode ser chamado de constrangimento". Schiller (1967, p. 92 e 185), citado em: Lukes (1967).

parte de seu tempo em Paris na companhia de Heine e Herwegh, dois poetas que fizeram o máximo para personificarem o ideal romântico alemão. A ideia de Marx do indivíduo completo, inalienado provinha em certa medida de modelos que lhe eram muito presentes neste tempo.

Marx continuou esboçando a importância da indústria na história da humanidade. As passagens antecipavam suas descrições posteriores, mais detalhadas do materialismo histórico. Era a história da indústria, afirmava ele, que realmente revelava as capacidades humanas e a psicologia humana. Uma vez que a natureza humana foi mal-entendida no passado, a história se transformou em história da religião, política e arte. A indústria, porém, revelava as faculdades essenciais do homem e era a base para qualquer ciência do homem. No passado a ciência natural tinha sido abordada de um ângulo puramente utilitarista. Mas seu imenso crescimento recente a capacitou a transformar, através da indústria, a vida do homem. Se a indústria fosse considerada como a expressão externa das faculdades essenciais do homem, então a ciência natural poderia ser a base da ciência humana. Essa ciência devia se basear na experiência dos sentidos, como foi descrita por Feuerbach. Mas desde que era uma experiência dos sentidos *humana*, haveria uma ciência única, abrangendo tudo: "A ciência natural compreenderá mais tarde a ciência do homem exatamente como a ciência do homem abrangerá a ciência natural: haverá uma única ciência"[165]. Assim a relação recíproca que Marx antes delineara entre homem e natureza se refletia aqui em sua ideia de uma ciência natural do homem.

A última parte de seu manuscrito sobre o comunismo consistia em uma discussão, tanto digressiva como não carac-

---

165. Marx, *Early Texts*, p. 154.

terística de seu modo comum de abordar a questão sobre se o mundo foi criado ou não. Uma das ideias-chave da visão que Marx tinha do homem era que o homem era seu próprio criador; todo ser que vivia pelo favor de outro era um ser dependente. De acordo com isso, Marx rejeitou a ideia de que o mundo fora criado, mas atolou-se numa discussão de tipo aristotélico sobre causas primeiras na qual ele foi derrotado pelo seu oponente imaginário até que ele rompeu com o argumento e continuou de um modo mais característico: "Dado que para o homem socialista o que é chamado de história do mundo nada mais é do que criação do homem pelo trabalho do homem e a evolução da natureza para o homem, ele tem a prova observável e irrefutável de sua autocriação e do processo de sua origem"[166].

Assim para o homem socialista a questão de um ser alheio além do homem e da natureza cuja existência implicaria em uma irrealidade dele tornara-se impossível. Para ele a interdependência entre homem e natureza era o essencial e qualquer outra coisa parecia irreal. "O ateísmo, como negação desta irrealidade, não tem mais qualquer sentido, pois o ateísmo é uma negação de Deus e tenta afirmar através desta negação a existência do homem; mas o socialismo como tal não mais precisa desta mediação; parte da percepção dos sentidos teórica e prática do homem e da natureza como a verdadeira realidade"[167]. Este modo de ver, uma vez estabelecido, não precisava mais da abolição da propriedade privada, não precisava mais do comunismo. Marx terminava com uma observação muito hegeliana sobre a transitoriedade da fase comunista:

---

166. Marx, *Early Texts*, p. 156.

167. Marx, *Early Texts*, p. 157.

> O comunismo representa o positivo na forma da negação da negação e, portanto, uma fase na emancipação e reabilitação humanas, tanto real como necessária nesta conjuntura da evolução humana. O comunismo é a forma necessária e o princípio dinâmico do futuro imediato, mas o comunismo não é como tal a meta do desenvolvimento humano, a forma da sociedade humana[168].

Aqui o comunismo parece ser visto simplesmente como um estágio na evolução dialética, um estágio que em dado momento teria servido a seu propósito e seria substituído. A descrição, na primeira parte do manuscrito, do "verdadeiro comunismo" como "a solução do enigma da história"[169] era muito mais estático e anistórico.

Na terceira e última seção dos Manuscritos, Marx tentou enfrentar definitivamente o pensamento do mestre. Ele começou discutindo as várias atitudes dos Jovens Hegelianos para com Hegel e apontou Feuerbach como o único pensador construtivo; em seguida ele usou Hegel para desmascarar a fraqueza na abordagem de Feuerbach. Finalmente passou a fazer uma longa análise dos erros fundamentais de Hegel, evidentes de modo geral na *Fenomenologia* e particularmente no último capítulo. O estilo de Marx aqui é geralmente obscuro, complexo e extremamente repetitivo, pois ele estava constantemente reelaborando e reformulando sua atitude para com Hegel. Em sua tese doutoral ele rejeitara a ideia de que tradições fossem resolvidas apelando-se para a "consciência essencial" de Hegel[170]. Em sua *Crítica da filosofia do direito de Hegel* ele mostrara através de referência a exemplos particulares que

---

168. Marx, *Early Texts*, p. 157.

169. Marx, *Early Texts*, p. 148.

170. Cf. capítulo 1, p. 64s.

os princípios de Hegel inevitavelmente implicavam em acomodação. Mas foi somente quando ele transferiu sua atenção da *Filosofia do direito* de Hegel para a *Fenomenologia* dele que foi capaz de formular uma crítica geral da dialética de Hegel. Aqui era claro que Marx, embora ainda familiarizado com os conceitos e terminologia de Hegel, não se limitava a criticar nos próprios termos dele. Ao mesmo tempo ele ainda o respeitava como um grande pensador e considerava a dialética dele um valioso instrumento para investigar o mundo. Ele também julgava que Hegel tinha descoberto, embora de forma mistificada, o processo de alienação do homem e os meios pelos quais ela podia ser vencida[171].

Segundo Marx, nenhum dos discípulos de Hegel jamais tentara enfrentar a questão crucial da validade do método dialético do mestre. A única exceção foi Feuerbach: "Feuerbach é a única pessoa a ter um relacionamento crítico com a dialética de Hegel e a ter feito descobertas reais nesse campo; em resumo, ele venceu a velha filosofia. A grandeza de sua proeza está no contraste marcante à simplicidade despretensiosa com a qual a apresenta ao mundo"[172]. Feuerbach mostrara que o sistema hegeliano era simplesmente uma forma filosofada de religião e igualmente alienante; ele tinha assim "fundado o verdadeiro materialismo e a ciência real ao tornar a relação social de 'homem a homem' o princípio básico de sua teoria"[173]. Marx resumiu brevemente a proeza de Feuerbach numa carta que lhe enviou em agosto de 1844:

> Em seus escritos você deu – se intencionalmente, eu não sei – uma base filosófica para o socialismo, e os

---

171. Para uma avaliação posterior de Marx desta relação a Hegel cf. o posfácio à segunda edição alemã de *O capital*.

172. Marx, Paris Manuscripts, *Early Texts*, p. 159.

173. Marx, Paris Manuscripts, *Early Texts*, p. 159.

> comunistas também entenderam de modo semelhante estas obras neste sentido. A unidade entre homem e homem baseada sobre as diferenças reais entre homens, o conceito de espécie humana transferida de um céu abstrato para o mundo real: não é isto senão o conceito de sociedade?[174]

Continuando com sua terceira e final seção dos Manuscritos, Marx passou a olhar para o sistema de Hegel. Ele começou copiando o índice das matérias da *Fenomenologia*, "o verdadeiro lugar de nascimento e segredo da filosofia deles"[175], e acusava Hegel de transformar todas as entidades que na realidade pertenciam objetivamente e sensualmente ao homem em entidades mentais, pois para ele somente o espírito era a essência genuína do homem. Esta crítica, porém, era temperada com uma análise das conquistas de Hegel que mostrava claramente o quanto (apesar de seus comentários críticos) ele lhe devia. Porque Marx considerava que, embora o conceito de crítica na *Fenomenologia* ainda fosse propenso a mistificar e não estivesse suficientemente autoconsciente, foi no entanto além de desenvolvimentos posteriores; em outras palavras, nenhum dos discípulos até agora fora capaz de ultrapassar o mestre. De fato, fez a seguinte admirável defesa da *Fenomenologia*:

> Ela contém todos os elementos de crítica – oculta, mas muitas vezes já preparada e elaborada de um modo que ultrapassa de longe o próprio ponto de vista de Hegel. A "consciência infeliz", a "consciência honesta", a luta entre a "consciência nobre e vil" etc., etc., estas simples seções contêm os elementos (embora ainda

---

174. Marx a Feuerbach, *Early Texts*, p. 184.

175. Marx, Paris Manuscripts, *Early Texts*, p. 160.

> de forma alienada) de uma crítica de todas as esferas como religião, Estado, vida civil etc.[176].

Isso porque a *Fenomenologia* entendera a alienação do homem, continha visões do processo do desenvolvimento do homem e vira que os objetos que pareciam ordenar a vida dos homens - sua religião, sua riqueza - de fato pertenciam ao homem e eram o produto das capacidades humanas essenciais. Marx resumiu sua atitude em relação a Hegel do seguinte modo:

> A grandeza da *Fenomenologia* de Hegel e de seu produto final - a dialética da negatividade como o princípio motriz e criador - é, por um lado, porque Hegel concebe a autocriação do homem como um processo, objetivação como perda deste objeto, como externalização e transcendência desta externalização. Isto significa, portanto, que ele compreende a natureza do trabalho e entende o homem objetivo, verdadeiro porque real, o homem como resultado de seu próprio trabalho[177].

Assim, embora Hegel tivesse compreendido o trabalho como a essência autoconfirmadora do homem, mesmo assim "o único trabalho que Hegel conhece e reconhece é abstrato, trabalho mental"[178].

Embora a linguagem de Marx fosse (como geralmente) complexa, e sua disposição um tanto confusa, esta é a passagem em que ele relatou mais plena e claramente sua dívida e seu desacordo com Hegel. Hegel pensava que a realidade era o Espírito realizando a si mesmo. Neste processo o Espírito produziu um mundo que inicialmente pensou que era exter-

---

176. Marx, Paris Manuscripts, *Early Texts*, p. 163.

177. Marx, Paris Manuscripts, *Early Texts*, p. 164.

178. Marx, Paris Manuscripts, *Early Texts*, p. 164.

no; somente mais tarde percebeu que este mundo era sua própria criação. O Espírito não era algo separado desta atividade produtiva; ele apenas existia em e através desta atividade. No início deste processo o Espírito não estava consciente de que estava externalizando ou alienando a si mesmo. Apenas aos poucos o Espírito percebeu que o mundo não era externo a ele. Era a falha em perceber isto que constituía, para Hegel, a alienação. Esta alienação acabaria quando os homens se tornassem plenamente autoconscientes e entendessem seu meio ambiente e sua cultura como sendo emanação do Espírito. A liberdade consistia nesta compreensão e a liberdade era o objetivo da história. Em termos gerais, o que Marx fez foi rejeitar a noção do Espírito e manter apenas os seres individuais finitos: assim a relação hegeliana do Espírito com o mundo se tornava a relação marxiana da relação humana com seu ser social. Marx disse que Hegel só levava em conta as atividades mentais do homem – isto é, de suas ideias – e que elas, embora importantes, eram em si insuficientes para explicar a mudança social e cultural.

Voltando ao capítulo final da *Fenomenologia*, Marx opôs sua visão do homem como ser objetivo, natural, à concepção de Hegel do homem como autoconsciência. Se o homem fosse reduzido à autoconsciência, objetava Marx, então ele podia estabelecer fora dele mesmo apenas objetos abstratos que eram construções de sua mente. Estes objetos não teriam nenhuma independência *vis-à-vis* à autoconsciência do homem. A visão própria de Marx da natureza humana era muito diferente:

> Quando o homem real em carne e osso, em cima da terra sólida e redonda e inalando e exalando todos os poderes da natureza propõe suas faculdades objetivas reais, como resultado de sua externalização, como objetos alheios, não é a afirmação que é seu assunto; é a

subjetividade das faculdades objetivas cuja ação deve então ser objetiva[179].

Marx chamava sua visão de "naturalismo" ou "humanismo" e a distinguia tanto do idealismo como do materialismo, dizendo que ela unia o que era essencial tanto ao idealismo como ao materialismo.

Marx acrescentou dois parágrafos concisos (lembrando muito a seção anterior sobre propriedade privada e comunismo) sobre o sentido de naturalismo e objetividade. Marx parecia entender por natureza tudo o que era oposto ao homem, o que lhe proporcionava um campo de atividade e satisfazia suas necessidades. Eram estas necessidades e atividades que faziam a natureza do homem. Marx chamava sua visão de "naturalismo" porque o homem estava orientado para a natureza e satisfazia suas necessidades na e através da natureza, mas também, mais fundamentalmente, porque o homem era parte da natureza. O homem como um ser natural ativo estava dotado de certas capacidades, poderes e impulsos naturais. Mas nem por isso deixava de ser uma criatura sofredora limitada, dependente. Os objetos de seus impulsos eram independentes dele, contudo precisava deles para satisfazer a si mesmo e expressar sua natureza objetiva. Portanto, "um ser que não tem sua natureza fora de si não é um ser natural e não participa do mundo natural"[180]. Marx concluiu: "Ser sensível é sofrer. O homem é um ser objetivo, sensível e, portanto, um ser sofredor e, uma vez que ele é um ser que reage a seus sofrimentos, um ser apaixonado. Paixão são as faculdades do homem buscando com energia

179. Marx, Paris Manuscripts, *Early Texts*, p. 167.

180. Marx, Paris Manuscripts, *Early Texts*, p. 168 sobre toda esta passagem; cf. tb. O'Neill (1964), reimpresso em *Sociology as a Skin Trade*, Londres, 1972, cap. 9.

seu objeto"[181]. Isto continha ecos dos materialistas franceses do século XVIII, Holbach e Helvetius, mas a fonte principal das ideias e terminologia de Marx ao discutir a natureza e a objetividade era a *Filosofia do futuro* de Feuerbach[182].

Seguindo esta digressão sobre seu próprio conceito de natureza humana, Marx continuou com sua crítica da *Fenomenologia* enfatizando que Hegel parecia igualar alienação com qualquer espécie de objetividade e assim transcendia a alienação apenas em pensamento: a consequência era que, para Hegel, o homem era verdadeiramente humano apenas quando estava ligado à filosofia e que, por exemplo, o homem mais autenticamente religioso era o filósofo da religião. As últimas poucas páginas do manuscrito degeneraram em obscuridade absoluta. Realmente, em toda a seção em que Marx lutava tão tortuosamente com a dialética de Hegel, o leitor moderno deve achar os argumentos bastante difíceis de serem seguidos. Na medida em que os argumentos possam ser entendidos, o "senso comum" tenderia a concordar com Marx e a ir contra Hegel – embora ele seja, naturalmente, um Hegel refratado através do próprio Marx[183]. O que deve ser lembrado, porém, é a densa neblina idealista (criada particularmente pelos discípulos de Hegel) que Marx tinha que dissipar a fim de chegar a uma espécie de visão "empírica".

O próprio Marx não deu nenhuma conclusão aos "Manuscritos de Paris" e é impossível tirar alguma de uma obra tão desconexa que incluía discussões sobre economia, criticismo social, filosofia, história, lógica, dialética e metafísica. Embora

---

181. Marx, *Early Texts*, p. 168.

182. Um comentário que enfatiza os materialistas franceses é Kägi (1965, p. 262s.). Para a dívida com Feuerbach cf. McLellan (1969, p. 101s.).

183. A respeito de como Marx era justo para com Hegel cf. Maguire (1972, p. 96s.).

cada seção fosse dominada por um assunto separado, de certa forma eram abordados de maneira semelhante. Aqui apareceram juntos pela primeira vez, embora ainda não unidos, o que Engels descreveu como sendo os três elementos constituintes do pensamento de Marx – filosofia idealista alemã, socialismo francês e economia inglesa. Foram sobretudo estes Manuscritos que (ao menos no Ocidente) reorientaram a interpretação de muitas pessoas a respeito de Marx – ao ponto de eles serem considerados a sua obra principal. Eles só foram publicados no começo da década de 1930 e não atraíram a atenção pública senão depois da Segunda Guerra Mundial; certas facetas dos Manuscritos seriam logo assimiladas ao existencialismo e humanismo então tão em voga e apresentavam uma base totalmente mais atraente para o socialismo não stalinista do que os manuais sobre materialismo dialético.

Vistos em sua perspectiva própria, estes manuscritos de fato não eram para Marx mais do que um ponto de partida – uma efusão inicial, exuberante de ideias a serem seguidas e desenvolvidas em escritos econômicos posteriores, particularmente nos *Grundrisse* e *Capital*. Nestas últimas obras os temas dos "Manuscritos de 1844" certamente seriam seguidos mais sistematicamente com maiores detalhes, e com um fundo econômico e histórico muito mais sólido; mas a inspiração ou visão central haveria de permanecer inalterada: alienação do homem na sociedade capitalista e a possibilidade de sua emancipação – de ele controlar seu próprio destino por meio do comunismo.

IV. Últimos meses em Paris

Enquanto Marx estivera compondo febrilmente seus Manuscritos em Paris, Jenny mergulhava novamente na vida provinciana de Trier. Ela estava alegre por se reunir à sua mãe, por quem ela tantas vezes chorara na França; mas a pobreza requintada em que a casa dos Westphalen era obrigada a viver e a dependência de seu fraco irmão Edgar a deprimiam. O bebê, agora com uma ama de leite, estava fora de perigo, e era o assunto de longos parágrafos de amorosa descrição nas cartas de Jenny a Marx. Quando seus antigos amigos e parentes vinham vê-la e ao bebê, ela sentia como se estivesse sendo julgada. Ela evitava o melhor que podia as perguntas sobre qual era exatamente o tipo de emprego que Marx conseguira em Paris. De fato ela estava cheia de apreensão, que ela confiou a seu marido:

> Querido, eu estou ansiosa demais a respeito de nosso futuro, tanto a longo quanto a curto prazo, e penso que serei punida pela minha atual animação e exuberância. Se você puder, por favor acalme meus temores a esse respeito. As pessoas falam demais a respeito de uma renda *firme*. Eu então respondo simplesmente com meu rosto vermelho, minha carne branca, minha capa de veludo, meu chapéu de pluma e minhas elegantes fitas[184].

Cheia de inquietação ela fez a difícil viagem para a casa de sua sogra cuja atitude, ela ficou surpresa ao ver, tinha mudado completamente depois do casamento. A mãe de Marx e as três irmãs dele que ainda estavam em casa receberam-na de braços abertos, uma mudança de sentimento que ela só podia atribuir à impressão causada pela nova prosperidade deles com os 1.000 táleres enviados por Jung. Ela terminava sua primeira carta a Marx com uma belíssima repreensão – infelizmente pouco atendida – sobre seu estilo:

> Por favor não escreva num estilo tão amargo e irritado!!! Ou escreva fatual e precisamente ou levemente

184. Jenny Marx a Marx, *MEW*, Ergsbd., I, p. 650.

> e com humor. Por favor, querido, deixe a pena correr sobre o papel, e mesmo que ela às vezes caia e tropece fazendo acontecer o mesmo com a sentença, que os seus pensamentos continuem eretos como Granadeiros da antiga Guarda, firmes e bravos... O que importa se o uniforme deles caia solto e não esteja tão firmemente atado? Como fica bonito o uniforme solto, leve, nos soldados franceses. Pense em nossos complicados prussianos – isto não o faz tremer? Deixe então os particípios fluírem e ponha as palavras onde elas querem estar. Tal raça de guerreiros não deve marchar tão regularmente. Os seus soldados estão marchando para a batalha? Boa sorte ao general deles, meu marido. Passe bem, querido, meu bem e única vida[185].

Uma carta posterior, porém (escrita de uma Trier tornada repentinamente febril com a afluência de cerca de 1 milhão de peregrinos para ver o Manto Sagrado), estava mais preocupada: ela estava ansiosa para voltar a Paris para que Marx não fosse extraviado pelas tentações da cidade; ao mesmo tempo ela temia – e os acontecimentos provaram que ela estava certa – que um segundo bebê viria logo depois de sua volta. "Embora o cofre esteja cheio agora", escreveu ela, "pense quão facilmente ele se esvazia de novo, e quão difícil é enchê-lo!"[186] Ela retornou a Paris em setembro de 1844 com a ama de leite e o bebê com quatro dentes para descobrir que Marx fizera a mais importante amizade de sua vida – a com Friedrich Engels.

Engels era dois anos mais novo do que Marx, nascera aos 28 de novembro de 1820, o filho mais velho de uma grande família de ricos industriais de Barmen (agora chamada Wuppertal), poucos quilômetros ao leste de Düsseldorf, perto do Ruhr. O bisavô dele tinha fundado uma fábrica de rendas que

185. Jenny Marx a Marx, *MEW*, Ergsbd., I, p. 650.

186. Jenny Marx a Marx, *MEW*, Ergsbd., I, p. 654.

prosperou o suficiente para permitir que a família reivindicasse seu próprio brasão. Friedrich Engels pai diversificou os negócios associando-se com Peter Ermen para fundar uma grande empresa de fiação de algodão em Barmen e Manchester. A mãe de Engels provinha de uma família de professores holandeses. Negócios e Igreja eram os pilares gêmeos da casa de Engels e Engels pai esperava que seu filho levasse ambos a peito. O jovem Engels foi um excelente aluno na escola, particularmente em línguas; mas ele saiu antes de seu último ano e entrou para a fábrica do pai para adquirir experiência prática. Ele passava todo o seu tempo livre, porém, escrevendo grande quantidade de poesias – mais ainda do que Marx – e quando ele foi enviado a Bremen em 1838 para adquirir mais experiência em negócios, ele já tinha o crédito de diversas pequenas publicações anônimas. Embora ele estivesse hospedado na casa de um clérigo, a atmosfera na cidade de Bremen era muito diferente da forma bíblica, puritana e intransigente de cristianismo de que sua família estava imbuída na Prússia.

Durante os seus três anos em Bremen ele lutou muito para se livrar de sua educação fundamentalista, e particularmente da noção de predestinação[187]. A *Vida de Jesus* de Strauss causou-lhe forte impressão e, através de Schleiermacher, ele fez um rápido avanço em direção ao Jovem Hegelianismo. Berlim era o lugar óbvio para seguir seus interesses literários e ele voluntariamente prestou seu serviço militar – como artilheiro num quartel nos arredores da capital, chegando alguns meses depois de Marx ter partido. Ele pendeu rapidamente para os *Freien*, elaborou um panfleto contundente contra Schelling e escreveu para o *Rheinische Zeitung*. Quando terminou seu ano no exército, seu pai o enviou a trabalhar em Manchester.

187. Cf. sua correspondência comovente com os irmãos Gräber, *MEGA*, I, i (2), 485s.

Em sua viagem através da Renânia ele teve um longo encontro com Hess do qual saiu "um revolucionário de primeira classe"[188]. Ele também visitou o editor do *Rheinische Zeitung*; Marx, porém, recebeu Engels "friamente", vendo nele um emissário dos *Freien*, com os quais ele acabara de cortar todos os contatos[189].

Em Manchester Engels escreveu para o *New Moral World* de Owen e travou conhecimento com vários cartistas, particularmente George Julian Harney. Continuou também a escrever de Manchester para o *Rheinische Zeitung* e enviou dois artigos para o *Deutsch-französische Jahrbücher*: uma crítica ao *Passado e presente* de Carlyle, e o ensaio intitulado "Esboço de uma crítica da economia política"[190] cuja dura e clara predição da iminente ruína do capitalismo fez com que Marx revisasse sua opinião sobre Engels, com o qual começou a se corresponder. Já a partir das observações das condições em Manchester Engels começou a recolher material para sua obra-prima *A situação da classe operária na Inglaterra*, provavelmente a crítica mais amarga do capitalismo incipiente jamais escrita[191].

No fim de agosto de 1844 Engels passou por Paris em sua viagem de volta para a Alemanha. Seu encontro histórico com Marx ocorreu aos 28 de agosto no Café de la Régence, um dos mais famosos cafés parisienses do tempo, que contava entre seus clientes Voltaire, Benjamin Franklin, Diderot, Grimm, Luís Napoleão, Sainte-Beuve e Musset[192]. A longa e inicial conversa deles os persuadiu a passarem os dez dias seguintes em mútua companhia na rue Vaneau. "Nosso

188. Hess, *Briefwechsel*, p. 103.

189. Cf. Karl Marx: *Chronik seines Lebens*, Frankfurt, 1971, p. 14.

190. Traduzido em Engels (1967).

191. Para mais sobre Engels cf. a biografia clássica de Mayer (1934).

192. Cf. Marx, *Dokumente seines Lebens*, p. 167.

acordo completo em todos os campos teóricos se tornou óbvio", escreveu Engels, "e nosso trabalho conjunto data daquele tempo"[193]. No fim de sua vida, olhando para trás para esta cooperação, Engels resumiu seu ponto de vista da seguinte maneira:

> Tanto antes como durante os 40 anos de colaboração com Marx eu tive uma certa participação independente no lançamento dos fundamentos da teoria e mais particularmente em sua elaboração. Mas a maior parte de seus princípios básicos condutores, especialmente no âmbito da economia e da história, e sobretudo sua vigorosa formulação, pertencem a Marx. Em tudo com o que eu contribuí – em tudo menos o meu trabalho em campos específicos – Marx poderia muito bem ter feito sem mim. O que Marx realizou eu não teria feito. Marx estava acima, via mais longe e tinha uma visão mais ampla e mais rápida do que o resto de todos nós. Marx era um gênio; nós outros éramos no máximo talentosos. Sem ele a teoria não teria, de forma alguma, sido o que é hoje. Ela leva com justiça o nome dele[194].

Provavelmente essa passagem apresenta um relato exato do relacionamento tardio deles – embora Engels fosse evidentemente indispensável a Marx financeiramente. Mas no que se refere à teoria, argumentou-se (e bem justificado) que durante os 13 anos que ele sobreviveu a seu amigo, Engels conseguiu – em suas muito claras elucidações – esclarecer muitas das sutilezas das ideias de Marx[195]. No entanto, no

---

193. Engels, On the History of the Communist League, *MESW*, II, p. 311.

194. Engels, Ludwig Feuerbach and the End of Classical German Philosophy, *MESW*, II, p. 349.

195. Duas discussões recentes sobre este assunto são Schmidt (1971, cap. 1) e Gamble; Walton (1972, cap. 3).

fim do verão de 1844 Engels, com sua experiência prática de capitalismo, deu mais a Marx do que recebeu.

Assim começou uma amizade que só terminou com a morte de Marx. Em suas origens semelhantes em confortáveis famílias de classe média, o entusiasmo juvenil deles pela poesia e sua transição pelo liberalismo Jovem Hegeliano para a política radical, Marx e Engels partilhavam de experiências suficientes para formar a base de uma amizade duradoura. Mas era uma amizade mais de contrastes do que de semelhanças: o forte de Marx estava em seu poder de abstração. Ele absorvera totalmente o método hegeliano e sua abordagem dialética conseguia misturar elementos numa síntese sutil. Enquanto Marx estava estudando Hegel, Engels adquiria experiência prática e fazia observações diretas como empresário que era; sempre rápido na síntese, ele podia escrever rápida e claramente, e às vezes com um dogmatismo alheio até a Marx. Seus estilos de vida também eram muito diferentes. Engels estava invariavelmente vestido imaculadamente, seu escritório invariavelmente arrumado, e ele era exato, sério e responsável em questões de dinheiro. Marx era descuidado em relação à roupa, tinha uma ordem muito desordenada em seu escritório e não tinha noção alguma sobre como manejar dinheiro. Marx era, além disso, definitivamente um homem de família, por mais que às vezes ele o lamentasse; Engels era muito mulherengo e, embora fosse capaz de longas uniões, sempre rejeitou o casamento.

Durante os primeiros dez dias juntos, os dois homens decidiram tornar público seu recém-estabelecido ponto de vista através de um panfleto que finalmente livrou-se de Bruno Bauer. Jung particularmente insistia com Marx para que entrasse na luta contra Bauer, e Marx já anunciara no prefácio dos "Manuscritos de Paris" a intenção de tratar do "criticismo crítico" que Bauer estava propagando num jornal recém-fundado, o *Allgemeine Literatur-Zeitung*. Engels escreveu cerca de 15 páginas que ele imaginou ser sua metade do panfleto, e partiu para fazer propaganda com Hess na Renânia onde o interesse pelo comunismo estava crescendo rapidamente. Marx levou até o fim de novembro para redigir sua contribuição e (tipicamente) logo viu que o "panfleto" transformara-se num livro de quase 300 páginas que foi publicado em fevereiro de 1845 sob o título irônico (referindo-se aos irmãos Bauer) de *A Sagrada Família* (com o subtítulo "Crítica de um Criticismo Crítico")[196].

O leitor moderno provavelmente concordará com a opinião que Engels expressou ao saber do objetivo do livro, isto é, que "o escárnio supremo dado ao *Allgemeine Literatur-Zeitung* contrasta completamente com o considerável número de páginas que dedicamos a seu criticismo"[197]. O livro era extremamente discursivo, sendo uma crítica de artigos a esmo no *Allgemeine Literatur-Zeitung*. Muitos dos ataques de Marx consistiam em deturpações sofismáticas e deliberadas que distorciam os artigos de seus opositores raiando ao absurdo. Este tipo de abordagem era uma moda particular naquele tempo e, mais importante, dirigia-se precisamente ao círculo de tipo esotérico capaz de compreender alguns dos pontos bastante barrocos. Havia pouca coisa, realmente, de interesse permanente. Este foi o caso sobretudo de duas longas seções que tratavam dos comentários feitos pelos seguidores de Bauer sobre a enorme novela gótica de Eugène Sue, *Os mistérios de Paris*. Esses comentários procuravam mostrar, de maneira hegeliana, que a novela de Sue continha a chave dos

196. O "criticismo" estava na ordem do dia: uma das réplicas por um discípulo de Bauer intitulava-se *Crítica da crítica do criticismo crítico*.

197. Engels a Marx, *MEW*, XXVII, p. 26.

"mistérios" da sociedade moderna. Marx criticou longamente tanto a interpretação etérea e também o tom moralizante do próprio novelista. As três seções de real interesse no livro eram as réplicas aos ataques de Bauer contra Proudhon, contra o papel das massas na história e contra o materialismo.

Marx elogiou Proudhon como o primeiro pensador a ter questionado a existência da propriedade privada e a ter demonstrado os efeitos desumanos que ela tinha sobre a sociedade. Ele então resumiu sua própria visão da relação entre a propriedade privada e o proletariado:

> A classe proprietária e a classe do proletariado apresentam a mesma autoalienação humana. Mas a primeira classe encontra nesta autoalienação sua confirmação e seu bem, seu próprio poder: tem nela uma aparência de existência humana. A classe do proletariado sente-se aniquilada em sua autoalienação; vê nela sua própria falta de poder e a realidade de uma existência desumana. O proletariado executa a sentença que a propriedade privada pronunciou contra si mesma ao gerar o proletariado, assim como ela cumpre a sentença que o trabalhador assalariado pronunciou sobre si mesmo ao produzir riqueza para os outros e miséria para si mesmo. Se o proletariado sai vitorioso, de modo algum torna-se o lado absoluto da sociedade, pois ele só é vitorioso abolindo a si mesmo e a seu oposto. Então desaparece o proletariado bem como seu oposto que o determina, a propriedade privada[198].

Em resposta à crítica de que os escritores socialistas, ao atribuir esse papel histórico ao proletariado, pareciam considerá-lo um deus, Marx continuou:

---

198. Marx; Engels, *The Holy Family*, p. 51s.

> A questão não é o que este ou aquele proletário, ou mesmo o conjunto do proletariado no momento *considera* como seu objetivo. A questão é *o que o proletariado é* e o que, em consequência do que é, ele é compelido a fazer. Seu objetivo e sua ação histórica são irrevogavelmente e obviamente demonstrados em sua própria situação vital bem como em toda a organização da sociedade burguesa hoje[199].

Bauer queria dissociar sua filosofia da massa do povo e achava que a força operativa na sociedade era a ideia de uma história personalizada. O ponto de vista de Marx era o oposto: "A história... não usa o homem para atingir seus objetivos, como se ela fosse uma pessoa particular: ela é apenas a atividade do homem em busca de seus próprios objetivos"[200]. Ou novamente: "As ideias nunca levam além da situação estabelecida, levam apenas além das ideias da situação estabelecida. As ideias não podem realizar absolutamente nada. Para se tornarem reais as ideias precisam de homens que apliquem força prática"[201]. Para Bauer, as ideias de uma elite intelectual estavam ameaçadas pelo contato popular e ele acreditava que as ideias da Revolução Francesa tinham sido contaminadas pelo entusiasmo das massas. Para Marx, porém, essas ideias não tinham penetrado suficientemente nas massas, e a burguesia tinha consequentemente sido capaz de virar a Revolução Francesa para seu proveito próprio. Bauer dava muita importância aos "direitos humanos" contidos na Revolução Francesa, mas Marx, seguindo o tema de seu "Sobre a questão judaica", declarou que era apenas um egoísmo impiedoso que tinha de fato se emancipado.

---

199. Marx; Engels, *The Holy Family*, p. 52.

200. Marx; Engels, *The Holy Family*, p. 125.

201. Marx; Engels, *The Holy Family*, p. 160.

Sobre o significado do materialismo francês Marx também discordava de Bauer que sustentava que o movimento materialista na França era descendente direto do monismo metafísico de Spinoza. Marx quis enfatizar os aspectos humanistas antimetafísicos de materialistas franceses como Helvetius e Holbach. Ele delineou a influência sobre o socialismo e o comunismo da doutrina materialista dos filósofos sociais do século XVIII:

> Se o homem tira todo o seu conhecimento, sensação etc. do mundo dos sentidos e da experiência obtida nele, o mundo empírico deve ser disposto de tal maneira que nele o homem experimente e se habitue ao que é realmente humano e se torne consciente de si mesmo como homem. Se o interesse corretamente entendido é o princípio de toda moral, o interesse privado do homem é obrigado a coincidir com o interesse da humanidade. Se o homem não é livre no sentido materialista, isto é, não é livre através do poder negativo de evitar isto ou aquilo, mas através do poder positivo de afirmar sua verdadeira individualidade, o crime não deve ser punido no indivíduo, mas a fonte antissocial do crime deve ser destruída, e a todo homem deve ser dado objetivo para a manifestação vital de seu ser. Se o homem é formado pelo seu ambiente, seu ambiente deve ter-se tornado humano. Se o homem é social por natureza, ele desenvolverá sua verdadeira natureza somente em sociedade, e o vigor de sua natureza deve ser medido não pelo vigor de indivíduos separados, mas pelo poder da sociedade[202].

A Sagrada Família foi pouco lida na época de sua publicação e certamente não foi uma das obras maiores de Marx. Mas diversos temas do que seria "a concepção materialista da

---

202. Marx; Engels, *The Holy Family*, p. 176.

história" apareciam aqui pela primeira vez e Marx, relendo o livro 12 anos depois, foi capaz de comentar: "Fiquei agradavelmente surpreso por não precisarmos ficar envergonhados do nosso trabalho, embora o culto a Feuerbach me parecesse muito divertido"[203].

Antes de *A Sagrada Família* ter sido publicada Marx teve que deixar Paris. O governo prussiano se tornava cada vez mais insistente em seus lamentos a respeito do *Vorwärts* e falou-se que até Luís Filipe teria dito: "Devemos limpar Paris dos filósofos alemães!". Aos 25 de janeiro de 1845 Guizot, o ministro do Interior, fechou o *Vorwärts* e decretou uma ordem de expulsão do país de seus dirigentes, incluindo Marx, Heine e Ruge. Marx levou um pouco mais do que as 24 horas de prazo que lhe foram dadas e partiu para Liège e Bruxelas aos 2 de fevereiro, levando consigo Heinrich Bürgers, um jovem jornalista radical do *Vorwärts*. Os dois conservaram o ânimo cantando durante a viagem. Jenny vendeu os móveis e algumas roupas, passou duas noites com os Herwegh e seguiu Marx para Bruxelas alguns dias depois.

---

203. Marx a Engels, *MEW*, XXXI, p. 290.

3
Bruxelas

Quando voltamos a nos reunir em Bruxelas na primavera de 1845, Marx já havia desenvolvido os principais aspectos de sua teoria materialista da história. Agora nos pusemos a elaborar a nova teoria em detalhe e nas mais diversas direções.

F. ENGELS. História da Liga Comunista, *MEW*, XXII, p. 212.

I. A concepção materialista da história

Bruxelas seria o lar de Marx pelos próximos três anos. De muitas maneiras era ainda uma cidade provinciana, capital de um país que se industrializava muito rapidamente e independente apenas desde 1830, com um governo católico conservador e uma oposição liberal. A Bélgica era uma espécie de abrigo político para refugiados, pois ela gozava de maior liberdade de expressão do que qualquer outro país no continente europeu. Marx chegou com uma lista de instruções escritas por Jenny no caderno de anotações dele: o quarto das crianças e o escritório dele deveriam ser "mobiliados de maneira muito simples"; a cozinha não precisava ser mobiliada absolutamente e Jenny mesma arranjaria os utensílios, bem como as camas e roupa de cama. Ela terminava: "O resto deixo para o sábio julgamento de meu nobre protetor; meu último pedido é ter uma especial consideração por alguns armários;

eles têm um papel muito importante na vida de uma dona de casa e são objetos extremamente valiosos, nunca devem ser ignorados. Como poderiam os livros ser melhor guardados? Assim seja"[1]. No começo foi impossível encontrar um alojamento satisfatório. Jenny chegou cerca de dez dias depois de Marx e a família viveu por um mês na hospedaria Bois Sauvage. Então eles se mudaram para o antigo alojamento de Freiligrath, depois que ele partiu para a Suíça. Finalmente em maio eles alugaram uma pequena casa com terraço na rue de l'Alliance numa área rural, de língua flamenga, na extremidade leste da cidade, onde ficaram por mais de um ano.

Jenny verificou que estava grávida ao chegar a Bruxelas e sua mãe enviou-lhe sua própria criada, Helene Demuth, uma prática jovem filha de um padeiro de uma aldeia perto de Trier, então com 25 anos de idade, que fora criada na família Westphalen desde seus 11 ou 12 anos e que seria a companheira constante, embora pouco mencionada, da família até a morte de Marx[2]. No começo Marx teve dificuldade em obter permissão de residência: as autoridades belgas estavam com receio de que ele publicasse uma versão ressuscitada do *Vorwärts*, além disso a polícia prussiana estava fazendo pressão. Marx teve que mostrar às autoridades o contrato que ele assinara para um livro sobre economia e política e declarou que estava vivendo do dinheiro da mulher enquanto esperava pelo pagamento de direitos autorais. Somente depois de assinar uma promessa de se abster de toda atividade política ele finalmente obteve permissão de ficar. Em outubro de 1845 Marx pensou em emigrar para os Estados Unidos, chegando a pedir permissão ao prefeito de Trier. Como a polícia prus-

1. Jenny Marx a Marx, *MEGA*, I, v, p. 449.

2. A data do nascimento dela na lápide do cemitério Highgate está errada. Cf. Monz (1964, p. 171).

siana continuasse a pedir sua extradição, Marx abandonou a nacionalidade prussiana em dezembro de 1845.

No entanto, os anos em Bruxelas foram provavelmente os mais felizes que a Família Marx passou. Havia uma confortável fonte de renda proveniente da venda dos móveis e roupas de cama em Paris e dos 1.500 francos adiantados que Marx recebeu pelo seu livro a ser publicado. Além disso, ao saber de sua expulsão de Paris, Engels, junto com Hess e Jung, organizaram uma subscrição para ele "a fim de distribuir suas despesas extras entre nós todos comunisticamente"[3]. Esse apelo rendeu quase 1.000 francos, principalmente de amigos na Renânia, e Engels também pôs à disposição de Marx os direitos autorais de seu próprio livro *A situação da classe operária na Inglaterra*. Quando Engels se mudou para Bruxelas, ele alugou uma casa próxima à da Família Marx, e Hess e sua esposa Sibylle logo se mudaram para a casa ao lado da de Engels. Sibylle fazia o papel de "titia" para os filhos de Marx. Eles tinham um agradável círculo de amigos, incluindo o poeta Ferdinand Freiligrath e um jornalista socialista, Karl Heinzen, Jenny lembrava com prazer suas tardes nos alegres cafés da cidade[4]. Joseph Weydemeyer, um oficial de artilharia com conhecimentos socialistas, que seria um amigo de Marx por toda a vida, descreveu um de seus passeios no começo de 1846: "Para coroar nossa loucura, Marx, Weitling, o cunhado de Marx e eu passamos a noite jogando cartas. Weitling foi o primeiro a se cansar. Marx e eu passamos algumas horas num sofá e no dia seguinte, em companhia de sua esposa e do cunhado, vagabundeamos da maneira agradável mais imaginável. De manhã cedo fomos a um café, depois tomamos o

3. Engels a Marx, *MEW*, XXVII, p. 19.

4. Cf. J. Marx, Short Sketch of an Eventful Life. In: *Reminiscences of Marx and Engels*, p. 222.

trem para Villeworde, uma aldeia próxima, onde almoçamos. Estávamos muito alegres, e voltamos de trem"[5].

As saídas eram apenas descansos de longos períodos de intensa atividade intelectual. No dia em que saiu de Paris, Marx assinou um contrato com Karl Leske, um editor progressista de Darmstadt, para um livro a ser intitulado *Uma crítica da economia e política* terminado no verão de 1845. A parte econômica teria sido sem dúvida uma reelaboração dos "Manuscritos de Paris". Até onde Marx chegou foi rascunhar um sumário para a metade política que mostra que ele pretendia continuar os temas de sua *Crítica da filosofia do direito de Hegel* e os ensaios "Sobre a questão judaica" escrevendo uma crítica detalhada das instituições do Estado liberal vistas como um estágio conduzindo para a abolição tanto do Estado como da sociedade civil[6]. Engels insistira com Marx mesmo antes de deixar Paris para terminar o livro pois "a mentalidade do povo está madura e devemos malhar o ferro enquanto está quente"[7]. Marx recebeu muitas cartas de pedidos de informação e encorajamento e Engels até anunciou no *New Moral World* que estava sendo impresso[8]. Engels, que estava na casa de seus pais em Barmen acabando seu *A situação da classe operária na Inglaterra* e em contato íntimo com os socialistas renanos, produzia uma torrente constante de projetos editoriais. Em dois deles Marx concordou em colaborar: uma crítica a Friedrich List como principal defensor da proteção aduaneira como um meio de garantir o desenvolvimento econômico da Alemanha; e uma série de traduções de socialistas utópicos com introduções críticas, come-

5. Weydemeyer a Luise Lüning, *Münchner Post*, 30 de abril de 1926.

6. Cf. *MEW*, III, p. 537.

7. Engels a Marx, *MEW*, XXVII, p. 16.

8. Cf. *MEW*, II, p. 519.

çando com Fourier, Owen, Morelly e os Saint-simonianos. Também esses projetos não deram em nada. Pois Marx nunca foi um homem que pudesse ser apressado em suas pesquisas; e durante os primeiros meses em Bruxelas ele se enfurnou na biblioteca municipal para ler livros em francês sobre problemas econômicos e sociais num esforço de entender mais plenamente a maneira de operar da sociedade burguesa, os fatores que determinavam o processo histórico geral e as possibilidades de emancipação proletária.

Engels disse mais tarde que, quando ele se mudou para Bruxelas no começo de abril, Marx "já tinha saído destes princípios (isto é, 'que a política e sua história devem ser explicadas partindo-se da situação econômica e de sua evolução e não inversamente') para os principais aspectos de sua teoria materialista da história"[9]; e no prefácio à edição inglesa do *Manifesto comunista* ele escreveu que Marx já tinha elaborado sua teoria na primavera de 1845 "e a pôs diante de mim em termos quase tão claros quanto os que apresentei aqui"[10]. O único escrito de Marx deste período que sobreviveu são as famosas onze *Teses sobre Feuerbach* corretamente chamadas por Engels "o primeiro documento em que o brilhante cerne da nova visão do mundo é revelado"[11]. Desde sua primeira leitura de Feuerbach no início da década de 1840, Marx nunca foi inteiramente acrítico; mas tanto nos "Manuscritos de Paris" como na *Sagrada Família* Marx só tinha elogios para o "humanismo real" de Feuerbach. Marx estava agora se iden-

---

9. *MEW*, XXI, 212. *A história da liga comunista* de Engels está traduzida em *The Birth of the Communist Manifesto*, ed. D. Struik, N. York, 1971 (existe uma tradução brasileira em *Manifesto do Partido Comunista*, org. Marco Aurélio Nogueira, Petrópolis, Vozes, 1988).

10. *MEW*, I, p. 29.

11. Engels. Ludwig Feuerbach und der Ausgang der klassischen Deutschen Philosophie, *MEW*, XXI, p. 264.

tificando demais como um mero discípulo de Feuerbach de cujas visões estáticas e anistóricas ele prontamente divergiria devido a uma crescente atenção que ele prestava à economia. Nas *Teses sobre Feuerbach,* Marx deu um breve esboço das ideias que ele e Engels elaboraram alguns meses mais tarde em *A ideologia alemã*. De qualquer forma *A ideologia alemã* é uma das principais obras de Marx. É pela crítica a Feuerbach, o mais "secular" dos neo-hegelianos, que ele e Engels completaram nela o "acerto de contas com nossa consciência filosófica anterior"[12], um processo que durara desde a Tese doutoral de 1841.

A primeira tese continha a essência da crítica de Marx ao materialismo de Feuerbach: "O principal defeito de todo materialismo existente até agora (inclusive o de Feuerbach) é que as coisas, a realidade, o sensualismo é concebido apenas na forma do objeto ou da contemplação, mas não como atividade humana sensual, prática, não subjetivamente"[13]. Na segunda tese Marx delineou suas ideias sobre a unidade entre teoria e prática: "A questão se a verdade objetiva pode ser alcançada pelo pensamento humano não é uma questão de teoria, mas uma *questão prática*. O homem deve provar a verdade, isto é, a realidade e o poder, o seu lado prático do pensamento. A discussão a respeito da realidade ou irrealidade do pensamento isolado da prática é uma questão puramente *escolástica*"[14]. Na terceira tese Marx apontou as deficiências dos materialistas franceses do século anterior, que não perceberam que seu próprio pensamento era também parte do processo histórico como o de qualquer outro: "Esta doutrina materialista a respeito da mudança de circunstâncias e educação esquece

---

12. Marx. Prefácio a A Critique of Political Economy, *MESW*, I, p. 364.

13. Marx; Engels (1968, p. 659).

14. Marx; Engels (1968, p. 659).

que as circunstâncias são mudadas pelos homens e que, para educar, o educador é essencial. Esta doutrina deve, portanto, dividir a sociedade em duas partes, uma das quais é superior à sociedade"[15]. Nas teses seguintes Marx declarou que Feuerbach estava correto ao reduzir a religião a sua base secular: mas ele falhou ao explicar a existência da religião e ela "só pode ser explicada pelas divisões e contradições dentro desta base secular. Esta última deve, portanto, em si ser entendida em sua contradição e revolucionada na prática"[16]. A tese final, e a mais conhecida, diz: "Os filósofos têm apenas interpretado o mundo de várias maneiras; o que importa é mudá-lo"[17].

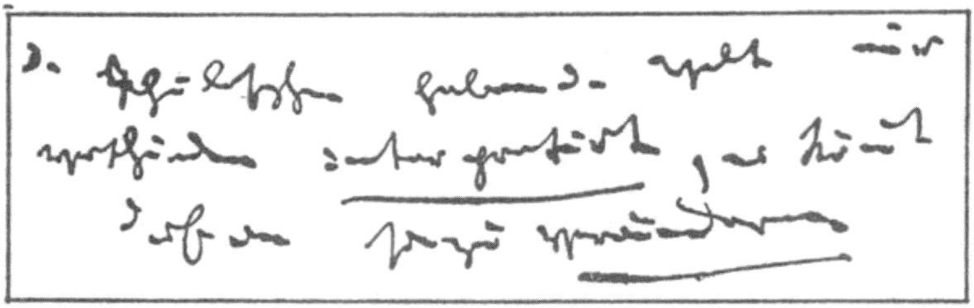

A famosa décima primeira tese sobre Feuerbach.
O texto diz: "*Die Philosophen haben die Welt nur verschieden interpretiert, es kommt darauf an, sie zu verändern*".
Tradução: "Os filósofos apenas interpretaram o mundo de modos diferentes; o importante agora é mudá-lo".

Nos três meses que se seguiram à chegada de Engels, ele e Marx "se puseram a elaborar a nova teoria nas mais diversas direções"[18]. Para Engels ela tomou a forma de uma ampla *História da sociedade inglesa* e para Marx de sua *Crítica da econo-*

15. Marx; Engels (1968, p. 660).

16. Marx; Engels (1968, p. 660).

17. Marx; Engels (1968, p. 662).

18. Engels. História da Liga Comunista, *MEW*, XXI, p. 212. In: Struik, o.c., p. 156.

mia e política. Em julho de 1845 os dois fizeram uma viagem de seis semanas à Inglaterra. Segundo uma carta posterior de Marx a seu editor, essa viagem foi feita exclusivamente a fim de pesquisar para seu livro[19]. A maior parte do tempo eles passaram em Manchester lendo obras econômicas de escritores como Petty, Tooke, Cooper, Thomson e Cobbett na antiga Biblioteca de Chetham. Muito mais tarde Engels ainda lembrava com prazer "o pequeno recanto e a escrivaninha de quatro lados à qual sentamos há 24 anos. Gosto muito do lugar: por causa de suas janelas de vidros coloridos lá sempre está bonito e parece iluminado pelo sol"[20]. Na volta, Marx e Engels ficaram alguns dias em Londres onde eles se encontraram com o líder cartista George Julian Harney, editor da mais influente publicação da classe operária: *The Northern Star*. Engels também apresentou Marx aos líderes das organizações dos operários alemães em Londres – contatos que se tornariam o centro das preocupações de Marx no ano seguinte – e juntos eles participaram de um encontro dos líderes de vários grupos nacionais para discutir a fundação de alguma forma de associação democrática internacional. Ela tomou a forma dos Democratas Fraternais em setembro de 1845[21].

Enquanto Marx estava na Inglaterra Jenny foi passar dois meses com sua mãe em Trier. A segunda filha deles, Laura, era para nascer no fim de setembro e Jenny prolongou sua estada tanto quanto possível, a fim de fazer companhia à sua mãe solitária. Ela escreveu a Marx quando ele voltou da Inglaterra:

> Há muito a ser feito na pequena casa. De qualquer forma, no inverno não são necessários muitos quartos.

---

19. Cf. Marx a Leske, *MEW*, XXVII, p. 450.

20. Engels a Marx, *MEW*, XXXII, p. 510.

21. Sobre Harney e os Democratas Fraternais, cf. tb.: Schoyen (1958, p. 143s.); Braunthal (1967, I, p. 62s.).

> Quando eu tiver terminado o trabalho maior no andar superior, mudar-me-ei novamente para o andar de baixo. Então você poderá dormir em seu atual escritório e armar a tenda no grande salão. Lá é bom. Então o barulho das crianças fica isolado embaixo. Você não será perturbado em cima, posso me juntar a você nos momentos sossegados e podemos manter a sala em alguma ordem. De qualquer modo, uma boa lareira com acessórios deve ser instalada no quarto assim que possível. Isto é assunto de Breuer[22], pois ninguém aluga um quarto que seja impossível de aquecer... Do resto eu cuidarei mais tarde...[23]

Depois de voltar da Inglaterra os estudos socioeconômicos foram interrompidos por sua decisão de escrever uma crítica definitiva dos Jovens Hegelianos. Numa carta explicativa a Leske ele escreveu: "Pareceu-me muito importante que uma obra polemizando contra a filosofia alemã e o atual socialismo alemão precedesse minha interpretação positiva. Isto é necessário a fim de preparar o público para o ponto de vista de minha *economia* que é diametralmente oposta à anterior abordagem intelectual alemã"[24]. *A Sagrada Família* não realizara isso: ela fora escrita antes de Marx ter desenvolvido sua abordagem sistematicamente materialista da história. Além disso, Bauer publicara uma réplica à *A Sagrada Família* na qual Marx e Engels foram rotulados de "dogmáticos feuerbachianos"[25]; e em novembro de 1844 outro Jovem Hegeliano, Max Stirner, publicara *O ego e seu próprio*, uma obra anárquico-existencialista de extraordinário poder e fascinação que estigmatizava todas as forças que oprimiam a humanidade, tan-

---

22. O proprietário da casa.

23. Jenny Marx a Marx, citado em Dornemann (1968, p. 81).

24. Marx a Leske, *MEW*, XXVII, p. 448s.

25. Bauer (1845, p. 138).

to religião como liberalismo e socialismo, como ilusões das quais os homens deviam se livrar, recusando qualquer forma de autossacrifício e se entregando a um egoísmo consciente[26]. Marx e Engels naturalmente eram alvo de forte crítica de Stirner como discípulos comunistas de Feuerbach. *A ideologia alemã* era então imaginada em primeiro lugar como uma obra que tornasse claros os desentendimentos entre Marx e Engels e Feuerbach, e também para tratar finalmente com as mais recentes – últimas – manifestações do idealismo Jovem Hegeliano, o "criticismo puro" de Bauer e o egoísmo de Stirner.

O livro foi iniciado no fim de setembro de 1845 com uma longa crítica de Feuerbach – "o único que pelo menos fez algum progresso"[27] – na qual seriam inseridas as críticas a Bauer e Stirner. Por volta de abril de 1846 essas críticas tinham se tornado um grande livro, o qual foi preparado para publicação e levado à Alemanha por Weydemeyer, que se hospedara com a Família Marx durante os primeiros meses de 1846. A parte sobre Feuerbach, porém, ficou inacabada e, de fato, continha muito pouco sobre Feuerbach mesmo. O segundo volume tratava das tendências socialistas correntes na Alemanha. Chegou a cerca de cem páginas apenas e o trabalho sobre o manuscrito foi abandonado em agosto de 1846[28].

A parte de *A ideologia alemã* mais importante é de longe a seção inacabada sobre Feuerbach. Marx e Engels começaram ridicularizando as pretensões filosóficas dos Jovens Hegelianos os quais descreveram como "a putrescência do Espírito Absoluto" e caracterizaram da seguinte maneira:

---

26. Sobre Stirner em geral, cf. Paterson (1971).

27. Marx; Engels (1968, p. 28).

28. Sobre as circunstâncias que cercaram a composição e o destino de *A ideologia alemã*, cf. o exaustivo estudo de Andreas; Mönke (1968).

> No caos geral impérios poderosos se ergueram apenas para encontrar a ruína imediata, heróis surgiram momentaneamente apenas para serem lançados de volta na obscuridade por rivais mais ousados e fortes. Foi uma revolução ao lado da qual a Revolução Francesa era uma brincadeira de criança, uma luta mundial ao lado da qual as lutas dos Diádocos parecem insignificantes. Princípios se expulsam mutuamente, heróis da mente se derrotam uns aos outros com inaudita rapidez, e nos três anos que vão de 1842-1845 foram eliminadas mais coisas do passado na Alemanha do que em outros tempos em três séculos. Supõe-se que tudo isto tenha ocorrido no reino do pensamento puro[29].

O corpo principal da seção é então dividido em três partes: uma exposição geral da abordagem histórica e materialista em contraste com os Jovens Hegelianos, uma análise histórica empregando este método, e uma descrição do atual estado da sociedade e seu futuro imediato – uma revolução comunista.

Marx e Engels começavam apresentando sua posição geral, que merece citações extensas pois é a primeira exposição concisa do materialismo histórico:

> As premissas com as quais começamos não são arbitrárias, não são dogmas, mas premissas reais das quais a abstração só pode ser feita na imaginação. Começamos com homens individuais reais, sua atividade e as condições materiais sob as quais eles vivem, tanto aquelas que eles já encontram existentes como as produzidas pela atividade deles. Estas premissas só podem ser verificadas de uma maneira puramente empírica.
>
> A primeira premissa de toda a história humana é, naturalmente, a existência de seres humanos vivos. Por conseguinte, o primeiro fato a ser estabelecido é a or-

29. Marx; Engels (1968, p. 27).

> ganização física destes indivíduos e sua consequente relação com o resto da natureza...
> Os homens podem ser distinguidos dos animais pela consciência, pela religião ou qualquer outra coisa que quiser. Eles mesmos começam a se distinguir dos animais assim que começam a *produzir* seus meios de subsistência, um passo que está condicionado por sua organização física. Ao produzir seus meios de subsistência os homens estão indiretamente produzindo sua vida material atual.
> A maneira pela qual os homens produzem seus meios de subsistência dependem em primeiro lugar da natureza dos meios de subsistência atuais que eles encontram existindo e têm que reproduzir. Este modo de produção não deve ser considerado simplesmente como sendo a reprodução da existência física dos indivíduos. Ele é antes uma forma definida de atividade destes indivíduos, uma forma definida de expressarem sua vida, um definido *modo de vida* de sua parte. Porque indivíduos que expressam sua vida, por isso eles são. O que eles são, portanto, coincide com sua produção, tanto com *o que* eles produzem como com *como* eles produzem. A natureza dos indivíduos portanto depende das condições materiais determinando sua produção[30].

Marx e Engels chegaram a declarar que "o quanto as forças produtivas de uma nação estão desenvolvidas é mostrado mais claramente pelo grau a que foi levada a divisão do trabalho"[31]. Eles mostraram como a divisão do trabalho levou à separação entre cidade e campo e em seguida à separação entre trabalho industrial e comercial etc. Depois de compendiar os diferentes estágios da propriedade que correspondera aos es-

---

30. Marx; Engels (1968, p. 31s.).

31. Marx; Engels (1968, p. 32).

tágios na divisão do trabalho: propriedade tribal, propriedade comunitária e estatal, propriedade feudal ou imóvel, Marx e Engels resumiram suas conclusões assim:

> O fato é, portanto, que indivíduos definidos que são produtivamente ativos de uma maneira definida entram nestas relações sociais e políticas definidas. A observação empírica deve em cada caso separado deixar claro empiricamente, e sem nenhuma mistificação e especulação, a conexão da estrutura social e política com a produção. A estrutura social e o Estado estão continuamente evoluindo a partir do processo vital de indivíduos definidos, mas de indivíduos, não como eles possam parecer à imaginação deles mesmos ou de outras pessoas, mas como eles *realmente* são; isto é, como eles operam, produzem materialmente, e por isso como eles trabalham dentro de certos limites materiais definidos, pressuposições e condições independentes da vontade deles[32].

Marx e Engels então reiteraram sua abordagem geral, declarando que a "consciência não determina a vida, mas a vida determina a consciência"[33], e mostraram como a divisão do trabalho, conduzindo à propriedade privada, criou desigualdade social, luta de classe e o surgimento de estruturas políticas:

> A partir desta mesma contradição entre o interesse do indivíduo e o da comunidade esta última toma uma forma independente como *Estado*, divorciado dos interesses reais dos indivíduos e da comunidade, e ao mesmo tempo como uma vida comunitária ilusória, sempre baseada porém nos laços reais que existem em toda família e conglomerado tribal – tais como pa-

---

32. Marx; Engels (1968, p. 32).

33. Marx; Engels (1968, p. 38).

> rentesco, língua, divisão de trabalho em escala maior e outros interesses – especialmente, conforme explicaremos melhor depois, nas classes, já determinadas pela divisão do trabalho, que em toda massa de homens se estabelece, e pela qual um domina todos os outros. Segue-se disso que as lutas dentro do Estado, a luta entre democracia, aristocracia e monarquia, a luta por privilégios etc. são simplesmente as formas ilusórias em que as verdadeiras lutas das diferentes classes são travadas entre si[34].

Marx e Engels então levantaram a questão das "premissas" e repetiram sua crítica aos Jovens Hegelianos que achavam que ideias filosóficas eram em si produtoras de revoluções. Pelo contrário:

> Estas condições de vida, que diferentes gerações encontram existindo, decidem se a convulsão revolucionária que se repete periodicamente será suficientemente forte ou não para destruir a base do sistema existente inteiro. Se os elementos materiais de uma revolução completa não estiverem presentes (a saber, por um lado as forças produtivas existentes e, por outro, a criação de uma massa revolucionária, que não se revolta apenas contra condições isoladas da sociedade, mas contra a própria "produção de vida", a "atividade total" sobre a qual se baseava), então, na medida em que se refere ao desenvolvimento prático, é absolutamente sem importância se a *ideia* desta revolução já foi expressa uma centena de vezes, como o prova a história do comunismo[35].

Desenvolvendo as *Teses* de Marx, o texto continuava com uma passagem especialmente dedicada a Feuerbach. Toman-

---

34. Marx; Engels (1968, p. 45).

35. Marx; Engels (1968, p. 45).

do como exemplo a cerejeira (importada para a Europa por razões comerciais), Marx e Engels chamavam a atenção que um crescente número de objetos não podia ser compreendido através de simples "observação", mas deviam ser entendidos como um resultado de evolução social, indústria e comércio. Feuerbach, porém, "enquanto é materialista, não trata de história e enquanto considera a história ele não é materialista"[36]. Pois nenhuma ideia pode pretender uma validade eterna, objetiva. Elas mudavam de acordo com as mudanças das relações socioeconômicas e se poderia ver que "as ideias da classe dominante são em qualquer época as ideias dominantes"[37].

Seguia-se uma longa seção sobre a divisão do trabalho, particularmente na Idade Média, e a transição ao capitalismo; depois uma seção sobre a influência da divisão do trabalho na evolução das formas de Estado, o sistema legal e as relações de propriedade. A seção final era sobre o comunismo. "O comunismo", já tinha sido dito, "não é para nós um estado de coisas a ser estabelecido, um ideal ao qual a realidade terá que se ajustar. Denominamos comunismo o movimento real que revoga o atual estado de coisas"[38]. O "movimento real" diferia de todos os movimentos anteriores porque

> ele transtorna a base de todas as anteriores relações de produção e de convivência, e pela primeira vez trata conscientemente todas as premissas naturais como criaturas dos homens existentes até então, despoja-se de seu caráter natural e as subjuga ao poder dos indivíduos unidos. Sua organização é, portanto, essencialmente econômica, a produção material das condições desta unidade; ele transforma as condições existentes

36. Marx; Engels (1968, p. 59s.).

37. Marx; Engels (1968, p. 61).

38. Marx; Engels (1968, p. 48).

> em condições de unidade. A realidade, que o comunismo está criando, é precisamente a base verdadeira para tornar impossível que qualquer coisa exista independentemente dos indivíduos, na medida em que a realidade é somente um produto da inter-relação anterior dos próprios indivíduos[39].

O fator-chave no estabelecimento do comunismo era a abolição da divisão do trabalho. Mas o único exemplo que Marx deu disso aqui foi tirado de uma comunidade rural:

> Na sociedade comunista, em que ninguém tem uma esfera exclusiva de atividade, mas cada um pode se tornar hábil em qualquer campo que desejar, a sociedade regula a produção geral e assim torna possível que eu faça uma coisa hoje e outra amanhã, cace de manhã, pesque ao meio-dia, cuide do gado à tarde, critique após a janta, pois tenho uma mente, sem nunca me tornar caçador, pescador, vaqueiro ou crítico. Esta fixação da atividade social, esta consolidação do que nós mesmos produzimos em um poder objetivo acima de nós, crescendo fora de nosso controle, frustrando nossas expectativas, levando nossos cálculos a nada, é um dos principais fatores no desenvolvimento histórico até agora[40].

Ao menos os meios para se atingir o fim estavam claros. A seção terminava com as palavras:

> Se os proletários querem se afirmar como indivíduos, eles terão que abolir a própria situação de sua existência até aqui (que tem, além disso, sido a de toda a sociedade até agora), a saber, trabalho. Assim, eles se encontram diretamente opostos à forma em que, até aqui, os indivíduos de que é composta a sociedade se

39. Marx; Engels (1968, p. 87s.).

40. Marx; Engels (1968, p. 45).

> deram expressão coletiva, isto é, o Estado. Portanto, a fim de se afirmarem como indivíduos, eles devem destruir o Estado[41].

A parte de *A ideologia alemã* que trata de Bruno Bauer é muito curta: Marx já tinha tratado longamente das ideias de Bauer em *A Sagrada Família* e aqui se restringiu a reiterar em poucas páginas a esterilidade completa do "criticismo crítico" e refutar os ataques de Bauer a Feuerbach.

A seção sobre Stirner, por outro lado, é muito mais longa do que todas as outras partes de *A ideologia alemã* juntas. Quando o livro de Stirner apareceu, Engels achou que ele continha diversos elementos positivos que poderiam servir de base para ideias comunistas, mas Marx logo o desiludiu de tal noção[42]. Os planos de Marx em dezembro de 1844 de escrever um artigo criticando Stirner tinham sido atrapalhados por sua expulsão de Paris e a proibição do *Vorwärts*. Em *A ideologia alemã* ele e Engels certamente não pouparam esforços: o ataque deles a "São Max", como eles o chamavam, iguala em tamanho e facilmente vence em tédio o próprio livro de Stirner[43]. Há o relâmpago ocasional de brilho, mas o retrato (totalmente correto) de Stirner como o produto final da escola Jovem Hegeliana que levou a seus extremos lógicos o lado subjetivo da dialética hegeliana degenera por demais em páginas de mero jogo de palavras e distinções fátuas. A crítica central feita por Marx e Engels é que a oposição fundamental de Stirner do egoísmo ao altruísmo é ela mesma uma visão superficial:

---

41. Marx; Engels (1968, p. 36).

42. Cf. Engels a Marx, Marx a Engels, *MEW*, XXVII, p. 11s.

43. Cf. tb. Lobkowicz. Karl Marx and Max Stirner, in: *Demythologising Marxism*.

> Os teóricos comunistas, os únicos que têm tempo para dedicar ao estudo da história, são distinguidos exatamente porque só eles descobriram que através da história o "interesse geral" é criado por indivíduos que são definidos como "pessoas privadas". Eles sabem que esta contradição é apenas aparente porque um lado dela, a que é chamada "geral", está constantemente sendo produzida pelo outro lado, o interesse privado, e de modo algum o último se opõe como uma força independente com uma história independente – estando esta contradição na prática sempre sendo destruída e reproduzida. Por isso a questão não é a "unidade negativa" hegeliana de dois lados de uma contradição, mas a destruição materialmente determinada do modo de vida anterior materialmente determinado dos indivíduos, com o desaparecimento do qual também desaparece esta contradição junto com sua unidade[44].

O ponto de vista de Stirner do poder como direito também não era suficiente:

> Considerando-se o poder como a base do direito, como fazem Hobbes e outros, então direito, lei etc. são simplesmente os sintomas – a expressão – de outras relações sobre as quais se apoia o poder do Estado. A vida material dos indivíduos, que de modo algum depende apenas da "vontade" deles, seu modo de produção e forma de convivência, que se determinam mutuamente – estas são as bases reais do Estado e continuam sendo em todos os estágios em que a divisão do trabalho e propriedade privada ainda são necessárias, completamente independente da vontade dos indivíduos. Estas relações atuais de modo algum são criadas pelo poder do Estado; ao contrário, elas são o poder de criá-lo. Os indivíduos que governam

44. Marx; Engels (1968, p. 272).

> nestas condições, além de terem de constituir seu poder na forma do Estado, devem dar a sua vontade, que é determinada por estas condições definidas, uma expressão universal como vontade do Estado, como lei – uma expressão cujo conteúdo é sempre determinado pelas relações desta classe, como a lei civil e criminal demonstra da maneira mais clara possível[45].

Quase no fim do livro havia algumas observações sobre a organização do trabalho a qual Stirner atacava como sendo autoritária nas propostas de uma sociedade comunista, pois uma verdadeira abolição da divisão do trabalho implicava que cada um teria que fazer tudo. Marx e Engels replicaram que o ponto de vista deles não era "que cada um fizesse o trabalho de Rafael, mas que todos aqueles em que há um Rafael potencial pudessem se desenvolver sem obstáculos"[46].

> Com a organização comunista da sociedade (continuaram eles) desaparece a subordinação do artista à estreiteza local e nacional, que surge inteiramente da divisão do trabalho, e também a subordinação do artista a uma arte definida, devido ao que ele é exclusivamente um pintor, escultor etc., o próprio nome de sua atividade expressando bem a estreiteza de seu desenvolvimento profissional e sua dependência da divisão do trabalho. Na sociedade comunista não há pintores, mas, quando muito, pessoas que se dedicam à pintura entre outras atividades[47].

Mas tais passagens são breves intervalos de interesse numa polêmica extremamente bombástica.

O segundo volume de *A ideologia alemã* tinha um assunto muito mais atual, o socialismo alemão utópico – que Marx e

---

45. Marx; Engels (1968, p. 366).

46. Marx; Engels (1968, p. 441).

47. Marx; Engels (1968, p. 443).

Engels chamaram de socialismo "verdadeiro" e que na ocasião dava forma a quase todo o pensamento social na Alemanha. Esta seção era uma aplicação prática da discussão sobre Feuerbach – pois a maioria dos socialistas "verdadeiros" era fortemente influenciada pelo pensamento dele como também partilhava do anarquismo de Stirner. Em elementos do socialismo francês foi enxertada a ideia feuerbachiana de uma essência humana "verdadeira", genuína, que consistia na adoção de uma atitude altruísta para com os semelhantes. Os socialistas "verdadeiros" achavam que as ideias liberais já estavam fora de moda e reclamavam a realização imediata da essência humana "verdadeira". Por isso rejeitavam qualquer participação na luta por direitos "burgueses". Suas reuniões tinham muito de moralização e sentimento – para detrimento, segundo Marx e Engels, de uma análise histórica sadia. "O socialismo verdadeiro", disseram eles, "não é outra coisa senão a transfiguração do comunismo proletário, e de seus partidos e seitas afins na França e Inglaterra, dentro do céu da mente alemã e... do verdadeiro sentimento alemão"[48]. Inevitavelmente, num país tão estagnado como a Alemanha, eles substituíam o entusiasmo revolucionário pelo amor universal da humanidade e contavam principalmente com a pequena burguesia. Os comentários de Marx e Engels sobre os "verdadeiros" socialistas estavam contidos em três artigos de revista. O primeiro atacava um ensaio anônimo que defendia o socialismo filosófico alemão de Feuerbach e Hess como oposto à rudeza do comunismo francês e considerava o humanismo como a síntese de ambos. A segunda resenha atacava Karl Grün, um discípulo íntimo de Feuerbach e amigo de Marx em seus primeiros dias de universidade, a quem Marx se referiu mais

48. Marx; Engels (1968, p. 514).

tarde como "um professor de Filosofia alemã que tinha sobre mim a vantagem de que ele mesmo não entendia nada dela"[49]. Grün falhara em compreender os pontos essenciais dos socialistas franceses (até quando os plagiou) e concentrou-se em noções vagas de consumo "humano" em vez de estudar as relações reais de produção. O terceiro curto ensaio era sobre um doutor Kühlmann que não era absolutamente um verdadeiro socialista, mas um falso pregador suíço do comunismo messiânico.

A seção de *A ideologia alemã* sobre Feuerbach era uma das mais centrais das obras de Marx. Foi um tremendo feito tendo em vista o baixo nível dos escritos e do pensamento socialistas dominantes na época. Depois Marx nunca mais expôs sua concepção materialista da história em tal extensão e detalhe. Continua sendo a obra-prima hoje pela validade e clareza de sua apresentação. Contudo ficou desconhecida por quase um século.

Desde o começo de 1846, Marx e Engels faziam grandes esforços para encontrar alguém que publicasse *A ideologia alemã*. Weydemeyer e Hess tiveram longas negociações com Rempel e Meyer, dois homens de negócios westfalianos que simpatizavam com o verdadeiro socialismo e tinham concordado em levantar o dinheiro necessário; pelo menos seis outros possíveis editores foram contactados; o manuscrito foi enviado a Colônia e foi até dividido em partes para serem publicadas separadamente. Os autores prosseguiram em seus esforços até o fim de 1847, mas apenas a breve resenha de Grün foi publicada. Esse fracasso foi devido às rigorosas regras de censura e aos sérios riscos financeiros inerentes à publicação de obras radicais, embora Marx achasse que as recusas fossem

49. *MESW*, I, p. 392.

motivadas pela oposição dos editores a suas ideias[50]. Assim, como Marx escreveu mais tarde, "abandonamos o manuscrito à crítica roedora dos ratos de muito bom grado pois já tínhamos atingido nosso principal objetivo: a compreensão de nós mesmos"[51]. E, de fato, o manuscrito como ele sobreviveu tem consideráveis traços de dentes de ratos. Marx, no entanto, continuou a trabalhar freneticamente em seu *Economia e política*[52]. Seu editor, Leske, ameaçara cancelar o contrato. Marx prometeu o primeiro volume para o fim de novembro. Mas ele foi distraído por sua polêmica com Proudhon. Leske cancelou o contrato em fevereiro de 1847 – mas ainda em 1871 ele estava tentando recuperar seu adiantamento!

II. Weitling e Proudhon

Com *A ideologia alemã* Marx e Engels esclareceram suas diferenças fundamentais com os Jovens Hegelianos e – de modo mais importante – com os socialistas alemães contemporâneos. Eles agora voltaram sua atenção em inculcar sua compreensão recentemente adquirida sobre os variadíssimos grupos esquerdistas existentes e "conquistar para nossas convicções o proletariado europeu em geral e o proletariado alemão em particular"[53]. Bruxelas era a posição vantajosa ideal de onde estabelecer contatos com socialistas alemães, pois ela estava no meio de um triângulo formado por Paris e Londres (onde se tinham congregado as maiores colônias de operários alemães expatriados) e Colônia (capital da Renânia, de lon-

50. Cf. Marx a Annenkov, em: Marx (1956, p. 217).

51. *MESW*, I, p. 364. O manuscrito não foi publicado até 1932.

52. Cf. Georg Weerth a Wilhelm Weerth, Sämtliche Werke, 1957, V, p. 239. Marx contou a Weerth que ele nunca dormira mais de quatro horas por noite durante vários anos.

53. *MEW*, XXI, p. 212. Traduzido em Struik, o.c., p. 15s.

ge a província alemã mais receptiva a ideias comunistas). Em Bruxelas começou logo a se formar uma colônia de exilados alemães talentosos em torno de Marx. Acompanhara-o em sua viagem de Paris Heinrich Bürgers, um jovem jornalista que colaborara para o *Rheinische Zeitung* e se tornou comunista em Paris. Na manhã seguinte à chegada deles Marx insistiu para que visitassem o poeta Ferdinand Freiligrath, que fora atacado pelo *Rheinische Zeitung* por subserviência ao governo prussiano que, no entanto, o expulsara do país mais tarde por causa de seus escritos radicais[54]. O encontro deles foi cordial e Freiligrath achou que Marx era "um sujeito interessante: agradável e sem pretensões"[55]. Por meio de Freiligrath e do procurador alemão Karl Maynz, Marx se encontrou com os líderes democratas belgas – particularmente o advogado Lucien Jottrand, e o líder dos exilados poloneses, Lelewel – e também com Phillippe Gigot, um jovem paleógrafo belga no Ministério do Interior[56]. Entre os alemães que estavam intimamente ligados a Marx estavam Sebastian Seiler, um suíço que fora colaborador do *Rheinische Zeitung* e que dirigia uma agência de notícias de orientação esquerdista em Bruxelas; Karl Heinzen, um jornalista radical então em negócios de seguro; Hermann Kriege, um jornalista e discípulo de Weitling; Wilhelm Wolff, que chegou sem ser anunciado à porta de Marx em 1846 diretamente da Silésia de onde ele escapara de ser preso por causa de propaganda comunista entre o campesinato; e Georg Weerth, um representante de uma firma comercial alemã que – embora ainda estivesse com menos de 30

---

54. Cf. Bürgers. Erinnerungen an F. Freiligrath, *Vossische Zeitung*, set.-dez. de 1870.

55. Citado em Mehring. Freiligrath und Marx in ihrem Briefwechsel. *Die neue Zeit*, n. 12, abril de 1912, p. 7.

56. Para Gigot e outros belgas no círculo de Marx, cf.: Kuypers (1962).

anos – já tinha reputação como poeta. Edgar, o irmão instável mas simpático de Jenny, que estava temporariamente empregado na agência de Seiler, também fazia parte do grupo. Marx também foi visitado por Stefan Born, um jovem tipógrafo que exerceria um papel central na revolução de 1848.

Depois de um breve tempo na estalagem Bois Sauvage (por razões econômicas, ele contou a Weydemeyer[57]), em outubro de 1846 a Família Marx se mudou para Ixelles, um subúrbio ao sul de Bruxelas. Aqui nasceu o primeiro filho de Marx, o malfadado Edgar. A situação financeira de Marx estava se tornando muito difícil e ele foi obrigado a escrever cartas de pedido a Herwegh e Annenkov. Ele conseguiu um empréstimo de Bürgers em Colônia e também de seu cunhado, mas a situação só melhorou quando no começo de 1848 sua mãe lhe adiantou uma boa quantia por conta da herança[58]. Jenny estava alegre pelas oportunidades que Bruxelas proporcionava de estender seus horizontes para além do lar.

> Na Alemanha (ela escreveu a Marx no começo da estadia deles) um filho ainda é uma grande honra, a panela e a agulha ainda dão respeito e além disso ainda se tem a satisfação de um dever cumprido por todos os dias gastos em lavar, coser e cuidar das crianças. Mas quando estas antigas coisas não contam mais como deveres e honras etc., quando as pessoas progridem tanto que até consideram estas expressões obsoletas… a partir de então não se sente mais estímulo para os

57. Marx dizia que ele tinha dívidas superiores a mil francos e que era mais barato viver na hospedaria – que recebia ocasionalmente muitos dos comunistas de Bruxelas – pois "teria sido obrigado a contratar uma empregada pois o filho mais novo desmamou". Marx a Weydemeyer, em: Andreas; Mönke, Neue Daten zur "Deutschen Ideologie", *Archiv für Sozialgeschichte*, VIII, p. 70.

58. Cf. cap. 4, p. 280s.

pequenos deveres da vida. Quer-se gozar, ser ativa e experimentar em si a felicidade da humanidade[59].

Em suas memórias, escritas cerca de 50 anos depois, Stefan Born deixou o seguinte relato de sua visita a Marx no fim de 1847:

> Eu o encontrei numa casinha muito simples – posso até dizer, pobre – num subúrbio de Bruxelas. Ele me recebeu amigavelmente, perguntando-me sobre o sucesso de minha viagem de propaganda e me cumprimentou pelo meu panfleto contra Heinzen; sua esposa se juntou a ele nisso e amigavelmente deu-me as boas-vindas... Eu raramente soube de um casamento tão feliz no qual alegria e sofrimento – o último muito mais abundante – eram partilhados e toda tristeza vencida numa consciência de dependência plena e mútua. Também raramente conheci uma mulher que tanto na aparência externa quanto interna era tão equilibrada e tão imediatamente cativante como a Sra. Marx. Ela tinha cabelos louros e os filhos (que então ainda eram pequenos) tinham o cabelo e os olhos escuros do pai. A mãe de Marx, que vivia em Trier, contribuía para as despesas da casa, embora a pena do escritor tivesse que conseguir a maior parte...[60]

Depois de sua estada em Bruxelas, Marx fez muito poucas amizades íntimas; a maioria das que ele fez ou reforçou em Bruxelas continuou por toda a vida.

Mesmo antes de estar terminada *A ideologia alemã*, Marx começara a estabelecer o Comitê de Correspondência Comunista no qual Engels e Gigot teriam parte mais ativa. Este comitê foi o embrião de todas as Internacionais Comunistas posteriores. Foi planejado como um instrumento para har-

59. Jenny Marx a Marx, em Dornemann (1968, p, 91).

60. Born (1896, p. 67s.).

monizar e coordenar a teoria e prática comunista nas capitais europeias. Marx descreveu o objetivo como

> prover tanto uma discussão de questões científicas como uma avaliação crítica de escritos populares e de propaganda socialista que podem ser conduzidas na Alemanha por estes meios. Mas o principal objetivo de nossa correspondência será pôr os socialistas alemães em contacto com os socialistas ingleses e franceses, manter os estrangeiros informados dos movimentos socialistas que se desenvolvem na Alemanha e informar os alemães na Alemanha sobre o progresso do socialismo na França e na Inglaterra. Deste modo as diferenças de opinião serão trazidas à luz e obteremos uma troca de ideias e um criticismo imparcial[61].

É nesse Comitê de Correspondência, e na subsequente Liga Comunista que o seguiu, que Marx se aventurou pela primeira vez em política prática. A fundação do comitê explicaria duas controvérsias que levantaram questões centrais para o movimento comunista daquele tempo. A primeira (com Weitling) levou à política prática a polêmica contra o "verdadeiro" socialismo na *A ideologia alemã*; a segunda (com Proudhon) continuou pela maior parte do século – sendo os seguidores de Proudhon particularmente ativos na Primeira Internacional.

Weitling era filho ilegítimo de um oficial francês e uma lavadeira de roupas alemã e ganhava a vida como alfaiate itinerante ao mesmo tempo que absorvia os escritos dos socialistas franceses. Seu primeiro livro, *A humanidade como é e como deveria ser*, fora escrito em 1838 a pedido da Liga dos Justos em Paris e fora muito eficaz em sua propaganda na Suíça, onde sua prisão lhe mereceu a distinção adicional de uma

61. Marx a Proudhon, *MEW*, XXVII, p. 442.

auréola de mártir. Por isso foi muito bem recebido ao chegar a Londres em 1844. Durante 1845, porém, seu estilo de pregador, os termos quase religiosos com que expunha suas ideias, sua exigência de uma revolução imediata, suas propostas de uma ditadura *à la* Babeuf, e a deterioração psicológica marcante causada por sua prisão: todos esses fatores acabaram alienando a maioria dos comunistas alemães de Londres que achavam seu enfoque impraticável e irrealista[62]. Em seu caminho de volta para o continente no começo de 1846, Weitling parou em Bruxelas e o recém-fundado Comitê de Correspondência convidou-o para uma discussão na casa de Marx. Entre os presentes estavam Engels, Gigot, Edgar von Westphalen, Weydemeyer, Seiler, um jornalista Heilberg e um visitante especialmente convidado, Paul Annenkov, um rico turista russo que Marx conhecera em Paris[63]. Weitling impressionou-o como "um belo jovem homem louro, numa capa de corte elegante, uma pequena barba aparada coquetemente – alguém mais como um caixeiro viajante do que o trabalhador sério, amargurado que eu esperava encontrar". Annenkov continuou:

> Nós nos apresentamos uns aos outros sem cerimônia, com um toque de afetada cortesia por parte de Weitling, porém – e tomamos nossos lugares à pequena mesa verde. Marx estava sentado à cabeceira da mesa com um lápis na mão e sua cabeça leonina inclinada sobre uma folha de papel, enquanto Engels, seu inseparável colaborador e camarada na propaganda, alto e ereto e tão grave e sério como um inglês, fazia o discurso de abertura. Ele falava da necessidade de as pessoas, que tinham se dedicado a transformar o tra-

62. Cf. Nettlau (1925).

63. Cf. a passagem citada no início do cap. 9, p. 675s., para a caracterização mordaz de Marx quando ele apareceu ao encontro.

balho, explicarem seus pontos de vista uns aos outros e chegarem a um acordo sobre uma única doutrina comum que pudesse ser uma bandeira para todos os seus seguidores que não tinham tempo e oportunidade de estudar a teoria. Engels não tinha terminado seu discurso quando Marx levantou a cabeça, voltou-se para Weitling e disse: "Diga-nos, Weitling, você que fez tanto barulho na Alemanha com sua pregação, sobre quais fundamentos você justifica sua atividade e sobre o que você pretende baseá-la no futuro?"

Eu me lembro perfeitamente bem da forma da brusca pergunta porque ela foi o começo de uma acalorada discussão que, como veremos, foi muito breve. Weitling aparentemente queria manter a conferência dentro dos limites da conversa liberal costumeira. Com um rosto sério, um tanto aborrecido, ele começou a explicar que seu objetivo não era criar novas teorias econômicas, mas adotar aquelas que eram as mais apropriadas, como a experiência mostrara na França, para abrir os olhos dos operários para os horrores de sua situação e todas as injustiças, dos governantes e sociedades, e ensiná-los a nunca mais acreditar em qualquer promessa dos últimos, mas se apoiar apenas em si mesmos e se organizarem em associações democráticas e comunistas. Ele falou durante um longo tempo, mas – para minha admiração e em contraste com Engels – confusamente e não muito bem do ponto de vista literário, repetindo-se muitas vezes, corrigindo-se e chegando com dificuldade a suas conclusões, que chegavam tarde demais ou antecediam suas proposições. Ele tinha agora ouvintes completamente diferentes dos que geralmente o cercavam ou liam seu jornal ou panfletos sobre o sistema econômico contemporâneo: por isso ele perdeu sua facilidade de pensamento e palavra. Weitling provavelmente teria continuado a falar se Marx não o tivesse examinado com uma irada testa franzida e começado sua réplica. O discurso sarcástico de Marx se resume a isto: agitar a população sem lhe dar razões firmes, bem fundamentadas, para sua atividade seria simplesmente enganá-la. O surgimento de esperanças fantásticas das quais se acabou de falar, continuou Marx, levam apenas para a ruína final e não para a salvação dos sofredores. Convocar os operários sem qualquer ideia estritamente científica ou doutrina construtiva, especialmente na Alemanha, equivalia a um uso desonesto e vão da pregação que supunha, de um lado, um profeta inspirado e, de outro, apenas asnos boquiabertos... O rosto pálido de Weitling ficou corado e ele recuperou sua vivacidade e facilidade de falar. Com uma voz trêmula de emoção ele começou a tentar provar que um homem que reunira centenas de pessoas sob a mesma bandeira em nome da justiça, solidariedade e mútua assistência fraterna não poderia ser chamado completamente vão e inútil. Weitling se consolou pelos ataques vespertinos lembrando as centenas de cartas e declarações de gratidão que recebera de todas as partes de sua terra natal e com a reflexão que seu modesto trabalho preparatório talvez fosse de maior peso para a causa comum do que o criticismo e análises de doutrinas feitas em poltronas longe do mundo dos sofredores e aflitos.

Ao ouvir essas últimas palavras Marx finalmente perdeu o controle de si e bateu tão forte com seu punho sobre a mesa que a lâmpada fez ruído e tremeu. Levantou-se de um salto dizendo: "Ignorância nunca ajudou ninguém!". Nós seguimos o exemplo dele e deixamos a mesa. A sessão terminou, e como Marx andasse de um lado para outro na sala, extraordinariamente irritado e furioso, eu depressa me despedi dele e de seus interlocutores e fui para casa, espantado com tudo o que vira e ouvira[64].

No dia seguinte a essa discussão Weitling escreveu a Hess que Marx insistia em examinar os membros do partido; que para Marx a questão dos recursos financeiros era tudo o que importava (Weitling tinha a impressão de que Marx desejava excluí-lo do projeto editorial na Vestfália)[65]; não devia haver nenhuma propaganda baseada em apelos emocionais; e, finalmente, "por enquanto não se pode falar em realizar o comunismo, primeiro a burguesia deve tomar o leme". Weitling continuou: "Na cabeça de Marx vejo apenas uma boa enciclopédia, mas nenhum gênio. Sua influência ele deve a outras pessoas. Homens ricos por trás dele no jornalismo, isto é tudo"[66].

Esse não foi o fim de todo contato entre Weitling e Marx; durante as semanas que se seguiram Weitling continuava a aceitar de Marx o almoço[67]. Mas Marx prosseguiu com sua campanha publicando uma circular contra Hermann Kriege, um jovem jornalista westfaliano que fora membro do grupo de Bruxelas antes de ir para Londres e finalmente emigrar para a América onde ele publicava um semanário intitulado *Volkstribun*[68]. Os pontos de vista de Kriege eram muito mais representativos do socialismo "verdadeiro" do que os de Weitling e essa longa circular condenava as ideias de Kriege como "não comunismo": elas eram "infantis e afetadas", uma "exaltação

---

64. *Reminiscences of Marx and Engels*, p. 270s.

65. Na carta de Engels a Bebel em 1888 se disse que este ponto foi o principal motivo da ruptura. Cf. *MEW*, XXXVII, p. 118.

66. Hess, *Briefwechsel*, p. 151.

67. Cf. Hess, *Briefwechsel*, p. 153. Falar de uma "depuração" com relação a isso é ler a partir dos acontecimentos pós-1917 de modo totalmente indevido. De qualquer forma, não havia nenhum "partido" no sentido relevante.

68. Cf. tb. Schlüter (1907, p. 19s.).

imaginária e sentimental" que "comprometia o movimento comunista na América e corrompia os operários"[69]. Seguiam-se seções em que ridicularizava a fraseologia metafísica e religiosa de Kriege, seu uso da palavra "amor" 35 vezes num único artigo, e seu plano ingênuo de dividir igualmente o solo da América entre todos os cidadãos visando "transformar todos os homens em possuidores de propriedade privada"[70]. Weitling foi o único membro do Comitê de Correspondência que votou contra a circular; ele saiu imediatamente de Bruxelas indo para Luxemburgo e alguns meses mais tarde mudou-se para Nova York a convite de Kriege. A circular provocou um considerável volume de protesto. Hess escreveu a Marx a respeito de Weitling: "Você o deixou completamente louco e não fique surpreso. Eu não quero ter mais nada a ver com esta questão toda; é suficiente para deixar alguém doente"[71]. E uma semana mais tarde ele escreveu que desejava "não ter mais nada a ver com seu partido"[72]. Os comunistas londrinos também reagiram fortemente contra a circular.

Esse ataque a Kriege foi aparentemente apenas um entre muitos panfletos assim, pois Marx escreveu mais tarde:

> Publicamos ao mesmo tempo uma série de panfletos, em parte impressos, em parte litografados, nos quais sujeitávamos a um criticismo impiedoso a mistura do socialismo franco-inglês ou comunismo e a filosofia alemã, que na época constituía a doutrina secreta da Liga. Em seu lugar estabelecemos a compreensão científica da estrutura econômica da sociedade burguesa como o único fundamento teórico

---

69. *MEW*, IV, p. 3.

70. *MEW*, IV, p. 10.

71. Hess, *Briefwechsel*, p. 155.

72. Hess, *Briefwechsel*, p. 157.

> válido. Também explicamos em forma popular que nossa tarefa não era a execução de algum sistema utópico, mas a participação consciente no processo histórico da revolução social que estava ocorrendo diante de nossos olhos[73].

Ao mesmo tempo Marx tentou estabelecer ligação com Paris onde o socialista mais influente era Proudhon. Sua posição como pensador francês era peculiar porque ele partilhava da abordagem ateia do comunismo como os Jovens Hegelianos alemães e rejeitava o jacobinismo patriótico que tornava Paris tão impenetrável a ideias alemãs. No começo de maio de 1846 Marx escreveu a Proudhon, descrevendo os objetivos do Comitê de Correspondência e convidando-o a atuar como seu correspondente em Paris "pois no tocante à França não podemos encontrar melhor correspondente do que você"[74]. Num pós-escrito Marx prevenia Proudhon contra Grün, o qual ele descreveu como "um charlatão... que abusa de seus conhecidos". Gigot e Engels também acrescentaram pós-escritos dizendo o quanto lhes agradaria se Proudhon aceitasse o convite. A resposta de Proudhon não pode ter agradado a Marx. Ele estava disposto a participar do projeto de Marx, mas tinha muitas reservas:

> Procuremos juntos, se você desejar, a lei da sociedade, a maneira como estas leis se cumprem, o processo que devemos seguir para descobri-las; mas pelo amor de Deus, depois de ter demolido todos os dogmatismos *a priori*, por nossa vez não pensemos em doutrinar o povo... Aprovo de todo o coração sua ideia de convidar todos os matizes de opinião; prossigamos com uma boa e leal polêmica; demos ao mundo o exemplo

---

73. Marx. Herr Vogt, *MEW*, XIV, p. 439. Traduzido em Struik, o.c., p. 149.

74. Marx a Proudhon, *MEW*, XXVII, p. 442.

> de uma tolerância educada e sagaz, mas não nos tornemos – simplesmente porque estamos à frente de um movimento – líderes de uma nova intolerância, não nos apresentemos como os apóstolos de uma nova religião, mesmo que seja a religião da lógica, a religião da razão. Vamos reunir e encorajar toda discordância, proscrever toda exclusividade, todo misticismo; nunca consideremos uma questão exaurida, e quando tivermos usado nosso último argumento, se necessário recomecemos – com eloquência e ironia. Sob essas condições eu entrarei de bom grado para sua organização; caso contrário, não![75]

Proudhon continuava dizendo que ele não era a favor de uma ação revolucionária imediata e preferia "queimar a propriedade com fogo lento a dar-lhe um novo vigor fazendo uma Noite de São Bartolomeu dos proprietários". Seguia-se um parágrafo irônico: "Aqui, meu caro filósofo, é onde estou no momento; a não ser, naturalmente, que eu esteja enganado e surja a ocasião de receber uma varada de você, ao que me sujeitarei de boa vontade enquanto espero por minha vingança...". Proudhon terminava desculpando Grün, argumentando que ele fora obrigado a explorar "ideias modernas" a fim de ganhar dinheiro para sua família; acrescentou, além disso, que foi por sugestão de Grün que ele esperava inserir uma menção das obras de Marx em seu próximo livro – *O sistema das contradições econômicas* que levava o subtítulo "A filosofia da pobreza". Marx aparentemente não respondeu à carta de Proudhon exceto na forma de seu furioso ataque ao livro de Proudhon publicado um ano mais tarde sob o título de *A pobreza da filosofia*. Em sua resposta Marx acei-

75. Proudhon a Marx em: Haubtmann (1947, p. 63s.). Para as relações entre Proudhon e Marx cf. ainda: Hoffman (1972, p. 85s.).

tava o convite zombeteiro de Proudhon de "dar uma varada" como vingança.

O livro de Proudhon era uma obra muito extensa em dois volumes que tinha como lema *destruam et aedificabo* – tendo muito mais do primeiro do que do último. Com grande vigor Proudhon atacava religião, economia acadêmica e comunismo, mas não deu nenhuma solução muito clara[76]. As ideias do livro eram muito populares entre os operários franceses, e na Alemanha foram feitas três traduções independentes e duas foram publicadas em 1847, sendo uma de Grün, cujas ideias Engels gastara tanto tempo combatendo em Paris. Marx não conseguiu o livro antes do Natal de 1846 e imediatamente escreveu sua impressão sobre ele numa longa carta a Annenkov na qual ele clara e sucintamente aplicava às ideias de Proudhon sua própria concepção materialista da história. O centro da crítica de Marx era que Proudhon não tinha captado a evolução histórica da humanidade e por isso recorrera a conceitos eternos como Razão e Justiça. Marx escreveu:

> O que é sociedade, seja qual for sua forma? O produto da ação recíproca dos homens. Os homens são livres para escolher por si mesmos esta ou aquela forma de sociedade? De modo algum. Suponha uma situação particular do desenvolvimento nas forças produtivas do homem e você terá uma forma particular de comércio e consumo. Suponha estágios particulares de evolução na produção, comércio e consumo e você terá uma constituição social correspondente, uma organização correspondente da família, ou de ordens ou de classes, numa palavra, uma sociedade civil correspondente. Suponha uma sociedade civil particular e você terá condições políticas particulares que são

76. Para Proudhon em geral cf. Woodcock (1956). Provavelmente a melhor descrição das ideias de Proudhon seja Bancal (1970).

> apenas a expressão oficial da sociedade civil. Proudhon nunca entenderá isto porque ele pensa que está fazendo algo grande ao recorrer do Estado para a sociedade, isto é, da sinopse oficial da sociedade para a sociedade oficial.
>
> É supérfluo acrescentar que os homens não são livres para escolher suas forças produtivas – que são as bases de toda a sua história – pois cada força produtiva é uma força adquirida, o produto de atividade anterior. Surge uma coerência na história humana, toma forma uma história da humanidade que é cada vez mais uma história da humanidade como as forças produtivas do homem e por isso suas relações sociais foram mais desenvolvidas. Daí segue-se necessariamente que a história social dos homens não é outra coisa senão a história do desenvolvimento individual deles, estejam eles conscientes disso ou não. As relações materiais deles são a base de todas as suas relações. Estas relações materiais são as formas necessárias em que sua atividade material e individual é cumprida[77].

Marx, no entanto, admitiu que Proudhon, tentando ser intermediário entre economia burguesa e ideias socialistas, tinha "o mérito de ser o intérprete científico da pequena burguesia francesa – um mérito importante porque a pequena burguesia fará parte integrante de todas as iminentes revoluções sociais"[78].

Essas críticas foram elaboradas em seu livro de duas partes: *A pobreza da filosofia*. A primeira parte tratava da teoria do valor e a segunda começava com um ataque ao método de Proudhon e terminava com uma importante seção sobre o movimento da classe operária.

---

77. Marx a Annenkov em: Marx. *The Poverty of Philosophy*, Moscou, s.d., p. 202s.

78. Marx. *The Poverty of Philosophy*, Moscou, s.d., p. 217.

Já no princípio Marx criticava a falta de um ponto de partida preciso para a análise de Proudhon. A "dialética" de Proudhon consistia simplesmente "na substituição do valor de uso e valor de troca e da oferta e procura, por noções abstratas e contraditórias tais como escassez e abundância, utilidade, e cálculo, *um* produtor e *um* consumidor, ambos dotados de vontade livre"[79]. E o propósito de Proudhon nisso era "arranjar para si um meio de introduzir mais tarde num dos elementos que ele pusera de lado o custo de produção como síntese do valor de uso e do valor de troca. E é assim que a seus olhos o custo de produção constitui um valor sintético ou valor constituído"[80]. Por "valor constituído" do produto Proudhon queria significar "o valor que é constituído pelo tempo de trabalho incorporado nele"[81]. Segundo Marx, essa doutrina não era invenção de Proudhon (como ele dizia) mas podia ser claramente encontrada em Ricardo, sendo a diferença entre eles que "Ricardo parte da sociedade atual para nos demonstrar como ela constitui valor; Proudhon toma o valor constituído como seu ponto de partida para construir um novo mundo social com a ajuda deste valor"[82]. Longe de alguém ser capaz de tirar consequências "igualitárias" dessa doutrina, significava que os salários sempre tendiam a um mínimo[83]. Porque Proudhon

---

79. Marx. *The Poverty of Philosophy*, Moscou, s.d., p. 46.

80. Marx. *The Poverty of Philosophy*, Moscou, s.d.

81. Marx. *The Poverty of Philosophy*, Moscou, s.d., p. 47.

82. A grande diferença entre *A pobreza da filosofia* e os escritos de 1844 de Marx é que Marx em 1847 aceitava a teoria trabalhista do valor que ele antes rejeitara. Ele provavelmente fez esta mudança durante sua visita a Manchester em 1845, onde ele leu os economistas socialistas ingleses que tiravam as conclusões radicais que eram obviamente deduzidas da ideia de Ricardo de que o trabalho era a fonte de todo valor. Cf. ainda Mandel (1971, cap. 3 e 4).

83. Em 1847-1848 Marx sustentava a teoria da pauperização absoluta, que mais tarde abandonou.

confundiu "as duas medidas: medida pelo tempo de trabalho necessário para a produção de uma mercadoria e medida pelo valor do trabalho. 'Qualquer trabalho do homem', diz ele, 'pode comprar o valor que representa'. Portanto, de acordo com ele, uma certa quantidade de trabalho incorporada num produto é equivalente ao pagamento do operário, isto é, ao valor do trabalho. É o mesmo raciocínio que o faz confundir custo da produção com salários"[84]. Assim, "medindo o valor das mercadorias pelo trabalho, M. Proudhon vislumbra vagamente a impossibilidade de excluir o trabalho desta mesma medida, do mesmo modo como o trabalho tem o seu valor, pois trabalho é mercadoria. Ele tem receio de estar tornando o salário mínimo o preço normal e natural do trabalho imediato, aceitando a situação existente da sociedade. Assim, para evitar essa consequência fatal ele se contradiz e afirma que o trabalho não é mercadoria, que ele não pode ter valor. Ele esquece que ele mesmo tomou o valor do trabalho como medida"[85]. Além disso, Proudhon passa a mostrar que "o tempo de trabalho necessário para criar um produto indica sua verdadeira relação proporcional com as necessidades, de modo que as coisas cuja produção custam o menor tempo são as mais imediatamente úteis e assim por diante, passo a passo"[86]. Mas o mesmo argumento mostraria que "o amplo uso de bebida alcoólica, devido a seu baixo custo de produção, é a prova mais conclusiva de sua utilidade: está dizendo ao proletário que as batatas são mais sadias para ele do que carne; está aceitando o atual estado de coisas; está, em resumo, fazendo a defesa, com M. Proudhon, de uma sociedade sem entendê-la"[87].

84. Marx. *The Poverty of Philosophy*, Moscou, s.d., p. 61.

85. Marx. *The Poverty of Philosophy*, Moscou, s.d., p. 64.

86. Marx. *The Poverty of Philosophy*, Moscou, s.d., p. 67.

87. Marx. *The Poverty of Philosophy*, Moscou, s.d., p. 70.

Para Marx, por outro lado, "numa sociedade futura, na qual terá cessado todo antagonismo de classe, na qual não haverá mais nenhuma classe, o uso não mais será determinado pelo tempo mínimo de produção; mas o tempo de produção dedicado a diferentes artigos será determinado pelo grau de sua utilidade social"[88]. As propostas de Proudhon abstraíam de diferenças na demanda, competição etc., e ele era inevitavelmente forçado a um dilema: "Ou você quer o genuíno processo de troca dos séculos passados com os atuais meios de produção – sendo neste caso ao mesmo tempo reacionário e utópico; ou você quer progresso sem anarquia – e neste caso, a fim de preservar as forças produtivas, você deve abandonar a troca individual"[89]. De qualquer forma, dizia Marx, Proudhon estava longe de ser o primeiro a pensar em "reformar a sociedade transformando todos os homens em reais operários trocando igual quantidade de trabalho"[90]. Para provar seu ponto de vista, ele citou amplamente o economista inglês Bray, posição que ele rejeitava baseado em que "troca individual corresponde... a um modo definido de produção que em si corresponde a um antagonismo de classe. Não há, pois, nenhuma troca individual sem o antagonismo de classes"[91]. Marx então terminou a primeira metade de seu livro com observações sobre a impossibilidade de deduzir o valor do dinheiro a partir do tempo de trabalho, e sobre o modo como Proudhon (a fim de se opor à ideia de que o trabalho produzia um excedente) devia supor relações sociais existentes como não existentes.

---

88. Marx. *The Poverty of Philosophy*, Moscou, s.d., p. 70.

89. Marx. *The Poverty of Philosophy*, Moscou, s.d., p. 76.

90. Marx. *The Poverty of Philosophy*, Moscou, s.d., p. 76.

91. Marx. *The Poverty of Philosophy*, Moscou, s.d., p. 86s.

Na segunda parte do livro Marx atacou o desejo de Proudhon de "amedrontar os franceses atirando neles frases quase hegelianas"[92], e seu uso de expedientes pseudoexplicativos como tese, antítese e síntese[93]. Acusou então Proudhon de ver "nas atuais relações nada além de encarnação de... princípios", e continuava numa passagem bem conhecida:

> As relações sociais estão intimamente ligadas com as forças produtivas. Ao adquirir novas forças produtivas os homens mudam seu modo de produção; e ao mudar seu modo de produção, ao mudar a maneira de ganhar os meios de vida, eles mudam todas as suas relações sociais. O moinho manual lhe dá uma sociedade com o senhor feudal; o moinho a vapor, uma sociedade com o capitalista industrial[94].

De acordo com Marx, para os economistas clássicos "há somente duas espécies de instituições: artificiais e naturais. As instituições do feudalismo são instituições artificiais, as da burguesia são instituições naturais"[95]. Mas as doutrinas burguesas eram tão relativas como qualquer outra e haveriam de ser suplantadas por doutrinas econômicas proletárias. Os teóricos de tais doutrinas eram, naturalmente, puramente utópicos no começo do movimento proletário;

> mas na medida em que a história se move para a frente e com ela a luta do proletariado assume contornos mais claros, eles não precisam mais buscar soluções recorrendo a sua imaginação; eles precisam apenas prestar atenção ao que está acontecendo diante de seus olhos e se tornarem o seu porta-voz.

---

92. Marx. *The Poverty of Philosophy*, Moscou, s.d., p. 116.

93. Contrário ao que é afirmado em muitos livros, Marx nunca empregou estes termos – nem, para esta matéria, Hegel.

94. Marx. *The Poverty of Philosophy*, Moscou, s.d., p. 122.

95. Marx. *The Poverty of Philosophy*, Moscou, s.d., p. 135.

> Enquanto procurarem conhecimento apenas construindo sistemas, enquanto estiverem no começo da luta, eles não veem na pobreza nada mais do que pobreza – não vendo nela o aspecto revolucionário, subversivo, que derrubara a velha sociedade. A partir deste momento o conhecimento, que é um produto do processo histórico que terá se associado conscientemente a ele, deixou de ser doutrinário e se tornou revolucionário[96].

Proudhon também foi deficiente em sua descrição da divisão do trabalho, que não era uma categoria econômica, mas histórica; a competição, igualmente, era sobretudo um produto do século XVIII e não uma categoria "eterna"; e a propriedade da terra não era "uma relação independente, uma categoria isolada, nenhuma ideia abstrata e eterna". Finalmente Marx rejeitava o ponto de vista de Proudhon de que greves por melhores salários eram inúteis pois seu êxito apenas acarretava um correspondente aumento de preços. Ele tratou disso nas últimas páginas de seu livro que continha uma espécie de manifesto anarquista apresentando a classe operária como essencialmente revolucionária:

> Uma classe oprimida é a condição vital para toda sociedade baseada no antagonismo de classes. A emancipação da classe oprimida, portanto, implica necessariamente na criação de uma nova sociedade. Para a classe oprimida ser capaz de se emancipar é necessário que a capacidade produtiva existente e as relações sociais não mais sejam capazes de existir lado a lado. De todos os instrumentos de produção a maior capacidade produtiva é a própria classe revolucionária. A organização de elementos revolucionários como classe pressupõe a existência de todas as forças produtivas

96. Marx. *The Poverty of Philosophy*, Moscou, s.d., p. 140s.

que podem ser postas em execução dentro da estrutura da antiga sociedade.

Significa isto que depois do colapso da antiga sociedade haverá uma nova classe dominante culminando num novo poder político? Não. A condição para a emancipação da classe operária é a abolição de toda classe, exatamente como a condição para a libertação do terceiro estado, ou a ordem burguesa, era a abolição de todos os estados e todas as ordens.

A classe operária, no curso do seu desenvolvimento, substituirá a antiga sociedade civil por uma associação que excluirá as classes e seu antagonismo, e não mais haverá poder político como tal, pois o poder político é exatamente a expressão oficial do antagonismo na sociedade civil.

Entretanto o antagonismo entre o proletariado e a burguesia é uma luta de classe contra classe – uma luta que, levada a sua expressão máxima, é uma revolução total. De fato, não é de surpreender que uma sociedade fundada na oposição de classes culminasse numa contradição brutal, o choque de corpo contra corpo, como seu *dénouement* final?

Não que o movimento social exclua movimento político. Nunca há um movimento político que não seja ao mesmo tempo social. É somente numa ordem de coisas em que não há mais classes e antagonismos de classe que as evoluções sociais deixam de ser revoluções políticas. Até então, às vésperas de qualquer reestruturação geral da sociedade, a última palavra da ciência social será sempre: "Le combat ou la mort, la lutte sanguinaire ou le néant. C'est ainsi que la question est invinciblement posée". George Sand[97].

O livro de Marx continha a primeira exposição publicada e sistemática de sua concepção materialista da história e

97. Marx. *The Poverty of Philosophy*, Moscou, s.d., p. 196s.

ele mesmo recomendava-a como uma introdução ao *Capital*. Demonstrava também o grande talento panfletário de Marx – embora o livro de Proudhon fosse certamente um alvo fácil. Contudo, apesar de ter sido publicado tanto em Bruxelas como em Paris, sendo a edição total de oitocentas cópias, causou pouca impressão sobre os contemporâneos de Marx e ele mesmo teve que pagar a tiragem. Proudhon chamou o livro de "um tecido de abuso, falsificação e plágio"[98], e seu autor de "parasita intestinal do socialismo"[99]. Ele fez cuidadosas anotações em sua própria cópia de *A pobreza da filosofia* e provavelmente pretendia responder, mas foi interrompido por questões familiares e pela revolução de 1848. Assim chegou ao fim o debate extremamente áspero entre os dois homens.

Proudhon era apenas um entre os diversos socialistas de Paris que o Comitê de Correspondência procurava recrutar. Com os outros, porém, também não foi muito mais frutífero. Houve uma breve troca de cartas com Louis Blanc; e Dr. Ewerbeck, que era adepto de uma espécie de humanismo comunista pacífico baseado nas ideias de Cabet, servia como ponto de concentração do que restava da Liga dos Justos. Tendo convencido a Família Marx a passar duas semanas com ele em Ostende, Engels foi a Paris em agosto de 1846. Nas cartas regulares que enviava ao Comitê de Correspondência de Bruxelas ele relatava o progresso de sua propaganda entre os operários alemães que ele dirigia particularmente contra Grün e os discípulos de Proudhon. Entre os principais sindicatos artesanais em Paris, os alfaiates ainda estavam sob o domínio da propaganda comunista com base emocional de Weitling (embora ele já tivesse deixado a cidade). Engels tentou por

98. Proudhon a Guillaumin, 19/09/1847 em: Haubtmann, *Marx et Proudhon*, p. 92.

99. Haubtmann. *Marx et Proudhon*, p. 94.

isso recrutar os remanescentes da Liga dos Justos (a maioria membros dos sindicatos dos marceneiros) e infundir neles uma forma definida de comunismo. Em outubro ele pôde relatar a Bruxelas que seus novos recrutados tinham agora aceito uma definição de comunismo que compreendia: a manutenção dos interesses do proletariado contra os da burguesia; a abolição da propriedade privada; e, como meio, uma revolução democrática violenta. Contudo essa vitória ideológica não foi tão importante porque Engels continuou na mesma carta: "o público ao qual nós apresentávamos isso era composto de cerca de 20 marceneiros. Separado de nossos encontros eles organizam discussões com todo tipo de pessoas em praça pública e, fora de suas associações trabalhistas, eles não formam nenhum grupo real..."[100]. Essa carta mostrava Engels num momento de realismo atípico. Em geral é claro que Engels era superotimista a respeito do êxito de sua propaganda. No fim de outubro a política interveio para acabar até com as pequenas atividades e Engels achou mais prudente voltar sua atenção para a conquista de muitas moças das mais diferentes nacionalidades possíveis antes de deixar Paris.

A correspondência com a Alemanha foi estabelecida numa base bastante regular: havia relatórios periódicos da Silésia inspirados por Wilhelm Wolff, de Wuppertal onde o pintor Koettgen (um amigo íntimo de Hess) dirigia um grupo comunista, e de Kiel onde Georg Weber, um doutor, dirigia o movimento. Marx, no entanto, estava impaciente com o fracasso de Weydemeyer na Westfália em encontrar um editor para *A ideologia alemã* e as relações se tornaram tensas. O centro da atividade comunista ainda era Colônia. Hess esteve aí pela segunda metade de 1846 e declarou-se "reconciliado

100. Engels ao Comitê de Correspondência Comunista em Bruxelas.

até certo ponto com 'o partido'"[101]; ele reconhecia a necessidade de basear o comunismo em pressuposições históricas e econômicas e estava esperando com grande interesse pelo aparecimento do livro de Marx; sua ruptura com Marx não se completou antes do começo de 1848. Mas as ideias de Marx pareciam ter tido impacto muito pequeno aí, embora o grupo fosse organizado por Roland Daniels (um amigo íntimo de Marx) com o apoio de d'Ester e Bürgers, e fosse muito ativo na política local.

A única carta que sobreviveu dos comunistas de Bruxelas para a Alemanha é uma de Koettgen, escrita em junho de 1846. Marx, junto com os outros membros do comitê, criticou "ilusões" acerca da eficácia de requerimentos a autoridades – argumentando que eles só poderiam ter influência "quando houvesse um forte e bem-organizado partido comunista na Alemanha – faltando atualmente os dois elementos". Entretanto os comunistas de Wuppertal agiriam "jesuiticamente" e apoiariam reivindicações burguesas por liberdade de imprensa, governo constitucional etc. Só mais tarde reivindicações especificamente comunistas seriam possíveis: no momento "é necessário apoiar, num único partido, 'tudo' o que ajuda o movimento a ir em frente e sem ter nenhum escrúpulo moral enfadonho a respeito disso"[102].

III. A fundação da Liga Comunista

O resultado mais importante do Comitê de Correspondência foi criar laços estreitos entre Marx e Engels e os comunistas de Londres que neste tempo eram a maior e mais bem-organizada colônia de operários alemães. Até à segunda

101. Hess. *Briefwechsel*, p. 44.

102. Marx a Koettgen, *MEW*, IV, p. 21s.

parte da década de 1830 o centro mais importante tinha sido Paris, onde os artesãos exilados alemães tinham começado em 1836 a Liga dos Justos (uma sociedade secreta com nomes em código e senhas), a qual, por sua vez, procedia de uma anterior Liga dos Banidos. Seu objetivo original era introduzir na Alemanha os Direitos do Homem e do Cidadão, e aproximadamente metade dos seus membros provinham de artesãos e metade de profissionais. A Liga dos Justos participou do levante organizado por Blanqui e Barbès em 1839 e, com o fracasso dele, a maioria dos membros fugiu para Londres onde encontraram uma filial florescente[103]. Esta, por sua vez, criou uma organização de "frente", a Associação Educacional dos Trabalhadores Alemães, que tinha quase mil membros no fim de 1847 e sobreviveu até a Primeira Guerra Mundial.

A Liga era dirigida por um triunvirato de Karl Schapper, Heinrich Bauer e Joseph Moll. Schapper era um comunista veterano de Nassau, filho de um pobre pastor rural. Quando era estudante de ciências florestais ele se juntara ao movimento *Burschenschaft* e atuara com Buchner e com Mazzini quando Marx ainda era aluno de escola. Segundo um de seus colegas na Liga, Schapper era um revolucionário "mais por entusiasmo do que por conhecimento teórico"[104]. Bauer era sapateiro. Moll era um relojoeiro de Colônia, intelectual e diplomaticamente o mais dotado dos três[105]. O sindicato organizou cursos quatro noites por semana no bar Red Lion perto de Piccadilly. Um professor de Economia alemão, Bruno Hildebrand, deixou a descrição de uma destas noites, a qual vale a pena ser citada por extenso pois transmite de modo

103. Cf. Schraepler (1962).

104. Lessner (1898, p. 103).

105. Para Schapper e Moll, cf.: *Marx und Engels und die erste proletarischen Revolutionäre*, ed. E. Kandel, Berlim, 1965, p. 42s.

vivo o clima em que nasceu a Liga Comunista (e também a Associação Educacional dos Trabalhadores Alemães, que permaneceu periférica às atividades de Marx por muitos anos). Hildebrand descreveu uma noite de abril de 1846, justamente na época em que Marx começava a estabelecer contato regular com os comunistas em Londres. Ele escreveu:

> Nós fomos ao local de reunião da Associação por volta de oito e meia numa atmosfera de tensão e impaciência. O andar térreo parecia ser uma cervejaria. Estavam à venda cerveja *porter* e outras boas cervejas, mas não vi nenhum assento para consumidores. Atravessamos o bar, subimos uma escada e entramos numa sala mobiliada com mesas e bancos que podiam acomodar cerca de duzentas pessoas. Uns 20 homens estavam sentados em pequenos grupos comendo um jantar muito simples ou fumando um dos cachimbos de honra (havendo um deles em cada mesa) com a caneca de cerveja em sua frente. Outros estavam ainda de pé e a porta estava sempre se abrindo para admitir novas chegadas. Estava claro que a reunião não iria começar logo. As roupas eram muito convenientes, o comportamento deles tinha uma simplicidade que não excluía a dignidade, mas a maioria dos rostos eram evidentemente de trabalhadores. A língua principal era o alemão, mas também podia se ouvir o francês e o inglês. No fim da sala havia um grandioso piano com alguns livros de música sobre ele – e isto, numa Londres que era tão amusical, dizia-nos que tínhamos vindo ao lugar certo. Mal fomos notados e nos sentamos à mesa em frente à porta. Enquanto esperávamos por Schapper, o amigo que nos convidara, pedimos cerveja *porter* e o tradicional pacotinho de fumo. Logo vimos entrar um homem alto e forte, de muita saúde. Ele tinha um bigode preto, um olhar claro e penetrante e modos imperiosos. Ele parecia ter cerca de 36 anos. Foi-me apresentado como Schapper...

> Schapper nos convidou para sua mesa no fundo da sala. Indo para lá ele nos mostrou um cartaz com o título "Estatutos da Associação Educacional dos Trabalhadores Alemães"... O grande princípio da Associação é que os homens só podem chegar à liberdade e autoconsciência cultivando suas faculdades intelectuais. Por isso todos os encontros vespertinos são dedicados à instrução. Numa noite ensina-se inglês; noutra, geografia; na terceira, história; na quarta, desenho e física; na quinta, canto; na sexta, dança e na sétima, política comunista...
> Sentamo-nos nos lugares que nos foram destinados; entretanto a sala ficara completamente cheia. O presidente, que me era desconhecido – disseram-me que era um doutor – abriu a sessão. Quando se estabelecera um solene silêncio e cada um tinha tirado seu cachimbo da boca, o secretário (um alfaiate cujo talento descritivo me pareceu verdadeiramente invejável) declarou que o cidadão Schapper tinha convidado o cidadão Hildebrand e o cidadão Diefenbach e perguntou se alguém tinha alguma objeção a fazer. Então passamos para a política atual e o cidadão Schapper fez um relatório dos acontecimentos da semana. Seu discurso foi eloquente, muito detalhado e interessantíssimo. Era evidente que ele e a Associação tinham muitas fontes de informação... Naturalmente a tônica era sempre uma forte tendência comunista e o proletariado era o tema constante que perpassava todo o discurso. Admito que posso suportar uma boa dose de liberalismo, mas certas passagens deixaram meu cabelo em pé...[106]

No começo os comunistas alemães em Londres estiveram sob a influência do comunismo utópico pacífico de Cabet, após o fracasso de sua tentativa de um *putsch* (golpe para to-

106. Grünberg (1925, p. 455s.).

mar o poder) em Paris em aliança com os blanquistas. Cabet também os persuadira de abandonar seus métodos conspiratórios – embora eles necessariamente continuassem uma sociedade secreta. Mas eles rejeitaram as propostas de Cabet de fundar uma colônia comunista na América. Neste tempo a influência de Weitling se tornara importante. Sua ideia de uma revolução imediata logo alienou a maioria dos comunistas londrinos que começaram a ser muito influenciados pelas experiências pessoais dos esquemas de Owen, pelo cartismo e pelo sucesso tangível dos sindicatos britânicos (*trade unions*). Weitling era da opinião que "a humanidade está sempre madura ou nunca estará... As revoluções surgem como tempestades e ninguém pode traçar suas operações antecipadamente... O intelecto tem apenas um pobre papel a desempenhar e sem emoção não pode fazer nada... os grandes feitos são realizados pelas emoções que movem as massas"[107]. A posição de Schapper, porém, era que "é tão fácil obrigar uma árvore a crescer como inculcar à força novas ideias na humanidade. Evitemos a violência física: ela é rude, e a humanidade não precisa dela... Vejamo-nos como folhas na grande árvore da humanidade e a posteridade colherá o que semeamos com nossa atividade tranquila"[108]. Este debate prosseguiu por diversos meses nas reuniões da Associação e Weitling era habilmente apoiado por Kriege, mas a maioria dos trabalhadores tendia para o lado de Schapper.

Os comunistas londrinos tinham rompido todo contato com Weitling neste tempo e Marx, em meados de maio de 1846, sugerira que eles criassem um escritório de correspondência comunista com ligação regular com Bruxelas. Já em

---

107. Nettlau (1922, p. 371).

108. Nettlau (1922, p. 368).

março Engels perguntara formalmente a Harney se queria atuar como correspondente de Bruxelas. Harney, porém, que se tornara membro da Liga em fevereiro, insistiu que Schapper e os líderes da Liga fossem consultados antes – sugerindo que eles estavam desconfiados dos "literatos em Bruxelas"[109]; e as ideias de Marx estavam de fato longe de ser populares entre eles. Segundo Schapper (e suas cartas refletiam a posição dos líderes da Liga como um todo) revoluções não podiam ser feitas sob medida, e um despertar espiritual devia preceder um levante físico. A tarefa da Liga era vista pelos líderes como a de "esclarecimento do povo e propaganda pela comunidade de bens"[110]. Eles se opunham também à atitude de Marx em relação a Kriege e lamentavam a "arrogância intelectual" dos comunistas em Bruxelas[111]. Schapper, porém, concordou com a proposta de Marx em julho de 1846 de que se realizasse um congresso em Londres em data futura para aparar as diferenças e "trazer força e unidade para a propaganda"[112]. Em dezembro de 1846 Engels sugeriu a Marx – numa carta que é um bom exemplo da "arrogância intelectual" deles – que eles podiam ter que deixar em paz a correspondência com Londres e tentar chegar a um acordo com Harney[113]. Estava claro que os comunistas alemães em Londres, em termos de número e organização, representavam para Marx e Engels o mais promissor acesso à política da classe operária, sobretudo porque os vários Comitês de Correspondência europeus de Marx realmente nunca saíram do chão.

---

109. Harney a Engels. *The Harney Papers*, Assen, 1969, p. 242s.

110. Schapper a Marx, citado em Gemkow (1968, p. 100).

111. Karl Marx. *Chronik seines Lebens*. Moscou, 1934, p. 35.

112. Schapper a Marx, citado em Karl Marx. *Dokurnente seines Lebens*, p. 190.

113. Cf. Engels a Marx, *MEW*, XXVII, p. 70.

Em novembro o Comitê Central da Liga dos Justos, que permanecera em Paris, foi formalmente transferido para Londres. Junto com a tentativa de reforma organizativa que isto implicava, havia o sentimento crescente que, após a rejeição do comunismo de Cabet e Weitling, eram necessários fundamentos teóricos mais firmes para a Liga. Aos 20 de janeiro de 1847 o Comitê de Correspondência de Londres decidiu enviar Moll (cujos pontos de vista eram claramente mais próximos de Marx do que os de Schapper) a Bruxelas para pedir a ajuda de Marx e convidá-lo para ingressar na Liga. Marx escreveu mais tarde: "Sejam quais forem as objeções que tínhamos contra esta proposta, soubemos por Moll que o Comitê Central planejava convocar um congresso da Liga em Londres. Aí a posição crítica que tínhamos tomado poderia ser adotada num manifesto público como a doutrina da Liga. Visões antiquadas e dissidentes só poderiam ser neutralizadas por nossa colaboração pessoal, mas isso só seria possível se nos associássemos à Liga"[114]. Outra condição que Marx fez antes de se associar foi "que tudo o que encorajasse uma atitude supersticiosa para com a autoridade fosse banido dos Estatutos da Liga"[115]. Diversos outros comunistas de Bruxelas ingressaram na Liga ao mesmo tempo, como Engels, a quem Moll foi visitar em Paris. O Comitê Central de Londres mostrou sua disposição de mudar suas ideias emitindo um comunicado aos membros da Liga no qual eles agora pediam uma definição mais estrita de metas, rejeitavam o socialismo baseado em mero sentimento e condenavam enfoques conspiratórios da revolução.

114. Marx, Herr Vogt, *MEW*, XIV, p. 439.

115. Marx a Blos, *MEW*, XXXIV, p. 308.

O prometido congresso, que de fato fora convocado em novembro de 1846 pelo Comitê Central de Londres em linhas extremamente democráticas, reuniu-se em Londres entre 2 e 9 de junho de 1847. Marx não participou, alegando falta de dinheiro, e Wolff foi como delegado dos comunistas de Bruxelas, e Engels representava os parisienses. Foi decidido reorganizar a base democrática da Liga, mudar o nome da Liga para "A Liga Comunista", enfatizar a inconveniência da abordagem conspiratória e publicar um periódico. O primeiro e último número deste periódico, escrito sobretudo por Schapper e intitulado *Kommunistische Zeitung*, apareceu em setembro. Nos novos estatutos o slogan anterior "Todos os homens são irmãos" foi substituído por "Proletários de todos os países, uni-vos!" (Marx teria declarado que havia muitos homens de quem ele não desejava ser irmão de modo algum.) No entanto os estatutos como um todo ainda representavam um compromisso entre os pontos de vista de Marx e os dos comunistas de Londres; o primeiro artigo dizia: "A Liga visa à abolição da escravidão do homem pela propagação da teoria da comunidade de bens e por sua implementação tão breve quanto possível"[116]. Agora era proposta uma estrutura tríplice para a Liga: a Comuna, o Comitê do Círculo (compreendendo os presidentes e tesoureiros das comunas pertinentes) e o Comitê Central, junto com um congresso anual, sendo todos os membros que ocupavam cargos eleitos por um ano e sujeitos a serem destituídos a qualquer momento. Um esboço de uma

---

116. Os documentos importantes para este congresso apenas recentemente foram descobertos e publicados como *Gründungsdokumente des Bundes der Kommunisten Juni bis September 1847*, ed. B. Andreas, Hamburg, 1969. Isto corrige a opinião comum (p. ex., Mehring, p. 139) de que as ideias de Marx eram totalmente aceitas já no verão de 1847. O documento também mostra que a Liga tinha filiais em uma dúzia de cidades alemãs e até uma em Estocolmo.

"Confissão de fé" foi enviado às filiais para ser discutido num segundo congresso no novembro seguinte.

O êxito do congresso de junho inspirou Marx no começo de agosto a transformar formalmente o Comitê de Correspondência de Bruxelas numa filial da Liga Comunista, sendo ele mesmo o presidente. Era prática geral da Liga (que era uma sociedade secreta) organizar "associações de trabalhadores" não clandestinas. Em agosto foi formada uma Associação de Trabalhadores Alemães em Bruxelas com Karl Wallau (um tipógrafo) como presidente e Moses Hess como vice-presidente. Ela começou com 37 membros e cresceu rapidamente[117]. Além das muitas atividades sociais havia palestras às quartas-feiras – às vezes feitas por Marx – e aos sábados uma análise da política da semana feita por Wilhelm Wolff. Marx gostava muito de suas "discussões totalmente parlamentares" e encontrou a atividade pública que o "estimulava infinitamente"[118].

Ao mesmo tempo Marx procurava garantir acesso livre a um jornal como veículo para suas posições. O *Deutsche Brüsseler Zeitung* era publicado duas vezes por semana desde o começo de 1847 por Adelbert von Bornstedt, que anteriormente publicara o *Vorwärts* em Paris. Bornstedt tinha sido espião tanto para os prussianos como para os austríacos na década de 1830 e começo de 1840, e muitos em Bruxelas suspeitavam que ele estivesse continuando estas atividades. No entanto, o jornal mostrou uma tônica cada vez mais radical e antiprussiana. Em abril de 1847 Wilhelm Wolff começou a colaborar e em setembro Marx começou a escrever com frequência – tendo combinado com Bornstedt que o jornal

117. Cf. a lista em Kuypers (1962).

118. Marx a Herwegh, *MEW*, XXVII, p. 470.

aceitaria todas as colaborações dele e de Engels. Ele lamentou amargamente a Herwegh a crítica contra esta iniciativa de alemães que "sempre têm mil palavras de sabedoria em suas mangas para provar por que eles teriam deixado passar uma oportunidade. Uma oportunidade para fazer algo não é nada além de uma fonte de dificuldades para eles"[119].

Marx colaborou com dois importantes ensaios para o *Deutsche Brüsseler Zeitung*. Um foi uma resposta a um artigo não assinado no *Rheinischer Beobachter*, cujo autor – Hermann Wagener, mais tarde intimamente aliado de Bismarck – tentara dar a impressão de que o governo prussiano era favorável a medidas "socialistas" e até "comunistas", citando suas recentes propostas de mudar o imposto principal dos gêneros alimentícios para os rendimentos. Marx rejeitava a ideia de que os comunistas tinham algo a ganhar por apoiar o governo contra a burguesia. E quanto ao apelo de Wagener para os princípios sociais do cristianismo, Marx disse que eles apenas

> transferiam para o céu a tarefa de reparar todas as infâmias e que isto justificava a continuação delas na terra. Os princípios sociais do cristianismo pregam covardia, auto-humilhação, resignação, submissão e humildade – em resumo, todas as características da *canaille*; mas o proletariado não está preparado para se deixar ameaçar como *canaille*, e ele precisa de sua coragem, confiança, orgulho e independência ainda mais do que necessita de seu pão cotidiano. Os princípios sociais do cristianismo são encobertos e hipócritas enquanto o proletariado é revolucionário[120].

Na Alemanha o proletariado tinha que se aliar à burguesia pois "a aristocracia só pode ser derrubada por uma alian-

119. Marx a Herwegh, *MEW*, XXVII, p. 467.

120. Marx. O Comunismo do *Rheinischer Beobachter*, *MEW*, IV, p. 200.

ça da burguesia com o povo"[121]. Wagener estava totalmente errado ao argumentar que o proletariado seria prudente ao se aliar com o governo real, o qual na realidade era seu rival mais perigoso. "O verdadeiro povo, os proletários, os pequenos agricultores e a ralé são, como dizia Hobbes, *puer robustus sed malitiosus* e não são recebidos por reis, sejam eles gordos ou magros. Este povo extrairia sobretudo de Sua Majestade uma constituição com sufrágio universal, liberdade de associação, liberdade de imprensa e outras coisas desagradáveis"[122].

O segundo artigo de Marx era uma polêmica contra Heinzen, que comentou mais tarde que Marx era o tipo de homem que trazia artilharia pesada para despedaçar uma vidraça. Heinzen escrevera para o *Rheinische Zeitung* em 1842 e passou muito tempo em companhia de Marx em 1845, mas ele atacou não apenas os comunistas como também o socialismo "verdadeiro" ao emigrar para a Suíça, onde se tornara amigo de Ruge. Heinzen era um republicano radical que via a monarquia como o fundamento de todo mal social ao qual a proclamação de uma república poria um fim. Marx declarou que "as relações políticas dos homens... são também relações sociais"[123], e analisou o papel desempenhado pela monarquia como uma instituição de transição entre as antigas classes feudais e a nascente burguesia. Mas a burguesia estava se tornando cada vez mais poderosa e já se encontrava em oposição ao proletariado. A ideia solene de "humanidade" jamais faria, como Heinzen esperava, com que as classes se dissolvessem. A tarefa do proletariado era "derrubar o poder político que a burguesia já tinha em suas mãos.

---

121. Marx. O Comunismo do *Rheinischer Beobachter*, *MEW*, IV, p. 202.

122. Marx. O Comunismo do *Rheinischer Beobachter*, *MEW*, IV, p. 202.

123. Marx. Crítica moralizante e moral crítica, *MEW*, IV, p. 340.

Eles tinham que se tornar um poder, e sobretudo um poder revolucionário"[124].

De 16 a 18 de setembro de 1847 realizou-se em Bruxelas um congresso de economistas profissionais – de fato um grupo de pressão para o livre-comércio. Marx participou como convidado. Georg Weerth era uma voz dissidente ao declará-lo um escândalo, pois em todos os elogios que eles faziam do livre-comércio não havia nenhuma menção da miséria infligida à classe operária. Marx tentou fazer um discurso apoiando Weerth, mas a lista de oradores estava completa para evitar sua intervenção. Marx imediatamente distribuiu seu discurso a vários jornais na Bélgica e no exterior, mas apenas o pequeno *Atelier Démocratique* de Bruxelas o publicaria. Depois de analisar o efeito desastroso do livre-comércio sobre a classe trabalhadora, Marx declarou-se contudo a favor dele "porque pelo livre-comércio todas as leis econômicas, com suas mais espantosas contradições, atuarão numa escala mais ampla, sobre uma extensão territorial maior, sobre o território da terra inteira; e por causa da unidade destas contradições num único grupo, em que estariam frente a frente, é que resultaria a emancipação do proletariado"[125].

Aos 29 de setembro realizou-se um jantar a fim de inaugurar em Bruxelas o que haveria de ser a Associação Democrática Internacional, um órgão que tinha como modelo os Democratas Fraternais de Londres. (Nesse tempo muitos encontros políticos eram feitos sob o disfarce de jantares pois era muito

---

124. Marx. Crítica moralizante e moral crítica, *MEW*, IV, p. 338.

125. Marx, *MEGA*, I, 6, p. 431: isto é tirado de um resumo do discurso publicado por Engels no *Northern Star*. O início do discurso está publicado em *MEW*, p. 296s. Aparentemente a continuação foi retomada palavra por palavra na palestra de Marx de 9 de janeiro de 1848 à Associação Democrática.

mais difícil para a polícia controlá-los.) O jantar fora organizado por iniciativa de Bornstedt. Marx fizera uma breve viagem para Maastricht para ver seu cunhado, a negócios familiares. Embora Engels considerasse a realização do jantar como um movimento anticomunista, ele manipulou para ser escolhido como um de seus vice-presidentes e também como membro do comitê que fundaria a Associação. Engels imediatamente delegou seu posto para Marx e partiu para Paris onde renovou seus contatos com os socialistas franceses e os líderes republicanos; e Marx foi devidamente eleito vice-presidente da Associação. A Associação mantinha reuniões, fundou algumas filiais na Bélgica e publicou mensagens sobre assuntos como a ameaça à liberdade na Suíça, e o aniversário da revolução polonesa[126].

Marx, porém, tinha outros assuntos mais prementes a resolver: no fim de outubro ele recebeu uma carta do Comitê Central da Liga Comunista em Londres dizendo-lhe que o congresso tinha sido adiado até o fim de novembro e insistindo com ele para participar pessoalmente. Aos 27 de novembro Marx partiu de Bruxelas em companhia de Weerth e Victor Tedesco; ele encontrou Engels em Ostende aos 28 e, com Tedesco, eles cruzaram o Canal no dia 29. Aparentemente Marx foi como delegado da Associação Democrática para participar de um encontro dos Democratas Fraternais para celebrar o levante polonês de 1830. Na noite após sua chegada a Londres, Marx pronunciou um "enérgico"[127] discurso aos Democratas Fraternais, reunidos no quartel general da Associação Educacional dos Trabalhadores Alemães no n. 20 da Great Windmill Street, perto de Piccadilly[128]. A ruína da ordem estabe-

---

126. Cf. ainda Haenisch (1937).

127. Relatado no *Northern Star*, citado em Haenisch, o.c., p. 88.

128. Há um relato muito completo deste encontro em Dolleans (1949, p. 296s.).

lecida, disse-lhes, "não é nenhum prejuízo para aqueles que não tem nada a perder na velha sociedade e este é o caso em todos os países para a grande maioria. Eles têm, ao contrário, tudo a ganhar com o colapso da velha sociedade que é a condição para a construção da nova sociedade não mais baseada na oposição de classes"[129]. Marx concluiu propondo Bruxelas para local do encontro a se realizar no ano seguinte, mas esta proposta foi ultrapassada pelos acontecimentos.

No dia seguinte, no mesmo prédio, começou o segundo congresso da Liga Comunista. Segundo Engels, "Marx... defendeu a nova teoria em debates bastante longos. Toda oposição e dúvida foi finalmente vencida e os novos princípios foram unanimemente aceitos"[130]. Os debates duraram dez dias e nesse tempo foi redigido um novo estatuto deixando bem claro que a Liga Comunista (embora necessariamente operando amplamente em segredo) teria uma estrutura democrática definitivamente dependente de um congresso anual e teria como principal finalidade a propagação de doutrinas publicamente declaradas. Os estatutos adotados em junho com suas noções um tanto utópicas da "comunidade de bens" foram postos de lado e os objetivos da Liga foram proclamados como sendo "a derrocada da burguesia, o domínio do proletariado, a abolição da velha sociedade burguesa baseada sobre antagonismos entre as classes, e a fundação de uma nova sociedade sem classes e sem propriedade privada"[131]. No fim do congresso Marx e Engels receberam a incumbência de redigir um manifesto para tornar públicas as doutrinas da Liga. Não há nenhum registro sobrevivente destas discussões, mas a seguinte des-

---

129. Marx. Discurso sobre a Polônia, *MEW*, IV, p. 416s.

130. Engels, História da Liga Comunista, *MEW*, XXI, p. 215s.

131. *MEW*, IV, p. 596. A estrutura era menos democrática do que a do congresso de junho.

crição viva da impressão causada por Marx naquela ocasião e escrita muito mais tarde por Frederick Lessner:

> Marx era então um homem ainda jovem, cerca de 28 anos de idade, mas ele impressionou muito a todos nós. Ele era de estatura média, com ombros largos, compleição forte e vigoroso em seus movimentos. Sua testa era alta e muito bem formada, seus cabelos espessos e escuros como breu, seu olhar penetrante. Sua boca sempre tinha a curva sarcástica que seus opositores tanto temiam. Marx era um líder nato do povo. Seu discurso era breve, convincente e constrangente em sua lógica. Ele nunca disse uma palavra supérflua; cada frase continha uma ideia e cada ideia era um elo essencial na corrente de seu argumento. Marx não tinha nada de um sonhador. Quanto mais eu percebia a diferença entre o comunismo do tempo de Weitling e este do *Manifesto comunista*, mais claramente via que Marx representava a virilidade do pensamento socialista[132].

Ao voltar para Bruxelas Marx tinha pouco tempo para redigir seu Manifesto. Ele imediatamente começou a dar um curso de palestras sobre salários para a Associação Educacional dos Trabalhadores Alemães[133]. Aqui Marx se preocupou principalmente em ir além da ideia de que o capital é composto simplesmente de matérias-primas, instrumentos de produção etc. Ele insistiu em que era somente em determinadas condições sociais que tais coisas constituíam o capital.

> O capital é, também, uma relação social de produção. Ele é uma relação de produção burguesa, uma rela-

---

132. Lessner. Before 1848 and After. *Reminiscences of Marx and Engels*, p. 153.

133. Elas foram finalmente publicadas em 1849 no *Neue Rheinische Zeitung*. Cf. *MEW*, VI, p. 397s. As notas de Marx a estas palestras, abrangendo 16 páginas, foram publicadas em *MEGA*, I, 6, p. 451s.

> ção de produção da sociedade burguesa. Não são os meios de subsistência, o instrumento de trabalho, as matérias-primas, que constituem o capital, produzido e acumulado em determinadas condições sociais, em relações sociais definidas? Não são eles utilizados para nova produção em dadas condições sociais, em relações sociais definidas? E não é justamente esse caráter social definido que torna os produtos necessários a nova produção no capital?[134]

Para o capital poder existir deveria haver "uma classe que não possua nada além de sua capacidade de trabalho"[135]. Capital e salário-trabalho eram complementares na função e inteiramente opostos em interesse. Embora por algum tempo as condições de trabalho possam melhorar, isto significa apenas que a classe operária podia se considerar "contente em forjar para si mesma as correntes de ouro com as quais a burguesia a arrasta em sua passagem"[136]. Marx prosseguiu com uma declaração categórica – a ser revisada, em suas obras posteriores – que com o crescimento da capacidade produtiva e da maquinaria os salários cairiam. Em fevereiro Marx começou a reelaborar essas palestras para serem publicadas, mas interromperia devido a sua expulsão da Bélgica.

Marx era também ativo na Associação Democrática para a qual, ao retornar a Bruxelas, ele leu a resposta dos Democratas Fraternais que declarava: "Vosso representante, nosso amigo e irmão Marx, vos contará com que entusiasmo recebemos seu aparecimento e a leitura de vossa mensagem. Todos os olhos brilharam de alegria, todas as vozes gritaram as boas-vindas e todas as mãos se estenderam fraternalmente

134. Marx. Trabalho assalariado e capital, *MESW*, I, p. 90.

135. Marx. Trabalho assalariado e capital, *MESW*, I, p. 91.

136. Marx. Trabalho assalariado e capital, *MESW*, I, p. 98.

para vosso representante... Aceitamos com os mais animados sentimentos de satisfação a aliança que vós nos oferecestes"[137]. Marx ajudou a fundar uma nova filial em Ghent e foi notável no encontro para celebrar o Ano Novo no qual Jenny foi cumprimentada por sua capacidade social. Foi numa dessas ocasiões também que Jenny Marx se recusou categoricamente a ser apresentada a Mary Burns, amante de Engels, que Engels tivera a temeridade de trazer com ele. Stefan Born lembrava que "em matéria de honra e pureza de moral a nobre senhora era intransigente"[138]. Ele também levou Bakunin e d'Ester para a Associação Democrática. Bakunin, porém, não tinha nada a ver com a Liga ou mesmo com a Associação de Trabalhadores. No seu modo de ver Marx estava "estragando os trabalhadores fazendo deles argumentadores" e era "impossível respirar livremente"[139] na companhia de Marx e Engels. No entanto, Marx conseguiu deixar claras as ideias dele para a Associação Democrática num discurso sobre livre-comércio que ele proferiu aos 9 de janeiro (era semelhante ao que ele teria pronunciado no congresso econômico de setembro, se o tivessem deixado discursar). Ele resumiu sua tese do seguinte modo: "No momento o sistema de proteção é conservador, ao passo que o sistema de livre-comércio é destrutivo: ele desfaz velhas nacionalidades e leva ao extremo o antagonismo entre burguesia e proletariado. Numa palavra, o sistema de liberdade comercial apressa a revolução social"[140].

Entretanto Marx estava trabalhando no Manifesto. Os comunistas londrinos lhe tinham fornecido um molho de material que incluía ao menos três rascunhos separados para

---

137. *MEGA*, I, 6, p. 635.

138. Born (1898, p. 73).

139. Cf. Carr (1937, p. 153s.).

140. Marx (1963, p. 156).

o Manifesto. Engels redigiu um esboço incluindo os pontos de vista do primeiro congresso da Liga de junho de 1847 e esse esboço foi discutido nos vários grupos no último verão e outono[141]. Moses Hess propusera uma versão alternativa que Engels ironicamente descreveu como "divinamente melhorada"[142]. A versão de Hess não sobreviveu, mas duas "confissões de fé" que ele redigiu nesta época[143] mostram diferenças em relação a Marx e Engels tanto nas ideias (pois Hess acreditava em apelar para princípios eternos a fim de justificar sua política) e na tática (porque Hess achava que a próxima revolução seria proletária). Em nome da filial parisiense da Liga Engels fez um terceiro esboço sobre o qual ele escreveu a Marx pouco antes de partirem para Londres:

> Pense um pouco sobre a profissão de fé. Acho que seria melhor abandonar a forma catequética e chamá-lo de manifesto comunista. Uma certa quantidade de história deverá ser introduzida e por isso penso que a forma é inadequada. Estou levando comigo o que fiz aqui. Está numa forma narrativa simples, mas miseravelmente redigido e feito numa pressa terrível[144].

Esse esboço, com o título de "Princípios do Comunismo", um catecismo com 25 perguntas e respostas, era praticamente a posição de Marx. Ocasionalmente, porém, há notável diferença entre a abordagem otimista, determinista de Engels proveniente da Ilustração e de suas experiências na Inglaterra industrial e uma maior ênfase dada por Marx à política à luz

141. Cf. a tradução em Struik (ed.). *The Birth of The Communist Manifesto*, p. 163s. (tradução brasileira em *Manifesto do Partido Comunista*, org. M.A. Nogueira, Petrópolis, Vozes, 1988, p. 103-121).

142. Engels a Marx, *MEW*, XXVII, p. 98.

143. Cf. Hess (1961).

144. Engels a Marx, *MEW*, XXVII, p. 107.

das experiências da classe operária francesa[145]. Engels disse mais tarde que ele era "essencialmente obra de Marx"[146] e que "o pensamento básico... pertence única e exclusivamente a Marx"[147]. Apesar de aparecerem os nomes dos dois na página-título e a persistente pressuposição da autoria conjunta, a redação atual do *Manifesto comunista* foi feita exclusivamente por Marx.

O *Manifesto comunista* tem quatro partes. A primeira parte apresenta uma história da sociedade como sociedade de classes a partir da Idade Média e termina com uma profecia da vitória do proletariado sobre a atual classe dominante, a burguesia. A segunda parte descreve a posição dos comunistas dentro da classe proletária, rejeita as objeções burguesas ao comunismo e então caracteriza a revolução comunista, as medidas a serem tomadas pelo proletariado vitorioso e a natureza da futura sociedade comunista. A terceira parte contém uma ampla crítica a outros tipos de socialismo – reacionário, burguês e utópico. A última parte contém uma curta descrição das táticas comunistas para com outros partidos de oposição e termina com um apelo para a unidade proletária.

As palavras iniciais são típicas da abordagem que Marx fazia da história:

> A história de toda sociedade até hoje é a história de lutas de classes.
> Homem livre e escravo, patrício e plebeu, senhor e servo, mestre e diarista, numa palavra, opressor e oprimido, sempre estiveram em constante oposição uns aos outros, envolvidos numa luta ininterrupta, ora disfarçada, ora aberta, que terminou sempre ou com

145. Cf. Bollnow (1954, p. 57s.).

146. Engels, Karl Marx, *MEW*, XVI, p. 363.

147. Engels, prefácio à edição de 1883, *MESW*, I, p. 25.

> uma transformação revolucionária de toda a sociedade, ou com o declínio comum das classes em luta[148].

A época atual, continuava ele numa passagem que resumia as conclusões da primeira parte de *A ideologia alemã*, caracteriza-se por ter simplificado os antagonismos de classe, havendo agora dois campos inimigos que se enfrentam mutuamente: burguesia e proletariado. A burguesia, desde suas origens na sociedade feudal, ajudada pela descoberta da América, pelo desenvolvimento de um mercado mundial e uma indústria moderna, impôs por toda parte o domínio de sua classe e de suas ideias. Numa conhecida frase que se adaptava mais à França contemporânea do que a qualquer outro país, Marx descreveu o Estado moderno simplesmente como "um comitê para administrar os negócios comuns de toda a classe burguesa"[149]. Historicamente a burguesia tem sido uma classe extremamente revolucionária: "Criou maravilhas que nada têm a ver com as pirâmides do Egito, os aquedutos romanos e as catedrais góticas; realizou expedições muito diversas das migrações dos povos e das cruzadas"[150]. Mas este progresso tinha que continuar: a burguesia não existiria sem revolucionar constantemente os meios de produção. E assim como a burguesia causara a ruína da sociedade feudal, assim estava preparando sua própria ruína "como o feiticeiro que já não pode controlar as potências infernais por ele postas em movimento"[151]. A burguesia não apenas forjou as armas que trarão sua destruição; criou também no proletariado os homens que empunhariam essas armas.

---

148. *MESW*, I, p. 34.

149. *MESW*, I, p. 36.

150. *MESW*, I, p. 37.

151. *MESW*, I, p. 39.

Marx descreveu então a natureza revolucionária do proletariado. Os trabalhadores se tornam simples acessórios das máquinas. À medida que aumentava o uso da maquinaria e da divisão do trabalho, os salários dos trabalhadores diminuíam apesar de trabalharem mais horas. A classe média baixa era forçada para o proletariado:

> As camadas baixas da classe média – os pequenos industriais, os pequenos comerciantes, os que vivem de pequenas rendas, os artesãos e os camponeses – todas essas classes caem no proletariado; em parte porque seu pequeno capital não permite o exercício da grande indústria e sucumbe na concorrência com os grandes capitalistas; em parte porque sua habilidade é desvalorizada pelos novos métodos de produção. Assim o proletariado cresce por recrutamento em todas as classes da população[152].

O proletariado passou por diversos estágios: inicialmente o objetivo principal dele era restaurar para o trabalhador a posição que ele perdera desde a Idade Média; com seu crescimento numérico eles começaram a fazer sindicatos; finalmente a luta de classe se torna uma luta política. À medida que a luta se aproximava de sua hora decisiva, começou um processo de dissolução dentro da classe dominante e uma pequena parte (particularmente de ideólogos burgueses) passou para o proletariado. Nenhuma outra classe na sociedade podia desempenhar o papel revolucionário do proletariado: a classe média baixa era de fato reacionária pois tentava fazer retroceder a roda da história; e a "classe perigosa, a escória social, essa putrefação passiva dos estratos mais baixos da sociedade"[153], tende a se dei-

152. *MESW*, I, p. 41.

153. *MESW*, I, p. 44. (Trata-se do lumpemproletariado.)

xar comprar por tramas reacionárias. Marx resumiu essa seção com as palavras:

> O progresso da indústria, cujo agente involuntário e passivo é a própria burguesia, substitui o isolamento dos operários, resultante da concorrência, por sua união revolucionária resultante da associação. Assim, o desenvolvimento da grande indústria abala sob os pés da burguesia a própria base sobre a qual ela produz e se apropria dos produtos. A burguesia produz, acima de tudo, seus próprios coveiros. Seu declínio e a vitória do proletariado são igualmente inevitáveis[154].

É óbvio que Marx estava aqui projetando para o futuro tendências que ele via em ação no presente. Na Alemanha deste tempo o proletariado de fato era menos do que cinco por cento da população, e mesmo na Inglaterra o domínio da burguesia estava longe de ser "universal".

Na segunda parte Marx levantava a questão da relação dos comunistas com o proletariado como um todo. Os comunistas não constituíam um partido particular diante dos outros partidos operários; seus interesses eram os do proletariado em geral. Dois fatores distinguiam-nos dos outros grupos operários: eles eram internacionais, e eles compreendiam o significado do movimento proletário. As ideias comunistas não foram inventadas ou descobertas: elas simplesmente expressavam relações existentes que provinham de uma luta de classes real e podiam ser resumidas numa única frase: abolição da propriedade privada.

Marx tratou de diversas objeções.

A primeira objeção era que os comunistas desejavam "abolir a propriedade adquirida pessoalmente, fruto do tra-

---

154. *MESW*, I, p. 45.

balho do indivíduo"[155]. A resposta dele é que a propriedade do pequeno artesão e do pequeno camponês estavam sendo abolidas de qualquer forma pelo poder do capital; e o capital, sendo um produto coletivo e o resultado da atividade comum de todos os membros da sociedade, devia ser possuído coletivamente. Propriedade privada era propriedade burguesa e todos os argumentos contra sua abolição eram argumentos burgueses.

De modo semelhante, respondendo à segunda crítica ele argumenta que a abolição da família significava a abolição da família burguesa – cujo complemento era a ausência forçada de vida familiar entre os proletários e a prostituição pública.

Contra a terceira objeção Marx sustentava que a verdadeira questão sobre a chamada "comunidade das mulheres" era abolir a posição das mulheres como simples instrumentos de produção; o atual sistema era simplesmente prostituição pública e privada.

Dizia-se que os comunistas desejavam abolir pátria e nacionalidade. Mas os operários não têm pátria. A indústria moderna está abolindo as diferenças nacionais e, com o desaparecimento dos antagonismos de classe, também cessará a hostilidade entre as nações.

Condenações generalizadas, carregadas de valor, do comunismo não mereciam, no modo de ver de Marx, consideração séria. Numa passagem em que minimizava, chegando à caricatura, o papel das ideias na sociedade, Marx perguntava:

> Será necessária uma profunda inteligência para compreender que, com a modificação das condições de vida dos homens, das suas relações sociais, da sua existência social, também se modificam suas repre-

---

155. *MESW*, I, p. 47. Cf. tb. a exaustiva análise de Draper, The concept of the Lumpenproletariat. In: Marx; Engels, *Economie et Sociétés* (dez. 1972).

> sentações, suas concepções e seus conceitos, numa palavra, sua consciência?
> O que demonstra a história das ideias senão que a produção intelectual se transforma com a produção material? As ideias dominantes de uma época sempre foram apenas as ideias da classe dominante[156].

Tendo respondido a essas objeções, Marx delineou as medidas que seriam tomadas pelo proletariado depois de se tornar a classe dominante:

> O proletariado utilizará seu domínio político para arrancar pouco a pouco todo o capital à burguesia, para centralizar todos os instrumentos de produção nas mãos do Estado, ou seja, do proletariado organizado como classe dominante, e para aumentar o mais rapidamente possível a massa das forças produtivas[157].

Numa seção que era amplamente inspirada pelo esboço de Engels seguia-se um programa que incluía a abolição da propriedade fundiária e da herança, a imposição do imposto de renda, a centralização do crédito e das comunicações, propriedade estatal das fábricas e educação livre. Ele concluiu:

> Quando, no curso do desenvolvimento, as diferenças de classe desaparecerem e toda produção concentrar-se nas mãos dos indivíduos associados, o poder público perderá seu caráter político. O poder político propriamente dito é o poder organizado de uma classe para a opressão de outra. Se na luta contra a burguesia o proletariado é forçado a organizar-se como classe, se mediante uma revolução torna-se a classe dominante e como classe dominante suprime violentamente as antigas relações de produção, então suprime também, juntamente com essas relações de produção, as

156. *MESW*, I, p. 52.

157. *MESW*, I, p. 53.

> condições de existência dos antagonismos de classe, as classes em geral e, com isso, sua própria dominação de classe. Em lugar da velha sociedade burguesa, com suas classes e seus antagonismos de classes, surge uma associação na qual o livre-desenvolvimento de cada um é a condição para o livre-desenvolvimento de todos[158].

A terceira parte do *Manifesto comunista* continha uma crítica de três tipos de socialismo: reacionário, burguês e utópico. O primeiro era um socialismo feudal pregado pela aristocracia para se vingar da burguesia que a suplantara como classe dominante. De mãos dadas com o socialismo feudal andava o socialismo cristão que Marx simplesmente pôs de lado como sendo "a água benta com que o padre consagra o despeito dos aristocratas"[159]. O segundo tipo – o socialismo pequeno-burguês – era representado principalmente pelo economista francês Sismondi. Essa escola analisou corretamente as contradições inerentes aos métodos modernos de produção; mas em suas propostas positivas era reacionária, desejando restaurar as corporações na manufatura e as relações patriarcais na agricultura. O terceiro partido do que Marx rotulou de socialistas reacionários era o "verdadeiro" socialismo. Esse grupo eram os filósofos alemães (principalmente os seguidores de Feuerbach) que castraram o socialismo francês transformando-o em sistema metafísico. Isso era inevitável num país economicamente

---

158. *MESW*, I, p. 54. Este programa é notável por sua natureza incerta e moderada. Com um olho numa aliança com seções da burguesia, as propostas de reforma limitavam-se ao capital circulante, enquanto a produção continuaria sobretudo em mãos privadas. Cf. ainda Wagner; Strauss, The Programme of The Communist Manifesto and its Theoretical Implications. *Political Studies* (dez. 1969).

159. *MESW*, I.

atrasado como a Alemanha onde as ideias tendiam a não refletir a luta de uma classe com a outra. Esses filósofos diziam representar "... não verdadeiras necessidades, mas a necessidade da verdade, não os interesses do proletariado, mas os interesses do ser humano, do homem em geral, do homem que não pertence a classe nenhuma, que não pertence a nenhuma realidade, e que apenas existe no céu nebuloso da fantasia filosófica"[160].

Na revisão do *Manifesto* sobre a literatura socialista e comunista, a segunda seção – dedicada ao socialismo burguês – foi curta. Proudhon era o principal representante dessa tendência e Marx já dedicara espaço considerável em examinar suas teorias. Aqui ele se limitou a observar que "os burgueses socialistas querem todas as vantagens da condição de vida da sociedade moderna sem as lutas e os perigos que delas necessariamente decorrem. Querem a sociedade atual sem os elementos que a revolucionam e a dissolvem. Querem a burguesia sem o proletariado"[161]. Assim as reformas defendidas por esses socialistas de modo algum afetava as relações entre capital e trabalho, mas pelo menos reduziam os custos e simplificavam a obra administrativa do governo burguês.

A última escola discutida foi a escola "crítico-utópica" representada por escritores como Saint-Simon, Fourier e Owen. Ela originou-se no período inicial, imperfeito, da luta entre a burguesia e o proletariado. Esses escritores perceberam os antagonismos de classe; mas em seu tempo o proletariado ainda era insuficientemente desenvolvido para ser uma força confiável para mudança social. Por isso eles

160. *MESW*, I, p. 58.

161. *MESW*, I, p. 60.

queriam atingir seus objetivos por meios pacíficos e experiências em pequena escala, rejeitando ação política – particularmente a revolucionária. As utopias deles, imaginadas numa época em que o proletariado ainda era subdesenvolvido, "correspondem aos primeiros impulsos intuitivos do próprio proletariado em direção a uma completa transformação da sociedade"[162]. Mas ao mesmo tempo esses escritos utópicos também continham elementos críticos: uma vez que eles atacavam todo princípio da sociedade existente, estavam cheios de compreensões valiosas para o esclarecimento da classe trabalhadora. Mas à medida que a luta de classes moderna se fortificou, essas soluções utópicas perderam todo seu valor prático ou justificação teórica. "Por isso, embora os fundadores daqueles sistemas fossem sob muitos aspectos revolucionários, seus discípulos formam sempre seitas reacionárias"[163].

162. *MESW*, I, p. 62.

163. *MESW*, I, p. 63.

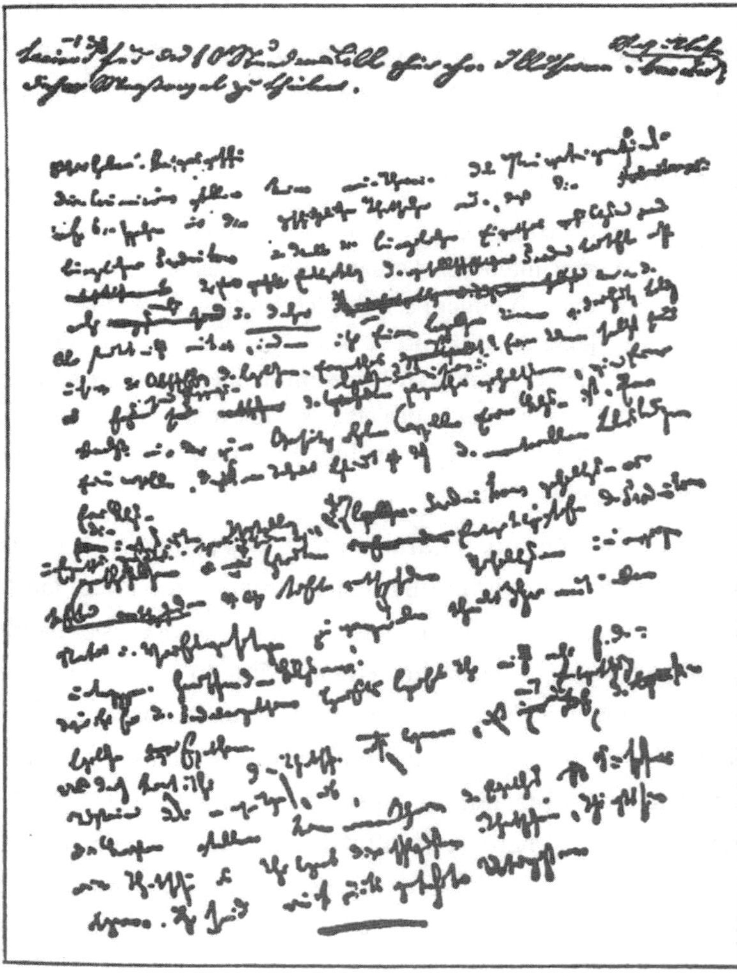

A única página que restou de um rascunho do *Manifesto comunista*. As duas linhas em cima estão escritas na caligrafia de Jenny Marx.

A quarta e última parte do *Manifesto* tratava da atitude dos comunistas para com os diversos partidos de oposição: na França eles apoiavam os democrático-socialistas, na Suíça, os radicais, na Polônia, os revolucionários camponeses, na Alemanha apoiavam a burguesia. No entanto, na Alemanha eles nunca deixavam de incutir na classe operária o reconhecimento mais claro possível do antagonismo inerente entre burguesia e proletariado. Os comunistas voltavam sua atenção principalmente para a Alemanha, pois eles acreditavam que ela estava às vésperas de uma revolução burguesa. O *Manifesto* terminava:

> Os comunistas recusam-se a ocultar suas opiniões e suas intenções. Declaram abertamente que seus objetivos só podem ser alcançados com a derrubada violenta de toda a ordem social até aqui existente. Que as classes dominantes tremam diante de uma revolução comunista. Os proletários nada têm a perder nela a não ser suas cadeias. Têm um mundo a ganhar. Proletários de todos os países, uni-vos![164]

Em certo sentido, naturalmente, todas as ideias contidas no *Manifesto comunista* tinham virtualmente sido enunciadas antes – particularmente entre os socialistas franceses em cuja tradição o *Manifesto* está firmemente situado[165]. As ideias de Babeuf sobre a revolução, a periodização da história feita por Saint-Simon e sua ênfase na indústria, o *Manifeste* de Considérant, todos inspiraram aspectos da obra de Marx. E ele mesmo foi o primeiro a admitir que o conceito com o qual ele começou – o de classe – fora usado muito antes por historiadores burgueses franceses[166]. Mas a síntese poderosa,

164. *MESW*, I, p. 65.

165. Sobre o comentário acentuando a dívida de Marx para com os socialistas franceses, cf. Andler (1901).

166. Numa carta a Weydemeyer, escrita em 1852, Marx dizia: "O que eu fiz que era novo foi provar: 1) que a existência de classes está apenas ligada a fases históricas particulares no desenvolvimento da produção; 2) que a luta de classe necessariamente leva à ditadura do proletariado; e 3) que esta ditadura em si apenas constitui a transição para a abolição de todas as classes e para uma sociedade sem classes". Marx; Engels. *Selected Correspondence*. Londres, 1934, p. 69 (daqui para a frente citado como *MESC*).

abrangente, e a abordagem coerentemente materialista eram totalmente novas.

O *Manifesto* era um documento de propaganda apressadamente publicado às vésperas de uma revolução. Marx e Engels achavam em 1872 que "os princípios gerais expostos neste *Manifesto* conservam ainda hoje, em seu conjunto, toda a exatidão", embora eles sem dúvida tivessem modificado radicalmente algumas de suas ideias – particularmente (à luz da Comuna de Paris) as que se referiam à tomada por parte do proletariado do aparelho do Estado e as declarações um tanto simplistas sobre a pauperização e polarização das classes[167]. Apesar da clareza e força que mais tarde o tornaram clássico, a publicação do *Manifesto* praticamente não foi percebida. Antes de sair do prelo, a revolução de 1848 já começara.

167. Cf. especialmente o prefácio à edição de 1872, *MESW*, I, p. 22.

4
Colônia

Nenhum jornal alemão, antes ou então, jamais teve o mesmo poder e influência ou foi capaz de eletrizar tão eficazmente as massas proletárias como o Neue Rheinische Zeitung. *E isto deve-se sobretudo a Marx.*

F. ENGELS. Marx e o *Neue Rheinische Zeitung*, *MESW*, II, p. 305.

I. De Bruxelas a Paris

O movimento revolucionário que se espalhou pela Europa em 1848-1849 começou na Suíça em novembro de 1847 quando a relutância da Áustria em intervir em apoio dos cantões reacionários contra os radicais diminuiu seriamente seu prestígio na Itália: logo depois o rei bourbon Fernando de Nápoles foi derrubado e foram proclamadas repúblicas em Nápoles, Turim e Florença. Na França o Rei Luís Filipe continuava presunçosamente a acreditar que os parisienses nunca se revoltariam no inverno, mas quando seus soldados atiraram contra manifestantes desarmados surgiu uma erupção de barricadas, o rei foi exilado e foi instalado um governo republicano provisório.

As notícias sobre a revolução em Paris chegaram a Bruxelas aos 26 de fevereiro. No começo o governo belga agiu com muita cautela e o rei até se ofereceu a renunciar. Mas depois de ter concentrado suas forças, a política do governo se tornou mais dura. Uma demonstração pacífica no dia 28 de fevereiro foi dispersada, Wilhelm Wolff foi preso e foi feita uma lista de estrangeiros a serem deportados, com o nome de Marx no topo. A Associação Democrática já pedira que o governo armasse os trabalhadores e enviara mensagem de congratulação ao governo francês provisório. Duas semanas antes Marx herdara 6.000 francos de sua mãe (provavelmente tanto quanto sua receita total nos três anos anteriores) e a polícia suspeitava (não havia nenhuma prova) que ele a estivesse usando para financiar o movimento revolucionário. Eles chegaram até a pedir às autoridades de Trier para perguntar à mãe de Marx, que protestou dizendo que a única razão que ela tinha para mandar o dinheiro nesta ocasião era que "há muito tempo seu filho estava pedindo-lhe dinheiro para a família dele e que este era um adiantamento da herança"[1]. Aos 3 de março Marx recebeu uma ordem, assinada pelo rei, de sair da Bélgica dentro de 24 horas. No mesmo dia ele recebeu de Paris uma resposta ao seu pedido para cancelar a ordem anterior de expulsão:

> Bravo e leal Marx,
> O solo da República Francesa é um lugar de refúgio para todos os amigos da liberdade. A tirania baniu você, a França livre abre suas portas a você e a todos os que lutam pela santa causa, pela fraternal causa de todos os povos. Todo funcionário do governo francês deve interpretar sua missão neste sentido. *Salut et Fraternité.*
>
> Ferdinand Elocon
> Membro do Governo Provisório[2].

Mas não deixaram Marx partir em paz. Na mesma noite o Comitê Central da Liga Comunista se reuniu na hospedaria Bois Sauvage – para onde Marx se mudara na semana anterior

1. Citado em Somerhausen (1946, p. 245).

2. *MEW*, XXIV, p. 676.

ao receber a herança – e decidiu transferir sua sede para Paris e dar a Marx poderes indiscriminados sobre todos os assuntos da Liga[3]. À uma hora da manhã o superzeloso comissário de polícia local invadiu a hospedaria e prendeu Marx. Uma semana mais tarde numa carta de protesto ao jornal de Paris, *La Réforme*, ele descreveu a situação:

> Eu estava ocupado nos preparativos de minha partida quando um comissário de polícia, acompanhado de dez guardas civis, penetrou em minha casa, vasculhou-a toda e finalmente me prendeu sob o pretexto de eu não ter documentos. Deixando de lado os papéis muito corretos que Monsieur Duchatel deu-me por ocasião de minha expulsão da França, eu tinha em minhas mãos o passe de deportação que a Bélgica me mandara apenas há algumas horas...
>
> Imediatamente após a minha prisão, minha mulher foi procurar M. Jottrand, presidente da Associação Democrática belga, para tomar as medidas necessárias. Ao voltar para casa, ela encontrou um policial em frente à porta que lhe disse, com primorosa polidez, que, se ela quisesse falar com Monsieur Marx, precisava apenas segui-lo. Minha esposa aceitou avidamente a oferta. Ela foi levada à delegacia de polícia e o comissário começou dizendo-lhe que Monsieur Marx não estava lá; ele lhe perguntou bruscamente quem ela era, o que estivera fazendo na casa de Monsieur Jottrand e se ela tinha algum documento consigo... Sob o pretexto de vadiagem minha esposa foi levada para a prisão municipal e encerrada numa sala escura com mulheres perdidas[4]. Às onze da manhã ela foi levada,

---

3. As decisões do encontro estão impressas em *MEGA*, I, VII, p. 587s. Não havia nada nos estatutos que permitisse a transferência de tal poder indiscriminado.

4. Aqui o relato de Marx não é totalmente exato; segundo o testemunho do porteiro: "tendo a prisioneira pedido um quarto separado, ele a estava

> em plena luz do dia e com uma escolta completa de policiais, ao gabinete do magistrado. Por duas horas ela foi colocada numa cela apesar dos mais vigorosos protestos que vinham de todos os lados. Ela ficou aí exposta aos rigores do tempo e às propostas indecentes dos guardas.
>
> Finalmente ela compareceu perante o juiz que estava espantado porque a polícia não se preocupara em prender também as crianças. O interrogatório só podia ser uma farsa, pois o único crime de minha esposa consistia no fato de que, embora ela pertencesse à aristocracia prussiana, ela partilhava das opiniões democráticas de seu marido. Não entrarei em todos os detalhes deste caso revoltante. Direi apenas que, ao sermos soltos, já tinham expirado as 24 horas e tivemos que partir sem mesmo podermos tirar nossos pertences mais indispensáveis[5].

Este caso todo causou protestos generalizados em Bruxelas resultando em perguntas feitas na Câmara dos Deputados e na demissão do comissário de polícia em questão. Quando foi libertada, Jenny Marx vendeu o que ela pôde, deixou sua baixela de prata e as melhores roupas aos cuidados de um amigo, e a

---

levando para lá quando bateram violentamente na porta e, como ele tinha diversas portas para abrir, ele temporariamente encerrou Madame Marx na cela comum onde de fato havia três prostitutas. Houve mais duas chamadas à porta e ele somente retirou Madame Marx depois de encarcerar os prisioneiros, o que pode ter durado no máximo um quarto de hora. Ele achou a prisioneira muito triste, tentou consolá-la e, a fim de dissipar seus temores, ofereceu-se a colocá-la num quarto com duas camas, o que ele de fato fez. Ele imediatamente arrumou uma cama para ela; a outra era ocupada por uma mulher presa por assalto e violência" (citado em Somerhausen, 1946, p. 21). A fim de justificar suas ações o porteiro disse que Jenny lhe dera uma grande gorjeta ao sair. O relato de Jenny (*Reminiscences*, p. 223s.) é bastante imaginativo. A versão de Born (*Erinnerungen*, p. 83s) excede até à de Jenny.

5. A partir da versão alemã em *MEW*, IV, p. 537s.

família inteira foi levada, sob escolta policial, até a fronteira. Era muito difícil viajar porque na Bélgica havia grande movimentação de soldados enquanto as partes francesas do trajeto tinham sido retiradas pelos que tinham sido demitidos pela ferrovia. A Família Marx finalmente chegou a Paris no dia seguinte depois de uma viagem miseravelmente fria.

Na cidade, ruínas queimadas e restos de barricadas recentes ainda eram visíveis. A tricolor estava por toda parte acompanhada pela bandeira vermelha. Marx alojou sua família no Boulevard Beaumarchais, perto da Place de la Bastille, e recomendou a Engels (que ficara em Bruxelas) que cobrasse suas antigas dívidas e passasse seus pertences pela fronteira até Valenciennes. O entusiasmo revolucionário ainda era forte em Paris e Marx participou ativamente dos encontros da Sociedade dos Direitos Humanos, um dos maiores dos 147 clubes políticos existentes em Paris no começo de 1848. O clube fora patrocinado por Ledru-Rollin e Flocon, e Marx associou-se a ele no mesmo dia em que chegou à cidade. Sabe-se que mais tarde ele falou a favor de adiar as eleições para a Assembleia Nacional e em favor de um recrutamento mais fácil de operários para a Guarda Nacional[6]. As principais atividades de Marx, porém, eram naturalmente entre os expatriados alemães, muitos dos quais foram completamente arrebatados pelo entusiasmo revolucionário. Antes da chegada de Marx a Associação Democrática Alemã decidira – como também os outros principais grupos de emigrados – formar uma Legião Alemã. Os recrutados logo chegaram a diversos milhares e os exercícios eram feitos no Champ de Mars durante o mês de março. O Governo Provisório, de modo algum relutante em ver a partida de tantos possíveis desordeiros, colocou barracas

6. Sobre o período em geral, cf. Bernstein. Marx in Paris, 1848: A Neglected Chapter. *Science and Society*, vol. 3 e 4 (1938 e 1940).

à disposição da Legião e deu a cada um deles 50 cêntimos por dia para marcharem para a fronteira. Seguindo a tradição de 1789, os líderes da Legião – Bornstedt, que era membro da Liga Comunista, e o poeta Herwegh – acreditavam que uma guerra revolucionária era inevitável depois da vitoriosa revolução e desta vez se propuseram a contribuir com a vanguarda das forças de libertação. Marx era completamente contrário a essas aventuras. Sebastian Seiler, um membro da Liga Comunista, escreveu mais tarde:

> Os socialistas e comunistas se declaravam decididamente contra qualquer imposição armada de uma República Alemã a partir de fora. Eles tinham reuniões públicas na Rue St. Denis das quais participavam alguns dos que mais tarde se tornaram voluntários. Numa dessas sessões Marx desenvolveu num longo discurso o tema sobre a revolução de fevereiro que devia ser vista apenas como o começo superficial de um movimento europeu. Em pouco tempo aqui em Paris estouraria a luta aberta entre proletariado e burguesia, como de fato aconteceu em junho. A vitória ou derrota da Europa revolucionária dependeria dessa luta[7].

A fim de dar força à sua oposição, Marx e seus amigos organizaram um encontro baseado nas quatro seções parisienses da Liga Comunista[8] e fundaram um Clube dos Trabalhadores Alemães (primeiro sob a presidência de Heinrich Bauer e depois de Moses Hess) que no fim de março tinha 400 membros – provenientes sobretudo de alfaiates e sapateiros. Era também possível reconstituir o Comitê Central da Liga Comunista: os Democratas Fraternais em Londres tinham enviado a Paris uma delegação, incluindo Harney e Jones,

---

7. Seiler (1850, p. 21).

8. Cf. as atas do encontro da Liga Comunista de 8 de março reimpressas em *MEGA*, I, VII, p. 588s.

com uma Mensagem ao governo provisório. Schapper e Moll foram enviados pela Associação dos Trabalhadores Alemães de Londres. Numa reunião aos 10 de março Marx foi eleito presidente, Schapper secretário, e Moll, Bauer, Engels, Wolff e Wallau membros do comitê. Marx mantinha também boas relações com Ledru-Rollin e Flocon, ambos membros do governo provisório. Flocon ofereceu dinheiro para iniciar um jornal em língua alemã, mas Marx recusou – pois ele queria preservar sua independência.

Aos 19 de março chegaram a Paris notícias que mudaram radicalmente a situação: na semana anterior Metternich fora expulso de Viena e o imperador obrigado a atender às exigências dos revoltosos; no dia 20 chegaram notícias da revolução em Berlim. A Legião fez preparativos imediatos para partir e marchou para fora de Paris, no dia 1º de abril: em seu primeiro encontro com as tropas governamentais, após cruzar o Reno, ela foi virtualmente aniquilada. Marx e seus seguidores também decidiram voltar à Alemanha, mas de uma maneira menos espetacular. Eles, também, beneficiados pelo subsídio do governo provisório, e a maioria dos membros da Liga Comunista partiram para várias cidades na Alemanha (individualmente ou em pequenos grupos) com a intenção de estabelecer uma rede nacional. Eles levaram consigo dois documentos de propaganda: um era o *Manifesto comunista* cujas primeiras mil cópias tinham acabado de chegar de Londres; o outro era um folheto com uma lista de 17 pontos elaborados por Marx e Engels na última metade de março e intitulado *As Reivindicações do Partido Comunista na Alemanha*. O próprio Marx pagou a impressão das *Reivindicações* que eram uma tentativa de adaptar as propostas do *Manifesto comunista* à Alemanha. Apenas quatro dos dez pontos do *Manifesto* foram incluídos: um banco estatal, nacionalização do transporte, imposto de renda progressivo e educação livre. O direito à herança seria mais limitado do que abolido, e não havia nenhuma proposta para a nacionalização da terra – mas apenas as propriedades rurais dos príncipes feudais[9]. As *Reivindicações* eram um plano de ação para uma revolução burguesa (e não socialista); elas se destinavam a apelar para a pequena burguesia e os camponeses tanto quanto aos operários, e eram muito semelhantes aos programas propostos pelos republicanos radicais.

II. Política em Colônia

O próprio Marx, armado de um passaporte válido apenas por um ano, partiu de Paris no começo de abril e viajou para Mainz. Ele estava acompanhado de sua família, Engels e Ernst Dronke (um jovem escritor radical que ingressara recentemente na Liga Comunista). Eles pararam dois dias em Mainz onde a Associação Educacional dos Trabalhadores pouco antes publicara um apelo para a organização e unificação dos sindicatos em toda a Alemanha. Marx chegou a Colônia aos 10 de abril e se estabeleceu no norte da cidade[10]. Cerca de três meses mais tarde ele foi seguido por Jenny e pelos filhos que tinham estado esperando em Trier até que ele obtivesse permissão de residência. Todos eles se mudaram para alojamentos situados nas ruas estreitas da parte velha da cidade[11], quase ao lado do futuro escritório do *Neue Rheinische Zeitung.*

Colônia era uma base óbvia: era a terceira maior cidade na Prússia com cerca de 100 mil habitantes e estava situada na região mais industrializada da Alemanha; Marx tinha lá muitos

9. Cf. a tradução em Struik (ed.), *The Birth of the Communist Manifesto*, p. 190s. (Tradução brasileira em *Manifesto do Partido Comunista*, Petrópolis, Vozes, 1988, p. 128-130.)

10. Apostelnstrasse, n. 7.

11. Cecilienstrasse, n. 7.

contatos antigos e as leis renanas eram conhecidas como mais liberais do que as de qualquer outro estado na Alemanha. Lá havia também um grupo da Liga Comunista que em meados de 1847 se encontrava duas vezes por semana para cantar, discutir e fazer propaganda[12] – embora na época em que Marx chegou a Colônia Wolff relatasse que ela estava "vegetando e desorganizada"[13]. Seus membros dirigentes tinham sido Andreas Gottschalk, um talentoso filho de um açougueiro judeu que praticava medicina entre os pobres de Colônia, August Willich e Friedrich Anneke, ambos ex-funcionários prussianos. Colônia também fora a primeira cidade a testemunhar ação de massa por parte dos operários. Aos 3 de março, duas semanas antes de estourar a revolução em Berlim, uma multidão de vários milhares de pessoas se reuniu na praça principal e invadiu a sessão do Conselho da Cidade na qual Gottschalk e Willich apresentaram suas reivindicações: sufrágio universal, liberdade de imprensa e de associação, uma milícia popular, e responsabilidade do Estado pelo trabalho e educação. O exército foi chamado e, depois de algumas baixas, Gottschalk, Willich e Anneke foram todos presos – para serem soltos três semanas mais tarde depois da bem-sucedida revolução em Berlim. Quatro dias antes da chegada de Marx, Gottschalk fundara uma Associação de Trabalhadores (que ele considerava uma extensão da Liga Comunista)[14], recrutando 8 mil membros em poucos meses. Os negócios comuns eram realizados num comitê de 50 membros eleitos. Gottschalk era imensamente popular entre os operários de Colônia, sendo que mais de um quarto deles estava desempregado. A Associação organizada em seções de acordo com as diferentes pro-

12. Gottschalk a Hess, em: Hess, *Briefwechsel*, p. 174.

13. Citado em Czobel (1925).

14. Cf. Gottschalk a Hess, em: Hess, *Briefwechsel*, p. 177.

fissões convenceu a municipalidade a iniciar um programa de obras públicas e negociou com os empregadores a respeito de salários e horas de trabalho. É, naturalmente, importante lembrar que os operários fabris eram ainda apenas uma pequena proporção da população trabalhadora de Colônia: o número de artesãos e comerciantes era muito maior[15]. Assim Marx encontrou uma situação, em Colônia, na qual o movimento da classe operária já estava em bom andamento, e havia sugestões de ir a Berlim ou até concorrer como candidato parlamentar por Trier[16].

Diferenças entre Marx e Gottschalk eram inevitáveis. Gottschalk era amigo íntimo de Moses Hess e um perfeito socialista "verdadeiro" em suas posições, tendo uma atitude conciliatória para com a religião e rejeitando noções de luta de classe; ele também apoiava uma solução federalista para o problema da unificação alemã. Logo após sua chegada, Marx atacou a organização de Gottschalk da Associação dos Trabalhadores[17], sem dúvida porque ele achava suas atividades limitadas demais a reivindicações puramente econômicas. Mas a questão imediata entre Marx e Gottschalk era a respeito de tática: participar ou não das eleições (no começo de maio) para a Assembleia Prussiana e para o Parlamento Nacional em Frankfurt. Embora as reivindicações imediatas de Gottschalk fossem moderadas (ele pensava que os trabalhadores deviam se movimentar a partir de uma

15. Para cifras tão precisas quanto podem ser obtidas sobre a situação socioeconômica em Colônia nesta época, cf. Stein (1921, p. 9s.).

16. Cf. Engels, Marx und die Neue Rheinische Zeitung 1848-1849. *MEW*, XXI, p. 18; Gottschalk a Hess, em: Hess, *Briefwechsel*, p. 176. À sua chegada, Marx recebeu a oferta de um posto no Departamento de Imprensa em Berlim feita por Claessen, um amigo de Camphausen. Cf. *MEW*, XXX, p. 510.

17. Cf. Blumenberg (1964, p. 89).

"monarquia com uma base cartista")[18] ele não podia aprovar participação em eleições baseadas num sistema de votação indireta que em alguns estados chegava quase a negar completamente aos trabalhadores o direito de voto; ele também pensava que as eleições só podiam ser bem-sucedidas se o movimento operário tivesse se desenvolvido consideravelmente, e queria dissuadir os operários de tomar parte numa luta em favor de uma república burguesa na qual os frutos da vitória não chegariam até eles. Marx criticou fortemente esse isolamento dos trabalhadores do processo político e ele mesmo ajudou a fundar e presidir uma Sociedade Democrática em Colônia que de modo exitoso patrocinou a candidatura de Franz Raveau para o Parlamento de Frankfurt. Houve ainda outro conflito aberto entre a Sociedade Democrática e a Associação dos Trabalhadores de Gottschalk quando Willich recorreu à Sociedade para ajuda financeira em favor dos refugiados remanescentes da Legião de Herwegh. A Sociedade se recusou a ajudar – temendo ser associada à Legião; a Associação de Gottschalk, porém (embora o próprio Gottschalk discordasse dos objetivos da Legião), concordou em pagar.

Numa coisa Marx e Gottschalk concordavam: era sobre a crescente irrelevância da Liga Comunista. Num encontro da filial de Colônia em meados de maio Gottschalk confirmou sua decisão de renunciar à Liga declarando que sua constituição precisava ser reestruturada – embora ele prometesse sua futura cooperação se fosse requerida[19]. Contudo, nesta época a Liga tinha virtualmente deixado de existir. De Berlim, Born escreveu a Marx: "A Liga se dissolveu; ela está em toda parte

---

18. Gottschalk a Hess, em: Hess, *Briefwechsel*, p. 175.

19. Cf. Atas da Seção de Colônia etc. *MEW*, V, p. 484.

e em lugar nenhum"[20]. Parece provável que Marx tenha exercido o poder que lhe foi conferido em Bruxelas em fevereiro para declarar uma dissolução formal apesar da oposição dos antigos líderes da Liga dos Justos. Segundo Peter Röser, um membro do grupo de Colônia que mais tarde depôs contra o rei: "porque era impossível chegar a um acordo, e Schapper e Moll insistiam em manter a Liga, Marx usou seus poderes indiscriminados e dissolveu a Liga. Marx achava supérflua a continuação da Liga, pois o objetivo da Liga não era conspiração, mas propaganda, e nas atuais circunstâncias a propaganda podia ser feita abertamente e o segredo não era mais necessário pois estavam garantidos a livre-imprensa e o direito de associação"[21]. O próprio Marx disse mais tarde que as atividades da Liga "desapareceram espontaneamente porque havia meios mais eficazes à disposição para atingir seus objetivos"[22]. E dois anos mais tarde em Londres Marx encontrou a Liga Comunista "reconstituída"[23]. Os motivos que Marx deu para a dissolução não parecem plausíveis: eles apenas argumentavam a favor da continuação de uma Liga Comunista *aberta*. É mais provável que Marx achasse a política radical da Liga Comunista e as *Dezessete Reivindicações* prejudiciais à linha mais moderada a ser seguida pelo *Neue Rheinische Zeitung*.

---

20. Born a Marx aos 11 de maio de 1848, reimpresso em Marx (1914, p. 19).

21. Publicado em Blumenberg (1964, p. 89). Isto é apoiado por Born (1898, p. 48). O testemunho de Röser foi desacreditado por historiadores russos (particularmente E. P. Kandel), que sustenta que a Liga Comunista nunca foi dissolvida. Cf. ainda Nicolaievsky, Who is distorting history? *Proceedings of the American Philosophical Society* (abril de 1961) e a resposta de Kandel, Eine schlechte Verteidigung einer schlechten Sache. *Beiträge zur Geschichte der Arbeiterbewegung* (1963).

22. Marx, Herr Vogt, *MEW*, XIV, p. 439s.

23. Marx, Herr Vogt, *MEW*, XIV, p. 439s.

III. O Neue Rheinische Zeitung

As principais energias de Marx durante este período se concentravam em realizar uma ideia que ele tivera desde o início da revolução alemã: a fundação de um jornal radical influente. Os comunistas de Colônia já tinham planejado um jornal e seu editor seria Hess. Mas Marx e Engels também tinham seus planos. Eles começaram a recolher subscrições ainda em Paris; ao chegarem a Colônia, nas palavras de Engels, "em 24 horas, através de Marx, tínhamos conquistado o terreno e o jornal era nosso, embora tivéssemos concordado em levar Heinrich Bürgers para o comitê editorial"[24]. A maior dificuldade deles era o dinheiro: Engels viajou para Wuppertal a fim de recolher assinaturas, mas não teve sucesso. A respeito de seu pai ele escreveu que "ele nos mandaria antes 1.000 balas do que 1.000 táleres"[25]. Afinal de contas eles conseguiram arrecadar apenas 13 mil táleres dos 30 mil que pretendiam e Marx teve que contribuir substancialmente de seu próprio bolso. A origem do dinheiro foi severamente criticada no jornal da Associação dos Trabalhadores, editado por Gottschalk: o jornal de Marx, dizia-se, colocou-se nas mãos da "aristocracia do dinheiro", e seu impressor, Clouth, baixara os salários e tentara impor um acordo antigreve a seus trabalhadores. Clouth respondeu que ele apenas se recusara a elevar os salários; e que o quadro editorial não tinha nenhum controle sobre os operários gráficos. O grupo editorial era totalmente composto por membros da Liga Comunista, com exceção de Bürgers, que logo foi obrigado a sair. Segundo Engels, Marx exercia "uma ditadura pura e simples" que era "completamente natural, inconteste e livremente aceita. Por sua clareza de visão e pela

---

24. Engels, Marx e o *Neue Rheinische Zeitung*, *MEW*, XXI, p. 18.

25. Engels a Marx, *MEW*, XXVII, p. 125.

determinação de seus princípios ele tornou o jornal o mais famoso do período revolucionário"[26]. A única crítica feita era que Marx trabalhava muito devagar. "Marx não é jornalista e nunca será", escreveu Born. "Ele gasta um dia inteiro num artigo de fundo, que outro escreveria em duas horas, como se ele estivesse preocupado com a solução de um problema filosófico profundo. Ele muda e dá polimento e muda o que mudou e nunca é capaz de estar pronto a tempo"[27].

Desde o começo o *Neue Rheinische Zeitung* foi concebido como um jornal nacional contendo pequenas notícias locais. Engels colaborou com a maioria dos artigos de fundo no período inicial escrevendo depois sobre França e Inglaterra, ao passo que Marx se concentrava sobre a política interna. Seu aspecto geral era mais fatual e ironicamente descritivo do que teórico, e havia um atraente *Feuilleton* (folha solta com variedades) editado por Georg Weerth.

Marx chegara à Alemanha com a esperança de reproduzir aí o tipo de situação revolucionária que ele experimentara em Paris, mas ele logo percebeu que isto estava além das possibilidades. A "revolução" alemã tinha sido muito parcial: apenas em Berlim e Viena houvera alguma violência séria, e em toda a Alemanha apenas um príncipe perdera seu trono – sem falar na cabeça. Em 1848 foi possível somente modificar estruturas autocráticas, que não desapareceram inteiramente até depois da Primeira Guerra Mundial. Pois o governo autocrático conseguiu manter o controle tanto sobre o exército como sobre a administração, que era mais poderosa do que a

---

26. Engels, Marx e o *Neue Rheinische Zeitung*, *MEW*, XXI, p. 19. Segundo Liebknecht, porém, era Engels que, em contraste com Marx, agia de uma maneira militar no escritório do *Neue Rheinische Zeitung* e causou muito barulho. Cf. *Engels-Bebel Briefwechsel*, ed. Blumenberg, p. XVII.

27. Born (1898, p. 198s.).

da França ou Inglaterra (já que controlava o desenvolvimento da economia que neste tempo precisava de proteção). Havia duas razões principais para este caráter necessariamente limitado da revolução de 1848. Em primeiro lugar a Prússia, a chave para a Alemanha, ainda tinha uma estrutura social muito mais semelhante à da Europa Oriental e da Rússia do que dos estados europeus ocidentais[28]. A aristocracia proprietária da terra – os Junkers – ainda mantinham o poder decisivo baseado em servos amplamente não emancipados. O segundo motivo estava na natureza da oposição ao governo: uma vez que fora prometida uma assembleia pangermânica (que não se reuniu antes de meados de maio), a oposição gastava seu tempo preparando-se para as eleições, entrando com recursos e se abandonando a suas esperanças. Esta oposição era extremamente diversificada e vários liberais, radicais e socialistas dos quais era composta só podiam ter um programa comum muito pequeno. As organizações trabalhistas também não podiam causar muito impacto: embora estivessem agora legalizadas e se expandindo muito rapidamente, estavam principalmente interessadas em melhorar os salários e as condições de trabalho.

Diante desta situação o programa do *Neue Rheinische Zeitung* continha, como Engels disse mais tarde, dois pontos principais: "uma República Democrática Alemã única e indivisível, e guerra com a Rússia que traria restauração à Polônia"[29]. Os acontecimentos de março na Prússia forçaram Frederico Guilherme a formar um ministério encabeçado por Rudolf Camphausen, um importante homem de negócios liberal da Renânia. Uma nova assembleia prussiana foi eleita

28. Cf. Carsten (1954).

29. Engels, Marx und die Neue Rheinische Zeitung, *MEW*, XXI, p. 19.

para elaborar uma constituição. Essa assembleia estava longe de ser radical: ela chamou de volta o cunhado do rei, o Príncipe da Prússia, da Inglaterra para onde ele fugira em março; e concordou que sua tarefa era elaborar uma constituição – a panaceia daqueles tempos – "de acordo com o rei". Houve um levante abortivo em Berlim em meados de junho e Camphausen foi substituído por Hansemann, ligeiramente mais liberal, que ficou no cargo até setembro. Foi a ataques sarcásticos contra as vacilações e total impotência do ministério de Camphausen que Marx dedicou a maioria de seus poucos artigos que escreveu sobre política alemã nos primeiros meses de existência do *Neue Rheinische Zeitung*.

Segundo Marx, "as circunstâncias políticas provisórias que se seguem a uma revolução sempre requerem uma ditadura, e uma ditadura enérgica. Desde o começo censuramos Camphausen por não agir ditatorialmente, por não romper e abolir imediatamente os restos das antigas instituições"[30]. Um ponto particular em que Marx sentiu-se obrigado a atacar a Assembleia Prussiana foi sua decisão de que os camponeses podiam comprar sua liberdade, mas a um preço altamente proibitivo. Isto era um erro sério:

> A burguesia francesa de 1789 em nenhum momento abandonou seus aliados, os camponeses. Ela sabia que a base de seu domínio era a destruição do feudalismo rural e a criação de uma classe camponesa livre, proprietária de terra. A burguesia alemã de 1848 sem nenhuma hesitação trai seus camponeses que são seus aliados mais naturais, carne de sua carne, sem os quais ela é impotente contra a nobreza[31].

30. Marx, A Crise e a Contrarrevolução, *MEW*, V, p. 402.

31. Marx, Projeto de Lei sobre a Abolição dos Direitos Feudais, *MEW*, V, p. 283.

Num artigo sobre a Assembleia de Frankfurt publicado na primeira edição do jornal, Engels atacou a assembleia por não defender a soberania do povo e uma correspondente constituição. Isso custou ao jornal imediatamente a metade de seus acionistas. E uma semana mais tarde Marx deu à Esquerda de Frankfurt o seguinte conselho:

> Nós não fazemos a reivindicação utópica de que seja proclamada uma República Alemã única indivisível *a priori*, mas exigimos do chamado Partido Democrático Radical que não confunda o começo da luta e o movimento revolucionário com seu objetivo final. A unidade alemã e a constituição alemã só podem ser os resultados finais de um movimento em que tanto os conflitos internos como a guerra com o Leste podem ser levados a um ponto decisivo[32].

Mas o jornal geralmente prestava muito pouca atenção ao Parlamento de Frankfurt que era corretamente considerado como cada vez menos importante para a evolução dos assuntos alemães. Embora contivesse muitos homens altamente capacitados, o método de eleição produzia um parlamento estritamente de classe média e, despojado de qualquer autoridade executiva, discutia em vão. À medida que os meses passavam, também tomou consciência das divisões irreconciliáveis entre os "grandes alemães" que queriam uma Alemanha unida à Áustria e os "pequenos alemães" que olhavam exclusivamente para a hegemonia da Prússia. E com o declínio dos movimentos trabalhistas a partir de junho a classe média achava-se cada vez mais isolada e vulnerável frente ao governo.

32. Marx, Programa do Partido Democrático Radical e a Esquerda em Frankfurt, *MEW*, V, p. 42.

Com as Assembleias de Berlim e Frankfurt tão fracas, onde o *Neue Rheinische Zeitung* buscaria apoio? Engels foi totalmente claro:

> Quando fundamos um jornal de ampla circulação na Alemanha, nosso lema apresentou-se automaticamente. Só podia ser o lema da democracia e um que enfatizasse em toda parte e detalhadamente seu caráter especificamente proletário que não podia ainda inscrever em sua bandeira de uma vez para sempre. Se recusássemos isso, se não quiséssemos nos juntar ao movimento em sua ala mais progressiva e proletária, não nos restava mais nada senão pregar o comunismo num pequeno armazém de esquina e fundar uma pequena seita em vez de um grande partido de ação. Mas nós não éramos bons para gritar no deserto; tínhamos estudado os utópicos bem demais para isto[33].

O subtítulo do *Neue Rheinische Zeitung* era "Um órgão da democracia" e apoiava uma "frente unida" de todas as forças democráticas. Um sinal disso foi o apoio de Marx à Sociedade Democrática em Colônia, apesar do fato de o jornal condenar o levante de junho do proletariado de Paris. Seguindo os princípios do *Manifesto comunista*, Marx achava que a principal tarefa dos operários era ajudar a revolução burguesa a atingir seus objetivos apoiando a ala radical da burguesia. O *Neue Rheinische Zeitung* não pregava uma república socialista nem sequer uma exclusivamente de trabalhadores. O programa era voto universal, eleições diretas, a abolição de todos os direitos e obrigações feudais, o estabelecimento de um sistema bancário estatal e responsabilidade estatal no caso de desemprego. Capitalismo (até capitalismo estatal), propriedade privada e antagonismo de classe sempre existiriam e, de fato, aumenta-

33. Engels, Marx e o *Neue Rheinische Zeitung*, *MEW*, XXI, p. 18.

riam. A essência do programa era a emancipação da burguesia com algumas concessões aos operários e camponeses. Essa posição implicava certo afastamento dos esforços das organizações trabalhistas por melhoramento próprio e estava por trás da crítica de Marx à política de Gottschalk em Colônia e sua falta de entusiasmo pelo êxito de Born em Berlim em fundar um movimento trabalhista pangermânico e vários fundos de ajuda mútua e cooperativas. Marx declarou que, neste contexto, "o proletariado não tinha o direito de se isolar; por mais difícil que pareça, ele deve rejeitar tudo o que possa separá-lo de seus aliados"[34]. Essa política foi tão cuidadosamente executada no *Neue Rheinische Zeitung* que, com uma exceção e não obstante a declaração de Engels acima, nem Marx nem Engels publicaram qualquer coisa durante 1848 que tratasse da situação ou interesses da classe operária como tal.

A única exceção foi o apaixonado artigo de Marx sobre os "dias de junho" em Paris. Achando que a situação estava pior do que antes da revolução de fevereiro, os trabalhadores em Paris insurgiram-se espontaneamente apenas para serem mortos aos milhares pelos soldados do General Cavaignac em seis dias de dolorosa luta nas ruas; os que sobreviveram foram levados para colônias penais. Marx terminava o artigo dizendo:

> Eles nos perguntarão se não temos lágrimas, suspiros e palavras de lamentação pelas vítimas nas fileiras da Guarda Nacional, da Guarda Móvel, da Guarda Republicana e dos Regimentos de Linha que caíram diante da ira do povo. O Estado cuidará de suas viúvas e órfãos, decretos pomposos os glorificarão e procissões solenes levarão seus restos para o túmulo. A imprensa oficial os declarará imortais e a reação

34. Citado em Born (1898, p. 102).

> europeia do leste para o oeste cantará seus louvores. Por outro lado, é privilégio e direito da imprensa democrática colocar a coroa de louros na fronte abatida dos plebeus torturados com a dor da fome, desprezados pela imprensa oficial, abandonados pelos médicos, insultados como ladrões, vândalos e escravos de galés por todos os cidadãos respeitáveis, suas esposas e filhos mergulhados numa miséria maior ainda e os melhores de seus sobreviventes deportados para além-mar[35].

O segundo ponto da plataforma do *Neue Rheinische Zeitung* era uma guerra revolucionária contra a Rússia[36]. Segundo o modelo da ofensiva francesa contra a Alemanha feudal depois de 1789, Marx achava que somente um ataque à Rússia permitiria que a revolução sobrevivesse. A Rússia era o inimigo mais perigoso da Alemanha que, como a espinha dorsal da Santa Aliança, esmagaria finalmente qualquer movimento revolucionário a não ser que fosse esmagada por ele. Tal guerra também cumpriria a tarefa, de outro modo impossível, de unir as forças democráticas da Alemanha. Uma segunda consequência da guerra contra a Rússia seria a libertação da Polônia que nesta ocasião estava repartida entre Prússia, Rússia e Áustria. Por ocasião de um debate na Assembleia de Frankfurt sobre a situação na Polônia, Engels publicou sobre isso a mais longa série de artigos que apareceria no jornal. A mensagem deles era: "A divisão que as três potências realizaram na Polônia é o que as mantêm unidas; sua pilhagem comum criou sua solidariedade comum... a criação de uma

35. Marx, A revolução de junho, *MEW*, V, p. 136s.

36. A política externa do *Neue Rheinische Zeitung* é discutida de maneira completa por Mehring em sua introdução a *Aus dem literarischen Nachlass von K. Marx, F. Engels, F. Lassalle*, III, p. 3s.

Polônia democrática é a primeira condição para a criação de uma Alemanha democrática"[37].

A outra questão importante da política externa prussiana era a questão notoriamente complicada de Schleswig-Holstein, dois ducados cuja lealdade estava dividida entre Prússia e Dinamarca. O rei dinamarquês, amplamente apoiado pela burguesia de Schleswig-Holstein, fazia imensos esforços para imbuí-los de um espírito escandinavo, ao passo que os nobres eram mais simpáticos à Alemanha. As forças militares prussianas eram, evidentemente, muito superiores, mas a Dinamarca era apoiada diplomaticamente pela Inglaterra e a Rússia, e a Prússia foi obrigada a assinar o armistício de Malmö no fim de agosto. O *Neue Rheinische Zeitung*, através da pena de Engels, era bastante claro sobre a questão. O escandinavismo era simplesmente "entusiasmo pela antiga nacionalidade nórdica brutal, suja e pirática que é incapaz de expressar em palavras seus pensamentos e sentimentos profundos, mas certamente pode fazê-lo na ação, a saber, na brutalidade para com as mulheres, bebedeira perpétua e um sentimentalismo lacrimejante alternado com fúria frenética"[38].

Além de editar o jornal, Marx também encontrava tempo para ser ativo em política local. Em meados de junho um grande congresso com delegados de quase cem organizações democráticas se reuniu em Frankfurt; ele insistiu numa organização nacional de sindicatos democratas e criou um comitê central em Berlim do qual Kriege, Ruge e Weitling eram membros. A organização nacional nunca chegou a deslanchar, mas o congresso trouxe frutos para a Renânia onde as três principais organizações de Colônia – a Associação dos Trabalhadores, a

37. Engels, O debate em Frankfurt sobre a Polônia, *MEW*, V, p. 332s.

38. Engels, O armistício dinamarquês-prussiano, *MEW*, V, p. 394.

Sociedade Democrática e o Sindicato de Empregados e Empregadores – decidiram cooperar. O delegado da Associação dos Trabalhadores no Congresso de Frankfurt foi Gottschalk que causou a impressão de um homem "feito para ser ditador, com uma energia de ferro e uma inteligência tão afiada como uma guilhotina: um retrato vivo de Robespierre"[39]. Gottschalk queria uma fusão dos três órgãos, que tornaria a Associação dos Trabalhadores dominante; a Sociedade Democrática sugeriu um comitê diretor. Mas antes de se decidir qualquer coisa a situação mudou drasticamente aos 3 de julho com a prisão, sob a acusação de incitar à violência, de Gottschalk e Anneke, que ficariam presos pelos próximos seis meses. Moll tornou-se o presidente da Associação dos Trabalhadores e Schapper o vice-presidente. A Associação começou imediatamente a dedicar mais tempo à discussão de questões sociais e políticas e menos às reivindicações econômicas práticas, perdendo com isso muito de seu ímpeto durante julho e agosto. Moll tornou-se também o editor do jornal da Associação.

Agora a colaboração das três organizações democráticas não era problema: foi formado um comitê dos Sindicatos Democratas de Colônia com Moll e Schapper representando a Associação das Trabalhadores, Marx e Schneider (um advogado) representando a Sociedade Democrata e Hermann Becker, um jovem advogado, representando o Sindicato dos Empregados e Empregadores. O comitê convocou um congresso dos Democratas Renanos que se reuniu em Colônia em meados de agosto. Nesse congresso, cuja principal conclusão foi aumentar a agitação entre os operários fabris e os camponeses, Marx sobressaiu como uma das figuras principais. Carl Schurz, um estudante em Bonn na época que emigrou para

39. Citado em Nicolaievsky; Maenchen-Helfen, *La vie de Karl Marx*, p. 198.

os Estados Unidos e fez uma carreira distinta como senador e secretário do interior naquele país, escreveu muitos anos mais tarde em suas memórias a respeito de Marx como sendo já "o líder reconhecido da escola socialista progressista" e "atraindo atenção geral", embora o que mais o impressionasse acima de tudo fosse o sarcasmo de Marx e sua intolerância extrema[40]. Albert Brisbane, um editor do *New York Daily Tribune*, para o qual Marx mais tarde escreveria muito, deixou uma descrição bem diferente do Marx que ele encontrou no outono de 1848:

> Lá eu encontrei Karl Marx, o líder do movimento popular... Ele estava exatamente então se tornando proeminente: um homem com cerca de 30 anos, baixo, de compleição sólida, de rosto fino e espessos cabelos negros. Sua expressão era de uma grande energia, e por trás de sua independente maneira reservada eram visíveis o fogo e a paixão de um espírito resoluto[41].

Entretanto Marx também teve que defender sua ortodoxia contra a intervenção renovada de Weitling que voltara da América para se estabelecer em Berlim ao começar a revolução. No mesmo encontro que elegeu Marx para o comitê de seis homens dos Democratas de Colônia, Weitling fez um discurso a favor da separação entre movimentos políticos e sociais: no ponto de vista dele uma democracia atualmente só levaria ao caos e ele propôs uma "ditadura dos que tinham mais compreensão"[42]. Marx respondeu numa sessão plenária duas semanas mais tarde que somente a interação de elementos sociais e políticos poderia ser bem-sucedida para ambos

---

40. *The Reminiscences of Carl Schurz*, Londres, 1909, I, p. 138s. Cf. a citação completa no cap. 9, p. 676.

41. Brisbane (1893, p. 273).

42. Cf. Meyer, Karl Marx und die Deutsche Revolution von 1848. *Historische Zeitschrift* (dez. 1951).

e que a solução para os problemas políticos não se encontraria numa ditadura, mas num "governo democrático composto dos mais heterogêneos elementos" que pela troca de suas ideias desenvolveriam um programa político adequado[43].

Embora o *Neue Rheinische Zeitung* tivesse alcançado uma circulação de cerca de 5 mil exemplares – o que fazia dele um dos maiores jornais da Alemanha – ele não dispunha mais de capital acionário; tinha que se basear, portanto, nas assinaturas. Durante o mês de julho as dificuldades aumentaram. O impressor se recusou a dar mais crédito e um número se perdeu antes de se poder encontrar outro impressor. O próprio Marx teve que comparecer duas vezes perante um juiz e as instalações do jornal foram investigadas após um artigo de Marx protestando pela brutalidade da polícia quando prenderam Anneke. Pior ainda, as autoridades de Colônia recusaram o pedido de Marx de cidadania prussiana, decisão mantida apesar dos protestos enérgicos da Sociedade Democrática e de uma carta pessoal de Marx ao ministro do Interior prussiano. Isto significava que sua posição em Colônia continuava precária e a qualquer momento ele podia ser expulso como "estrangeiro".

IV. A linha divisória

No fim de outubro de 1848 Marx decidiu fazer uma viagem a Berlim e Viena para se encontrar com os líderes democratas e tentar levantar fundos para o jornal. Ele passou dois dias em Berlim onde viu seu antigo amigo Koeppen, Bakunin e líderes esquerdistas – bem como o enérgico d'Ester que representava Colônia na Assembleia prussiana. Em Viena ele passou quase

43. Meyer, Karl Marx und die Deutsche Revolution von 1848. *Historische Zeitschrift* (dez. 1951).

duas semanas. Poucos dias antes de sua chegada houvera uma repressão sangrenta dos operários e toda a cidade passaria por um controle democrático por um curto período de tempo no fim de outubro. Marx participou de um encontro do Clube Democrata que, embora concordasse em exigir a renúncia do governo, estava discutindo se a exigência devia ser feita ao imperador ou ao Parlamento. Diz-se que Marx interveio irritado para dizer que o imperador e o Parlamento tinham pouquíssima importância aqui: "o maior poder de todos tinha sido esquecido: o povo. Devemos voltar-nos para o povo e influenciá-lo com todos os meios à nossa disposição, através da imprensa, cartazes e reuniões públicas"[44]. Marx fez duas palestras na Associação dos Trabalhadores, uma sobre o desenvolvimento dos movimentos operários na Europa e a outra foi uma repetição de suas palestras de Bruxelas sobre "Trabalho assalariado e Capital". Ao voltar a Berlim ele participou de um encontro da Assembleia prussiana e teve êxito em negociar uma doação de 2.000 táleres da comunidade polonesa que estava impressionada pela defesa de sua causa por parte do *Neue Rheinische Zeitung*. Ele conseguiu reunir de outras fontes mais 2.000 táleres.

O ministério de Hansemann, sendo recalcitrante demais para o estabelecimento prussiano, caíra enquanto Marx estava em Berlim; o controvertido armistício com a Dinamarca também contribuiu para o sentimento geral de inquietação por toda a Alemanha. Marx voltou depressa para Colônia aos 11 de setembro para experimentar o mais tempestuoso mês daqueles turbulentos anos. Em Colônia as relações entre os cidadãos e os soldados (a maioria dos quais provinha da Prússia oriental) estavam muito tensas; e aos 13 de setembro, depois

44. Citado em Priester (1953, p. 723).

de uma provocação particularmente brutal e um saque feitos pelos soldados, Wolff e Bürgers convocaram uma reunião pública na praça principal de Colônia. Diversos milhares cercaram a tribuna enfeitada com uma bandeira preta, vermelha e dourada; foi distribuído um folheto com as *Dezessete Reivindicações* e foi eleita uma comissão de segurança pública de 30 membros "para representar aquelas partes da população que não eram representadas pelas atuais autoridades"[45]. A comissão incluía Marx e a maioria dos membros da direção do *Neue Rheinische Zeitung*; sua comissão executiva de cinco membros, da qual Marx não era membro, era dirigida por Hermann Becker. O último ato do encontro foi enviar uma Mensagem, proposta por Engels, à Assembleia prussiana recomendando que se mantivesse firme diante das pressões do governo.

O Comitê de Segurança Pública marcou um comício em Worringen, nos arredores de Colônia, para o domingo seguinte, 17 de setembro, em apoio à Assembleia de Frankfurt contra o governo prussiano a respeito da Dinamarca. Esperava-se também que a escolha do local ajudaria a reunir camponeses e operários dos movimentos revolucionários que moravam nas aldeias. Vieram cerca de 10 mil pessoas para ouvir uma série de discursos a favor de uma forma de república social-democrática, entre outros, Henry Brisbane (editor do *New York Daily Tribune*) e Lassalle (cuja defesa da Condessa von Hatzfeld numa *cause célèbre* lhe dera reputação nacional) representando os radicais de Düsseldorf. Por proposta de Engels foi feita uma moção que, se surgisse um conflito entre Prússia e outros estados alemães, os participantes "dariam a vida pela Alemanha"[46]. Não havia ainda chegado a notícia de

---

45. *Neue Rheinische Zeitung*, 15-09-1848. *MEW*, V, p. 493.

46. *Neue Rheinische Zeitung*, 19-09-1848. *MEW*, V, p. 497.

que a Assembleia de Frankfurt (que nem sequer tinha sido previamente consultada) com relutância concordara com o armistício de Malmö que a Prússia assinara com a Dinamarca. Isto provocou protestos em âmbito nacional, particularmente dos democratas que achavam que a Prússia tinha simplesmente desonrado a Alemanha e rejeitado todas as aspirações por uma unidade nacional. Ergueram-se barricadas em Frankfurt e dois deputados conservadores foram linchados. O ímpeto de protesto em Colônia continuou no dia 20 de setembro com uma reunião de massa convocada em apoio dos insurrectos de Frankfurt pela Sociedade Democrática e pela Associação dos Trabalhadores bem como pelo Comitê de Segurança Pública. O *Neue Rheinische Zeitung* abriu uma subscrição para eles e suas famílias.

Mas o movimento já passara seu zênite: o levante de Frankfurt foi sufocado e o rei nomeou o General Pfüel para formar uma administração que não podia mais ser chamada liberal.

O segundo congresso dos Democratas Renanos fora marcado para 25 de setembro. Mas de manhã cedo no mesmo dia as autoridades atacaram: Becker e Schapper foram presos e somente a reunião de uma multidão hostil deu tempo para Moll escapar. Foram expedidas ordens de prisão para Engels, Dronke, Wolff e Bürgers, sendo em cada caso a acusação de conspiração para derrubar o regime. Marx não podia ser acusado pois não participara nas recentes reuniões públicas. Uma reunião da Sociedade Democrática nesta tarde – da qual Marx participou – decidiu fazer tudo para evitar um confronto com os soldados. Marx escreveu duas semanas mais tarde:

> Os democratas disseram... aos trabalhadores que de forma alguma eles queriam um *putsch*. Neste momento não havia nenhuma questão candente para levar o

> povo como um todo para a luta e, portanto, qualquer revolta deveria fracassar; era ainda mais sem sentido uma vez que em poucos dias poderiam ocorrer acontecimentos violentos e nós nos teríamos tornado incapazes de lutar mesmo antes do dia da decisão[47].

Algumas barricadas foram erguidas e, embora tivessem sido demolidas sem violência (evitando assim as autoridades o conflito que eles quiseram provocar), a lei marcial foi decretada nesta noite. A Guarda Civil foi dissolvida, todas as organizações políticas foram proibidas, e o *Neue Rheinische Zeitung* (junto com outros três jornais menores) foi fechado.

A lei marcial durou uma semana. Foi supressa aos 3 de outubro por ordem de Berlim, devido a pressões do Conselho da Cidade de Colônia e da Assembleia Prussiana. O *Neue Rheinische Zeitung* fora gravemente atingido: Marx planejara publicar o jornal em Düsseldorf se a lei marcial continuasse, mas mesmo assim era impossível publicá-lo antes de 13 de outubro. Engels e Dronke tinham ido para a Bélgica, Wolff para Pfalz, e Marx e Weerth eram os únicos editores que ficaram. O único recruta novo foi o poeta Ferdinand Freiligrath. Marx teve que contribuir com mais dinheiro seu e de Jenny para reiniciar o jornal e ele se tornou legalmente propriedade sua.

Quando reapareceu, o jornal estava cheio de notícias sobre Viena: a cidade caíra sob o controle dos Democratas aos 6 de outubro e o imperador fora obrigado a fugir pela segunda vez; ele foi restabelecido depois de um mês pelas tropas leais comandadas pelo Príncipe Windischgratz que dera o primeiro golpe para a contrarrevolução já em junho quando sufocou o levante dos tchecos em Praga. A Áustria dava o exemplo para a Prússia: aos 2 de novembro o General Pfüel foi substituído pelo Conde Brandenburg, filho ilegítimo de Frederico

47. Marx, A Revolução de Colônia, *MEW*, V, p. 421.

Guilherme II e conservador enérgico, aos 9 de novembro a Assembleia Prussiana foi transferida para a cidade provincial de Brandenburg. No começo ela se recusou a mudar, sendo acossada vergonhosamente de um prédio para outro; mas finalmente concordou, apelando apenas ao povo que não pagasse seus impostos como protesto.

Esses acontecimentos marcaram o fim definitivo de qualquer perspectiva revolucionária para a Alemanha. Em resposta à nova situação houve uma forte mudança no conteúdo e na política editorial do *Neue Rheinische Zeitung*: deu-se muito menos espaço a questões puramente políticas e mais a problemas que interessavam à classe trabalhadora; a noção de luta de classe distinguiu-se muito mais e todo o tom tornou-se mais radical. Devido à redução dos redatores do jornal, Marx mesmo escreveu a maioria dos artigos. Ele parece ter acreditado, por um momento ao menos, no possível êxito de um levante armado. No dia 1º de novembro o jornal publicou um apelo, inserido independentemente do quadro editorial, em favor de armas e voluntários para Viena. Aos 6 de novembro o próprio Marx anunciou a queda de Viena para um público sério da Associação dos Trabalhadores e pôs a culpa da vitória de Windischgratz na "perfídia multiforme da burguesia vienense"[48]. Ele elaborou essa acusação no artigo "Vitória da contrarrevolução em Viena" publicado no *Neue Rheinische Zeitung* aos 7 de novembro. O artigo terminava:

> Supondo-se que a contrarrevolução está viva por toda a Europa graças às armas, ela morrerá em toda a Europa graças ao dinheiro. O destino que abolirá a vitória é a bancarrota europeia, a falência do Estado. As pontas das baionetas se quebrarão contra "pontas" econômicas como graveto seco… A carnificina inú-

48. Atas do Encontro Geral etc. *MEW*, V, p 502.

> til de junho e outubro, o tedioso banquete de vítimas desde fevereiro e março, o canibalismo da contrarrevolução por si convencerá o povo que há somente um meio de abreviar, simplificar e concentrar a agonia mortal da velha sociedade e a angústia do nascimento sangrento da nova, quer dizer, apenas: terrorismo revolucionário[49].

E quando parecia que a Guarda Civil de Berlim se recusaria a entregar suas armas e apoiaria a Assembleia, Marx proclamou: "É dever da província do Reno apressar-se em ajudar a Assembleia Nacional de Berlim com homens e armas"[50].

Aos 18 de novembro o Comitê dos Democratas da Renânia anunciou um programa de três pontos assinado por Marx, Schapper e Schneider. Ele foi publicado no *Neue Rheinische Zeitung* e levou à subsequente acusação a Marx. O programa consistia no seguinte: resistência ao recolhimento de impostos; a organização de uma taxa popular "para defesa contra o inimigo" (e para os que não têm recursos "devem ser fornecidas armas e munição às custas das comunas e através de subscrição voluntária"); e, em terceiro lugar, qualquer recusa a obedecer a Assembleia Nacional deveria ser respondida com a criação de Comitês de Segurança Pública[51]. Foi fundado em Colônia um "Comitê do Povo" (Marx não era membro), mas as fracas reações da Assembleia impediram qualquer recurso às armas e a rejeição do imposto foi o único ponto do programa que foi implementado: de 19 de novembro até meados de dezembro o *Neue Rheinische Zeitung* publicou o slogan "não mais impostos" abaixo do título do jornal e dedicou muito espaço para noticiar o progresso da campanha. Marx já apre-

49. Marx, Vitória da Contrarrevolução em Viena, *MEW*, V, p. 457.

50. Marx, A Contrarrevolução em Berlim, *MEW*, VI, p. 12.

51. Cf. *MEW*, VI, p. 33.

sentara os antecedentes históricos e econômicos dessa campanha um mês antes numa aplicação popular de suas concepções materialistas:

> Depois que Deus criou o mundo e os reis pela graça de Deus, Ele deixou indústria limitada aos homens. Armas e uniformes de lugares-tenentes são feitos de uma maneira profana e o modo profano de produção não pode, como a indústria celestial, criar a partir do nada. Ele precisa de matérias-primas, ferramentas e remunerações, coisas importantes que são categorizadas sob o termo moderno de "custos de produção". Esses custos de produção são compensados pelos impostos e os impostos são compensados pelo trabalho da nação. Do ponto de vista econômico, portanto, continua um enigma como algum rei pode *dar* alguma coisa a algum povo. O povo deve primeiro fazer armas e dá-las ao rei a fim de ser capaz de recebê-las do rei. O rei só pode dar o que já lhe foi dado. Isto do ponto de vista econômico. No entanto, os reis constitucionais surgem exatamente nestes momentos em que as pessoas estão começando a entender o mistério econômico. Assim o início da queda dos reis pela graça de Deus tem sido sempre *questões de impostos*. Do mesmo modo na Prússia[52].

Apesar de sua vigorosa campanha, o *Neue Rheinische Zeitung* estava se tornando mais difícil de produzir. No fim de outubro Marx escreveu a Engels: "Estou atolado até às orelhas no trabalho e acho impossível fazer qualquer coisa detalhadamente; além disso as autoridades fazem de tudo para roubar o meu tempo"[53]. Engels tinha vagado pela França durante o mês de outubro compondo um delicioso diário de viagem no qual

---

52. Marx, Resposta de Frederico Guilherme IV à delegação da Guarda Civil, *MEW*, V, p. 431s.

53. Marx a Engels, *MEW*, XXVII, p. 128.

sua admiração pelo modo de vida dos camponeses franceses misturava-se com o desgosto pela sua ignorância política. Quando ele chegou à Suíça Marx mandou-lhe dinheiro – uma estranha inversão de seus últimos papéis. Os "estúpidos acionistas reacionários" pensavam que seria possível economizar agora que o corpo editorial diminuíra. Mas Marx respondeu: "depende de mim pagar uma gratificação tão alta como eu desejar e assim eles não terão nenhuma vantagem financeira"[54]. Ele ainda admitiu a seu amigo que "talvez não tenha sido sábio empatar soma tão grande no jornal, pois eu tenho nas costas três ou quatro processos por causa do jornal e posso ser preso a qualquer dia – e então eu poderia suspirar por dinheiro como a corça por torrentes refrescantes. Mas era importante progredir sob quaisquer condições e não desistir de nossa posição política"[55]. Ele acrescentou que era "pura fantasia" que ele poderia ter deixado Engels em apuros por um único momento. "Você sempre será meu amigo íntimo, e espero o mesmo de você"[56]. Marx ficou muito comovido com uma demonstração popular de apoio aos 14 de novembro quando ele teve que comparecer perante o promotor público. Segundo um relatório governamental, Marx fora "acompanhado por diversas centenas de pessoas ao fórum... as quais, quando ele voltou, o receberam com uma atordoante aclamação e não fizeram segredo de que eles o teriam libertado pela força se ele tivesse sido preso"[57]. Em resposta a essa demonstração Marx fez um breve discurso – seu único discurso a uma reunião pública em Colônia – agradecendo à multidão por sua simpatia e apoio. No fim do mês ele escreveu de modo otimista a

54. Marx a Engels, *MEW*, XXVII, p. 129.

55. Marx a Engels, *MEW*, XXVII, p. 129.

56. Marx a Engels, *MEW*, XXVII, p. 130.

57. Citado em Gemkow, *Karl Marx*, p. 174; cf. tb. *MEW*, VI, p. 571.

Engels: "Nosso jornal está ainda conduzindo uma política de revolta e, no entanto, evitando o *código penal* apesar de todos os regulamentos sobre publicações. Ele está, agora muito *en vogue*. Nós também publicamos volantes diários. A Revolução continua"[58].

A Associação dos Trabalhadores tomava cada vez mais o tempo de Marx. Aos 12 de outubro uma delegação perguntara-lhe se ele assumiria a presidência da Associação, pois tanto Moll como Schapper não podiam. Marx ressaltou que sua situação em Colônia era precária pois ele não conseguira obter a cidadania prussiana e estava sujeito a processo por causa do *Neue Rheinische Zeitung*, mas ele concordou em aceitar o cargo "provisoriamente, até o Dr. Gottschalk ser solto"[59]. Algumas modificações foram introduzidas: a metade do tempo das reuniões era regularmente dedicada ao estudo de questões sociais e políticas e a partir de novembro começou um longo estudo das *Dezessete Reivindicações*.

Em dezembro estava totalmente claro que os distúrbios dos três meses anteriores não teriam nenhuma saída revolucionária. Aos 5 de dezembro Frederico Guilherme deu o passo decisivo de dissolver a Assembleia Prussiana e de proclamar ele mesmo uma Constituição. Marx tirou suas conclusões numa série de artigos no *Neue Rheinische Zeitung* intitulada "A burguesia e a contrarrevolução" que assinalava uma revisão substancial de sua posição anterior. Segundo Marx, uma vez que a burguesia provara ser incapaz de fazer sua própria revolução, a classe operária teria que se apoiar exclusivamente em suas próprias forças. "A história da burguesia prussiana", escreveu ele, "e a da burguesia alemã como um todo demons-

58. Marx a Engels, *MEW*, XXVII, p. 131.

59. Atas do Encontro do Comitê etc. *MEW*, V, p. 501.

trou, de março a dezembro, que na Alemanha uma revolução puramente burguesa e o estabelecimento do domínio burguês na forma de uma monarquia constitucional é impossível e que a única possibilidade é uma contrarrevolução absolutista feudal ou uma revolução social-republicana"[60]. Naquele momento, porém, Marx perdia as esperanças de ver o ímpeto para uma tal revolução social-republicana surgir dentro da Alemanha: só podia ser provocada por um choque externo. Este era o programa para 1849 que ele esboçou no dia primeiro de janeiro:

> A libertação da Europa... depende de uma insurreição bem-sucedida por parte da classe operária francesa. Mas toda sublevação social francesa necessariamente se funda na burguesia inglesa, da dominação em âmbito mundial industrial e comercial da Grã-Bretanha. Qualquer reforma social parcial é e continua sendo, à medida que almeja ser definitiva, uma esperança piedosa vazia. E a velha Inglaterra somente será derrotada por uma guerra mundial, que é a única coisa que podia proporcionar aos cartistas, o partido organizado dos trabalhadores ingleses, as condições para um exitoso levante contra seus gigantescos opressores. Somente quando os cartistas estiverem à frente do governo inglês é que a ideia de uma revolução social deixará o âmbito da Utopia em direção ao da realidade. Qualquer guerra europeia, porém, que envolver a Inglaterra é uma guerra mundial. E uma guerra europeia será o primeiro resultado de uma bem-sucedida revolução dos trabalhadores na França. Como no tempo de Napoleão, a Inglaterra estará à frente dos exércitos contrarrevolucionários, mas será precipitada para a vanguarda do movimento revolucionário pela própria guerra e assim redimirá sua culpa contra a revolução do século XVIII. Levante revolucionário

60. Marx, A Burguesia e a Contrarrevolução, *MEW*, VI, p. 124.

> da classe operária francesa, guerra mundial – este é o programa para o ano de 1849[61].

Por mais que Marx considerasse uma guerra mundial como a solução para os problemas da Alemanha, havia o problema mais imediato das eleições a se realizarem dentro da nova Constituição no fim de fevereiro. Os problemas do mês de maio anterior surgiram de novo: participar ou não participar. E a resposta de Marx, apesar de sua atitude drasticamente mudada em relação à burguesia, continuava a mesma. Quando Anneke propôs, na reunião do Comitê de 15 de janeiro, que a Associação dos Trabalhadores apresentasse seus próprios candidatos, as atas registram Marx dizendo que

> a Associação dos Trabalhadores como tal não podia ter nenhum candidato no atual momento; por ora também não se tratava de manter certos princípios, mas de se opor ao governo, ao absolutismo e à dominação feudal; e para isto até os democratas ingênuos, os chamados liberais, eram suficientes pois de qualquer forma eles estavam muito pouco satisfeitos com o atual governo.
>
> Tinha-se simplesmente que aceitar as coisas como elas estavam. O importante era criar uma oposição tão forte quanto possível ao atual regime absolutista; era sensato, portanto, uma vez que eles não podiam garantir a vitória de seus próprios princípios nas eleições, unir-se com outro partido de oposição para evitar a vitória de seu inimigo comum, a monarquia absoluta[62].

E, no fim das contas, os dois deputados de Colônia enviados a Berlim eram democratas.

61. Marx, O Movimento Revolucionário, *MEW*, VI, p. 149s.

62. Atas do Encontro do Comitê etc. *MEW*, VI, p. 579.

V. O fim do Neue Rheinische Zeitung

Durante o mês de janeiro de 1849 o grupo do *Neue Rheinische Zeitung* fortaleceu-se com a volta de Engels, que escrevera de Berna perguntando a Marx se era seguro retornar: ele não se importava em enfrentar um julgamento, o que ele não suportaria era a lei de não fumar em prisão preventiva. Engels dedicou a maioria de seus artigos a questões na Europa Oriental, mas suas colaborações não foram inteiramente felizes: ele publicou dois artigos, um em janeiro e o outro em fevereiro, que estigmatizavam (de um modo que lembrava Hegel) todos os povos eslavos como "reacionários" e "sem história". No primeiro desses artigos, escrito particularmente em resposta aos apelos romanticamente revolucionários de Bakunin, Engels falou da traição à revolução dos tchecos e eslavos do sul e "prometeu uma vingança sangrenta contra os eslavos". Ele terminou o segundo artigo com estas palavras:

> Com a primeira revolta bem-sucedida do proletariado francês... os alemães austríacos e os húngaros se libertarão e exigirão uma vingança sangrenta contra os bárbaros eslavos. A guerra geral que estourará romperá esta união eslava e aniquilará todas estas pequenas nações cabeçudas a seus verdadeiros nomes. A próxima guerra mundial fará desaparecer da face da terra não apenas as classes reacionárias e dinastias, mas também todos os povos reacionários. E isto, também, é progresso[63].

Esse modo de ver era típico de outros correspondentes do jornal: o *Neue Rheinische Zeitung* foi enganado pelo papel que certas seções dos eslavos desempenharam em 1848-1849 ao descrever todas as nações como sendo de uma vez para sempre revolucionárias ou contrarrevolucionárias, como tendo

63. Engels, A Luta Húngara, *MEW*, VI, p. 176.

direito a uma história ou não tendo absolutamente direito a nenhuma história[64].

Durante a campanha eleitoral o caso contra Marx por incitamento dos distúrbios de setembro finalmente foi a julgamento. No dia anterior Marx também teve que comparecer ao tribunal, junto com Engels e Korff (que era legalmente responsável pelo jornal), para responder a uma acusação de calúnia contra funcionários do Estado contidas no artigo de julho passado protestando contra a prisão de Anneke. Marx era defendido por Schneider, colega seu na Associação Democrática, e ele mesmo falou longamente. Ele defendeu seu artigo referindo-se explicitamente ao *Código de Napoleão* e classificando o assunto de seu artigo como uma "manifestação tangível da tendência sistematicamente contrarrevolucionária do ministério de Hansemann e do governo alemão em geral"[65]. Ele prosseguiu dizendo que isto não poderia ser julgado isoladamente da situação geral na Alemanha e o fracasso da revolução de março. Ele concluiu:

> Por que a revolução de março fracassou? Ela reformou a cúpula política e deixou intactos todos os fundamentos desta cúpula – a velha burocracia, o velho exército, os velhos tribunais, os velhos juízes nascidos,

---

64. Esse assunto é investigado com extraordinários detalhes por Rosdolsky (1964). Cf. tb. Mehring, *Aus dem literarischen Nachlass*, III, p. 18s.; Mayer, *Friedrich Engels*, II, p. 345s. Dois ensaios de Engels estão traduzidos em Marx; Engels, *The Russian Menace to Europe* (1935, p. 56s.). O *Neue Rheinische Zeitung* também continha boa quantidade de antissemitismo cujo tom geralmente anticapitalista é levianamente considerado como sendo de natureza progressista. Muitos desses artigos (como também alguns no estilo de Engels citados acima) são de Müller-Tellering (o correspondente do jornal em Viena) cujas colaborações Marx considerava "as melhores que tivemos, seguindo absolutamente nossa linha". (Marx a Müller--Tellering, *MEW*, XXVII, p. 485).

65. Marx, Discurso em sua Defesa, *MEW*, VI, p. 232.

> educados e envelhecidos no serviço do absolutismo. O primeiro dever da imprensa é agora minar todos os fundamentos da atual situação política[66].

Seu discurso foi aplaudido e todos os três acusados foram absolvidos.

O julgamento no dia seguinte foi um caso mais sério. Marx, Schapper e Schneider, como signatários da proclamação anti-imposto do Comitê Democrático Renano, eram acusados de conspirar para derrubar o regime. Marx novamente se defendeu num discurso que durou quase uma hora. Ele se dizia espantado por ser processado por leis que o próprio governo ab-rogara com a dissolução da Assembleia aos 5 de dezembro. Além disso, essas leis tinham sido aprovadas na Dieta anterior a março e ela era uma instituição ultrapassada. Marx então deu aos jurados uma lição objetiva sobre a sua concepção materialista da história.

> A sociedade não se baseia na lei (declarou ele), isto é uma ficção legal, é antes a lei que deve basear-se na sociedade; ela deve ser a expressão dos interesses e necessidades comuns da sociedade, à medida que surgem dos vários métodos materiais de produção, contra a arbitrariedade do indivíduo. O *Código de Napoleão*, que tenho na mão, não produziu a sociedade burguesa moderna. A sociedade burguesa, como ela surgiu no século XVIII e se desenvolveu no XIX, apenas encontra sua expressão legal no Código. Quando ela não corresponde mais às relações sociais, ela não vale mais do que o papel sobre o qual está escrita. Não se pode fazer de velhas leis o fundamento de um novo desenvolvimento social mais do que estas velhas leis criam as velhas condições sociais... Qualquer tentativa de afirmação da validade eterna das leis colide con-

66. Marx, Discurso em sua Defesa, *MEW*, VI, p. 234.

> tinuamente com as necessidades atuais, ela impossibilita o comércio e a indústria e abre caminho para as crises sociais que explodem em revoluções políticas[67].

Marx prosseguiu explicando que neste contexto a Assembleia Nacional representava a moderna sociedade burguesa contra a sociedade feudal da Dieta Unida e como tal era incapaz de chegar a um acordo com a monarquia. Além disso, a Assembleia apenas derivava seus direitos do povo e "se a coroa faz uma contrarrevolução, o povo responde corretamente com uma revolução". Marx concluiu com uma profecia: "Qualquer que for o caminho que a nova Assembleia Nacional tomar, o resultado necessário só pode ser uma vitória completa da contrarrevolução ou uma nova e bem-sucedida revolução. Talvez a vitória da revolução só seja possível depois de uma contrarrevolução completa"[68].

Os três réus foram novamente absolvidos e o presidente do simpático júri agradeceu a Marx sua instrutiva explanação. Os dois discursos de Marx em sua defesa apareceram pouco tempo depois em forma de panfleto.

Um dos resultados da eleição de fevereiro foi provocar na Associação dos Trabalhadores uma séria divisão que estivera iminente por algum tempo. Gottschalk fora finalmente absolvido e libertado da prisão logo antes do Natal. Ele encontrou a Associação dos Trabalhadores muito mudada desde julho e, percebendo que era impossível reeleger-se presidente por própria conta, abandonou espontaneamente Colônia e foi para Bruxelas. Mas ele ainda continuava a acompanhar os assuntos da Associação com interesse e expressou seu ponto de vista através de um jornal da Associação cujo editor, Prinz,

67. Marx. Discurso em sua Defesa, *MEW*, VI, p. 245.

68. Marx. Discurso em sua Defesa, *MEW*, VI, p. 257.

era um amigo íntimo. Prinz lançou um violento ataque aos democratas e a reunião do comitê no dia seguinte nomeou uma comissão para fiscalizá-lo em suas atividades editoriais[69]. Mas Prinz não queria ser supervisionado e a Associação foi obrigada a fundar um jornal rival. Por proposta de Schapper a organização da Associação foi intensificada "a fim de que não surgisse a desunião por falta de regulamentação"[70]. O próprio Schapper tornou-se presidente; Marx não assumiu qualquer posição oficial, embora ele e Engels se tenham oferecido aos membros para dar palestras quinzenais sobre questões sociais. No fim de fevereiro o próprio Gottschalk fez um violento ataque a Marx num artigo não assinado no jornal de Prinz. Gottschalk desaprovava particularmente um artigo de Marx no *Neue Rheinische Zeitung* no qual ele defendera sua posição sobre as próximas eleições. Marx escrevera:

> Nós certamente somos os últimos a desejar o domínio da burguesia... Mas nosso grito para os operários e a pequena burguesia é: vocês deveriam preferir sofrer na moderna sociedade burguesa, cuja indústria cria as condições materiais para uma nova sociedade que libertará vocês todos, a voltar para uma forma obsoleta de sociedade que, sob o pretexto de salvar as classes de vocês, precipita toda a nação no barbarismo medieval[71].

Isto, de fato, parece assinalar uma mudança com relação à dura escolha entre revolução social republicana e reação feudal que Marx proclamara em dezembro. Gottschalk foi rápido em atacar esta posição modificada numa carta aberta não assinada "A Herr Karl Marx" que era típica de muitos ataques

---

69. Cf. Atas do Encontro do Comitê etc. *MEW*, VI, p. 578.

70. Citado em Stein, *Der Kölner Arbeiterverein*, p. 92.

71. Marx. Montesquieu LVI, *MEW*, VI, p. 195.

a Marx a partir da esquerda durante a (e depois da) revolução de 1848:

> Por que faríamos uma revolução? Por que nós, homens do proletariado, derramaríamos nosso sangue? Nós, como você, sr. Pregador, escaparíamos realmente do inferno da Idade Média precipitando-nos voluntariamente no purgatório do domínio do capitalismo decrépito a fim de chegar ao céu nebuloso de seu Credo Comunista?... Você não fala sério da libertação dos oprimidos. Para você a miséria do trabalhador, a fome do pobre têm apenas um interesse científico e doutrinário. Você está elevado acima de tais misérias e apenas brilha sobre as partes como um ilustrado deus sol. Você não é afetado pelo que move o coração do homem. Você não tem nenhuma fé na causa que você pretende representar. Sim, embora você diariamente apare a revolução de acordo com o padrão de fatos consumados, embora você tenha um credo comunista, você não acredita na revolta dos trabalhadores cuja crescente torrente está já começando a preparar a derrubada do capitalismo; você não crê na permanência da revolução, você não crê na capacidade inata por revolução... E agora que nós, o partido revolucionário, percebemos que não podemos esperar nada de nenhuma classe exceto da nossa, nossa única tarefa é tornar a revolução permanente, agora você nos recomenda pessoas que são conhecidas por suas fraquezas e nulidades[72].

Tal era o teor do ataque de Gottschalk fazendo eco às visões anteriores de Weitling. Marx não respondeu a esse ataque, o qual a maioria da Associação desaprovou. Gottschalk retornou a Colônia no verão mas morreu de cólera em se-

72. Citado em Stein, o.c., p. 96.

tembro enquanto lutava com uma epidemia no bairro pobre da cidade.

Não era apenas Gottschalk que achava que a política de Marx não era suficientemente radical. Moll e Schapper de fato nunca aprovaram a dissolução unilateral por parte de Marx da Liga Comunista[73], e as filiais fora da Alemanha continuaram a levar uma existência um tanto indefinida. Ao fugir de Colônia em setembro, Moll se estabeleceu em Londres e reforçou o grupo ali. Foi decidido restabelecer a Liga em bases mais amplas: foi eleito um novo comitê composto de Moll, Heinrich Bauer e Eccarius, e Schapper foi convidado a fundar um grupo em Colônia "mesmo sem a concordância de Marx"[74]. Schapper convocou uma reunião de pessoas escolhidas às quais ele sugeriu que, após os acontecimentos de dezembro de 1848, a existência da Liga Comunista era mais uma vez necessária. Esse encontro se mostrou inconclusivo e pouco depois Moll apareceu em Colônia com o objetivo específico de convencer Marx e Engels. Houve uma reunião nas instalações do *Neue Rheinische Zeitung* na qual Marx resolutamente se opôs à ideia. Em primeiro lugar, ele afirmava que a relativa liberdade de palavra e imprensa já alcançada tornava a Liga supérflua. Ele se opôs também a recriação dela "uma vez que uma 'república única, indivisível' era proclamada como a meta a ser alcançada – e isto tornava os propostos estatutos da Liga mais socialistas do que comunistas – e também porque os estatutos tinham uma tendência conspiratória"[75]. Os participantes da reunião concordaram em discordar e Moll

73. Cf. acima, p. 290.

74. Testemunho de P. Röser em: Blumenberg, Zur Geschichte des Kommunistenbundes. *International Review of Social History* (1964, p. 90).

75. Blumenberg. Zur Geschichte des Kommunistenbundes. *International Review of Social History* (1964, p. 90s.).

continuou sua viagem para outras cidades alemãs, mas com pouco sucesso.

Entretanto crescia a pressão sobre o *Neue Rheinische Zeitung*. O jornal de Marx – e o próprio Marx – se tornavam objeto de atenção das autoridades tanto militares como civis. Aos 2 de março dois suboficiais visitaram Marx em sua casa para perguntar pelo nome do autor de um artigo sobre a condenação de um oficial por venda ilícita de material do exército. Marx descreveu o encontro numa carta queixosa que ele mandou ao comandante de Colônia:

> Eu respondi aos cavalheiros (1) que eu não tinha nada a ver com o artigo e que ele foi inserido na parte não editorial do jornal; (2) que eles dispunham de espaço livre para uma réplica; (3) que eles estavam livres para buscar satisfação no tribunal. Quando os cavalheiros ressaltaram que toda a Oitava Companhia sentia-se difamada pelo artigo, eu respondi que apenas os assinantes de toda a Oitava Companhia me convenceriam da exatidão desta afirmação que era, de qualquer forma, irrelevante. Os suboficiais então me disseram que se eu não citasse o nome "do homem", se eu não "o controlasse", eles não "conteriam mais seu pessoal", e poderia "ter mau resultado". Eu respondi que as ameaças e as intimidações dos cavalheiros não conseguiriam absolutamente nada de mim. Eles partiram, então, murmurando entre si[76].

Engels, numa carta muito posterior, deixou claro que não foi apenas a ferina ironia de Marx que fez os soldados partirem tão depressa: "Marx recebeu-os vestindo um roupão em cujo bolso ele colocara uma pistola descarregada com o cabo à mostra. A visão dela foi suficiente para fazer os suboficiais pararem de pedir mais informações. Apesar das baionetas com

76. Marx a Oberst Engels, *MEW*, XXVII, p. 496.

que eles estavam armados, eles perderam a autoconfiança e foram embora"[77]. Engels também contou novamente mais tarde isto muito admirado:

> como fomos capazes de conduzir nosso negócio tão livremente numa fortaleza prussiana de primeira categoria frente a uma guarnição de 8 mil homens e exatamente do outro lado do principal posto de guarda; mas as oito baionetas e os 250 cartuchos na sala do editorial e os chapéus jacobinos vermelhos dos tipógrafos faziam nosso prédio também parecer uma fortaleza para os oficiais, e uma que não podia ser tomada por um mero ataque de surpresa[78].

Mas os dias do *Neue Rheinische Zeitung* estavam evidentemente contados. Um mês antes do fim Marx tomou a decisão mais dramática de seu ano em Colônia: ele rompeu os laços com os Democratas, que ele desejara, até então, ardentemente cultivar. Aos 15 de abril o *Neue Rheinische Zeitung* publicou o breve anúncio assinado por Marx, Schapper, Anneke, Becker e Wolff:

> Consideramos que a atual organização das Associações Democráticas contém muitos elementos heterogêneos demais para possibilitar uma atividade útil para os objetivos da causa. Somos mais da opinião de que uma conexão mais íntima entre as associações operárias é preferível pois sua composição é homogênea; portanto, a partir de hoje, estamos renunciando ao Comitê Renano das Associações Democráticas[79].

As razões para a decisão de Marx provavelmente eram complexas. A Associação Democrática debatera longamente

77. Engels a Kautsky, *MEW*, XXXVI, p. 399.

78. Engels, Marx e o *Neue Rheinische Zeitung*, *MEW*, XXI, p. 23.

79. *MEW*, VI, p. 426.

a questão se mudaria seu título para Associação Democrática e Republicana, mas rejeitara as propostas e por isso fora duramente atacada pelo *Neue Kölnische Zeitung* de Anneke. Provavelmente também a refundação da Liga Comunista e a crítica a partir de dentro da Associação dos Trabalhadores contra sua atitude contemporizadora levou Marx a romper com os Democratas. O conteúdo do *Neue Rheinische Zeitung* estava tendendo para a "esquerda" por algum tempo: em março Wolff iniciara uma série de artigos sobre a miséria do campesinato silesiano e no dia 5 de abril Marx começou a publicar as palestras que ele proferira dois anos antes para a Associação dos Trabalhadores Alemães em Bruxelas sobre Trabalho Assalariado e Capital[80]. Os artigos eram prefaciados com uma referência às censuras endereçadas ao jornal "de várias partes" por "não ter apresentado as *relações econômicas* que constituem o fundamento material da atual luta de classe e das lutas nacionais"[81]. Três dias antes de Marx deixar a Associação Democrática, a Associação dos Trabalhadores de Colônia tinha convidado todas as Associações de Trabalhadores da Renânia para se unirem numa base regional; aos 16 de abril a Assembleia Geral decidiu deixar de cooperar com as Associações Democráticas na Renânia; e aos 26 de abril os líderes da Associação dos Trabalhadores convocaram um congresso das Associações de Trabalhadores da Renânia e Westfália a se reunirem em Colônia aos 6 de maio. Uma das tarefas deste congresso era eleger delegados para participar do Congresso de Trabalhadores de toda a Alemanha em Leipzig no mês seguinte. O congresso fora convocado pela *Verbrüderung* (irmandade), a única organização nacional dos trabalhadores na

---

80. Cf. acima, p. 303.

81. Marx. Trabalho assalariado e capital, *MESW*, I, p. 79.

Alemanha[82]. Essa mudança de tática enfraqueceu ainda mais a Associação dos Trabalhadores de Colônia: uma parte dos membros renunciou e enviou uma carta a Gottschalk pedindo para ele voltar, dizendo que as recentes mudanças políticas mostravam que "os atuais líderes da Associação não tinham e não têm clareza sobre o que eles querem"[83].

Tudo isso, porém, aconteceu na ausência de Marx. Durante os últimos dois meses o *Neue Rheinische Zeitung* esteve continuamente à beira da falência. Imediatamente após demitir-se da Associação Democrática Marx fez uma viagem de três semanas pelo noroeste da Alemanha e pela Vestfália para coletar dinheiro para seu jornal e também, sem dúvida, tendo em vista a política que acabara de adotar, para fazer contatos com grupos de trabalhadores: ele passou 14 dias num hotel de primeira classe em Hamburgo fazendo planos para futura atividade comunista com Karl von Bruhn e Konrad Schramm, ambos membros da Liga Comunista[84]. Enquanto Marx estava em Hamburgo estourou a revolução na Alemanha pela última vez por muitos anos. A Assembleia de Frankfurt chegara finalmente a um esboço da Constituição, mas o rei estava numa posição bastante forte para rejeitá-lo e cunhou nesta ocasião a famosa frase: contra os democratas o único remédio são os soldados. No começo de maio iniciaram-se os combates de rua em Dresden que duraram uma semana com figuras tão coloridas como Bakunin e o jovem Richard Wagner atrás das barricadas. Houve também revoltas de pequena duração

---

82. Sobre as conquistas das organizações de trabalhadores na Alemanha durante 1848-1849, cf.: Noyes. *Organization and Revolution* [passim].

83. Citado em Stein, o.c., p. 99.

84. Sobre as atividades de Marx em Hamburgo cf.: Meyer (1953, p. 533). Cf. tb. Marx a Engels, *MEW*, XXXI, p. 93s.

no Ruhr, mas foi apenas em Baden que houve uma rebelião ampla.

A renovada confiança das autoridades conduziu à expulsão de Marx. Às autoridades militares em Colônia já em março tinham pedido à polícia a expulsão dele. O pedido chegou até Manteuffel, o ministro do Interior, mas não foi imediatamente executado, pois as autoridades civis em Colônia acharam que seria excessivamente provocador expulsar Marx sem qualquer motivo particular. Em maio, porém, eles se sentiam bastante fortes para fazer exatamente isto: ao retornar a Colônia no dia 9 de maio Marx soube que estava para ser expulso; as autoridades em Hamburgo já lhe tinham fornecido um passaporte válido somente para Paris. No dia 16 ele recebeu a ordem de deixar o solo prussiano dentro de 24 horas "por causa de sua vergonhosa violação da hospitalidade"[85]. Todos os outros editores do *Neue Rheinische Zeitung* também foram expulsos ou ameaçados com prisão. O jornal não podia continuar. O último número apareceu aos 18 de maio, impresso em vermelho. Na primeira página aparecia um poema de Freiligrath cuja primeira estrofe era:

> Nenhum golpe franco numa luta franca
>   Mas com gracejos e caprichos eles me processam,
> Arrastando-se traiçoeira e secretamente
>   Os calmucos ocidentais mataram-me.
> A flecha fatal no escuro voou;
>   Fui ferido por um patife emboscado;
> E aqui no orgulho de meu vigor eu estou,
>   Como o cadáver de um bravo rebelde![86]

Também na primeira página estava uma mensagem aos operários de Colônia dos editores que os preveniam contra

85. *MEW*, VI, p. 503.

86. A tradução é do cartista Ernest Jones.

qualquer tentativa de um *putsch* em Colônia e concluíam: "a última palavra do *Neue Rheinische Zeitung* será sempre e em toda parte: emancipação da classe trabalhadora"[87].

O próprio Marx colaborou com um artigo desafiador dizendo – de modo pouco plausível – que o jornal sempre fora revolucionário e nunca tentara ocultar seus pontos de vista:

> Para que servem suas frases hipócritas que buscam subterfúgios impossíveis? Nós também somos implacáveis e não pedimos nenhuma consideração de vocês. Quando chegar a nossa vez, nós não buscaremos pretexto para nosso terrorismo. Mas os terroristas realistas, terroristas pela graça de Deus e da Lei, são brutais, desprezíveis e vulgares em suas práticas, covardes, secretos e mentirosos em suas teorias, e em ambos os aspectos totalmente sem honra[88].

Foram vendidos 20 mil exemplares do "Número Vermelho" e logo trocaram de mão dez vezes mais caro do que o preço original. Correu o boato de que alguns exemplares foram colocados em molduras caras para servir de ícones.

Marx ficou com a tarefa de liquidar os negócios do jornal. Todo o prédio e maquinaria – que pertenciam a Marx pessoalmente – tinham que ser vendidos para pagar as diversas dívidas com os acionistas, empregados e colaboradores: Marx disse mais tarde que empregou 7.000 táleres de seu próprio dinheiro no jornal[89]. A circulação do jornal, na época em que deixou de existir, era de quase 6 mil números, mas seu crescimento apenas aumentara as despesas sem um correspondente aumento de receitas. Tudo o que restou, inclusive

---

87. Marx. Aos Trabalhadores de Colônia, *MEW*, VI, p. 519.

88. *MEW*, VI, p. 505.

89. Cf. Marx a Cluss, *MEW*, XXVIII, p. 733; também Jenny Marx a Weydemeyer, *MEW*, XXVII, p. 607.

artigos novos, Marx entregou ao *Neue Kölnische Zeitung*. Isso lhes deixou apenas a prataria de Jenny. A prataria foi embalada numa maleta emprestada por um dos credores de Marx e toda a família deixou Colônia aos 19 de maio de 1849 e desceram o Reno até Bingen onde Jenny passou alguns dias com amigos. Marx e Engels prosseguiram até Frankfurt onde, ajudados por Wilhelm Wolff, eles se encontraram com os líderes da esquerda na Assembleia de Frankfurt para persuadi-los a assumirem a liderança do movimento revolucionário no sudoeste da Alemanha convocando as forças revolucionárias para Frankfurt. Entretanto Jenny conseguiu, com a ajuda de Weydemeyer, empenhar sua prataria em Frankfurt. Ela então levou os filhos para passarem alguns dias com sua mãe em Trier. Ela encontrou sua mãe muito mudada: "Circunstâncias limitadas de uma idade avançada infiltraram em sua alma, que era tão meiga e amorosa, as qualidades da severidade e do egoísmo que ferem tão profundamente os que estão perto". Ela se confortava com a diversão numa Trier provinciana e a confiança de Marx de que "todas as pressões que agora sentimos são apenas o sinal de uma iminente e mais completa vitória de nossos pontos de vista"[90].

Como Marx e Engels não chegassem a nenhum acordo com a esquerda em Frankfurt, eles foram para o sul, a Baden, onde gastaram uma semana em vão tentando convencer os líderes revolucionários (que tinham estabelecido um governo provisório) a marcharem sobre Frankfurt. Em Speyer Marx encontrou Willich, ainda entusiasta por campanhas, e em Kaiserslautern ele encontrou d'Ester que lhe deu uma autorização em nome do Comitê Central Democrático (que Marx recentemente criticara com tanta severidade) para servir de

90. Jenny Marx a Lina Scholer, em: Dornemann (1968, p. 136).

ligação entre eles e os socialistas em Paris. Evidentemente não havia mais nenhum papel para Marx exercer na Alemanha. Os dois amigos decidiram se separar: Marx iria para Paris ao passo que Engels poria seus talentos de bombardeiro ao serviço dos revolucionários de Baden. No entanto, ao voltarem de Kaiserslautern para Bingen, ambos foram presos por soldados de Hesse que os levaram para Darmstadt e Frankfurt onde eles foram finalmente soltos. Marx voltou a Bingen e partiu para Paris aos 2 de junho acompanhado por Ferdinand Wolff.

VI. Novamente Paris

Marx chegou a Paris onde ele passaria os três meses seguintes, confiante na eclosão iminente de uma revolução. Na realidade, seguindo-se à vitória esmagadora de Luís Napoleão nas eleições presidenciais de dezembro anterior, era iminente uma autocracia militar. Marx estabeleceu-se na rue de Lille, perto de Les Invalides, sob o pseudônimo de M. Ramboz. Ele achou Paris "lúgubre" – e inevitavelmente devia parecer comparada com os anos anteriores. Além disso, estava grassando uma epidemia de cólera. Marx, porém, estava confiante num levante imediato, e se pôs a cumprir o seu mandato. Aos 7 de junho ele escreveu a Engels: "Uma erupção colossal de uma cratera revolucionária nunca foi mais iminente do que agora em Paris… Eu estou em contato com a totalidade do partido revolucionário e em poucos dias terei *todos* os jornais revolucionários à minha disposição"[91]. De fato, porém, a situação era sombria: as revoltas armadas esporádicas na Alemanha estavam diminuindo, a rebelião húngara fora esmagada por tropas russas e na Itália o exército francês estava em vias de restabelecer a autoridade papal. Aos 11 de junho, após uma moção

91. Marx a Engels, *MEW*, XXVII, p. 137.

de censura contra o governo proposta por Ledru-Rollin e pela radical Montagne, as Associações de Trabalhadores propuseram um *coup d'état* armado à noite, mas Montagne se recusou; e quando esta última fazia uma demonstração pacífica dois dias depois, foi facilmente dispersa pelos soldados do governo. Assim os dois partidos "paralisavam-se e se enganavam mutuamente"[92]. A "revolução" terminara.

No começo de julho Jenny e os filhos juntaram-se a Marx em Paris, entrando numa situação de pobreza que se tornaria crônica. Marx recorreu à ajuda de Weydemeyer para procurar e persuadir uma senhora que prometera dinheiro para o *Neue Rheinische Zeitung* a dá-lo ao próprio Marx, a fim de poder comprar o *copyright* de *A pobreza da filosofia* e conseguir algum dinheiro com uma segunda edição. "Se não vier ajuda de algum lugar", ele escreveu a Weydemeyer, "estou perdido... as últimas joias de minha esposa já foram penhoradas"[93]. Marx também escreveu a Lassalle, que respondeu pronta e generosamente, mas ele lamentou amargamente o pedido quando ele soube de Freiligrath que Lassalle fizera do assunto a conversa das tabernas. Aos 19 de julho, porém, como Jenny escreveu, "o conhecido sargento de polícia veio novamente e nos informou que 'Karl Marx e sua esposa deveriam deixar Paris dentro de 24 horas'"[94]. Marx recebeu a alternativa de ir para Morbihan, um distrito da Bretanha. Ele descreveu a região – de modo não generoso – como "os pântanos pontinos da Bretanha"[95] e a proposta toda era "uma tentativa disfarçada de assassinato"[96]. Ele procurou pelo menos obter um adiamento apelando

92. Marx, *MEW*, VI, p. 528.

93. Marx a Weydemeyer, *MEW*, XXVII, p. 500.

94. Jenny Marx. Short Sketch of an Eventful Life. *Reminiscences*, p. 225.

95. Marx a Engels, *MEW*, XXVII, p. 139.

96. Marx a Engels, *MEW*, XXVII, p. 142.

ao ministro do Interior e escrevendo à imprensa que ele viera a Paris com "o objetivo geral de conseguir mais documentação para minha obra sobre a história da economia política que iniciei há quatro anos"[97]. Marx ainda se declarou "satisfeito" com a situação política. "As coisas vão bem", escreveu, "e o Warterloo que o partido democrata oficial experimentou deve ser tratado como uma vitória"[98]. Ele pediu a Weydemeyer para tentar persuadir Leske, apesar da dívida ainda pendente, a publicar seus artigos sobre "Trabalho assalariado e capital"; ele já fizera sondagens em Berlim na esperança de fundar uma publicação mensal sobre economia e política. Aos 17 de agosto Marx escreveu a Engels que a crescente natureza reacionária do governo francês dava esperança de uma insurreição revolucionária imediata: "Devemos iniciar uma empresa literária e comercial: aguardo suas propostas"[99]. Uma semana mais tarde ele navegou para a Inglaterra.

---

97. Marx, ao editor de *La Presse*, *MEW*, VI, p. 529.

98. Marx a Weydemeyer, *MEW*, XXVII, p. 506.

99. Marx a Engels, *MEW*, XXVII, p. 141.

5
Londres

Vê-se cada vez mais que a emigração transforma necessariamente todos em tolos, burros e servos comuns a não ser que se consiga mantê-la completamente à distância.
Engels a Marx, *MEW*, XXVII, p. 186.

I. O primeiro ano em Londres

Conforme foi dito, nada dura como o provisório. Quando Marx chegou à Inglaterra, ele certamente não tinha ideia de que faria dela sua casa permanente. Durante anos ele partilhou da visão da maioria de seus companheiros refugiados de que um novo turno de revoluções em breve irromperia no continente. Iguais aos cristãos primitivos aguardando a Segunda Vinda, eles consideravam a sua vida atual como tendo pouca importância comparada com o grande evento que estava para vir. Isto explica em parte a natureza *ad hoc* de grande parte da vida de Marx durante o que de fato seria uma noite de exílio longa e insone.

Deixando Jenny e os filhos em Paris, Marx cruzou o Canal aos 24 de agosto de 1849 na companhia do comunista suíço Seiler e de Karl Blind, um jovem democrata de Baden. É provável que ao chegar ele tenha ficado temporariamente nos alojamentos de Karl Blind em cima de um bar em Grosvenor Square – este, de qualquer forma, era o endereço que ele usava para correspondência. Suas perspectivas eram desanimadoras. "Estou numa posição realmente difícil", escreveu ele logo após sua chegada, "a gravidez de minha esposa está muito avançada. Ela deve deixar Paris em 15 de setembro e eu não sei onde vou ajuntar o dinheiro necessário para a viagem dela e para nossa instalação aqui"[1]. Com dificuldade Jenny conseguira estender seu visto até 15 de setembro (quando terminava o contrato de aluguel da casa deles em Paris), e chegou a Londres no dia 17 com seus três filhos pequenos e faltando menos de três semanas para o nascimento do quarto. Ela foi recebida por Georg Weerth, um comerciante atacadista que era um dos membros fundadores da Liga Comunista e trabalhara para o *Neue Rheinische Zeitung*. Ele arranjou-lhes um quarto mobiliado numa pensão no Leicester Square de onde eles logo saíram, mudando-se para um apartamento de dois quartos na elegante área não distante de King's Road em Chelsea. O aluguel era alto (cerca de 6 libras esterlinas por mês[2]) mas os magros recursos deles próprios eram suplementados pelo dinheiro da mãe de Jenny, e por ora eles se arranjavam. "Aos 5 de novembro", Jenny escreveu em suas memórias, "enquanto o povo do lado de fora gritava 'Guy Fawkes for ever' e garotos mascarados corriam pelas ruas em burros adestrados e tudo estava em alvoroço, meu pobrezinho Heinrich nasceu. Nós o chamamos Little Fawkes em homenagem ao grande conspirador"[3]. Portanto, como notou Weerth, Marx tinha quatro nações em sua família, tendo cada filho seu nascido num país diferente.

A Família Marx logo se mudou do apartamento em Chelsea. Mal tinham ficado um pouco mais de seis meses quan-

1. Marx a Freiligrath, *MEW*, XXVII, p. 512.

2. Isto deve ser multiplicado ao menos dez vezes para se ter as libras esterlinas equivalentes hoje.

3. J. Marx, Short Sketch of an Eventful Life. *Reminiscences*, p. 225.

do problemas com a dona do apartamento e falta de dinheiro provocaram seu despejo sumário. Jenny relatou o que aconteceu pouco depois numa carta a Weydemeyer:

> Vou descrever-lhe apenas *um* dia daquela vida, exatamente como era, e você verá que poucos imigrantes, talvez, tenham passado por algo semelhante. Como amas de leite são muito caras, eu mesma decidi alimentar meu filho apesar das contínuas e terríveis dores no peito e nas costas. Mas o pobre anjinho sugava com tanta inquietação e ansiedade que estava sempre indisposto e sofria horrivelmente noite e dia. Desde que viera ao mundo ele não dormira uma única noite, duas ou três horas no máximo e isto raramente. Recentemente ele tivera convulsões violentas, também, e esteve entre a vida e a morte. Em seu sofrimento ele sugava tão forte que meu peito ficava irritado e a pele rachava, e o sangue muitas vezes entrava em sua boquinha trêmula. Eu estava sentada com ele como naquele dia em que chegou nossa senhoria. Nós lhe tínhamos pago 250 táleres durante o inverno e tínhamos concordado em futuramente dar o dinheiro não a ela, mas ao senhorio dela, que tinha uma ordem do administrador contra ela. Ela negou o acordo e exigiu as 5 libras que nós ainda lhe devíamos. Como não tínhamos o dinheiro na ocasião (a carta de Naut ainda não tinha chegado) dois oficiais de justiça vieram e sequestraram todas as minhas posses – lençóis, camas, roupas – tudo, até o berço do meu pobre filho e os melhores brinquedos de minhas filhas, que ficaram lá chorando amargamente. Eles ameaçaram levar tudo em duas horas. Tive que ficar no chão limpo com meus filhos congelando e meu peito ruim. Nosso amigo Schramm foi depressa à cidade buscar-nos ajuda. Ele tomou um táxi, mas os cavalos saíram em disparada e ele pulou para fora e foi trazido de volta sangrando para

> a casa, onde eu estava chorando com meus pobres filhos tremendo de frio.
> Tivemos que abandonar a casa no dia seguinte. Estava frio, chovendo e escuro. Meu marido procurou acomodação para nós. Quando ele mencionava os quatro filhos, ninguém nos queria aceitar. Finalmente um amigo nos ajudou, pagamos nosso aluguel e vendi às pressas minhas camas todas para pagar o farmacêutico, o padeiro, o açougueiro e o leiteiro que, alarmados à vista da confiscação, repentinamente me cercaram com suas contas. As camas que tínhamos vendido foram retiradas e colocadas numa carroça. O que estava acontecendo? Era bem após o pôr do sol. Nós estávamos infringindo a lei inglesa. O senhorio acorreu a nós com dois policiais, afirmando que podia haver algum pertence dele entre as coisas e que nós queríamos sair do país. Em menos de cinco minutos havia 200 ou 300 pessoas rondando nossa porta – toda a ralé de Chelsea. As camas foram levadas novamente para dentro – não podiam ser entregues ao comprador senão depois do nascer do sol no dia seguinte. Tendo vendido todas as nossas posses, estávamos em condição de pagar o que devíamos até o último níquel. Fui com meus anjinhos para os dois quartos que ocupamos agora no hotel alemão, Leicester St. n. 1, Leicester Square. Lá, por 5 libras semanais, tivemos uma recepção humanitária[4].

Depois da expulsão de sua casa em Chelsea em abril de 1850, eles encontraram um lugar permanente para morar em dois quartos na Dean Street n. 64, uma casa pertencente a um negociante judeu de rendas, onde morava também Heinrich Bauer, tesoureiro do comitê dos refugiados. Jenny descreveu

4. Jenny Marx a Weydemeyer, *Reminiscences*, p. 237s.

o verão aí, com os quatro filhos, como "miserável"[5]. As perspectivas em Londres eram tão desanimadoras que Marx pensou em emigrar para os Estados Unidos junto com Engels. Ele preparou o terreno para uma continuação de seus projetos de publicação lá e chegou até a se informar sobre o preço da passagem; mas ela era "infernalmente cara"[6] e em vez disto a Família Marx simplesmente se mudou para o n. 28 da mesma rua ao passo que Engels foi trabalhar na firma de seu pai em Manchester. A mudança foi motivada pela morte de Guido, nascido exatamente há um ano, que morreu repentinamente de convulsões causadas por meningite – o primeiro dos três filhos a morrer na Dean Street.

Apesar dessas dificuldades, Marx era muito ativo politicamente. Seus primeiros meses em Londres foram ocupados por três atividades inter-relacionadas: seu trabalho a favor dos refugiados na estrutura da Associação Educacional dos Trabalhadores Alemães[7]; a reorganização da Liga Comunista; e seus esforços em iniciar um jornal mensal nos moldes do *Neue Rheinische Zeitung*. Ele via todas as três como meios de reconstruir o "partido de Marx" assim como ele existia em Colônia em 1848[8].

No dia seguinte à chegada de Jenny a Londres foi eleito um comitê para a Assistência dos Refugiados Políticos Alemães por uma assembleia da Associação à qual ele devia prestar contas mensalmente. Marx foi um dos membros escolhidos junto com Blind, Bauer, Pfänder e Fuster. O comitê começou imediatamente a coletar dinheiro por meio de contatos pessoais e anúncios de jornal, ambos principalmente

---

5. J. Marx, Short Sketch of an Eventful Life. *Reminiscences*, p. 226.

6. Marx a Engels, *MEW*, XXVII, p. 55.

7. Cf. acima, p. 250s.

8. Cf. acima, p. 290s.

em alemão. Depois de apenas dois meses, porém, o comitê teve que ser reconstituído. Porque, com a partilha de Blind e Fuster e a chegada de Willich a Londres, a orientação do comitê se tornou extrema demais para os republicanos radicais como Struve e Heinzen que tentavam formar (separado da Associação) um comitê novo e politicamente mais moderado. Embora esses esforços (que foram renovados no abril seguinte) fracassassem, eles conduziram à reconstituição do comitê original – com Engels e Willich eleitos para os dois cargos vagos e uma mudança de nome do Comitê Democrático Social para Assistência dos Refugiados Alemães. (Esse desentendimento era parte de uma cisão maior entre os refugiados, pois os republicanos ortodoxos, liderados por Struve e Heinzen, formaram uma Liga dos Trabalhadores em oposição à Associação.) O novo comitê, do qual Marx se tornou presidente e Engels secretário, foi muito ativo durante o ano seguinte: conseguiu 300 libras e ajudou a mais de 500 refugiados, embora as generosas doações originais diminuíssem na medida em que cresciam os números. No verão de 1850 foi construído um albergue com a capacidade de hospedar 18 refugiados e alimentar cerca de 40: o plano era tornar o albergue autossuficiente transformando-o numa fábrica de múltiplos propósitos gerida pelos refugiados. Mas essas ideias nunca se materializaram: o comitê de fato deixou de funcionar quando ocorreu a divisão na Liga Comunista em setembro de 1850.

Marx também participava de outras atividades da Associação: tanto dos piqueniques e danças que ela organizava, da esgrima e do xadrez, como também deu um curso de palestras intitulado "O que é a propriedade burguesa?" que começou em novembro e durou até o meio do ano de 1850. Ele começara a dar algumas aulas particulares em sua casa para um pequeno círculo de amigos e foi convencido a estendê-las a um público maior falando para as reuniões com muita gente no primeiro andar das instalações da Associação na Great Windmill Street. Uma descrição viva do método pedagógico de Marx é dada por Wilhelm Liebknecht, o futuro fundador do Partido Socialista Alemão que se tornara um discípulo inabalável de Marx depois de seus encontros num dos piqueniques da Associação:

> Marx procedia metodicamente. Ele estabelecia uma proposição – quanto mais curta, melhor, em seguida demonstrava-a numa explanação mais longa, esforçando-se com o maior cuidado em evitar qualquer expressão incompreensível aos trabalhadores. Então pedia que os ouvintes fizessem perguntas a ele. Se não se perguntasse, ele começava a examinar os trabalhadores, e fazia isso com tal habilidade pedagógica que nenhuma falha, nenhum mal-entendido lhe escapavam. Ao expressar minha surpresa por sua destreza, soube que Marx dera aulas sobre economia política no clube dos trabalhadores em Bruxelas. Em todo caso ele tinha as qualidades de um bom professor. Ele também usava o quadro negro no qual escrevia as fórmulas – entre elas aquelas do começo de *O capital* que são familiares a nós todos[9].

Outro relato de discussões mais sinistras na Great Windmill Street está contido na seguinte descrição de um espião do governo prussiano que finalmente encontrou seu caminho para o Ministério das Relações Exteriores inglês pelo embaixador britânico em Berlim:

> Uma das sociedades alemãs dirigidas por Marx, Wolff, Engels, Vidil, reúne-se no n. 20 da Great Windmill Street, no primeiro andar. Ela divide-se novamente em três seções. A Sociedade B é a mais violenta. Nela

9. Liebknecht (1901, p. 69).

> o assassinato de príncipes é formalmente ensinado e discutido. Numa reunião realizada anteontem, da qual participei, presidida por Wolff e Marx, ouvi um dos oradores dizer: "O Monstro também não escapará de seu destino. Os artigos de aço inglês são os melhores, aqui os machados são particularmente afiados e a guilhotina espera por toda Cabeça Coroada". Portanto, o assassinato da rainha da Inglaterra é proclamado por alemães a algumas centenas de jardas do palácio de Buckingham. O comitê secreto divide-se novamente em duas Seções, uma composta pelos Líderes e a outra pelos chamados "Blindmen" (cegos) que são entre 18 e 20 membros e são homens de grande audácia e coragem. Eles não se destinam a tomar parte em distúrbios, mas são reservados para grandes ocasiões e principalmente para o assassinato de príncipes[10].

Esse relato é notável sobretudo pela capacidade imaginativa de seu autor que é mostrada pelas atas sobreviventes de tais reuniões.

Em geral os refugiados eram ignorados pelo governo britânico. Em março de 1851, por exemplo, o ministro do Interior prussiano fez pressão para que Áustria e Prússia juntas se dirigissem ao governo britânico para "medidas decisivas contra os principais revolucionários conhecidos pelo nome" e para "torná-los inócuos transferindo-os para as colônias"[11]. No ano anterior o embaixador austríaco já tinha ventilado a questão com Sir George Grey, o ministro do Interior britânico, ressaltando que "os membros da Liga Comunista, cujos líderes eram Marx, Engels, Bauer e Wolff, discutiam até regicídio", mas recebeu a resposta: "segundo nossas leis, mera discussão de regicídio, na medida em que não se referir à Rainha da

10. Citado em Payne (1968, p. 235).

11. Deutsches Zentral Archiv, citado em Obermann (1955, p. 66s.).

Inglaterra e à medida que não houver um plano definido, não constitui base suficiente para a prisão dos conspiradores"[12]. O máximo que o ministério do Interior fez como resposta a esses pedidos foi dar ajuda financeira aos refugiados que quisessem emigrar para os Estados Unidos[13].

Embora quando ainda estava em Colônia Marx tivesse rejeitado as propostas do Comitê Central de Londres em favor da Liga Comunista (ressuscitada por Schapper e Moll no começo de 1849), agora começou a dedicar muita energia ao trabalho da Liga. Não é inteiramente claro como Marx se tornou membro do Comitê Central: por eleição oficial é pouco provável; provavelmente ele tenha sido indicado por Bauer e Eccarius, como depois foram Engels e Willich. Em todo caso ele participou de suas reuniões quinzenais e finalmente tornou-se seu presidente. A Liga estivera longe de estar inativa durante 1849, embora a Mensagem de junho[14] do Comitê Central declarasse que "...o fracasso do partido revolucionário no verão anterior praticamente dissolveu momentaneamente a organização da Liga... O Comitê Central foi condenado à completa inatividade até o fim do ano anterior". Isto era um exagero, e Marx declarou mais tarde que ao chegar a Londres "encontrei lá reconstituída a operação da Liga Comunista e restabelecida a ligação com os grupos reconstruídos na Alemanha"[15]. Mas a geral confusão e dispersão no fim de 1849 certamente diminuíram as atividades da Liga. Ideologicamente também a "sociedade de propagan-

12. Brügel (1924).

13. Cf. os documentos encaminhados ao Ministério do Interior a que se refere Schoyen, *The Chartist Challenge*, p. 230.

14. Cf., p. 342s.

15. Marx, Herr Vogt, *MEW*, XIV, p. 440.

da secreta" (como Marx a descreveu[16]) estava longe de ser homogênea. Embora seja verdade que nem todo candidato era admitido como membro e que às vezes ocorriam até expulsões, não havia nenhuma ortodoxia clara – nem teria sido possível, pois o contato era simplesmente por carta via emissários ocasionais que levavam uma Mensagem do Comitê Central. No que Marx – agora e mais tarde – chamava seu "partido" ele certamente insistia na pureza ideológica, mas esse partido de modo algum coincidia com a Liga, nem era exclusivamente composto por membros da Liga: ele era composto por comparativamente poucas pessoas que – em grau variável – conheciam Marx pessoalmente, entendiam seu ponto de vista e respeitavam sua superioridade suprema.

Em janeiro de 1850 Marx tentou reorganizar a Liga na Alemanha e enviou uma carta ao fabricante de charutos Röser, o futuro presidente do grupo de Colônia que mais tarde depôs contra o rei, instando com ele, nas palavras de Röser, "...a fundar um grupo em Colônia e fazer o máximo de esforço para fundar outros semelhantes em outras cidades renanas, pois ele também considerava necessário, agora que a liberdade de expressão e de imprensa tinham de fato sido suprimidas, reorganizar a Liga, pois a propaganda futura só podia ser feita secretamente"[17]. Röser respondeu pedindo estatutos oficiais que excluíssem quaisquer tendências conspiratórias. Marx respondeu que eles seriam ratificados por um futuro congresso e que por enquanto ele adotasse as linhas mestras estabelecidas no *Manifesto comunista*.

Numa tentativa de dar algum tipo de unidade à Liga na Alemanha, o Comitê Central enviou Bauer numa viagem de

---

16. *MEW*, VIII, p. 414.

17. Blumenberg (1964, p. 91).

inspeção em março com uma autorização assinada por Marx e uma instrução sobre táticas composta por Marx e Engels. Essa famosa Mensagem demonstrava o quanto Marx tinha mudado sua ideia sobre tática durante o ano anterior. Ele agora aceitava a necessidade de "organizar tanto secreta como publicamente o partido dos trabalhadores ao lado, mas independente, dos democratas oficiais"[18] e agora aprovava também as tentativas anteriores do Comitê Central em reorganizar a Liga na Alemanha. Marx atacou todos os tipos de "partido democrático" cujos interesses, porque representavam a numerosa classe média baixa alemã, no fim das contas necessariamente se opunham aos do proletariado. O conselho de Marx aqui era:

> ...Enquanto a pequena burguesia democrática quer levar a revolução a uma conclusão tão rapidamente quanto possível, e com a realização, quando muito, das reivindicações acima, é nosso interesse e nossa tarefa tornar a revolução permanente até que as classes que possuem mais ou menos tenham sido arrancadas de sua posição de domínio, até que o proletariado tenha conquistado o poder estatal e a associação dos proletários, não somente num país, mas em todos os países dominantes do mundo, tenha avançado tanto que a competição entre os proletários destes países tenha cessado e que pelo menos as forças produtivas decisivas estejam concentradas nas mãos dos proletários[19].

Assim os operários deveriam inicialmente apoiar qualquer revolução democrática burguesa e ao mesmo tempo manter sua organização independente e, se possível, armada; se a revolução fosse bem-sucedida os trabalhadores deviam manter a pressão reivindicando nacionalização da terra e uma repú-

18. *MESW*, I, p. 111.

19. *MESW*, I, p. 110.

blica unida e altamente centralizada. O *slogan* que Marx propôs no fim de sua Mensagem – "revolução permanente" – não implicava que ele acreditasse numa revolução proletária iminente na Alemanha, embora ele a achasse provável na França e estava muito mais otimista agora do que da outra vez sobre a probabilidade de uma crise econômica. No fim da Mensagem Marx falava de um "longo desenvolvimento revolucionário" e deu este conselho final aos trabalhadores alemães:

> ...eles devem empregar todos os esforços para sua vitória final, tendo clareza sobre o que são seus interesses de classe, assumindo uma posição como partido independente assim que possível e não permitindo que por um único momento as frases hipócritas da pequena burguesia democrática os convençam de se absterem da organização independente do partido do proletariado[20].

A Mensagem foi aceita e reproduzida pelo grupo de Colônia, pois não encontraram nela nenhuma tendência conspiratória e Bauer passou a visitar grupos em todo lugar da Alemanha de maneira semelhante. Ao voltar ele passou por Colônia, onde se criticava a iniciativa tomada por Londres com base no fato de Marx ter dissolvido a Liga em 1848 e não ter havido nenhuma reconstituição oficial. No entanto, esta não era a visão majoritária do grupo de Colônia e a missão de Bauer foi de modo geral considerada um sucesso pelo Comitê Central.

A influência exata da Liga Comunista na Alemanha não é difícil de avaliar[21]. Os membros pareciam ser compostos sobretudo de intelectuais de classe média que geralmente tinham uma ideia um tanto idealizada do proletariado e cujos únicos meios de conseguir influência prática era o contato

---

20. *MESW*, I, p. 117.

21. Sobre esta questão, cf. tb. Balser (1962, esp. cap. 3).

com associações de trabalhadores segundo o modelo do grupo londrino. Essas associações – uma resposta às necessidades sociais diretas – tinham eleições abertas, exerciam controle estrito sobre os representantes eleitos e se concentravam em atividades práticas como ajuda mútua e educação formal. Embora em algumas cidades – Colônia e Frankfurt, por exemplo – a influência dos membros da Liga sobre as associações fosse considerável, as declarações exageradas da Mensagem de junho do Comitê Central londrino não deviam ser tomadas pelo seu valor aparente.

Embora a segunda Mensagem declarasse também "que a eclosão de uma nova revolução não pode estar muito longe"[22], o tom e a finalidade eram diferentes da Mensagem de março: ela afirmava a autoridade suprema do Comitê Central de Londres quando confrontado com os pedidos de uma autonomia separada feitos, por exemplo, por uma organização de refugiados alemães na Suíça, bem como por outros grupos, todos eles ativos na própria Alemanha. A Mensagem fazia um relato otimista da situação da Liga na Bélgica, Alemanha, França e Inglaterra e também adiava o Congresso Geral a pedido de Colônia. Seu estilo bombástico, falta de realismo e otimismo excessivo em relação aos contatos entre organizações de trabalhadores e o exército tornavam duvidoso que Marx e Engels tivessem tido grande parte em sua elaboração, embora devam ter concordado com sua forma final, pois eles nunca desaprovavam – e tenha sido até reimpressa por Engels. A Mensagem não atingiu inteiramente sua finalidade porque ainda havia discordâncias entre o grupo de Londres e o de Colônia: o último sempre se considerara apenas como uma sociedade de propaganda e com raiva acusava Marx de "conduta não fra-

22. *MEW*, VII, p. 312.

ternal" quando ele os acusou de "falta de atividade enérgica"[23]. Um Congresso Geral devia se realizar em Londres em setembro, mas a divisão no Comitê Central em setembro de 1850 impediu que se realizasse.

A Mensagem também anunciava aos grupos alemães os contatos do Comitê Central com partidos revolucionários franceses e ingleses. No fim de 1849 Marx participara de um jantar organizado pela ala esquerda do movimento cartista que estava se desintegrando, conhecidos como Democratas Fraternais, cujo líder (George Harney) Marx conhecia desde sua estada anterior em Londres. Nesse jantar Marx conheceu líderes exilados do partido de Blanqui e em abril de 1850 foi formada a Sociedade Universal dos Revolucionários Comunistas. Os signatários eram Marx, Engels e Willich por parte dos alemães, Harney pelos ingleses e Vidil e Adam pelos franceses. O primeiro dos seis artigos dos estatutos, apoiado no espírito da Mensagem de março, dizia:

> O objetivo da sociedade é a derrubada de todas as classes privilegiadas e a submissão destas classes à ditadura do proletariado mantendo a revolução permanente até a realização do comunismo, que será a última forma de organização da família humana[24].

Os estatutos estavam escritos em francês e foram elaborados por Willich. A Sociedade Universal também começou a emitir propaganda revolucionária: Barthélemy, um dos mais ostentosos discípulos de Blanqui, relatou a seu líder: "Começamos a elaborar, junto com os comunistas alemães, um manual revolucionário contendo a enumeração de uma lista de todas as medidas que o povo terá que tomar imediatamente

23. Cf. Schieder (1968).

24. Plotkin (1951, p. 120).

após a revolução"[25]. A Sociedade não sobreviveu à divisão na Liga Comunista quando a maioria dos blanquistas passaram para o lado de Willich. Conseguiu, no entanto, uma unificação temporária da esquerda europeia após 1848 e como tal foi uma precursora da Primeira Internacional.

Um fator-chave em toda a atividade política de Marx em 1849 e 1850 foi seu esforço em fundar um jornal que continuasse o papel desempenhado pelo *Neue Rheinische Zeitung* na revolução de 1848-1849. Antes de sair de Paris ele já tinha planos específicos para um jornal que atuasse como um ponto de encontro para seu "partido" disperso. Seu título, *Neue Rheinische Zeitung – Politisch-Oekonomische Revue*, indicava, em primeiro lugar, a continuidade com o jornal anterior e, em segundo lugar, a intenção de transformá-lo num diário assim que "as circunstâncias permitam seu retorno à Alemanha"[26] e, finalmente, a íntima ligação que Marx via entre investigações socioeconômicas e atividade política.

Os últimos meses de 1849 foram ocupados na busca de colaboradores e de um publicador. Em dezembro Theodor Hagen, um membro da Liga Comunista, informou a Marx que o editor de Hamburgo, Schuberth, estava disposto a se encarregar da revista. Schuberth receberia 50% de toda a receita para custear a publicação, ao passo que o resto das providências, inclusive a distribuição (por agentes que receberiam uma comissão), ficavam ao cargo de Marx, que arcaria com seu custo. Títulos foram anunciados na esperança de se conseguir 500 libras e Conrad Schramm iria aos Estados Unidos com o apoio dos cartistas e blanquistas para conseguir dinheiro lá, mas nenhum dos projetos foi realizado. Também houve

25. Plotkin (1951, p. 120).

26. *MEW*, VII, p. 550.

atrasos na publicação: a data pretendida era 1º de janeiro, mas Schuberth não recebeu nenhum manuscrito durante todo o mês de janeiro, em parte devido à doença de Marx no fim do mês. O manuscrito chegou no começo de fevereiro, mas, com a falta de papel do impressor e sua dificuldade em decifrar a "terrível escrita manual" de Marx[27], retardaram ainda mais a publicação. Além disso, Schuberth também estava preocupado com a possibilidade de perseguição e achava que Marx, como editor, baixaria o tom dos artigos pois "ele pode manejar a língua como nenhum outro na terra"[28]. A edição planejada para janeiro com 2.500 exemplares finalmente apareceu no começo de março e três números seguiram-se com bastante rapidez até meados de maio. Contudo, as relações com Schuberth deterioraram-se depressa: ele demorava em mandar informações sobre a venda do jornal, alterava o texto sem consultar e não o distribuía segundo as instruções. A receita das vendas era muito pequena e em maio Jenny Marx escreveu a Weydemeyer falando amargamente que era impossível dizer o que era pior: "os atrasos do publicador ou os dos administradores e amigos em Colônia ou a atitude geral dos democratas"[29]. As acusações contra Schuberth eram certamente justificadas, mas o tom da *Revue* era intelectual demais para ter qualquer grande impacto. Um dos líderes do grupo de Colônia, Roland Daniels, escreveu a Marx: "Apenas o mais inteligente deste partido e algumas pessoas da classe média que têm conhecimento de história interessar-se-ão na revolução através da publicação de seu jornal mensal".

Durante o verão a *Revue* esteve suspensa e o último número (uma edição dupla) apareceu em novembro. Marx achou

27. Bittel (1955, p. 16).

28. Bittel (1955, p. 16).

29. Jenny Marx a Weydemeyer, *Reminiscences*, p. 236s.

que Schuberth tinha sido tão negligente que ele (sem sucesso) tentou processá-lo. Ele também tinha planos de continuar a *Revue* como uma publicação trimestral em Colônia ou, como alternativa, na Suíça. Esses planos deram em nada.

É difícil ver como a *Revue* – ou mesmo a Liga Comunista à qual ela pretendia dar uma orientação intelectual – seria bem-sucedida naquelas circunstâncias, pois ambas dependiam do entusiasmo criado pelas revoluções de 1848-1849 e da expectativa da iminência de uma onda semelhante de agitação. Essa esperança era comum a todos os refugiados, inclusive Marx que, antes de sair de Paris, dissera a Lassalle que esperava uma nova irrupção revolucionária no começo do ano seguinte. De fato, as colaborações de Marx para a *Revue* (cujo objetivo declarado era "dar um tratamento completo e científico das relações econômicas que formam a base de todo o movimento político"[30]) documentam sua progressiva percepção de que os pré-requisitos econômicos para os seus objetivos políticos não estavam exatamente lá.

Na publicidade original para a *Revue* Marx tinha declarado que "...um tempo de trégua aparente como o atual deve ser usado para lançar luz sobre o período de revolução que temos vivido"[31]. Essa era a intenção de uma das principais colaborações de Marx para a *Revue*, uma série de artigos intitulada "1848 a 1849". Esses artigos foram republicados mais tarde por Engels sob o título *As lutas de classe na França* e descritos, com razão, como "a primeira tentativa de Marx em explicar uma parte da história contemporânea através de sua concepção materialista"[32].

---

30. *MEW*, VII, p. 5.

31. *MEW*, VII, p. 5.

32. *MESW*, I, p. 118.

As lutas de classe na França era um comovente relato brilhante e rápido sobre a mudança do cenário político na França durante 1848-1849 tendo como fundo o interesse econômico e de classe. A avaliação geral de Marx sobre o fracasso do levante revolucionário recente foi feita nas palavras iniciais:

> Com exceção de apenas alguns poucos capítulos, qualquer parte mais importante dos anais da revolução de 1848 a 1849 leva o título: *Derrota da revolução*! O que sucumbiu nessas derrotas não foi a revolução. Foram os acessórios tradicionais pré-revolucionários, resultados de relações sociais que ainda não tinham chegado ao ponto de antagonismos de classe agudos – pessoas, ilusões, concepções, projetos dos quais o partido revolucionário antes da revolução de fevereiro não estava livre, de que podia se livrar não com a vitória de fevereiro, mas apenas com uma série de derrotas.
>
> Numa palavra, a revolução fez progresso, foi em frente, não por suas realizações tragicômicas imediatas, mas, pelo contrário, pela criação de uma contrarrevolução poderosa, unida, pela criação de um oponente no combate com quem, apenas, o partido dos derrotados tornou-se um partido realmente revolucionário[33].

Marx continuava com uma análise da Monarquia de Julho, comparando-a com uma sociedade anônima por ações que o Estado mantinha continuamente à beira da falência de modo que banqueiros e corretores podiam especular com suas dívidas para a ruína do pequeno investidor[34]. O descontentamento geral resultante explodiu numa revolução com grave efeito sobre a indústria francesa proveniente da crise co-

33. *MESW*, I, p. 139.

34. Para uma avaliação da explicação de Marx em termos socioeconômicos cf. Price (1972).

mercial e industrial de 1845-1846 na Inglaterra. Mas o governo provisório estabelecido depois das barricadas de fevereiro podia apenas refletir os desentendimentos das várias classes que o tinham criado. Era em certa medida uma crítica de suas próprias ações passadas na Alemanha quando Marx declarou que era ilusão os trabalhadores esperarem por uma emancipação ao lado da burguesia ou dentro das fronteiras da França. O resultado inevitável das eleições de maio, continuou ele, era uma república burguesa contra a qual os trabalhadores se revoltariam em vão. Mas sua derrota apenas preparava uma futura vitória:

> ...a derrota de junho criou todas as condições para a França tomar a iniciativa da revolução europeia. Somente depois de se embeber no sangue dos rebeldes de junho a tricolor podia se tornar a bandeira da revolução europeia – a bandeira vermelha!
> E nós exclamamos: A revolução morreu! Viva a revolução![35]

O segundo artigo de Marx discutia as contradições na nova constituição promulgada no outono de 1848 e as oportunidades que ela deu a Luís Napoleão, que teve uma vitória esmagadora nas eleições presidenciais em dezembro. Napoleão fora o único a captar a imaginação dos camponeses. Para o proletariado a eleição significava a rejeição do republicanismo burguês e vingança pela derrota de junho; para a pequena burguesia significava o domínio do devedor sobre o credor; ao passo que para o mundo dos negócios Napoleão apresentava a oportunidade de se livrar de sua aliança forçada com elementos potencialmente progressistas. "Assim aconteceu", disse Marx, "que o homem mais tolo na França adquiriu o

35. *MESW*, I, p. 163.

mais variado significado. Exatamente porque não era nada, podia significar tudo exceto ele mesmo"[36].

O terceiro e último artigo, escrito em março mais ou menos ao mesmo tempo em que a Mensagem de março e a criação da aliança londrina com os blanquistas, analisava os diferentes elementos no partido de oposição. Aqui Marx enfatizava a diferença entre o socialismo "*petit-bourgeois*" ou "doutrinário" (ele tinha em mente particularmente Proudhon) e o socialismo revolucionário de Blanqui:

> Enquanto este socialismo doutrinário, utópico, que subordina o movimento total a um de seus momentos, que põe em lugar da produção social, comum, a atividade intelectual de pedantes individuais e, sobretudo, na fantasia suprime a luta revolucionária das classes e sua necessidade por pequenas ações de conjuradores ou grande sentimentalismo; enquanto este socialismo doutrinário, que no fundo apenas idealiza a sociedade atual, retrata-a sem sombras e quer realizar seu ideal através das realidades da sociedade presente; enquanto o proletariado entrega este socialismo à pequena burguesia; enquanto a luta dos diferentes líderes socialistas entre si apresenta cada um dos chamados sistemas como uma pretensa adesão a um dos pontos de transição da revolução social como oposto a outro – o proletariado cada vez mais une-se em torno do socialismo revolucionário, em torno do comunismo, para o qual a burguesia inventou para si o nome de Blanqui. Este socialismo é a declaração da permanência da revolução, a ditadura de classe do proletariado como o ponto de passagem necessário para a abolição da distinção de classe em geral, para a abolição de todas as relações de produção sobre as quais descansam, para a abolição de todas as rela-

36. *MESW*, I, p. 174.

ções sociais que correspondem a estas relações de produção, para o revolucionamento de todas as ideias que resultam destas relações sociais[37].

O artigo terminava com uma nota caracteristicamente otimista declarando que a república burguesa reacionária fora simplesmente "a estufa da revolução"[38].

Este otimismo também refletia-se nos extensos comentários sobre assuntos correntes escritos por Marx e Engels para a *Revue* durante os primeiros meses de 1850. Na França "a força do partido revolucionário cresce naturalmente na proporção do progresso da reação" e "uma classe política até agora morta, os camponeses, foram ganhos para a revolução"[39]. Quanto à Inglaterra, o desenvolvimento tremendo das forças produtivas lá em breve ultrapassaria até os mercados da América e da Austrália: seguir-se-ia o pânico "no mais tardar em julho ou agosto" trazendo consigo uma crise que, "porque deve coincidir com os grandes choques no continente, produzirá resultados totalmente diferentes de todos os anteriores"[40]. Marx insistia, agora e depois, em que a crise industrial traria a revolução e não o contrário. Ele escreveu a Weydemeyer em dezembro de 1849 que o estouro de uma revolução antes da próxima crise "na minha opinião seria uma calamidade porque exatamente agora, quando o comércio ainda está se expandindo, as massas trabalhadoras na França, Alemanha etc. talvez sejam revolucionárias na palavra, mas certamente não na realidade"[41].

---

37. *MESW*, I, p. 222s.

38. *MESW*, I, p. 227.

39. *MEW*, VII, p. 218.

40. *MEW*, VII, p. 220.

41. *MEW*, XXVII, p. 516.

Seguia-se um comentário sagaz sobre o potencial industrial dos Estados Unidos inspirado por um acontecimento "mais importante do que a revolução de fevereiro" – a descoberta de ouro na Califórnia[42]. O movimento da população em direção ao oeste e o incrível crescimento do sistema ferroviário mostravam que Nova York e San Francisco estavam usurpando o lugar no comércio mundial até agora ocupado por Londres e Liverpool. Marx continuava:

> O fulcro do comércio mundial, na Idade Média a Itália, mais recentemente a Inglaterra, agora é a metade sul do continente norte-americano... Graças ao ouro da Califórnia e à energia infatigável dos Ianques de ambas as costas, a do Pacífico em breve estará tão densamente povoada, industrializada e aberta ao comércio como está agora a costa que vai de Boston a Nova Orleans. O Oceano Pacífico desempenhará então o mesmo papel que está desempenhando agora o Oceano Atlântico e o papel que o Mediterrâneo teve nos dias da Antiguidade clássica e na Idade Média – o papel do grande caminho aquático do comércio mundial – e o Oceano Atlântico descerá ao nível de um grande lago tal como o Mediterrâneo é hoje[43].

A única esperança para a Europa em evitar sua dependência industrial, comercial e política dos Estados Unidos era "uma revolução que transformasse o modo de produção e as relações de acordo com as necessidades de produção provenientes da natureza das forças produtivas modernas, tornando assim possível o desenvolvimento de novas forças de produção que manteriam a superioridade da indústria europeia

---

42. *MEW*, VII, p. 220. Engels assinalou que esta "criação de grandes mercados a partir de nada não estava prevista no *Manifesto*" (*MEW*, XXVIII, p. 118).

43. *MEW*, VII, p. 221.

e neutralizariam as desvantagens da situação geográfica"[44]. Marx terminava o artigo com uma nota sobre o recente início do socialismo chinês e a transformação radical causada pelo contato com o ocidente, uma transformação que "deverá ter os mais importantes resultados para a civilização"[45].

O segundo artigo comentando assuntos correntes, escrito em abril, tratava mais especificamente da revolução na Europa. Marx pensava ver se aproximar uma crise na Inglaterra devido ao hiperinvestimento, particularmente na indústria básica da lã. A interação da crise com as transformações iminentes no continente daria ao último "um caráter socialista claro"[46]. Na Inglaterra a crise tiraria do poder tanto os *Whigs* (moderados) como os *Tories* (conservadores) a serem substituídos pela burguesia industrial, que teria que abrir o Parlamento a representantes do proletariado, assim "arrastando a Inglaterra para a revolução europeia"[47]. Uma nota acrescentada depois, no momento em que a *Revue* estava para ser impressa, admitia que houvera um pequeno melhoramento na situação econômica no começo da década de 1850 declarando, porém, que "a coincidência entre uma crise comercial e uma revolução está se tornando cada vez mais inevitável"[48]. Mas à medida que passavam os meses ficava cada vez mais difícil manter esse otimismo a curto prazo. Ele seria totalmente dissipado pelo estudo sistemático da história econômica dos dez anos anteriores que Marx empreendeu no verão de 1850.

Em junho daquele ano Marx conseguiu o bilhete de acesso à Sala de Leitura do Museu Britânico que ele usaria tanto nos

---

44. *MEW*, VII, p. 221.
45. *MEW*, VII, p. 222.
46. *MEW*, VII, p. 294.
47. *MEW*, VII, p. 294.
48. *MEW*, VII, p. 295.

próximos anos. Aí suas leituras em julho, agosto e setembro foram sobretudo de números atrasados do *Economist* de Londres. A conclusão principal, como disse Engels mais tarde, foi que "a prosperidade industrial, que estava voltando gradualmente desde meados de 1848 e atingiu sua plenitude entre 1848-1850, era a força revitalizante da recém-fortificada reação europeia"[49]. Os resultados desse estudo foram detalhados no longo comentário sobre atualidades escrito em outubro para o último número da *Revue*. Marx declarou diretamente: "A agitação política dos últimos seis meses é essencialmente diferente daquela que a precedeu imediatamente"[50]. A "base real" para esta mudança foi o período de prosperidade que começara na Inglaterra em 1848. A crise de 1845-1846 fora devido à superprodução e a correspondente superespeculação em ferrovias, cereais, batata e algodão. Com a estabilização econômica de 1848, capital adicional tendia a ser investido e a especulação se tornava menos fácil. A evidência mais clara desta prosperidade temporária eram os planos para o "Panteão na Roma moderna"[51], a Grande Exposição de 1851. Esta prosperidade foi paralela nos Estados Unidos, que se aproveitaram da depressão europeia e do mercado em expansão na Califórnia. O processo recente da Inglaterra e da América influenciaram por sua vez a França e a Alemanha, pois ambas eram dependentes da situação econômica na Inglaterra, "o demiurgo do universo burguês"[52].

A conclusão desta discussão detalhada era:

> Com esta prosperidade geral, na qual as forças produtivas da sociedade burguesa se desenvolvem tão

---

49. *MESW*, I, p. 120.

50. *MEW*, VII, p. 421.

51. *MEW*, VII, p. 431.

52. *MEW*, VII, p. 440.

> luxuriantemente quanto possível dentro das relações burguesas, é impossível falar de revolução real. Tal revolução só é possível quando estes dois fatores, as forças produtivas modernas e as formas produtivas burguesas, entram em mútua colisão. As várias contendas a que os representantes das facções individuais do partido continental da Ordem agora se entregam e mutuamente se comprometem, longe de proporcionar a ocasião para novas revoluções são, pelo contrário, possíveis apenas porque a base das relações é momentaneamente tão segura e, o que a reação não sabe, tão burguesa. A partir dela todas as tentativas de reação para parar o desenvolvimento burguês retrocederão, tão certo como toda indignação moral e todas as proclamações entusiásticas dos democratas. Uma nova revolução só é possível como consequência de uma nova crise. Ela é, contudo, tão certa como esta crise[53].

No fim de 1851 Luís Napoleão tomou o poder na França como imperador, consolidando assim a reação que se seguira à revolução de 1848. Marx imediatamente compôs uma série de artigos que foram publicados por seu amigo Weydemeyer, num jornal de vida curta em Nova York, sob o título *O Dezoito Brumário de Luís Bonaparte*. Eles eram o seu mais brilhante panfleto político. O título é uma alusão à data do primeiro *coup d'état* de Napoleão em 1799 e Marx analisava os antecedentes sociopolíticos da repetição por parte de Luís Napoleão em 1851. Num prefácio à segunda edição de seu ensaio, Marx contrastava sua própria abordagem com a de dois outros conhecidos panfletistas sobre o mesmo assunto, Victor Hugo e Proudhon: Hugo limitava-se a ataques ferinos e espirituosos; ao passo que Proudhon, procurando apresentar o golpe de Estado como o resultado de uma evolução histórica,

53. *MESW*, I, p. 231.

terminava com uma defesa histórica de seu herói. "Eu, pelo contrário", escreveu Marx, "demonstro como a luta de classe na França criou as circunstâncias e as relações que possibilitaram que representasse com mediocridade grotesca o papel de um herói"[54].

Marx começou sua demonstração referindo-se à observação de Hegel de que todos os fatos e personagens de grande importância na história mundial ocorriam duas vezes e acrescentou que da primeira vez era tragédia e da segunda, farsa. Assim eram os dois Bonapartes. Ele continuou:

> Os homens fazem sua própria história, mas não a fazem exatamente como desejam; eles não a fazem em circunstâncias escolhidas por eles mesmos, mas sob circunstâncias diretamente opostas, dadas e transmitidas do passado. A tradição de todas as gerações mortas pesa como um pesadelo sobre eles. E exatamente quando parecem engajados em revolucionar a si mesmos e as coisas, em criar algo que jamais existiu, exatamente em tais períodos de crise revolucionária eles ansiosamente evocam os espíritos do passado a seu serviço e tomam emprestado deles seus nomes, gritos de guerra e costumes a fim de apresentar a nova cena da história mundial neste disfarce honorável pelo tempo e nesta linguagem emprestada[55].

Marx aplicou essas considerações à revolução de 1848 e fez uma distinção entre as revoluções burguesas do século XVIII, cuja grande velocidade e brilho as tornaram de pouca duração, e as revoluções proletárias do século XIX que tinham uma perfeição nascida de interrupção e autocrítica constantes. Voltando ao recente *coup d'état*, Marx considerava inaceitável a desculpa de que a nação foi pega de surpresa: "a uma

---

54. *MESW*, I, p. 244.

55. *MESW*, I, p. 247. A respeito das fontes de Marx aqui, cf. Mazlish (1972).

nação e a uma mulher não se perdoa o momento desprevenido em que o primeiro aventureiro que aparecer a pudesse violar. O enigma não fica resolvido com tais modos de falar, mas são apenas formulados de modo diferente. Resta por explicar como uma nação de 36 milhões pode ser surpreendida e escravizada sem resistência por três trapaceiros"[56].

Marx resumiu então o período tratado em seu *Lutas de classes*. O sucesso de Bonaparte deveu-se ao fato de ele ter organizado o lumpemproletariado de Paris sob o disfarce de uma "sociedade benévola", com ele mesmo à frente. Contudo, esta força imediata devia ser oposta aos fatores de longo prazo em favor de Bonaparte. A primeira delas era a velha aristocracia financeira que "celebrava cada vitória do presidente sobre seus representantes declarados como uma vitória da ordem". E a razão disso era evidente: "Se em qualquer época a estabilidade do poder estatal tinha o sentido de Moisés e os profetas para o mercado financeiro inteiro e para os sacerdotes deste mercado financeiro, por que não também hoje, quando todo dilúvio ameaça eliminar os velhos estados, e as velhas dívidas estatais com eles?"[57]

A burguesia industrial também via em Luís Napoleão o homem que poria um fim às desordens recentes. Para essa classe, "a luta para conservar seus interesses públicos, seus próprios interesses de classe, seu poder político, apenas a perturbava e afligia, pois era uma perturbação dos negócios privados"[58]. Quando o comércio estava bem, a burguesia comercial enfurecia-se contra disputas políticas por medo de o comércio poder ser transtornado; quando o comércio estava mal, eles colocavam a culpa disso na instabilidade da situação

56. *MESW*, I, p. 252.

57. *MESW*, I, p. 318.

58. *MESW*, I, p. 319.

política. Em 1851 a França de fato passara por uma crise comercial de pouca importância e isto, junto com uma fermentação política constante, levara a burguesia comercial a gritar: "é preferível um fim ao terror a um terror sem fim"[59] – um grito que Bonaparte compreendeu bem.

Marx dedicou a última parte de seu artigo a um exame mais detalhado da base classista do poder de Bonaparte. Para Marx ela parecia ser inexistente: "A luta parece ter tomado um caminho tal que todas as classes, igualmente impotentes e igualmente remotas, caíam de joelhos diante da carabina"[60]. A explicação era que, tendo aperfeiçoado o poder parlamentar somente para tirá-lo, a revolução devia agora aperfeiçoar o poder executivo para então o destruir. Marx esboçou a história da burocracia:

> Este poder executivo com sua enorme organização burocrática e militar, com sua maquinaria estatal engenhosa, abrangendo amplas camadas, com uma hoste de funcionários chegando a meio milhão de pessoas, além de um exército de outro meio milhão, este corpo parasita medonho, que enreda o corpo da sociedade francesa como uma rede e sufoca todos os seus poros, surgiu nos dias da monarquia absoluta, com a deterioração do sistema feudal que ajudou a apressar[61].

Durante e depois da revolução de 1789 a burocracia preparou o domínio de classe da burguesia; no tempo de Luís Filipe e da república parlamentar ainda foi o instrumento da classe dominante; no tempo do segundo Bonaparte "o Estado parece ter se tornado completamente independente"[62]. Marx

59. *MESW*, I, p. 324.

60. *MESW*, I, p. 332.

61. *MESW*, I, p. 332.

62. *MESW*, I, p. 333.

qualificou isto imediatamente dizendo: "mas o poder estatal não está suspenso no ar. Bonaparte representa uma classe, e por sinal a classe mais numerosa da sociedade francesa, os pequenos camponeses"[63]. A identidade de interesse desses camponeses não criou uma comunidade porque eles estavam fisicamente tão dispersos. Mas os camponeses sobre quem Napoleão se apoiava sofriam sob uma dívida hipotecária cujo juro era igual ao juro de toda a dívida nacional britânica. Finalmente o exército degenerara da flor da juventude camponesa em "flor do pântano do lumpemproletariado camponês"[64]. Assim, segundo Marx, as três ideias-chave de Napoleão I – pequenas propriedades independentes para os camponeses, impostos para manter uma forte administração central e um grande exército tirado dentre os camponeses – encontrou sua degeneração final no tempo de Luís Napoleão. Contudo, a centralização fora conseguida e isto seria uma importante faceta da futura sociedade:

> A demolição da máquina estatal não põe em risco a centralização. A burocracia é apenas a forma baixa e brutal de uma centralização que ainda padece de seu contrário, de feudalismo. Quando ele se desiludir na Restauração Napoleônica, o camponês francês se desfará de sua fé em sua pequena propriedade, o edifício estatal inteiro erigido sobre esta pequena propriedade ruirá e a revolução proletária terá aquele coro sem o qual seu solo se torna um canto de cisne em todos os países camponeses[65].

63. *MESW*, I, p. 333.

64. *MESW*, I, p. 339.

65. *MESW*, I, p. 340.

É interessante notar que essa passagem, que enfatiza a centralização como um fator de progresso, foi omitida na segunda edição do *Dezoito Brumário* em 1869.

A conclusão de que uma nova revolução só era possível como resultado de uma nova crise marcou o fim do primeiro período de ativismo político de Marx e sua volta aos estudos econômicos que ele interrompera por causa dos acontecimentos no fim dos anos de 1840. Inevitavelmente as implicações das visões de Marx eram totalmente inaceitáveis para muitos membros da Liga Comunista. Em Londres o principal porta-voz dessa oposição era Willich.

As diferenças entre Marx e Willich não eram somente doutrinais. Willich provinha de uma família antiga e distinta. Dizia-se até (e Willich não fazia nada para acabar com o boato) que ele descendia dos Hohenzollerns. Desde os 12 anos de idade ele fizera carreira militar, e era um bom soldado. Engels, seu ajudante no levante de 1849 em Baden, descreveu-o como "bravo, de sangue frio, habilidoso e de percepção rápida e boa na batalha, mas, quando não estava lutando, um ideólogo chato"[66]. Parece que Willich causou má impressão na família de Marx ao chegar a Londres indo à casa deles de manhã muito cedo com roupas coloridas e cordialidade excessiva. Jenny chegou a pensar que Willich estava querendo seduzi-la: "Ele queria vir me visitar", escreveu ela mais tarde, "porque ele queria perseguir o verme que vive em todo o casamento e atraí-lo"[67]. De qualquer forma era natural que Marx tivesse ciúmes dos modos extravagantes de Willich assim como este estava ofendido tanto pelo decrescente entusiasmo de Marx por uma luta revolucionária imediata como pela tendência autocrática

66. *MEW*, XXVII, p. 502.

67. J. Marx, *Kurze Umrisse eines bewegten Lebens, Mohr und General*, p. 212.

dele a (segundo Willich) dividir a humanidade em duas partes: Marx e o resto. Também havia o contraste cada vez mais desfavorável feito pelos amigos de Willich entre "intelectuais" como Marx, que viviam com sua família, estudavam no Museu Britânico e ensinavam teoria econômica, e homens "práticos" como Willich, que vivia como solteiro entre os trabalhadores refugiados, partilhava de suas dificuldades e achava que todos os problemas eram "realmente tão simples"[68]. Marx podia comandar o respeito distante dos trabalhadores, mas era Willich que ficava com a dedicação deles.

Essas diferenças logo causaram desentendimentos no Comitê Central da Liga Comunista, do qual Willich se tornara membro por sugestão do próprio Marx. Na primavera de 1850 Willich discutiu violentamente com Engels e rejeitou tentativas do Comitê Central de intermediação. Em agosto Marx se opôs à sugestão de Willich ao Comitê Central de formarem uma frente unida com outras organizações democráticas de refugiados. A mesma divergência de opinião ocorreu no comitê para refugiados; neste, quando Willich se encontrou numa minoria de um, ele renunciou e levou a questão à reunião geral da Associação em que ele conseguiu o apoio da maioria. Marx sentiu-se cercado pela Esquerda e chamou um "reacionário" para defesa das táticas que ele defendia no *Manifesto comunista*. Assim fortificado, Willich voltou ao ataque no Comitê Central e os ânimos se exaltaram tanto que Willich desafiou Marx para um duelo. Marx mudara muito desde o tempo de estudante em Bonn e desprezou a sugestão, mas Conrad Schramm, a quem Marx descrevia como o Percy Hotspur de seu grupo, por sua vez desafiou Willich, apesar dos conselhos contrários de Marx. O duelo era ilegal na Ingla-

68. Marx a Weidemeyer, *MEW*, XXVII, p. 560.

terra, por isso eles à noite tomaram um barco para Ostende, sendo Willich acompanhado por Barthélemy. Liebknecht deixou um relato do que se seguiu:

> Na tarde do dia seguinte a porta da casa de Marx abriu-se – ele não estava em casa, apenas a Senhora Marx e Lenchen – e Barthélemy entrou inclinando-se cerimoniosamente e respondeu com voz sepulcral à ansiosa pergunta: "Quais são as novidades?" "Schramm a une balle dans la tête! (Schramm tem uma bala na cabeça)", e inclinando-se mais uma vez cerimoniosamente ele voltou-se e se retirou. Pode-se imaginar o susto da senhora meio insensível; ela sabia agora que sua antipatia instintiva não a enganara.
>
> Uma hora depois ela relatou a triste notícia para nós. Naturalmente, nós demos Schramm por morto.
>
> No dia seguinte, enquanto exatamente falávamos sobre ele, a porta abriu-se e ele entrou com a cabeça enfaixada, mas rindo alegremente quem era lamentado tristemente e contou que recebera um tiro de raspão que o deixou desacordado – quando recuperou a consciência, ele estava na praia com seu padrinho e seu médico. Willich e Barthélemy tinham voltado de Ostende no vapor que eles conseguiram alcançar. Schramm seguiu no barco seguinte[69].

Era inevitável uma divisão, particularmente porque Willich tinha, por autoridade própria, convocado uma reunião geral dos membros da Liga de Londres. Marx por isso renunciou ao comitê dos refugiados e abriu a reunião fim do Comitê Central, realizada aos 15 de setembro, com um longo discurso da presidência contendo três propostas. Em primeiro lugar ele sugeria que o Comitê Central se transferisse para Colônia; ele se opusera à sugestão feita por Schapper de

69. Liebknecht, *Karl Marx, Biographical Memoirs*, p. 106s.

que Colônia se responsabilizasse pela Alemanha, mas agora a divisão em Londres era tão grande que uma liderança efetiva não podia ser feita a partir da Inglaterra. Em segundo lugar, o novo Comitê Central faria novos estatutos, pois os estatutos originais de 1847 e os mais fracos de 1848 não eram nem atualizados nem respeitados por amplas seções da Liga. Em terceiro lugar, haveria em Londres dois grupos completamente separados, mas ligados diretamente ao Comitê Central em Colônia. Isso era necessário para preservar a unidade da Liga, pois os pontos de vista expressos pela minoria mostravam que havia importantes diferenças de princípio entre os dois grupos. Marx continuou:

> Uma abordagem nacional alemã transigente com o nacionalismo dos operários manuais alemães foi substituída pela abordagem universal do *Manifesto*. A *vontade* é apresentada como o fator principal na revolução em vez das relações reais. Dizemos aos trabalhadores: "vocês têm 15, 20, 50 anos de guerra civil a passar para mudarem as circunstâncias e estarem aptos para o poder!". Em vez disso você diz: "Devemos tomar o poder *imediatamente* ou podemos ir dormir". A palavra proletariado é usada agora como uma palavra vazia, como é usada a palavra "povo" pelos democratas. Para dar a este termo qualquer realidade todo pequeno-burguês devia ser declarado proletário, o que significava de fato que nós representávamos o pequeno-burguês e não o proletariado[70].

Marx concluiu dizendo que a maioria estaria em seu direito expulsando a minoria da Liga, mas que isto seria prejudicial aos interesses do "partido" cuja unidade ele encontrara um meio de preservar separando ao mesmo tempo as duas

70. Citado em Nicolaievsky (1956, p. 249).

facções. Havia quando muito 12 pessoas que ele gostaria de ver em seu grupo e ele renunciaria naturalmente à Associação.

Schapper continuou com um discurso veemente e um tanto confuso. Ele declarou-se a favor das primeiras duas propostas de Marx, mas discordava da terceira, que ele considerava sutil demais. Eles se dividiriam em duas ligas, "uma dos que trabalham com a pena, e outra dos que trabalham de modo diferente"[71]. Finalmente, ele não podia aceitar que a burguesia chegasse ao poder na Alemanha, pois isto privaria o movimento proletário de toda sua finalidade. Marx respondeu insistindo em que sua proposta garantia uma separação completa pois preservava a unidade da Liga. Ele então examinou o ponto de Schapper sobre a revolução seguinte:

> Se o proletariado chegasse ao poder, empregaria medidas que eram pequeno-burguesas e não diretamente proletárias. Nosso partido só pode tornar-se o partido governante quando as circunstâncias permitirem que realize seus pontos de vista. Louis Blanc dá o melhor exemplo de chegar ao poder cedo demais. Além disso na França não é apenas o proletariado, mas também os camponeses e os pequeno-burgueses que chegarão ao poder e as medidas tomadas terão que ser comuns a eles todos – não apenas as do proletariado[72].

Depois de Eccarius apoiar Marx, Willich deixou a sala sem uma palavra e as propostas de Marx foram aceitas, sendo aprovadas por seis votos entre dez possíveis.

O grupo de Colônia, tendo agora realizado (com a concordância de Marx) sua ambição de se encarregar da Liga, foi estimulado para novas atividades – embora o grupo Willich-Schapper provavelmente comandasse a lealdade da maioria

---

71. Nicolaievsky (1956, p. 251).

72. Nicolaievsky (1956, p. 251s.).

dos membros da Liga na Alemanha. Marx conseguiu que os estatutos fossem aprovados por uma assembleia geral dos membros de Londres. Daí para a frente parece que lhe faltou entusiasmo pelas atividades da Liga e ele se dedicou mais aos estudos econômicos. Em maio de 1851, porém, prisões generalizadas na Alemanha – que significaram o fim efetivo das atividades da Liga – obrigaram Marx a demonstrar sua solidariedade. O governo prussiano intensificara sua campanha contra elementos subversivos após uma tentativa de assassinato de Frederico Guilherme IV em maio de 1850 e a fuga de Kinkel da prisão no mesmo ano[73]. Peter Nothjung, um mestre alfaiate e membro do Comitê Central de Colônia, foi preso em Leipzig quando viajava a serviço da Liga: com ele foram encontrados exemplares do *Manifesto comunista*, da *Mensagem* de março, de Marx, da *Mensagem* de dezembro de Colônia, dos novos estatutos e uma lista de endereços que possibilitaram que as autoridades prendessem os outros dez membros do Comitê de Colônia. Inicialmente o processo não foi bem-sucedido: após as prisões, seis meses de investigação não revelaram mais do que os acusados eram membros de uma sociedade de propaganda e fracassaram em mostrar qualquer conspiração ou complô para derrubar o regime; e as autoridades judiciais na Renânia (que conservavam da ocupação francesa um sistema legal mais liberal e uma antipatia para com a Prússia) declararam que não havia provas suficientes para justificar um julgamento. O resultado, porém, não foi a soltura, mas a continuação da prisão enquanto o agente do governo, Stieber, tentava conseguir as provas necessárias.

Marx fundou um comitê que coletou dinheiro para os acusados e organizou cartas de seus amigos para tantos jor-

---

73. Sobre os antecedentes cf. ainda Livingstone (1971).

nais ingleses quanto possível protestando contra a prisão sem julgamento. Mas a opinião pública não se impressionou, tendo o *Times* declarado que "se todo o grupo fosse tratado como 'robustos mendigos' em vez de conspiradores, eles seriam tratados mais de acordo com seus verdadeiros caracteres"[74]. O julgamento foi continuamente adiado durante o verão de 1852 e quando finalmente iniciou em outubro, o processo revelou a prova que reunira durante tanto tempo; era nada mais do que uma tentativa de associar Marx e os comunistas de Colônia com alguns planos bizarros de amigos parisienses de Willich – sendo a principal demonstração um livro de anotações que pretensamente continha as atas de reuniões da Liga Comunista recentemente realizadas em Londres sob a liderança de Marx. O livro de anotações foi uma invenção de um dos agentes de Stieber, ajudado por Hirsch, um antigo membro da Liga. Não foi feita nenhuma tentativa de imitar a caligrafia de Liebknecht e Rings, os dois supostos redatores da ata. Na realidade, Rings era o único membro do grupo que mal sabia escrever; e a rubrica de Liebknecht estava errada. Marx fez duas viagens à delegacia de polícia em Marlborough Street para autenticar uma amostra da caligrafia de Liebknecht e corroborou o testemunho do proprietário da taberna onde eles se encontravam, que estava inclinado a confirmar que nenhuma ata fora feita e que as datas das reuniões eram de qualquer forma inexatas. Essa e outra informação tiveram que ser despachadas ao conselho de defesa em Colônia em diversas cópias sob endereços disfarçados. Jenny Marx descreveu a cena em sua casa:

> Meu marido teve que trabalhar o dia todo até a noite. A coisa toda é agora uma batalha entre a polícia

74. *The Times*, 13/10/1852, p. 6.

> de um lado e meu marido de outro. A ele é atribuído tudo, a revolução inteira, até a condução do julgamento. Foi estabelecido um escritório completo em nossa casa. Dois ou três escreviam, outros faziam recados, outros reuniam dinheiro com dificuldade para que os escritores continuassem a existir e apresentar ao velho mundo oficial prova do escândalo sem precedente. No meio disso tudo meus três leais filhos cantam e fazem algazarra e muitas vezes são castigados pelo querido pai. Um negócio![75]

Os esforços deles foram bem-sucedidos em mostrar as falsificações do processo, mas o júri ainda assim declarou culpados a maioria dos acusados. "Uma sentença degradante e completamente injusta"[76], escreveu o diplomata prussiano Varnhagen von Ense, que não tinha nenhum amor por comunistas.

O episódio também teve um resultado frustrante: durante o julgamento Marx começara a escrever um artigo apresentando os principais fatos do caso ao público. Típico das redações de Marx, o artigo transformou-se num pequeno livro que ele intitulou *Revelações sobre o processo comunista em Colônia*. Além de documentar amplamente os métodos da polícia prussiana, ele publicou a divisão na Liga Comunista. Pois Marx sentia-se obrigado a dissociar-se das tramas e conspirações do grupo de Willich-Schapper. Ele explicava que esse grupo pretendia construir "o partido de oposição do futuro"[77] e por isso não participaria de nenhuma conspiração para produzir derrotas revolucionárias imediatas. Duas mil cópias, impressas na Suíça, foram contrabandeadas através da fronteira para a

---

75. *MEW*, XXVIII, p. 640s.

76. Varnhagen von Ense. *Tagebücher*, IX, p. 411, citado em Obermann, *Zur Geschichte des Bundes der Kommunisten 1849-52*, p. 125.

77. *MEW*, VIII, p. 461.

Prússia e estocadas numa aldeia; mas foram logo descobertas e todas confiscadas pela polícia. O livro foi também publicado na América numa edição menor, mas poucos exemplares encontraram seu caminho de volta para a Alemanha.

Com a prisão do Comitê de Colônia a Liga deixou de existir na Alemanha de forma organizada. O forte grupo londrino, de 15 a 20, encontrou-se regularmente durante 1851 – primeiro em Soho às terças-feiras à noite, depois na Farringdon Street, na cidade, às quintas, e finalmente (durante 1852) na Rose and Crown Tavern, Crown Street, Soho, às quartas-feiras[78]. Marx presidia e os membros se referiam ao grupo como "a Sinagoga" ou "a Sociedade de Marx"[79]. Logo após ter acabado o julgamento de Colônia a Liga se dissolveu por sugestão de Marx declarando que sua existência, tanto em Londres como no continente, "não era mais oportuna"[80]. A ramificação de Willich da Liga deixou de funcionar pouco tempo depois. Pelos próximos dez anos Marx não foi membro de nenhum partido político.

II. Política de refugiado

Embora a dissolução da Liga Comunista completasse a retirada de Marx da política ativa, durante toda a década de 1850 ele continuou um assíduo e frequentemente sarcástico observador das várias intrigas dos refugiados de Londres. Privados da possibilidade de se engajarem na política nacional de sua pátria, esses refugiados entregavam-se a lutas políticas febris em Londres, embora as diferenças doutrinais entre republicanos burgueses e socialistas fossem bastante reais.

---

78. *MEW*, VIII, p. 437.

79. Freiligrath (1968, I, p. 31); *MEW*, XXVIII, p. 170.

80. *MEW*, XXVIII, p. 195.

O resultado era um caleidoscópio constantemente mutável de planos, comitês e alianças, do que não era o menor entre o maior grupo de refugiados – os alemães, cujas seitas um confuso Herzen comparou em número às 40 vezes 40 igrejas que tradicionalmente se diz encontrarem-se em Moscou. A rixa na Liga Comunista apenas aumentou um quadro já fragmentado. Os adeptos de Marx – com a exceção de Liebknecht, que enfrentou a ira dele – tinham se retirado da Associação na Rua Great Windmill, mas ela continuava a funcionar sob a liderança de Willich, como também o grupo de Willich-Schapper da Liga Comunista. Esse grupo, dizendo constituir o verdadeiro Comitê Central, expulsou a facção de Marx e declarou numa circular a seus membros que "nós pensávamos e ainda pensamos que, dada a organização correta, nosso partido será capaz de levar a final feliz tais medidas na próxima revolução lançando o fundamento para uma sociedade de trabalhadores"[81]. A divisão – tornada pública pelo malsucedido processo de Bauer e Pfänder por causa do desfalque nos fundos da Associação – logo aumentou por ocasião do "Banquete dos Iguais" realizado na taberna Highbury Barn, Islington, aos 24 de fevereiro de 1851 para celebrar o aniversário da revolução de fevereiro de 1848.

Esse banquete foi organizado pelo socialista Louis Blanc em oposição ao banquete "radical" de Ledru-Rollin. Louis confiava no apoio dos comunistas londrinos e Willich presidia o banquete. Marx enviou dois espiões – Pieper e Schramm – mas eles foram descobertos e jogados fora com considerável violência, perdendo até em todo o ocorrido diversas madeixas de cabelo (segundo Marx). Esse incidente significava que, fora os encontros de seu grupo, Marx estava isolado

81. *Die kommunistischen Verschwörungen der neunzehnten Jahrhunderts*, ed. Wermuth e Strieber, Berlim, 1853, I, p. 276.

dos outros refugiados. “Marx vive uma vida muito retirada”, escreveu Pieper a Engels, “os únicos amigos dele são John Stuart Mill e Lloyd, e quando você o visita é recebido com categorias econômicas em vez de cumprimentos”[82]. Marx, contudo, dizia estar plenamente satisfeito com essa situação e escreveu a Engels no mesmo mês:

> Eu estou muito satisfeito com o isolamento público e genuíno em que nós dois, você e eu, nos encontramos. Ele se adapta perfeitamente bem a nossa posição e princípios. Agora acabamos com o sistema de concessões mútuas, com meias verdades admitidas por motivos de conveniência e com nosso dever de partilhar do ridículo público no partido com todos estes burros[83].

Apesar disso, Marx permanecia retraído e um tanto azedo, desdenhando de seus companheiros refugiados sem nenhum limite. Willich em particular tornou-se o objeto de sua ironia mordaz e descrições como “covarde, caluniador, infame e tolo assassino”[84] eram típicas. Ao mesmo tempo Marx não podia deixar de se informar sobre tudo o que se relacionava com as atividades dos refugiados e até ocasionalmente se metia pessoalmente em intrigas que ele tanto desprezava. No final de 1850, por exemplo, Schramm escrevera a Willich uma carta contendo planos fantásticos para uma revolução na Alemanha e convidando Willich a se encarregar. Ele assinou-a com o nome de Hermann Becker do grupo de Colônia. Willich caiu na cilada e respondeu com planos arrojados para uma revolução imediata. Marx previu uma excelente oportunidade para ridicularizar Willich e tentou conseguir

---

82. *MEW*, XXVII, p. 169.

83. *MEW*, XXVII, p. 184.

84. *MEW*, XXVII, p. 548.

as cartas dele, mas sem êxito. O azedume de Marx aumentou com a aliança de Willich com "Jesus Cristo" Kinkel (como Marx gostava de chamá-lo) que chegara a Londres no fim de 1850, com seu prestígio de jovem escritor revolucionário, maior ainda por sua notável fuga da prisão prussiana. Kinkel frequentava a elegante colônia de refugiados alemães em St. John's Wood, dava aulas a um guinéu por pessoa, e em pouco tempo ganhou dinheiro suficiente para dar a sua esposa um piano de cauda Evrard. Planos mais grandiosos seguiram-se: no fim de 1851 Willich e Kinkel idearam um plano (inspirado no muito bem-sucedido "fundo *shilling*" de Mazzini para a democracia europeia) para um empréstimo revolucionário alemão a fim de "fomentar a próxima revolução republicana", e Kinkel partiu para a América para propagá-lo. A meta eram 2 milhões de dólares, mas apenas alguns milhares foram efetivamente emprestados, os quais, depois de causar ainda mais dissensão entre os refugiados, foram para os cofres do Banco Westminster em Londres – para serem usados (anos mais tarde) para ajudar a fundar o Partido Democrata Social Alemão. Uma breve tentativa feita em agosto de 1851 para unir os refugiados não teve êxito e a divisão continuou entre os dois principais grupos: os republicanos radicais liderados por Ruge, antigo inimigo de Marx, e os socialistas liderados por Kinkel e Willich.

No fim de 1851, a chegada de mais refugiados da Alemanha coincidiu com uma crescente insatisfação dentro da Associação a respeito da política de Willich. A prisão dos adeptos de Paris e o golpe de Estado de Napoleão tornaram seus planos revolucionários cada vez menos plausíveis. O descontentamento foi aumentado por Marx que, através de Liebknecht, espalhou o boato de que Willich estava desviando dinheiro destinado para os refugiados. Em dezembro alguns trabalhadores que, com a aprovação de Marx, tinham formado um grupo de oposição na Associação de Great Windmill Street, separaram-se e fundaram uma nova Associação com estatutos redigidos por Marx. Seu líder era Gottlieb Stechan, um fabricante de mesas que fora um dos líderes da Liga Comunista em Hanover. Marx escreveu a Weydemeyer:

> Você pode anunciar que uma nova Associação dos Trabalhadores foi formada em Londres sob a presidência de Stechan que evitará os "emigrados", os "agitadores" e Great Windmill, e seguirá objetivos sérios. Você compreende... que esta Associação pertence a nós, embora nós só estejamos enviando os nossos jovens para lá; estou falando apenas de nossas "pessoas educadas", não dos trabalhadores todos que lá vão[85].

Essa associação continha cerca de 60 membros e o comitê de organização estava nas mãos dos membros da "Sociedade de Marx". Ele se reunia duas vezes por semana na taberna Bull's Head, na Rua New Oxford, para discutir questões como a influência do pauperismo sobre a revolução, se uma guerra geral interessava à revolução, a conveniência de colaborar com outros partidos revolucionários, e se a pobreza poderia ser abolida depois da revolução. Pieper e Liebknecht participaram da direção das discussões, embora os pontos de vista didáticos deles fossem ocasionalmente desafiados por alguns trabalhadores. A Associação também dava aulas de inglês e em junho as discussões políticas foram substituídas por um curso de literatura medieval dado por Wilhelm Wolff. A Associação, contudo, chegou a um acordo no verão de 1852 quando alguns trabalhadores, incluindo Stechan, retornaram à Associação de Great Windmill Street[86].

---

85. *MEW*, XXVIII, p. 478.

86. Cf. tb. Becker (1966).

Durante 1852 Marx também estava ocupado em escrever uma diatribe contra seus companheiros desterrados. Sua história ilustra a extravagância da política dos refugiados neste tempo. Em fevereiro de 1852 Marx encontrou-se com um coronel húngaro chamado Bangya que ele conhecera dois anos antes quando a Liga Comunista estava tentando fazer aliança com outros grupos revolucionários. Bangya provinha de uma família aristocrata inferior, tornara-se espião austríaco em 1850 e depois foi para Paris, onde se tornou vice-presidente de um comitê que unia exilados políticos húngaros, austríacos e alemães – um comitê em que cinco dos sete membros eram espiões profissionais! Os contatos de Bangya com Kinkel, Willich e Mazzini lhe possibilitaram manter Viena muito bem-informada e lhe ajudaram a prender os comunistas de Colônia. Ele também estava envolvido na prisão dos amigos de Willich em Paris no outono de 1851, ele mesmo foi preso mais tarde e conseguiu "fugir" para Londres. No seu encontro com Marx aí em fevereiro, Bangya evitou política partidária e prometeu ajuda húngara para o jornal de Weydemeyer. Marx ficou impressionado e concordou com o pedido de Bangya de breves esboços biográficos dos líderes refugiados alemães para serem usados pelos húngaros em Paris. No fim de maio Bangya informou a Marx que encontrara um editor alemão disposto a pagar 25 libras por versões ampliadas dos esboços. Marx não suspeitou da cilada (Bangya recusara recentemente o convite dele de participar de uma reunião da Liga Comunista) e pôs-se a trabalhar. Inicialmente ele era ajudado por Ernst Dronke, um antigo membro do grupo do *Neue Rheinische Zeitung*, e depois por Engels. Marx passou um mês com Engels em Manchester em maio quando o esboço final foi elaborado. "Nós chorávamos de rir da situação destes patetas"[87], Marx escreveu a Jenny. Após terem sido entregues os manuscritos, porém, a data da publicação era repetidamente adiada; as desculpas de Bangya pareciam cada vez menos plausíveis e pesquisas revelaram que o editor que Bangya mencionara não existia. Finalmente Marx chegou à conclusão de que o manuscrito fora vendido às autoridades na Alemanha[88].

Em agosto de 1852 ocorreu outro episódio que mostrava até que medida Marx estava pronto a entrar em questões contra os refugiados. O boato que chegara até Marx era que em sua viagem à América Kinkel referira-se a Engels e ao próprio Marx como "dois sem recursos que tinham sido expulsos das tabernas londrinas pelos trabalhadores"[89]. Ele escreveu a Kinkel: "Aguardo explicações suas ao voltar. O silêncio será tratado como admissão de culpa"[90]. Kinkel por sua vez respondeu que não queria ter mais nada a ver com Marx por causa do artigo de Marx na *Revue* atacando-o quando ele ainda estava na cadeia. Marx não devia, continuou ele, acreditar em boatos, mas, se ele preferisse assim, os devidos processos legais estavam à disposição dele. Convencido de que Kinkel não olharia para nada com um selo de correio de Soho, Marx "fez com que Lupus postasse em Windsor uma carta para ele, escrita

87. *MEW*, XXVIII, p. 527.

88. Bangya, porém, não foi afastado de suas atividades com a descoberta: em 1853 ele foi usado por Kossuth para negociar com o governo francês. Depois ele foi para Constantinopla, tornou-se islamita e oficial do exército turco, foi condenado à morte por traição com os russos, mas foi libertado e voltou a Constantinopla. Aqui ele tornou-se assessor de imprensa do Grão-vizir Kiprisli Pascha e morreu em 1868 como tenente de polícia turco. O manuscrito, intitulado *Heróis do Exílio*, está traduzido em K. Marx, *The Cologne Communist Trial*, ed. R. Livingstone.

89. *MEW*, XXVIII, p. 100.

90. *MEW*, XXVIII, p. 100.

num papel com a forma de carta de amor e um ramalhete de rosas e não-te-esqueças-de-mim impresso em cores"[91]. A carta citava as fontes de informação de Marx para a aventura americana e dizia que a carta de Kinkel fornecia "uma prova nova e evidente de que o mencionado Kinkel é um sacerdote comum e covarde"[92].

Pelo fim de 1852 as rixas entre os refugiados começaram a se arrefecer. Engels escreveu que, quando ele estava com Marx pelo Natal, "fizemos questão de ir sem qualquer espalhafato para o meio das multidões das tabernas de Kinkel-Willich-Ruge, o que não podíamos arriscar seis meses atrás sem brigar"[93]. A popularidade de Kinkel estava em declínio desde o relativo fracasso de sua viagem à América e as disputas a respeito do dinheiro. A reputação de Willich foi destruída mais rapidamente: a Baronesa von Brüningk, que tinha um salão para os líderes dos refugiados alemães em St. John's Wood, disse que Willich lhe fizera galanteios inconvenientes; ele partiu para a América logo depois. Sua rixa com Marx não acabou imediatamente, pois Willich sentiu-se obrigado a responder às acusações contra ele nas *Revelações* de Marx com um longo artigo intitulado "Doutor Marx e suas Revelações", ao qual Marx respondeu com um panfleto sarcástico: *O cavaleiro da mente nobre*. Aí parou a contenda. Willich tornou-se jornalista em Cincinnati, revisou favoravelmente os escritos posteriores de Marx e estudou Hegel. Ele foi condecorado durante a Guerra Civil, marchou com Sherman para Atlanta e deu baixa na patente de Major General. Ele finalmente estabeleceu-se em St. Mary's, Ohio, onde se tornou um dos cidadãos mais atuantes e respeitados, tendo participado de seu funeral

91. *MEW*, XXVIII, p. 101.

92. *MEW*, XXVIII, p. 101.

93. *MEW*, XXVIII, p. 576.

mais de 2.500 pessoas. Marx não era um homem de continuar interminavelmente uma rixa. Ele hesitou antes de incluir a seção sobre a facção Willich-Schapper na segunda edição das *Revelações* em 1875 e escreveu no prefácio que "na Guerra Civil americana Willich demonstrou que era algo mais do que um tecedor de projetos fantásticos"[94].

Embora os líderes dos grupos de refugiados de diferentes nações (ao contrário dos outros membros dos grupos) se misturassem livremente, os contatos de Marx com eles eram muito esparsos. Ele estivera em contato íntimo com os blanquistas em 1850, mas eles passaram para o lado de Willich quando a Liga Comunista se dividiu. Louis Blanc, a quem Marx considerava mais ou menos um aliado depois de 1843, também bandeara-se para Willich por ocasião do banquete de fevereiro. Marx recebeu um convite para um banquete semelhante no ano seguinte, mas enviou Jenny em seu lugar. Ele não ficou impressionado com o relato dela a respeito do "encontro seco com o aparato de chá e sanduíches"[95]. O líder refugiado italiano, Mazzini, também foi zombado por Marx: "o papa da Igreja Democrática *in partibus*"[96]. Ele criticou a política de Mazzini numa carta a Engels da seguinte maneira:

> Mazzini conhece apenas as cidades com sua aristocracia liberal e cidadãos ilustrados. As necessidades materiais da população agrícola italiana – tão explorada e sistematicamente castrada e mantida na estupidez como a irlandesa – são naturalmente muito baixas para o céu fraseológico de seus manifestos ideológicos neocatólicos, cosmopolitas. Precisa ter coragem, porém, para dizer à burguesia e à aristocracia que

---

94. *MEW*, VIII, p. 575. Ainda sobre Willich, cf. Easton (1965).

95. *MEW*, XXVIII, p. 30.

96. *MEW*, XXVIII, p. 43.

> o primeiro passo para a independência da Itália é a completa emancipação dos camponeses e a transformação de seu sistema semiproprietário para propriedade burguesa livre[97].

Quanto ao outro importante líder refugiado, o húngaro Kossuth, Marx considerava-o representante de "um povo obscuro e semibárbaro ainda preso à semicivilização do século XVI"[98].

O único grupo nacional com o qual Marx teve algum contato prolongado foram os cartistas. Por volta de 1850 já estava bem adiantado o lento processo de desintegração que afetou o movimento cartista depois de seu clímax e fracasso em 1848. Ao mesmo tempo medidas repressivas do governo tinham radicalizado o cartismo; os dois mais influentes entre seus líderes radicais eram, no começo de 1850, George Julian Harney e Ernest Jones.

Harney era o filho órfão de um marinheiro de Kent e estivera no jornalismo cartista sua vida inteira. Engels o conheceu já em 1843 quando Harney editava *The Northern Star*. Entre os líderes cartistas era ele quem tinha maior mentalidade internacional e isto, junto com seu republicanismo, levou-o à renúncia forçada do *Star*, em 1850. Ele então iniciou seu próprio jornal, *The Red Republican*, que depois mudou de nome para *The Friend of the People*, que em novembro de 1850 publicou a primeira tradução inglesa do *Manifesto comunista* dos "cidadãos Karl Marx e Friedrich Engels". A semelhança de pontos de vista, combinada com o fato de que Harney tinha uma massa de adeptos e um jornal, induziram Marx a tentar uma colaboração mais próxima com ele. Mas Harney era acima de tudo um pragmático e, enquanto estava disposto a

97. Citado em Mehring, *Karl Marx*, p. 242.

98. *MEW*, XXVII, p. 377.

se juntar a Marx e aos blanquistas na Sociedade Mundial dos Revolucionários Comunistas, ao mesmo tempo estava tomando um rumo que certamente o separaria de Marx. No verão de 1850 Harney se convencera da necessidade de se aliar à Associação Cartista Nacional com seus crescentes, mas não tão radicais, cooperativas e sindicatos. A causa imediata do afastamento deles foi o entusiasmo indiscriminado de Harney pelos vários grupos refugiados em Londres que podiam todos contar com a publicação de seus pontos de vista em *The Friend of the People*. Em fevereiro de 1851 a catolicidade de Harney foi mais longe: ele participou de um encontro internacional para comemorar o patriota polonês Bem e proferiu o melhor discurso da noite. A reunião foi patrocinada por Louis Blanc e os blanquistas e presidida por Schapper. Seguiram-se outros incidentes. Aos 24 de fevereiro Harney arranjou meios de estar presente em banquetes organizados pelas facções francesas rivais e não chegou a protestar de maneira bastante enérgica quando Schramm e Pieper, dois dos jovens parasitas de Marx, foram expulsos de um organizado por Louis Blanc, um grande acontecimento com mais de 700 participantes, principalmente alemães. Marx declarou-se cansado do "incenso público que Harney lança incansavelmente sobre *les petits grands hommes*"[99] e classificou Harney, com um toque de esnobismo que ele às vezes achava impossível suprimir, como "um plebeu muito impressionável"[100]. E do banquete de 24 de fevereiro ele escreveu a Engels:

> Harney conseguiu se envolver neste acontecimento primeiramente por causa da necessidade dele de ter grandes homens para admirar, do que tanto rimos no passado. Depois, ele adora efeitos teatrais. Ele se afun-

99. *MEW*, XXVII, p. 184.

100. *MEW*, XXVII, p. 193.

dou mais na lama democrática do que ele quer admitir. Ele tem um espírito duplo: o que Friedrich Engels fez para ele e o outro dele mesmo[101].

Essa divergência (que Engels atribuía parcialmente a sua própria saída de Londres e ao pouco domínio que Marx tinha do inglês)[102] marcaram a separação definitiva entre Marx e o movimento cartista como um todo. Marx encontrou-se com Harney três meses mais tarde num chá em celebração do octagésimo aniversário de Robert Owen. Embora eles se correspondessem de vez em quando, passaria um quarto de século antes de se encontrarem novamente (um breve encontro na estação Waterloo)[103]. Em 1852 Harney renunciou à direção cartista, mudou-se para o norte da Inglaterra, de lá para Jersey e finalmente para os Estados Unidos de onde ele continuou a se corresponder com Engels com quem ele tinha mais ligação do que com Marx.

À medida que diminuía o entusiasmo de Marx por Harney cresciam também suas relações com Ernest Jones, o outro líder da esquerda cartista. Engels escreveu a Marx por ocasião da morte de Jones em 1869 que ele tinha sido "o único inglês educado entre os políticos que estava, no fundo, completamente do nosso lado"[104]. Jones, filho de um oficial da cavalaria, era advogado por profissão e novelista e poeta em suas horas de folga. Ele nascera para uma posição social alta e rica, tendo jogado tudo isso fora por ocasião de sua conversão ao cartismo em 1846. Ele foi preso por dois anos em 1848 e por oca-

---

101. *MEW*, XXVII, p. 195s.

102. *MEW*, XXVII, p. 561.

103. Os sentimentos de Marx não eram retribuídos por Harney, que no final de sua vida ainda considerava Marx "um dos homens mais cordiais, simpáticos e atraentes".

104. Engels a Marx, *MEW*, XXXII, p. 253.

são de sua soltura foi incansável em tentar conservar vivo o movimento cartista – por meio de viagens de palestras (ele era um orador muito eficiente) e através do jornal que ele iniciou em 1851 e que continuou até 1858, chamado originalmente *Notes to the People* e depois *The People's Paper*. No começo da década de 1850 Jones, diferente de Harney, dava ênfase às doutrinas de luta de classe, à incompatibilidade de interesses entre capital e trabalho, e à necessidade da conquista do poder político pela classe operária – pontos de vista que foram tão reforçados por sua associação íntima a Marx e Engels. Embora ele fosse o único cartista eminente, depois de Harney se retirar da política ativa sua influência declinou muito. Os trabalhadores não acolhiam bem uma doutrina de guerra de classe e estavam mais preocupados em defender seus interesses próprios dentro do sistema capitalista. Marx manteve um contato regular com Jones durante os anos de 1850 e assistiu a algumas de suas palestras, que ele achou "muito substanciosas" (embora Jenny Marx achasse suas palestras sobre a história dos papas "muito boas e avançadas para os ingleses, mas não para os alemães que tinham recebido as críticas de Hegel, Feuerbach etc., não completamente *à la hauteur*")[105].

Inicialmente Marx tinha suspeitas por Jones estar do lado de Harney; mais tarde, porém, ele passou a considerar Jones como "o mais talentoso dos representantes do cartismo"[106] e aprovava o tom do *The People's Paper*. Este ele contrastava favoravelmente com a crítica de Harney do cartismo como um "movimento de classe" que ainda não se tornara um "movimento geral e nacional"[107], expressões que aborreciam particularmente a Marx porque elas recordavam-lhe a fraseologia

105. *MEW*, XXVII, p. 153.

106. *MEW*, XXVII, p. 591.

107. *MEW*, XXVIII, p. 523.

de Mazzini. No entanto, no outono de 1852 Marx achou que Jones o estava usando demais como fonte de informação sobre assuntos externos e para apoio editorial em geral. "Eu disse-lhe", escreveu Marx a Engels, "que estava totalmente correto que ele fosse um egoísta, mas ele devia sê-lo de uma maneira civilizada"[108]. O que irritou especialmente a Marx foi a falta de Jones em não cumprir a promessa de publicar uma tradução inglesa do *Dezoito Brumário*. Mas Marx apoiava Jones contra os cartistas menos radicais, estava favoravelmente impressionado pelo relativo sucesso do jornal de Jones e das reuniões dele em 1853, e finalmente ele mesmo colaborou com alguns artigos, embora o número de erros de impressão o deixasse muito relutante em continuar. Quando foi convidado por Jones para fazer parte do Parlamento Trabalhista em Manchester em 1854, Marx enviou o que ele mesmo classificou de resposta ambivalente declarando que "a classe operária da Grã-Bretanha mostrara-se mais capaz do que qualquer outro de estar à frente do grande movimento que, na análise final, deve conduzir à liberdade completa do trabalho... A organização de suas forças unidas, a organização da classe operária em escala nacional – imagino que este seja o grande objetivo que o Parlamento dos Trabalhadores propôs a si memo"[109].

Em fevereiro de 1855 ameaçavam repetir-se os mesmos problemas de quatro anos atrás quando Jones tentou organizar outro banquete para celebrar a revolução de 1848. Marx decidiu participar de uma reunião do Comitê Internacional Cartista para preparar o banquete, mas "a conversa frívola dos franceses, os olhares fixos dos alemães e a gesticulação dos espanhóis", sem mencionar a recente

108. *MEW*, XXVIII, p. 125.

109. *MEW*, X, p. 126.

eleição de Herzen para o comitê, davam-lhe a impressão de pura farsa. Ele foi um sobranceiro e silencioso observador na reunião, fumando em excesso para compensar[110]. Ele acabou declinando do convite para o banquete (embora seu nome aparecesse na relação) argumentando que tais reuniões eram uma "impostura", que podia provocar nova perseguição dos estrangeiros e, finalmente, que ele sempre se recusara a aparecer em companhia de Herzen "porque não tenho nenhuma intenção de ver a velha Europa renovada através do sangue russo"[111]. Em 1856, porém, Marx aceitou um convite para participar de uma celebração do aniversário da fundação do *The People's Paper* "porque", declarou ele, "parece-me que os tempos estão esquentando... e sobretudo porque eu fui o *único* refugiado a ser convidado". Os refugiados estavam por isso convencidos de "que nós somos os únicos aliados 'íntimos' dos cartistas e que, se nós nos retrairmos de demonstrações públicas e as deixarmos para os franceses flertarem abertamente com o cartismo, estará sempre em nosso poder reocupar a posição que a história já nos destinou"[112]. As relações entre Marx e Jones ficaram tensas quando, em 1857, Jones começou a colaborar com seções radicais da classe média a fim de conseguir maior apoio para a reforma eleitoral; isto, porém, fracassou. Em 1861 ele mudou-se para Manchester a fim de praticar advocacia e manteve relações amigáveis com Marx e Engels até sua morte em 1869[113].

---

110. Cf. *MEW*, XXVIII, p. 433.

111. *MEW*, XXVIII, p. 434.

112. XXIX, p. 44s.

113. Cf. tb. Saville (1952).

III. Vida em Dean Street

Uma leitura rápida da correspondência de Marx dá a impressão de que as dificuldades da Família Marx eram devidas sobretudo ao fato de viverem na mais esmagadora pobreza; e as próprias descrições de Marx sobre sua falta de dinheiro parecem corroborar isto. O ano de 1852 parece ter sido o pior. Em fevereiro: "Já faz uma semana que estou na agradável posição de não sair de casa porque minha capa está numa casa de penhores e de não comer carne por falta de crédito"[114]. No mesmo mês Jenny escreveu: "Tudo está por um fio e 10 xelins no momento certo podem evitar geralmente uma situação terrível"[115]. Em abril Marx teve que tomar dinheiro emprestado para enterrar sua filha. Em setembro ele fez uma descrição detalhada da situação:

> Minha esposa está doente, a pequena Jenny está doente, Lenchen tem uma espécie de febre nervosa, não posso nem pude chamar o médico porque não tenho dinheiro para os remédios. Por oito a dez dias alimentei a família com pão e batatas e até isto é questionável se poderei arranjar hoje. Naturalmente esta dieta não era recomendada nas atuais condições climáticas. Não escrevi nenhum artigo para Dana porque não tive um pêni para ir ler jornais…
>
> Até o começo de setembro paguei todos os credores os quais, como você sabe, são pagos apenas em pequenas quantias. Agora há uma tempestade geral.
>
> Tentei de tudo, mas em vão…
>
> A melhor e mais desejável coisa que poderia acontecer seria que a dona da casa me despejasse. Ao menos não teria que pagar a quantia de 22 libras. Mas dificilmente posso crer que ela seja tão prestativa. Há também

114. *MEW*, XXVIII, p. 30.

115. *MEW*, XXVII, p. 608.

> as velhas contas do padeiro, do leiteiro, do homem do chá, do verdureiro, do açougueiro. Como poderei me livrar de toda esta porcaria infernal? Por fim nos últimos dez dias tomei emprestado alguns xelins (isto é a coisa mais fatal, mas foi necessário para evitar que perecesse) de malandros[116].

Em outubro Marx teve que empenhar novamente o casaco a fim de comprar papel e em dezembro ele escreveu, numa carta a Cluss acompanhando suas *Revelações a respeito do julgamento comunista em Colônia*: "Você poderá apreciar o humor do livro quando souber que seu autor, por falta de roupa suficiente para suas costas e pés, está virtualmente internado e também estava e está ameaçado de ver uma pobreza realmente nojenta subjugando sua família a qualquer momento"[117].

As lamentações não eram tão numerosas no ano seguinte, mas ainda "diversas coisas valiosas devem ser renovadas na casa de penhor a fim de não se perderem e isto naturalmente não é possível numa época em que até os meios para as coisas mais necessárias não estão ao alcance"[118]. E em outubro: "O ônus da dívida subiu tanto que as coisas mais necessárias desapareceram na casa de penhor para que por dez dias não houvesse um pêni na casa"[119].

A casa de penhores era uma instituição indispensável para a família de Marx. Foi também, numa ocasião, uma fonte de aborrecimentos: Marx tentou empenhar uma peça de prata da família de Jenny que continha o emblema de Argyll. O agente de penhor achou isto tão suspeito que informou à polícia e Marx teve que passar um fim de semana na prisão até poder

116. *MEW*, XXVIII, p. 128s.

117. Marx a Cluss, *MEW*, XXVIII, p. 560.

118. *MEW*, XXVIII, p. 272.

119. *MEW*, XXVIII, p. 300.

estabelecer sua *bona fides*[120]. No verão de 1855 foi preciso tomar medidas mais drásticas e Marx retirou-se para a casa de Imandt com sua família em Camberwell em parte para fugir do Dr. Freund que o estava processando pelo não pagamento de uma conta; ele passou de setembro a dezembro incógnito com Engels em Manchester pelo mesmo motivo.

Contudo, um melhor exame das receitas de Marx dá a forte impressão de que suas dificuldades eram provenientes menos de pobreza real do que de um desejo de manter as aparências, unido a uma incapacidade de administrar seus recursos financeiros. É isto certamente o que se esperaria da incapacidade de Marx administrar as grandes somas de dinheiro que ele recebera anteriormente e receberia de novo na década de 1860. Ao chegar a Londres Marx estava plenamente preparado para alugar um apartamento em Chelsea que era muito caro – mais do que o dobro do aluguel que Marx pagaria por uma casa quando ele se mudou da Dean Street. Foi o fracasso do *Neue Rheinische Zeitung – Revue* que finalmente reduziu sua renda a nada. Ele investiu muito de seu dinheiro na produção do jornal, não recebeu praticamente nada de volta, e em outubro de 1850 foi obrigado a pedir a Weydemeyer para vender toda a prataria (exceto os poucos artigos pertencentes à pequena Jenny) que sua mulher tinha penhorado um ano antes a fim de comprar sua passagem para Paris. Por sorte ele tinha alguns amigos generosos e um simples cálculo parece mostrar que no ano anterior à chegada do primeiro cheque do *New York Daily Tribune* – presumivelmente o ano em que sua renda estava no ponto mais baixo – Marx recebeu no mínimo 150 libras em doação. (Dado que este é apenas o dinheiro mencionado em correspondência que sobreviveu, a soma

120. Cf. Kovalevsky. Meetings with Marx. *Reminiscences*, p. 298; Hyndman (1911, p. 277s.).

total deve ter sido muito maior.) Provinha de várias fontes: Engels e os amigos de Marx de Colônia por meio de Daniels eram os principais colaboradores; Weerth e Lassalle também deram importâncias; uma prima de Jenny enviou a Marx 15 libras e Freiligrath deu a Marx 30 libras que ele conseguiu sob o pretexto de "necessidades urgentes do partido"[121], de "alguns amigos que espontaneamente ajudam nossa causa". Marx insistia em que essa ajuda viesse somente de seus amigos íntimos. Como disse Jenny: "meu marido é muito sensível neste assunto e sacrificaria antes seu último pêni a ser obrigado a aderir à mendicância democrática"[122]. De fato, ele chegou a recusar a oferta de Lassalle de abrir uma subscrição pública para publicar seu trabalho sobre economia. No começo dos anos 1850 o custo de vida estava de fato caindo e 150 libras eram consideradas uma renda perfeitamente adequada para uma família de classe média baixa com três filhos. Freiligrath, cujas circunstâncias familiares eram semelhantes às de Marx, recebia menos de 200 libras por ano e ainda se gabava de nunca ter ficado sem "o suculento bife do exílio"[123].

Em 1852 a situação financeira de Marx melhorou pelo fato de ele ter uma receita regular como correspondente do *New York Daily Tribune* em Londres. Embora pequena em 1852, essa quantia subiu para 80 libras em 1853 e para mais de 160 em 1854. A receita do *New York Daily Tribune* caiu durante 1855 e 1856, mas Marx tornou-se correspondente do *Neue Oder-Zeitung* no fim de 1854 por cerca de 50 libras por ano. Isto era, evidentemente, suplementado por Engels e teria sido – até a chegada de grandes somas em 1856 – uma renda razoável, se tivesse sido bem administrada. Mas Marx

121. Freiligrath. *Briefwechsel mit Marx und Engels*, I, p. 34.

122. Jenny Marx a Weydemeyer, *MEW*, XXVII, p. 607.

123. Citado em Mehring, *Karl Marx*, p. 227.

era incapaz de administrar assim. Por exemplo, ele não sabia quanto o *New York Daily Tribune* lhe estava pagando meses depois de concordar em escrever regularmente para o jornal. E do seu maior sucesso literário nestes anos – seus panfletos contra Palmerston que inicialmente venderam 15 mil exemplares e alcançaram uma segunda edição – ele conseguiu não receber um pêni. O que não ajudava financeiramente, e baixava o moral familiar, era a necessidade de manter as aparências. Escrevendo a Engels em 1852 sobre suas dificuldades, ele ressaltou sua pouca importância quando comparadas com seu medo "de a porcaria acabar em escândalo"[124]. No mesmo ano ele escreveu a respeito de uma visita de Weerth: "É penoso estar sentado totalmente atrapalhado por ter um cavalheiro tão fino em sua frente do qual é preciso ocultar coisas por demais vergonhosas"[125]. Os credores de Marx ficaram naturalmente muito irritados em 1854 quando ele gastou quantias consideráveis numa viagem de Jenny a Trier pois ela "precisava de todo tipo de roupa porque ela naturalmente não podia ir a Trier esfarrapada"[126].

Em maio de 1856 Jenny herdou cerca de 150 libras de um tio na Escócia[127] e foi a Trier com os filhos para ver sua mãe doente, que morreu em julho. Ela voltou a Londres em setembro com uma herança de cerca de 120 libras que permitiu que a família deixasse "os quartos ruins e horríveis que causavam toda a nossa alegria e toda nossa dor" e se mudasse "de coração alegre para uma pequena casa no sopé da romântica Hampstead Heath, não longe da bela Primrose Hill. Quando dormimos em nossas próprias camas pela primeira vez, sen-

124. *MEW*, XXVIII, p. 30.

125. *MEW*, XXVIII, p. 147.

126. *MEW*, XXVIII, p. 377.

127. Jenny Marx a Bertha Markheim, em: Andreas, *Dokumente*, p. 176.

tamos em nossas próprias cadeiras e tínhamos até uma sala de visita com móveis de segunda mão em estilo rococó, ou antes miscelâneo, então pensamos realmente que estávamos vivendo num castelo mágico..."[128]. A casa, Grafton Terrace, n. 9, que Marx alugou por 36 libras por ano, era um edifício estreito, com terraço, de três andares e porão, com oito aposentos ao todo. Ficava a três milhas do centro da cidade, numa área onde em breve seriam construídas muitas casas. Todo o dinheiro foi empregado em saldar dívidas antigas e na arrumação da casa. Tipicamente, Marx não teve sequer dinheiro suficiente para pagar a primeira quarta parte do aluguel – um presságio das dificuldades que viriam.

Os anos passados na casa em Dean Street foram os mais estéreis e frustrantes da vida de Marx. Eles teriam amargurado a mais estoica das pessoas; e Marx, como ele mesmo disse, em geral não era paciente. Soho era o bairro de Londres onde se congregava a maioria dos refugiados – sendo então como agora muito cosmopolita e cheio de locais onde comer, de prostitutas e de teatros. Dean Street era uma das principais ruas do bairro; longa e estreita, ela estivera em voga, mas era agora decididamente comum. Era também um bairro onde havia muita cólera, particularmente em 1854, quando Marx explicou o surto "porque os esgotos feitos em junho, julho e agosto passaram pelas valas onde aqueles que morreram da praga em 1688 (? eu acho) foram enterrados"[129]. De 1851 a 1856 a Família Marx viveu num apartamento do segundo andar composto inicialmente de dois quartos até que Marx alugou um terceiro para seu escritório. Havia sempre sete, às vezes oito, pessoas vivendo nos dois aposentos. O primeiro era um pequeno quarto de

128. Ibid.

129. *MEW*, XXVIII, p. 393.

dormir e o outro uma ampla sala de estar (15 pés por 18 pés) com três janelas que davam para a rua.

Em janeiro de 1851 Marx já estava duas semanas atrasado com o aluguel para seu senhorio, Morgan Kavanagh, um autor irlandês que sublocava os quartos a 22 libras por ano. Alguns meses mais tarde Marx somente evitou o despejo assinando uma nota promissória para seu senhorio que, no ano seguinte, depois de esperar meses pelo aluguel, ameaçou pôr atrás dele os oficiais de justiça. Não houve descanso até 1854 quando Jenny e os filhos foram para a casa de campo de Seiler em Edmonton por duas semanas antes de prosseguirem para Trier. Jenny escreveu – mas sem êxito – para um dos editores do *New York Daily Tribune* na esperança de poderem providenciar uma casa para Marx, o correspondente deles em Londres. Foi somente a morte de Edgar, combinada com a herança que Jenny recebeu de um tio, que tornaram possível que eles se mudassem em 1856.

Aos domingos a família ia regularmente a Hampstead Heath, um passeio muito popular entre os londrinos naquele tempo. Hampstead Heath – então ainda em seu estado natural – ficava a cerca de uma hora e meia a pé distante da Dean Street, e eles pretendiam chegar lá na hora do almoço. Liebknecht descreveu assim o passeio:

> A lancheira de um volume desconhecido em Londres, que Lenchen trouxera quando vieram de Trier, continha o prato principal: um enorme pedaço de carne assada. Eles levavam junto chá e frutas; pão, queijo e cerveja também podiam ser levados ao Heath.
>
> A caminhada geralmente era feita na seguinte ordem: eu ia na frente com as duas meninas – ora contando histórias, ora fazendo ginástica, ora saindo em busca de flores silvestres que não eram tão raras como são agora. Atrás de nós, alguns amigos. Em seguida o

corpo principal do exército: Marx com sua mulher e algum hóspede de domingo que requeria atenção especial. E atrás deles, Lenchen com os mais famintos dos hóspedes que ajudavam-na a carregar o cesto.

Depois de comerem eles "tiravam os jornais do domingo que tinham comprado no caminho e começavam a ler e discutir política – enquanto as crianças, que rapidamente encontravam companheiros para brincar, brincavam de esconder atrás dos arbustos da charneca". Seguiam-se jogos e andar em burros em que Marx divertia a companhia "com sua mais que primitiva arte de montar e com o zelo fanático com que ele afirmava sua habilidade nesta arte"[130]. Eles voltavam, com as crianças na retaguarda e Lenchen as ensinando, cantando canções alemãs patrióticas e recitando Dante e Shakespeare.

Marx também gostava de sair ocasionalmente às tardes.

> Às vezes (escreveu Liebknecht) acontecia até recairmos em nossas travessuras de estudantes. Numa tarde Edgar Bauer, ligado a Marx desde o tempo deles em Berlim e ainda não seu inimigo pessoal apesar de *A Sagrada Família*, viera de seu eremitério em Highgate à cidade com a finalidade de "fazer uma excursão da cerveja". O problema era "tomar alguma" em todo bar entre Oxford Street e Hampstead Road – tornando a "alguma" uma tarefa muito difícil, mesmo limitando-se a um mínimo, considerando o enorme número de bares naquela parte da cidade. Mas passamos a agir intrepidamente e conseguimos chegar ao fim da Tottenham Court Road sem acidente. Lá saía o som de cântico de um bar; entramos e soubemos que um clube de Odd Fellows estava realizando um festival[131].

---

130. Liebknecht. *Karl Marx, Biographical Memoirs*, p. 129s.

131. Liebknech., *Karl Marx, Biographical Memoirs*, p. 146.

Foram feitos muitos brindes, mas quando Liebknecht começou a dizer que os alemães tinham inteligência política superior e Bauer fez referência ao modo de falar inglês, "os punhos começaram a brandir no ar e nós tivemos a sensibilidade suficiente de escolher a melhor parte da valentia e conseguimos pôr em prática, não totalmente sem dificuldade, uma sofrivelmente digna retirada". No entanto, a noitada não terminara:

> ...a fim de esfriar nosso sangue quente, iniciamos uma marcha acelerada até que Bauer tropeçou num monte de pedras na calçada. "Viva, uma ideia!" E em memória das travessuras malucas de estudantes ele apanhou uma pedra e, zás, ouviu-se o ruído de um lampião de gás estilhaçando-se. O desatino é contagioso – Marx e eu não ficamos atrás, e quebramos quatro ou cinco lâmpadas da rua – eram, talvez, duas horas da manhã e as ruas estavam por isso desertas. O barulho, porém, chamou a atenção de um policial que rapidamente deu o sinal a seus colegas da mesma patrulha. Imediatamente sinais de resposta foram enviados. A posição se tornou crítica. Felizmente percebemos a situação num relance; e felizmente conhecíamos o local. Nós corremos em frente, três ou quatro policiais um pouco atrás de nós. Marx mostrou uma atividade que eu não atribuiria a ele. E, depois de uma perseguição selvagem que durou alguns minutos, nós conseguimos virar para uma rua lateral e correr por um beco – entre duas ruas – de onde saímos atrás dos policiais que perderam a pista. Agora estávamos a salvo[132].

Quando Engels estava em Londres morando com Marx, os dois costumavam sair juntos; uma vez Engels escreveu a Jenny desculpando-se por ter extraviado o marido dela e foi

---

132. Liebknecht. *Karl Marx, Biographical Memoirs*, p. 149s.

informado que as "andanças noturnas" de Marx lhe tinham provocado um resfriado tal que teve que ficar de cama por uma semana.

A vida nos três quartos na Dean Street era extremamente irregular. A seguinte descrição, que parece ser muito exata, foi escrita por um espião do governo prussiano em 1852:

> Como pai e marido Marx, apesar de seu caráter selvagem e irrequieto, é o mais gentil e meigo dos homens. Marx vive num dos piores, e portanto mais baratos, bairros de Londres. Ele ocupa dois aposentos. O que dá para a rua é o salão, e o quarto de dormir está nos fundos. Em todo o apartamento não há um único móvel limpo e inteiro. Está tudo quebrado, rasgado, com um centímetro de pó em cima de tudo e a maior desordem por toda parte. No meio do salão há uma grande mesa fora de moda coberta com um linóleo, e sobre ela estão manuscritos, livros e jornais, bem como os brinquedos dos filhos, os farrapos e trapos do cesto de costura da esposa dele, diversas xícaras com borda quebrada, facas, garfos, lâmpadas, um tinteiro, copos, cachimbos holandeses de barro, cinza de tabaco – numa palavra, tudo uma bagunça, e tudo sobre a mesma mesa. Um vendedor de coisas usadas teria vergonha de dar de graça uma tão notável coleção de bugigangas.
>
> Se você entrar no quarto de Marx, a fumaça do tabaco fará seus olhos lacrimejarem tanto que por um momento lhe parecerá que está entrando às apalpadelas numa caverna, mas aos poucos, à medida que você se acostumar com a neblina, você pode avistar certos objetos que se distinguem da bruma circundante. Tudo está sujo e coberto de poeira, tanto que sentar torna-se um assunto totalmente perigoso. Aqui está uma cadeira com apenas três pernas, sobre outra cadeira, as crianças estão brincando de cozinhar – esta cadeira

> por acaso tem quatro pernas. É esta que é oferecida ao visitante, mas a cozinha das crianças não foi tirada de cima; se você sentar, põe em perigo suas calças[133].

A acomodação da família era tão restrita que quando Franziska nasceu na primavera de 1851, ela teve que ser entregue a uma aia, por ser tão pequeno o quarto na casa. Ela morreu um ano depois.

> Na Páscoa de 1852 (escreveu Jenny), nossa pequena Franziska teve uma bronquite grave. Durante três meses ela ficou entre a vida e a morte. Ela sofreu terrivelmente. Quando ela morreu nós deixamos seu pequeno corpo no quarto dos fundos, fomos para o quarto da frente e fizemos nossas camas no chão. Nossos três filhos vivos deitaram-se ao nosso lado e todos choramos pelo anjinho cujo corpo lívido, sem vida, jazia no quarto ao lado. A morte de nossa amada filha ocorreu no tempo das piores privações, estando nossos amigos alemães incapacitados de nos ajudar então. Ernest Jones, que nos fazia longas e frequentes visitas nesta época, prometeu ajudar-nos, mas não pôde trazer nada... Com angústia no coração, corri para um emigrante francês que morava não muito longe e costumava vir ver-nos, e pedi-lhe para nos ajudar na terrível necessidade. Ele imediatamente me deu 2 libras com a mais amigável simpatia. Aquele dinheiro foi usado para pagar o caixão no qual minha filha agora descansa em paz. Ela não teve berço quando veio ao mundo e por longo tempo lhe foi recusado o último lugar de descanso. Com que peso no coração a vimos sair carregada para sua sepultura[134].

Em tais circunstâncias não é de surpreender que os recursos físicos e morais de Jenny rapidamente tenham se dis-

133. *Archiv für die Geschichte des Sozialismus*, I, 1922, p. 56s.

134. *Reminiscences of Marx and Engels*, p. 228.

sipado. Em 1852, de muitos modos o pior dos anos da Dean Street, Jenny frequentemente estava confinada à cama, magra, tossindo e, por ordem médica, bebendo muito vinho do Porto. Engels tentou conseguir dinheiro para lhe arranjar um descanso no campo, mas no outono ela ficou dias seguidos na cama tomando uma colher de conhaque por hora. Dois anos mais tarde ficou novamente doente, mas ela mesma se medicou argumentando que a receita do médico só tinha servido para ela ficar pior.

1. Local do nascimento de Marx: Brückergasse, n. 664 (agora Brückerstrasse, n. 10). A família viveu aqui por apenas uns dezoito meses, ocupando dois quartos do andar térreo e três do segundo andar.

As ilustrações são reproduzidas por permissão de: 1, Staatsbibliothek, Berlim; 2 e 14, Dietz Verlag, Berlim; 3-7, 10, 15, 18 e 26, Int. Instituut voor Soc. Geschiedenis, Amsterdam; 9 e 21, Radi Times Hulton Picture Library; 11 e 13, Marx Memorial Library; 12, David Heisler, Londres; 17, 19 e 22, Institut für Marxismus-Leninismus, Berlim Oriental; 20 e 23, Communist Party Headquarters, Londres; 24, Museu Britânico; 25, Angelo Hornak, Londres. As de n. 8 e 16 foram tiradas pelo autor.

2. Karl Marx aos dezoito anos de idade. Detalhe de uma litogravura do Clube de estudantes de Trier em 1836, feita por D. Levy-Elkan.

3. Jenny Von Westphalen.

4. Friedrich Engels, de um daguerreótipo de 1845.

5. Helena Demuth.

6. Jenny Marx, logo após seu casamento.

7. Jenny Marx com sua filha mais velha Jenny, por volta de 1854.

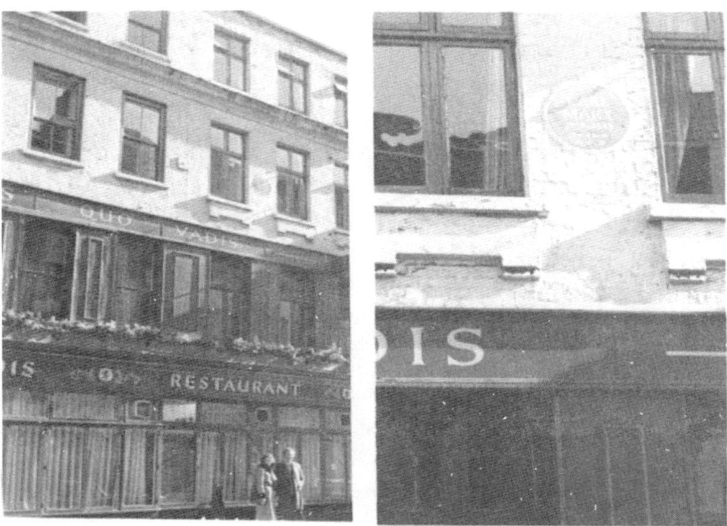

8. Dean Street, n. 28, onde a família de Marx viveu entre 1850 e 1856 (a placa GLC não é muito exata nas datas). O grande quarto da frente de Marx abrangia três janelas no segundo andar. A fotografia foi tirada em 1972.

9. A primeira fotografia conhecida de Marx, tirada em 1861.

10. A Jenny filha, no final da década de 1860.

11. Laura Marx.

12. Freddy Demuth idoso.

13. Eleanor Marx, fotografia tirada em 1874 quando ela estava com dezoito anos.

14. Edgar Marx, de um desenho contemporâneo de meados de 1850 – possivelmente por Engels.

15. Marx e Engels com Jenny, Eleanor e Laura em 1864.

16. Grafton Terrace, n. 9, onde a família de Marx viveu de 1856 a 1864, ocupando todos os quatro andares. Fotografia tirada em 1972.

17. Marx em 1872, o ano do colapso da Primeira Internacional.

18. Marx e sua filha Jenny, tirada em 1868.

19. Marx em 1867, o ano da publicação do primeiro volume de *O capital*.

20. A única fotografia de perfil conhecida de Marx, tirada em 1867.

21. Marx em 1875: fotografia tirada por Magall, que era também fotógrafo de Disraeli e da Rainha Vitória.

22. Marx em 1882 na Argélia: a última fotografia.

23. Maitland Park Road, n. 41, a casa de Marx entre 1875 e 1883. O escritório de Marx era no primeiro andar. Foi aqui que ele morreu.

24. A cadeira do Museu Britânico considerada a favorita de Marx.

25. Túmulo de Marx no Cemitério Highgate.

26. Jenny Marx no começo de 1880, pouco antes de sua morte.

Como Jenny atuava como secretária dele, essas doenças atrapalhavam Marx em seu trabalho. De fato, ela participava plenamente de todas as atividades de Marx. Ela participava de reuniões como observadora para ele, recolhia artigos de jornal que ela achava que pudessem interessar a ele e cuidava de detalhes editoriais quando ele estava fora. Ela era extremamente útil quando atuava como secretária dele, escrevendo cartas, fazendo cópias limpas de seus artigos para jornais (pois a letra dele era ilegível) e conservando um arquivo cuidadoso do resultado de seu jornalismo. Ela sentia orgulho de seu papel como secretária e escreveu mais tarde: "A lembrança dos dias que eu passei no pequeno escritório copiando seus artigos garatujados está entre as mais felizes da minha vida"[135]. Jenny também era ativa em assuntos financeiros: ela escreveu inúmeras cartas de pedido, lidava com os credores que cercavam a casa e até, em agosto de 1850, "desesperada com a perspectiva de um quinto filho e do futuro"[136] fez uma viagem sozinha à casa de um tio de Marx, um homem de negócios na Holanda. No entanto, os recentes movimentos revolucionários não tinham sido bons para os negócios e o ancião não estava com disposição de ajudar seu excêntrico sobrinho, por isso Jenny voltou de mãos vazias.

Em seu temperamento, ela era muito imprevisível e propensa a ir aos extremos. Marx escreveu a ela: "Eu sei o quão infinitamente mercurial você é e o quanto a menor boa notícia lhe dá vida nova"[137]. "Mercurial" era sua palavra favorita para descrever o caráter de Jenny; mas com o passar dos anos ela achava cada vez mais difícil não ser submergida por seu meio ambiente opressivo. No verão de 1850 Marx escreveu a

---

135. J. Marx, Short Sketch of an Eventful Life. *Reminiscences*, p. 228.

136. *Reminiscences*, p. 227.

137. *MEW*, XXVIII, p. 527.

Weydemeyer: "Você não deve levar a mal as cartas agitadas de minha esposa. Ela está amamentando e nossa situação aqui é tão extraordinariamente miserável que é perdoável que se perca a paciência"[138]. Por ocasião da morte de seu primeiro filho em novembro de 1850 Jenny estava de todo "fora de si" e "perigosamente excitada". No ano seguinte Marx descreveu-a como doente "mais por causas burguesas do que físicas". Alguns meses mais tarde Marx escreveu a Engels:

> Torrentes de lágrimas durante a noite toda cansam minha paciência e me deixam com raiva... Sinto pena de minha mulher. A maioria das pressões caem sobre ela e basicamente ela está certa. A indústria deve ser mais produtiva que o casamento. Apesar de tudo, você se lembra que por natureza eu não sou nada paciente e até um pouco difícil de modo que de vez em quando minha serenidade desaparece[139].

Em 1854 Marx falava da "perigosa condição de minha esposa"[140]; no mesmo ano ela caiu de cama "em parte de raiva porque o bom Dr. Freund nos bombardeava mais uma vez com cartas de cobrança"[141]. No ano seguinte, "por uma semana minha esposa esteve doente com excitação nervosa mais do que em qualquer ocasião antes"[142].

A maior parte do trabalho de casa era naturalmente feito por Helene Demuth. Liebknecht escreveu dela neste tempo: "com 27 anos, embora não fosse bonita, ela tinha uma aparência simpática com feições até agradáveis. Ela não tinha necessidade de admiradores e poderia ter feito um bom casamento

---

138. *MEW*, XXVII, p. 536.

139. *MEW*, XXVII, p. 293.

140. *MEW*, XXVIII, p. 370.

141. *MEW*, XXVIII, p. 410.

142. *MEW*, XXVIII, p. 442.

várias vezes". De muitos modos ela era a chave de segurança da casa de Marx: "Lenchen era a ditadora, mas dona Marx era a senhora, e Marx se submetia tão mansamente como um cordeiro àquela ditadura"[143].

"No começo do verão de 1851", Jenny escreveu em sua autobiografia, "houve um acontecimento que não desejo relatar aqui em detalhe, embora ele contribuísse muito para aumentar nossas preocupações, tanto pessoais como outras"[144]. Esse acontecimento foi o nascimento de Frederick, o filho ilegítimo de Marx; a mãe era Helene Demuth. Esse fato foi tão bem ocultado e os papéis da Família Marx que sobreviveram foram tão cuidadosamente peneirados para eliminar qualquer referência a isto que apenas uma descoberta casual recente de uma carta o trouxe à luz[145]. Essa carta, endereçada a Augusto Bebel, foi escrita por Louise Freyberger (a primeira esposa de Karl Kautsky) que foi governanta de Engels com a morte de Helene Demuth de quem ela fora muito íntima. Segundo ela, Engels aceitara a paternidade de Frederick e assim "salvou Marx de um difícil conflito doméstico". Mas ele deu a Louise Freyberger permissão para revelar a verdade se ele fosse acusado de tratar seu "filho" desprezivelmente. Ele chegou a contar a história para a atordoada Eleanor no leito de morte dele, escrevendo-a na lousa, pois perdera a voz. O segredo foi limitado à família (Marx) e a um ou dois amigos. O filho foi imediatamente enviado para pais adotivos e não tinha absolutamente nenhum contato com a casa de Marx, embora ele retomasse contato com sua mãe depois da morte de Marx. Louise Freyberger escreveu:

---

143. Liebknecht. *Karl Marx, Biographical Memoirs*, p. 123.

144. *Reminiscences*, p. 227.

145. Há uma lacuna absolutamente excepcional na correspondência Marx-Engels de duas semanas antes e depois da data de nascimento de Frederick.

> Ele vinha regularmente toda semana visitá-la; de modo bastante curioso, porém, ele nunca entrava pela porta da frente, mas sempre pela cozinha, e somente quando eu vim para o General e ele continuou suas visitas, eu fiquei sabendo que ele tinha todos os direitos de um visitante...
> A separação de sua esposa, que era terrivelmente ciumenta, estava sempre diante dos olhos de Marx: ele não amava o garoto; ele não ousava fazer nada por ele, o escândalo teria sido grande demais; ele foi enviado como hóspede pagante a uma Sra. Louis (acho que é assim que ela escreve seu nome) e ele também tomou o nome de sua mãe adotiva, e somente depois da morte de Nimm[146] ele adotou o nome de Demuth[147].

Não há nenhuma dúvida da credibilidade geral dessa carta. A certidão do nascimento de Frederick Demuth em junho de 1851 está conservada na Somerset House; o espaço para o nome do pai está em branco; o nome da mãe é dado como Helene Demuth e o local de nascimento como Dean Street n. 28. Embora tão poucos detalhes desse episódio tenham sobrevivido, parece que a necessidade de manter as aparências e o medo de boatos inevitáveis apenas serviram para aumentar a tensão sobre os nervos de Jenny. Cinco semanas após o nascimento, e no dia seguinte ao registro, Marx escreveu a Weydemeyer a respeito de "infâmias inefáveis que meus inimigos estão espalhando sobre mim" e continuava: "...minha esposa está doente, e ela tem que suportar a mais desagradável

146. Nimm era o apelido de Lenchen. Toda a Família Marx tinha uma grande atração por apelidos: o próprio Marx era geralmente Mohr ou Mouro (devido à sua compleição morena); Engels era General (devido a seus estudos militares); e Eleanor era Tussy (para rimar com "pussy" – gatinha).

147. A carta é citada por extenso em Künzli, *Karl Marx. Eine Psychographie*, p. 326s. Mais sobre Frederick Demuth cf. Payne, *Karl Marx*, cap. final; Kapp (1972); Heisler, Ungeliebter Sohn, *Der Spiegel*, 23-11-1972.

pobreza burguesa da manhã à noite. O sistema nervoso dela está minado e ela não melhora porque todo dia algum mexeriqueiro idiota lhe traz todas as exalações das fossas democráticas. A falta de tato dessa gente é algo colossal"[148].

Marx descreveu a si mesmo como tendo uma "natureza difícil"[149]; e Jenny escreveu dele em 1850: "ele nunca, nem nos momentos mais terríveis, perdeu sua confiança no futuro ou seu jovial bom humor"[150]. Mas sua correspondência com Engels mostra que ele não aceitava sempre seus problemas com serenidade. Em 1852 ele escreveu: "Quando vejo os sofrimentos de minha esposa e minha própria impotência, eu posso me lançar nas garras do diabo"[151]. E dois anos mais tarde: "De vez em quando fico bravo porque a porcaria não tem fim"[152]. Uma carta sem data de Jenny a Marx em Manchester dá uma ideia do estado mental a que às vezes ela se reduzia: "Enquanto isso estou sentada aqui e me despedaço. Karl, agora está a pior situação... Estou aqui sentada e quase derreto meus olhos chorando e não consigo achar ajuda. Minha cabeça está se desintegrando. Conservei minhas energias por uma semana, mas agora não consigo mais..."[153].

Apesar das dificuldades deles, sua simpatia e amor mútuo continuavam. Enquanto estava com Engels em Manchester em 1852, Marx escreveu a ela:

> Querida,
> Sua carta me alegrou muito. Você nunca deve ficar embaraçada em me contar nada. Se você, pobre queri-

---

148. *MEW*, XXVII, p. 566.

149. *MEW*, XXVIII, p. 54.

150. *Reminiscences of Marx and Engels*, p. 239.

151. *MEW*, XXVIII, p. 161s.

152. *MEW*, XXVIII, p. 327.

153. Citado em Künzli. *Karl Marx. Eine Psychographie*, p. 320s.

da, tem que atravessar a realidade amarga, é mais que razoável que eu ao menos partilhe os sofrimentos em espírito... Espero que você consiga outras 5 libras esta semana, ou no mais tardar até segunda-feira[154].

De Manchester novamente, em 1856, ele escreveu a Jenny (que estava em Trier) uma carta notável tanto pelos sentimentos e linguagem como por ser uma das pouquíssimas que restaram de Marx a sua mulher. A carta é longa e seguem alguns trechos:

> Meu querido amor,
> ...Tenho a imagem viva de você em minha frente, tomo você em meus braços, beijo você da cabeça aos pés, ajoelho-me diante de você e suspiro "Madame, eu a amo". E eu de fato amo você mais do que o Mouro de Veneza jamais amou. O mundo falso e corrupto acha que o caráter de todos os homens é falso e corrupto. Qual dos meus inimigos caluniadores e línguas de cobra jamais me acusou de ter vocação para desempenhar o papel principal de amante num teatro de segunda classe? Contudo é verdade. Se os infelizes tivessem humor suficiente, eles poderiam ter pintado "as relações de produção e troca" de um lado e eu aos seus pés do outro. "Olhe para este quadro e para aquele", eles poderiam ter escrito embaixo. Mas eles são infelizes estúpidos e estúpidos eles continuarão *in saecula saeculorum*...
> Mas o amor – não de homem feuerbachiano, nem de metabolismos de Moleschott, nem do proletariado, mas amor de uma querida, isto é, você, torna um homem novamente homem. De fato, há muitas mulheres no mundo, e algumas delas são belas. Mas onde encontrarei outro rosto no qual cada traço, até cada ruga relembra as maiores e mais doces memórias de minha

154. *MEW*, XXVIII, p. 527.

> vida. Até minhas tristezas infinitas, minhas perdas insubstituíveis eu posso ler em seu doce semblante, e eu dou o beijo de despedida em minhas tristezas quando beijo sua doce face. "Enterrado em seus braços, despertado por seus beijos" – isto é, em seus braços e por seus beijos, e os brâmanes e pitagóricos podem ficar com sua doutrina de reencarnação e o cristianismo com sua doutrina da ressurreição[155].

Tanto para Marx como para Jenny o golpe final e mais duro que eles sofreram na Dean Street foi a morte, aos oito anos de idade, do único filho deles em abril de 1855. Edgar, a quem eles deram o apelido de "Musch" ou "little fly" (mosquinha) era "muito dotado, mas doente desde o dia do nascimento – um genuíno, verdadeiro filho da tristeza este garoto com olhos magníficos e cabeça promissora que era, porém, grande demais para seu fraco corpo"[156]. Sua doença final – uma espécie de tuberculose – durou todo o mês de março. No começo de abril parecia ser fatal e Marx escreveu no dia seis para Engels: "O pobre Musch não existe mais. Ele foi dormir (literalmente) nos meus braços hoje entre cinco e seis". Liebknecht descreveu a cena:

> a mãe chorando em silêncio, inclinada sobre o filho morto, Lenchen soluçando ao lado dela, Marx numa agitação terrível rejeitando veementemente, quase com raiva, todo consolo, as duas meninas, agarradas à mãe, chorando mansamente, a mãe abraçando-as convulsivamente como que para segurá-las e defendê-las contra a Morte que lhe roubara seu garoto[157].

155. Marx a Jenny Marx. *MEW*, XXIX, p. 532s. Esta carta é escrita num tom meio irônico típico, p. ex., de Heine.

156. Liebknech. *Karl Marx, Biographical Memoirs*, p. 132.

157. Liebknecht. *Karl Marx, Biographical Memoirs*, p. 133.

Apesar de um período de descanso em Manchester e das novas perspectivas abertas pela herança de Jenny, a tristeza ficou. No fim de julho Marx escreveu a Lassalle:

> Bacon diz que os homens realmente importantes têm tantas relações com a natureza e o mundo que eles se recuperam facilmente de qualquer perda. Eu não pertenço a esses homens importantes. A morte de meu filho abalou profundamente meu coração e minha mente e ainda sinto a perda tão vivamente como no primeiro dia. Minha pobre esposa também está completamente abatida[158].

Anos mais tarde Marx ainda achou uma visita à área de Soho uma experiência perturbadora[159].

As dificuldades não impediram Marx de manter o que chegava a ser uma casa aberta:

> Você é recebido do modo mais amigável (escreveu um visitante) e cordialmente se oferecem cachimbos e tabaco e o que mais possa haver; e finalmente surge uma conversa animada e agradável para compensar todas as deficiências domésticas, e isto torna o desconforto tolerável. Finalmente você acaba se acostumando com a companhia e acha-a interessante e original[160].

Nenhum parente de ambas as famílias parece que frequentava a casa em Dean Street – com exceção de Louise, irmã de Marx, junto com o holandês com quem ela se casara recentemente em Trier. Mas havia uma onda constante de outras visitas: Harney e a esposa, Ernest Jones, Freiligrath e a esposa, e Wilhelm Wolff eram todos visitas regulares. A mais frequente era um grupo de jovens de cuja companhia Marx

---

158. *MEW*, XXVIII, p. 617.

159. Cf. Marx a Engels, *MEW*, XXX, p. 325.

160. *Archiv für die Geschichte des Sozialismus*, X, 1922, p. 56s.

gostava e encorajava. Um desse grupo era Ernst Dronke, um membro fundador da Liga Comunista, que também trabalhara no *Neue Rheinische Zeitung*; ele ocasionalmente ajudava Marx como secretário, mas mais tarde dedicou-se ao comércio e retirou-se da política ativa. Outro era Conrad Schramm, que teve um duelo com Willich – embora Marx discutisse com ele em 1851 por causa da relutância de Schramm em entregar os documentos da Liga Comunista e perdeu contato com ele quando ele emigrou para a América logo depois. Uma visita mais frequente – às vezes quase diária – era Wilhelm Liebknecht, o jovem estudante de filosofia que lutara no levante em Baden em 1849 e fugira para a Inglaterra pela Suíça. Ele tinha uma profunda, embora tímida, admiração por Jenny (a mãe dele morrera quando ele tinha três anos) e gostava de fazer recados para ela, cuidar das crianças e absorver de modo geral as ideias de Marx com uma docilidade muito maior do que ele mostraria mais tarde nas décadas de 1860 e 1870 como líder dos social-democratas alemães. Finalmente havia Wilhelm Pieper, um jovem de uns 25 anos que estudara línguas na Alemanha e no começo de 1850 ficava com Marx às vezes semanas seguidas (quando ele não estava com prostitutas ou dando aulas particulares). Durante um tempo ele foi secretário de Marx e traduziu *A pobreza da filosofia* para um inglês execrável. Ele era tão pouco diplomático de dar nos nervos de Jenny e até fazer a esposa de Karl Blind chorar durante uma discussão sobre Feuerbach no quarto de Marx. Marx se referia a ele como seu "eco doutrinário", lamentava seu tom magistral e sofria com as tentativas dele em tocar música "moderna". Apesar disso tudo ele dava a Pieper comida, hospedagem, ajudou-o a se recuperar de doença, conseguiu que Engels lhe emprestasse dinheiro e em diversas ocasiões ele mesmo emprestou. Por mais relutante que Marx pudesse ser em aceitar oposição intelectual ou político-partidária, em suas relações com esses jovens amigos ele era geralmente divertido, tolerante e até generoso.

Em seu relacionamento pessoal, Marx podia ter grande tato e generosidade. Ele podia desculpar os defeitos de seus amigos a Engels e aconselhar Weydemeyer sobre como tratar Freiligrath ou Wolff. Ele tinha grande consideração pela esposa de seu amigo Roland Daniels, um dos acusados no processo de Colônia, organizava cartas para ela dos amigos de Daniels na Inglaterra, e quando ele morreu em 1855 escreveu para ela uma homenagem muito comovente[161]. Ele até empenhou o último casaco de Jenny para ajudar Eccarius quando ele estava doente.

O homem cuja amizade Marx mais prezava era, naturalmente, Friedrich Engels. Durante os 20 anos após sua partida de Londres no fim de 1850, Marx e Engels mantiveram correspondência regular, escrevendo em média a cada dois dias. Embora essa correspondência seja de longe a fonte mais importante para qualquer relato da vida de Marx durante esses anos, ela não está completa: ela foi selecionada depois da morte de Engels para remover tudo (por exemplo, o que se referia a Frederick Demuth) o que pudesse embaraçar a família ou a amigos. Assim a quase total ausência na correspondência sobrevivente entre Marx e Engels de qualquer coisa que indique uma amizade íntima entre os dois homens pode ser atribuída em parte a esta seleção posterior e em parte também ao fato de que ambos (particularmente no começo dos anos 1850) suspeitavam que as autoridades estavam interceptando as cartas deles.

---

161. Cf. *MEW*, XXVIII, p. 618.

A ida de Engels para Manchester em 1850 significava retomar o que ele abandonara oito anos antes. A cisão na Liga Comunista e a falência do *Neue Rheinische Zeitung – Revue* afastou seu principal motivo para permanecer em Londres; ele precisava ganhar a vida; e sua mãe, com quem ele era muito ligado, insistiu com ele que ao menos exteriormente se reconciliasse com seu pai. Não havia nenhum representante da Família Engels na filial em Manchester da firma de Ermen e Engels, e seu pai concordou que ele atuasse nos interesses da família lá. O consentimento do pai foi relutante no começo, mas transformou-se em entusiasmo depois que os planos de enviar seu filho para Calcutá ou para a América falharam, e depois que Engels demonstrou nos relatórios enviados a Barmen sua capacidade de administrar. No começo de 1851 sua situação se tornou mais permanente, embora ainda restassem algumas dificuldades:

> o problema (ele escreveu a Marx) é ter uma posição oficial como representante de meu pai diante dos Ermens e, no entanto, não ter uma posição oficial dentro da firma aqui envolvendo uma obrigação a trabalhar e um salário da firma. Contudo, espero conseguir isso; minhas cartas comerciais encantaram meu pai e ele acha que minha permanência aqui é um grande sacrifício de minha parte[162].

Quando o pai dele veio à Inglaterra em julho de 1851 a questão foi acertada de maneira satisfatória a ambos: Engels ficaria em Manchester por ao menos três anos. Ele mais tarde calculou ter feito mais de 230 libras em seu primeiro ano lá. O pai dele, durante sua inspeção anual no ano seguinte, redigiu um novo contrato com seus sócios para darem a seu filho uma proporção dos lucros, e pelo fim da década

---

162. *MEW*, XXVII, p. 204s.

a receita de Engels era superior a 1.000 libras por ano. Engels era, como observou Marx, "muito exato"[163] em questões financeiras e esse dinheiro tornou possível que ele atuasse como um benfeitor de todo o "partido Marx". Dronke recebeu dinheiro dele, Pieper também; Liebknecht recebeu, às custas de Engels, roupas novas com as quais concorreu para uma vaga de professor. Mas a parte do leão ia para Marx: parece que em alguns anos Engels deu mais a Marx do que ele mesmo gastava. Essas quantias – às vezes enviadas como vale postal, às vezes em notas de 1 ou 5 libras cortadas ao meio e enviadas em cartas separadas – geralmente salvavam o ingênuo Marx de um desastre completo. "Karl ficou terrivelmente feliz", escreveu Jenny numa ocasião, "quando ouviu os dois toques fatais do carteiro. 'É Frederico, 2 libras, salvo!', ele gritou"[164]. Como consequência Engels teve dificuldade em equilibrar suas finanças e escreveu a Marx em 1853:

> Torna-se urgente a reorganização de minhas despesas pessoais, e dentro de uma ou duas semanas me mudarei para alojamentos mais baratos e para bebidas mais fracas... No ano passado, graças a Deus, eu passei com a metade dos lucros do meu pai na firma aqui. Quando estiver próxima a chegada do meu velho, mudar-me-ei para alojamentos finos, fumarei charutos caros, beberei bons vinhos etc., assim podemos criar uma impressão. É a vida[165].

Embora, como Engels achava antes, o centro do comércio livre inglês fornecesse uma posição vantajosa de onde ver os desenvolvimentos econômicos, ele teria preferido estar em outro lugar. Harney declarou que ele preferia ser enforcado

163. *MEW*, XXIX, p. 540.

164. *MEW*, XXVIII, p. 656.

165. *MEW*, XXVIII, p. 217.

em Londres a viver em Manchester, e Engels muitas vezes lamentou sua solidão e seu tédio. Apesar de um plano no começo de 1852 de se mudar para New Brighton com a Família Marx inteira e outro em 1854 de se mudar para Londres como correspondente militar do *Daily News*, ele continuou prisioneiro em Manchester por 20 anos. Diversos amigos comunistas vieram visitá-lo: Weerth, que viajava muito para sua firma; Dronke, que se estabeleceu em Bradford; e sobretudo Marx, que vinha uma ou até duas vezes ao ano – às vezes por semanas seguidas. Ele foi até capaz de reiniciar sua vida com Mary Burns, embora a preocupação com a "respeitabilidade" o impedisse de viver com ela. Seu trabalho nos negócios da família não o afastava de assuntos mais importantes para ele: depois de um dia inteiro de trabalho em seu escritório ele regularmente estudava línguas, ciência militar (daí o seu apelido de "General"), e escrevia artigos no lugar de Marx.

Engels tinha um caráter que de muitos modos era exatamente o oposto ao de Marx: ele era cordial, otimista, equilibrado, cheio de *joie de vivre*, e gozava da reputação de ter um gosto fino no que se referia a vinhos e mulheres. Para com seus amigos ele era leal, paciente e generoso; intelectualmente ele tinha uma mente rápida e clara, e uma capacidade de simplificar – às vezes demais – questões profundas e complexas. Em toda a sua correspondência que sobreviveu com Marx, apenas uma vez parece que censurou a Marx – quando este recebeu de maneira fria a notícia da morte de Mary Burns. Toda a correspondência é notavelmente não emocional. Embora às vezes Marx ficasse com raiva diante dos silêncios de Engels, há apenas uma carta realmente grosseira: Marx brigara com Wilhelm Wolff (apelidado "Lupus") por causa de um livro que Wolff dizia que Marx tomara emprestado dele e não devolvera. Quando as comunicações se tornaram um pouco menos frequentes, Marx supôs que Engels o estava colocando em segundo plano em relação a Wolff e Dronke:

> Pelo menos este é o método que você, desde a chegada do Sr. Lupus a Manchester, tem observado com curiosa consistência em todas as questões relacionadas a mim e aos dois cavalheiros. É portanto melhor, a fim de não tornarmos nossa correspondência puramente telegráfica, para nós dois omitir todas as referências a seus amigos e protegidos aí[166].

Quando Engels respondeu de maneira conciliatória, Marx escreveu:

> Você sabe que cada um tem seus caprichos monetários e *nihil humani* etc. Eu nunca quis dizer "conspiração" e besteira tal. Você está acostumado a ciúme e basicamente o que me incomoda é apenas que não possamos estar juntos, trabalhar juntos, rir juntos, enquanto os "protegidos" têm você confortavelmente em sua proximidade[167].

Era necessária uma grande crise para Marx pôr seus sentimentos no papel. Quando seu filho estava morrendo em 1855, ele escreveu a Engels: "Não posso agradecer suficientemente pela amizade com que você trabalha em meu lugar e pela simpatia que você sente pela criança"[168]. E logo depois: "Em todas as terríveis tristezas que passei nestes dias o pensamento de você e de sua amizade sempre me fortaleceram, junto com a esperança de que nós ainda temos algo significativo a fazermos juntos neste mundo"[169].

---

166. *MEW*, XXVIII, p. 313.

167. *MEW*, XXVIII, p. 314.

168. *MEW*, XXVIII, p. 442.

169. *MEW*, XXVIII, p. 444.

Engels também tinha relações íntimas com o resto da Família Marx: ele escrevia de vez em quando a Jenny e mandava fazenda como presente, e como "Tio Engels" ele era muito popular entre as crianças. Ocasionalmente, porém, Marx criticou Engels – particularmente para Jenny. Depois da morte de Marx suas filhas Laura e Eleanor separaram e destruíram aquelas partes da correspondência de seus pais que continham passagens que pudessem ferir a Engels[170].

IV. Estudos econômicos retomados

Considerando suas circunstâncias familiares, é de surpreender que Marx tenha conseguido fazer qualquer trabalho sério. Seu único refúgio seguro era o Museu Britânico; em casa ele podia redigir e comparar a informação obtida lá. Seus hábitos de trabalho não eram mais regulares do que tinham sido em Bruxelas – a julgar pelo relatório de um espião do governo prussiano:

> Na vida privada ele é um ser humano extremamente desordenado, cínico, e um mau anfitrião. Ele leva uma verdadeira vida de cigano. Lavar, cuidar e trocar suas roupas são coisas que ele raramente faz, e ele está geralmente bêbado. Embora ele geralmente esteja ocioso dias seguidos, ele trabalhará dia e noite com persistência incansável quando ele tem um trabalho importante a fazer. Ele não tem horário para deitar e levantar. Ele às vezes fica acordado a noite inteira, e então se deita completamente vestido no sofá ao

170. Mayer, *Friedrich Engels*, I, p. 356. Como um exemplo que suas filhas falharam em destruir, cf. Marx a Jenny, *MEW*, XXXIV, p. 344, em que, por ocasião da morte de Lizzie Burns, a segunda esposa de Engels, ele faz gozação do analfabetismo dela e fala em tom ofensivo do próprio Engels.

> meio-dia e dorme até à noite, sem se perturbar com todo mundo indo e vindo pela sala[171].

Eleanor escreveu que ela ouviu dizer como, no quarto da frente na Dean Street, "as crianças podiam empilhar as cadeiras atrás dele para representar um coche ao qual ele era atrelado como um cavalo e podiam 'chicoteá-lo' até quando ele estava sentado à escrivaninha"[172].

Apesar de todos esses empecilhos, Marx começou a lançar os fundamentos de sua obra econômica e a produzir uma considerável quantia de jornalismo de alta qualidade. Durante 1850-1851 Marx passou longos períodos no Museu Britânico, retomando os estudos econômicos que ele fora forçado a negligenciar desde seus dias em Paris em 1844. Em seus artigos na *Neue Rheinische Zeitung – Revue* ele já tinha analisado as conclusões históricas e políticas a serem tiradas do fracasso das revoluções de 1848, o processo cíclico de superprodução e consequente superespeculação de 1843-1845, o pânico financeiro de 1846-1847, e a recuperação na Inglaterra e na França durante 1848-1850. O resultado da análise das revoluções de 1848 não tornariam Marx nem um pouco menos otimista a respeito da nova erupção, mas apenas as circunstâncias em que ocorreria. Durante os primeiros anos da década de 1850 Marx não diferia dos outros refugiados alemães em Londres em sua crença de que uma revolução era iminente. Ele esboçou seu ponto de vista em dezembro de 1849 numa carta a Weydemeyer:

> Outro evento no continente – até agora não percebido – é a aproximação de uma tremenda crise industrial, produtiva e comercial. Se o continente adiar sua

171. *Archiv für die Geschichte des Sozialismus*, X, 1922, p. 56s.

172. E. Marx, prefácio a K. Marx (sic), *Revolution and Counter-Revolution*, Londres, 1971, p. vii.

> revolução até o estouro da crise, a Inglaterra talvez seja forçada desde o começo a ser uma companheira, ainda que relutante, do continente revolucionário. Um estouro cedo da revolução – se não for motivado diretamente pela intervenção russa – na minha opinião seria uma desgraça[173].

No fim de 1850 Marx se convenceu de que uma crise comercial e financeira seria a precondição inevitável de qualquer revolução. Por isso ele estava constantemente em busca de sinais desta crise que se aproximava – e ele os encontrou em grande número. Já em 1850 ele calculou que "se o novo ciclo de desenvolvimento industrial que começou em 1848 seguir a mesma direção que o de 1843-1847, a crise estourará no ano de 1852"[174]; e ele devidamente apresentou indicações de que este seria o caso. Em dezembro de 1851: "De acordo com o que Engels me conta, os comerciantes da cidade também partilham de nosso ponto de vista de que a crise, retardada por todo tipo de eventos casuais... deve explodir no mais tardar pelo próximo outono"[175]. Em fevereiro de 1852 ele falava da "crise cada vez mais iminente no comércio cujos primeiros sinais já estão aparecendo em toda parte"[176]. Uma semana depois: "Por circunstâncias excepcionais – Califórnia, Austrália, progresso comercial dos ingleses no Punjab, Sind e em outras partes recém-conquistadas da Índia – pode ser que a crise seja adiada até 1853. Mas então seu estouro será terrível"[177]. Em setembro de 1853: "Acho que a catástrofe comercial, como em 1847, começará no início do próximo

173. *MEW*, XXVII, p. 516.

174. *MEW*, VII, p. 432s.

175. *MEW*, XXVII, p. 598.

176. *MEW*, XXVIII, p. 498.

177. *MEW*, XXVIII, p. 520.

ano"[178]. Marx esperava que este movimento, como o último, ocorreria primeiro na França "onde" (dizia ele em outubro de 1853) "a catástrofe ainda estourará"[179]. A demonstração no Hyde Park de 1855 levou-o a pensar que a guerra na Crimeia precipitaria uma crise na Inglaterra onde "a situação está borbulhando e fervendo publicamente"[180]. Ele tendia a ser cauteloso em relação à Alemanha, temendo que uma revolta na Renânia tivesse que recorrer a ajuda externa e assim aparecer impatriótico. "A coisa toda", ele escreveu a Engels na primavera de 1856, "dependerá da possibilidade de a revolução proletária ser respaldada por uma espécie de segunda edição da Guerra dos Camponeses"[181]. Suas predições nesse campo divertiam seus amigos: Wilhelm Wolff chegou a aceitar apostas a respeito. "Só por causa do assunto da crise comercial", escreveu Liebknecht, "... ele se tornou vítima do duende profetizador, e consequentemente era assunto de nossa maior mofa que o deixava terrivelmente maluco"[182].

Num aspecto Marx não estava infeliz em ver a crise sempre desaparecer diante dele: isso o capacitaria a terminar seu *magnum opus* sobre economia. Em agosto de 1852 ele escreveu a Engels: "a revolução pode vir antes do que desejamos"[183]. E Engels concordou que a calma inquieta "podia durar até 1854. Confesso que desejo ter tempo para labutar mais um ano"[184].

---

178. *MEW*, XXVIII, p. 592.

179. *MEW*, XXVIII, p. 302.

180. *MEW*, XXVIII, p. 452.

181. *MEW*, XXIX, p. 47.

182. Liebknecht, *Karl Marx, Biographical Memoirs*, p. 59. Para Wolff, cf. *MEW*, XXIX, p. 225.

183. *MEW*, XXVIII, p. 116.

184. *MEW*, XXVIII, p. 118.

Os primeiros estudos de Marx no Museu Britânico se preocupavam com os dois problemas de meio circulante e renda, assuntos a que foi levado ao ver que na França o principal beneficiário da revolução de 1848 fora a aristocracia financeira e que na Bretanha a chave para o futuro desenvolvimento estava na luta entre a burguesia industrial e os latifundiários. Marx notou a acumulação de metais preciosos pelo Banco da França e a consequente expansão de crédito controlada pelo banco. Quanto à Inglaterra, ele estava preocupado em refutar a teoria de Ricardo de que a renda da terra necessariamente diminuía se não houvesse um aumento no preço do grão. Ele achava que se podia demonstrar que isso era falso no caso da Inglaterra durante os 50 anos anteriores e que o progresso da ciência e da indústria poderia reverter as tendências naturais que diminuiriam a renda.

Durante todo o ano de 1851 Marx leu vorazmente. Em janeiro ele estava estudando livros sobre metais preciosos, dinheiro e crédito; em fevereiro, os escritos econômicos de Hume e Locke, e mais livros sobre dinheiro; em março, Ricardo, Adam Smith e livros sobre moeda corrente; em abril, Ricardo novamente e livros sobre dinheiro; em maio, Carey, Malthus, e princípios de economia; em junho, valor, riqueza e economia; em julho, literatura sobre o sistema fabril e renda agrícola; em agosto, população, colonização e economia do mundo romano; no outono, livros sobre atividade bancária, agronomia e tecnologia. Ao todo, Marx encheu seus cadernos de notas com longas passagens de cerca de 80 autores e leu muito mais. Esse estudo destinava-se à conclusão de sua obra sobre economia. Já em janeiro de 1851 Engels insistia com Marx para "apressar a conclusão e publicação de sua Economia"[185]. Em abril Marx escreveu:

185. *MEW*, XXVII, p. 171.

> Estou tão adiantado que em cinco semanas terei acabado com toda esta porcaria econômica. Feito isto, trabalharei em minha Economia em casa e me lançarei em outra ciência no Museu. Estou começando a ficar cansado dela. Basicamente a ciência não fez progresso desde A. Smith e D. Ricardo, embora muito tenha sido feito em pesquisas individuais e geralmente muito sutis[186].

O livro era ansiosamente aguardado pelos amigos de Marx. Em maio Lassalle escreveu: "Ouvi dizer que sua Economia finalmente verá a luz do dia... Estou ansioso em ver em minha mesa a gigantesca obra em três volumes do Ricardo que se tornou socialista e do Hegel que se tornou economista"[187]. Engels, porém, que conhecia bem o amigo, declarou que "enquanto você não tiver lido um livro que você ache importante, você não começa a escrever"[188]. Em junho, porém, Marx estava tão animado como sempre, escrevendo a Weydemeyer: "Estou dando tudo de mim das nove da manhã até às sete da noite. O assunto em que estou trabalhando tem tantas danadas de ramificações que com todo o esforço não serei capaz de terminar em seis a oito semanas"[189]. Embora ele reconhecesse que "se deve forçosamente parar num ponto"[190], em julho de 1851 o novo livro de Proudhon *A ideia geral de revolução no século XIX* chegou às mãos dele e imediatamente desviou suas energias em criticar seu conteúdo. Apesar de seu antijacobinismo, o livro de Proudhon pareceu a Marx que tratava apenas dos sintomas do capitalismo e não de sua essência.

---

186. *MEW*, XXVII, p. 228.

187. Lassalle (1921, p. 23s.).

188. *MEW*, XXVII, p. 233s.

189. *MEW*, XXVII, p. 560.

190. *MEW*, XXVII, p. 560.

No entanto, em outubro Freiligrath e Pieper (que estava viajando pela Alemanha nesta ocasião) tinham interessado o editor Löwenthal pela obra de Marx. O plano de Marx compreendia três volumes: "Uma Crítica da Economia", "Socialismo" e uma "História do Pensamento Econômico". Löwenthal queria começar pelo último volume e ver como seria sua vendagem. Engels insistiu com Marx para que aceitasse a proposta, mas que dividisse a História em dois volumes:

> Depois disso viria o Socialismo como terceiro volume – sendo o quarto a Crítica – o que sobraria dela – e o famoso Positivo, o que você "realmente" quer... Para pessoas de inteligência suficiente as indicações nos primeiros volumes – o Antiproudhon e o *Manifesto* – serão suficientes para pô-los no caminho certo. A grande maioria de compradores e leitores perderá qualquer interesse na "História" se o grande mistério já está revelado no primeiro volume. Eles dirão como Hegel na *Fenomenologia*: li o "Prefácio" e é ali que se pode encontrar a ideia geral[191].

Aconselhando Marx a fazer um livro longo, deixando de lado a "História", Engels lhe disse secamente: "Mostre um pouco de tino comercial desta vez"[192]. No começo de dezembro veio o golpe de Estado de Bonaparte que levou Engels a antecipar dificuldades com Löwenthal e, embora Marx estivesse em contato com o editor até durante o ano seguinte, as negociações não tiveram nenhum resultado. Até Kinkel estava desejoso de lançar um "alicerce positivo" para a "Economia" de Marx, e Lassalle propôs a criação de uma companhia que emitisse títulos para financiar a publicação; mas Marx duvidava do sucesso do empreendimento e de qualquer modo

191. *MEW*, XXVII, p. 373s.

192. *MEW*, XXVII, p. 375.

não queria tornar pública sua falta de recursos. Em janeiro de 1852 ele escreveu a Weydemeyer perguntando se ele podia encontrar um editor na América "por causa do fracasso na Alemanha"[193]. Nesta ocasião ele já tinha abandonado seu trabalho sobre sua "Economia". Ele trabalhou sobre suas anotações durante um curto período no verão de 1852 e, como última esperança, apresentou ao editor Brockhaus o projeto de um livro que levaria o título *Moderna literatura econômica na Inglaterra de 1830 a 1852*. Brockhaus o rejeitou; e Marx, pressionado pela pobreza, trabalha no Julgamento Comunista de Colônia e, aumentando seus compromissos jornalísticos, abandonou sua "Economia" por diversos anos.

V. Jornalismo

"A contínua porcaria jornalística me aborrece. Toma muito tempo, dispersa meus esforços e, na análise final, não é nada. Por mais independente que se queira ser, ainda se é dependente do jornal e especialmente de seu público se, como acontece comigo, o pagamento é recebido em dinheiro. Obras puramente científicas são algo completamente diferente..."[194] Este era o modo como Marx via seu jornalismo em setembro de 1853 quando ele já escrevia havia um ano para o *New York Daily Tribune*. O convite para escrever para o jornal viera de seu editor administrativo, Charles Dana. Dana tinha uma personalidade forte e independente; criado por tios por causa da falência de seu pai e da morte de sua mãe, ele ingressou na universidade de Harvard por seus próprios méritos, mas por falta de recursos foi obrigado a abandoná-la um ano depois. Em 1841 ele juntou-se à colônia em Brook Farm, que

193. *MEW*, XXVIII, p. 486.

194. *MEW*, XXVIII, p. 592.

adotou o fourierismo e tornou-se um "falanstério" enquanto ele estava lá, e foi um de seus membros mais efetivos. Quando o "falanstério" foi destruído pelo fogo, Horace Greeley o introduziu como editor do *New York Daily Tribune*. O *Tribune*, fundado em 1841, era um jornal extraordinariamente influente e o *Weekly Tribune*, composto de seleções das edições diárias, tinha uma circulação de 200 mil exemplares por toda a América. A política defendida pelo jornal e inspirada por Greeley era surpreendentemente radical: dava muito espaço para as ideias fourieristas, favorecia proibição e proteção (ao menos por um curto tempo) e se opunha à pena de morte e à escravidão. Essa mistura um tanto curiosa de causas às vezes provocava o desprezo de Marx:

> O *Tribune* está naturalmente alardeando o livro de Carey com todo o seu poder. Ambos de fato têm em comum que, sob o disfarce de anti-industrialismo socialista filantrópico de Sismondi, eles representam os protecionistas, isto é, a burguesia industrial da América. Isto também explica o segredo por que o *Tribune*, apesar de todos os seus "ismos" e charlatanice socialista, possa ser o "jornal líder" nos Estados Unidos[195].

Dana encontrara Marx em Colônia em 1848 e ficara muito impressionado. Em agosto de 1851 ele convidou Marx a se tornar um dos 18 correspondentes estrangeiros do *Tribune* e escrever uma série de artigos sobre acontecimentos contemporâneos na Alemanha. Marx, que ainda pensava em terminar sua "Economia" e ainda não podia escrever em bom inglês, escreveu a Engels na mesma carta em que lhe contou sobre a oferta do *Tribune*: "Se você me conseguir um artigo sobre a situação alemã escrito em inglês na sexta-feira de ma-

195. *MEW*, XXVIII, p. 226.

nhã, seria um grande começo"[196]. Uma semana mais tarde ele escreveu: "Quanto ao *New York Tribune*, você pode me ajudar agora pois estou totalmente ocupado em minha "Economia". Escreva uma série de artigos sobre a Alemanha, de 1848 em diante. Com humor e diretamente. Os cavalheiros no departamento exterior são muito francos"[197]. Engels concordou e o primeiro artigo apareceu no *Tribune* em outubro. Ao todo, 18 artigos (todos de Engels) foram publicados e tiveram grande sucesso. "Talvez lhe cause prazer saber que (seus artigos) são lidos com satisfação por um considerável número de pessoas, e são amplamente reproduzidos"[198]. O segredo da autoria era muito bem guardado e por anos os artigos foram reimpressos sob o título *Revolução e contrarrevolução na Alemanha* com Marx como seu autor[199].

Em abril de 1852 Dana pediu a Marx para escrever regularmente para o *Tribune* sobre assuntos ingleses. Marx escreveu em alemão e mandou o manuscrito para Engels para ser traduzido. Em janeiro de 1853, porém, ele escreveu a Engels: "Pela primeira vez eu me arrisquei a escrever um artigo em inglês para Dana"[200]. Durante o mesmo ano, como as relações com a Rússia se tornavam tensas, Marx ampliou seu assunto e logo estava escrevendo sobre todos os aspectos da política

---

196. *MEW*, XXVII, p. 296.

197. *MEW*, XXVII, p. 314.

198. Para as referências da correspondência de Marx com Dana cf. Draper (1968).

199. Os artigos foram republicados com o nome de Marx por Allen & Unwin em 1971. A quarta capa do livro tem uma citação de uma revista que diz: "Excelentes espécimes do maravilhoso talento de Marx... de captar claramente o caráter, o significado e as necessárias consequências de grandes acontecimentos históricos no tempo em que estes acontecimentos estavam ocorrendo". O autor da citação é apresentado como Engels.

200. *MEW*, XXVIII, p. 209.

mundial. Seus artigos eram muito apreciados e em janeiro de 1853 seus emolumentos foram aumentados para 2 libras esterlinas por artigo. Um escritor contemporâneo descreveu Dana como regularmente "mergulhado na leitura de 'Karl Marx' ou 'Um Americano em Paris'". No começo de 1854 Marx recebeu através de Dana uma oferta de uma revista americana para artigos sobre a história da filosofia alemã de Kant em diante. Os artigos deviam ser "sarcásticos e divertidos" e não conter "nada que pudesse ferir os sentimentos religiosos do país"[201]. Marx escreveu a Engels que se eles estivessem juntos isso seria possível, mas "sozinho ele não o queria"[202]. E o assunto não foi em frente. No mesmo ano as relações entre Marx e o *Tribune* ficaram tensas: Dana geralmente alterava os artigos de Marx e às vezes tomava os primeiros parágrafos de um artigo para servirem de editorial, imprimindo o resto como um artigo anônimo separado. Ao todo, 165 editoriais do *Tribune* foram tirados dos artigos de Marx, embora de fato Dana preferisse os artigos que (sem ele saber) eram escritos por Engels. Marx insistia em que ou todos ou nenhum dos artigos deviam ser assinados e a partir de 1855 todos eles foram publicados anonimamente. Durante 1853 o *Tribune* imprimiu 80 artigos de Marx e mais ou menos o mesmo número em 1854, mas apenas 40 em 1855 e 24 em 1856. No começo de 1857 Marx ameaçou escrever para outro jornal pois o *Tribune*, cuja tendência pan-eslavista começava a se acentuar, imprimia tão poucos artigos seus: Dana então concordou em pagar a ele um artigo por semana, fosse publicado ou não.

Em abril de 1857 Dana convidou Marx a contribuir para a *New American Cyclopaedia*. A *Cyclopaedia* era ideia de Geor-

201. *MEW*, XXVIII, p. 323.

202. *MEW*, XXVIII, p. 323.

ge Ripley, um amigo de Dana desde Brook Farm e editor literário do *Tribune*. Ela alcançou 16 volumes, tinha mais de 300 colaboradores e era um tremendo sucesso. Aspirava-se a uma objetividade estrita, e Dana escreveu a Marx que seus artigos não poderiam apresentar parcialidade sobre questões políticas, religiosas ou filosóficas. Embora Engels visse nas propostas de Dana "a oportunidade por que esperamos tanto tempo para você ter a cabeça acima da água"[203] e fizesse planos para reunir alguns colaboradores, isso se tornou impossível. Marx foi solicitado a escrever artigos principalmente sobre história militar e foi severamente prejudicado quando Engels ficou doente com problemas glandulares. Ele não conseguia dar explicações plausíveis para os adiamentos embaraçosos e acabava dizendo que os artigos tinham se perdido no correio. A maioria de suas contribuições foram escritas em 1857-1858, mas ele continuou a enviar algumas até 1860. A 2 dólares a página, era uma boa fonte de renda. O motivo pelo término da colaboração de Marx não é conhecido. Ao todo, 67 artigos de Marx-Engels foram publicados na *Cyclopaedia*, sendo 51 deles escritos por Engels, embora Marx tivesse feito alguma pesquisa para eles no Museu Britânico.

No fim de 1857 a crise comercial obrigou o *Tribune* a despedir todos os seus correspondentes estrangeiros, exceto Marx e outro; e em 1861 Greeley, perturbado pelos pontos de vista de Marx, pediu a Dana para despedi-lo também. Dana se recusou, mas a publicação de outros artigos dele foi suspensa por vários meses. Alguns foram publicados no fim de 1861 e no começo de 1862, mas em março de 1862 Dana escreveu a Marx que a guerra civil estava ocupando todo o espaço no jornal e pediu-lhe que não enviasse mais artigos. Ao todo o

203. *MEW*, XIX, p. 126.

Tribune publicou 487 artigos de Marx, sendo 350 escritos por ele, 125 escritos por Engels (a maioria sobre assuntos militares) e 12 escritos em colaboração.

Os artigos de Marx não eram apenas um meio de ganhar a vida. Apesar de sua baixa opinião a respeito de seu próprio trabalho, ele produzia constantemente peças jornalísticas de grande talento e era, nas palavras do editor do *Tribune*, "não apenas um dos mais prezados, como um dos colaboradores ligados ao jornal que melhor recebia"[204]. Marx estava longe das fontes convencionais de notícias e por isso usava muito mais relatórios oficiais, estatísticos etc. do que a maioria dos jornalistas. Além disso ele conseguia equilibrar muitos de seus artigos com suas pesquisas "sérias", o que os tornava mais profundos. Alguns dos seus artigos sobre a Índia, por exemplo, foram incorporados quase verbalmente no *Capital*. Considerando os pontos de vista firmes que ele tinha, seus artigos eram notavelmente imparciais e objetivos. Em muitas áreas – oposição aos governos europeus reacionários, por exemplo, – ele tinha o mesmo ponto de vista do *Tribune* e podia expressar-se vigorosamente, mas quando havia divergência ele se contentava com meros fatos[205].

Embora Marx começasse a escrever exclusivamente sobre a Inglaterra (sobre a qual ele estava excepcionalmente bem-informado), em 1853 ele estava tratando também da Europa, onde o assunto dominante era a guerra da Crimeia. Aqui ele se preocupava muito em defender os valores da civilização europeia ocidental, como estava expressa nos movimentos revolucionários "burgueses" de 1789 e depois, contra o "barbarismo asiático" da Rússia. Seu ódio quase patológico contra

204. Cf. Dana a Marx, *MEW*, XIV, p. 679.

205. Em geral, cf. Christman (1966).

a Rússia o levou a ver Palmerston como instrumento da diplomacia russa e ele fez uma "exposição" numa série de artigos da duplicidade de Palmerston[206]. Alguns desses artigos foram escritos para o *Free Press*, publicado por David Urquhart, um político conservador romântico cujas visões russófobas Marx caracterizava como "subjetivamente reacionárias", mas "objetivamente revolucionárias"[207]. Marx estava particularmente desejoso de combater a crença de Herzen na vocação socialista da Rússia e os escritos de seu antigo amigo e colega Bruno Bauer que viam o absolutismo russo como o renascimento do estatismo romano, a encarnação de um princípio religioso vivo como oposto às democracias vazias do Ocidente. Esse era o único ponto em que Dana criticava Marx, achando que sua atitude com relação à França e à Rússia apresentava "um sentimento por demais alemão para um jornal americano"[208].

Marx também dedicou um considerável número de artigos ao extremo Oriente e particularmente à Índia. Em geral ele considerava o fenômeno do colonialismo como inevitável, pois o capitalismo devia abranger o mundo inteiro antes de poder ser derrotado. Como a industrialização no Ocidente, ele era tanto progressista como imensamente destrutivo. Ele escreveu: "A Inglaterra tem uma dupla missão a desempenhar na Índia: uma destrutiva, a outra regeneradora – a aniquilação da antiga Sociedade Asiática, e o lançamento dos fundamentos materiais da sociedade ocidental na Ásia"[209]. Isto era assim particularmente porque, no modo de ver de Marx, a Ásia não tinha uma história própria. A razão disto estava num

206. Cf. Marx (1970).

207. Marx a Lassalle, *MEW*, XXX, p. 547.

208. Cf. Dana a Marx, *MEW*, XIV, p. 679. Cf. ainda Marx; Engels (1953); Marx; Engels (1972).

209. Marx, The Future of British Rule in India, *MESW*, I, p. 352.

modo de produção diferente do ocidental[210]: a necessidade de providenciar amplas obras públicas para conseguir uma irrigação satisfatória levou a um governo altamente centralizado edificado sobre uma infraestrutura de aldeias independentes e a ausência total de propriedade privada da terra. As únicas mudanças ocasionadas na Índia foram as causadas por invasores, sendo as mudanças mais recentes e fundamentais as realizadas pelo capital inglês e estas, embora sem nenhum benefício para a Inglaterra, porão a Índia sob as leis gerais do desenvolvimento capitalista[211].

---

210. Para o ponto de vista de Marx sobre este modo de produção "asiático" cf. Lichtheim (1963) e a literatura citada aí.

211. Cf. ainda *Karl Marx on Colonialism and Modernization*, ed. S. Avineri, Nova York, 1968. A excelente edição de Marx; Engels, *The Collected Writings in the New York Daily Tribune* (1973), contém ricos detalhes sobre a história editorial.

6
A "Economia"

Você pode crer que dificilmente um livro tem sido escrito em circunstâncias mais difíceis, e eu posso escrever uma história secreta que poria a descoberto uma infinita quantidade de aborrecimento, incômodo e ansiedade.

ANDREAS. Jenny Marx a Kugelmann, *Briefe*, p. 193.

I. "Grundrisse" e "Crítica da economia política"

Em 1857 a crise econômica que Marx tanto predissera ocorreu de fato e o levou a uma tentativa frenética de concluir de algum modo seus estudos econômicos. A primeira menção disso na correspondência é numa carta a Engels em dezembro de 1857 na qual ele diz: "Estou trabalhando loucamente noites inteiras numa síntese de meus estudos econômicos de modo que, antes do dilúvio, pelo menos terei o esboço claro"[1]. Um mês mais tarde ele foi obrigado a tomar remédio durante muito tempo e admitiu que "exagerei meus trabalhos noturnos, que eram acompanhados por um lado apenas por um copo de limonada, mas, por outro, por uma imensa quantidade de tabaco"[2].

1. Marx a Engels, *MEW*, XXIX, p. 225. O título *Grundrisse* (que haveria de ser uma das principais obras de Marx) não é mais do que o termo alemão para "esboços".

2. Marx a Engels, *MEW*, p. 259s.

Ele também estava compondo um diário extremamente detalhado dos acontecimentos durante a crise. De fato, a "síntese" de que Marx fala já tinha começado em agosto de 1857 com a elaboração de uma Introdução Geral. Essa introdução, umas 30 páginas cheias, a título de ensaio e incompletas, discutia o problema do método no estudo da economia e tentava justificar a ordem não histórica das seções na obra que havia de seguir. A introdução não foi publicada porque, como Marx disse dois anos mais tarde, "numa maior reflexão qualquer antecipação de resultados ainda a serem provados parece-me perturbador, e o leitor que geralmente deseja seguir-me deve estar decidido a ir do particular ao geral"[3].

Na primeira de suas três seções – intitulada "Produção em geral" – Marx definia o objeto de sua investigação como "a produção socialmente determinada de indivíduos"[4]. Ele rejeitava o ponto de partida de Smith, Ricardo e Rousseau, que começavam com indivíduos isolados fora da sociedade: "produção por indivíduos isolados fora da sociedade... é um absurdo tão grande como a ideia do desenvolvimento da linguagem sem indivíduos vivendo juntos e falando uns aos outros"[5]. Marx então ressaltou que era importante tentar isolar os fatores gerais comuns a toda produção, a fim de não ignorar as diferenças essenciais entre as épocas. Os economistas modernos – como J. S. Mill – eram culpados de tal ignorância quando tentavam descrever as modernas relações burguesas de produção como leis imutáveis da sociedade. Marx citava dois exemplos: pensadores como Mill tendiam a saltar da tautologia de que não havia tal coisa como produção sem pro-

3. *MESW*, I, p. 360. Esta introdução foi publicada primeiro por Kautsky em 1903.

4. *Marx's Grundrisse*, ed. D. McLellan. Londres e Nova York, 1971, p. 16.

5. *Marx's Grundrisse*, ed. D. McLellan. Londres e Nova York, 1971, p. 18.

priedade para a pressuposição de que uma forma particular de propriedade – propriedade *privada* – era básica; ao passo que a história mostrava que era a propriedade comum que era básica. Em segundo lugar, havia uma tendência a supor que o sistema legal a que estava sujeita a produção contemporânea estava baseado em princípios eternos sem perceber que "cada forma de produção cria suas próprias relações legais"[6]. Marx resumiu sua primeira seção com estas palavras: "Todos os estágios de produção têm certas características em comum que nós generalizamos em pensamento; mas as assim chamadas condições gerais de produção não são nada mais do que concepções abstratas que não compõem nenhum estágio real na história da produção"[7].

A segunda seção levava o título "A relação geral da produção com a distribuição, a troca e o consumo". Aqui Marx estava ansioso por refutar a visão de que as quatro atividades econômicas – produção, distribuição, troca e consumo – podiam ser tratadas isoladas umas das outras. Ele começava dizendo que a produção era, em certo sentido, idêntica ao consumo na medida em que se falava de consumo produtivo e produção consumidora; que cada um era um meio de ocasionar o outro; e que cada um moldava as formas de existência do outro, sua contrapartida. De modo semelhante Marx negava que a distribuição formava uma esfera interdependente ao lado, e fora, da produção. Este ponto de vista não podia ser mantido pois "a distribuição, na medida em que está relacionada com o indivíduo, aparece naturalmente como uma lei estabelecida pela sociedade determinando a posição dele no âmbito da produção dentro da qual ele produz, e assim antedatando a

6. *Marx's Grundrisse*, ed. D. McLellan. Londres e Nova York, 1971, p. 21.

7. *Marx's Grundrisse*, ed. D. McLellan. Londres e Nova York, 1971, p. 22.

produção"[8]. Agressão externa ou revolução interna também pareciam, por sua distribuição de propriedade, antedatar ou determinar a produção. De modo semelhante com a troca, que Marx achava que era uma parte constitutiva da produção. "O resultado a que chegamos", concluía Marx, "não é que a produção, a distribuição, a troca e o consumo sejam idênticos, mas que eles são todos membros de uma entidade, aspectos diferentes de uma unidade"[9].

A terceira seção, intitulada "O método da economia política", é ainda mais abstrata, se bem que muito importante para entender a abordagem de Marx. Ele queria estabelecer que o método correto para discutir economia era partir de conceitos teóricos simples como valor e trabalho e então passar deles para as entidades mais complexas, contudo observáveis, como população ou classes. O inverso era a abordagem característica do século XVII; mas os pensadores do século XVIII seguiram "o método de avançar do abstrato para o concreto" – o que era "claramente um método cientificamente correto"[10].

Marx então tomou o dinheiro e o trabalho como exemplos dos conceitos simples, abstratos, com os quais desejava iniciar sua análise. Ele disse que ambos alcançavam sua complexidade plena somente na sociedade burguesa; e somente dentro do contexto da sociedade burguesa poderia alguém compreender por inteiro a economia pré-capitalista, assim como "a anatomia do ser humano é a chave para a anatomia do macaco"[11]. Marx continuava: "Seria, portanto, impraticável e errôneo pôr as categorias econômicas na ordem em que elas foram fatores determinantes no curso da história. Sua ordem

8. *Marx's Grundrisse*, ed. D. McLellan. Londres e Nova York, 1971, p. 29.

9. *Marx's Grundrisse*, ed. D. McLellan. Londres e Nova York, 1971, p. 33.

10. *Marx's Grundrisse*, ed. D. McLellan. Londres e Nova York, 1971, p. 34.

11. *Marx's Grundrisse*, ed. D. McLellan. Londres e Nova York, 1971, p. 39.

de sequência é determinada antes pelas relações que têm entre si na moderna sociedade burguesa"[12]. Ele então esboçou em cinco seções o plano provisório para uma extensa obra sobre economia e concluiu com uma fascinante discussão de uma aparente dificuldade na abordagem materialista da história: por que a arte grega era tão apreciada no século XIX quando os antecedentes socioeconômicos que a produziram eram tão diferentes? Marx não deu uma resposta direta. O manuscrito acaba simplesmente apresentando a seguinte pergunta: "Por que a infância da sociedade humana, em que ela atingiu seu mais belo desenvolvimento, não exerceria um atrativo eterno como uma idade que nunca voltará?"[13].

O plano do tencionado livro foi apresentado no fim da introdução:

1. As caracterizações abstratas gerais que podem mais ou menos ser aplicadas a todos os tipos de sociedade.

2. As categorias que constituem a estrutura interna da sociedade burguesa e que servem de base para as classes fundamentais. Capital, trabalho assalariado, propriedade da terra. Suas relações entre si. Cidade e campo. As três grandes classes sociais. As relações entre elas. Circulação. Crédito (privado).

3. Síntese da sociedade burguesa na forma do Estado. O Estado considerado em si. Classes "improdutivas". Impostos. Dívida pública. Crédito público. População. Colônias. Emigração.

4. As relações internacionais de produção. Divisão internacional do trabalho. Troca internacional. Exportações e importações. Taxas de câmbio.

---

12. *Marx's Grundrisse*, ed. D. McLellan. Londres e Nova York, 1971, p. 42.

13. *Marx's Grundrisse*, ed. D. McLellan. Londres e Nova York, 1971, p. 45. Mais sobre a introdução cf. no excelente comentário em Marx (1974).

5. O mercado mundial e crises[14].

O mesmo plano, em forma mais simples, foi reiterado no prefácio (publicado em 1859) a sua *Crítica da economia política*: "Capital, propriedade da terra, trabalho assalariado; Estado, comércio externo, mercado mundial"[15].

Os manuscritos sobreviventes (escritos nos seis meses entre outubro de 1857 e março de 1858) ficaram conhecidos como *Grundrisse*, da primeira palavra de seu título alemão *Grundrisse der Kritik der politischen Oekonomie* (Esboço de uma crítica da economia política)[16]. Ele não cobre absolutamente de modo igual a lista dos assuntos mencionada, e é obviamente mais um esboço da primeira seção da obra. O todo está dividido em duas partes: a primeira sobre dinheiro e a segunda, muito mais longa, sobre capital; a última é dividida em três seções sobre a produção do capital, a circulação e a conversão da mais-valia em lucro. Contudo, essas discussões econômicas estão entremeadas de amplas digressões sobre assuntos como o indivíduo e a sociedade, a natureza do trabalho, a influência da automação sobre a sociedade, problemas do aumento do tempo livre e da abolição da divisão de trabalho, a natureza da alienação nos estágios mais altos da sociedade capitalista, a natureza revolucionária do capitalismo e sua inerente universalidade etc. São essas digressões que dão ao *Grundrisse* sua importância primária mostrando que ele é um esboço preliminar para uma obra de proporções enormes; o que Marx apresentou mais tarde ao mundo

14. Marx (1974, p. 42s.).

15. Marx, Prefácio à Crítica da Economia Política, *MESW*, I, p. 361.

16. Deve ser notado que este título não é de Marx, mas provém dos primeiros editores de seus manuscritos. Causaria confusão se "Crítica da economia política" fosse o subtítulo de *O capital* e, como foi mostrado mais tarde, o *Grundrisse* é muito mais do que um mero esboço de *O capital*.

em seu *Capital* cobria apenas uma fração do campo que fora delimitado no *Grundrisse*. Seções dedicadas a tópicos, tais como comércio exterior no mercado mundial mostram que Marx foi levado a esboçar em certa medida os temas fundamentais dos outros cinco livros de sua "Economia". Nas próprias palavras de Marx: "No manuscrito (que daria um livro grosso se fosse impresso) está tudo embaralhado e há mais do que o planejado para partes ulteriores"[17].

Como praticamente em todos os escritos principais de Marx, o *Grundrisse* começa com uma crítica das ideias de outrem: ele evidentemente achava mais fácil elaborar seus pontos de vista atacando os dos outros. Assim as primeiras poucas páginas contêm uma crítica dos economistas reformistas, Carey e Bastiat, brilhantemente retratados como incorporando respectivamente os vícios (e virtudes) dos "ianques" de meados do século XIX e os discípulos de Proudhon. Depois de umas dez páginas não se discutem mais as teorias de Carey e Bastiat – comentando Marx de modo azedo: "É impossível continuar seguindo esta insensatez"[18]. Tendo afiado suas faculdades críticas com esses ataques a teóricos menores, ele passou a abrir seu próprio caminho. A natureza confusa des-

---

17. Marx a Engels, *MEW*, XXIX, p. 330. O esquema em seis partes dado na introdução geral e no prefácio evidentemente não é o mesmo que o de *Capital*, Livro I, publicado em 1867. Karl Kautsky concluiu que Marx deve ter mudado o plano de sua projetada obra sobre economia. Essa era certamente a opinião aceita até a publicação do *Grundrisse*, que só emergiu dos arquivos de Moscou em 1939-1941. Contudo, a correspondência com Lassalle e o índice ao primeiro volume de sua "Economia" contido no *Grundrisse* mostram que Marx tinha em mente o plano dos três volumes de *O capital* já em 1857. A mudança não foi de metodologia, mas apenas de tamanho. Esse ponto é simplificado no resto deste capítulo. Cf. ainda a dissertação de Morf (1951, p. 75s.); também a introdução de M. Rubel a Marx (1968). Cf. o "Diagrama da 'Economia' de Marx" nos Apêndices.

18. *Marx's Grundrisse*, p. 58.

sas notas manuscritas, a variedade de assuntos discutidos e o estilo extremamente condensado – tudo torna difícil dar uma breve descrição satisfatória de seu conteúdo e é virtualmente impossível parafraseá-los. O *Grundrisse* é um vasto terreno não mapeado: até agora os exploradores foram poucos e mesmo assim eles penetraram apenas na periferia. No entanto, algumas coisas sobressaem à primeira vista.

Em primeiro lugar, tanto no pensamento quanto no estilo há uma continuidade com os "Manuscritos de 1844" extremamente notável na influência de Hegel sobre ambos os escritos. Os conceitos de alienação, objetificação, apropriação, relação dialética do homem com a natureza e sua natureza genérica ou social, tudo repete-se no *Grundrisse*. Na primeira parte destes manuscritos de 1858, Marx fazia os seguintes comentários sobre as ideias econômicas de seu tempo, comentários que lembram inteiramente suas observações sobre a "reificação" do dinheiro em 1844: "Os próprios economistas dizem que os homens conferem ao objeto (dinheiro) uma confiança que eles não concederiam entre si como pessoas... O dinheiro só pode ter uma propriedade social porque os indivíduos alienaram suas próprias relações sociais incorporando-as numa coisa"[19]. Ou mais tarde, e de modo mais geral:

> Mas se o capital aparece como o produto do trabalho, o produto do trabalho também aparece como capital – não mais como um simples produto, não como bens intercambiáveis, mas como *capital*; o trabalho objetivado se torna domínio, tem comando sobre o trabalho vivo. Parece igualmente ser o resultado do trabalho, aparecendo seu produto como propriedade estranha, um modo independente de existência oposta ao trabalho vivo, um valor igualmente autônomo;

---

19. *Grundrisse*, ed. de 1953, p. 78.

> que o produto do trabalho, trabalho objetivado, adquiriu sua alma própria do trabalho vivo e estabeleceu a si mesmo em oposição ao trabalho vivo como uma *força estranha*. Considerado do ponto de vista do trabalho, o trabalho aparece então como sendo ativo no processo de produção de tal modo que parece rejeitar sua realização em contradições objetivas como realidade estranha, e que ele coloca a si mesmo na posição de uma capacidade de trabalho insubstancial dotada apenas de necessidades contra esta realidade que é alienada dele e que pertence não a ele e sim a outros; que estabelece sua realidade própria não como uma entidade em si, mas como uma entidade para outros, e portanto somente como uma mera entidade de outros, ou outra entidade, contra si mesmo[20].

A esse respeito, a passagem mais clara do *Grundrisse* é o esboço do plano para a tencionada "Economia" de Marx que está expresso numa linguagem que pode ter provindo diretamente da *Lógica* de Hegel[21].

Contudo, há também uma notável diferença. Em 1844 Marx lera alguns economistas clássicos, mas não tinha ainda integrado seu conhecimento a sua crítica de Hegel. Como resultado, os "Manuscritos de 1844" (também conhecidos como "Manuscritos de Paris") foram divididos em duas metades separadas como mostra o título dado a eles pelos seus pri-

---

20. *Marx's Grundrisse*, p. 100.

21. Cf. *Grundrisse*, ed. de 1953, p. 162s. e particularmente o esquema às p. 186s. Dado que estas seções são típicas de grandes partes do *Grundrisse*, diversos relatos do pensamento de Marx feitos por estudiosos da antiga geração – Bell (1962); Hook (1962[2]); Feuer (1962) – estão precisando de revisão. Era tese desses escritores que havia uma ruptura radical entre o Jovem e o Velho Marx; e a principal prova apresentada para isso era a ausência nos escritos tardios do conceito de alienação tão essencial para as primeiras obras. Além disso, os escritores que quiseram minimizar a influência de Hegel sobre Marx terão que rever suas ideias.

meiros editores: os "Escritos Econômicos e Filosóficos". Em 1857-1858 Marx assimilara tanto Ricardo como Hegel (não há, e isto é interessante, nenhuma referência a Feuerbach no *Grundrisse*) e estava em posição de fazer sua própria síntese. Nas palavras de Lassalle, ele era "um Hegel que virou economista, um Ricardo que virou socialista"[22]. O conteúdo mais rico em termos de história econômica é que o *Grundrisse*, na medida em que continuava os temas centrais aos "Manuscritos de 1844", trata-os de modo muito mais sofisticado do que era possível antes de Marx ter conseguido uma síntese de suas ideias sobre filosofia e economia. Portanto, tomar os "Manuscritos de 1844" como sua obra central – como fizeram muitos intérpretes – é exagerar o significado deles.

Do ponto de vista da economia, o *Grundrisse* contém a primeira elaboração da teoria madura de Marx. Há duas mudanças decisivas de ênfase. Em primeiro lugar, em vez de analisar o mecanismo de mercado da troca (como ele fizera em 1844), ele agora partia de uma consideração da *produção*. Em segundo lugar, nesse momento ele dizia que o operário vendia não o seu trabalho e sim sua *capacidade de trabalho*. Foi a combinação desses dois pontos de vista que deu origem à doutrina da mais-valia. Pois, de acordo com Marx, a mais-valia não era criada pela troca, mas pelo fato de que o desenvolvimento dos meios de produção no capitalismo possibilitava ao capitalista usufruir o valor de uso da capacidade de trabalho do operário e com isso fazer produtos que excediam em muito o mero valor de troca da capacidade de trabalho que chegava a não mais do que aquilo que era mínimo para a subsistência do operário. De fato, virtualmente, todos os elementos da teoria econômica de Marx estavam elaborados no *Grundrisse*. No

---

22. Lassalle a Marx, 12-05-1851.

entanto, uma vez que esses elementos seriam tratados mais amplamente em *O capital*, o *Grundrisse* é mais interessante para as discussões que não foram novamente estudadas nos fragmentos completos desse vasto empreendimento.

Essas discussões ocorreram em torno do tema central da alienação do homem na sociedade capitalista e as possibilidades de criar uma sociedade inalienada – comunista. O que era novo na descrição que Marx fez da alienação no *Grundrisse* era que ela tentava enraizar-se firmemente na história. O capital, ao mesmo tempo em que é obviamente uma força "alienante", exerceu uma função muito *positiva*. Num curto espaço de tempo ele desenvolvera enormemente as forças produtivas, substituíra necessidades naturais por necessidades historicamente criadas e dera origem a um mercado mundial. Depois das limitações do passado, o capital era o ponto crítico para riquezas incalculáveis no futuro:

> A natureza universal desta produção com sua generalidade cria uma alienação do indivíduo de si mesmo e dos outros, mas também pela primeira vez a natureza geral e universal destas relações e capacidades. Em estágios iniciais do desenvolvimento o indivíduo singular aparece como mais completo, pois ainda não elaborou a riqueza de suas relações e ainda não as estabeleceu como poderes e relações sociais autônomas que são opostas a ele mesmo. É tão ridículo desejar voltar àquela abundância primitiva como é acreditar na necessidade de seu esgotamento completo. A visão burguesa nunca foi além da oposição a este modo de ver romântico e por isso será acompanhada por ele, como uma antítese legítima, até o seu abençoado fim[23].

23. *Marx's Grundrisse*, p. 71.

Estas ideias produzidas pelo capitalismo eram tão transitórias como o próprio capitalismo: aqui Marx formulou sua mais sucinta crítica dos princípios liberais "clássicos". Ressaltando que a livre-competição certamente acabaria impedindo o desenvolvimento do capitalismo, por mais necessária que tivesse sido no começo, Marx fez alusão ao

> absurdo de considerar a livre-competição como sendo o desenvolvimento final da liberdade humana... O desenvolvimento do que é a livre-competição é a única resposta racional à sua deificação pelos profetas de classe média, ou seu endemoninhamento pelos socialistas. Se se disser que, dentro dos limites da livre-competição, os indivíduos, seguindo seu autointeresse puro, percebem seu interesse social ou geral, isso significa apenas que eles exercem pressão uns sobre os outros sob as condições de uma produção capitalista e que o choque entre eles pode somente dar de novo origem às condições sob as quais a interação ocorreu. Além disso, uma vez que desaparece a ilusão de que a competição é a aparente forma absoluta da individualidade livre, isso prova que as condições de competição, isto é, produção fundamentada no capital, já são sentidas e pensadas como uma barreira, como de fato são e cada vez mais se tornam. A afirmação de que a livre-competição é a forma final do desenvolvimento das forças produtivas, e, portanto, da liberdade humana, significa apenas que a dominação da classe média é o fim da história do mundo – naturalmente um pensamento muito agradável aos arrivistas de ontem[24].

A chave para a compreensão dessa natureza ambivalente do capitalismo – e das possibilidades que ele continha para uma sociedade inalienada – era a noção de *tempo*. "Toda a economia", disse Marx, "pode ser reduzida em última

24. *Marx's Grundrisse*, p. 31.

análise à economia de tempo"[25]. Os lucros do capitalismo foram construídos sobre a criação de um tempo de trabalho excedente, se bem que por outro lado a riqueza do capitalismo emancipasse o homem do trabalho manual e lhe desse crescente acesso ao tempo livre. O próprio capital era uma "revolução permanente":

> Seguindo essa tendência, o capital ultrapassou as fronteiras e preconceitos nacionais, além da deificação da natureza e da satisfação herdada e autossuficiente das necessidades existentes confinadas em limites bem definidos e da reprodução do modo de vida tradicional.
> Ele é destruidor de tudo isso, e permanentemente revolucionário, removendo todos os obstáculos que impedem o desenvolvimento das forças produtivas, da expansão das necessidades, da diversidade da produção e da exploração e troca de forças naturais e intelectuais[26].

Mas no modo de ver de Marx essas mesmas características do capitalismo exigiam sua dissolução. Sua riqueza baseava-se na introdução de maquinaria seguida pela da automação (a previsão de Marx aqui é extraordinária); e isso por sua vez levava a uma contradição sempre crescente entre o papel decrescente exercido pelo trabalho na produção de riqueza social e a necessidade de o capital se apropriar de trabalho excedente. O capital era assim imensamente criativo e imensamente ruinoso:

> Por um lado, ele chama à vida todas as forças da ciência e da natureza, bem como as da cooperação social e do comércio, a fim de criar riqueza que é relativa-

25. *Marx's Grundrisse*, p. 76.

26. *Marx's Grundrisse*, p. 94s.

> mente independente do tempo de trabalho utilizado. Por outro lado, ele tenta medir as vastas forças sociais assim criadas em termos de tempo de trabalho, e as aprisiona nos limites estreitos que são exigidos a fim de reter o valor já criado *como* valor. Forças produtivas e relações sociais – as duas faces diferentes do desenvolvimento da individualidade social – aparecem apenas como meios para o capital e são apenas um meio para capacitá-lo a produzir a partir de seus próprios fundamentos restritos. Mas elas são de fato as condições materiais que demolirão estes fundamentos[27].

Passagens como esta mostram com bastante clareza que o que parece ser apenas doutrinas econômicas (como a teoria trabalhista do valor) não são doutrinas econômicas no sentido em que, por exemplo, Keynes ou Schumpeter as entenderiam. Inevitavelmente, portanto, considerar Marx como mais um entre diversos economistas é de certo modo falsificar e interpretar mal suas intenções. Pois, como o próprio Marx proclamava já em 1844, economia e ética estão inextricavelmente ligadas. O *Grundrisse* mostra que isto é verdadeiro sobre seus últimos escritos como o era dos primeiros.

Com o imenso crescimento nas forças produtivas criado pelo capitalismo havia, segundo Marx, o perigo de que as forças que orientavam o desenvolvimento humano fossem tomadas inteiramente por máquinas, chegando a excluir os seres humanos: "A ciência aparece, portanto, na máquina, como algo estranho e exterior ao operário; e o trabalho vivo desaparece no trabalho objetivado que atua independentemente. O operário torna-se supérfluo na medida em que sua ação não é determinada pelas necessidades do capital"[28]. Na

---

27. *Marx's Grundrisse*, p. 143.

28. *Marx's Grundrisse*, p. 135. Em sua correspondência com Engels Marx diz que considerava o modelo primitivo de uma máquina automática como

era da automação a própria ciência se tornaria o maior fator de alienação:

> A atividade do operário, limitada a mera abstração, é determinada e regulada em todos os aspectos pelo movimento da maquinaria, não o contrário. O conhecimento que as partes inanimadas da máquina exigem, desde sua construção, para atuar adequadamente como autômato, não existe na consciência do operário, mas age através da máquina sobre ele como uma força estranha, como um poder da própria máquina[29].

Mas esta enorme expansão das forças produtivas não acarretava necessariamente a alienação do indivíduo; ela dava a oportunidade para a sociedade ser composta de indivíduos "sociais" ou "universais" – seres muito semelhantes aos indivíduos "completos" a que se referia nos "Manuscritos de 1844". É assim que Marx descreve a transição da produção individual para a social:

> A produção baseada no valor de troca se desfaz, portanto; e o processo produtivo material imediato encontra-se despojado de sua forma empobrecida, antagônica. Então os indivíduos estão numa posição de se desenvolverem livremente. Não se trata mais de reduzir o tempo de trabalho necessário da sociedade a um mínimo. A contrapartida dessa redução é que todos os membros da sociedade podem desenvolver sua educação artística, científica etc. graças ao tempo livre agora disponível a todos...

---

sendo um relógio. Marx obteve uma porção de informações sobre teares automáticos (bem como em outros aspectos da vida fabril) de Engels, em quem ele geralmente buscava ajuda nestas questões práticas. Ele confessou ao amigo: "Eu entendo as leis matemáticas, mas a realidade técnica mais simples, em que a observação é necessária, é tão difícil para mim como para o maior ignorante..." (*MEW*, XXX, p. 320).

29. *Marx's Grundrisse*, p. 133.

> Os economistas burgueses estão tão atolados em suas ideias tradicionais do desenvolvimento histórico da sociedade num estágio singular que a necessidade da *objetificação* das forças sociais de trabalho lhes parece inseparável da necessidade de sua *alienação* em relação ao trabalho vivo[30].

É digno de nota que aqui (como por todo o *Grundrisse*) não há nenhuma alusão ao agente desta transformação – a saber, a atividade revolucionária do proletariado.

O indivíduo "universal" – uma noção à qual Marx volta quase *ad nauseam* no *Grundrisse* – é o centro de sua visão da utopia; a tensão milenarista não é menos clara aqui do que na passagem nos "Manuscritos de 1844" que descreve o comunismo como "a solução para o enigma da história". A tendência universal inerente no capital, dizia Marx, criou

> como base um desenvolvimento das forças produtivas – de riqueza em geral – cujos poderes e tendências são de uma natureza geral, e ao mesmo tempo um comércio universal, e, portanto, comércio universal como base. A base como a possibilidade do desenvolvimento universal dos indivíduos; o desenvolvimento real dos indivíduos a partir desta base como a abolição constante de toda limitação concebida *como* limitação e não como fronteira sagrada. A universalidade do indivíduo não como pensado ou imaginado, mas como a universalidade de sua relação real e ideal. O homem, portanto, se torna capaz de entender sua própria história como um *processo*, e conceber a natureza (incluindo também controle prático sobre ela) como seu corpo real próprio. O próprio processo de desenvolvimento é estabelecido e entendido como requisito necessário. Mas é necessário também e acima de tudo que o pleno desenvolvimento das forças produtivas

30. *Marx's Grundrisse*, p. 151.

> tenha se tornado uma *condição de produção*, não que determinadas *condições de produção* sejam erigidas em limite além do qual as forças produtivas não podem se desenvolver[31].

Marx discutia muito raramente a forma da futura sociedade comunista: nos termos dele isto era bastante razoável – porque então ele ficaria exposto à acusação de "idealismo", o tecido de ideias que não tinham nenhum fundamento na realidade. Mas certas passagens no *Grundrisse* dão uma ideia melhor ainda do que as bem conhecidas descrições no *Manifesto comunista* e na *Crítica do programa de Gotha* do que está no centro da visão de Marx. Um dos fatores centrais era, naturalmente, o tempo – pois o desenvolvimento do indivíduo "universal" depende sobretudo do tempo livre de que ele dispõe. O tempo pertencia à essência do ideal de Marx da futura sociedade:

> Se supusermos produção comunitária, a determinação do tempo continua, evidentemente, essencial. Quanto menos tempo a sociedade necessitar a fim de produzir trigo, gado etc., tanto mais tempo ela ganha para outras formas de produção, material ou intelectual. Para um indivíduo singular, a universalidade de seu desenvolvimento, de sua alegria e de sua atividade depende de economizar tempo[32]...

Somente pelo uso amplo da maquinaria esse tempo livre era possível. Enquanto no passado a maquinaria fora um fator hostil ao lado operário, no futuro sua função seria radicalmente alterada:

> Não é preciso nenhuma sagacidade especial a fim de entender que, começando com o trabalho livre ou o

31. *Marx's Grundrisse*, p. 121s.

32. *Marx's Grundrisse*, p. 75.

> trabalho assalariado, por exemplo, que surgiu após a abolição da escravatura, as máquinas só podem se desenvolver em oposição ao trabalho vivo, como um poder hostil e propriedade estranha, isto é, devem, como capital, se opor ao operário.
> É igualmente fácil ver que as máquinas não deixam de ser agentes de produção social, uma vez que se tornam, por exemplo, propriedade de operários associados. Mas no primeiro caso seu meio de distribuição (o fato de elas não pertencerem aos operários) é ele mesmo uma condição do meio de produção que está fundamentado no trabalho assalariado. No segundo caso, um meio alterado de distribuição derivará de uma alterada nova base de produção a emergir de um processo histórico[33].

Marx rejeitou o ponto de vista de Adam Smith do trabalho como necessariamente uma imposição. Também não subscreveu a ideia de Fourier de que o trabalho podia se tornar uma espécie de jogo. De acordo com Marx, a visão de Smith era válida para o trabalho

> que ainda não tinha criado as condições subjetivas e objetivas (que ele perdeu quando abandonou as condições pastoris) que o tornavam um trabalho atraente e autorrealização individual. Isto não significa que o trabalho possa ser feito uma brincadeira, ou divertimento, como Fourier ingenuamente expressou em termos de balconista. O trabalho livre – compor música, por exemplo – de fato é ao mesmo tempo muito sério e exige o maior esforço. O trabalho relacionado com a produção material só pode ter este caráter se (1) é de natureza social, (2) tem um caráter científico e ao mesmo tempo é uma obra geral, isto é, se ele se torna

33. *Marx's Grundrisse*, p. 124.

> a atividade de um sujeito controlando todas as forças da natureza no processo de produção[34].

Marx imaginava um tempo em que a produção não dependeria da quantidade de trabalho empregada, mas do nível geral da ciência e da tecnologia, quando a riqueza seria medida por um aumento na produção completamente desproporcional ao tempo de trabalho empregado e quando "o homem se comportar como um supervisor e regulador do processo de produção". Então ocorreria a verdadeira emancipação da humanidade:

> Nesta reorientação o que aparece como o sustentáculo da produção e da riqueza não é o trabalho imediato realizado pelo operário nem o tempo que ele trabalha, mas a apropriação da força produtiva geral dele, sua compreensão da natureza e o domínio dela como uma força especial; numa palavra, o desenvolvimento do indivíduo social.
>
> O roubo do tempo de trabalho dos outros, do qual depende a riqueza hoje, parece ser uma base miserável comparada com o recém-desenvolvido fundamento que foi criado pela própria indústria pesada.
>
> Assim que o trabalho, em sua forma direta, tiver deixado de ser a principal fonte de riqueza, então o tempo de trabalho deixa, e deve deixar, de ser seu padrão de medida, e, portanto, o valor de troca deve cessar de ser a medida do valor de uso. O trabalho excedente das massas deixou de ser uma condição para o desenvolvimento da riqueza em geral; do mesmo modo como o ócio de uns poucos deixou de ser uma condição para o desenvolvimento dos poderes da mente humana em geral[35].

34. *Marx's Grundrisse.*

35. *Marx's Grundrisse*, p. 142.

É óbvio que esses extratos não podem dar um quadro total do conteúdo do *Grundrisse*; mas dão uma ideia clara de quanto é rico o pensamento de Marx. A natureza da visão que inspirou Marx é ao menos vislumbrada: a produção comunitária em que a qualidade do trabalho determinava seu valor; o desaparecimento do dinheiro junto com o do valor de troca; e um aumento no tempo livre proporcionando oportunidades para o desenvolvimento universal do indivíduo. O *Grundrisse* é importante não apenas como um elemento vital para a compreensão e interpretação do pensamento de Marx. A importância contemporânea das visões de Marx sobre a natureza ambivalente da tecnologia é suficientemente óbvia.

Assim o pensamento de Marx é melhor visto como uma meditação contínua sobre temas centrais explorados pela primeira vez em 1844 – culminando este processo em seus escritos de 1857-1858. A continuidade entre os Manuscritos e o *Grundrisse* é evidente. O próprio Marx descreveu o *Grundrisse* como o resultado de 15 anos de pesquisa, "o melhor período de minha vida"[36]. (Esta carta particular foi escrita em novembro de 1858, exatamente 15 anos depois da chegada de Marx a Paris em novembro de 1843.) Ele também disse no prefácio em 1859: "todo o material está diante de mim na forma de monografias, que foram escritas em períodos muito separados, para clareza própria, não para publicação, e cuja elaboração coerente segundo o plano indicado dependerá de circunstâncias externas"[37]. Isso só pode se referir aos "Manuscritos de Paris" de 1844 e aos cadernos de notas de Londres de 1850-1852. Marx constantemente usava, e ao mesmo tempo revisava, material de data anterior (*O*

---

36. Marx a Lassalle, *MEW*, XXIX, p. 566.

37. Marx, Prefácio à Crítica da Economia Política, *MESW*, I, p. 361.

capital, por exemplo, foi escrito com ajuda de seus cadernos de notas de 1843-1845).

O começo do capítulo do *Grundrisse* sobre o capital reproduz quase palavra por palavra as passagens nos Manuscritos sobre a necessidade humana, sobre o homem como ser específico, o indivíduo como ser social, a ideia da natureza como (num sentido) corpo do homem, os paralelos entre alienação religiosa e alienação econômica etc. As duas obras têm em comum uma dimensão utópica, quase milenarista. Há particularmente um ponto que enfatiza essa continuidade: o *Grundrisse* é tão "hegeliano" como os "Manuscritos de 1844". Às vezes se diz que é um hegelianismo superficial, e para justificar isto é citada geralmente uma carta de Marx a Engels em janeiro de 1858: "No método me foi muito útil ter folheado casualmente a *Lógica* de Hegel – Freiligrath encontrou alguns volumes que pertenceram originalmente a Bakunin e os enviou a mim de presente"[38]. A leitura que Marx fez de Hegel pode ter sido acidental; mas certamente a influência de Hegel sobre ele era profunda. Algumas das partes mais hegelianas do *Grundrisse* – particularmente o sumário da parte sobre o capital – foram escritas *antes* de ele receber o presente de Freiligrath. Numa nota no *Grundrisse* Marx mesmo escreveu em novembro de 1857: "além disso, antes de entrar em outro problema, é necessário corrigir a maneira idealista desta análise"[39]. Além do mais, enquanto terminava o *Grundrisse* ele escreveu a Lassalle que a dialética de Hegel era "sem dúvida a última palavra em toda a filosofia", mas exatamente por isso era tão "necessário libertá-la do lado místico que ela tem em Hegel"[40]. (Um paralelo justificável às vezes foi traçado en-

38. Marx a Engels, *MEW*, XXIX, p. 260.

39. *Grundrisse*, ed. de 1953, p. 69.

40. Marx a Lassalle, *MEW*, XXIX, p. 561.

tre o renovado interesse de Marx por Hegel e a leitura que Lenin fez de Hegel antes de escrever seu *Imperialismo* e *O Estado e a Revolução*.) Para dar outro exemplo da continuidade do pensamento de Marx pode-se citar o termo "alienação" (que ocorre muito mais no *Capital* do que alguns escritores parecem pensar). No *Grundrisse* o conceito é central para a maioria das passagens mais importantes.

Marx nunca repudiou nenhum de seus escritos. É, naturalmente, verdade que ele escreveu de seu embaraço quando releu *A sagrada família*. Mas isto era característico: "é evidente em si" – ele comentou em 1846 – "que um autor, se ele prossegue em sua pesquisa, não pode publicar *literalmente* o que ele escreveu seis meses antes"[41]. Em 1862 ele observava novamente: "acho insatisfatória uma obra escrita há quatro semanas e a reescrevo completamente"[42]. Ele declarou que até o *Manifesto comunista* estava precisando de correção à medida que passava o tempo. No entanto ele estava, por exemplo, totalmente disposto em 1851 a ver reimpressos seus ensaios do tempo do *Rheinische Zeitung* de 1842. Seu desenvolvimento intelectual era um processo de "clarificar minhas próprias ideias" (para usar uma expressão dele)[43], que não pode ser dividido em períodos nem tratado como um monólito.

Pelo fim de fevereiro de 1858 a explosão de esforço criativo de Marx tinha acabado e ele se deparou com o problema mais difícil (para ele) de pôr suas oitocentas páginas manuscritas numa forma publicável. Lassalle se oferecera para agir como agente literário de Marx em Berlim. Marx insistia na ideia de publicar seu trabalho em diversos volumes pequenos apresentando como razões o fato de ele não ter tempo nem

---

41. Marx a C. Leske, *MEW*, XXVII, p. 449.

42. Marx a Lassalle, *MEW*, XXIX, p. 622.

43. Marx, Prefácio à Crítica da Economia Política. *MESW*, I, p. 364.

os meios de redigir todo o seu material, e assim atingir um público maior, e de ser mais fácil encontrar alguém que o publicasse. Ao mesmo tempo ele informou a Lassalle o estágio em que estava sua tencionada "Economia" que ele descreveu como uma "crítica das categorias econômicas ou, se você preferir, uma descrição crítica do sistema da economia burguesa"[44]. Três semanas mais tarde ele informava a Lassalle que ele estava pronto a renunciar aos direitos sobre a primeira parte se isso tornasse mais fácil encontrar um publicador. A primeira parte, continuava ele, deveria ser "um relativo todo" e conteria "1. Valor, 2. Dinheiro, 3. Capital (processo produtivo do capital; processo de circulação do capital; a unidade entre capital e lucro, juros)" – material que de fato compreenderia os três volumes de *O capital*. Essa parte trataria particularmente da contradição entre o tratamento correto que Ricardo fez do valor e sua teoria do lucro, uma contradição que os economistas achariam num exame mais detalhado "um negócio totalmente sujo"[45].

No fim de março de 1858 Lassalle encontrara um editor, Franz Duncker, que estava disposto a pagar uma quantia a Marx que era – segundo Lassalle – consideravelmente melhor do que a que se pagava aos professores de Berlim. Mas, apesar de sua promessa de ter uma parte pronta "pelo fim de maio"[46], Marx fez pouco progresso: ele enviou a Engels uma longa sinopse das seções sobre valor e dinheiro, mas não conseguiu acabar a seção sobre o capital embora ela fosse "a coisa mais importante nesta primeira parte"[47]. O fígado de Marx estava novamente causando-lhe problemas e Jenny escreveu a Engels

44. Marx a Lassalle, *MEW*, XXIX, p. 550.

45. Marx a Lassalle, *MEW*, XXIX, p. 554.

46. Marx a Lassalle, *MEW*, XXIX.

47. Marx a Engels, *MEW*, XXIX, p. 318.

que "o estado dele piorava mais por tensão mental e excitação que, com a assinatura do contrato de publicação, está naturalmente crescendo a cada dia pois é simplesmente impossível para ele terminar o seu trabalho"[48]. Ele não fez mais do que um início antes de se retirar em Manchester durante todo o mês de maio. Ao voltar ele ainda estava relendo seu manuscrito tentando decidir sobre o que incluir, mas uma combinação de ansiedade e doença física o impediu de fazer qualquer coisa durante os dois meses seguintes.

A principal dificuldade que atrapalhava Marx era mais uma vez a financeira. Engels tinha pensado que os problemas de Marx estivessem resolvidos já que ele estava instalado na casa de Haverstock Hill e ficou surpreso quando Marx escreveu que a mudança de fato piorara a situação: "Estou vivendo precariamente e numa casa em que investi meu pouco dinheiro disponível e onde é impossível prosseguir com a vida diária como em Dean Street; estou sem perspectivas e as despesas familiares crescendo... Estou de fato numa situação muito pior do que há cinco anos. Eu pensava que já tinha me deparado com toda a porcaria que me aconteceria. Mas não. E o pior de tudo é que esta crise não é temporária"[49]. Engels garantiu uma contribuição mínima de 5 libras por mês e Marx lutava com a receita do *New York Daily Tribune* – para o qual suas contribuições estavam de fato declinando porque ele se ocupara com o *Grundrisse*. Ele também estava colaborando regularmente para a *New American Cyclopaedia*, mas – tipicamente – avaliou muito alto seus emolumentos e logo estava devendo a seu editor. Seu único recurso era a casa de penhor, na expectativa de uma crise no fim de cada trimestre e o medo

48. Jenny Marx a Engels, *MEW*, XXIX, p. 648.

49. Marx a Engels, *MEW*, XXIX, p. 97.

da chegada do inverno quando os casacos e outras roupas tinham que ser resgatados. Mas em julho de 1858 sua crise financeira explodiu em toda a sua força. Ele escreveu a Engels: "A situação está agora absolutamente insuportável... Estou completamente incapacitado à medida que prossegue o trabalho, em parte porque perdi a maior parte de meu tempo em correria inútil tentando conseguir dinheiro e em parte (talvez como resultado de minha fraca condição física) porque minha capacidade de concentração intelectual está minada por problemas domésticos. Os nervos de minha mulher estão totalmente arruinados por causa da imundície..."[50]. O médico prognosticou uma inflamação no cérebro e recomendou que Jenny fosse mandada para a praia, mas nem isto ajudaria "se o espectro de uma catástrofe inevitável e definitiva a persegue"[51]. Marx recorreu a uma sociedade de crédito, mas tudo o que conseguiu foram 2 libras. Ele incluiu uma cuidadosa lista de suas dívidas feita por Jenny, que era quem lidava com os agentes de penhor, inclusive algumas dívidas que ainda tinha com os comerciantes de Soho, e concluía: "Agora eu desabafei e posso lhe garantir que isso me custou um esforço não pequeno. Mas tenho que ser capaz de falar ao menos a uma pessoa. Eu não desejaria a meu pior inimigo que atravessasse o pântano no qual estive atolado durante as últimas oito semanas, enfurecido pelo fato adicional de meu intelecto ter sido arruinado pela mais miserável das situações e minha capacidade de trabalho completamente destruída"[52]. Engels veio mais uma vez em socorro com um adiantamento de 60 libras e em agosto Marx tinha voltado ao trabalho.

---

50. Marx a Engels, *MEW*, XXIX, p. 340.

51. Marx a Engels, *MEW*, XXIX.

52. Marx a Engels, *MEW*, XXIX, p. 343.

Em meados de setembro ele diria a Engels que seu manuscrito das duas partes estaria pronto "em duas semanas"[53]. No fim de outubro ele informou a Engels secamente que o manuscrito não estaria pronto "em semanas". O "verdadeiro motivo" para esta demora, ele explicou a Lassalle em novembro, era porque o "material está diante de mim; a questão é apenas a forma. Mas em tudo o que escrevi posso detectar uma doença do fígado"[54]. Era importante que o estilo fosse bom pois ele representava o resultado de 15 anos de pesquisa e "as primeiras tentativas de uma apresentação científica de uma importante visão das relações sociais"[55]. No fim de novembro, porém, Jenny estava copiando um manuscrito ao qual Marx acrescentara um capítulo sobre produtos primários que não estava no seu esboço original e ampliou a seção sobre dinheiro. Em meados de dezembro esse manuscrito estaria pronto, mas "o diabo me carregue se alguém poderia aprontar tão cedo com um fígado tão miserável"[56]. No fim de janeiro o manuscrito estava de fato pronto, mas não pôde ser despachado "porque não tenho um centavo para comprar selo e registrá-lo"[57]. A carta anterior de Marx a Engels continha o *dénouement* lamentável de todo o caso: "O manuscrito tem cerca de 12 páginas de impressos inteiras e – compreenda – apesar de seu título... não contém NADA sobre capital"[58]. Em outras palavras, Marx desistira da ideia de publicar a segunda parte sobre capital simultaneamente apesar de sua insistência anterior a Lassalle de que "esta segunda parte deve apa-

53. Marx a Engels, *MEW*, XXIX, p. 355.

54. Marx a Lassalle, *MEW*, XXIX, p. 566.

55. Marx a Lassalle, *MEW*, XXIX.

56. Marx a Engels, *MEW*, XXIX, p. 375.

57. Marx a Engels, *MEW*, XXIX, p. 385.

58. Marx a Engels, *MEW*, XXIX, p. 383.

recer simultaneamente. Sua coerência o torna necessário e o efeito total depende dele"[59]. Mesmo quando o manuscrito foi despachado, as preocupações de Marx não terminaram: ele desconfiava que as autoridades em Berlim tinham confiscado o material enviado e, enquanto Lassalle não o informou da chegada dele depois de duas semanas, ele estava "doente de ansiedade"[60]. Quando finalmente ele chegou, a impressão foi lenta demais para Marx: Duncker levou seis semanas para produzir as provas. Pior ainda, duas semanas depois de Marx ter enviado a última folha de provas corrigidas, a chegada de um panfleto de Lassalle, ao qual obviamente Duncker deu prioridade, obrigaram Marx a empenhar seu último casaco respeitável para pagar os 2 xelins necessários de excesso de custo postal.

Quando o manuscrito foi finalmente publicado no começo de junho, a parte mais importante era de longe o prefácio que continha uma descrição da concepção materialista da história como Marx jamais tinha feito. Marx iniciava o prefácio com uma declaração sobre o alcance de sua "Economia" e de seu progresso até então. Seguia uma pequena autobiografia intelectual na qual Marx acentuava a importância de sua obra jornalística para o *Rheinische Zeitung* revelando a importância dos "interesses materiais" e das "questões econômicas". Ele então retirou-se para seu escritório a fim de examinar a filosofia política de Hegel. A conclusão de sua retirada foi que

> relações legais bem como formas de estado devem ser compreendidas não a partir de si mesmas nem a partir do assim chamado desenvolvimento geral da mente humana, mas têm antes suas raízes nas condições materiais de vida, o somatório do que Hegel,

59. Marx a Lassalle, *MEW*, XXIX, p. 567.

60. Marx a Engels, *MEW*, XXIX, p. 392.

seguindo o exemplo dos ingleses e franceses do século XVIII, combina sob o nome de "sociedade civil", cuja anatomia, porém, deve ser procurada na economia política[61].

Marx, então, numa passagem famosa e muito citada, resumiu a "linha mestra" de seus estudos posteriores sobre economia política. Esse sumário continha quatro pontos principais:

1. A soma total das relações de produção – a maneira como os homens organizaram sua produção social bem como os instrumentos que eles usaram – constituía a base real da sociedade sobre a qual surgia uma superestrutura legal e política e à qual correspondiam formas definidas de consciência social. Portanto, a maneira como os homens produziam seus meios de subsistência condicionava toda a sua vida social, política e intelectual.
2. A certa altura de sua evolução as forças de produção se desenvolveriam além das relações de produção e estas agiriam como uma trava. Tal estágio inaugurava um período de revolução social.
3. Estas forças produtivas deviam se desenvolver o mais completamente possível sob as relações de produção existentes antes de a velha ordem social perecer.
4. Era possível ver os modos de produção asiático, antigo, feudal e burguês moderno como épocas progressivas na formação econômica da sociedade. As relações burguesas de produção eram as últimas a criar uma sociedade dividida e com o seu fim a pré-história da sociedade humana chegaria a seu término.

Marx acrescentava mais alguns detalhes biográficos, descrevia seus pontos de vista como "o resultado de uma investigação conscienciosa que durou muitos anos"[62] e terminava com uma citação de Dante contra qualquer compromisso intelectual.

---

61. *MESW*. I, p. 362.

62. *MESW*, I, p. 365.

O mais impressionante a respeito da própria *Crítica da economia política* – particularmente depois dos sustos e passeios que acompanharam sua escrita – é quão pouca substância contém. Quase a metade do livro consiste em uma exposição crítica, com muita citação, dos teóricos anteriores sobre valor e dinheiro. O resto são duas seções, a primeira sobre produtos primários e a segunda sobre dinheiro. Ambas foram reescritas diversos anos mais tarde nos primeiros três capítulos de *O capital*, sendo a primeira seção ampliada e a segunda condensada. A primeira seção era a mais importante, mas foi interrompida depois de enunciar algumas proposições básicas. Marx começava definindo um bem primário como "um meio de existência no mais amplo sentido da palavra"[63] e, citando Aristóteles, explicava que um bem primário tinha tanto um valor de uso como um valor de troca. O conceito de valor de uso não era difícil, mas havia um problema sobre como os objetos podiam ser equivalentes entre si como valores de troca. A chave do problema era o trabalho: "Uma vez que o valor de troca de produtos primários de fato não é nada mais do que uma relação mútua do valor de troca de indivíduos – trabalhos que são semelhantes e universais – nada mais do que uma expressão material de uma forma específica de trabalho, é uma tautologia dizer que o trabalho é a *única* fonte do valor de troca e consequentemente de riqueza, na medida em que esta consiste em valores de troca"[64]. Marx deixou sem resposta (por enquanto) a questão-chave que ele mesmo formulou: "Como a produção, baseada na determinação do valor de troca pelo tempo de trabalho somente, conduz ao resultado de que o valor de troca do trabalho é menor do que

63. Marx, *Critique of Political Economy*. Tradução de Stone (1904, p. 20).

64. Marx, *Critique of Political Economy*. Tradução de Stone (1904, p. 34).

o valor de troca de seu produto?"[65]. Na segunda seção, sobre o dinheiro, Marx passou a investigar "a mercadoria particular que... aparece como a expressão especialmente adotada do valor de troca de todas as mercadorias, o valor de troca das mercadorias como um artigo exclusivo particular"[66] – o dinheiro; a segunda seção foi dedicada a examinar o dinheiro como uma medida de valor e um meio de circulação, com seções sobre moedas, símbolos e metais preciosos. Marx investigou o processo de mercadorias se transformarem em dinheiro para comprar mais mercadorias, mas não havia nada sobre o capital como tal. Nas longas seções sobre a história das teorias de valor, dinheiro e circulação, Marx incluiu muito do material que ele coletara para o terceiro volume "histórico" de sua "Economia" no começo da década de 1850.

Tendo em vista sua natureza extremamente fragmentária, não é de surpreender que o livro tenha tido uma recepção pobre. Liebknecht declarou que ele nunca ficara tão desapontado com um livro antes e até Engels disse a Marx que a sinopse que ele lhe enviara era "um resumo muito abstrato"[67]. O prefácio foi reimpresso em *Das Volk*, um jornal de pequena circulação para operários alemães na Inglaterra que Marx estava mantendo com seu próprio dinheiro, e o jornal tinha também uma resenha de Engels, tendo os seus principais pontos sido ditados por Marx. Essas duas partes foram reimpressas em alguns jornais americanos, mas isto dificilmente justificava a afirmação eufórica de Marx a Lassalle de que "a primeira parte tinha sido totalmente resenhada por toda a imprensa alemã de Nova York a Nova Orleans"[68]. Na Alemanha, porém,

---

65. Marx, *Critique of Political Economy*. Tradução de Stone (1904, p. 72).

66. Marx, *Critique of Political Economy*. Tradução de Stone (1904, p. 51).

67. Engels a Marx, *MEW*, XXIX, p. 319.

68. Marx a Lassalle, *MEW*, XXIX, p. 618.

Marx admitiu que ele "esperara ataques ou críticas, tudo menos completo descaso"[69]. E Jenny falou das "esperanças silenciosas, por muito tempo alimentadas pelo livro de Karl, que foram todas destruídas pela conspiração alemã do silêncio"[70]. Marx também tinha esperanças de uma tradução inglesa que ele pensava que seria um golpe se o livro fosse bem aceito em Berlim. Ele escreveu a Dana tendo em vista uma edição americana e entrou em negociações com um editor inglês, mas nada resultou disso – segundo Marx, devido ao aparecimento tardio da edição alemã.

II. "Herr Vogt"

Imediatamente após despachar o manuscrito da primeira parte, Marx passou a elaborar o capítulo sobre o capital. Duncker declarou-se disposto a continuar com a publicação, mas todo o projeto foi absorvido pelas enormes dimensões que assumiu a questão de Marx com Karl Vogt[71]. Essa questão, que ocupou Marx por 18 meses, é um exemplo evidente tanto da capacidade de Marx de gastar um trabalho tremendo sobre assuntos essencialmente triviais como de seu talento para o vitupério. Vogt fora um líder da esquerda na Assembleia de Frankfurt – embora não suficientemente esquerdista para evitar que fosse atacado pelo *Neue Rheinische Zeitung* – e, quando a assembleia foi dissolvida, ele emigrou para a Suíça onde ensinou geografia na Universidade de Berna. Ele era autor de diversas obras que pregavam um materialismo cru e era membro da Dieta Suíça. Ao estourar a Guerra Franco-austríaca,

---

69. Marx a Lassalle, *MEW*, XXIX.

70. Jenny Marx a Engels, *MEW*, XXIX, p. 653.

71. Sobre esta questão Cf. tb.: Cunow (1918); Mehring, Introdução a *Aus dem literarischen Nachlass*, vol. 3.

que fora arquitetada por Bonaparte e Cavour para diminuir o controle da Áustria sobre o norte da Itália, Vogt iniciou um jornal na Suíça cuja linha editorial básica era que a Alemanha se beneficiaria com a derrota da Áustria e devia apoiar Bonaparte. No começo de maio de 1859 Marx estava no palanque de um comício para protestar contra a suposta ameaça russa causada pela guerra. No palanque estava também Karl Blind, que informou a Marx que Vogt estava sendo subsidiado por Bonaparte, que ele tentara subornar impressores na Alemanha e Londres, e que recentemente tivera um encontro secreto com o Príncipe Jerônimo Bonaparte para elevar o irmão do Czar ao trono da Hungria.

Marx mencionou essas acusações a Elard Biskamp, editor do *Das Volk*, que imediatamente as imprimiu e até enviou um exemplar a Vogt. *Das Volk* era o sucessor de um pequeno jornal editado por Edgard Bauer em nome da Associação Educativa dos Trabalhadores Alemães que entrou em colapso quando Kinkel ofereceu a seu impressor um contrato mais lucrativo para imprimir seu próprio jornal. Quando perguntado pela associação se aceitava uma autorização para entrar na brecha, Marx informou a Engels que ele respondera que "ninguém nos deu nossa posição como representantes do partido proletário; mas esta posição foi referendada pelo ódio exclusivo e universal que recebemos de todas as facções e partidos do velho mundo"[72]. Apesar de sua decisão de dez anos antes de não ter nada mais a ver com a associação, Marx deixou-se persuadir a ajudar o jornal, em parte por compaixão pelo honesto mas incompetente Biskamp e em parte pelo desejo de desmascarar Kinkel. Inicialmente, ele se recusou a colaborar diretamente para qualquer jornal que ele não editasse, mas

72. Marx a Engels, *MEW*, XXIX, p. 436.

envolveu-se cada vez mais, gastou muito tempo e energia em organizar ajuda para o jornal e quando ele finalmente acabou, depois de um pouco mais de três meses, ele mesmo teve que enfrentar as contas pendentes do impressor a fim de evitar um escândalo[73].

Vogt não teve dificuldade em identificar Marx como a fonte do ataque contra ele e respondeu na mesma moeda em seu próprio jornal. O assunto teria parado aí se Liebknecht não tivesse descoberto as provas tipográficas de um panfleto anônimo repetindo as acusações contra Vogt que estavam sendo impressas na mesma impressora do *Das Volk* e tinha, segundo o tipógrafo, sido trazida por Blind cuja letra ele dizia ter reconhecido nas correções das provas. Liebknecht enviou uma cópia ao *Augsburger Allgemeine Zeitung*, um dos principais jornais conservadores, para o qual ele era correspondente em Londres. Ao ser publicado, Vogt processou o *Augsburger*, que pediu explicações a Liebknecht, que pediu a Marx, que pediu a Blind. Blind, porém, negou-se a admitir a autoria do panfleto. O caso de Vogt contra o *Augsburger* foi rejeitado por causa de um motivo técnico legal, embora o fato de a defesa não ser capaz de provar as acusações fosse uma vitória moral para ele. Essa vitória foi aumentada com a publicação no *Augsburger* de uma declaração de Blind negando a autoria do panfleto apoiando-se nas declarações do impressor e do tipógrafo aos quais ele subornara. Marx tentou um depoimento do tipógrafo no sentido de que o panfleto estava realmente escrito com a letra de Blind, e ameaçou Blind com um processo. Isto levou a uma declaração no *Daily Telegraph* que um amigo da família de Blind, chamado Schaible, fora o autor do panfleto; ao menos Marx ficou livre da acusação.

73. Cf. Bach (1961).

O assunto, novamente, teria parado aí se Vogt não tivesse publicado um livro com o título *Minha ação contra o Allgemeine Zeitung*. Ele incluía todas as sessões e documentos do processo seguidos de um comentário que estigmatizava Marx como falsificador e chantagista que vivia das contribuições do proletariado ao passo que respeitava apenas aristocratas de linhagem pura como seu cunhado Ferdinand von Westphalen. O livro vendeu toda a sua primeira impressão de 3 mil exemplares e entrou imediatamente numa segunda edição. O *National-Zeitung* de Berlim publicou dois longos artigos de fundo extraídos da defesa de Vogt, cuja chegada a Londres pelo fim de janeiro de 1860 fez Marx entrar em pânico. Ele tentou ocultar as notícias de Jenny, mas ela naturalmente descobriu e ficou num "estado verdadeiramente destroçado"[74]. Marx também discutiu violentamente com Freiligrath com quem suas relações se tornavam cada vez mais tensas: Freiligrath se recusara a atender os avisos dele de não participar no festival Schiller organizado por Kinkel em novembro de 1859; e ele se desligara abruptamente do *Das Volk* quando Liebknecht equivocadamente afirmara que ele era um de seus colaboradores. A raiva de Marx extravasou quando ele foi informado – equivocadamente de novo – de que o livro de Vogt reimprimira cartas de Freiligrath que mostravam sua intimidade com Vogt. Quando Marx percebeu o quanto estava errado, ele escreveu a Freiligrath uma de suas cartas mais atraentes. Ele dizia que sua luta contra Vogt era "decisiva para a justificação histórica do partido e sua subsequente posição na Alemanha", e continuava:

> Digo-lhe francamente que não posso deixar que desentendimentos irrelevantes me levem a perder um

74. Marx a Freiligrath, *MEW*, XXX, p. 460.

> dos poucos homens que amei como um amigo no sentido eminente da palavra. Se eu sou culpado de algo para com você, estou disposto a me emendar. *Nihil humani a me alienum puto*...
> Ambos sabemos que cada um de nós em sua própria maneira, pondo de lado todo interesse particular e a partir dos motivos mais puros, temos mantido por anos acima das cabeças dos filisteus a bandeira da *classe la plus laborieuse et la plus misérable*; e eu o consideraria um crime insignificante contra a história se nós rompêssemos por causa de ninharias que são explicáveis como mal-entendidos[75].

Freiligrath aceitou as explicações de Marx, mas respondeu: "Minha natureza, como a natureza de qualquer poeta, necessita de liberdade. O partido também é uma gaiola, e é mais fácil cantar fora dela, mesmo para o partido, do que dentro dela"[76]. Marx gostou da resposta de Freiligrath: "Sua carta agradou-me muito, pois eu dou minha amizade a muito poucos amigos, mas então eu a seguro firme. Meus amigos de 1844 ainda são os mesmos". Mas ele achava que a interpretação de Freiligrath a respeito do partido era estreita demais:

> Depois que a "Liga" foi dissolvida em novembro de 1852 por proposta minha, eu não pertenci mais a nenhuma sociedade, seja secreta ou pública, nem pertencerei; portanto, o partido, neste sentido completamente efêmero, deixou de existir para mim oito anos atrás... por isso não sei nada do partido, no sentido de sua carta, desde 1852. Se você é um poeta, então eu sou um crítico e tive mais do que o suficiente com as experiências de 1849-1852. A "Liga"... como uma centena de outras sociedades, era apenas um episódio na

75. Marx a Freiligrath, *MEW*, XXX, p. 459s.

76. Freiligrath, *Briefwechsel mit Marx und Engels*, I, p. 138.

> história do partido que cresce por toda parte espontaneamente do chão da moderna sociedade[77].

Assim Marx e Freiligrath refizeram sua amizade; mas nunca mais se tornou tão íntima como antes e todos os contatos entre as famílias foi rompido por Jenny que era, como Marx admitiu, "de uma natureza enérgica"[78].

Entrementes Marx iniciara processos isolados contra o *National-Zeitung* em Berlim e o *Daily Telegraph* em Londres, ambos arquivados por falta de provas, e começou a recolher material para uma refutação de Vogt. O ataque de Vogt, pensava Marx, fora em larga escala e era necessária uma resposta em grande escala, uma réplica que Marx também considerava como uma vingança do julgamento de Colônia de 1853. Em março ele foi a Manchester por seis semanas para consultar os arquivos da Liga Comunista em posse de Engels pois Vogt mexera em todo "o mexerico nevoento dos refugiados"[79]. Ele produziu depoimentos de esquerda, de direita e de centro, despachou ao menos 50 cartas (somente a enviada a seu advogado em Berlim é de 20 páginas impressas) e entrou numa correspondência "secreta e confidencial"[80] com o *Daily Telegraph* para que ele fizesse reparação. Ele começou o livro em agosto, mas não terminou antes de meados de novembro; tanto Jenny como Engels desaprovaram a demora e consideraram a abordagem de Marx minuciosa demais. Foi impossível encontrar um editor na Alemanha e – apesar dos avisos de Engels – Marx decidiu a favor de um editor de Londres para quem o livro de Marx foi sua primeira empresa comercial;

---

77. Marx a Freiligrath, *MEW*, XXX, p. 488s.

78. Marx a Lassalle, *MEW*, XXX, p. 563.

79. Marx a Engels, *MEW*, XXX, p. 17.

80. Marx a Engels, *MEW*, XXX, p. 29.

Marx até de modo otimista o convenceu a dividir os lucros. O custo dos casos legais, coleta de material e impressão Marx calculou ter chegado a 100 libras, para as quais contribuíram pesadamente Engels e Lassalle.

Marx levou muito tempo para decidir sobre o título: ele mesmo, apoiado por Jenny, preferia *Da-Da Vogt*, aparentemente com o argumento que "intrigaria os filisteus"[81], mas Engels convenceu-o a se contentar com *Herr Vogt*. O livro era muito longo e foi descrito pelo próprio Marx como "um sistema de zombaria e desprezo"[82]. Vogt, pilheriado como a reencarnação de Sir John Falstaff, foi perseguido em duzentas páginas impressas cheias cujo estilo era tão alusivo que Engels recomendou um resumo no fim de cada capítulo "a fim de apresentar claramente a impressão geral aos filisteus"[83]. Marx foi injuriante o mais que pôde:

> Através de um sistema de esgoto artificialmente escondido todas as privadas de Londres vomitam sua imundície física no Tâmisa. Através do movimento sistemático de penas de ganso o capital mundial vomita toda a sua imundície social no grande esgoto central de papel chamado *Daily Telegraph*.
> Tendo transformado a imundície social de Londres em artigos de jornal, Levy transforma os artigos em cobre, e finalmente o cobre em ouro. Sobre o portão de entrada deste esgoto central feito de papel podem ler-se estas palavras escritas *di colore oscuro*: "*hic... quisquam faxit oletum*", ou, como Byron o traduziu tão poeticamente: "Transeunte, pare e – mije!"[84]

---

81. Marx a Engels, *MEW*, XXX, p. 101s.

82. Marx a Engels, *MEW*, XXX, p. 102.

83. Marx a Engels, *MEW*, XXX, p. 120.

84. Marx, Herr Vogt, *MEW*, XIV, p. 599s.

Marx leu passagens em voz alta a Jenny e ela achou-as muito divertidas. Engels achou-o melhor do que o *Dezoito Brumário* e Lassalle chamou-o de "uma obra-mestra em todos os aspectos". Contudo poucas cópias foram vendidas e as gerações não partilharam do gosto pelo vitupério tão característico das polêmicas vitorianas. O desapontamento com o fracasso do livro aumentou quando o editor foi à falência e Marx teve que arcar com todos os custos de impressão. Dez anos mais tarde, após a abdicação de Napoleão III, foi dado o último golpe à tragicomédia: o governo provisório francês de 1870 publicou papéis encontrados nas Tuileries mostrando, praticamente sem nenhuma dúvida, que Vogt de fato recebia subsídios de Napoleão e que Marx, finalmente em sua carreira de polemista, foi plenamente justificado.

III. Marx e Lassalle

Durante os primeiros anos da década de 1860 as relações com a política da classe trabalhadora na Alemanha eram dominadas por seu relacionamento com Lassalle, que era típico da ambivalência que caracterizou todas as relações pessoais de Marx. Filho de um alfaiate judeu autônomo e sete anos mais jovem do que Marx, Lassalle se tornara amigo íntimo dele durante os acontecimentos de 1848. Durante a década de 1850 Lassalle foi muito serviçal a Marx: ele se ofereceu a levantar fundos para a "Economia" de Marx e também lhe arranjou seu emprego como correspondente londrino do *Neue Oder-Zeitung*. Mas Marx não era homem de apreciar favores e deu ouvidos a uma série de acusações contra Lassalle feitas por um certo Levy, um representante autônomo dos trabalhadores de Düsseldorf que já tinha tentado convencer Marx no fim de 1853 de que a revolução era iminente na Renânia e lhe fez uma segunda visita em 1856. Segundo Levy, Lassalle estava apenas usando o movimento operário para seus negócios pessoais; ele se comprometera com os liberais, traíra os operários e se afastara dos amigos. Engels foi mais rápido do que Marx em acreditar nessas acusações (embora não fossem apoiadas pela mínima evidência) e recomendou o rompimento de relações, declarando sobre Lassalle que "ele deseja abrir seu caminho na sociedade polida, *parvenir*, aparecer, mesmo que seja só para se mostrar, o sujo judeu de Breslau com todo tipo de pomada e pintura, era sempre nojento"[85]. Marx se recusou a responder as cartas de Lassalle depois disso e somente lhe deu uma "resposta curta e fria" quando Lassalle lhe ofereceu a possibilidade de escrever artigos para o *Wiener Presse* cujo editor era seu primo. Marx também estava procurando alguém para publicar sua "Economia" e foi novamente Lassalle que atuou como um agente literário muito competente na negociação com Franz Duncker cuja mulher era amante de Lassalle. Assim as relações foram temporariamente restauradas: Marx cumprimentou Lassalle pela sua publicação recente *Heráclito* (embora se expressasse de modo diferente a Engels) e Lassalle até pediu conselho a Marx sobre o problema do duelo. Marx respondeu curiosamente que, embora duelar fosse irracional e "uma relíquia de uma cultura passada, a sociedade burguesa era tão parcial que, em oposição a ela, certas formas feudais de expressar a individualidade são justificadas"[86].

Essa colaboração, porém, foi logo perturbada pelas diferenças de opinião sobre a Guerra Franco-austríaca de 1859. Imediatamente após o início da guerra Engels – novamente através da atuação de Lassalle – publicou um panfleto intitu-

85. Engels a Marx, *MEW*, XXIX, p. 31.

86. Marx a Lassalle, *MEW*, XXIX, p. 562.

lado *O Pó e o Reno* no qual ele declarava que Bonaparte estava interferindo em seus próprios interesses no norte da Itália antes de atacar o Reno. Lassalle também publicou um panfleto, mas seus pontos de vista eram notavelmente diferentes: ele achava que qualquer guerra alemã puramente nacionalista contra a França serviria somente à causa da reação que aumentaria enormemente com uma vitória austríaca; Bonaparte era um homem mau, mas a causa que ele defendia era boa e de qualquer modo ele era fraco demais para ameaçar seriamente a Alemanha; se se tornasse claro que ele tinha sérios planos territoriais na Itália, a Prússia retaliaria com uma guerra de libertação em Schleswig-Holstein. Marx, que aprovara entusiasticamente o panfleto de Engels e estava obcecado pelo medo de uma aliança russa com a França e pela necessidade urgente de depor Bonaparte, chamou o panfleto de Lassalle de "um enorme disparate"[87]. Ele escreveu a Engels: "devemos agora insistir absolutamente na disciplina do partido ou tudo ficará em maus lençóis"[88], e fez uma longa preleção a Lassalle por publicar seus pontos de vista sem consulta prévia. Contudo os acontecimentos mostraram que Lassalle tinha uma visão mais realista da situação.

O que deixou Marx mais irritado ainda foi que ele achava que o panfleto de Lassalle recebera prioridade de Duncker em relação à sua *Crítica da economia política*. E quando Lassalle o informou de sua intenção de publicar uma obra em dois volumes sobre economia, ele atribuiu a desconsideração de sua *Crítica* à influência de Lassalle, embora ele se confortasse com o pensamento de que, a julgar pelo *Heráclito* de Lassalle, "ele descobriria às próprias custas que uma coisa

---

87. Marx a Engels, *MEW*, XXIX, p. 432.

88. Marx a Engels, *MEW*, XXIX.

é construir uma crítica de uma ciência e assim pela primeira vez levá-la ao ponto em que uma apresentação dialética é possível, e outra coisa bem diferente é aplicar um sistema lógico abstrato, já feito"[89]. Lassalle não respondera à preleção de Marx sobre disciplina partidária, mas em janeiro de 1868 Marx sentiu a necessidade urgente da ajuda dele em sua batalha de palavras com Vogt e pediu a Engels que escrevesse uma carta diplomática a Lassalle pedindo desculpas pela sua rudeza. No entanto, Lassalle se recusou a se deixar convencer de que Vogt era um agente bonapartista: embora ele simpatizasse com o caso de Marx, ele achou imprudente ter atacado Vogt sem uma prova firme; ele também censurou Marx por sua "desconfiança" e por isso Marx enviou-lhe – de Manchester onde ele estava passando um tempo com Engels – uma denúncia anônima contra Lassalle que recebera de Baltimore e também o informava de que "queixas oficiais" de Düsseldorf estavam agora nos arquivos do partido[90]. Lassalle respondeu numa explosão justificada:

> Por que você me envia este material com um semblante tão triunfante, com aspecto tão orgulhoso? A fim de provar-me o quão pouco no mínimo você desconfia de mim!
> Meu Deus! não acreditar em tal calúnia de um batedor de carteira pelas costas de um homem – este é o dever moral mais elementar de homem para homem. Acreditar em tais calúnias e em tais fatuidades a meu respeito deve ser para qualquer pessoa de compreensão, para qualquer um que saiba o mínimo a meu respeito, uma impossibilidade física!!! E você pensa que, por não acreditar nisso, está me fazendo um favor? Você está querendo imputar isto a você como mérito?

89. Marx a Engels, *MEW*, XXIX, p. 275.

90. Cf. Marx a Lassalle, *MEW*, XXX, p. 463s.

> A única conclusão que eu tiro é uma prova firme de sua inclinação a acreditar em todo o mal possível de qualquer homem sem evidência, se você *o considera como mérito, e pensa que isto prova algo*, porque neste caso você não acredita[91].

Marx percebeu que fora longe demais e pelo resto de 1861 ele e Lassalle se corresponderam regularmente e de bom humor.

No começo de 1861, quando Marx finalmente estava livre de *Herr Vogt*, ele começou a pensar em voltar definitivamente para a Prússia. Em janeiro de 1861 Frederico Guilherme IV, que fora declarado louco nos dois anos anteriores, morreu e foi sucedido por seu irmão Guilherme I que imediatamente decretou anistia política. As condições da anistia não eram boas: ela só se aplicava aos que tinham sido condenados por tribunais prussianos e os refugiados tinham que contar com seguranças vagas. Quando Lassalle propôs pela primeira vez a volta do *Neue Rheinische Zeitung* respaldado pelo dinheiro de sua rica protetora, a condessa von Hatzfeld, Marx estava cético, pensando que "a maré na Alemanha não está bastante alta para levar nosso navio"[92]. Engels sugeriu que Lassalle lançasse um semanário e que Marx colaborasse, se o dinheiro fosse suficiente. Embora cauteloso em colaborar em qualquer coisa sob o controle de Lassalle, o que Marx recebia do *New York Daily Tribune* estava diminuindo dramaticamente devido à Guerra Civil e ele decidiu ir a Berlim investigar as possibilidades. Seu aperto financeiro o obrigou a ir de qualquer forma a Holanda visitar seu tio. Tomando dinheiro emprestado de Lassalle para a viagem, ele passou duas semanas em Zaltbommem com os Philips – "Nunca conheci melhor

91. Lassalle, *Nachgelassene Briefe und Schriften*, III, p. 263.

92. Marx a Engels, *MEW*, XXX, p. 148s.

família em minha vida"[93], escreveu ele depois a seu tio – e conseguiu 160 libras emprestadas como adiantamento sobre os imóveis de sua mãe. Seu tio era, segundo Marx, "teimoso mas muito orgulhoso de eu ser um autor"[94] e Marx conseguiu que Lassalle lhe escrevesse uma espécie de carta para "confidencialmente"[95] aumentar sua reputação diante do tio.

Chegando a Berlim ele foi magnificamente entretido durante três semanas por Lassalle. Ele vivia numa "casa muito bonita numa das mais belas ruas de Berlim" e a condessa também teve uma impressão favorável de Marx: "Ela é uma senhora muito distinta, mais interessada em estudos do que em festas, de grande intelecto natural, muita vivacidade, profundamente interessada pelo movimento revolucionário, e de um aristocrático *laissez-aller* muito superior às caretas pedantes das *femmes d'esprit* profissionais"[96]. Foram ao teatro e ao balé (que enfadaram Marx mortalmente), e foi dado um jantar em homenagem a Marx no qual ele sentou-se entre a condessa e a sobrinha de Varnhagen von Ense. "Esta Fräulein", ele escreveu a Antoinette Philips, "é a criatura mais feia que já vi na minha vida, um semblante judeu repugnante, um saliente nariz afilado, eternamente sorrindo e de dentes arreganhados, sempre falando prosa poética, demonstrando falso entusiasmo, e cuspindo em seus ouvintes durante os transes de seus êxtases"[97]. Marx conseguiu, no entanto, persuadir a condessa a iniciar uma campanha pela imprensa contra o mau tratamento de Blanqui por parte da polícia francesa. A visita foi prolongada pois Marx estava requerendo, com a assistência ativa de

93. Marx a Lion Philips, *MEW*, XXX, p. 600.

94. Marx a Lassalle, *MEW*, XXX, p. 588.

95. Marx a Lassalle, *MEW*, XXX.

96. Marx a Antoinette Philips em: Blumenberg (1956, p. 83).

97. Marx a Antoinette Philips em: Blumenberg (1956, p. 84).

Lassalle, a recuperação de sua cidadania prussiana e a burocracia andava muito devagar. Mas Marx começou a se cansar muito rapidamente com a sociedade de Berlim: "Eu sou tratado como uma espécie de leão e obrigado a me encontrar com muitas damas e cavalheiros profissionalmente 'intelectuais'"[98]. Ele achou Berlim toda submersa em tédio: disputas na polícia e a antipatia entre autoridades civis e militares constituíam a totalidade da política de Berlim. Marx participou de uma sessão da Câmara dos Deputados Prussianos e achou-a "uma curiosa mistura de burocracia e sala de aula"[99]; havia um espírito geral de dissolução na cidade: pessoas de todas as classes pensavam numa catástrofe inevitável e que as próximas eleições entregariam o Parlamento à oposição ao rei.

Nestas circunstâncias Marx considerou o tempo maduro para a fundação de um novo jornal, mas ele e Lassalle não chegaram a um acordo. Lassalle queria que Engels se juntasse ao quadro editorial com ele próprio e Marx, mas Marx e Engels teriam apenas um voto contra o dele. Embora Lassalle fornecesse o dinheiro, Marx achava, porém, que ele somente poderia prestar um serviço útil se fosse mantido "sob forte disciplina". Ele escreveu a Engels:

> Ofuscado pela reputação que ele conseguiu em certos círculos ilustrados com seu "Heráclito" e outro círculo de parasitas através de vinho e comida, Lassalle naturalmente não está consciente de que está desacreditado no público em geral. Há também o seu dogmatismo, sua obsessão com o "conceito especulativo" (o camarada ainda sonha em escrever uma nova filosofia hegeliana, elevada à segunda potência), sua infecção

---

98. Marx a Carl Siebel, *MEW*, XXX, p. 593.

99. Marx a Engels, *MEW*, XXX, p. 167.

> com o velho liberalismo francês, sua pena arrogante, sua importunidade, falta de tato etc.[100].

Marx acabou deixando Berlim sem receber sua nacionalidade prussiana (apesar de sua entrevista pessoal com o chefe de polícia prussiano, outra vez arranjada por Lassalle) e sem uma decisão definida de um lado ou de outro sobre o jornal. Marx ao menos teve a satisfação de encontrar seu velho amigo Köppen sem ter mudado: a sessão de bebida com ele lhe fez "muito bem"[101] e Köppen lhe presenteou com seu estudo em dois volumes sobre Buda. Marx também visitou velhos amigos na Renânia e passou dois dias com sua mãe. Ela o interessou com seu "*esprit* sutil e sua estabilidade indestrutível de caráter"[102] – e ainda por cima ela cancelou algumas de suas antigas dívidas. Marx definiu sua atitude com relação ao retorno à Alemanha do seguinte modo: "A Alemanha é um país tão bom que é melhor viver fora de seus limites. Eu, de minha parte, se fosse totalmente livre e não estivesse carregado com algo que você pode chamar de 'consciência política', jamais trocaria a Inglaterra pela Alemanha, menos ainda pela Prússia e menos que tudo por essa horrível Berlim com sua poeira, sua cultura e pessoas superespertas"[103]. E Jenny era ainda mais taxativa: "Minha esposa é particularmente contra uma mudança para Berlim", Marx informou a seu tio, "pois ela não quer que nossas filhas sejam introduzidas no círculo Hatzfeld, e seria difícil mantê-las fora dele"[104].

---

100. Marx a Engels, *MEW*, XXX, p. 163.

101. Marx a Engels, *MEW*, XXX, p. 166.

102. Marx a Lassalle, *MEW*, XXX, p. 602.

103. Marx a Antoinette Philips, *MEW*, XXX, p. 594.

104. Marx a Lion Philips, *MEW*, XXX, p. 601. Cf. tb. Jenny Marx a Lassalle em: Lassalle, *Nachgelassene Briefe und Schriften*, III, p. 295.

Toda a família, porém, estava encantada com os presentes de Lassalle que Marx trouxe quando voltou. Havia um atlas para Engels e capas para as garotas e para Jenny que se exibia tão orgulhosamente com a dela que Eleanor falou: "parece até um pavão". Jenny estava grata por outras razões também, pois "coisas assim causam impressão aos filisteus da vizinhança e nos dão respeito e crédito"[105].

De volta a Londres, Marx não prosseguiu com qualquer colaboração com Lassalle. Ele estava muito ocupado na elaboração de sua "Economia" e tentando extrair do jornalismo os magros meios de vida: o *New York Daily Tribune* cortara a quota de artigos de Marx pela metade por causa da guerra civil e a maioria dos que Marx escrevia era para o jornal vienense *Die Presse* que apreciava muito suas colaborações, mas só imprimia – e pagava – uma entre cada quatro ou cinco. Muitos desses artigos tratavam da guerra civil americana. Ao contrário de Engels, Marx confiava em que o Norte, sendo industrialmente mais desenvolvido, ganharia no fim apesar dos reveses iniciais[106]. "Nesta luta", escreveu ele no *Tribune*, "a forma mais alta que a autonomia de um povo alcançou está lutando contra a mais baixa e mais vergonhosa forma de escravidão humana já vista nos anais da história"[107]. Marx estava particularmente alegre porque a classe operária inglesa, apesar de ter seus interesses prejudicados pelo bloqueio do Sul, se opunha firmemente à intervenção.

Em julho do ano seguinte Lassalle retribuiu visitando Londres numa ocasião em que Marx acabava de voltar de um refúgio de diversas semanas em Manchester para encontrar um

---

105. Jenny Marx a Lassalle em: Lassalle, *Nachgelassene Briefe und Schriften*, II, p. 359.

106. Cf. Marx a Engels, *MEW*, XXX, p. 270.

107. Cf. *MEW*, XV, p. 327.

monte de dívidas. Lassalle ficou na casa de Marx por três semanas e passou muito tempo na Exposição Internacional. A pressão que ele impôs às suas finanças, ao tempo de trabalho e aos nervos tornaram Marx extremamente amargo. "A fim de manter uma certa fachada", Marx escreveu a Engels, "minha esposa teve que levar aos corretores de penhor tudo o que não estivesse realmente pregado"[108]. O que mais o irritava era que Lassalle acabara de jogar fora quase 100 libras em especulação e vê-lo gastar mais de 1 libra por dia só em táxi e charutos. Marx ficou mais irritado ainda quando Lassalle se ofereceu para conseguir a proteção de um banqueiro judeu de Londres para ele e levou uma de suas filhas como "companhia" para a condessa. Marx só queria continuar com sua "Economia", mas Lassalle friamente supôs que, dado que a falta de mercado para seus artigos significava que ele "não tinha emprego" e estava apenas fazendo obra "teórica", então Marx tinha todo o tempo do mundo para passar com ele[109]. Tão irritante como a ostentação de riqueza de Lassalle era sua jactância. Na opinião de Marx ele mudara muito desde o ano anterior em Berlim. O sucesso de Lassalle subiu-lhe à cabeça e "ele agora não apenas confirmou-se como o maior erudito, o mais profundo pensador, um gênio em pesquisa etc.; ele é também um Dom Juan e um Cardeal Richelieu revolucionário. E há também seu tagarelar num falsete artificial, seus feios gestos demonstrativos e tom didático"[110]. Deve ter sido de fato difícil para Marx tolerar muito tempo a companhia de um homem que podia, com total autossegurança, começar um discurso com as palavras: "Trabalhadores! Antes de eu partir para as estâncias termais

108. Marx a Engels, *MEW*, XXX, p. 257.

109. Marx a Engels, *MEW*, XXX.

110. Marx a Engels, *MEW*, XXX, p. 258.

da Suíça..."[111]. Depois de três semanas disto Marx desabafou sua frustração reprimida numa carta a Engels: "Agora está totalmente claro para mim que, como evidenciam a forma de sua cabeça e o crescimento de seu cabelo, que ele descende dos negros que junto com Moisés fugiram do Egito (a não ser que sua mãe ou avó por parte de pai tenha cruzado com um negro). Esta união de judeu e alemão a partir de um fundamento negro certamente produziria algo extraordinário. A importunidade do camarada também é negroide"[112]. O comentário de Jenny sobre a visita de Lassalle também merece ser citado, pois sua narração é um pouco mais leve do que a de Marx:

> Em julho de 1862 recebemos uma visita de Ferdinand Lassalle. Ele estava quase esmagado pelo peso da fama que adquirira como erudito, pensador, poeta e político. A coroa de louros ainda estava fresca em sua fronte olímpica e cabeça ambrosíaca, ou melhor, sobre seu espesso cabelo negro eriçado. Ele acabara de sair vitorioso da campanha italiana – um novo *coup* (golpe) político estava sendo ideado pelo grande homem de ação – e batalhas ferozes eram travadas em sua alma. Ainda havia campos da ciência que ele não explorara! A egiptologia estava em pousio: "Admirarei o mundo como egiptólogo ou mostrarei minha versatilidade como homem de ação, como político, como lutador, ou como soldado?" Esse era um esplêndido dilema. Ele vacilava entre os pensamentos e os sentimentos de seu coração e geralmente expressava esta luta em tons realmente altos. Como que nas asas do vento ele atravessava impetuosamente nossos quartos, perorando tão alto, gesticulando e elevando a voz a tal tom que nossos vizinhos se assustavam com a terrível gritaria e nos perguntavam qual era o proble-

111. Citado em Morgan (1965, p. 6).

112. Marx a Engels, *MEW*, XXX, p. 259.

> ma. Era a luta íntima do "grande" homem irrompendo em agudos discordes[113].

No dia da partida de Lassalle o senhorio, o coletor de impostos e a maioria dos comerciantes ameaçaram Marx com represálias imediatas se não pagasse suas dívidas. Lassalle percebeu que havia algo errado e emprestou 15 libras a Marx até o fim do ano e o que mais Marx necessitasse, contanto que Engels garantisse o empréstimo. Marx descontou um cheque de Lassalle no valor de 60 libras. No entanto, Lassalle quis primeiro ter certeza de que Engels concordava e isso enfureceu tanto a Marx que ele deu uma resposta muito rude da qual ele quase se desculpou em novembro: "Acho que a substância de nossa amizade é suficientemente forte para resistir a tal choque. Confesso-lhe sem nenhum equívoco que, como um homem sentado sobre um vulcão, deixo que as circunstâncias me dominem de uma maneira imprópria para um animal racional. Mas de qualquer modo não foi generoso de sua parte tomar tal atitude, em que eu teria logo dado um tiro na minha cabeça, contra mim como um promotor num tribunal. Espero, portanto, que 'apesar de tudo' nosso relacionamento possa continuar tranquilo"[114]. A partir de então cessou a correspondência, embora Lassalle continuasse a enviar a Marx suas numerosas publicações.

Em abril de 1864 Lassalle declarou que não tinha escrito a Marx por dois anos porque as relações deles ficaram tensas "por motivos financeiros". Marx, porém, atribuía o rompimento aos pontos de vista políticos de Lassalle – com maior razão. No início da década de 1860 a prosperidade da Alemanha produziu grandes forças liberais que diminuíram con-

---

113. J. Marx, Short Sketch of an Eventful Life. *Reminiscences*, p. 234.

114. Marx a Lassalle, *MEW*, XXX, p. 637.

sideravelmente a intensidade da reação que dominara o país durante a década de 1850. Esta oposição ameaçou estourar com a recusa do Landtag em votar o orçamento necessário para uma reforma no exército, recusa que levou às eleições de maio de 1862. Lassalle fez uma campanha intensa e os radicais tiveram considerável êxito. Durante sua estada em Londres Lassalle desejou obter o respaldo de Marx para seu programa de sufrágio universal e ajuda estatal às cooperativas operárias. Combinado com seu radicalismo, Lassalle continuava sob muitos aspectos um velho hegeliano com uma visão velho-hegeliana do Estado; ele nunca passara pela traumática experiência secularizadora dos Jovens Hegelianos. Por isso suas propostas nunca podiam ser aceitáveis a Marx que resumiu sua atitude para com elas em duas cartas escritas depois da morte de Lassalle[115]. Marx achava que qualquer confiança na ajuda estatal debilitaria a luta do proletariado por supremacia política. As ideias de Lassalle, segundo Marx, não se baseavam em nenhuma teoria econômica coerente e incluíam um compromisso com o feudalismo "ao passo que na natureza das coisas, a classe operária deve ser genuinamente 'revolucionária'"[116]. Lassalle, no entanto, que de muitas maneiras estava em contato mais íntimo com a situação na Alemanha do que Marx, podia com justiça dizer que Marx superestimava o potencial revolucionário da burguesia prussiana e que seu próprio programa representava a única saída para o movimento operário. Marx opunha-se igualmente à ideia do sufrágio universal na Alemanha: Lassalle não aprendera nenhuma das lições da manipulação deste dispositivo político na França por Luís Napoleão. Ele também dizia que Lassalle não se

---

115. Cf. Marx a J. von Schweitzer, *MEW*, XXXII, p. 568s.; Marx a Kugelmann, *MESC*, p. 167s.

116. Marx a Kugelmann, *MESC*, p. 169.

baseava suficientemente em movimentos operários anteriores na Alemanha (embora na realidade muitos de seus colaboradores fossem antigos membros da Liga Comunista)[117]; e que Lassalle não tinha nenhuma dimensão internacional em sua agitação política. Esta última observação era certamente justificada: Lassalle nunca vivera fora da Alemanha e tanto sua teoria como sua prática estavam estritamente limitadas às condições alemãs.

Mesmo depois de sua visita a Londres Lassalle ansiava pela ideia de publicar um jornal em colaboração com Marx. Mas o criticismo de Marx tornou-se ainda mais pronunciado durante o último ano de febril atividade política de Lassalle. Em maio de 1863, a agitação de Lassalle culminou num pedido dos trabalhadores de Leipzig para participar de uma conferência em que a Allgemeine Deutsche Arbeiterverein (União Geral dos Trabalhadores Alemães), o primeiro partido alemão realmente socialista, foi formada. Onze dias antes da conferência Lassalle encontrara-se com Bismarck com quem ele já tinha feito uma negociação secreta. Embora Lassalle dissesse que estava "comendo cerejas com Bismarck, mas Bismarck ficava apenas com os caroços", Lassalle não viveu o suficiente para ficar claro se ele tinha razão[118]. Marx chegou rapidamente à conclusão de que Lassalle traíra a causa a Bismarck e lamentava mais fortemente ainda o plágio que ele fez do *Manifesto comunista* e de *Trabalho assalariado e capital*. Mas a morte repentina de Lassalle interferiu: aos 28 de agosto de 1864 ele foi mortalmente ferido num duelo pelo conde de Wallachia, o noivo de Helen von Dönniges, uma jovem de 17 anos que Lassalle conhecera havia apenas quatro semanas.

117. Cf. Andreas (1963).

118. Sobre isto cf. Mommsen (1963).

Engels recebeu a notícia de maneira totalmente fria; Marx se mostrou mais humano. Ele escreveu:

> A desgraça de Lassalle esteve detestavelmente em minha cabeça durante os últimos dias. Afinal de contas ele era da antiga estirpe e inimigo de nossos inimigos. A coisa também veio de modo tão surpreendente que é difícil crer que um homem tão barulhento, enérgico, agitado, agora esteja morto como um rato e a boca totalmente fechada. Sobre a causa da morte dele você está completamente certo. Foi uma das muitas imprudências que ele cometeu em sua vida. Por tudo isso, lamento que nossa relação tenha sido perturbada durante os últimos anos, naturalmente por culpa dele... O diabo sabe, a multidão está ficando cada vez menor e nenhum sangue novo está sendo acrescentado[119].

E para a condessa ele escreveu:

> Você entenderá quanto as notícias totalmente imprevistas da morte de Lassalle me surpreenderam, chocaram e despedaçaram. Ele era um pelos quais eu tinha grande afeição... Pode se convencer de que ninguém ficará mais pesaroso do que eu por ele ter sido levado embora. E acima de tudo eu sinto por você. Alegre-se por uma coisa. Ele morreu jovem, triunfante, como Aquiles[120].

Embora Marx fosse obviamente supergeneroso aqui para com seus próprios sentimentos passados, seu relacionamento com Lassalle era ambivalente, sendo o rancor e o ódio sempre temperados por uma admiração relutante.

---

119. Marx a Engels, *MEW*, XXX, p. 432.

120. Marx a Sophie von Hatzfeld, *MEW*, XXX, p. 673. Mais sobre Lassalle, cf. em: Na'aman (1970).

IV. Vida em Grafton Terrace

Os anos 1860-1863 marcaram uma nova – mas última – baixa nos assuntos domésticos de Marx. Ele tocou no fundo da "miséria burguesa" e durante três anos ele somente conseguiu pesquisar a parte histórica de sua "Economia". Em 1864, porém, a situação mudou: duas heranças deram à casa de Marx segurança suficiente para que ele pudesse se dedicar a propagar a Primeira Internacional (que fora fundada apenas quatro semanas depois da morte de Lassalle) e também para iniciar o esboço dos capítulos vitais de sua "Economia" sobre o capital.

Como Marx previra, a pobreza que a família experimentou em Grafton Terrace foi de muitos modos pior do que a de Dean Street. O prédio tinha, segundo Jenny, "as quatro características que um inglês gosta numa casa: arejado, ensolarado, seco e construído em terreno pedregoso"[121]; e num dia bonito se tinha uma vista clara de St. Paul's. Mas os Marx tinham uma vida muito isolada pois sua casa era, inicialmente, de acesso muito difícil: o prédio ocupava tudo em volta, não havia nenhuma estrada completa que levasse a ele, e em tempo chuvoso o pegajoso solo vermelho virava um lamaçal. Isto particularmente afetou a Jenny que escreveu que

> levou muito tempo até eu me acostumar com a solidão completa. Eu sentia muita falta dos longos passeios que eu tinha o hábito de fazer nas movimentadas ruas de West-End, das reuniões, dos clubes e de nosso bar favorito e das conversas simples que tantas vezes me ajudaram a esquecer as preocupações da vida por um tempo. Felizmente ainda tenho o artigo para o *Tribu-*

121. Jenny Marx a Wilhelm von Florencurt. In: *Vier Briefe von Jenny Marx*. Trier, 1970, p. 6.

> *ne* para copiar duas vezes por semana e isto me mantém em contato com os acontecimentos do mundo[122].

Pior ainda, havia mais aparências a serem mantidas e gastos muito maiores particularmente com as filhas mais velhas que iam à escola – um "seminário de mulheres"[123] – e tinham aulas particulares de francês, italiano, desenho e música. Foi preciso alugar um piano. A partir de 1857 havia uma segunda serviçal, a irmã mais nova de Helene Demuth, Marianne, que ficou até sua morte em 1862. Marx estava tão determinado como sempre a "perseguir meu objetivo de qualquer forma e não deixar a sociedade burguesa me transformar numa máquina de fazer dinheiro"[124], mas em geral era ingenuamente surpreendido pelas dificuldades financeiras que sua atitude provocava. Em 1859 ele esperava dobrar sua receita com uma oferta que Lassalle tinha negociado para ele a fim de escrever para o *Wiener Presse* e anunciou a Engels que não o incomodaria mais por causa de dinheiro. Jenny – que sempre foi mais séria em matéria de dinheiro – avisou a ele que podia contar no máximo com 2 libras por semana e não devia enganar Engels com a conversa falsa de 10 libras. No setembro seguinte seus negócios estavam em crise. Engels, que estava sendo processado por ter atacado alguém num bar com seu guarda-chuva, teve que arranjar 50 libras para resolver o caso e Marx dirigiu-se a Lassalle, garantindo-lhe que poderia reembolsá-lo com o que recebesse pelos direitos da *Crítica da economia política*. No fim do ano as coisas estavam tão ruins que Jenny teve que escrever secretamente para seu irmão Ferdinand, com quem ela mantinha laços bastante amigáveis,

---

122. J. Marx, Short Sketch of an Eventful Life. *Reminiscences*, p. 230.

123. Marx a Engels, *MEW*, XXIX, p. 130.

124. Marx a Weydemeyer, *MEW*, XXIX, p. 570.

embora tudo o que ela conseguisse foi a impressão de que tinha comprometido seus princípios, pois ele recusou o pedido dela dizendo que ele vivia apenas da pensão que tinha. O ano de 1860 foi ligeiramente melhor, pois a posição financeira de Engels estava melhorando e ele pôde enviar a Marx 100 libras de uma vez. Mas uma porção de dinheiro foi na questão com Karl Vogt e pelo fim do ano Engels teve que tomar dinheiro emprestado para socorrer a Marx, embora sua própria receita tivesse diminuído por causa da guerra civil americana.

Em fevereiro de 1861 Marx decidiu, a caminho para ver Lassalle em Berlim, visitar seu tio na Holanda e tentar antecipar sua herança. Essa viagem foi precedida por duas semanas em que Marx gastou todo o seu tempo evitando "a dissolução completa da casa"[125]. Ele conseguia manter a sanidade somente lendo à noite Apiano sobre a guerra civil romana. Seu personagem favorito era Spartacus, "o melhor camarada produzido por toda a história clássica... um representante real do antigo proletariado". Essa admiração só era igualada por um desprezo completo por Pompeu, "um homem miserável", em cujo personagem Shakespeare em *Trabalhos de amor perdidos* tinha caracterizado algo real[126]. No verão as 160 libras que ele conseguira com o tio tinham acabado. Ele via a situação "em todos os aspectos incerta" e estava lendo Tucídides para afastar seu mau humor. "Pelo menos estes antigos permanecem novos para sempre", observou ele a Lassalle[127]. No outono ele renovou sua correspondência com o *New York Daily Tribune* e finalmente chegou a um acordo que o habilitava a escrever para o *Wiener Presse*. Ele pensou que esse trabalho para Nova York e Viena lhe dariam o suficiente para viver, mas suas

125. Marx a Engels, *MEW*, XXX, p. 160.

126. Marx a Engels, *MEW*, XXX.

127. Marx a Lassalle, *MEW*, XXX, p. 606.

dívidas ainda chegavam a 100 libras. "É impressionante", ele observou ingenuamente a Engels, "como a falta de dinheiro junto com dívidas que nunca são completamente saldadas faz saltar toda a antiga porcaria apesar de toda ajuda em questões menores"[128].

O ano de 1862 marcou o nadir da sorte de Marx. Ele teve que fingir não ter voltado de uma viagem a Manchester a fim de evitar os credores, e Jenny até tentou vender os livros dele. Em tais circunstâncias a visita de Lassalle em julho só podia ser aflitiva. Lassalle veio em socorro com 60 libras, mas no outono Marx estava pensando em pegar um emprego num escritório ferroviário. Ele chegou a fazer uma entrevista, mas foi rejeitado por causa de sua letra horripilante[129]. Em janeiro de 1863 ele escreveu a Engels que o recente dissabor tinha

> pelo menos levado minha esposa a concordar com uma sugestão que eu fiz há muito tempo e que, com todos os seus inconvenientes, não é somente a única solução, mas também preferível à vida dos últimos três anos, e particularmente o último, bem como para restaurar nossa autoestima.
>
> Escreverei a todos os meus credores (com exceção do senhorio) dizendo que, se não me deixarem em paz, declarar-me-ei em falência... Minhas duas filhas mais velhas se empregarão como governantas através da Família Cunningham. Lenchen pegará outro serviço e eu, com minha mulher e Tussy, vamos viver na mesma pensão em que Wolff e sua família viveram antes[130].

128. Marx a Engels, *MEW*, XXX, p. 206.

129. Cf. Marx a Kugelmann, *MEW*, XXX, p. 640.

130. Marx a Engels, *MEW*, XXX, p. 315. A distância entre os estilos de vida da classe operária e da classe média neste tempo era tão grande que esta *era* realmente uma alternativa dura que Marx enfrentava se ele desejava fugir da "respeitabilidade burguesa".

Não está claro se Marx realmente falava sério, mas Engels leu a carta como um grito de socorro e respondeu imediatamente emprestando 100 libras com grande risco para ele mesmo. Marx ainda tinha que ir ao Museu Britânico para evitar seus credores, mas no verão Ernst Dronke lhe emprestou 250 libras, que duraram até dezembro, quando ele recebeu o telegrama que pressagiava um alívio substancial: sua mãe morrera.

Tomando dinheiro emprestado de Engels, Marx correu para Trier, mas as medidas administrativas com relação à execução do testamento demoraram tanto que Marx foi visitar seu tio em Zaltbommel. Ele ficou em Trier uma semana, escreveu a Jenny, voltou à antiga casa dos Westphalen "que me interessava mais do que todas as antiguidades romanas porque ela me lembra o tempo mais feliz de minha juventude e hospedou meu maior tesouro. Além disso, todo dia me perguntavam, de todos os lados, pela antiga 'mais bela garota de Trier' e pela 'rainha do baile'. É extremamente agradável para um homem quando sua esposa vive dessa forma na imaginação de toda uma cidade, como uma 'princesa encantada'"[131]. A maior parte do dinheiro (a parte de Marx era de cerca de 1.000 libras) estava nas mãos do tio de Marx, que era o executor do testamento bem como seu principal credor. Aqui também o processo legal era demorado, mas Marx teve tempo apenas de visitar duas tias suas em Frankfurt antes de ser derrubado por um carbúnculo monstro que o manteve em Zaltbommel por seis semanas sendo atendido por seu tio e sua prima Antoinette Phillips. Enquanto isso Engels pagou as contas do Grafton Terrace. Marx considerou sua estada na Holanda como "um dos episódios mais felizes de minha vi-

131. Marx a Jenny Marx, *MEW*, XXX, p. 643.

da"[132], e voltou a Londres aos 19 de fevereiro, depois de visitar outros parentes em Amsterdam e Rotterdam, com a sobra do dinheiro deixado por sua mãe: mais dinheiro lhe foi enviado posteriormente como resultado da venda de objetos em Trier.

No começo de maio de 1864 Marx teve sorte novamente. Aos 9 de maio Wilhelm Wolff morreu. Marx achou que tinha perdido "um de nossos melhores amigos e companheiros de luta, um homem no melhor sentido da palavra"[133]. Marx esteve ao lado da cama dele durante os dias que precederam à morte e fez um breve discurso à beira da sepultura. Como um dos executores da vontade de Wolff, ele ficou em Manchester por alguns dias e ficou surpreso, como todos, quando se descobriu que Wolff acumulara minuciosamente uma pequena fortuna e deixava o grosso dela – 843 libras e mais 50 libras no valor de bens – a Marx. Isto interrompeu o fluxo das cartas de pedido a Engels – por exatamente um ano.

Esses contínuos desastres financeiros pesaram sobre toda a família, mas acima de tudo sobre a sensível Jenny, orgulhosa da família, cuja saúde ficou seriamente minada. No fim de 1856 ela estava novamente grávida (com 42 anos) e precisou da atenção do médico durante os nove meses chegando seu estado nervoso perto do que Marx descreveu como "catástrofe"[134]. A criança nasceu morta. No ano seguinte Jenny foi para Ramsgate com Lenchen e as filhas por diversas semanas para se recuperar e isso acabou sendo um acontecimento anual: a Família Marx tinha grande fé na salubridade do ar marinho, e num tempo ou noutro visitavam praticamente todas as praias da costa sudeste. Em Ramsgate Jenny tinha, como Marx informou a Engels, "feito conhecimento com damas inglesas re-

---

132. Marx a Lion Philips, *MEW*, XXX, p. 648.

133. Marx a Jenny Marx, *MEW*, XXX, p. 655.

134. Marx a Engels, *MEW*, XXX, p. 132.

finadas e, *horribile dictu*, inteligentes. Depois da experiência de má sociedade, ou de absolutamente nenhuma, por anos a fio, a sociedade de suas iguais lhe caía muito bem"[135]. Com sua saúde também o otimismo de Jenny declinou: no fim de 1858, quando ela não tinha nenhum dinheiro para as festas de Natal e estava ocupada copiando a *Crítica da economia política*, ela informou a Marx que "depois de toda a miséria que ela teria que enfrentar, teria sido ainda pior na revolução e ela experimentaria o prazer de ver todas as decepções de hoje celebrarem novamente seu triunfo"[136].

Em novembro de 1860, o ano que Marx gastou em sua campanha infrutífera contra Karl Vogt, Jenny contraiu a doença que marcaria uma linha divisória em sua vida. Mal ela terminara de copiar o manuscrito de *Herr Vogt*, ela foi derrubada por uma febre. A diagnose foi retardada porque Jenny se recusou inicialmente a chamar um médico. Depois de duas visitas a "febre nervosa muito grave" foi declarada como sendo varíola, contraída apesar da dupla vacina. Os filhos tiveram que ir morar com os Liebknecht por diversas semanas – elas não iriam para um internato "por causa dos ritos religiosos"[137]. Marx contratou uma enfermeira para cuidar de Jenny, que perdera o uso de seus sentidos. Ela escreveu mais tarde: "Eu ficava constantemente recostada perto da janela aberta para que o ar frio de novembro soprasse em mim, enquanto havia um fogo violento no fogão e gelo queimando em meus lábios, e davam-me gotas de *claret* (vinho) de tempo em tempo. Era difícil engolir, minha audição estava ficando mais fraca, e finalmente meus olhos se fecharam, de modo que eu não sabia se permaneceria envolvida na noite eter-

---

135. Marx a Engels, *MEW*, XXX, p. 353.

136. Marx a Engels, *MEW*, XXIX, p. 374.

137. Marx a Engels, *MEW*, XXX, p. 113.

na"[138]. Nessas circunstâncias Marx podia preservar sua "paz mental" somente concentrando-se no estudo da matemática.

Finalmente a crise passou e pelo Natal os filhos puderam voltar para casa. Mas a doença teve efeitos posteriores: Jenny ficou bastante surda e sua pele ficou marcada com manchas vermelhas que levaram longo tempo para sarar. Em março do ano seguinte ela escreveu a Louise Weydemeyer que antes de sua doença ela "não tinha cabelos grisalhos e meus dentes e aspecto eram bons, e por isso as pessoas costumavam me classificar entre as mulheres bem conservadas. Mas agora isto tudo é coisa do passado e pareço-me com uma espécie de cruzamento entre um rinoceronte e um hipopótamo cujo lugar é no zoológico mais do que entre membros da raça caucasiana"[139]. O estado nervoso dela também continuava a assustar o médico particularmente nos períodos de problemas financeiros.

Marx achou que suas dificuldades financeiras e a crescente irritabilidade de Jenny tornavam muito difícil a vida familiar. No fim de dezembro de 1857, quando estava bem no meio do *Grundrisse*, Jenny relatou a volta da "animação e bom humor"[140] dele que ele perdera com a morte de Edgar. Mas dois meses mais tarde ele declarou a Engels: "Para pessoas de aspirações gerais não há maior estupidez do que casar e se entregar às pequenas misérias da vida doméstica e privada"[141]. A vida em Grafton Terrace era muito isolada, tendo apenas os Freiligrath como amigos íntimos e muito poucas famílias visitantes, e Marx sentia que Engels era a única pessoa com quem ele podia falar francamente pois em casa tinha que fa-

---

138. Jenny Marx a Louise Weydemeyer, *Reminiscences*, p. 247.

139. Jenny Marx a Louise Weydemeyer, *Reminiscences*.

140. Jenny Marx a Conrad Schramm, *MEW*, XXIX, p. 645.

141. Marx a Engels, *MEW*, XXIX, p. 285.

zer o papel do estoico silencioso. Era necessário combater o pessimismo crescente de Jenny. A própria saúde de Marx estava sofrendo seriamente: ele se queixava com frequência a Engels que seu fígado o incomodava por semanas a fio (o pai dele morrera devido a uma doença de fígado) e ele consumia enormes quantidades de remédio para curar a dor de dente, dor de cabeça e doenças dos olhos e dos nervos. Os furúnculos logo apareceriam.

Depois da doença de Jenny os problemas domésticos se agravaram. Marx tentou manter as más notícias longe de Jenny, pois "tais notícias sempre provocam uma espécie de paroxismo"[142]. No ano de 1862 ele podia apenas apelar para o diabo pois "uma vida miserável não vale a pena ser vivida"[143]. O sentimento de Jenny era muito semelhante: "Minha mulher me diz todo dia que ela preferia estar na sepultura com os filhos e eu realmente não posso censurá-la"[144]. Em janeiro de 1863, como resultado dos prementes problemas financeiros e da reação de Jenny a eles, ocorreu a única desavença séria entre Marx e Engels. Aos 6 de janeiro morreu Mary Burns. Ela vivera com Engels aproximadamente 20 anos e ele a considerava sua esposa. Ao saber da morte dela, Marx escreveu simplesmente que "a notícia da morte de Mary surpreendeu-me e chocou-me muito. Ela era muito amável, graciosa e devotada a você", e continuava imediatamente a dar a Engels uma longa descrição de suas dificuldades financeiras[145]. Engels respondeu alguns dias depois: "Você achará natural que meu próprio problema e sua recepção glacial dele tornou simplesmente impossível que eu lhe respondesse antes. Todos os meus amigos, incluindo conheci-

142. Marx a Engels, *MEW*, XXIX, p. 210.

143. Marx a Engels, *MEW*, XXIX, p. 214.

144. Marx a Engels, *MEW*, XXIX, p. 248.

145. Marx a Engels, *MEW*, XXIX, p. 310.

dos filisteus, mostraram-se nesta ocasião, que com certeza me afetaria muito, mais simpatia e amizade do que eu podia esperar. Você achou o momento apropriado para fazer valer a superioridade de seu frio processo de pensamento"[146]. Marx esperou dez dias antes de responder:

> Achei melhor esperar um pouco antes de lhe responder. Sua situação por um lado e a minha por outro tornam difícil ter uma visão "fria" da situação.
> Foi muito errado de minha parte escrever-lhe a carta e eu lamentei assim que ela foi postada. Mas isto não aconteceu por falta de sentimentos. Minha esposa e filhos testemunharão a meu favor que quando sua carta chegou (foi de manhã cedo) fiquei tão abalado como pela morte de alguém muito próximo a mim. Mas quando eu lhe escrevi à tarde, foi sob a pressão de condições muito desesperadas. Tive o agente do senhorio na casa, o açougueiro protestando meu cheque, escassez de carvão e comida, e a pequena Jenny na cama. Em tais circunstâncias eu geralmente só posso me safar pelo cinismo[147].

Isto, porém, levou a uma desavença entre Marx e Jenny. Marx escrevera na mesma carta de desculpas a Engels que "o que me deixou particularmente furioso foi o fato de minha esposa achar que *eu* não tinha comunicado com suficiente exatidão a você a verdadeira situação das coisas"[148]. Marx achava que Jenny o forçara a uma falsa posição em relação a Engels.

> Agora posso lhe dizer sem nenhuma cerimônia – escreveu a Engels – que apesar de toda a pressão que sofri durante as últimas semanas, nada pesou tanto – mesmo relativamente falando – como este medo de

---

146. Engels a Marx, *MEW*, XXX, p. 312.

147. Marx a Engels, *MEW*, XXX, p. 314.

148. Marx a Engels, *MEW*, XXX.

> que nossa amizade pudesse agora romper-se. Eu repetidamente dizia à minha esposa que nada em toda a confusão era importante para mim comparado com o fato de que, devido à nossa miserável situação burguesa e o excitamento excêntrico dela, eu não estava em condições de confortar você em tal momento, mas apenas oprimi-lo com minhas necessidades privadas. Consequentemente a paz doméstica ficou muito perturbada e a pobre mulher teve que dançar conforme a música embora não fosse falha dela pois as mulheres estão acostumadas a pedirem o impossível. Naturalmente ela não tinha ideia do que eu escrevi, mas a própria reflexão dela poderia lhe dizer qual seria o resultado. As mulheres são criaturas engraçadas – mesmo as dotadas de muita inteligência[149].

As filhas também eram uma causa de muita preocupação para Marx e Jenny. Em 1860, o ano da varíola de Jenny, as três garotas estavam com 16, 15 e 4 anos de idade. O que Jenny considerava o mais duro de suportar em sua pobreza era que "as doces garotas, agora florescendo tão amavelmente, devem sofrê-la também"[150]. No começo de 1863 Jenny fez a seguinte descrição de suas filhas a uma de suas amigas:

> Mesmo se a palavra "bonita" não se adapta a elas, devo contudo dizer, mesmo com o risco de rirem de mim por causa de meu orgulho materno, que todas as três são muito elegantes e interessantes. Jennychen tem os cabelos, os olhos e as feições notavelmente escuros e, com suas faces infantilmente rosadas e olhos profundos, doces, tem um aspecto muito atraente. Laura, que é em tudo um pouco mais loura e clara, é de fato mais bonitinha do que a irmã mais velha pois suas feições são mais regulares e seus olhos verdes sob suas sobran-

149. Marx a Engels, *MEW*, XXX, p. 319.

150. Jenny Marx a Engels, *MEW*, XXIX, p. 653.

celhas escuras e pestanas longas luzem com um contínuo brilho de alegria... Fizemos todos os esforços que pudemos para educá-las. Infelizmente em matéria de música não pudemos fazer por elas tanto quanto desejaríamos, e seus dotes musicais não são tão eminentes, embora ambas tenham vozes particularmente agradáveis e cantem com uma expressão bastante boa. Mas o ponto realmente forte de Jenny é declamação; e como ela tem uma voz muito bonita, baixa e suave, e desde a infância estudou Shakespeare com fanatismo, ela poderia de fato há muito tempo estar no palco se os cuidados com a família etc. não a tivessem impedido... Nem nós teríamos posto qualquer obstáculo em seu caminho se sua saúde fosse melhor... A terceira, o bebê, é um verdadeiro pacote de doçura, encanto e frenesi infantil. Ela é a luz e a vida da casa. Todas as três filhas estão ligadas de corpo e alma a Londres e se tornaram plenamente inglesas em costumes, maneiras, gostos, necessidades e hábitos – e nada as amedronta mais do que o pensamento de terem de se mudar da Inglaterra para a Alemanha... Eu mesma acharia a perspectiva aterrorizante... Sobretudo Londres é tão colossal que se pode desaparecer no nada[151]...

Mas as coisas nem sempre eram tão alegres. Marx teve que pedir a Engels que ele urgentemente passasse uns dias com eles pois "é absolutamente necessário que minhas filhas vejam um 'homem' novamente na casa. As pobres filhas foram sacudidas cedo demais pela merda burguesa"[152]. A saúde de

151. Jenny Marx a Bertha Markheim, in: Andreas (1962, p. 177s.). Bertha Markheim, para quem Jenny escreveu esta descrição, era amiga íntima da família desde 1854. Ela ajudara Jenny com pequenas doações em dinheiro, mas Jenny a prevenira contra organizar mais ajuda pois "você não pode imaginar como o meu marido é orgulhoso também nestes assuntos" (Andreas, *Briefe*, p. 173).

152. Marx a Engels, *MEW*, XXIX, p. 521.

Jenny estava particularmente ruim, pois ela sofria de doença no peito. Marx achava que também isso se atribuía à pobreza deles: "Jenny está agora velha bastante para sentir toda a pressão e precipitação de nossa situação e isto, eu acho, é uma das principais causas da má saúde dela"[153].

V. O capital

No verão de 1861, com o caso Vogt finalmente para trás, Marx começou a trabalhar seriamente no "terceiro capítulo" sobre Capital em Geral. Por um ano o progresso foi muito lento, embora Marx achasse que tinha conseguido popularizar seu estilo. Em abril de 1862 ele se achava em posição de dizer a Lassalle que seu livro não estaria pronto em dois meses e acrescentava de modo revelador: "Eu tenho a característica peculiar que, quando vejo algo que elaborei quatro semanas atrás, acho-o insatisfatório e reelaboro tudo. De qualquer forma o trabalho não perde nada com isso"[154].

Dois meses mais tarde ele estava "trabalhando como o diabo"[155], não no terceiro capítulo, mas na história da teoria econômica – e particularmente teorias de mais-valia – que ele desejava acrescentar ao capítulo sobre capital assim como acrescentara um relato histórico das teorias de dinheiro e circulação à *Crítica da economia política*. Ele estava ampliando sua elaboração pois "os miseráveis alemães medem o valor de um livro pelo seu conteúdo cúbico"[156]. Era prática comum de Marx quando preocupações domésticas distraíam sua concentração – e 1862 e 1863 estavam entre os anos mais perturbadores da vida de

153. Marx a Engels, *MEW*, XXX, p. 214.

154. Marx a Lassalle, *MEW*, XXX, p. 622.

155. Marx a Engels, *MEW*, XXX, p. 243.

156. Marx a Engels, *MEW*, XXX, p. 248.

Marx – voltar-se para a parte histórica de sua obra. Pelo fim do verão ele estava ficando deprimido e expressou a Engels o desejo de entrar em alguma espécie de negócio: "Cinzenta, caro amigo, é toda teoria e somente o negócio é verde. Infelizmente cheguei a perceber isto muito tarde"[157]. Ele releu *A situação da classe operária na Inglaterra* e ficou cheio de saudade do passado: "Quão vigorosa, apaixonada e intrepidamente o assunto é tratado aqui, sem considerações eruditas e científicas. E mesmo a ilusão de que amanhã ou depois de amanhã a história mostrará o resultado, dá todo um calor e humor jovial, comparado com o último 'cinzento em cinzento', é extremamente desagradável"[158]. Alguns anos mais tarde ele disse a uma de suas filhas que ele se sentia como "uma máquina condenada a devorar livros e em seguida jogá-los, numa forma mudada, na lixeira da história"[159]. No fim de 1862 ele disse a Kugelmann que "a segunda parte está agora finalmente terminada", embora com a inevitável restrição de que estava "faltando apenas a cópia e o polimento final para publicação". Ele conteria, continuava ele, "apenas o que se pretendia como o terceiro capítulo da primeira parte, isto é, 'Capital em Geral'... Ele é (junto com a primeira seção) a quintessência, e o desenvolvimento do que segue poderia ser facilmente completado, mesmo por outros, à base do que existe – com exceção talvez da relação entre diferentes formas de estado com as diferentes estruturas econômicas de sociedade"[160]. Mas a doença impediu qualquer trabalho criativo por três meses durante a primavera de 1863 e Marx se concentrou em tentar dar à parte histórica sua forma final. Mas ele ainda confiava em poder "copiar" o resto

157. Marx a Engels, *MEW*, XXX, p. 280.

158. Marx a Engels, *MEW*, XXX, p. 343.

159. Citado em Kapp, *Eleanor Marx*, I, p. 88.

160. Marx a Kugelmann, *MEW*, XXX, p. 639.

muito rapidamente[161]. A possibilidade de competição por parte de Lassalle o incentivou e no verão ele estava trabalhando regularmente dez horas por dia e fazendo cálculo diferencial no tempo que sobrava. Em meados de agosto ele relatou a Engels que estava trabalhando no manuscrito para os impressores o qual seria "100% mais fácil de entender" do que a *Crítica da economia política*. Ele acrescentou que a facilidade com que Lassalle produzia suas obras sobre economia o fazia rir "quando olho para minha obra colossal e vejo o quanto tive que mudar tudo e até elaborar a parte histórica a partir de material que era em parte totalmente desconhecido"[162].

Alguns manuscritos deste período foram perdidos ou são inacessíveis e por isso não é possível determinar exatamente até onde Marx foi com sua "segunda parte". O principal manuscrito que sobreviveu – o qual Marx entre 1837-1858 imaginava apenas como um terceiro capítulo – chegaria a cerca de 3 mil páginas impressas e compreendia o "material histórico" que no verão de 1863 Marx parece ter decidido incluir no volume primeiro pois "os alemães só acreditam em livros grossos"[163]. Algo deste material foi mais tarde incluído nos três volumes de *O capital*, mas a maior parte era a seção histórica mais tarde publicada por Kautsky como o quarto volume de *O capital* sob o título *Teorias da mais-valia*.

O *Teorias da mais-valia* abrange três grandes volumes impressos dos quais ampla parte são simplesmente extratos de teóricos anteriores[164]. Marx começava com Stewart e os eco-

161. Cf. Marx a Engels, *MEW*, XXX, p. 359.

162. Marx a Engels, *MEW*, XXX, p. 368.

163. Jenny Marx a Bertha Markheim, in: Andreas, *Briefe*, p. 181s.

164. O manuscrito foi publicado pela primeira vez por Karl Kautsky em 1905-1910 como o quarto volume de *O capital*. Há uma tradução inglesa publicada em 1969.

nomistas do sistema mercantil que tentavam explicar a origem da mais-valia simplesmente a partir da circulação. Ele então passava para os fisiocratas que se concentravam – corretamente no modo de ver de Marx – na esfera da produção, se bem que principalmente produção agrícola. A maior parte do primeiro volume constava de extratos de Adam Smith e uma tentativa de separar elementos científicos dos ideológicos em suas teorias, focalizando-se particularmente sua distinção entre trabalho produtivo e improdutivo. O segundo volume tratava sobretudo de Ricardo, que era censurado por depender de certas premissas falsas tomadas de Adam Smith. A discussão concentrava-se sobretudo em torno da teoria de lucro e renda de Ricardo e particularmente sua confusão da mais-valia com lucro. O terceiro volume tratava da escola ricardiana e particularmente dos socialistas ingleses os quais Marx chamou de "a oposição proletária baseada em Ricardo"[165]. Ele também atacava Malthus como "um bajulador sem-vergonha das classes dominantes"[166], por defender os gastos extravagantes deles como um remédio para a superprodução. Marx considerava Ricardo como o ponto alto da teoria econômica burguesa. Por isso, à medida que a luta de classes se tornava aguda, "em lugar de pesquisadores desinteressados, eram contratados pugilistas; em vez de genuína pesquisa científica, a má consciência e as más intenções da apologética"[167]. Os que tentavam harmonizar os princípios do capitalismo com os interesses do proletariado simplesmente produziam "um sincretismo superficial do que John Stuart Mill é o melhor representante"[168]. Os socialistas ingleses Ravenstone, Hodgskin

---

165. Marx (1969, I, p. 30).

166. Marx (1969).

167. Marx, *Capital*, I. Londres, 1954, p. 15.

168. Marx, *Capital*, I. Londres, 1954.

e outros ao menos tinham o mérito de tomar da teoria trabalhista de valor de Ricardo a noção correta de exploração capitalista. Mas faltava-lhes a visão teórica indispensável para realizar a necessária reconstrução total de seu sistema.

Teorias da mais-valia mostra quão firmemente as ideias de Marx estão situadas na tradição da economia clássica[169]. Como em outros campos, Marx desenvolveu suas próprias ideias por uma crítica e elaboração de seus predecessores. Os volumes também tinham algumas digressões como uma sobre alienação[170] e outra sobre o crescimento da classe média, em que ele censura Ricardo por esquecer de enfatizar "o número constantemente crescente das classes médias, aquelas que estão entre os operários por um lado e o capitalista e o proprietário de terra por outro"[171].

Do verão de 1863 ao verão de 1865 há um silêncio virtualmente completo na correspondência de Marx a respeito de sua obra econômica. Segundo Engels, ele gastou 1864 e 1865 em elaborar o volume III de *O capital*. No começo de 1864 as finanças melhoraram, mas outro obstáculo surgiu imediatamente: carbúnculos. Quando Marx começou a despachar o manuscrito final de *O capital* ao editor, ele escreveu a Engels: "Faz agora três anos desde que o primeiro carbúnculo foi operado. Desde este tempo a coisa só melhorava durante pequenos intervalos e, de todos os tipos de trabalho, o puramente teórico é o menos apropriado quando você tem esta porcaria infernal em seu corpo"[172]. Os furúnculos iniciaram repentinamente em 1863 e quase foram fatais. "Aos 10 de novembro",

169. Dois livros disponíveis sobre esta tradição são: Schumpeter (1954); Heimann (1964).

170. Cf. Marx (1969, I, p. 390s.).

171. Marx (1969, II, p. 573).

172. Marx a Engels, *MEW*, XXX, p. 263.

escreveu Jenny, "abriu-se um terrível abcesso e ele correu perigo durante bom longo tempo depois. A doença durou bem umas quatro semanas e causou severos sofrimentos físicos. Eles eram acompanhados de irritantes torturas morais de todos os tipos"[173]. Jenny foi tirada do quarto para a operação durante a qual Lenchen segurava Marx, e o Doutor Allen admirava-se do estoicismo dos filósofos alemães. Os furúnculos, porém, reapareciam continuamente; eles geralmente começavam no outono e floresciam (por assim dizer) em janeiro. Havia ocasiões em que o corpo de Marx ficava tão coberto de furúnculos que ele podia somente ficar de pé ou deitar de lado no sofá. Ele tomou muitos conselhos, raramente os seguia por muito tempo e depois de alguns anos ele dizia que sabia mais sobre furúnculos do que qualquer médico; certamente ele fez amplas pesquisas sobre o assunto no Museu Britânico. Em várias ocasiões ele tomou remédios tão extraordinários como creosoto, ópio e arsênico (este por anos a fio), parou de fumar durante meses e diariamente tomava banhos frios. Ele desejava que os furúnculos tivessem sido dados a um bom cristão que teria sido capaz de tirar algum proveito de seu sofrimento; mas ao mesmo tempo ele se confortava com a ideia de que a burguesia teria um bom motivo para lembrar seus sofrimentos por causa desta "doença verdadeiramente proletária"[174]. Em ocasiões extremas ele chegava a operar a si mesmo. "Hoje", ele escreveu a Engels, "peguei uma navalha afiada (uma relíquia do querido Lupus) e cortei o infeliz em minha própria pessoa". Ele se orgulhava em achar que "sou um dos melhores sujeitos para ser operado. Sempre reconheço o que é necessário"[175]. Quando os furúnculos se aproximavam de

---

173. J. Marx, Short Sketch of an Eventful Life. *Reminiscences*, p. 233.

174. Marx a Kugelmann, *MEW*, XXXII, p. 573

175. Marx a Engels, *MEW*, XXXI, p. 182.

seu pênis ele aliviava a situação copiando e enviando a Engels amostras de versos pornográficos franceses do século XVI – um campo no qual ele se considerava "bem-informado"[176]. Ele encontrava alívio somente em visitas ocasionais à beira-mar. Em março de 1866, por exemplo, ele passou quatro semanas convalescendo em Margate onde ele se alegrou em encontrar tão pouca companhia que achou que podia cantar com o moleiro do Dee: "Não me preocupo com ninguém e ninguém se preocupa comigo"[177]. Um dia ele andou a pé as 17 milhas até Canterbury, "uma antiga, feia espécie de cidade medieval, não melhorada por um grande quartel inglês moderno numa extremidade e uma lúgubre estação ferroviária insípida na outra extremidade desta coisa antiquada. Não há nenhum traço de poesia nela... Felizmente eu estava cansado demais, e era tarde demais, para procurar a celebrada catedral"[178].

Em março de 1865 Marx assinara um contrato com os editores de Hamburgo: Meissner e Behre. A editora de Meissner era de tamanho médio, uma das poucas na Alemanha com tendência democrática, lidando principalmente com manuais escolares e obras sobre história e medicina. Esse contrato, que fora negociado através de Wilhelm Strohn, um antigo membro da Liga Comunista que provindo da Inglaterra visitava frequentemente Hamburgo a negócios, dava maio de 1865 como o limite para a entrega do manuscrito, embora isso fosse corrigido numa versão posterior. Os termos do acordo não eram particularmente vantajosos para Marx e ele observou a seu futuro genro Lafargue que "*O capital* nem sequer paga-

176. Marx a Engels, *MEW*, XXXI, p. 369.

177. Marx a Engels, *MEW*, XXXI, p. 193.

178. Marx a Laura Marx, em *Karl Marx Privat*, ed. W. Schwerbrock, Frankfurt, 1962, p. 112.

rá os charutos que fumei ao escrevê-lo"[179]. Em julho de 1865, apesar da doença e do trabalho para a incipiente Internacional, Marx pôde escrever a Engels que

> faltam escrever três capítulos para completar a parte teórica (os primeiros três livros). Então há ainda o quarto livro para escrever – o histórico-literário. Este é relativamente o mais fácil de todos os problemas pois eles estão resolvidos nos primeiros três livros e assim este último é mais uma repetição em forma histórica. Mas não posso pôr minha mente em ordem para enviar nada até que tenha tudo na minha frente. Seja qual for o defeito que possam ter, meus escritos têm *esta* vantagem de serem um todo artístico e isso só é possível devido a meu hábito de não deixar que sejam impressos antes de estarem completos diante de mim[180].

Marx estava com uma pressa particular em terminá-lo pois "a coisa pesa sobre mim como uma montanha"; também seus amigos – Liebknecht, por exemplo – estavam espalhando versões supersimplificadas de suas ideias; e, como sempre, Marx era atormentado pela ideia de não ser capaz de completar sua obra antes de um estouro revolucionário[181].

Em fevereiro de 1866, estando seriamente doente e sob pressão de Engels, Marx finalmente concordou em completar o volume I antes de redigir os outros. "Se eu tivesse dinheiro suficiente, isto é, mais que > - 0, para minha família e se meus livros estivessem prontos, ser-me-ia completamente indiferente se eu fosse jogado num monte de sucata hoje ou amanhã". E ele continuava com o seguinte relato de seu progresso:

---

179. Paul Lafargue, em: *Reminiscences*, p. 73.

180. Marx a Engels, *MEW*, XXXI, p. 132.

181. Cf. Marx a Engels, *MEW*, XXXI, p. 134.

> Até onde vai o "maldito" livro, a situação é a seguinte: ele estava *pronto* no fim de dezembro. A discussão sobre a renda da terra sozinha, na sua forma atual, é quase o livro inteiro. Eu ia ao museu de dia e escrevia à noite. Tive que passar pela nova química agrícola na Alemanha, especialmente Liebig e Schonbein, que são mais importantes para esta coisa do que todos os economistas juntos e o enorme material que os franceses nos deram depois que me ocupei com este ponto pela última vez... Embora pronto, o manuscrito é gigantesco na sua forma atual e ninguém exceto eu pode editá-lo – nem mesmo você. Eu comecei a copiá-lo e dar-lhe um estilo no dia 1º de janeiro e a coisa prosseguiu muito vigorosamente e eu naturalmente gostava de lamber a suavidade infantil depois de tanta dor de parto. Mas então uma vez mais o carbúnculo acabou com isso[182]...

Em novembro de 1866 ele foi capaz de despachar o primeiro maço de manuscritos e no abril seguinte o livro todo estava finalmente completo. Marx insistiu em ir ele próprio à Alemanha com o manuscrito e diplomaticamente informou Engels a respeito de suas roupas e relógio que precisavam ser resgatados do penhor antes de sua viagem. Como resposta Engels enviou as metades de sete notas de 5 libras: as outras metades, como era prática comum entre eles, seguiam quando Marx telegrafava sobre a chegada do primeiro maço. Marx tomou o navio para Hamburgo em meados de abril, foi um dos poucos passageiros a se manter firme na tempestade, e depositou seu manuscrito no cofre de Meissner. Já que havia possibilidade de imprimir o manuscrito imediatamente (a impressão foi finalmente feita por Wigand que publicara tanto material Jovem Hegeliano nos anos de 1840), Marx decidiu fi-

---

182. Marx a Engels, *MEW*, XXXI, p. 178.

car na Alemanha e foi a Hanover a convite do Dr. Kugelmann, um antigo membro da Liga Comunista e agora um ginecologista muito respeitado, com quem Marx mantinha correspondência desde 1862. Marx descreveu-o como "um adepto fanático de nossa doutrina e de nossas duas pessoas. Ele me aborrece às vezes com seu entusiasmo, que é o oposto de seu estilo frio em assuntos médicos. Mas ele entende, e ele é reto, intrépido, altruísta e – o que é mais importante – convicto"[183].

Enquanto estava em Hanover Marx se divertiu ao ser convidado por um mensageiro de Bismarck a "pôr seus grandes talentos a serviço do povo alemão"[184]. Dois anos antes Marx recebera um convite semelhante, transmitido através de Lothar Bucher, para escrever artigos financeiros para o jornal oficial do governo prussiano. Marx publicou posteriormente sua correspondência com Bucher, para embaraço de Bismarck, no auge da agitação antissocialista de 1878. A visita à Alemanha teve um resultado estranho que vale a pena contar nas próprias palavras de Marx:

> A travessia de Hamburgo para Londres foi... boa. Faltando algumas horas para chegar a Londres uma moça alemã, que já me chamara a atenção por seu porte militar, explicou-me que ela queria continuar na mesma tarde para Weston Supra Mare e não sabia o que fazer com sua grande quantidade de bagagem. A situação era pior porque aos sábados os serviços são poucos na Inglaterra. Ela mostrou-me o endereço da estação ferroviária para a qual ela deveria ir em Londres; amigos dela o haviam escrito num cartão. Era a estação Noroeste, por onde eu também devia passar. Assim, como bom cavalheiro, ofereci-me a levar a moça até lá. Ela aceitou. Pensando sobre isto, porém,

183. Marx a Engels, *MEW*, XXXI, p. 290.

184. Marx a Engels, *MEW*, XXXI.

> ocorreu-me que Weston Supra Mare ficava ao sudoeste de Londres ao passo que a estação pela qual eu devia passar, e que a moça escrevera no cartão, era a noroeste. Consultei o capitão do navio. Estava correto. O resultado era que ela seria levada para a extremidade de Londres totalmente oposta à minha. Mas eu me comprometera e tinha que aparentar que estava tudo bem. Chegamos às duas horas da tarde. Levei *la donna errante* à estação onde fiquei sabendo que seu trem partiria somente às oito da noite. Tive que ficar e passar seis horas com a moça caminhando pelo Hyde Park, sentando em sorveterias etc. Fiquei sabendo que o nome dela era Elizabeth von Puttkamer, *sobrinha de Bismarck*, com quem ela acabara de passar algumas semanas em Berlim. Ela tinha toda a lista do exército com ela... Era uma moça alegre, educada, mas aristocrata e preto-e-branca (prussiana patriota) até a ponta do nariz. Ela não ficou nem um pouco admirada ao saber que caíra em mãos "vermelhas". Eu a confortei, contudo, com a segurança de que nosso encontro acabaria sem "derramamento de sangue" e a vi partir sã e salva para o lugar de seu destino. Você pode imaginar que alvoroço com isso causariam Blind ou outros democratas vulgares: minha conspiração com Bismarck[185].

Se o encontro foi realmente puro acaso ou "plantado" é impossível dizer.

A impressão foi lenta e, embora Marx pudesse corrigir a primeira folha de prova aos 5 de maio, seu quadragésimo nono aniversário, ele teve que voltar a Londres em meados de maio. Era uma volta que ele temia: "As dívidas lá são significativas e os maniqueus estão esperando 'insistentemente' pelo meu retorno. Haverá a lamentação familiar, as colisões internas, a

185. Marx a Kugelmann, *MEW*, XXXI, p. 500s.

pressa, em vez de poder me aproximar de meu trabalho livre e sem problema"[186]. Durante todo o verão Marx continuou a ser importunado por seus credores e somente teve tempo de corrigir as provas enviadas a ele por Meissner. Ele as enviava regularmente a Engels para sua opinião. (É interessante notar que Marx não mostrara nenhum de seus rascunhos a Engels antes de serem enviados ao prelo.) Engels achou que alguns trechos mais abstratos da primeira parte levavam "o traço do carbúnculo"[187]. Ele também preferia que Marx tivesse introduzido muito mais subtítulos e que seus excursos tivessem sido impressos em tipo diferente. Embora a agudeza do desenvolvimento dialético tivesse melhorado em *O capital*, Engels achou a *Crítica da economia política* mais fácil de compreender. Sua opinião deve ter melhorado, pois Marx escreveu logo após que "sua satisfação até agora é mais importante para mim do que qualquer coisa que o resto do mundo possa dizer"[188]. No fim de agosto o último lote de provas foi despachado e Marx escreveu jubilante a Engels: "Devo somente a você o fato de isso ter sido possível: sem o seu sacrifício por mim eu não poderia ter passado pelos enormes trabalhos dos três volumes. Eu o abraço, cheio de agradecimentos!"[189]. Na terceira semana de setembro de 1867 apareceu *O capital: Crítica da economia política*, Volume I, Livro 1: *O Processo de produção capitalista* numa edição de mil exemplares.

O volume I de *O capital* de modo algum é o livro indigesto e virtualmente ilegível que tem a reputação de ser. Ele consiste em duas partes muito distintas. Os primeiros nove capítulos são, de fato, de uma natureza teórica extre-

---

186. Marx a Engels, *MEW*, XXXI, p. 297.

187. Engels a Marx, *MEW*, XXXI, p. 303.

188. Marx a Engels, *MEW*, XXXI, p. 305.

189. Marx a Engels, *MEW*, XXXI, p. 323.

mamente abstrata, ao passo que o resto do livro contém uma descrição da gênese histórica do capitalismo que é às vezes extremamente viva e legível.

Os primeiros nove capítulos contêm o que Marx chamou em sua introdução em 1857 de "definições abstratas gerais que são mais ou menos aplicáveis a todas as formas de sociedade"[190]. Não é apenas esse método abstrato que torna difíceis esses capítulos; há também o matiz hegeliano do livro. Em seu posfácio à segunda edição alemã do livro Marx explicou que ele estava empregando a dialética hegeliana da qual ele descobrira o "miolo racional" dentro da "casca mística" ao "virar novamente o lado certo para cima"[191]. Ele, como disse no mesmo posfácio, chegou até a "brincar com modos de expressão peculiares a Hegel". Um terceiro fator que torna difícil o início de *O capital* é o fato de os conceitos usados por Marx serem conceitos totalmente familiares aos economistas de meados do século XIX, mas depois abandonados pelas escolas ortodoxas de economia. A partir da terceira quarta parte do século XIX os economistas na Europa Ocidental e na América tenderam a ver o sistema capitalista como modelos dados, construídos dele, presumindo propriedade privada, lucro e mais ou menos o mercado livre, e a discutir os funcionamentos desse modelo, concentrando-se particularmente nos preços. Essa escola "marginalista" de economia não tem nenhum conceito de valor separado do preço. Esse procedimento parece superficial a Marx por duas razões: em primeiro lugar, ele a considerava superficial num sentido natural, na medida em que era apenas

190. *Grundrisse* de Marx, p. 42. O argumento destes nove capítulos é resumido no breve *Salários, preços e lucro* de Marx que, desde que foi entregue aos sindicalistas ingleses, pode servir de introdução admirável às partes mais abstratas de *O capital*.

191. Marx, *O capital*. Moscou, 1954, I, p. 19s.

uma descrição de fenômenos que estão na superfície da sociedade capitalista sem uma análise do modo de produção que deu origem a estes fenômenos. Em segundo lugar, essa abordagem considera o sistema capitalista como ponto pacífico ao passo que Marx queria analisar "o nascimento, vida e morte de um determinado organismo social e sua substituição por outra ordem, superior".

A fim de alcançar esses dois objetivos Marx tomou os conceitos dos economistas "clássicos" que eram ainda os instrumentos geralmente aceitos de análise econômica, e os usou para tirar conclusões muito diferentes. Ricardo fizera uma distinção entre valor de uso e valor de troca. O valor de uso de um objeto era algo separado de seu preço e consistia na quantidade de trabalho incorporada nos objetos de produção, embora Ricardo pensasse que o preço de fato tendia a se aproximar do valor de troca. Assim – em contraste com análises posteriores – o valor de um objeto era determinado pelas circunstâncias de produção mais do que pelas da demanda. Marx se apossou desses conceitos, mas, em sua tentativa de mostrar que o capitalismo não era um sistema estático, mas historicamente relativo de exploração de classe, suplementou as concepções de Ricardo pela introdução da ideia da mais-valia. A mais-valia era definida como a diferença entre o valor dos produtos do trabalho e o custo de produzir esta capacidade de trabalho, isto é, a subsistência do trabalhador; pois o valor de troca da capacidade de trabalho era igual à quantidade de trabalho necessária para reproduzir esta capacidade de trabalho e este era normalmente muito mais baixo do que o valor de troca dos produtos daquela capacidade de trabalho.

A parte teórica do volume I divide-se muito facilmente em três seções. A primeira seção é uma reelaboração da *Crítica da economia política* de 1859 e analisa as mercadorias, no sentido de objetos externos que satisfazem necessidades humanas, e o valor delas. Marx estabeleceu dois tipos de valor – valor de uso, ou a utilidade de algo, e valor de troca que era determinado pela quantidade de trabalho incorporada no objeto. O trabalho também era de natureza dupla conforme criasse valores de uso ou valores de troca. Uma vez que "os valores de troca das mercadorias devem ser expressos em termos de algo comum a eles todos"[192], e a única coisa que eles tinham em comum era o trabalho, então o trabalho deve ser a fonte de valor. Mas como evidentemente algumas pessoas trabalham mais rápido ou com mais habilidade do que outras, este trabalho deve ser uma espécie de tempo de trabalho "socialmente necessário" médio. Seguia uma seção difícil sobre a forma do valor e o primeiro capítulo terminava com um relato das mercadorias como valores de troca que ele descreveu como "fetichismo da mercadoria" numa passagem que lembra o relato da alienação nos "Manuscritos de Paris" e (mais ainda) a *Nota sobre James Mill*. "A fim de", disse Marx aqui, "encontrar uma analogia, devemos recorrer às regiões envolvidas em névoa do mundo religioso. Neste mundo as produções do cérebro humano aparecem como seres independentes dotados de vida e entrando em relação tanto entre si como com a raça humana. A mesma coisa acontece no mundo das mercadorias com os produtos das mãos dos homens"[193].

A seção terminava com um capítulo sobre troca e uma descrição do dinheiro como meio para a circulação das mercadorias, a expressão material do valor delas e a medida universal de valor.

192. Marx, *O capital*. Moscou, 1954, I, p. 37.

193. Marx, *O capital*. Moscou, 1954, I, p. 72.

A segunda seção, sobre a transformação do dinheiro em capital, é pequena. Antes da era capitalista as pessoas vendiam mercadoria por dinheiro para comprar mais mercadorias. Na era capitalista, em vez de vender ou comprar, as pessoas compraram para vender mais caro: compraram mercadorias com seu dinheiro a fim de, por meio destas mercadorias, aumentar seu dinheiro.

Na terceira seção Marx introduz sua noção-chave da mais-valia, a ideia que Engels caracterizou como a principal "descoberta" de Marx em economia[194]. Marx fez uma distinção entre capital *constante* que era "aquela parte do capital que é representada pelos meios de produção, pelas matérias-primas, pelo material auxiliar e instrumentos de trabalho, e não sofre, no processo de produção, nenhuma alteração quantitativa de valor" e capital *variável*. Desse Marx disse: "Aquela parte do capital, representada pela capacidade de trabalho, sofre, no processo de produção, uma alteração de valor. Ela tanto reproduz o equivalente de seu próprio valor como também produz um valor excedente, um sobrevalor, que pode variar, talvez mais ou menos de acordo com as circunstâncias"[195]. Essa variação era a taxa de mais-valia em torno da qual se concentrava a luta entre operários e capitalistas. O ponto essencial era que o capitalista fazia o operário trabalhar mais tempo do que o meramente suficiente para incorporar a seu produto o valor de sua capacidade de trabalho: se a capacidade de trabalho do operário (o que custa mantê-lo vivo e capaz) era de 3 libras por dia, o operário podia incorporar 3 libras de valor no produto no qual trabalhava oito horas; então, se ele trabalha

194. Cf. Engels, *Anti-Dühring*. Moscou, s.d., p. 281.

195. Marx, *O capital*. Moscou, 1954, I, p. 209.

dez horas, as duas últimas horas produziriam a mais-valia – neste caso 1 libra.

Um pouco adiante Marx estendeu-se sobre a natureza dessa mais-valia do seguinte modo:

> Durante o segundo período do processo trabalhista, aquele em que seu trabalho não é mais trabalho necessário, o operário, é verdade, trabalha, despende capacidade de trabalho; mas, não sendo mais seu trabalho um trabalho necessário, ele não cria valor para si mesmo. Ele cria mais-valia que, para o capitalista, tem todos os encantos de uma criação a partir do nada. Essa parcela da jornada de trabalho eu chamo de tempo de trabalho excedente, e ao trabalho despendido durante este tempo chamo de trabalho excedente.

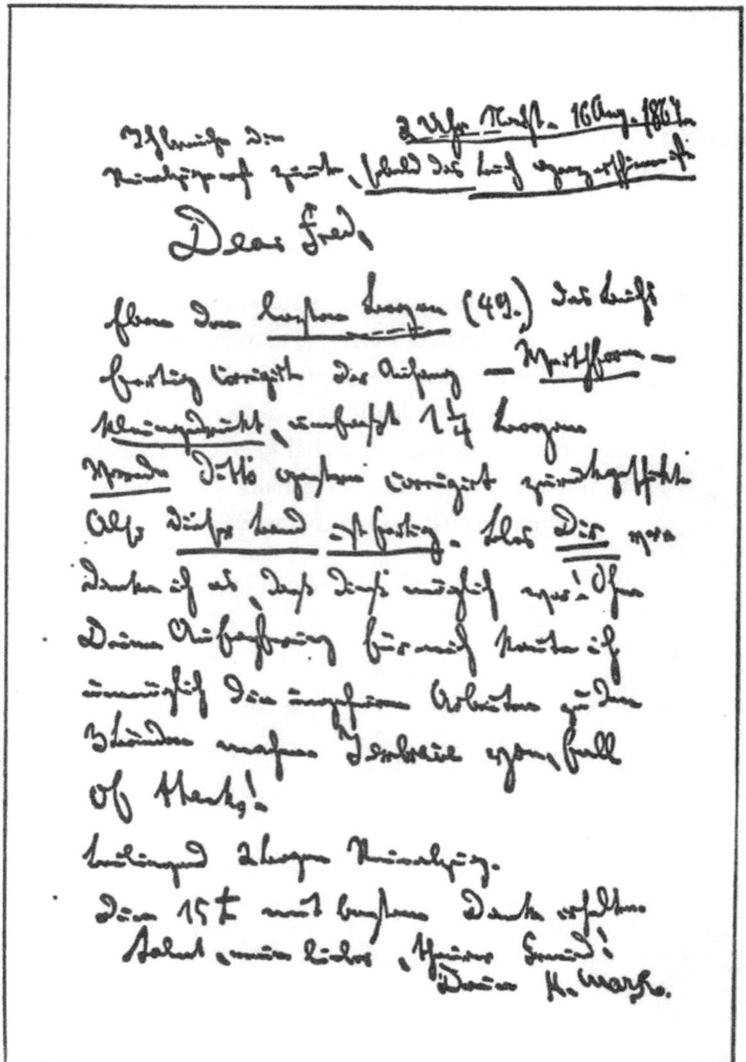

Carta de Marx a Engels ao completar *O capital*, Volume Primeiro.
O texto diz:

2 Uhr Nacht, 16 Aug. 1867.

Dear Fred,

Eben den letzten Bogen (49.) des Buchs fertig korrigiert. Der Anhang – Wertform – kleingedruckt, umfasst 1/4 Bogen.

Vorrede ditto gestern korrigiert zurückgeschickt. Also dieser Band ist fertig. Bloss Dir verdanke ich es, dass dies möglich war! Ohne Deine Aufopferung für mich konnte ich unmöglich die ungeheuren Arbeiten zu den 3 Bänden machen. I embrace you, full of thanks!

Beiliegend 2 Bogen Reinabzug. Die 15£ mit bestem Dank erhalten.

Salut, mein lieber, teurer Freund.

Dein
K. Marx

Tradução:

16 de agosto de 1867, 2 horas da madrugada

Caro Fred,

Acabei de terminar de corrigir a última folha da prova (49ª) do livro. O apêndice – sobre a forma do valor – está impresso em tipo pequeno e abrange uma página e um quarto.

O prefácio também foi corrigido e devolvido ontem. Portanto, este volume está pronto. Agradeço apenas a você por isto ter sido possível. Sem seu sacrifício por mim ter-me-ia sido impossível realizar o enorme trabalho para os três volumes. Abraço-o cheio de agradecimentos!

Estão anexas 2 páginas de prova corrigidas.

Recebi as 15 libras com os melhores agradecimentos.

Saudações, meu querido, caro amigo.

Seu
K. Marx

> É absolutamente tão importante, para uma correta compreensão da mais-valia, concebê-la como um mero congelamento do tempo de trabalho excedente, como nada além de trabalho excedente materializado, como é, para uma compreensão adequada do valor, concebê-lo como um mero congelamento de tantas horas de trabalho, como nada além de trabalho materializado. A diferença essencial entre as várias formas econômicas de sociedade, entre, por exemplo, uma sociedade baseada no trabalho escravo e uma baseada no trabalho assalariado, está apenas no modo em que este trabalho excedente é em cada caso extraído do produtor real, o trabalhador[196].

Assim, a mais-valia só poderia surgir do capital variável, não do capital constante, pois só o trabalho cria valor. De maneira muito simples, a razão de Marx para pensar que a taxa de lucro diminuiria era que, com a introdução da maquinaria, o tempo de trabalho diminuiria e assim renderia menos valor excedente. A maquinaria naturalmente aumentaria a produção e os mercados coloniais absorveriam alguns dos excedentes, mas eram apenas paliativos e uma crise final era inevitável.

Esses primeiros nove capítulos eram complementados por um relato histórico magistral da gênese do capitalismo que ilustra melhor do que qualquer outro escrito a abordagem e o método de Marx. Ele particularmente fez uso pioneiro de informações estatísticas oficiais que começaram a estar disponíveis a partir da metade do século XIX em diante. Um leitor que acha o princípio de *O capital* árido demais faria bem em seguir o conselho de Marx à Sra. Kugelmann[197] e começar lendo os capítulos sobre "a jornada de trabalho", "maquinaria

196. Marx, *O capital*. Moscou, 1954, I, p. 217. Cf. tb. vol. I, cap. 19.

197. Marx a L. Kugelmann, *MEW*, XXXI, p. 575s.

e indústria moderna" e "acumulação capitalista". No capítulo sobre "a jornada de trabalho" Marx descreveu detalhadamente a "degradação física e mental"[198] imposta aos homens, mulheres e crianças por trabalharem longas horas em condições insalubres e relatou a amarga luta em busca de algum alívio pelos limites legais do número de horas trabalhadas e a aprovação de leis fabris. Se bem que, concluía Marx, pudesse parecer que o capitalista e o operário faziam contratos no mercado livre, a negociação era, de fato, unilateral:

> Após concluída a negociação se descobria que ele não era um "agente livre" pois o tempo para o qual ele é livre para vender sua capacidade de trabalho é o tempo para o qual ele é forçado a vendê-la, que de fato o vampiro não desgrudaria dele "enquanto houver um músculo, um nervo, uma gota de sangue a ser explorada". Para "proteção" contra "a serpente de suas agonias", os trabalhadores deviam se unir e, como classe, forçar a aprovação de uma lei, uma barreira social todo-poderosa que impeça os próprios operários de vender, através de contrato voluntário com o capital, a si mesmos e a suas famílias à escravidão e à morte. Em lugar do pomposo catálogo dos "direitos inalienáveis do homem" vem a modesta Magna Carta de uma jornada de trabalho legalmente limitada, que deverá deixar claro "quando acabou o tempo que o operário vende, e quando começa o seu próprio"[199].

Marx continuou sua acusação do capitalismo no capítulo sobre "maquinaria e indústria moderna", descrevendo o efeito mutilador da maquinaria sobre os operários e os efeitos ambientais da exploração capitalista da agricultura[200]. Ao

---

198. Marx, *O capital*. Moscou, 1954, I, p. 269.

199. Marx, *O capital*. Moscou, 1954, I, p. 302.

200. Sobre este ponto atual cf. Marx, *O capital*. Moscou, 1954, I, p. 506.

resumir suas conclusões, porém, Marx mostrou que sua visão do progresso tecnológico no capitalismo não era totalmente negativa:

> Já vimos como esta contradição absoluta entre as necessidades técnicas da Indústria Moderna e o caráter social inerente a sua forma capitalista dissipa toda rigidez e segurança na situação do trabalhador; como ela constantemente ameaça, tirando os instrumentos de trabalho, arrebatar de suas mãos seus meios de subsistência, e, suprimindo sua função especializada, torná-lo supérfluo. Vimos também como este antagonismo desabafa sua fúria na criação daquela monstruosidade, um exército industrial de reserva, mantido na miséria a fim de estar sempre à disposição do capital; nos incessantes sacrifícios humanos entre a classe operária, no mais despreocupado esbanjamento da capacidade de trabalho e na devastação causada por uma anarquia social que transforma qualquer progresso econômico numa calamidade social. Este é o lado negativo. Mas se, por um lado, a variação de trabalho atualmente se impõe à maneira de uma lei natural esmagadora, e com a ação cegamente destrutiva de uma lei natural que encontra resistência em todos os pontos, a Indústria Moderna, por outro lado, através de suas catástrofes impõe a necessidade de reconhecer, como lei fundamental de produção, a variação de trabalho, a consequente aptidão do trabalhador para trabalhos variados, consequentemente o desenvolvimento maior possível de suas diversas aptidões. Torna-se uma questão de vida ou morte para a sociedade adaptar o modo de produção ao funcionamento normal desta lei. A indústria moderna, de fato, obriga a sociedade, sob pena de morte, a substituir o operário especializado de hoje, mutilado pela perpétua repetição de uma e mesma operação trivial, e assim reduzido a mero fragmento de homem, pelo

> indivíduo plenamente desenvolvido, apto para uma variedade de trabalhos, pronto a enfrentar qualquer mudança de produção, e para o qual as diferentes funções sociais que ele exerce não são mais do que modos de dar liberdade a suas próprias capacidades naturais e adquiridas[201].

O volume I terminava com uma longa seção sobre "acumulação capitalista" – o melhor capítulo no livro. O capitalista, sendo uma presa de "um conflito faustiano entre a paixão pela acumulação e o desejo por gozo", era obrigado a criar um "exército industrial de reserva" ou um vasto grupo de operários temporariamente desempregados para servir de flutuação do mercado. Marx sintetizou sua análise numa denúncia trovejante:

> Vimos, ao analisar a produção da mais-valia relativa: no sistema capitalista todos os métodos para aumentar a produtividade social do trabalho baseiam-se no sacrifício do trabalhador individual; todos os meios de desenvolvimento da produção se transformam em meios de dominação e exploração dos que produzem; eles mutilam o trabalhador num fragmento de homem, degradam-no ao nível de apêndice de uma máquina, destroem todo encanto remanescente em seu trabalho e o transformam numa labuta odiada; eles separam dele as potencialidades intelectuais do processo trabalhista na mesma proporção que a ciência é incorporada nele como um poder independente; eles distorcem as condições sob as quais ele trabalha, sujeitam-no durante o processo de trabalho ao despotismo mais odioso por sua mesquinhez; transformam seu tempo de vida em tempo de trabalho, e arrastam sua esposa e filho sob as rodas do Jaganata do capital. Mas todos os métodos de produção de mais-valia são

201. Marx, *O capital*. Moscou, 1954, I, p. 487s.

> ao mesmo tempo métodos de acumulação; e cada expansão de acumulação torna-se novamente um meio de desenvolvimento destes métodos. Segue-se, portanto, que, na proporção em que se acumula capital, a parte do trabalhador, seja seu pagamento grande ou pequeno, deve piorar. A lei, finalmente, que sempre equilibra a relativa população excedente, ou o exército industrial de reserva, ao ponto e energia da acumulação, esta lei prende o trabalhador ao capital mais firmemente do que as cunhas de Vulcano prenderam Prometeu à rocha. Ele estabelece uma acumulação de miséria, correspondendo à acumulação de capital. Acumulação de riqueza num polo é, portanto, ao mesmo tempo acumulação de miséria, agonia de labuta, escravidão, ignorância, brutalidade, degradação mental, no polo oposto, isto é, do lado da classe que produz seu próprio produto na forma de capital[202].

Este julgamento era apoiado por uma série de estudos detalhados, comovente mas objetiva, da situação da classe operária inglesa durante os últimos 20 anos, do proletariado agrícola inglês e da miséria da Irlanda. O livro terminava com a seguinte famosa passagem:

> Junto com o número constantemente menor dos magnatas do capital, que usurpam e monopolizam todas as vantagens deste processo de transformação, cresce a miséria, a opressão, a escravidão, a degradação, a exploração; mas com isso cresce também a revolta da classe operária, uma classe crescente em número, e disciplinada, unida, organizada pelo próprio mecanismo do processo da produção capitalista. O monopólio de capital se torna um entrave ao modo de produção, que brotou e floresceu junto com ele e sob ele. Centralização dos meios de produção e socialização do

202. Marx, *O capital*. Moscou, 1954, I, p. 645.

> trabalho atingem finalmente um ponto em que eles se tornam incompatíveis com seu tegumento capitalista. Este tegumento é rebentado. Dobra o sino fúnebre da propriedade privada capitalista. Os expropriadores são expropriados[203].

Os dois volumes posteriores, estando apenas no esboço, não têm nada da verve polida do volume I. Havia, contudo, um longo capítulo intitulado "Resultados do Processo Imediato de Produção" que Marx parece ter pretendido colocar no fim do volume I, mas deixou fora no último minuto[204]. Neste capítulo Marx discutia como a produção capitalista reproduzia a relação do capitalista ao operário no processo total. Há comentários particularmente interessantes sobre a alienação envolvida na relação do capitalista com o operário[205] e sobre a tendência do capitalismo a "reduzir tanto quanto possível o número dos que trabalham por um salário" na esfera produtiva e aumentar o número de operários em indústrias puramente de serviço[206].

Enquanto o volume I tratava da produção, o II e o III investigaram o que acontecia fora da fábrica quando o capitalista vendia seus produtos por dinheiro. No volume II Marx traçava o movimento circular da venda, lucro e reinvestimento de recursos para o próximo ciclo de produção e

---

203. Marx, *O capital*. Moscou, 1954, II, p. 673. O fato de esta passagem ser seguida por uma breve seção sobre colonização provavelmente deve-se ao desejo de não atrair a atenção do censor por terminar com uma nota tão retumbante.

204. É uma indicação suficiente da desordem dos arquivos de Marx o fato de este capítulo – cerca de 200 páginas – ter sido publicado somente em 1933. Ele ainda não foi traduzido para o inglês, embora haja uma tradução francesa (ed. R. Dangeville, Paris, 1971).

205. Cf. as passagens traduzidas em McLellan (1971, p. 118s.).

206. P. 245 da edição francesa.

os fatores complexos subjacentes a crises econômicas. Este volume é muito menos interessante devido a sua natureza teórica técnica.

A primeira parte do volume III parece ser um esboço mais ou menos final, mas daí para frente o livro continua sem qualquer conclusão final. Ele começa com a discussão da transformação da mais-valia em lucro e, assim, a relação entre valores e preços. Muitas pessoas ao lerem o volume I perguntaram como acontecia que, se os valores são medidos por trabalho socialmente necessário, eles podiam ser tão diferentes dos preços de mercado. A única resposta que Marx deu a esse problema foi afirmar que o valor era "o centro de gravidade em torno do qual os preços flutuam e em torno do qual sua ascensão e queda tendem a um equilíbrio"[207]. Ele continuava: "Não importa qual seja o modo como os preços são regulados, o resultado é sempre o seguinte: a lei do valor domina o movimento de preços, pois uma redução ou um aumento do tempo de trabalho necessário para a produção faz os preços de produção caírem ou subirem"[208]. Marx então enunciou mais detalhadamente do que no volume I a tendência de queda da taxa de lucro, que é a parte central do volume III. Esta lei é expressa mais sucintamente por Marx da seguinte maneira:

> ... é a natureza do modo capitalista de produção, e uma necessidade lógica de seu desenvolvimento, dar expressão à taxa média da mais-valia pela taxa decrescente do lucro médio. Dado que a massa do trabalho vivo empregado está continuamente declinando em comparação com a massa de trabalho materializado incorporado nos meios de produção produtivamente

207. Marx, *Capital*, Chicago, 1909, III, p. 210.

208. Marx, *Capital*, Chicago, 1909, III, p. 211.

> consumidos, segue-se que aquela parcela de trabalho vivo, que não é paga e representa a mais-valia, deve também estar continuamente diminuindo comparada com o volume e o valor do capital total investido. Considerando que a proporção da massa de mais-valia ao valor do capital total investido forma a taxa de lucro, esta taxa deve cair continuamente[209].

Marx entrou então na natureza da crise econômica que ele definiu como a contradição básica entre a necessidade de uma economia capitalista em expandir sua produção sem levar em conta o nível de consumo que era o único que a podia tornar possível:

> A *barreira real* da produção capitalista é *o próprio capital*. É que o capital e sua autoexpansão aparecem como o ponto de partida e de chegada, o motivo e a finalidade da produção; a produção é somente produção para o *capital* e não vice-versa, os meios de produção não são meros meios para uma constante expansão do processo vivo da *sociedade de produtores*. Os limites dentro dos quais a preservação ou autoexpansão do valor do capital que se baseia na expropriação e na pauperização da grande massa de produtores podem apenas mudar – estes limites entram continuamente em conflito com os métodos de produção empregados pelo capital para suas finalidades, que conduzem a uma extensão ilimitada de produção como um fim em si mesmo, a um desenvolvimento incondicional da produtividade social do trabalho. Os meios – desenvolvimento incondicional das forças produtivas da sociedade – entram continuamente em conflito com a finalidade limitada, a autoexpansão do capital existente[210].

---

209. Marx, *Capital*, Chicago, 1909, III, p. 249.

210. Marx, *O capital*, Moscou, 1954, III, p. 245.

A conclusão era:

> A causa última de toda crise real continua sempre a pobreza e o consumo restrito das massas enquanto comparado com a tendência da produção capitalista em desenvolver as forças produtivas de tal modo que somente a capacidade absoluta de consumo da sociedade toda seria seu limite[211].

Marx então tratou dos fatores que podiam retardar a queda nos lucros – principalmente maior produção e comércio externo – e tentou mostrar que eles só podem ser paliativos a curto prazo. Seguiam duas seções sobre capital a juros e renda do solo e o volume terminava com a seção dramaticamente incompleta sobre as classes.

Ainda hoje *O capital*, particularmente o primeiro volume, continua sendo uma obra-prima. Sua análise histórica apresenta um quadro realmente sério de pelo menos um aspecto da Inglaterra do século XIX, composto com atenção ao detalhe e um estilo magnífico que fazem dela uma contribuição permanente tanto para a história como para a literatura. Também seus pressupostos teóricos ou predições a longo prazo não foram "refutados" – talvez porque não sejam suscetíveis de uma refutação definitiva: a teoria trabalhista do valor não é uma teoria "científica"[212], mas uma teoria a ser julgada pela visão que ela dá do funcionamento do sistema capitalista. E as famosas predições de Marx baseiam-se apenas em seu "mode-

211. Marx, *O capital*, Moscou, 1954, III, p. 260.

212. Tentativas recentes de mostrar que as ideias de Marx *são* científicas concentraram-se em torno da obra de L. Althusser, p. ex., *Reading Capital*, Londres, 1970. Boa parte do debate parecerá, principalmente ao não iniciado, peculiarmente bizantino. Duas contribuições substanciais são: Geras, Marx and the *Critique of Political Economy* e Godelier, Structure and Contradiction in *Capital*, ambos em *Ideology in Social Science*, ed. R. Blackburn, Londres, 1972.

lo" abstrato da sociedade capitalista, um modelo capaz de variação quase infinita em certas circunstâncias e, como todos os modelos, deve ser avaliado por sua fertilidade[213].

O capital não teve imediatamente o sucesso que teria mais tarde. Ele foi avidamente recebido no pequeno círculo de Marx e até seus antigos aliados Feuerbach e Ruge fizeram comentários favoráveis sobre ele. Mas perturbadoramente houve poucas recensões na Alemanha e a maioria delas foi hostil, embora Dühring, o futuro adversário de Engels, escrevesse a favor. O próprio Engels foi o que mais resenhas fez, conseguindo fazer sete, cada uma segundo o figurino da publicação em que apareceu. Kugelmann também atuou como um agente de relações públicas muito eficiente na Alemanha. Engels se esforçou muito para conseguir alguma publicidade na Inglaterra, mas o único resultado foi uma pequena notícia no *Saturday Review* de janeiro de 1868 que dizia: "Os pontos de vista do autor podem ser tão perniciosos como imaginamos que são, mas não se pode questionar a plausibilidade de sua lógica, o vigor de sua retórica e o encanto com que ele reveste os mais áridos problemas da economia política". A atitude dos colegas de sindicato de Marx foi resumida por Peter Fox que, tendo Marx lhe enviado um exemplar, respondeu que ele se sentia como um homem a quem foi dado um elefante e não sabia o que fazer com ele. A recepção foi de fato desapontadora e Jenny escreveu a Kugelmann: "Você pode acreditar que dificilmente um livro foi escrito em circunstâncias mais difíceis e eu poderia escrever uma história secreta que desvendaria uma quantidade infinita de preocupações, problemas e ansiedade. Se os operários tivessem noção do sacrifício que foi necessário para completar esta obra, escrita apenas para eles

---

213. Para uma breve e clara defesa da importância contínua das ideias de Marx, cf. Gamble; Walton (1972, cap. 7). Também Hunt; Schwartz (1972).

e em seu benefício, eles talvez mostrassem um pouco mais de interesse"[214]. Demorou quatro longos anos até que os mil exemplares fossem vendidos.

VI. Vida em Modena Villas

Embora não haja dúvida de que a dupla herança de 1864 desse a Marx a relativa segurança que possibilitou que ele terminasse o volume I de *O capital*, de modo algum foi a solução final. Em abril de 1864 os Marx mudaram-se para uma casa consideravelmente maior em Maitland Park Road, algumas centenas de metros ao sul de Grafton Terrace, onde eles ficaram pelos seguintes onze anos. Para Jenny em suas memórias Modena Villas n. 1 (o endereço postal foi mudado para Maitland Park Road n. 1 em 1868) era "uma moradia muito atraente e saudável que nós arrumamos muito confortavelmente e de modo relativamente elegante... Uma casa amigável nova, ensolarada, com quartos bem arejados"[215]. Porém, mais tarde ela lhe pareceu ser "um verdadeiro palácio e, a meu ver, uma casa por demais grande e custosa"[216]. Era uma das duas casas isoladas à entrada do parque com um jardim na frente, uma boa estufa e muito espaço para seus dois cães, três gatos e dois passarinhos. Cada uma das moças tinha seu próprio quarto e Marx tinha um ótimo escritório com vista para o parque, o aposento em que Marx escreveu o primeiro volume de *O capital* e que serviu como ponto de reunião para a Primeira Internacional. Paul Lafargue deixou a seguinte descrição do escritório de Marx:

---

214. Jenny Marx a Kugelmann, *Briefe und Dokumente*, ed. B. Andreas, *Archiv für Sozialgeschichte* (1962, p. 193). Cf. tb. a carta de Jenny Marx (a filha) a Kugelmann na mesma coleção, p. 240.

215. J. Marx, em *Reminiscences*, p. 233.

216. Jenny Marx a Engels, *MEW*, XXX, p. 679.

> Ficava no primeiro andar, inundado pela luz de uma ampla janela com vista para o parque. No lado oposto à janela e a cada lado da lareira as paredes estavam forradas de estantes de livros, cheias até o teto com jornais e manuscritos. Do lado oposto à lareira, a cada lado da janela, havia duas mesas onde estavam empilhados papéis, livros e jornais; no meio do quarto, em plena luz, havia uma escrivaninha pequena, simples (três pés por dois) e uma cadeira de braços de madeira; entre a cadeira de braços e a estante, havia um sofá de couro no qual Marx costumava recostar para descansar de vez em quando. No rebordo da lareira havia mais livros, charutos, fósforos, pacotes de fumo, pesos para papel e fotografias das filhas e esposa de Marx, de Wilhelm Wolff e Frederick Engels[217].

Os livros estavam arrumados de acordo com seus conteúdos, não pelo tamanho, e estavam cheios de páginas com os cantos dobrados, com comentários à margem e sublinhados. "São meus escravos", diria Marx, "e devem servir-me como eu quero"[218]. Duas características do escritório que foram acrescentadas mais tarde eram presentes de seu amigo e admirador, Dr. Kugelmann. Um era um busto de Zeus de Otricoli que chegou – para grande consternação da família – enquanto estava sendo preparado o pudim de Natal no fim de 1867; o outro era uma peça de tapeçaria que Leibniz (por quem Marx tinha grande admiração) tivera em seu escritório.

O dinheiro gasto na arrumação (junto com o pagamento das dívidas) chegou a 500 libras, o aluguel e impostos eram quase o dobro do que em Grafton Terrace, e, em geral, era uma casa de cujos moradores se esperava que tivessem uma renda de cerca de 500 libras por ano – que era, de fato, aproximada-

---

217. Paul Lafargue, em *Reminiscences*, p. 73.

218. Cf. Paul Lafargue, em *Reminiscences*.

mente a quantia de dinheiro que Marx conseguira anualmente[219]. Além disso Marx e as garotas tiraram férias de três semanas em Ramsgate e Jenny passou 15 dias em Brighton. Em outubro, as garotas – que antes tiveram que recusar convites por não ter dinheiro para retribuir a hospitalidade – deram um baile para 50 amigas. A situação financeira não foi ajudada pela chegada, em maio de 1865, de Edgar von Westphalen. Ele acabara de voltar da América onde – paradoxalmente – lutara pelo Sul na guerra civil. Apesar das suas tendências hipocondríacas, ele tinha um enorme apetite e até a tolerância divertida de Marx, que o descreveu como "um egoísta, mas um bom sujeito"[220], se tornou cada vez mais tensa durante os seis meses da estada de Edgar.

Alguns meses depois da mudança, apesar de ter conseguido 400 libras com especulação em fundos americanos[221], Marx foi obrigado a escrever a Engels outra carta de pedido:

> É realmente aniquilador ficar dependente a metade da vida. O único pensamento que me sustenta aqui é que nós dois estamos executando uma tarefa combinada na qual eu dou meu tempo ao aspecto teórico e político partidário do negócio. Eu naturalmente vivo de modo custoso demais para minha situação e além disso vivemos melhor este ano do que jamais. Mas este é o único meio pelo qual as crianças, à parte o que sofreram e pelo que foram recompensadas ao menos por um curto espaço de tempo, podem fazer ligações e relacionamentos que podem lhes assegurar um futuro. Creio que você mesmo será da opinião

---

219. Marx a Kugelmann, *MEW*, XXXII, p. 540.

220. Marx a Engels, *MEW*, XXXI, p. 126.

221. Marx a Lion Philips, *MEW*, XXX, p. 665. Marx pode estar apenas se gabando aqui. Mas ele certamente deu a Engels um bom conselho sobre como pagar a bolsa de valores (cf. *MEW*, XXXIII, p. 23, 29).

> que, mesmo visto comercialmente, uma situação puramente proletária seria inadequada aqui, por melhor que tivesse sido quando minha esposa e eu estávamos sós ou quando as crianças eram pequenas[222].

Engels veio devidamente em socorro e chegou até a garantir a Marx 200 libras por ano, com a possibilidade de mais 50 libras. Em novembro de 1866 as esperanças de Marx cresceram momentaneamente com a morte de uma tia em Frankfurt, mas o resultado foram apenas 12 magras libras. A família foi logo ameaçada com despejo e Marx teve que fazer pequenos empréstimos com conhecidos "como no pior período de refugiado"[223]. A situação ficou pior ainda pela necessidade de manter as aparências perante Paul Lafargue, que estava fazendo corte a Laura. Marx mais uma vez manifestou o desejo de declarar falência – mas em vez disto providenciou champanhe e lições de ginástica para Laura a conselho médico. Durante 1867 Marx reconheceu que Engels lhe tinha dado "uma enorme soma de dinheiro"[224], mas dizia que seu efeito foi neutralizado pelas dívidas anteriores que chegavam a 200 libras. No ano seguinte, no seu quinquagésimo aniversário, ele lembrou amargamente as palavras de sua mãe: "se ao menos Karl tivesse *feito* capital em vez de *escrever* sobre ele"[225]. As coisas estavam tão ruins que Marx pensou seriamente em se mudar para Genebra. A pobreza era muito mais flagrante, pois Marx tornara-se uma figura respeitada na vizinhança, culminando com sua eleição para o cargo de membro do conselho de St. Pancras. Marx não quis aceitar o cargo, concordando com um

222. Marx a Engels, *MEW*, XXXI, p. 131.

223. Marx a Engels, *MEW*, XXXI, p. 262.

224. Marx a Engels, *MEW*, XXXI, p. 321.

225. Marx a Engels, *MEW*, XXXI, p. 75.

de seus vizinhos que "eu lhes devia ter dito que era estrangeiro e que eles deviam beijar-me o traseiro"[226].

Em novembro de 1868 a situação financeira se tornou intolerável e Engels perguntou a Marx que lhe dissesse primeiro de quanto ele precisava para saldar *todas* as suas dívidas e em segundo lugar se ele poderia viver daí para a frente com 350 libras por ano. (Engels tinha uma renda, a partir de 1860, nunca inferior a 1.100 libras.)[227] Marx se descreveu como "completamente derrubado", pediu a Jenny para calcular o total de suas dívidas e descobriu que era "muito maior" do que ele imaginava[228]. Engels acabou vendendo sua parte na Ermen & Engels antes do que ele previra e deixou a firma – para seu imenso júbilo e estouro de garrafas de champanhe – em 1º de julho de 1869. Três semanas mais tarde, contudo, Marx percebeu que Jenny ainda não estava se arranjando com a dotação semanal que ele lhe dava. Pressionando-a a respeito, "a estupidez das mulheres veio à tona. Na lista das dívidas que ela tinha feito para você ela suprimira cerca de 75 libras que ela agora estava tentando pagar aos poucos com a dotação da casa. Quando eu perguntei por que, ela respondeu que tinha medo de apresentar o vasto total. As mulheres simplesmente têm que ser sempre controladas!"[229]. Engels aceitou isto de bom grado e os problemas financeiros de Marx, finalmente, acabaram. A partir da correspondência deles foi calculado que, entre 1865 e 1869, Engels deu a Marx não menos do que 1.862 libras[230].

---

226. Marx a Engels, *MEW*, XXXI, p. 108.

227. Cf. *Karl Marx, Dokumente seines Lebens*, p. 350.

228. Marx a Engels, *MEW*, XXXI, p. 217.

229. Marx a Engels, *MEW*, XXXII, p. 344.

230. *Karl Marx, Dokumente seines Lebens*, p. 352. Qualquer conversão em valores atuais deve ser aproximado. Muito por alto estas cifras deveriam ser multiplicadas por dez a vinte vezes para se ter o equivalente de hoje. Para

O período da composição de *O capital*, volume I, também viu Marx assumir o papel de sogro e finalmente de avô. O principal acontecimento do fim da década de 1860 foi o namoro e casamento de Laura. Já em 1865, na festa do vigésimo primeiro aniversário de Jenny, ela recebera uma apaixonada proposta de casamento por parte de Charles Manning, um rico sul-americano com pai inglês. No entanto, segundo Marx, Laura não "lhe deu a mínima importância" e estava bem experiente em "arrefecer paixões sulinas"[231]. No mesmo ano ela encontrou-se com Paul Lafargue, então com 23 anos, filho único de um rico fazendeiro em Cuba cujos pais tinham voltado para a França para entrar no negócio de vinho em Bordeaux. Paul era um estudante (não muito entusiasmado) de medicina. Como discípulo de Proudhon, ele era ativo em política estudantil e fora enviado como delegado francês para a Assembleia Geral da Internacional em Londres onde ele ficou devido a sua exclusão da universidade francesa por motivos políticos. Em agosto de 1866, ele estava "meio comprometido" com Laura[232]. Marx não estava totalmente feliz. Laura parecia ter pouca afeição real por Lafargue a quem ele descreveu a Engels como "um rapaz bonito, inteligente, vigoroso e ginasticamente desenvolvido"[233]. Contudo ele foi muito cauteloso em sua posição em relação ao possível genro: ele escreveu ao antigo professor de Lafargue em Paris pedindo referências e enviou ao próprio Lafargue uma carta um tanto pesada cujo primeiro parágrafo é:

---

comparação, em 1870 um operário não especializado em Londres ganhava cerca de 50 libras por ano. A obra clássica sobre este assunto é Bowley (1900).

231. Marx a Engels, *MEW*, XXXI, p. 110.

232. Marx a Engels, *MEW*, XXXI, p. 247.

233. Marx a Engels, *MEW*, XXXI.

> Se você deseja continuar suas relações com minha filha, deve renunciar a sua maneira de "fazer corte" a ela. Você sabe muito bem que ainda não há nenhum compromisso, que por enquanto tudo é provisório. E mesmo que ela fosse formalmente sua noiva, você não deve esquecer que isto diz respeito a um acontecimento a longo prazo. Um comportamento íntimo demais é o mais inconveniente na medida em que dois que se amam estão vivendo no mesmo lugar por um período necessariamente prolongado de purgatório e de exame severo. Eu observei consternado sua mudança de comportamento dia a dia durante a época geológica de uma única semana. Na minha opinião o verdadeiro amor se expressa na moderação dos que se amam, no procedimento modesto, até acanhamento em relação à pessoa amada, e certamente não numa paixão incontida e em manifestações de familiaridade prematura. Se você alegar em sua defesa seu temperamento crioulo, é meu dever interpor meu bom senso entre seu temperamento e minha filha. Se na presença dela você é incapaz de amá-la de uma maneira adaptada à latitude de Londres, você deverá se resignar a amá-la de certa distância. Tenho certeza de que você me entende[234].

Marx continuou explicando que ele mesmo "sacrificara todo o seu destino à luta revolucionária"; ele não lamentava isso, mas se pudesse escolher de novo ele não se casaria. "Na medida em que estiver em meu poder, eu pretendo salvar minha filha das rochas sobre as quais a vida da mãe dela naufragou"[235]. Ele terminava insistindo nas garantias econômicas para o futuro de Lafargue pois "a observação me convenceu que por natureza você não é muito diligente, apesar de seus ataques de

---

234. Marx a Paul Lafargue, *MEW*, XXXI, p. 518. A carta inteira está traduzida em Kapp, *Eleanor Marx*, I, p. 298s.

235. Marx a Paul Lafargue, *MEW*, XXXI, p. 519.

atividade febril e boa vontade"[236]. Jenny também desconfiava de estudantes franceses de medicina, mas Lafargue deve ter conseguido aquietar os temores deles, pois o noivado foi anunciado em setembro de 1866 no vigésimo primeiro aniversário de Laura. Jenny Marx ficou entusiasmada: os pais dele tinham prometido a Paul cerca de 4 mil libras no casamento e ela admirava o "ótimo caráter dele, sua simpatia, generosidade e sua devoção a Laura"[237]. Particularmente feliz era o fato de Paul e Laura terem os mesmos pontos de vista sobre religião. Lembrando seu próprio namoro, ela escreveu: "assim Laura será poupada dos inevitáveis conflitos e sofrimentos aos quais qualquer moça com as opiniões dela está exposta na sociedade. Como é difícil hoje em dia encontrar um homem que compartilha tais pontos de vista e ao mesmo tempo tenha cultura e posição social"[238]. A amizade entre as famílias foi cimentada pela visita de todas as filhas de Marx a Bordeaux por três semanas.

Jenny, em particular, preferia que o casamento civil fosse realizado o mais privadamente possível para evitar os mexericos dos vizinhos, e Engels complacentemente sugeriu que a razão apresentada fosse o fato de Laura ser protestante e Paul católico[239]. A publicação dos proclamas foi adiada o máximo possível, pois Jenny não estava em condições de preparar o enxoval de Laura e Marx não queria "enviá-la ao mundo como uma mendiga"[240]. Jenny ainda estava preparando um grande guarda-roupa para Laura durante meses após seu casamento. O casamento realizou-se aos 2 de abril de 1868 no cartório de registro de St. Pancras e foi seguido de um almoço em Mode-

---

236. Marx a Paul Lafargue, *MEW*, XXXI.

237. Liebknecht, *Briefwechsel mit Marx und Engels*, p. 80.

238. Liebknecht, *Briefwechsel mit Marx und Engels*.

239. Engels a Marx, *MEW*, XXXI, p. 409.

240. Engels a Marx, *MEW*, XXXII, p. 33.

na Villas onde Engels fez tantas piadas às custas de Laura que a fez chorar[241]. O casal foi passar a lua de mel em Paris e voltou para Londres onde Paul completou seus estudos médicos.

Entrementes a irmã dela também começou a estabelecer sua independência. Sem pedir permissão aos pais, Jenny empregou-se como governanta, cinco manhãs por semana, dos filhos de um médico que morava perto, chamado Monroe. Marx desaprovou energicamente e só concordou depois de insistir em condições rigorosas. Jenny gostava de seu trabalho, apesar da dificuldade que ela tinha em fazer com que seus patrões lhe pagassem, e demorou quase três anos até que os Monroes fizessem "a terrível descoberta de que eu era a filha do incendiário chefe que defendia os iníquos movimentos comunistas"[242]. Ela começou também a escrever artigos sobre a Irlanda para jornais franceses sendo, como Eleanor, apaixonadamente ligada à causa da autonomia. Marx confessou a Engels que estava alegre porque pelo menos "Jenny se distrai com alguma coisa que fazer e particularmente porque sai das quatro paredes desta casa". Ele continuava: "Minha mulher perdeu completamente sua índole há anos. É totalmente explicável nas circunstâncias, mas de modo algum agradável. Ela cansa as filhas até a morte com suas lamentações, irritabilidade e mau humor, embora nenhum filho suporte tudo de maneira mais jovial. Mas há certos limites"[243]. E a própria Jenny às vezes achava que a índole de Marx não era muito melhor[244]. A situação somente melhorou com a mudança de Engels para Londres e o efeito galvanizador da Comuna de Paris.

---

241. *Engels-Lafargue Correspondence*, Moscou, 1959, I, p. 111.

242. Jenny Marx a Kugelmann, em Andreas (1962, p. 263).

243. Marx a Engels, *MEW*, XXXII, p. 217s.

244. Cf. as observações dela a Engels sobre a irritabilidade dele, *MEW*, XXXII, p. 705.

7
A Internacional

A Internacional pertenceu ao período do Segundo Império durante o qual a opressão reinante em toda a Europa determinou unidade e abstenção de toda polêmica interna ao movimento dos trabalhadores que acabava de despertar novamente.
Engels a Sorge (1874). *MESC*, p. 288.

I. Origens da Internacional

Um dos principais motivos por que o primeiro volume de *O capital* demorou tanto a aparecer e por que os outros volumes nunca apareceram é que o tempo de Marx era ocupado pelo trabalho que lhe foi imposto como figura principal na Internacional.

Depois da dissolução da Liga Comunista em 1852, Marx evitara cuidadosamente qualquer compromisso político partidário; por um lado, a década de 1850 foi um período de reação, e o ativismo esquerdista era inoportuno. Mas no começo da década de 1860 as condições políticas e econômicas estavam encorajando o reavivamento da atividade da classe operária na Europa. Na Inglaterra a luta bem-sucedida dos operários em construções por uma jornada de nove horas de trabalho encorajou o crescimento de sindicatos organizados e a fundação em 1860 do Conselho Sindical de Londres. Na França Napoleão III começara a relaxar as leis antissindicais na esperança de usar os operários como contrapeso contra a crescente oposição liberal. Em relação à Europa central, Lassalle (que morreu exatamente algumas semanas antes da fundação da Internacional) tinha "despertado o movimento operário na Alemanha depois de um sono de 15 anos"[1].

Esse reavivamento coincidia com um espírito crescente de internacionalismo, particularmente forte na Inglaterra. A causa da independência italiana fora muito popular entre a classe operária inglesa; Garibaldi foi festejado quando chegou a Londres e Mazzini era pessoalmente conhecido de muitos líderes da classe operária. A proclamação da abolição da escravatura por parte de Lincoln reuniu os sindicalistas ao lado do Norte na guerra civil e Marx ficou muito impressionado com o "comício monstro" organizado pelos sindicalistas em março de 1863 do qual ele - excepcionalmente - participou. Contudo, o acontecimento que deu diretamente origem à fundação da Internacional foi a insurreição polonesa de 1863. Uma delegação representativa dos operários franceses - subvencionada por Napoleão - já visitara Londres no ano da Exposição de 1862 e era natural que os franceses enviassem uma delegação para o comício sobre a Polônia convocado em Londres em julho de 1863. Estes laços foram estreitados depois pelos operários franceses e ingleses, cada um contribuindo para o fundo de greve do outro. Seguindo-se ao comício polonês George Odger, secretário do Conselho Comercial de Londres, foi delegado para redigir uma mensagem "Aos operários da França e aos trabalhadores da Inglaterra", que propôs a fundação de uma associação internacional para promover a paz e fomentar os interesses comuns das classes operárias de todos os países. Os franceses redigiram uma resposta e foi marcado um encontro no St. Martin's Hall, perto de Covent Garden, para

1. Marx a Schweitzer, *MEW*, XXXII, p. 568s.

o dia 28 de setembro de 1864 para serem trocadas as mensagens. Foi nesse encontro que a Internacional foi fundada[2].

Embora Marx de modo algum ajudasse a convocar essa reunião, ele tinha um interesse de longa data na causa polonesa[3]. Em 1856 ele estudara a história da Polônia pois "a intensidade e a vitalidade de todas as revoluções desde 1789 podem ser medidas mais ou menos exatamente por sua atitude em relação à Polônia"[4]. A insurreição de 1863 encheu Marx de grande esperança: "Ao menos isto é muito certo", escreveu ele a Engels, "que a era da revolução começou mais uma vez na Europa... Esperemos que desta vez a lava corra do leste para o oeste e não no sentido contrário, de modo que sejamos poupados da 'honra' de uma iniciativa francesa"[5]. Para dar vazão a seus pontos de vista Marx concebeu a ideia de um panfleto – a metade militar escrita por Engels, a parte política escrita por ele mesmo – a ser publicado pela Associação Educacional dos Trabalhadores Alemães. A dimensão do projeto cresceu e Marx trabalhou duro nele de fevereiro a maio de 1863, quando seu fígado o obrigou a parar. Esses manuscritos, que não foram publicados até 1961[6], formam um todo. Bastante curioso é que esses trechos históricos são de

---

2. É obviamente impossível dar aqui mais do que uma história muito esquemática da Internacional. Dois bons livros sobre isso são: Cole (1954, p. 88s.); e Braunthal, *History of the International*, I, p. 75s. O lado britânico da Internacional, e a parte de Marx nele, estão exaustivamente examinados em Collins e Abramsky (1965). Para detalhes sobre o início da história da Internacional, cf.: Rjazanov (1925); e registros documentais em Mins (1937).

3. Cf. ainda Ciolkosz (1966).

4. Marx a Engels, *MEW*, XXVIII, p. 88.

5. Marx a Engels, *MEW*, XXX, p. 324.

6. Marx. *Manuskripte über die Polnische Frage (1863-1864)*, ed. W. Conze e D. Hertz-Eichenrode. Haia, 1961.

uma natureza exclusivamente política sem nenhuma menção de influências econômicas, e sua mola principal é a russofobia de Marx. Segundo ele, a divisão da Polônia levou o resto da Alemanha a depender da Prússia, e a política antipolonesa da Prússia levou por sua vez à dominação completa da Prússia pela Rússia. Assim "a restauração da Polônia significa... frustrar a tentativa russa de dominar o mundo"[7]. Apesar de sua incapacidade de terminar esse panfleto, Marx tomou parte ativa nas discussões com um Coronel Lapinski sobre a formação de uma legião alemã para lutar contra a Rússia na Polônia[8]. Em outubro de 1863 a Associação Educacional dos Trabalhadores Alemães publicou um breve panfleto cujo autor provavelmente foi Marx.

Marx estava, portanto, ativamente interessado na causa imediata da reunião de St. Martin's Hall. Seu próprio relato de seu convite (escrito algumas semanas mais tarde a Engels) é o seguinte:

> Um comício foi convocado para 28 de setembro de 1864 em St. Martin's Hall por Odger (sapateiro, presidente do conselho de todos os sindicatos de Londres) e Cremer (um pedreiro e secretário do sindicato dos pedreiros)... Um certo Le Lubez foi-me enviado para perguntar se eu participaria em nome dos trabalhadores alemães e particularmente se eu podia arranjar um operário alemão para falar no comício. Eu arrumei

---

7. Marx. *Manuskripte über die Polnische Frage (1863-1864)*, ed. W. Conze e D. Hertz-Eichenrode. Haia, 1961, p. 93.

8. Há um relato um tanto fantasioso nas memórias de Lapinski, publicadas em 1878, nas quais se diz que Marx voltou junto com Lapinski no mesmo táxi para seu apartamento depois de um encontro internacional nos aposentos de Herzen. Segundo Lapinski, o próprio Marx sugeriu organizar uma legião de mil homens e prometeu, através de um amigo, persuadir o Príncipe Charles de Brunswick a providenciar dinheiro para equipá-los: cf. Wasilewski (1915).

> Eccarius, que teve grande êxito, e eu também estava lá – como figura silenciosa no palanque. Eu sabia que desta vez os "poderes" reais tanto de Londres como de Paris estariam presentes e por isso decidi renunciar a minha posição firme de não aceitar tais convites[9].

Na realidade o convite de Marx parece ter sido um negócio muito às pressas, pois ele só recebeu a nota formal de Cremer perguntando se ele participaria algumas horas antes do comício. Os franceses, sendo a maioria seguidores de Proudhon, acreditavam que os operários deviam fazer suas próprias organizações, e Eccarius era uma opção óbvia, tendo sido um dos signatários do Manifesto da Associação Educacional dos Trabalhadores Alemães em outubro de 1863.

A reunião estava "apinhada de gente chegando a sufocar" com cerca de 2 mil presentes. Beesly, professor de História na Universidade de Londres e positivista proeminente, fez um breve discurso, o coro dos trabalhadores alemães cantou, e Odger leu a Mensagem que escrevera no dezembro anterior. Henri Tolain, o socialista mais influente na França, e membro das delegações que visitaram Londres em 1862 e 1863, leu a resposta francesa que se limitava quase exclusivamente a defender, em termos proudhonistas, uma reforma das relações entre capital e trabalho que garantisse ao operário um bom retorno por seu trabalho. Le Lubez esboçou então o plano francês para um Comitê Central em Londres que estaria

---

9. *MEW*, XXXI, p. 12s. A carta acidentalmente mostra quão pouco tato Marx mostra para com o movimento sindical inglês: Odger era secretário, não presidente, do Conselho Sindical Londrino e Cremer era carpinteiro e não pedreiro. O relato de Lessner (Vor und nach 1848. Erinnerungen eines alten Kommunisten. *Deutsche Worte*, 1898) difere do de Marx no sentido de que Lessner diz que foi ele o delegado da Associação Educacional dos Trabalhadores Alemães a convidar Marx. Mas o relato de Lessner foi escrito 30 anos depois do acontecimento.

em contato com subcomitês nas capitais europeias tendo em vista a elaboração de uma política comum. George Wheeler e William Dell, dois sindicalistas ingleses, propuseram a formação de uma associação internacional e a formação imediata de uma comissão para redigir seus estatutos. Depois de um debate em que Eccarius falou pelos alemães, o encontro encerrou-se com a eleição de uma comissão composta de 34 membros: 27 ingleses (11 deles do setor de construção), 3 franceses, 2 italianos e 2 alemães: Eccarius e Marx.

Esse Comitê Geral (logo depois se chamaria Conselho Geral) reuniu-se aos 5 de outubro e elegeu Odger como presidente e Cremer, por proposta de Marx, como secretário. Foram eleitos secretários de correspondência para França e Polônia. Marx sugeriu que o secretário pela Alemanha fosse escolhido pela Associação Educacional dos Trabalhadores Alemães e ele mesmo foi eleito pouco tempo depois. Voltando a seu assunto principal, depois de "uma longa e animada discussão"[10], a Comissão não conseguiu chegar a um acordo sobre um programa – o que não é de surpreender tendo em vista o seu tamanho (acima de 50 quando o número de membros estava completo). Marx já tinha se retirado da reunião quando foi eleito para uma subcomissão de nove membros para redigir uma declaração de princípios. Na reunião da subcomissão três dias mais tarde Weston, um velho e agradável mas prolixo partidário de Owen, leu uma declaração de princípios; e o Major Wolff, um antigo ajudante de Garibaldi e agora secretário de Mazzini, propôs os estatutos da Associação dos Operários Italianos como base. Marx faltou a esta reunião devido à doença e também ao encontro posterior da Comissão Geral no qual as propostas de Weston e Wolff fo-

10. *The General Council of the First International, Minutes*. Moscou, 1964, I, p. 37.

ram devolvidas à subcomissão. Eccarius escreveu apreensivo a Marx: "Você deve absolutamente imprimir o selo de seu estilo conciso mas profundo sobre o filho primogênito da organização dos operários europeus"[11]. Odger e outros, continuava Eccarius, ficaram muito insatisfeitos com o esboço proposto e observou que "o homem certo no lugar certo seria o Dr. Marx"[12]. O próprio Cremer escreveu instando com Marx para participar. Marx, porém, faltou também à reunião seguinte da subcomissão dizendo que não fora informado a tempo do encontro. Nessa reunião Le Lubez foi delegado para sintetizar os esboços feitos por Wolff e Weston.

Marx finalmente apareceu na Comissão Geral que se reuniu aos 18 de outubro para considerar esta síntese. Ele escreveu que ficou "realmente chocado quando ouviu o digno Le Lubez ler um preâmbulo horrivelmente prolixo, mal escrito e totalmente incompleto pretendendo ser uma declaração de princípios em que Mazzini era evidente em toda parte, envolvido nos mais vagos lugares-comuns do socialismo francês"[13]. Marx conseguiu que o esboço fosse devolvido mais uma vez à subcomissão que se reuniu dois dias depois em sua própria casa. Seu objetivo era, se possível, "não deixar ficar uma linha da coisa" e, a fim de ganhar tempo, ele sugeriu que começassem discutindo os estatutos. A estratégia funcionou: à uma da manhã eles ainda estavam discutindo o primeiro artigo e foram obrigados a adiar a reunião do Comitê Geral até que tivessem tempo para um outro encontro da subcomissão. Os papéis foram deixados com Marx para trabalhar neles. Suas

---

11. *The General Council of the First International, Minutes*. Moscou, 1964, I, p. 374.

12. *The General Council of the First International, Minutes*. Moscou, 1964, I, p. 376.

13. Marx a Engels, *MEW*, XXXI, p. 14.

instruções eram apenas dar expressão aos "sentimentos" do esboço de Le Lubez que a Comissão Geral já tinha aprovado. Para justificar o que ele mesmo admitiu como sendo um "modo extremamente peculiar" como ele tratou o assunto, ele escreveu uma *Declaração às classes operárias* que ele descreveu como "uma espécie de revista do destino das classes operárias" desde 1845[14]. Ele também reduziu a dez o número de artigos. O esquema de Marx foi aprovado na reunião da subcomissão com exceção de que, como ele escreveu a Engels, "fui obrigado a aceitar no preâmbulo dos Estatutos duas frases sobre 'dever' e 'direito' e também sobre 'verdade, moral e justiça'; mas elas estão colocadas de tal modo que não podem prejudicar"[15]. O Comitê Geral então aprovou o Preâmbulo, a Declaração e o Regulamento, embora não sem emenda: que Marx não teve sucesso completo é mostrado pela passagem de uma moção para ser eliminado seu termo "traficantes de lucro".

A Declaração, uma peça habilmente adaptada a seu público, foi redigida no espaço de uma semana e incluía material que mais tarde apareceu em *O capital*. Marx escreveu a Engels: "Foi muito difícil arranjar as coisas de tal modo que nossa concepção aparecesse numa forma que se tornasse aceitável ao atual modo de ver do movimento operário. Levará tempo até que o despertar do movimento permita falar francamente do passado. Devemos agir *fortiter in re, suaviter in modo* (forte no conteúdo, suave no modo)"[16]. Assim, em contraste com o *Manifesto comunista*, não havia nenhuma generalização ampla nem apelos à ação revolucionária. A Declaração começava com a afirmação de que "é um grande fato que a miséria

14. Marx a Engels, *MEW*, XXI, p. 15.

15. Marx a Engels, *MEW*, XXI.

16. Marx a Engels, *MEW*, XXXI, p. 16.

das massas trabalhadoras não diminuiu entre 1848 e 1864"[17] e passava a documentar essa afirmação com citações de publicações inglesas oficiais que descreviam a pobreza que contrastava tão claramente com os pronunciamentos otimistas do ministro da Fazenda sobre a riqueza crescente do país. A razão para Marx ficar finalmente morando na Inglaterra era a visão um tanto ingênua que "com convenientes mudanças em cor e escala locais, os fatos ingleses se reproduzem em todos os países industriais e progressistas do continente"[18]. Embora ele admitisse que "uma minoria da classe operária conseguisse um aumento em seus ganhos reais", contudo "desde 1848 a grande massa das classes operárias afundou mais ainda na mesma proporção ao menos em que os acima deles subiram na escala social"[19]. Sua conclusão era:

> Em todos os países da Europa tornou-se uma verdade demonstrável a qualquer mente sem preconceitos, e negada apenas por aqueles que têm interesse em encerrar as outras pessoas num paraíso de tolos, que nenhum melhoramento na maquinaria, nenhuma aplicação da ciência à produção, nenhum aparelho de comunicação, nenhuma nova colônia, nenhuma emigração, nenhum mercado livre, nenhum comércio livre, nem todas estas coisas reunidas, acabarão com a miséria das massas industriais; e sim que, na atual base falsa, qualquer novo desenvolvimento da capacidade produtiva de trabalho deve tender a aguçar os contrastes sociais e acentuar os antagonismos sociais[20].

Essa é uma das formulações mais claras da doutrina de Marx sobre a pauperização relativa. É paradoxal que na In-

17. *MESW*, I, p. 377.

18. *MESW*, I, p. 381.

19. *MESW*, I.

20. *MESW*, I, p. 381.

glaterra a Internacional tenha ajudado principalmente a beneficiar os trabalhadores mais bem-sucedidos e assim tenha servido para aumentar a própria prosperidade que Marx mencionou[21].

Voltando-se para aspectos mais políticos, Marx observou o fracasso dos movimentos de classe operária na Europa desde 1848. Esse fracasso, contudo, fora mitigado por dois acontecimentos importantes: a aprovação da Lei das Dez Horas ("a primeira vez que em plena luz do dia a economia política da classe média cedeu à economia política da classe operária")[22], e o movimento cooperativista. Mas – e aqui Marx tinha em mente os discípulos franceses de Proudhon – este movimento só teria êxito contra o poder do capital se se dilatasse "a dimensões nacionais". Por isso "conquistar o poder político tornou-se o grande dever das classes operárias"[23]. Finalmente, Marx esboçou as conquistas das classes trabalhadoras na abolição da escravatura, no apoio à Polônia e na oposição à Rússia – "aquele poder bárbaro cuja cabeça está em S. Petersburgo e cujas mãos estão em cada gabinete da Europa"[24]. Ele concluiu com seu apelo tradicional: "Proletários de todo o mundo, uni-vos!".

21. A declaração de Marx sobre a pauperização relativa aqui é muito exata, embora não a estória toda: durante a década de 1850 os salários reais permaneceram absolutamente estáveis, embora aumentassem rapidamente logo antes da Declaração ter sido escrita e de modo geral manteve o crescimento depois. A situação da massa operária melhorou um pouco no sentido absoluto, embora a brecha que os separava da aristocracia operária crescesse. Sobre as fontes destas estatísticas cf. Harrison (1965, p. 3s.); sobre a "aristocracia trabalhadora" cf. Hobsbawm (1964, p. 272s.).

22. *MESW*, I, p. 383.

23. *MESW*, I, p. 384.

24. *MESW*, I.

No preâmbulo do regulamento Marx partia do princípio de que "a emancipação das classes operárias deve ser realizada pelas próprias classes operárias" e que esta luta finalmente envolveria "a abolição de toda dominação de classe". Uma vez que a sujeição econômica estava na base de todos os males sociais e políticos, seguia-se que "a emancipação econômica das classes operárias é, portanto, o grande fim ao qual todo movimento político deveria estar subordinado como um meio"[25]. Essas declarações estavam entremeadas com as várias frases – sobre "verdade, justiça e moral" etc. – que Marx não pôde evitar, e o documento concluía com dez leis, tratando de questões como um congresso anual e a eleição de um Conselho Geral.

A Declaração mostra a medida em que Marx estava preparado para tomar o movimento operário como ele era sem impor qualquer esquema. Ele evitou cuidadosamente qualquer coisa que pudesse chocar as susceptibilidades dos ingleses ou franceses. A maioria dos sindicalistas ingleses evitou particularmente que Marx aludisse de qualquer modo a objetivos revolucionários. Beesly chegou a dizer do público em St. Martin's Hall: "somente alguns, talvez nenhum entre eles, pertenciam a qualquer escola socialista. A maioria deles, eu acho, hesitaria em aceitar o nome de socialista"[26]. Do mesmo modo, apesar do cauteloso criticismo do movimento cooperativista, Marx teve que evitar qualquer menção à centralização estatal, um anátema político para os franceses.

II. Crescimento da Internacional

A atmosfera de inquietação que caracterizou a Europa no começo da década de 1860 foi responsável em certa medida

---

25. *MESW*, I, p. 386.

26. Citado em Rjazanov (1925, p. 192).

para que o nascimento da Internacional continuasse a favorecer seu crescimento na metade da década. A instabilidade política, que levou à Guerra Franco-prussiana, e o crescimento das greves geradas pela crise econômica de 1866-1867 aumentaram inevitavelmente o prestígio da Internacional e em seus primeiros anos ela pôde crescer firmemente dentro da estrutura doutrinal solta estabelecida por Marx.

Na Inglaterra a Internacional fez bons progressos nos primeiros anos. Ela conseguiu a afiliação, entre outras organizações, dos importantes sindicatos dos pedreiros e sapateiros. Suas atividades eram regularmente relatadas no mais influente jornal da classe operária, o *Beehive*. Um dos primeiros atos do Conselho Geral foi enviar uma bombástica Mensagem (redigida por Marx) a Lincoln, "o filho sincero da classe operária". Em abril de 1865 Edmund Beales e outros radicais de classe média uniram-se a seis operários para criar a Liga da Reforma para fazer movimento pelo voto masculino. Marx, renovando contato com seu velho amigo Ernest Jones, teve participação ativa na formação da Liga. Todos os seis operários eram membros do Conselho Geral e Marx escreveu com entusiasmo a Engels: "O grande sucesso da Associação Internacional é este: a Liga da Reforma é ação nossa"[27]. Na realidade, porém, a Liga apenas enfraqueceu a Internacional cujo trabalho muitos de seus membros consideravam de menor importância do que o próprio programa da Liga.

Marx trabalhou imensamente para a Internacional – a maior parte evidentemente contra sua vontade. Em março de 1865, por exemplo, ele explicou a Engels como ele tinha passado a semana anterior: aos 28 de fevereiro houvera uma sessão do Conselho Geral até meia-noite que foi seguida por

---

27. Marx a Engels, *MEW*, XXXI, p. 110.

outra sessão numa taberna onde ele teve que assinar mais de duzentas fichas de filiação de sócios. No dia seguinte ele participou de um comício para comemorar o levante polonês. Aos 4 e 6 de março tinha havido reuniões da subcomissão na parte da manhã e no dia 7 novamente uma reunião do Conselho Geral até meia-noite[28]. Alguns meses mais tarde Marx pretendeu ausentar-se numa viagem, a fim de conseguir algum tempo para trabalhar em *O capital* e pelo fim do ano ele lamentava que "a Internacional e tudo o que se relaciona a ela me persegue como um pesadelo"[29].

Durante o ano de 1866 o progresso do ano anterior foi mantido e a Internacional mostrou pela primeira vez o que os ingleses viam como sua principal vantagem: a capacidade de evitar a introdução de trabalhadores antigreve do continente. Marx enfatizou a Liebknecht que "esta demonstração da eficácia direta da Internacional não deixou de impressionar a ela mesma sobre o espírito prático do inglês"[30]. A greve dos Alfaiates Unidos de Londres foi um sucesso devido aos esforços da Internacional neste campo, e eles imediatamente pediram filiação. Diversas pequenas sociedades juntaram-se e em agosto houve um avanço importante: a Conferência dos Delegados Sindicais de Sheffield recomendou que seus membros se filiassem à Internacional. Por ocasião do primeiro congresso realizado em Genebra em setembro de 1866 pôde ser informado que 17 sindicatos tinham se unido à Internacional e que 13 estavam em negociações. Em novembro a Liga da Reforma Nacional, a única organização cartista sobrevivente, solicitou filiação. Se ao menos o Conselho Sindical Londrino pudesse ser persuadido a se afiliar, achava Marx, "o controle

28. Cf. Marx a Engels, *MEW*, XXXI, p. 100.

29. Marx a Engels, *MEW*, p. 162.

30. Marx a Liebknecht, *MEW*, XXXI, p. 516.

da classe operária aqui será em certo sentido transferido para nós e seremos realmente capazes de levar o movimento para a frente"[31]. Engels, porém, não se deixou influenciar pelo entusiasmo de Marx e por vários anos foi claramente reticente a respeito das conquistas da Internacional. Ele não organizou uma seção de seis membros em Manchester e se recusou até a ser correspondente.

Durante esse período houve atritos ocasionais no Conselho Geral entre Marx e os ingleses - sobre, por exemplo, a admiração por Mazzini ou a antipatia deles por Eccarius, um fiel mas imprudente partidário de Marx. Mas Marx não teve nenhuma dificuldade em estabelecer sua ascendência. Isto se devia em parte ao papel de mediador entre a Inglaterra e o continente que ele foi capaz de desempenhar. Como ele explicou a Engels a respeito da oposição de Mazzini: "Le Lubez tentou fazê-los (os ingleses) crerem que eu dominava os outros grupos continentais graças à minha posição como líder do grupo inglês; os cavalheiros ingleses agora compreenderam que, ao contrário, é a eles que eu controlo completamente, graças aos grupos continentais, logo que eles começam a ser tolos"[32]. Marx também atribuía seu domínio à superioridade ideológica alemã e ao fato de que o resto do Conselho Geral achava que a "ciência alemã" era "muito útil e até indispensável"[33].

A intervenção de Marx quando o Conselho Geral discutiu a Polônia em janeiro de 1865 provocou uma resposta entusiástica inusitada: as atas normalmente fatuais registram que "o discurso do Dr. Marx estava prenhe de importantes fatos

---

31. Marx a Kugelmann, *MEW*, XXXI, p. 534.

32. Marx a Engels, *MEW*, XXXI, p. 195.

33. Marx a Bolte, *MEW*, XXIII, p. 330. Um dos últimos membros do Conselho Geral, Townshend, disse que Marx sempre se comportava como um "cavalheiro", Engels como um "alemão arrogante", cf. Beer (1937, p. 134).

históricos e seria muito valioso se publicado"[34]. No verão de 1865 o Conselho Geral discutiu os pontos de vista de John Weston (que ele já expusera no *Beehive*) de que os aumentos de salário resultariam apenas em preços mais altos e que cooperativas de produtores eram o único método de elevar o padrão de vida dos trabalhadores. Marx achava esse modo de ver extremamente superficial e, apesar de sua opinião de que "você não pode condensar um curso de economia política em uma hora"[35], adotou o modelo de sua maneira anterior de se dirigir ao público operário e deu aulas ao Conselho Geral durante duas longas sessões. Ele tentou mostrar que aumentos nos salários não afetavam, em geral, os preços das mercadorias e, uma vez que a tendência da produção capitalista era baixar a média do padrão salarial, a pressão sindical era necessária para se opor a estas usurpações; naturalmente os sindicatos deveriam sempre ter em mente "a emancipação final da classe operária, isto é, a abolição definitiva do sistema salarial"[36]. Em seus argumentos Marx incluiu uma porção de material de seus esboços de *O capital* e particularmente sua teoria da mais-valia, então apresentada em público pela primeira vez. Embora alguns membros do conselho quisessem que fossem publicadas as conferências, Marx hesitou, considerando que não seria lisonjeiro ter Weston como oponente e não desejando diminuir a impressão que a publicação de seu *magnum opus* eventualmente causaria[37].

---

34. *The General Council of the First International, Minutes*, I, p. 61.

35. Marx a Engels, *MEW*, XXXI, p. 123.

36. *MESW*, I, p. 447.

37. A palestra foi encontrada entre os papéis de Marx e publicada por sua filha Eleanor sob o título *Valor, preço e lucro*. Abrange 50 páginas em *MESW*, I.

A primeira ameaça real à posição de Marx no Conselho Geral veio no fim de 1865 dos seguidores de Mazzini que nunca perdoaram Marx por alterar tão drasticamente a primeira versão deles da Declaração inaugural e faziam objeção particularmente ao caráter "classista" das ideias de Marx. Marx descreveu os acontecimentos numa carta a sua prima Nannette Philips:

> Durante minha ausência... Mazzini deu-se ao trabalho de fermentar uma revolta contra minha liderança. Liderança nunca é algo agradável nem algo que eu ambicione. Sempre me lembro de seu pai que disse: "os burros sempre odeiam quem cuida deles". Mazzini, que não esconde seu ódio ao livre-pensamento e ao socialismo, está observando com ciúme o progresso de nossa associação... Ele fez intrigas com certos operários ingleses e levantou o ciúme deles contra a influência "alemã"... Ao fazer isto ele certamente está agindo com sinceridade, pois ele detesta meus princípios que estão, para ele, contaminados pelo mais criminoso "materialismo"[38].

Marx contra-atacou convocando todos os secretários estrangeiros a sua casa para uma ação combinada contra os seguidores de Mazzini, que depois disso desistiram de qualquer cooperação com a Internacional[39]. Em setembro de 1866 o próprio Marx foi proposto como presidente do Conselho Geral, mas não aceitou argumentando que o cargo deveria ser ocupado por um operário manual e Odger foi eleito. Desde o

---

38. Marx a Antoinette Philips, *MEW*, XXXI, p 504s.

39. É digno de nota o julgamento de Mazzini a respeito de Marx feito pouco antes da queda da Comuna: ele falou de Marx como "um alemão, um homem de inteligência aguda mas destrutiva, imperioso, ciumento da influência dos outros, sem qualquer convicção filosófica ou religiosa forte e, temo, com um coração mais cheio de ódio, embora justificado, do que de amor" (*La Roma del Popolo*, n. XX, 13 de julho de 1871).

início Marx considerava a Inglaterra como o eixo da Internacional. Alguns meses depois da sua fundação, ele escreveu a Kugelmann: "Eu prefiro cem vezes minha ação aqui por meio da Internacional. A influência sobre o proletariado inglês é direta e de importância suprema"[40].

No Conselho Geral a responsabilidade oficial de Marx era para com a Alemanha da qual ele era o secretário de correspondência. Mas, apesar da importância que ele atribuía a propagar a influência da Internacional na Alemanha, Marx tinha pouco a mostrar pelos seus esforços durante o primeiro ano. Lassalle morrera poucas semanas antes da fundação da Internacional e seu partido, o ADAV (União Geral dos Trabalhadores Alemães), a única organização trabalhista existente na Alemanha, ficou com um problema de liderança como também com disputas sobre a organização centralizada do partido e sua atitude para com a política de Bismarck. O partido não se tornou suficientemente unido para adotar uma atitude em relação à Internacional até que J. B. von Schweitzer, um dotado advogado de descendência aristocrata e editor do jornal do partido *Sozial-Demokrat*, ganhasse o controle em 1866. Marx manteria uma antipatia profunda, de longa data, ao legado de Lassalle – o "Richelieu do proletariado", que quis vender a classe operária a Bismarck[41]. "Não há dúvida nenhuma", escreveu ele a Schweitzer, "que haverá desapontamento sobre as ilusões perversas de Lassalle a respeito de uma iniciativa socialista por parte do governo prussiano. A lógica das coisas dirá. Mas a honra do partido dos trabalhadores exige que se rejeitem tais fantasmas antes de descobrir seu vazio por experiência. A classe operária é revolucionária ou não é nada"[42].

---

40. Marx a Kugelmann, *MEW*, XXXI, p. 455.

41. Marx a Engels, *MEW*, XXXI, p. 48.

42. Marx a Schweitzer, *MEW*, XXXI, p. 446.

Durante o primeiro ano da Internacional, Engels se referiu a Wilhelm Liebknecht em Berlim como "o único contato digno de confiança que temos na Alemanha"[43]. Embora ele conseguisse imprimir a Declaração Inaugural no *Sozial-Demokrat*, Liebknecht foi capaz de fazer pouco mais porque ele tinha dificuldade em sustentar sua família e foi colocado numa posição ambígua ao concordar em escrever uma vida de Lassalle (encarregado pela Condessa von Hatzfeld). Liebknecht foi expulso da Prússia em julho de 1866 e Marx escreveu de modo desaprovador a Engels que "ele não foi capaz de fundar sequer uma filial de seis homens da Associação Internacional"[44].

Teria sido muito difícil implantar a Internacional em Berlim, pois as relações de Marx com a ADAV logo chegariam ao ponto de ruptura. Antes da fundação da Internacional tanto Liebknecht como Klings em Solingen sugeriram que Marx se candidatasse para a presidência da ADAV. Ele a princípio se recusou, depois concordou em se candidatar, embora se tivesse decidido a declinar do cargo publicamente se e quando eleito. Isto seria "uma boa demonstração do partido tanto contra o governo prussiano como contra a burguesia"[45]. Porém, a vontade de Lassalle, que nomeou para presidente Bernhard Becker (que já estava atuando como tal), foi tornada pública alguns dias antes da eleição e a tentativa de Marx fracassou completamente: mesmo em Solingen ele não teve absolutamente nenhum voto. Marx, no entanto, insistiu com alguns poucos contatos que ele tinha na Alemanha para garantir a afiliação da ADAV à Internacional em seu congresso em dezembro. Ao primo de Engels, Karl Siebel, ele escreveu: "A

43. Engels a Marx, *MEW*, XXXI, p. 138.

44. Marx a Engels, *MEW*, XXXI, p. 136.

45. Marx a Klings, *MEW*, XXXI, p. 417.

adesão da ADAV será útil, apenas no começo, contra nossos opositores aqui. Depois toda a instituição deste Sindicato, que descansa numa base falsa, deve ser destruída"[46].

Em novembro Liebknecht transmitiu o convite de Schweitzer a Marx e a Engels para escrever para o *Sozial-Demokrat*, e a primeira colaboração de Marx - além da Declaração Inaugural - foi um longo obituário ambivalente de Proudhon no qual ele repetia os pontos de vista do *A pobreza da filosofia* e, com um olho na posição da ADAV na Alemanha, criticou o aparente "compromisso de Proudhon com os poderes constituídos"[47]. No entanto as relações entre Marx e Schweitzer logo ficaram tensas: o *Sozial-Demokrat* era fiel às doutrinas de Lassalle e parecia estar atacando diretamente a Internacional quando imprimiu um artigo de Hess em Paris que repetia um boato de que Tolain e seus amigos eram agentes bonapartistas. Marx ficou furioso e, embora Schweitzer concordasse em tornar Liebknecht responsável por todo material relacionado com a Internacional, Marx finalmente retirou sua colaboração e criticou vigorosamente a Schweitzer por seu apaziguamento com o governo de Bismarck. Teria sido surpreendente se os planos de Marx a respeito da ADAV tivessem dado em algo: fazia mais de 15 anos desde que ele fora ativo na Alemanha[48] e seus amigos e partidários lá podiam ser contados nos dedos de uma mão.

Inicialmente a Internacional não teve grande êxito no sul da Alemanha. Quando Liebknecht chegou à Saxônia, ele não

46. Marx a Siebel, *MEW*, XXXI, p. 437.

47. *MESW*, I, p. 397.

48. O quanto lhe faltava tato é mostrado por sua certeza de que a Prússia não podia ganhar a guerra contra a Áustria em 1866. Ele, porém, estava feliz com o resultado, pois "tudo o que centraliza a burguesia é bom" (Marx a Engels, *MEW*, XXXI, p. 243).

pôde fazer mais pela Internacional do que fizera em Berlim. O único partido político em que era possível agir era o *Verband Deutscher Arbeitervereine* (Associação dos Sindicatos Alemães) – uma federação livre de partidos populares liberais, unidos principalmente pela oposição à Prússia, sem nenhuma liderança centralizada e muito pouco socialismo. Além disso, o ambiente político era dominado pela guerra austro-prussiana que se aproximava. Liebknecht – a quem tanto Marx como Engels se referiam em suas cartas com os epítetos mais mordazes – estava disposto a ajudar a Internacional (e, de fato, era obviamente intimidado pela personalidade de Marx), mas a situação política não o permitiria. Marx, embaraçado com a falta de entusiasmo na mesma área pela qual ele era responsável, fez afirmações muito exageradas, senão manifestamente falsas, ao Conselho Geral sobre o progresso na Alemanha. A pessoa mais eficiente trabalhando pela Internacional na Alemanha era de longe o socialista veterano Johann Philipp Becker[49]. Na fundação da Internacional, Becker fora muito ativo em recrutar membros na Suíça a partir de sua base em Genebra. No fim de 1866 Becker, encorajado por Marx, fundou seções ativas da Internacional ao menos numa dúzia de cidades alemãs e transformou-as, em 1867, em bem-organizadas "Seções do Grupo de Fala Alemã" centralizadas em Genebra.

Mesmo durante estes anos relativamente magros, Marx manteve sua fé anterior na vocação do proletariado alemão a constituir a vanguarda da revolução proletária devido, particularmente, a sua habilidade em encurtar o estágio "burguês" da revolução social. Especialmente interessante neste contexto é o discurso que Marx proferiu no vigésimo sétimo aniversário da Associação Educacional dos Trabalhadores Alemães

49. Cf. Morgan. *The German Social Democrats*, p. 63s.

em fevereiro de 1867. Aqui ele é apresentado como atribuindo a superioridade revolucionária alemã a três fatores: "Os alemães alcançaram liberdade máxima das tolices religiosas; eles não tiveram que passar por um demorado movimento burguês como os operários de outros países; sua situação geográfica os obrigaria a declarar guerra ao barbarismo oriental, pois toda reação contra o Ocidente vem da Ásia"[50].

Na França, ainda o centro do socialismo europeu, a Internacional fez progresso, mas foi estorvada por disputas ideológicas, tanto internas como com o Conselho Geral. Havia dois grupos separados que estavam representados na reunião de fundação da Internacional: os discípulos de Proudhon liderados por Tolain e os Republicanos Radicais liderados por Lefort e Le Lubez. Os proudhonistas queriam fazer apenas um movimento puramente sindical esmagadoramente de classe operária ao passo que os republicanos radicais eram principalmente de classe média e tinham objetivos políticos. Como os seguidores dos proudhonistas eram sobretudo lojistas, camponeses e artesãos, eles davam a máxima importância à instituição de cooperativas, facilidades creditícias e tarifas protetoras e desconfiavam extremamente de toda tendência centralizadora e ação grevista. As desavenças começaram com a própria tradução dos estatutos pelos proudhonistas que, na sentença-chave declarando que "a emancipação econômica das classes trabalhadoras é, portanto, o grande fim ao qual todo movimento político deveria estar subordinado como um meio"[51], eliminaram as palavras "como um meio", dando assim a impressão de que a atividade política era algo de importância totalmente secundária. Os republicanos consideraram

---

50. Relatório de Lessner em "Der Vorbote", *MEW*, XVI, p. 524.

51. *MESW*, I, p. 386.

isso como equivalente a se comprometer com o bonapartismo. Os proudhonistas responderam que apenas trabalhadores deviam ter posições de responsabilidade em organizações operárias e que Lefort, que era agente da imprensa da Internacional em Paris, devia renunciar. Le Lubez, como secretário pela França e proeminente entre os operários franceses em Londres, que nunca aceitara muito bem a autoridade do Conselho Geral, foi enviado para investigar e naturalmente fez um relatório favorável a Lefort. Mas Tolain veio a Londres para apresentar seu caso pessoalmente. Os membros ingleses do Conselho Geral estavam confusos e aborrecidos com as brigas ideológicas dos franceses e Marx queria conservar ambos os partidos dentro da Internacional vendo "de um lado Lefort (um literato e também rico e, portanto, 'burguês', mas com reputação imaculada e, no que diz respeito a *la belle France*, o verdadeiro fundador de nossa sociedade) e, de outro lado, Tolain, Fribourg, Limousin – os operários"[52]. No entanto, quando Tolain forçou a questão, o Conselho Geral foi obrigado a passar para o lado dos operários depois de uma longa e tempestuosa discussão que, segundo Marx, "provocou, particularmente sobre os ingleses, a impressão de que os franceses realmente necessitavam de um Bonaparte"[53]. Lefort foi deposto, Le Lubez renunciou e os seguidores de Mazzini, que simpatizavam com os republicanos franceses, também finalmente se retiraram.

Esses mesmos seguidores franceses de Proudhon seriam os principais opositores de Marx no Conselho Geral na Conferência de Londres em 1865 e nas Conferências de Genebra e Lausanne em 1866 e 1867. Fora planejado realizar o primeiro

---

52. Marx a Engels, *MEW*, XXXI, p. 85.

53. Marx a Engels, *MEW*, XXXI, p. 101.

congresso da Internacional em Bruxelas no outono de 1865. Mas Marx estava preocupado com a confusão doutrinal predominante e convenceu o Conselho Geral a convocar uma conferência particular em Londres para preparar cuidadosamente a agenda para um congresso geral em Genebra no ano seguinte. Nessa conferência os dois únicos países representados – além da Inglaterra e da França – foram Bélgica e Suíça. As questões discutidas foram principalmente de organização e aqui a delegação francesa propôs o que eles chamavam de "sufrágio universal" – que todos os membros tivessem o direito de participar e votar nas conferências. Os ingleses se opuseram vigorosamente a essa proposta ultrademocrática que foi derrotada em peso. O resto do encontro foi gasto na elaboração da agenda do futuro congresso: aqui o debate mais importante foi sobre a questão polonesa – que ajudou a iniciar a Internacional e figurava na agenda de todos os primeiros congressos. A maioria dos franceses, liderados pelo jovem delegado belga De Paepe, se opôs à introdução de uma resolução *pela* independência polonesa e *contra* a tirania russa argumentando que isto beneficiaria apenas as classes trabalhadoras polonesas e que a tirania precisava ser condenada em geral. Essa objeção foi rejeitada por uma maioria considerável. Os franceses, porém, conseguiram garantir que a agenda incluísse resoluções sobre a formação de sociedades internacionais de crédito e "a ideia religiosa"[54].

---

54. George Howell afirmou em 1878 que o próprio Marx era responsável por "semear a semente da discórdia" ao introduzir a ideia religiosa neste encontro. Marx negou veementemente que ele tivesse algo a ver com isso. Embora a resposta de Marx a Howell não seja completamente exata em alguns detalhes, as atas não fazem nenhuma menção a Marx em ligação à moção: seu apoio era exclusivamente francês. Para referências às fontes e discussão deste ponto cf. Collins; Abramsky (1965, p. 110s.).

A questão polonesa foi levantada novamente no Conselho Geral no começo de 1866 e foi feito um esforço, ajudado pelo recente estabelecimento de uma seção francesa da Internacional em Londres, para revogar a decisão da Conferência de Londres. Marx manobrou a tentativa e foi apoiado por Engels (aparecendo pela primeira vez em ligação com a Internacional), que escreveu três artigos para o *Commonwealth* (o sucessor do *Beehive* como porta-voz do Conselho Geral) intitulados "O que as classes trabalhadoras têm a ver com a Polônia?". A guerra austríaco-prussiana também provocou o aparecimento do que Marx chamou de "Stirnerismo proudhonizado"[55] quando Lafargue (que em breve seria genro de Marx, mas então sob a influência de Proudhon) sugeriu que todas as nacionalidades e mesmo nações eram "preconceitos antiquados". No modo de ver dos proudhonistas – e aqui eles estavam em oposição direta ao encorajamento de Napoleão a um reavivamento nacional – todos os estados eram por natureza centralizados e, portanto, despóticos e causadores de guerras, sendo além disso contrários aos interesses econômicos de pequena escala típicos dos discípulos de Proudhon. Marx não tinha nada além de zombaria para tais pontos de vista e, como ele informou a Engels, "os ingleses riram muito quando eu comecei meu discurso dizendo que nosso amigo Lafargue e outros, que aboliram as nacionalidades, falaram em 'francês' para nós, isto é, uma língua que nove décimos dos presentes não entendiam"[56].

No Congresso de Genebra a maioria dos delegados era franco-suíça – 33 entre cerca de 60 – e havia também um grande contingente francês. Para enfrentar o inevitável de-

55. Marx a Engels, *MEW*, XXXI, p. 229.

56. Marx a Engels, *MEW*, XXXI.

safio por parte dos franceses, Marx – que pessoalmente só participou do congresso final da Internacional em Haia (em 1872) – deu instruções detalhadas para os delegados do Conselho Geral, que se limitaram "a tais pontos como permitir o imediato acordo e cooperação dos operários e fornecer força e ímpeto diretos às necessidades da luta de classe e à organização dos operários numa classe"[57]. As questões sociais ocuparam a maior parte da agência. As instruções de Marx acentuavam a necessidade dos sindicatos na batalha contra o capital e o futuro papel deles como "centros organizados da classe operária no interesse amplo de sua emancipação completa"[58]; essas propostas foram modificadas por uma emenda francesa sobre justiça e "reciprocidade" como o objetivo final. Os franceses também se opuseram sem êxito à resolução do Conselho Geral a respeito da decretação legal da jornada de trabalho de oito horas, pois eles não acreditavam no uso do Estado como agente de reforma. As declarações de Marx sobre trabalho de crianças como uma "tendência progressista, sadia e legítima", se bem que sob o capital ela fosse "distorcida numa abominação"[59], não encontrou oposição; mas os proudhonistas conseguiram aprovar uma emenda que proibia o trabalho feminino.

O ponto de vista de Marx de que exércitos permanentes seriam finalmente substituídos pelo "armamento geral do povo e sua instrução generalizada no uso de armas"[60] também foi endossado sem oposição. Ele dera instruções para que os problemas de crédito internacional e ideias religiosas "fossem deixados para a iniciativa dos franceses". A questão polonesa inevitavelmente apareceu de novo e a posição de Marx en-

---

57. Marx a Kugelmann, *MEW*, XXXI, p. 529.

58. *The General Council of the First International, Minutes*, I, p. 349.

59. *The General Council of the First International, Minutes*, I, p. 343s.

60. *The General Council of the First International, Minutes*, I, p. 351.

controu forte oposição, pois os franceses fizeram uma notável contraproposta que dizia: "Nós, partidários da liberdade, protestamos contra todo despotismo; condenamos e denunciamos enfaticamente a organização e as tendências sociais do despotismo russo, que conduz inevitavelmente à forma mais brutalizante de comunismo; mas, sendo delegados num congresso econômico, consideramos que não temos nada a dizer a respeito da reconstrução política da Polônia"[61]. Os proudhonistas não partilhavam do que eles achavam que era "russofobia" de Marx e não viam por que o despotismo russo devia ser mais especificamente condenado do que qualquer outro. O congresso finalmente adotou uma resolução de compromisso, proposta por Becker, que estava próxima da proposta francesa e implicava uma derrota de Marx. No debate sobre organização Tolain propôs de novo que somente operários seriam admitidos como delegados a congressos. Cremer, em resposta, disse que na Inglaterra muito se devia a membros da classe média. "Entre estes membros", acrescentou, "mencionarei apenas um, o cidadão Marx, que dedicou toda a sua vida ao triunfo da classe operária"[62]. Marx receara muito pelo Congresso de Genebra, mas, como ele escreveu a Kugelmann, "no conjunto, seu resultado foi melhor do que eu esperava"[63].

III. A Internacional em seu zênite

Durante os anos 1867-1869, com seus três congressos em Lausanne, Bruxelas e Basileia, a Internacional chegou ao auge de seu poder e influência. O Congresso de Lausanne foi mais uma vez uma reunião franco-suíça. Marx estava absorvido

61. Freymond (ed.), *La Première Internationale*. Genebra, 1962, I, p. 107.
62. Freymond (ed.), *La Première Internationale*. Genebra, 1962, I, p. 56.
63. Marx a Kugelmann, *MEW*, XXXI, p. 529.

demais em terminar *O capital* (volume primeiro) para gastar muito tempo nos preparativos e a grande delegação francesa causou um impacto considerável: eles conseguiram forçar uma resolução de compromisso sobre a responsabilidade estatal pela educação, e só concordariam com as palavras "propriedade social" em ligação com a resolução belga recomendando a nacionalização de ferrovias e outros monopólios. Os proudhonistas defendiam a propriedade dos camponeses e a discussão sobre a nacionalização da terra teve que ser adiada até o ano seguinte. Resoluções sobre cooperativas e planos de crédito também eram de inspiração francesa. A única questão que uniu Marx e os franceses foi como responder a um convite da Liga da Paz e Liberdade – uma organização internacional semipacifista apoiada por pessoas tão variadas como John Stuart Mill, Victor Hugo, Bright, Herzen, Garibaldi e Bakunin. A Liga estava tendo uma conferência na Suíça ao mesmo tempo em que a Internacional e convidara representantes para participar. No Conselho Geral Marx se opusera firmemente a ter qualquer coisa a ver com este grupo de "impotentes ideologistas burgueses". A maioria dos delegados em Lausanne estava a favor de cooperar com a Liga, mas Tolain conseguiu incluir na declaração de aprovação o ponto de vista de que a guerra só poderia ser parada por um novo sistema social criado por uma justa distribuição de riqueza. Longe de achar isto desagradável, a Liga aceitou a declaração com entusiasmo, mas nunca mais procurou cooperação com a Internacional.

A agitação industrial do momento e a aprovação da Reform Bill de 1867 na Inglaterra concentrou a atenção pública sobre os movimentos operários, sendo o Congresso de Lausanne amplamente noticiado na imprensa britânica. Marx escreveu de modo otimista a Engels:

> As coisas estão caminhando e na próxima revolução, que talvez esteja mais perto do que parece, nós (isto é, você e eu) temos esta poderosa máquina em nossas mãos. Compare isto com os resultados da atividade de Mazzini e outros durante os últimos 30 anos. Tudo feito sem ajuda financeira e apesar das intrigas dos proudhonistas em Paris, de Mazzini na Itália e dos ambiciosos Odger, Cremer e Potter em Londres, com Schultz-Delitzsch e os lassalleanos na Alemanha. Podemos ficar contentes[64].

No Conselho Geral, porém, as coisas não estavam nada fáceis. Marx teve mais uma vez que defender Eccarius contra os ingleses que faziam fortes objeções contra o seu tom arrogante nas notícias no *The Times* sobre o Congresso de Lausanne. Continuavam as dificuldades com Odger até que Marx eliminou sua influência abolindo o cargo de presidente. A seção francesa em Londres causou tanta perturbação que Marx por um momento pensou seriamente em transferir a sede do Conselho Geral para Genebra até que foi dissuadido por Engels que lhe lembrou os desastrosos resultados da transferência do quartel-general da Liga Comunista para Colônia em 1851.

Na Inglaterra o progresso da Internacional perdeu impulso e, depois de 1867, foi quase inexistente: houve poucas adesões de sindicatos e nenhuma penetração entre os operários na indústria pesada. O Conselho Geral foi até despejado de suas instalações por causa de dívida, e o entusiasmo de Marx para com a Liga da Reforma transformou-se em desilusão quando ele percebeu que ela simplesmente afastava os líderes operários ingleses de suas tarefas na Internacional. A Irlanda, porém, foi uma questão que ocupou a atenção tanto dos líde-

64. Marx a Engels, *MEW*, XXXI, p. 342s.

res operários ingleses como também de Marx. Ela tinha capturado a imaginação de toda a Família Marx. Os terroristas fenianos estiveram ativos no outono de 1867 e atuaram de uma maneira aparentemente arbitrária. Marx encaminhou uma proposta em favor deles ao Secretário do Interior; ele também fez um discurso no Conselho Geral que entrou na história da destruição das incipientes indústrias da Irlanda e o sacrifício de sua agricultura aos interesses ingleses. O que os membros ingleses do Conselho Geral não perceberam, explicou Marx a Engels, era que desde 1846 os ingleses não quiseram mais colonizar a Irlanda no sentido romano – como tinham feito desde Elizabeth e Cromwell – mas substituir os irlandeses por porcos, ovelhas e vacas. No ano seguinte ele descreveu como seu ponto de vista tinha mudado a este respeito:

> Por muito tempo acreditei que seria possível que o crescimento da classe operária inglesa seria capaz de derrubar o regime irlandês. Eu sempre argumentei neste sentido no *New York Tribune*. Estudo mais profundo convenceu-me do contrário. O proletariado inglês nunca realizará nada enquanto não tiver se livrado da Irlanda. A alavanca deve ser aplicada na Irlanda. É por isso que a questão irlandesa é tão importante para o movimento social como um todo[65].

A solução está no governo autônomo para a Irlanda, na revolução agrária e tarifas protetoras. Marx também proferiu o mesmo discurso na Associação Educacional dos Trabalhadores Alemães: ele estava feliz em torná-lo o mais longo possível, escreveu a Engels, pois seus carbúnculos tornavam o ficar de pé a única posição tolerável.

Em contraste com sua estagnação na Inglaterra, a Internacional fez progresso rápido no continente, particularmen-

65. Marx a Engels, *MEW*, XXXII, p. 414s.

te em sua capacidade como comitê de ligação entre os sindicatos dos vários países para se apoiarem mutuamente nas greves – a atividade que a levara a seu sucesso original na Inglaterra. A ajuda financeira dada pelos sindicatos britânicos para os trabalhadores em bronze que estavam em greve em Paris conduziu à vitória deles e a um grande crescimento no prestígio da Internacional na França: pouco depois um grupo parisiense que se autodenominava "proletários positivistas" solicitou afiliação e foram admitidos sob a condição, proposta por Marx ao Conselho Geral, de que eles se chamassem simplesmente "proletários", "pois os princípios do positivismo são diretamente opostos a nossos estatutos"[66]. A Internacional também ajudou a conseguir auxílio para os construtores de Genebra e os tecelões de seda da Basileia; e como este era um período de grande atividade grevista, ela ganhou publicidade muito além de sua atuação efetiva. Na Alemanha Liebknecht ainda era incapaz de promover os objetivos da Internacional até o fim de 1867: à parte de sua falta de habilidade organizacional, a *Verband* não estava pronta para aceitar ideias socialistas, e o antiprussianismo ainda era sua (e de Liebknecht) principal preocupação. Mas no começo de 1868 as coisas ainda estavam andando a favor da Internacional: Bebel, o presidente da *Verband* e ótimo organizador, sentiu a necessidade de um programa mais sólido; e Liebknecht viu-se ameaçado pelas aberturas renovadas de Schweitzer para Marx, facilitadas porque a ADAV lassalleana estava se movendo para a esquerda diante da aliança de Bismarck com os liberais. Becker tinha lançado o fundamento com sua rede de grupos de fala alemã[67]. A Internacional estava ganhando

---

66. Marx a Engels, *MEW*, XXXII, p. 463.

67. Cf. Morgan. *The German Social Democrats*, p. 63s.

firmemente em tamanho, sucesso e prestígio por todo o continente europeu durante o ano de 1867.

O resultado do Congresso de Lausanne convenceu Marx de que tinha que abrir o jogo com os proudhonistas em Bruxelas. Ele escreveu a Engels: "Eu pessoalmente vencerei os burros dos proudhonistas no próximo congresso. Consegui arranjar tudo diplomaticamente e não quero aparecer pessoalmente até que meu livro tenha sido publicado e nossa sociedade tenha lançado raízes"[68]. O Congresso de Bruxelas – o mais longo e mais bem participado congresso realizado pela Internacional – marcou realmente o eclipse das ideias proudhonistas. O debate inicial endossou a proposta de uma greve geral em caso de guerra, embora Marx rejeitasse a ideia como sendo uma "estupidez belga", pois "a classe operária não está suficientemente organizada para pesar decisivamente na balança"[69]. Sobre uma nova tentativa de aproximação da Liga da Paz e Liberdade, o congresso respondeu que seus membros fariam melhor em dissolver sua associação e se juntarem à Internacional. O congresso aceitou as greves como uma arma legítima de pressão da classe operária e também adotou uma resolução – relacionada com o impacto da maquinaria – proposta em nome do Conselho Geral por Eccarius com a ajuda de uma longa citação de *O capital*. A proposta foi redigida por Marx e resumia os pontos de vista sobre a natureza ambivalente da maquinaria que ele já tinha publicado em *O capital*. Marx já defendera anteriormente esses pontos de vista minuciosamente no Conselho Geral quando estava sendo elaborada a agenda de Bruxelas[70]. Propostas proudhonistas sobre crédito livre e bancos de câmbio foram devolvidas às seções

---

68. Marx a Engels, *MEW*, XXXI, p. 342.

69. Marx a Eccarius e Lessner, *MEW*, XXXII, p. 558.

70. Cf. *General Council of the First International, Minutes*, II, p. 232s.

particulares para estudo. De maneira muito mais importante o congresso adotou uma proposta exigindo propriedade coletiva da terra, das ferrovias, minas e florestas. Marx estava especialmente satisfeito com os resultados do congresso: fora aprovada uma moção prestando homenagem particular a *O capital* dizendo que "Karl Marx tem o inestimável mérito de ser o primeiro economista a sujeitar o capital a uma análise cientifica"[71]. As instruções que Marx dera tanto antes como durante o congresso aos delegados do Conselho Geral, Eccarius e Lessner, deram o tom – elevado pelo considerável apoio de uma maciça delegação belga. Os dois pontos principais pelos quais Marx estivera lutando – a propriedade comum dos meios de produção e a necessidade de ação política por parte da classe operária – tornaram-se ambos parte do programa da Internacional. *The Times* publicou duas amplas reportagens de Eccarius, e Marx (apesar de sua irritação por Eccarius ter omitido as referências a *O capital* no debate sobre maquinaria) escreveu com entusiasmo a Meyer na América que "é a primeira vez que o jornal abandonou seu tom irônico em relação à classe operária e agora a leva muito a sério"[72].

O Congresso de Basileia de 1869 viu a Internacional em seu zênite: ele confirmou a derrota dos proudhonistas, e a influência do anarquismo de Bakunin ainda não era perigosa; foi também o mais representativo dos congressos. Pela primeira vez participou uma delegação da Alemanha. Schweitzer renovara sua correspondência com Marx, e a Internacional e Marx foram calorosamente elogiados no Congresso da ADAV em Hamburgo no outono de 1868. Obrigado assim a se pronunciar, Liebknecht convenceu a *Verband* em seu congresso,

71. Freymond (ed.). *La Première Internationale*, I, p. 430.

72. Marx a Meyer, *MEW*, XXXII, p. 560.

em setembro de 1868 a adotar os primeiros quatro parágrafos do Preâmbulo nos estatutos da Internacional. Baseando-se nisso, Liebknecht, então, tentou que Marx se declarasse em seu favor e condenasse Schweitzer. Marx recusou-se – ainda considerando Liebknecht sem entusiasmo a respeito da Internacional. De fato, o grupo de seções de língua alemã de Becker era muito mais ativo a favor da Internacional. Marx resumiu sua atitude tanto para Liebknecht como para Schweitzer do seguinte modo: "O papel do Conselho Geral é agir imparcialmente. Não seria, portanto, melhor esperar até que (1) a nulidade dos resultados do jogo de Schweitzer fique clara e (2) Liebknecht e cia. tenham realmente organizado algo?"[73]. Essa situação ambígua chegou ao fim quando Schweitzer sentiu-se obrigado, a fim de conservar sua liderança, a se reunir com a facção de Hatzfeld – uma mudança que provocou o êxodo dos membros de tendência mais liberal da ADAV. Esses membros juntaram-se à *Verband* no Congresso de Eisenach em agosto de 1869 para fundar o Partido Social-Democrata Operário e enviar uma delegação de 12 homens, incluindo Liebknecht, ao Congresso de Basileia.

O Congresso reafirmou a resolução de Bruxelas sobre a nacionalização da terra, desta vez por uma maioria decisiva. Esse ponto era vital para Marx, pois a nacionalização da terra era a "primeira condição" da emancipação irlandesa à qual ele atribuía particular importância[74]. A resolução foi apoiada por Bakunin, que apareceu pela primeira vez num congresso, e também apoiou uma proposta do Conselho Geral, logo a ser usada contra ele mesmo, a de que o Conselho Geral teria poder, até uma decisão pelo próximo congresso, de suspender

---

73. Marx a Engels, *MEW*, XXXII, p. 169.

74. Cf. particularmente a carta de Marx a Kugelmann em *MEW*, XXXII, p. 638. Também a Meyer e Vogt, *MESC*, p. 236s.

qualquer seção que atuasse contra os interesses da Internacional. Ele também tentou persuadir o Conselho Geral a abolir o direito de herança. O ponto de vista de Marx, como foi expresso no Conselho Geral, era que a primeira tarefa seria mudar a organização econômica da sociedade da qual as leis de herança eram um produto e não a causa. Um motivo do apoio geral das ideias de Bakunin era a maioria que ele tinha a seu lado contra o Conselho Geral nesta questão específica (embora não alcançasse os necessários dois terços).

O direito de herança era apenas um dos muitos pontos de vista pelos quais ele estava fazendo movimento na Itália e na Suíça, onde ele estivera trabalhando durante os últimos anos depois de sua fuga romântica da Sibéria em 1861. Bakunin não tinha uma mente muito metódica, mas, quando ele formulava suas ideias, elas geralmente eram o oposto das de Marx: ele se opunha a toda e qualquer manifestação de poder estatal (ele se referia aos pontos de vista de Marx como "comunismo autoritário"); era contra qualquer centralização da Internacional e se opunha a toda cooperação com partidos políticos burgueses. Enquanto Marx acreditava que a nova sociedade estava se desenvolvendo no ventre da antiga e que havia assim uma certa continuidade entre elas, Bakunin acreditava na destruição completa de qualquer faceta da sociedade contemporânea. Marx via a história da Internacional como "uma luta contínua contra seitas" – sendo os principais representantes delas os proudhonistas, os lassalleanos e finalmente os seguidores de Bakunin. "O desenvolvimento de seitas socialistas", ele declarou, "e o do verdadeiro movimento operário estão em relação inversa. Enquanto as seitas são historicamente justificadas, a classe operária não está madura ainda para evoluir como um movimento histórico independente... Aqui a história da Internacional simplesmente repetiu a lição geral da história de que o obsoleto tenta se restabelecer e se confirmar dentro da forma recentemente adquirida"[75].

É significativo que Bakunin tenha desenvolvido suas ideias em contraste com a Rússia e a Itália, onde nenhum movimento organizado de classe operária era possível, ao passo que Marx estava pensando principalmente na Alemanha, Inglaterra e França. No começo da Internacional, no entanto, as relações entre Marx e Bakunin eram amistosas. Bakunin visitara Marx em Londres em 1864 e Marx achou-o "muito agradável e melhor do que antes... uma das poucas pessoas que, depois dos 60 anos, progrediu em vez de regredir"[76]. Até o fim de 1868 Bakunin fora ativo na Liga da Paz e Liberdade e somente separou-se dela quando não quis aceitar suas ideias sobre a abolição do direito de herança; ao sair ele fundou a Aliança da Democracia Social que então pediu para se juntar à Internacional. Quando ouviu falar pela primeira vez da aliança, Marx a considerou "natimorta"[77] – embora Engels ficasse muito mais perturbado com esta tentativa de criar "um Estado dentro do Estado"[78]. O Conselho Geral recusou o pedido da Aliança, que então se desfez e insistiu para que suas seções individuais se juntassem à Internacional. Embora Marx fosse extremamente desdenhoso em relação ao programa da Aliança assim como fora elaborado por Bakunin[79], o Conselho Geral aprovou a projetada afiliação sob a condição

75. Marx a Bolte, *MEW*, XXXIII, p. 328.

76. Marx a Engels, *MEW*, XXXI, p. 16.

77. Marx a Engels, *MEW*, XXXII, p. 234.

78. Engels a Marx, *MEW*, XXXII, p. 235.

79. Cf. notas marginais de Marx reproduzidas em *Documents of the First International*. Moscou, 1964, II, p. 273s. Marx se referia geralmente às ideias de Bakunin neste tempo como "um programa grotesco... falatório irrefletido... improvisações insípidas".

de a Aliança substituir "igualamento de classes" por "abolição de classes" em seu programa. Mesmo assim houve constantes disputas em Genebra onde a seção local da Internacional se recusou a aceitar a Aliança como órgão filiado.

As ideias de Bakunin exerceram influência maior na Itália e Espanha; elas tiveram algum impacto na Suíça Francesa e no sul da França, e em muitas questões a delegação belga no Congresso tendia mais para a posição de Bakunin do que para a de Marx. Seria, porém, totalmente falso supor que Bakunin realmente tenha organizado oposição dentro da Internacional. A Aliança não era um partido coeso; ela estava mais próxima de ser um simples nome que Bakunin dava à totalidade de seus amigos, conhecidos e correspondentes. Bakunin não queria desafiar Marx, apesar das acusações malévolas de que ele era um espião russo feito pelos associados de Marx: Liebknecht e Hess. Quando Herzen insistiu com ele para que fizesse isso, ele respondeu referindo-se a Marx como um "gigante" que prestou "serviços tremendos para a causa do socialismo a qual ele serviu por praticamente 25 anos com perspicácia, energia e desinteresse, no que ele sem dúvida nos ultrapassou a todos".

Ele continuou:

> A influência de Marx na Internacional é sem dúvida muito útil. Ele exerceu uma sábia influência sobre seu partido até o dia de hoje e é o mais forte apoio do socialismo e o mais firme baluarte contra a invasão de ideias e intenções burguesas. Eu jamais me perdoaria se alguma vez tivesse tentado destruir ou mesmo enfraquecer sua influência benéfica apenas para me vingar dele[80].

Pouco tempo depois ele escreveu ao próprio Marx que "minha pátria é agora a Internacional da qual você é um dos

80. Bakunin (1986, p. 290s.).

principais fundadores. Portanto você vê, caro amigo, que eu sou seu discípulo e me orgulho de o ser"[81].

No entanto, o jornal de Genebra *Egalité*, que era controlado por seguidores de Bakunin, começou a atacar o Conselho Geral e sugeriu sua transferência de Londres para Genebra. A resposta do Conselho Geral, redigida por Marx, foi endereçada aos Conselhos Federais de fala francesa e ressaltava o quanto era necessário que o Conselho Geral se encarregasse do movimento revolucionário na Inglaterra: isto era vital para o êxito do movimento no continente e o movimento inglês perderia todo o ímpeto se fosse abandonado a seus próprios recursos. No março seguinte Marx (que sempre punha mais ênfase nas alegadas maquinações de Bakunin do que em suas ideias) enviou a mesma circular para a Comissão Brunswick do partido de Eisenach com um anexo denunciando Bakunin como um completo intrigante e um parasita obsequioso. Embora essa disputa fosse dominar os últimos anos da Internacional, não era no momento um fator importante.

Se 1869 foi o ano de poder máximo da Internacional, exatamente quão importante ela era e quão vital era a parte que Marx exercia?[82] Muitos contemporâneos consideravam gigantescos a influência e os recursos da Internacional: *The Times* apresentou o número de seus adeptos como sendo 2 milhões e meio e alguns até dobravam essa cifra. O jornal também declarou que os recursos financeiros da Internacional chegavam a milhões de libras. Eram, naturalmente, grandes exageros. No ano 1869-1870 a receita total do Conselho Geral foi de cerca de 50 libras. O Conselho Geral negociava empréstimos dos sindicatos de um país para os de outro, par-

81. Citado em Mehring (1936, p. 404).

82. Sobre a força da Internacional, cf. tb. Braunthal, *History of the International*, I, p. 106s.

ticularmente para sustentar greves, mas o conselho mesmo estava sempre em dificuldades com pequenas dívidas.

Quanto ao número de membros é importante lembrar que (diferente de suas sucessoras) a Primeira Internacional tinha um sistema de sócios individuais formando seções locais que por sua vez se uniam em federações nacionais. Na Inglaterra o número total de membros individuais pelo fim de 1870 não era mais do que 254. Na Alemanha, no fim de 1871 havia 58 filiais com um total de 385 membros. Na França, em 1870, havia 36 seções locais. Na Itália a Internacional aumentou seus membros depois da Comuna de Paris, mas não tinha nenhuma organização formal e seu número não pode ter passado de uns poucos milhares. O delegado espanhol em Basileia falou em 20 mil membros e foi dito que havia 30 seções na América com 500 membros. No entanto, qualquer um familiarizado com organizações livres deste tipo sabe o quanto os líderes são propensos a exagerar o número de seus seguidores, e mesmo os números citados não podem ter sido de sócios contribuintes: caso contrário, o Conselho Geral teria resolvido todos os seus problemas financeiros.

Uma base para cifras maiores pode ser encontrada numa forma diferente de ser membro da Internacional – a afiliação de sindicatos e de partidos políticos[83]. Na Inglaterra o total de sócios de sindicatos era cerca de 50 mil – de um potencial de sócios em torno de 800 mil. Na França, como resultado da ajuda dada pela Internacional durante as greves, o número pode ter sido do mesmo tamanho. Na Alemanha, tanto a ADAV como a *Verband* declararam sua adesão aos princípios da Internacional, embora a afiliação fosse proibida pela lei alemã. Nos Estados Unidos o *National Labour Union*, que

83. Cf. ainda Rougerie, Sur l'Histoire de la lère Internationale. *Le Mouvement Social* (maio-junho de 1965, p. 30s.).

tinha certo direito de falar por quase 1 milhão de trabalhadores, declarou sua adesão aos princípios da Internacional. No entanto, em todos esses países este compromisso era emocional, sem íntimos laços organizacionais, doutrinais ou – exceto na Inglaterra – financeiros.

Mesmo na Inglaterra, onde muitos dos importantes líderes sindicais eram membros do Conselho Geral e estavam em contato íntimo com Marx, eles desenvolviam a política da classe operária sem referência à Internacional. Os líderes sindicais estavam imensamente impressionados com as qualidades intelectuais de Marx e o respaldo deles dava a Marx e ao Conselho Geral prestígio ao negociar com o continente europeu no qual os ingleses tinham apenas interesse marginal. Mas quando se tratava de assuntos internos, a influência da Internacional era periférica. Foi particularmente assim depois de 1867 quando, com o desaparecimento da ameaça feniana, qualquer esperança em alterar o *status quo* na Irlanda parecia perdida e o sucesso do movimento da Reforma tornou os líderes sindicais menos revolucionários em suas reivindicações. Marx ainda estava convencido, como estivera desde 1849, de que nenhuma revolução na Europa teria êxito sem um movimento semelhante na Inglaterra. No entanto, a esta incapacidade crescente de infundir nos sindicalistas britânicos filiados uma "teoria socialista e uma têmpera revolucionária" somou-se a falta de sucesso da Internacional até em recrutar sindicatos. Depois de 1867 somente mais três sindicatos filiaram-se à Internacional. Essa perda de ímpeto por parte da Internacional devia-se a sua incapacidade de atrair os operários das indústrias pesadas – sendo isto verdadeiro para todos os países com exceção da Bélgica. Na Inglaterra ela estava em desvantagem pois sua sede era em Londres, ao passo que a maior parte da indústria pesada concentrava-se no norte; e os operários industriais, seguros de sua superioridade técnica, não se sentiam ameaçados pelo continente como os trabalhadores artesanais. E de modo geral os sócios da Internacional tendiam a ser compostos mais por artesãos do que pelo proletariado industrial.

Na Alemanha, apesar da adesão do partido de Eisenach aos princípios da Internacional, a situação política alemã impedia qualquer cooperação séria com o Conselho Geral. As leis sobre alianças começaram a ser aplicadas mais estritamente e, de qualquer forma, tanto o Comitê Executivo do partido em Brunswick quanto Liebknecht em Leipzig estavam mais preocupados em levantar o partido de Eisenach em oposição aos lassalleanos. Marx enviou diversas centenas de fichas de inscrição à Alemanha para distribuição livre, mas de nada adiantou. Além disso, Becker, que fora de muitos modos o contato mais confiável da Internacional na Alemanha, deixara de ter grande influência na formação do partido de Eisenach. Resumindo a situação mais tarde, Engels explicou: "A atitude do movimento trabalhista alemão para com a Internacional nunca ficou clara. Era uma relação puramente platônica; não havia nenhuma afiliação real de indivíduos (com exceções isoladas) e a fundação de seções era ilegal. Na verdade, Liebknecht e companhia... queriam subordinar a Internacional a seus objetivos especificamente alemães"[84]. A correspondência de Marx mostra o quanto ele era completamente incapaz de influenciar Liebknecht, e *a fortiori* os outros líderes sociais-democratas, a favor da Internacional. Certamente seu conselho sobre tática era prezado e sua aprovação procurada (particularmente quando seu prestígio aumentou após a publicação de *O capital* e a procura por uma segunda edição de algumas obras anterio-

84. Engels a Cuno, *MEW*, XXXIII, p. 461s.

res dele), mas suas ideias específicas causaram pouco impacto na Alemanha até bem depois de sua morte[85].

Embora os franceses estivessem entre os membros fundadores da Internacional e fossem de longe o grupo nacional mais forte, eles eram quase impenetráveis à influência de Marx e do Conselho Geral; eles nunca pagaram qualquer subscrição regular e sua reação a Londres era de desconfiança. Marx não podia se opor a proudhonistas como Tolain, e mesmo quando Tolain começou a ser substituído por Varlin como o mais influente líder da Internacional na França, havia ainda elementos anarquistas demais no pensamento de Varlin para que houvesse uma colaboração fácil com o Conselho Geral.

Contudo, embora a Internacional se mostrasse uma federação muito solta de grupos nacionais, sendo a política de cada um determinada muito mais por interesses locais do que por referência ao Conselho Geral, Marx podia estar razoavelmente alegre com a obra dos primeiros cinco anos; o mais importante é que o proudhonismo tinha sido decisivamente derrotado com a resolução da nacionalização da terra; o desafio da Liga da Paz e Liberdade tinha sido repelido; a Internacional crescera enormemente em prestígio, se bem que em recursos não, como resultado da ajuda negociada para os grevistas; na Alemanha os sociais-democratas tinham pelo menos declarado sua adesão aos princípios da Internacional; e, finalmente, o Conselho Geral tivera intensificada sua autoridade sobre seções locais, ao menos em princípio, pelo Congresso de Basileia. Mesmo assim a Internacional era uma construção frágil demais para ser capaz de resistir à tempestade da Guerra Franco-prussiana.

85. Cf. comentário adiante, p. 643s.

IV. A Guerra Franco-prussiana e o declínio da Internacional

O Conselho Geral decidira realizar o congresso de 1870 em Paris, mas a perseguição crescente da Internacional por parte do governo francês convenceu-os a transferir o local do encontro para Mainz. Mas duas semanas antes da data em que o Congresso devia se reunir, Napoleão III (que caiu na manobra de Bismarck ao publicar um telegrama de Ems calculadamente insultuoso) declarou guerra à Alemanha. A seção parisiense da Internacional imediatamente condenou a guerra; na Alemanha a opinião se dividiu, mas a grande maioria dos socialistas consideraram-na uma guerra defensiva: os lassalleanos no Reichstag votaram a favor de créditos de guerra e Liebknecht e Bebel ficaram isolados em sua decisão de se abster. Marx inicialmente parece ter aprovado a posição de Liebknecht – embora ele visse vantagens numa vitória alemã, pois ele achava que a Alemanha estava "mais madura para um movimento social" do que a França. Antes da abstenção de Liebknecht ele escreveu a Engels:

> Os franceses precisam de uma surra. Se os prussianos saírem vitoriosos, então a centralização do poder estatal ajudará à centralização da classe operária. A preponderância da Alemanha mudará o centro do movimento da classe operária na Europa Ocidental da França para a Alemanha, e basta comparar o movimento de 1866 até agora nos dois países para ver que a classe operária alemã é teórica e organizacionalmente superior à francesa. A superioridade dos alemães sobre os franceses na arena mundial significará ao mesmo tempo a superioridade de *nossa* teoria sobre a de Proudhon e assim por diante[86].

86. Marx a Engels, *MEW*, XXIII, p. 5.

Aos 23 de julho de 1870, quatro dias após estourar a guerra, o Conselho Geral aprovou a primeira das Declarações redigidas por Marx. Ele começava citando manifestos da seção francesa declarando que a guerra era puramente dinástica. Depois de prognosticar que "quaisquer que possam ser os incidentes da guerra de Luís Bonaparte com a Prússia, o sino fúnebre do Segundo Império já dobrou em Paris"[87], Marx dizia que a guerra era, no tocante à Alemanha, uma guerra de defesa, mas censurava a Prússia que encorajava a guerra por construir uma contrafação do regime bonapartista na Alemanha. A Declaração prevenia: "se a classe operária alemã deixar que a atual guerra perca seu caráter estritamente defensivo e degenere numa guerra contra o povo francês, tanto a vitória como a derrota serão igualmente desastrosas"[88]. Contudo, Marx continuava de modo otimista: "os princípios da Internacional estão amplamente difundidos e profundamente enraizados entre a classe operária alemã para compreender uma tal triste consumação". Havia a referência inevitável à "figura escura da Rússia" e a Declaração concluía com a afirmação de que a troca de mensagens de boa vontade entre os operários franceses e alemães provava que "em contraste com a velha sociedade, com suas misérias econômicas e seu delírio político, uma nova sociedade está brotando, cuja regra Internacional será a Paz, porque seu soberano nacional será em toda parte o mesmo – o Trabalho"[89]. O Conselho Geral podia não ter nenhuma influência material no curso dos acontecimen-

---

87. Primeira Declaração sobre a Guerra Franco-prussiana, *MESW*, I, p. 488. O inglês às vezes peculiar das três Declarações explica-se pelo fato de as três terem sido redigidas por Marx em inglês, em cujo domínio ele nunca foi perfeito.

88. *MESW*, I, p. 489.

89. *MESW*, I, p. 450.

tos, mas a Declaração foi muito bem recebida na Inglaterra: John Stuart Mill enviou uma mensagem de congratulação ao Conselho Geral, até Morley expressou sua aprovação, e a Sociedade da Paz financiou uma impressão de 30 mil cópias.

Engels estava mais firmemente do lado dos alemães do que Marx e escreveu a este em meados de agosto:

> Se a Alemanha ganhar, então o bonapartismo francês fez o máximo de qualquer forma, a eterna disputa sobre a realização da unidade alemã terá finalmente terminado, os trabalhadores alemães serão capazes de se organizar em bases nacionais mais amplas do que antes, e os operários franceses também terão muito maior liberdade de movimento do que sob o bonapartismo, não importa que tipo de governo possa seguir-se lá[90].

Marx também tinha a impressão de que "a derrota definitiva de Bonaparte provavelmente provocará uma revolução na França, ao passo que a derrota definitiva da Alemanha apenas perpetuaria a atual situação por mais 20 anos"[91]. Os acontecimentos seguiram-se rapidamente: o imperador francês foi completamente envolvido nas manobras e obrigado a se render em Sedan. Na noite de 4 de setembro uma república foi proclamada em Paris. O Comitê Brunswick publicou um apelo em favor de uma paz honrosa e contra a anexação da Alsácia e Lorena, mas foram imediatamente presos e postos na cadeia.

Com a adoção por parte da Alemanha de uma posição militar menos "defensiva", o Conselho Geral publicou uma segunda Declaração, também redigida por Marx. Depois de notar que a profecia da primeira Declaração tinha se cumprido sobre o fim do Segundo Império, Marx protestava que a guerra defensiva se tornara agora uma guerra de agressão

---

90. Engels a Marx, *MEW*, XXXIII, p. 39.

91. Marx a Paul e Laura Lafargue, *MEW*, XXXIII, p 125s.

quando observada pela anexação da Alsácia e da Lorena. Tomando emprestada de Engels sua especialidade militar, Marx ressaltava que não havia nenhuma boa razão militar para supor que a posse da Alsácia e da Lorena aumentaria a segurança de uma Alemanha unida e que tal anexação apenas semearia a semente de novas guerras. Com muita presciência Marx continuava:

> Se a sorte de suas armas, a arrogância do sucesso e intriga dinástica levou a Alemanha a um desmembramento da França, então só restam duas saídas para ela. Ela deve a todo risco tornar-se um instrumento da expansão russa, ou, após uma curta pausa, estar novamente pronta para uma nova guerra "defensiva", não uma destas novas guerras "localizadas", mas uma *guerra de raças* – uma guerra com as raças eslavas e romana combinadas[92].

De modo mais notável ainda, Marx disse a um emigrado alemão comunista: "A atual guerra levará a uma entre a Alemanha e a Rússia... As características específicas do prussianismo nunca existiram nem podem existir senão em aliança com a Rússia e em submissão a ela. Além do mais, esta segunda guerra dará nascimento inevitável à revolução social na Rússia"[93]. Um pouco mais realista do que na primeira Declaração, Marx admitia a impotência da classe operária. "Se os operários franceses dentro da paz falharam em parar o agressor, poderão acaso os operários alemães parar o vencedor no meio do ruído das armas?"[94]. Apesar da aliança dúbia entre orleanistas e republicanos professos no governo provisório, ele continuava, "qualquer tentativa de derrubar o novo go-

---

92. *MESW*, I, p. 495.

93. Marx a Sorge, *MEW*, XXXIII, p. 140.

94. *MESW*, I, p. 490.

verno na atual crise, quando o exército está quase batendo às portas de Paris, seria uma loucura desesperada"[95].

Após Sedan e a proclamação da República na França, Marx decidiu que a Internacional teria dois objetivos imediatos: fazer uma campanha para o reconhecimento do governo republicano por parte da Inglaterra e evitar qualquer irrupção revolucionária por parte da classe operária francesa. O primeiro objetivo tinha amplo apoio entre os operários na Inglaterra, embora Marx se enganasse completamente a respeito da situação quando falou de "um poderoso movimento entre a classe operária daqui contra Gladstone... que provavelmente provocará sua queda"[96]. O Conselho Geral enviou um emissário a Paris para evitar que os franceses de Londres cometessem "tolices lá em nome da Internacional"[97]; e um jornal governamental em Paris chegou a publicar, no dia da proclamação da Comuna, uma carta (pretensamente enviada por Marx, mas de fato uma farsa completa) que incitava os parisienses a se absterem de toda atividade política e se limitarem aos objetivos sociais da Internacional. Marx foi excessivamente desdenhoso a respeito do breve *coup* (golpe) de Bakunin em Lyon quando ele ocupou a câmara municipal e imediatamente proclamou a abolição do Estado. Engels escreveu a Marx em setembro de 1870 que, se os operários tentassem um levante revolucionário, "eles seriam desnecessariamente esmagados pelos exércitos alemães e regrediriam mais 20 anos"[98]. Contudo, à medida que o governo provisório se tornava mais reacionário, Marx começou a modificar seus pontos de vista sobre a conveniência de uma revolta. De

95. *MESW*, I, p. 492.

96. Marx a Meyer, *Letters to Americans*, Nova York, 1953, p. 81.

97. Marx a Engels, *MEW*, XXXIII, p. 54.

98. Engels a Marx, *MEW*, XXXIII, p. 61.

qualquer forma o Conselho Geral mais uma vez ficou reduzido ao papel de espectador sem recursos. Marx achava que o surgimento da Comuna era em grande parte o resultado do "acidente" de os prussianos estarem às portas de Paris. "A história", ele escreveu a Kugelmann, "seria de uma natureza muito mistificadora se 'acidentes' não fizessem parte dela". Mas ele estava bastante otimista para pensar que "com a luta em Paris a luta da classe operária com a classe capitalista e seu estado entrou numa nova fase. Qualquer que seja o resultado imediato do negócio, atingiu-se um novo ponto de partida de importância histórica mundial"[99].

Contrariamente à opinião pública generalizada depois da queda da Comuna, a Internacional tinha pouquíssima influência tanto em suas origens como em sua política; e quando Marx se referiu à Comuna como "a maior realização de nosso partido desde a revolta de junho"[100], ele estava usando a palavra "partido" de uma maneira muito solta; e Engels estava falando de maneira mais ampla ainda quando chamou a Comuna de "a filha da intelectualidade Internacional"[101], e também se referiu a ela como "a ditadura do proletariado"[102]. A instituição da Comuna não foi o resultado de um plano preconcebido, mas do vazio deixado em Paris quando Thiers retirou todos os funcionários governamentais, locais e centrais, para Versailles. Isto deixou o Comitê Central da Guarda Nacional como o único órgão capaz de exercer controle efetivo. O Comitê Central imediatamente estabeleceu eleições diretas por sufrágio masculino para formar uma assembleia popular que aos 28 de março de 1871 tomou o título de *Commune de*

99. Marx a Kugelmann, *MEW*, XXXIII, p. 209.

100. Marx a Kugelmann, *MEW*, XXXIII.

101. Engels a Sorge, *MESC*, p. 288.

102. *MESW*, I, p. 485.

Paris assumindo o título do Conselho erigido durante a Revolução Francesa em 1792[103].

A seção parisiense da Internacional não podia ter grande participação na Comuna; ela fora esmagada pela polícia de Napoleão pouco antes do início da Guerra Franco-prussiana e estava começando a se reorganizar. Dos 92 membros do Conselho da Comuna apenas 17 eram membros da Internacional. O contato entre Paris e o Conselho Geral da Internacional era difícil, embora Marx recebesse cartas de alguns dos líderes da Comuna. Lafargue até sugeriu que Engels fosse ajudar[104]. A estrutura social e política da Comuna também não era de uma natureza a favorecer a política da Internacional: dois terços de seus membros eram de origem *petit-bourgeois* (pequeno-burguesa) e as posições-chave foram para os blanquistas ou para os jacobinos de tipo antigo. As decisões tomadas pela Comuna eram mais reformistas do que revolucionárias, sem nenhum ataque contra a propriedade privada: os empregadores foram proibidos, sob pena de multas, de reduzir os salários; não haveria mais trabalho noturno nas padarias, os aluguéis foram suspensos, e todo negócio abandonado foi transferido para associações cooperativas. As medidas estavam longe de serem socialistas. A Comuna teve realmente uma vida tão curta, era composta de elementos tão disparatados e agia sob circunstâncias tão excepcionais que é difícil atribuir-lhe qualquer política coerente.

---

103. Provavelmente a melhor vista histórica global seja Edwards (1971). Os escritos de Marx estão mais facilmente disponíveis em Marx; Engels, *On the Paris Commune*; cf. tb. Marx; Engels, *Writings on the Paris Commune*, ed. H. Draper, Nova York, 1971.

104. Engels elabora um plano de defesa de Paris contra os prussianos. Esse plano foi destruído pelos seus executores, Bebel e Bernstein, a fim de afastar provas de sua “traição à pátria”.

Praticamente desde o começo Marx estava pessimista sobre o êxito da Comuna. Segundo o socialista austríaco Oberwinder, "dois dias depois da insurreição Marx escreveu a Viena que ela não tinha nenhuma possibilidade de sucesso"[105]. "Parece que os parisienses estão sucumbindo", ele escreveu a Liebknecht aos 6 de abril. "É falha deles, porque eles são decentes demais."[106] Devido à relutância deles em iniciar uma guerra civil e à demora em eleger e organizar a Comuna, ele achava que tinham permitido que Thiers retomasse a iniciativa e concentrasse suas forças. Alguns dias mais tarde Marx expressou a Kugelmann sua admiração pela coragem dos comuneiros:

> Que resistência, que iniciativa histórica e que autossacrifício estes parisienses estão mostrando! Depois de seis meses de fome e ruína causadas mais pela traição interna do que pelos inimigos externos, eles se revoltam sob as baionetas prussianas como se nunca houvera uma guerra entre França e Alemanha, como se o inimigo já não estivesse às portas. A história não tem exemplo semelhante de tal grandeza para mostrar[107].

Mas ele repetia seus pontos de vista de que eles deviam ter marchado para Versailles imediatamente e que o Comitê Central da Guarda Nacional entregou seu poder cedo demais. E em 1881 ele declarou que "com um pouquinho de senso comum a Comuna teria chegado a um compromisso com Versailles útil a toda a massa do povo, a única coisa a que se podia chegar naquela ocasião"[108]. Sobrevieram apenas duas cartas de Marx aos líderes da Comuna. Foi-lhe pedido conselho especí-

---

105. Oberwinder (1887, p. 55).

106. Marx a Liebknecht, *MEW*, XXXIII, p. 200.

107. Marx a Kugelmann, *MEW*, XXXIII, p. 205.

108. Marx a Domela Nieuwenhuis, *MESC*, p. 226.

fico por Frankel, que estava encarregado do trabalho e comércio, mas sua resposta está perdida; nas cartas que sobreviveram Marx não dá nenhum conselho específico, limitando-se a observar que "a Comuna me parece gastar tempo demais com trivialidades e rivalidades pessoais"[109].

A ambivalência pessoal de Marx para com a Comuna explica em parte o fato curioso que, durante os dois meses de existência da Comuna, o Conselho Geral ficou absolutamente silencioso. Aos 28 de março, no dia seguinte ao estabelecimento da Comuna, o próprio Marx tinha proposto que se fizesse uma Declaração ao povo de Paris e o Conselho Geral o encarregou de redigi-la. Uma semana mais tarde ele declarou no Conselho que uma Declaração "estaria agora fora de lugar"[110]. Aos 18 de abril ele disse que uma Declaração para a Internacional sobre a luta na França seria conveniente; mas os membros do Conselho Geral concordaram que, dado que a única informação que tinham baseava-se em falsas notícias de jornais, não era possível nenhum comentário detalhado. Marx era muito assíduo em confrontar diferentes notícias da imprensa, embora seja uma pena que ele pareça não ter usado o correspondente do *The Times* que era, de fato, o mais bem situado. Marx escreveu a Frankel no fim de abril: "O Conselho Geral publicará em breve uma comunicação sobre a Comuna. Foi adiada até agora sua publicação porque ele esperava a cada dia receber informação mais precisa da seção de Paris"[111]. Marx teve que se desculpar nas três reuniões seguintes por não ter terminado a Declaração; nas últimas duas sessões Engels explicou a ausência de Marx devido à má saúde. Isto porém não impediu Marx de dizer a Frankel em meados de

109. Marx a Frankel e Varlin, *MEW*, XXXIII, p. 216.

110. *The General Council of the First International, Minutes*, IV, p. 169.

111. Marx a Frankel, *MEW*, XXIII, p. 265.

maio que ele escrevera "diversas centenas de cartas... a todo canto do mundo"[112]. Os prazos subsequentes também não foram cumpridos e a Declaração só foi apresentada ao conselho aos 30 de maio, três dias depois do colapso da Comuna.

A Declaração, com o subtítulo "A guerra civil na França", que Marx finalmente apresentou ao Conselho Geral era de 40 páginas e fora precedida pelo menos por dois rascunhos completos que eram notavelmente diferentes. Esses rascunhos, entre outras coisas, mostram quão pouca simpatia Marx tinha pela violência jacobina de alguns comuneiros. Na primeira das quatro seções da versão final e publicada, Marx analisava o governo republicano sob Thiers e concluía que ele estava mais preocupado em suprimir as atividades da classe operária do que em derrotar os prussianos, pois "Paris armada era a revolução armada", e a primeira prioridade do chamado Governo de Defesa Nacional era a capitulação. Marx caracterizou os membros dirigentes do governo numa série de afirmações malévolas. De Jules Favre, o ministro do Exterior, por exemplo, Marx escreveu:

> Vivendo em concubinato com a esposa de um bêbado residente em Argélia, ele tinha, por meio da mais ousada mistura de falsificações, esparsas durante muitos anos, planejado abranger, no nome dos filhos de seu adultério, uma grande sucessão, que o tornou um homem rico. Num processo movido pelos herdeiros legítimos, ele só não foi desmascarado devido à conivência dos tribunais bonapartistas[113].

E de Thiers, o presidente:

> Um mestre em pequenas trapaças estatais, um virtuoso em perjúrio e traição, um artista em todos os

112. Marx a Frankel, *MESC*, p. 265.

113. A Guerra Civil na França, *MESW*, I, p. 501.

> estratagemas mesquinhos, artimanhas e baixas perfídias da guerra partidária parlamentar; sem nenhum escrúpulo, quando não está no poder, para atiçar uma revolução, e para sufocá-la em sangue quando está no leme do Estado; com preconceitos de classe no lugar de ideias e vaidade no lugar de um coração; sua vida privada, tão infame como sua vida pública, é odiosa – mesmo agora, fazendo o papel de um Sulla francês, ele não pode compensar a abominação de seus atos com o ridículo de sua ostentação[114].

A segunda seção tratava dos acontecimentos imediatamente precedentes ao estabelecimento da Comuna. O único obstáculo à conspiração contrarrevolucionária de Thiers era Paris armada. Para vencer esta, Thiers inventou a mentira de que o canhão da Guarda Nacional era propriedade do Estado. Fora Thiers que começara a guerra civil ao enviar soldados para remover o canhão. A única violência praticada pela Comuna foi o fuzilamento de dois generais, Lecomte e Thomas, por seus soldados e a dispersão de uma demonstração armada na Praça Vendôme, o que não foi nada comparado às atrocidades do governo de Versailles com seu fuzilamento em massa de prisioneiros.

A parte mais interessante da Declaração é sua terceira seção, na qual Marx descreveu a organização política da Comuna – tanto real como potencial. Seu modelo de organização era notavelmente menos centralizado do que o modelo em passagens paralelas no fim do *Manifesto comunista*. Essa mudança de ênfase foi marcada logo no começo da seção: "a classe operária não pode simplesmente se apossar da maquinaria estatal existente e usá-la para seus próprios propósitos"[115]. Marx então

---

114. *MESW*, I, p. 506.

115. *MESW*, I, p. 516.

definiu os órgãos do poder estatal como sendo o "exército permanente, polícia, burocracia, clero e judicatura" e fez um histórico de sua evolução na França até o Segundo Império que

> declarava salvar a classe operária derrubando o parlamentarismo e, com ele, a indisfarçável subserviência do governo às classes proprietárias. Declarava salvar as classes proprietárias assegurando sua supremacia econômica sobre a classe operária; e, finalmente, declarava unir todas as classes revivendo para todas a quimera da glória nacional. Na realidade, o Império era a única forma de governo possível num tempo em que a burguesia já tinha perdido, e a classe operária ainda não adquirira, a faculdade de reger a nação[116].

A Comuna era a "antítese direta" do Império e era a "forma positiva" da República de 1848. Marx então descreveu a eleição da Comuna (ele exagerou a natureza de classe operária de sua composição) e a transformação do exército permanente, polícia, administração e judicatura em agentes eleitos, responsáveis e substituíveis da Comuna:

> A Comuna de Paris havia, naturalmente, de servir de modelo para todos os grandes centros industriais da França. Uma vez estabelecido o *regime* comunal em Paris e nos centros secundários, o antigo governo centralizado abriria caminho também nas províncias para a autonomia dos produtores... A Comuna havia de ser a forma política até do menor lugarejo e nos distritos rurais o exército permanente havia de ser substituído por uma milícia nacional com um tempo de serviço extremamente curto. As comunas rurais de cada distrito administrariam seus negócios comuns por meio de uma assembleia de delegados na cidade central, e essas assembleias distritais enviariam deputados para

116. *MESW*, I, p. 518.

a Delegação Nacional em Paris, sendo todo delegado substituível a qualquer momento e limitado pelo *mandat impératif* (instruções formais) de seus constituintes. As poucas mas importantes funções que ainda restariam para um governo central não haviam de ser suprimidas, como foi intencionalmente mal-interpretado, mas desempenhadas por agentes comunais, e por isso estritamente responsáveis. A unidade da nação não havia de ser rompida, pelo contrário, deveria ser organizada pela Constituição Comunal e tornar-se uma realidade pela destruição do poder estatal que se dizia a incorporação daquela unidade independente da, e superior a, própria nação, da qual não era mais do que uma excrescência parasítica… Em vez de decidir uma vez em três ou seis anos qual membro da classe dominante havia de representar mal o povo no Parlamento, o sufrágio universal havia de servir ao povo, constituído em comunas, como o sufrágio individual serve a qualquer empregador que procura trabalhadores e administradores para seu negócio. É sabido que as empresas, como os indivíduos, em assuntos de negócios geralmente sabem como pôr o homem certo no lugar certo e, em havendo erros, sabem como corrigi-los imediatamente. Por outro lado, nada seria mais estranho ao espírito da Comuna do que substituir o sufrágio universal pela investidura hierárquica[117].

Essa passagem revela muito mais a respeito do modo como Marx via a forma da futura sociedade comunista depois da revolução do que a respeito dos planos dos comuneiros, cuja maioria provavelmente não concordaria com os projetos de Marx[118].

---

117. *MESW*, I, p. 520s.

118. Engels escreveu mais tarde que Marx atribuiu "as tendências inconscientes da Comuna… a crédito dela como planos mais ou menos conscientes". Engels a Bernstein, *MESC*, p. 366.

Marx mencionou então algumas falsas interpretações da Comuna: não era uma volta à Idade Média; ela não visava a ruptura da nação; nem era uma espécie de unidade econômica autossuficiente defendida pelos proudhonistas.

Marx escreveu sobre "a multiplicidade de interpretações a que a Comuna esteve sujeita e a multiplicidade de interesses que a interpretavam em seu favor", mas dizia que a Comuna era, no entanto, "a forma política finalmente descoberta na qual resolver a emancipação econômica do trabalho"[119]. Ele desenvolveu o caráter desta "emancipação econômica" ao aceitar a acusação de que a Comuna pretendia abolir a propriedade de classe e expropriar os expropriadores erigindo "sociedades cooperativas unidas" que "regulariam a produção nacional num plano comum". Ao mesmo tempo declarou:

> A classe operária não tem nenhuma utopia já feita para introduzir *par décret du peuple*. Eles sabem que, a fim de atingir sua própria emancipação, e junto com ela aquela forma mais alta para a qual a presente sociedade tende irresistivelmente por suas próprias forças econômicas, terão que passar por longas lutas, por uma série de processos históricos, transformando circunstâncias e homens. Eles não têm nenhum ideal a realizar senão libertar os elementos da nova sociedade dos quais a própria velha sociedade burguesa que desaba está grávida. É a consciência plena de sua missão histórica, e com a resolução heroica de empreendê-la, a classe operária pode se permitir sorrir da invectiva grosseira dos cavalheiros dos cavalheiros com pena e tinteiro, e do patrocínio didático de teóricos burgueses amigos, derramando suas banalidades ignorantes e caprichos sectários no tom oracular de infalibilidade científica[120].

---

119. *MESW*, I, p. 522.

120. *MESW*, I, p. 523.

Marx proclamou ainda que as medidas da Comuna também beneficiavam as classes médias baixas (o que era verdadeiro) e o campesinato (embora isto fosse menos evidente) – "todos os elementos sadios da sociedade francesa" – ao mesmo tempo que era enfaticamente internacional. Ele admitia que as medidas específicas da Comuna "podiam apenas indicar uma tendência" e que seu maior valor social era sua própria existência. A prova disso estava na mudança social que tinha alcançado Paris:

> Paris não era mais o ponto de encontro de latifundiários ingleses, de absentistas irlandeses, de ex-escravagistas americanos e homens ordinários, os ex-proprietários de servos russos e príncipes valáquios. Sem cadáveres no necrotério, sem arrombamento noturno, raramente um roubo; realmente, pela primeira vez desde os dias de fevereiro de 1848, as ruas de Paris eram seguras, e sem polícia de espécie alguma[121].

Isto era muito diferente de:

> Paris dos *francs-fileurs*, a Paris dos Boulevards, a masculina e feminina Paris rica, capitalista, dourada, indolente, agora apinhada de seus lacaios, fura-greves, sua *bohème* literária e suas *cocottes* em Versailles, Saint-Denis, Rueil e Saint-Germain; considerando a guerra civil apenas uma diversão agradável, vendo a batalha prosseguir através de telescópios, contando as descargas de canhão, jurando pela sua honra e pelas de suas prostitutas, que o desempenho fora melhor organizado do que costumava ser na Porte St. Martin. Os homens que saíam estavam realmente mortos; os gritos dos feridos eram gritos sérios; e, além disso, tudo era intensamente histórico[122].

121. *MESW*, I, p. 529.

122. *MESW*, I, p. 530.

Na quarta e última seção Marx descrevia as fracas tentativas de Thiers em organizar um exército contra Paris e sua confiança em prisioneiros libertados por Bismarck depois que a paz foi assinada. Quando finalmente começou a última batalha por Paris, as atrocidades de Versailles foram monstruosas:

> Para encontrar um paralelo para a conduta de Thiers e seus esbirros devemos voltar aos tempos de Sulla e dos dois triunviratos de Roma. O mesmo assassinato generalizado a sangue frio; o mesmo desprezo, no massacre, pela idade e sexo; o mesmo sistema de torturar prisioneiros; a mesma proscrição, mas desta vez de toda uma classe; a mesma caçada selvagem de líderes escondidos para que não escapasse nenhum; a mesma denúncia de inimigos políticos e particulares; a mesma indiferença pela carnificina de pessoas totalmente estranhas ao conflito. Há apenas uma diferença: os romanos não tinham nenhuma metralhadora para sua matança, em massa, dos condenados, e eles não tinham "a lei em suas mãos" nem em seus lábios o grito da civilização[123].

Contra a acusação de incendiarismo Marx replicou que na guerra o fogo era uma arma tão legítima como qualquer outra. Alguns poucos reféns também foram mortos, mas a vida deles também fora vingada muitas vezes com o fuzilamento de prisioneiros pelo governo de Versailles. O resultado da Comuna foi que os antagonismos de classe se aguçaram:

> Mas a batalha deve estourar de novo e em dimensões sempre crescentes, e não pode haver dúvida sobre quem será o vencedor no fim – os poucos que se apropriam ou a imensa maioria operária. E a classe operária francesa é somente a guarda avançada do proletariado moderno... Em qualquer lugar, em qualquer

123. *MESW*, I, p. 536.

> forma e sob quaisquer condições a luta de classe obtém consistência, não é mais do que natural que membros de nossa associação ocupem o primeiro plano. O chão do qual brota é a própria sociedade moderna. Ela não pode ser aniquilada por nenhum grau de carnificina. Para aniquilá-la os governos teriam que aniquilar o despotismo do capital sobre o trabalho – a condição de sua própria existência parasita.
>
> A Paris dos operários, com sua Comuna, será para sempre celebrada como a gloriosa precursora de uma nova sociedade. Os mártires são guardados como relíquia no grande coração da classe operária. Seus exterminadores a história já prendeu naquele eterno pelourinho do qual todas as preces de seus sacerdotes não servirão para redimi-los[124].

A Guerra Civil na França (o título dado à Declaração) foi a mais brilhante das polêmicas de Marx e teve um sucesso imediato, desconhecido por todos os pronunciamentos anteriores do Conselho Geral. Teve três edições em dois meses, vendeu 8 mil cópias na segunda edição e foi traduzida para a maioria das línguas europeias. Num estudo global das concepções de Marx esta é importante pela sua ênfase na descentralização como meta da futura sociedade socialista. No contexto geral do pensamento socialista ela é importante por fornecer a Lenin a base para a visão bolchevique da ditadura do proletariado. (No terceiro capítulo de seu *Estado e Revolução* Lenin põe grande ênfase na observação de Marx de que o proletariado "não pode simplesmente se apossar da maquinaria estatal já feita e usá-la para seus próprios propósitos"[125] – embora de fato a visão de Lenin do partido como a vanguarda do proletariado seja mais semelhante às concepções de Blanqui; e Lenin

---

124. *MESW*, I, p. 541.

125. A Guerra Civil na França, *MESW*, I, p. 516.

acentuava os fatos da Comuna mais ainda do que Marx.) *A Guerra Civil na França* é somente uma interpretação da Comuna: havia interpretações proudhonistas, blanquistas e anarquistas que eram tão justificadas como a de Marx na medida em que suas visões eram igualmente reveladoras da Comuna. Deve ser lembrado que a *Guerra Civil* era um obituário[126] e não o lugar para apresentar uma avaliação crítica: as cartas de Marx o mostram muito mais reticente sobre as realizações da Comuna, e mais tarde ele chegou a dizer (numa carta ao socialista holandês Domela Nieuwenhuis) que a Comuna "não era socialista, nem podia ter sido"[127].

No entanto, no meio da reação que se espalhou pela Europa após a derrota da Comuna, o próprio sucesso da *Guerra Civil*, com sua afirmação um tanto inexata que "em qualquer lugar... a luta de classe obtém consistência, não é mais do que natural que membros de nossa associação ocupem o primeiro plano"[128], ajudou a estigmatizar a Internacional como a maior ameaça para a sociedade e a civilização. Os mais incríveis boatos foram publicados como fatos na imprensa: a Internacional conspirara com Napoleão; conspirara com Bismarck; Marx fora até secretário particular de Bismarck e agora estava morto. A acusação de incendiária era tão repetida que até o grande incêndio de Chicago de 1871 era atribuído à Internacional. Favre, ministro do Exterior no governo de Thiers, não satisfeito com sufocar os remanescentes da Comuna na França, enviou uma circular a todos os governos europeus declarando a Internacional uma ameaça para a ordem estabelecida.

---

126. Segundo as estimativas do governo de Versailles 17 mil pessoas foram mortas durante a "semaine sanglante" final, e pesquisas recentes elevam ainda esta cifra.

127. Marx a Domela Nieuwenhuis, *MESW*, p. 338.

128. A Guerra Civil na França, *MESW*, p. 541.

Essa circular era em si um catálogo de inexatidões; citava, por exemplo, uma declaração publicada pela *Aliança* de Bakunin como se ela fosse feita pela Internacional.

Embora todos os governos europeus endurecessem suas leis, a Espanha foi o único país que concordou com a extradição dos refugiados franceses. Apesar da condenação quase universal da Comuna na imprensa britânica (cheia das piores inexatidões que Marx gastou muito tempo tentando refutar), o governo britânico se recusou a cooperar com Favre: em resposta a um pedido espanhol de extradição o ministro do Exterior (Granville) disse que o governo britânico não tinha o direito de expulsar refugiados que não tivessem infringido alguma lei britânica ou cometido alguns dos crimes especificados no tratado de extradição.

Logo se ficou sabendo que Marx era o autor da infame Declaração; sendo virtualmente desconhecido na Inglaterra, exceto de um círculo muito pequeno, ele logo ficou famoso. Ele escreveu a Kugelmann aos 28 de junho de 1871 que sua Declaração "está fazendo um enorme barulho e tenho a honra de ser neste momento o mais injuriado e ameaçado homem em Londres. Isto realmente me faz sentir bem depois de um tedioso idílio de 20 anos em meu antro!"[129]. O *World* de Nova York enviou um correspondente para entrevistá-lo no começo de julho. Nessa entrevista Marx refutou convincentemente os boatos mais sinistros a respeito da Comuna. Ele disse que a Internacional "não impõe nenhuma forma particular aos movimentos políticos; ela apenas exige desses movimentos que respeitem seus objetivos"[130]. O *Daily Telegraph* de Londres e o *New York Herald* também entrevistaram Marx; e ele afir-

129. Marx a Kugelmann, *MEW*, XXXIII, p. 238.

130. *The World*, Nova York, 18 de julho de 1871. O texto é mais fácil de ser lido em An interview with Karl Marx, *Labour Monthly*, junho de 1972.

mou que estava sob vigilância policial mesmo quando passou alguns dias em Brighton. Na casa de Marx a Comuna teve um efeito profundamente deprimente: muitos de seus amigos mais íntimos estiveram envolvidos nos massacres e em breve tiveram que lidar com ondas de refugiados e "toda a inominável miséria e interminável sofrimento"[131] que eles traziam consigo. O peso do alívio inevitavelmente caiu sobre a Internacional. Os refugiados, escreveu Jenny, "estavam literalmente morrendo de fome nas ruas" e "durante mais de cinco meses a Internacional sustentou, quer dizer, manteve entre a vida e a morte, a grande massa dos exilados"[132]. Além de toda a ocupação da Internacional, Marx achava que ele "não apenas tinha que lutar contra todos os governos das classes dominantes, mas também batalhar corpo a corpo com senhorias quarentonas e gordas que o atacavam quando um ou outro comuneiro atrasava seu aluguel"[133].

Apesar de toda a sua fama, a Internacional depois da Comuna era uma força exaurida: com a vinda de uma paz aparentemente duradoura e a tendência das nações europeias a se interessarem mais por seus assuntos internos, o ímpeto para o internacionalismo declinou. A reação só era possível por meio de uma melhor organização política, e só se podia prosseguir com isso dentro dos limites nacionais. A esperança de revolução na França fora destruída e, com ela, toda possibilidade de revolução na Europa. Além disso, embora homens como Varlin tivessem ajudado a derrotar a concepção proudhonista na Internacional, sua oposição sindicalista à ação política logo os fariam entrar em conflito com o Conselho Geral. O próprio Conselho Geral ficou muito enfraquecido por aceitar

131. J. Marx (1963, p. 169).

132. Jenny Marx (filha) a Kugelmann, Andreas, *Dokumente*, p. 263.

133. Andreas, *Dokumente*.

um grande número de refugiados franceses como membros que logo começaram a altercar entre si do mesmo modo que depois de 1848.

Todas as três filhas de Marx estavam intimamente envolvidas nas consequências da Comuna. Laura e Paul saíram de Paris pouco antes de esta ser sitiada pelos prussianos. Eles foram para Bordeaux onde o terceiro filho deles, um menino, nasceu em fevereiro de 1871. Paul participava ativamente da causa da Comuna e tanto Jenny como Eleanor partiram para ajudar Laura, chegando a 1º de maio. Com a queda da Comuna os quatro adultos e as duas crianças (o segundo filho de Laura morrera no ano anterior) retiraram-se para a pequena estância de Bagnères-de-Luchon, convenientemente perto da fronteira espanhola. O bebê morreu no fim de julho, e Paul, temendo prisão iminente, foi para a Espanha. Laura juntou-se a ele lá, com sua única criança doente com disenteria. Jenny e Eleanor partiram de volta para Londres, mas foram presas na fronteira, e, depois de submetidas a um longo interrogatório, passaram a noite na cadeia. Jenny acabara de conseguir se livrar de uma carta incriminadora de Flourens, um dos líderes da Comuna. Elas foram deportadas para a Espanha e, depois de outras dificuldades com a polícia espanhola, conseguiram tomar um navio em San Sebastián, com Laura, no fim de agosto[134].

Na Alemanha, agora o principal centro do socialismo europeu, o partido de Eisenach não podia se associar publicamente com a Internacional e de qualquer forma não precisava mais de seu apoio contra a ADAV, com quem sua antiga rivalidade começava a declinar. Embora os líderes de Eisenach ainda fossem leais a Marx e Engels, apelos de Londres mostravam que (de modo diferente de antes de 1871) o Conselho Geral

---

134. Cf. Eleanor Marx a Liebknecht, *Liebknechts Briefwechsel*, p. 413s.

precisava mais do apoio dos alemães do que estes daquele. Na realidade, o lassalleanismo continuava a ser a principal força no socialismo alemão; e embora o prestígio de Marx continuasse alto, era mais por razões pessoais do que doutrinais. Na Inglaterra a publicação da *Guerra Civil* ocasionou a renúncia de Odger e Lucraft do Conselho Geral, mas nenhum sindicato retirou sua filiação e o Conselho Geral continuou a ajudar ativamente os grevistas. Contudo, os sindicatos britânicos estavam de modo geral se tornando menos radicais: desde a Reform Bill de 1867 e o fracasso de seus candidatos em 1868 eles visavam a uma aliança com os liberais como o meio mais eficaz de assegurar seus fins; e o apoio deles à política pró-russa de Gladstone os tornou menos simpáticos ainda a Marx. Com exceção da Bélgica, as únicas áreas onde a Internacional fez progresso depois da Comuna foram as fortalezas do anarquismo: Espanha e Itália.

Mas essa situação foi apenas lentamente percebida por Marx que, durante quase um ano depois da Comuna, estava imbuído de um otimismo completamente revolucionário e via um paralelo entre as dificuldades da Internacional e as perseguições sofridas pelos primeiros cristãos que falharam em salvar o Império Romano[135]. No outono de 1871 já fazia dois anos que não havia nenhum congresso da Internacional. No Conselho Geral Marx ajudou a transformar uma proposta de realizar um congresso em Amsterdam numa decisão de convocar uma conferência privada em Londres semelhante à realizada em 1865. A conferência devia se limitar a questões organizacionais, e a intenção de Marx era que ela examinasse a crescente influência de Bakunin; ele de fato propusera uma conferência para esta finalidade um ano antes, em agosto de

135. Cf. Discurso pelo Sétimo Aniversário da Internacional, *MEW*, XVII, p. 432.

1870. A influência de Bakunin estava centralizada principalmente na Suíça onde a seção de Genebra se dividira e seus partidários tinham organizado uma Federação de Jura – com o grupo bakuninista em oposição veemente à seção da Internacional de lá. A situação política na Europa depois da Comuna tendia a aguçar as diferenças entre Bakunin e Marx: Marx desistiu gradualmente de esperar uma revolução rápida e não estava disposto a ter a Internacional comprometida com o apoio de levantes súbitos na Itália, Espanha e Rússia (os países mais suscetíveis a doutrinas anarquistas). Os anarquistas consideravam todo levante revolucionário justificado como um passo em direção à destruição total da sociedade contemporânea. Para eles o Conselho Geral era uma irrelevância autoritária[136].

O conflito inevitável provocado por avaliações divergentes da situação política foi agravado por fatores mais pessoais: por extraordinário que possa parecer, em 1869 Bakunin encarregou-se de traduzir *O capital* para o russo. Por volta do mesmo tempo Bakunin tivera a infelicidade de encontrar e confiar num jovem revolucionário psicopata, chamado Netchayev, que acabara de fugir da Rússia com estórias inventadas de amplas atividades revolucionárias entre os estudantes. Netchayev era totalmente bárbaro em seus métodos e quando Bakunin – que nunca terminava nenhuma de suas próprias obras, sem mencionar a tradução das dos outros – quis suspender seu trabalho sobre *O capital* e devolver o adiantamento, Netchayev escreveu ao agente de Bakunin ameaçando-o de morte se ele pedisse o dinheiro de volta. Marx atribuía as relatadas atividades de Netchayev ao ódio de Bakunin contra ele, e sua suspeita irracional de Bakunin era alimenta-

136. Cf. ainda Lehning (1970, cap. VII). Sobre Bakunin, cf. Carr (1937). Tb. Ansart (1969).

da pelo seu amigo russófobo Borkheim e por Nicholas Utin, pois os dois continuamente influenciavam Marx com relatos de intrigas de Bakunin. Utin, um exilado russo que colaborou e depois brigou com Bakunin na Suíça, começara uma seção russa da Internacional em Genebra em oposição a Bakunin[137]. Essa seção – que contava apenas com meia dúzia de membros e foi puramente efêmera – pediu que Marx a representasse no Conselho Geral – uma homenagem que Marx aceitou, dizendo a Engels:

> Uma posição engraçada para mim, funcionar como representante da jovem Rússia! Um homem nunca consegue dizer de que é capaz e que estranhos aliados ele pode aceitar. Na resposta oficial eu elogio Flerowski e enfatizo que a principal tarefa da filial russa é trabalhar pela Polônia (isto é, ajudar a Europa a deixar de ter a Rússia como vizinha). Acho mais seguro não dizer nada de Bakunin, tanto na resposta oficial como na confidencial[138].

A Conferência de Londres, realizada numa taberna não longe de Tottenham Court Road em meados de setembro de 1871, não foi um encontro muito representativo: nenhum alemão; apenas dois ingleses; da França, apenas refugiados; e da Suíça apenas dois ex-adeptos de Bakunin, inclusive Utin[139]. A única delegação forte foi o grupo de seis homens da Bélgica, onde a Internacional estava florescendo. Esse grupo foi mediador entre Marx, fortemente apoiado pelos refugiados blanquistas no conselho, e as forças em favor de Bakunin. A conferência, na qual Marx foi o participante mais

137. Cf. ainda McClellan (1964).

138. Marx a Engels, *MEW*, XXXII, p. 466.

139. Sobre a Conferência de Londres há uma riqueza de detalhe e interpretação em Molnar (1964).

ativo e dominador, começou recomendando que o Conselho Geral limitasse seu número e não aceitasse seus membros tão exclusivamente de uma só nacionalidade. Proibiu o uso do título Conselho Geral pelos comitês nacionais, renovou os esforços do Congresso de Genebra para obter estatísticas compreensivas da classe operária, discutiu modos de atrair camponeses para membros da Internacional, e de modo geral tentou reforçar a disciplina e fazer da Internacional mais um partido político do que um foro para discussão: as resoluções da Conferência de Londres são os primeiros documentos da Internacional a falar especificamente de um "partido dos trabalhadores". Mas a principal questão foi a disputa com os bakuninistas. A conferência enfatizou novamente o compromisso para com a ação política declarando que "na situação militante da classe operária seu movimento econômico e sua ação política estão indissoluvelmente unidos". Essa ação política poderia muito bem ser dentro da estrutura da democracia parlamentar, pois Marx declarou: "os governos se opõem a nós: nós devemos responder-lhes com todos os meios que estão à nossa disposição. Ter trabalhadores no Parlamento é equivalente a uma vitória sobre os governos, mas é preciso escolher o homem certo"[140]. Mas o ônus de decidir se a revolução seria violenta ou não fica com os que têm o poder: "devemos declarar aos governos: agiremos contra vocês pacificamente no que for possível e pela força das armas no que for necessário"[141]. A conferência desligou-se das atividades de Netchayev, embora Marx não

140. Discurso na Conferência de Londres, *MEW*, CVII, p. 651. Marx expressou sentimentos muito semelhantes em seu discurso em Amsterdam após o Congresso de Haia em 1872; também em sua entrevista a *World* de Nova York em julho de 1871.

141. *MEW*, XVII, p. 652.

conseguisse comprometer Bakunin. Marx quis também que se condenasse a Aliança de Bakunin, mas a mediação belga conseguiu que a conferência considerasse o assunto da Aliança encerrado, observando que ela parecia ter se dissolvido e que doravante a Internacional somente admitiria seções ou federações como membros. Na Suíça os bakuninistas dissidentes foram convidados a se juntarem à Federação Suíça ou, se achassem isso impossível, chamarem-se de Federação do Jura. A conferência também concordou em fundar um Conselho Federal Inglês. O próprio Marx fez esta moção: ele finalmente desistira da oposição a sua criação, percebendo que era impossível para o Conselho Geral infundir nos operários ingleses o internacionalismo e o espírito revolucionário. Marx também criticou os sindicatos de serem uma "minoria aristocrata"[142] e não aceitarem operários com baixos salários como membros, em quem, juntamente com os irlandeses, Marx cada vez mais procurava apoio.

Apesar da opinião de Marx de que "se conseguira mais do que em todos os congressos anteriores juntos"[143], a Conferência de Londres tornou mais aguda a divisão na Internacional, e houve oposição quase imediata a suas decisões – oposição que bem logo apagou para sempre o otimismo que Marx tivera durante todo o ano de 1871[144]. Os alemães permaneceram apáticos como sempre (eles não tinham pago nenhuma contribuição financeira desde setembro de 1869) e Marx deu o passo sem precedente de pedir a todas as seções alemãs que se correspondessem diretamente com ele[145]. A seção francesa

---

142. *MEW*, XVII.

143. Marx a Jenny Marx, *MEW*, XXXIII, p. 286.

144. Em março de 1872 Marx ainda falaria do "excelente progresso feito desde a Conferência de Londres" (Marx a Lafargue, *MEW*, XXXIII, p. 436).

145. Marx a Kwasniewski, *MEW*, XXXIII, p. 287.

em Londres se opôs às decisões da conferência como também os seguidores de Victoria Woodhull na América e as seções na Itália e na Espanha. Essa oposição foi expressa pela Federação Jura que em novembro de 1871 publicou uma circular denunciando o autoritarismo e a hierarquia na Internacional, acusando o Conselho Geral de ser uma espécie de governo e propondo que fosse substituído por um birô de correspondência ligando uma associação livre de seções nacionais. Marx escreveu uma resposta pelo Conselho Geral intitulada *A suposta divisão na Internacional*. Aqui ele expôs de modo correto a futilidade de muitas das doutrinas anarquistas, mas também repetiu as acusações contra Bakunin que surgiram do caso Netchayev, deu muita importância ao fato de dois seguidores de Bakunin terem se tornado espiões bonapartistas e, finalmente, classificou os seguidores tanto de Lassalle como de Bakunin como seitas que

> têm uma existência justificável num tempo em que o proletariado não evoluiu suficientemente para agir como classe. Pensadores individuais começam a criticar as contradições sociais e procuram vencê-las com soluções fantásticas que as massas operárias têm apenas que aceitar, propagar e cumprir. Por sua própria natureza as seitas que se formam em torno de tais pioneiros são exclusivas e se mantêm à parte de toda atividade prática, da política, das greves, dos sindicatos, numa palavra, de toda forma de movimento de massa. As massas operárias permanecem indiferentes ou até hostis à propaganda deles. Originariamente uma das alavancas do movimento da classe operária, eles se tornam empecilhos e reacionários, e o movimento imediatamente os ultrapassa. Exemplos disso são as seitas na França e na Inglaterra, e mais tarde os lassalleanos na Alemanha, que, depois de terem estorvado a organização do proletariado por anos,

> finalmente se tornaram simplesmente instrumentos nas mãos da polícia[146].

O que finalmente destruiu a influência de Marx na Internacional foram as crescentes dificuldades que ele teve de enfrentar até na fortaleza da Inglaterra. Inicialmente o estabelecimento do Conselho Federal Inglês não criou problemas: Hales, seu secretário, continuou a apoiar Marx e conseguiu criar numerosas filiais. O primeiro sinal de revolta veio dos grupos na América, conhecidos por Seção 12, fundada por Victoria Woodhull e Tennie Claflin cujos membros eram de classe média (e cujas principais energias eram dedicadas a causas como amor livre e espiritualismo) em contraste com os grupos mais de classe operária e imigrantes liderados por Frederick Sorge e Richard Bolte. A Seção 12 era defendida no Conselho Geral pelos seguidores de O'Brien, a quem Marx, no entanto, queria ver no Conselho, pois eles eram "um contrapeso frequentemente necessário aos sindicatos no Conselho. Eles são mais revolucionários, mais firmes na questão da terra, menos nacionalistas e não suscetíveis a suborno burguês de qualquer forma. Do contrário eles teriam sido expulsos há muito tempo"[147].

Contudo, a posição de Marx foi depois minada por deserções em suas próprias fileiras. Já houvera tensões antes entre Marx e Eccarius que, em sua reportagem ao *The Times*, parece ter tentado reivindicar como crédito seu algumas das ideias de Marx. Eccarius, como secretário correspondente para a América, estivera em comunicação com a Seção 12 e Marx o acusou de abusar de sua posição. Tanto Eccarius como Hermann Jung não gostaram da presença de blanquistas no conselho

146. A suposta divisão na Internacional, *La Première Internationale*, ed. J. Freymond, II, p. 284.

147. Marx a Bolte, *MEW*, XXXIII, p, 328.

e colaboraram com radicais da classe operária: eles achavam que as táticas de Marx resultariam apenas na divisão irremediável da Internacional. Apesar do apelo de Marx a Eccarius de que "depois de amanhã é meu aniversário e não gostaria de iniciar o dia consciente de que fui privado de um dos meus mais antigos amigos e partidários"[148], a ruptura desta vez foi definitiva. Um segundo golpe para a posição de Marx foi a oposição de Hales que até então fora um resoluto defensor de Marx, exceto na questão da Irlanda e de um Conselho Federal Inglês independente. Em julho ele atacou o Conselho Geral em correspondência particular e fora suspenso de seu posto de secretário. Na Conferência do Conselho Federal Inglês de Nottingham ele propôs que a filial inglesa se correspondesse com seções estrangeiras. A disputa foi levada ao Conselho Geral no qual Hales foi convencido com grande dificuldade a devolver os documentos do Conselho.

A desintegração na Inglaterra, portanto, já era visível nas vésperas do Congresso que se realizou em Haia no começo de setembro de 1872. Seria a última reunião plenária da Internacional e também a mais representativa: apenas as seções italianas se recusaram a participar. Jung e Eccarius não vieram da Inglaterra, pois eles se opunham ao que achavam ser manobras de Marx para envolver o Congresso e também ao espírito de vingança dele contra os bakuninistas e seus ataques contra o sindicalismo britânico. O Congresso de Haia foi o único do qual Marx participou. Segundo Maltman Barry, que estava fazendo a cobertura do Congresso para o *Standard*, as crianças foram prevenidas a "não saírem às ruas portando coisas de valor" pois "a Internacional está vindo e vai roubá-las"[149].

---

148. Marx a Eccarius, *MEW*, XXXIII, p. 454.

149. *The First International: Minutes of the Hague Congress with Related Documents*, ed. H. Gerth, Madison, 1958, p. 529.

Grandes multidões seguiam os delegados da estação ao hotel, "a figura de Karl Marx atraindo atenção especial, seu nome em todos os lábios"[150]. Nas sessões também Marx era uma figura proeminente: seu terno preto contrastava com seus cabelos e barba brancos e ele punha um monóculo no olho quando queria examinar seu auditório. O Congresso iniciou com um exame de credenciais a portas fechadas que durou três dias. Tudo o que o público podia ouvir era o tinir da campainha do presidente, que se erguia de vez em quando acima de uma tempestade de vozes iradas. O próprio Marx estava tão tenso que mal dormiu durante todo o Congresso. Depois de aprovado o relatório do Conselho Geral, houve um debate sobre uma moção de aumentar seus poderes. Alguns queriam que os poderes do Conselho Geral fossem drasticamente reduzidos. Marx replicou que seria mais sensato abolir o Conselho Geral do que transformá-lo em mera caixa de correio; de qualquer forma sua autoridade seria apenas moral e só existia com a concordância dos membros. A moção foi aprovada por 32 a 6, com 16 abstenções, tendo a delegação inglesa dividido seus votos.

Depois da votação, relatou Barry, "houve uma ligeira pausa. Foi o momento de calma antes da tempestade. Sabendo o que estava para vir, e a quem mais afetaria, fiquei de pé e observei a operação. Engels, braço direito de Marx, levantou-se e disse que tinha uma comunicação a fazer ao Congresso. Era uma recomendação de alguns membros do Conselho Geral a respeito da sede do conselho para o próximo ano"[151]. Engels propôs que a sede do Conselho Geral fosse transferida para Nova York. "Consternação e frustração eram claramente visí-

150. *The First International: Minutes of the Hague Congress with Related Documents*, ed. H. Gerth, Madison, 1958, p. 260.

151. *The First International: Minutes of the Hague Congress with Related Documents*, ed. H. Gerth, Madison, 1958, p. 279s.

veis nos rostos do grupo da dissensão quando ele pronunciou as últimas palavras... Levou algum tempo até que alguém se levantasse para falar. Foi um *coup d'état* e cada um olhava para seu vizinho para quebrar o encanto"[152]. Os blanquistas que em outras questões tinham, junto com os alemães, garantido maioria substancial para Marx, se opuseram à proposta; e quando foi votado se o Conselho Geral mudaria sua sede, o resultado foi muito apertado: 26 a favor, 23 contra e 9 abstenções. Finalmente veio o relatório da comissão de investigação composta de cinco membros que fora criada, a partir de uma moção de Marx no começo do Congresso, para expulsar a Aliança da Internacional. A comissão achava que Bakunin tentara fundar uma sociedade secreta dentro da Internacional e também era culpado de fraude. Por proposta da comissão ele foi expulso da Internacional. Isto marcou o fim do Congresso e Marx se retirou para Scheveningen onde ele celebrou recebendo os delegados para um jantar à beira-mar.

Quase não há dúvida de que Marx percebeu que Nova York era impraticável como sede para o Conselho Geral. Os argumentos que Engels apresentou em favor da transferência eram notavelmente não convincentes. Antes do Congresso Marx escrevera a Kugelmann: "será uma questão de vida ou morte para a Internacional; e, antes de me retirar, quero pelo menos protegê-la dos elementos desagregadores"[153]. Ele queria a todo custo garantir que os blanquistas não obtivessem maioria no próximo congresso e que o Conselho Geral (do qual participava um número incômodo de blanquistas) continuasse sujeito a sua influência; e nada disso era certo se a sede do Conselho continuasse em Londres. Marx se sentia cada vez

152. *The First International: Minutes of the Hague Congress with Related Documents*, ed. H. Gerth, Madison, 1958.

153. Marx a Kugelmann, *MEW*, XXXIII, p. 565.

mais frustrado por sua incapacidade de usar o tempo em *O capital* e parece que pensou seriamente em se retirar já em setembro de 1871, uma decisão que ele tornou definitiva em maio de 1872[154].

A Internacional não morreu imediatamente. Marx e Engels estavam muito ocupados em difundir as resoluções do Congresso de Haia e por algum tempo mantiveram correspondência regular com Nova York. Na Internacional como um todo as forças antimarxianas estavam agora muito mais fortes, e somente na Alemanha Marx tinha substanciais adeptos pessoais. Os anarquistas realizaram um congresso rival imediatamente após o de Haia: só os italianos, espanhóis e suíços estavam representados, mas eles entraram imediatamente em contato com os belgas e holandeses que também tiveram representantes num congresso em 1873. Também estava presente um forte contingente da Inglaterra. Depois de Haia as filiais inglesas da Internacional continuaram a funcionar muito eficazmente, mas o Conselho Federal dividiu-se, separando-se a maioria de seus membros (liderados por Hales). Os dois ramos do Conselho Federal então declinaram rapidamente e em 1874 Marx escreveu a Sorge: "Na Inglaterra a Internacional no momento está virtualmente morta e o Conselho Federal em Londres ainda existe como tal apenas no nome, embora alguns membros estejam ativos individualmente"[155]. O Conselho Geral em Nova York tentou organizar um congresso em Genebra, em 1873, mas foi um fiasco: o Conselho não conseguiu enviar um representante sequer e Marx desencorajou seus partidários a participarem. Realizou-se um congresso em 1874, sendo Eccarius o único delegado

154. Cf. Marx a De Paepe, *MEW*, XXXIII, p. 338.

155. Marx a Sorge, *MEW*, XXXIII, p. 635.

da Inglaterra. Sorge renunciou ao Conselho Geral no mesmo ano. Na Philadelphia a Internacional foi formalmente dissolvida em 1876. A Internacional rival dos anarquistas continuou a lutar por mais tempo: funcionando como federação de grupos nacionais autônomos sem nenhum conselho geral, ela realizou seu último congresso em 1877, depois do quê ela dividiu-se em anarquistas e sociais-democratas.

8
A última década

Quanto mais se vive, como eu, isolado do mundo exterior, mais se é envolvido nas emoções do círculo que é mais íntimo.
Marx a Kugelmann, 1874

I. Marx em casa

Durante a década de 1870 a vida de Marx se tornou muito mais calma. Sua casa não era mais o local de reunião de refugiados da Comuna ou de funcionários sindicais ingleses. Embora ele cada vez mais desconfiasse de estranhos – e qualquer alemão tinha que apresentar prova escrita de negócio legítimo antes que Helene Demuth o deixasse passar pela porta – Marx ainda estava interessado em receber visita de estrangeiros simpáticos ao socialismo. Visitas regulares, porém, limitavam-se às feitas por sua família e pelo pequeno círculo que Marx gostava de chamar de seus "amigos científicos". Ele se recusou firmemente a fazer palestras públicas[1]. Seu temperamento também estava muito mais plácido e seu apetite por controvérsia pública consideravelmente arrefecido.

> Mesmo em Londres (ele escreveu em 1881) não tive a menor notícia de tal ganido literário. Se não tivesse adotado esta posição, eu teria que gastar a maior parte

1. Cf. Verdes, Marx vu par la police française (1871-1883). *Cahiers de l'ISEA* (agosto 1966, p. 110).

> de meu tempo em corrigir pessoas da Califórnia até Moscou. Quando era jovem, eu entrava em ação violentamente, mas a idade traz sabedoria ao menos na medida em que se evita dissipação inútil de energia[2].

A rotina de Marx era bastante regular agora: ele gostava de trabalhar durante a manhã, andar depois do almoço, jantar às seis e receber amigos às nove[3]. O visitante mais frequente era Engels que se mudara para Londres em 1870 e vivia numa bela casa na Regent's Park Road distante menos de dez minutos a pé. Ele ia regularmente à casa de Marx à uma hora da tarde e os dois amigos andavam dum lado para outro no escritório de Marx, fazendo ambos uma trilha diagonal no tapete de um canto a outro, ou, se o tempo estava bom, iam passear em Hampstead Heath. Jenny, porém, não pôde encarar os últimos dez anos de sua vida com muito otimismo: "Agora estou velha demais", escreveu ela a Liebknecht em 1872, "para ter ainda qualquer esperança e os últimos acontecimentos infelizes me destruíram completamente. Temo que nós velhos não experimentaremos mais muita coisa boa e espero apenas que nossos filhos atravessem suas vidas mais facilmente"[4]. Em 1875 a Família Marx mudou-se pela última vez para uma elegante casa com terraço, menor, na mesma rua; e, embora Marx ainda tivesse que recorrer a Engels bastante regularmente para suplementar sua dotação[5], as preocupações financeiras nas últimas duas décadas estavam no fim.

---

2. Marx a D. Nieuwenhuis, *MEW*, XXXV, p. 160. Este não foi sempre o ponto de vista de Marx: quando o líder socialista Hyndman observou-lhe que ele estava ficando mais tolerante à medida que ficava mais velho, Marx respondeu com surpresa: "Do you? Do you?" (E você, você também?).

3. Cf. Kautsky (1933, p. 107).

4. Jenny Marx a Liebknecht, *MEW*, XXXIII, p. 702.

5. Cf., p. ex., *MEW*, XXXV, p. 11, 31, 81, 98.

Com as filhas casadas, a família se tornou maior e menos íntima. Laura e Paul Lafargue se estabeleceram em Londres depois de voltarem de Madri após o Congresso de Haia. Nenhum dos filhos deles sobreviveu: um filho e uma filha, nascidos em 1870 e 1871, morreram ainda bebês; e Charles-Étienne, o primeiro neto de Marx e que levava seu nome, morreu em Madri com apenas 3 anos de idade. Desiludido com a medicina, Paul abriu uma firma de fotogravura em Londres. Competição de firmas maiores e a total falta de senso de negócios de Paul diziam que o empreendimento não teria possibilidade de êxito, e durante toda a década de 1870 os Lafargue viveram (em estilo muito regular) das contribuições de Engels[6].

Lafargue também foi responsável por um empreendimento de Marx na vida capitalista prática. Ele entrara em sociedade com Le Moussu, um refugiado da Comuna e um gravador perito, que inventara uma nova máquina copiadora. Eles pretendiam explorar juntos a patente. Havia um terceiro sócio, George Moore, também um gravador. Lafargue brigou com Le Moussu e seu lugar foi tomado por Marx, cuja parte foi paga por Engels. No começo de 1874 Marx e Le Moussu também brigaram a respeito da propriedade da patente e, a fim de evitar um processo legal público, decidiram submeter o caso deles a um árbitro. Frederic Harrison, o amigo positivista de Beesly, então praticando advocacia. Harrison contou em suas memórias o que se seguiu:

> Antes de eles apresentarem provas, eu exigi nos termos da lei que eles jurassem sobre a Bíblia, como a lei exigia para testemunho legal. Isto horrorizou os dois. Karl Marx protestou que ele nunca se degradaria tanto. Le Moussu disse que jamais algum homem o

6. Cf. *Engels-Lafargue Correspondence*, I, em que quase toda carta deste período é uma carta de pedido.

> acusaria de tal ato de vileza. Durante meia hora eles argumentaram e protestaram, cada um se recusando a jurar por primeiro na presença do outro. Finalmente consegui um compromisso de que o testemunho seria "tocar o livro" sem pronunciar nenhuma palavra. Ambos me pareceram fugir da contaminação do toque no sagrado volume, mais do que Mefistófeles na Ópera foge da cruz. Quando eles começaram a argumentar, o engenhoso Le Moussu ganhou, pois Karl Marx ficou atolado em confusão total[7].

Jenny, que era tão fervorosamente francófila como Tussy era pró-irlandesa, seguiu o exemplo de Laura ao ficar noiva de um francês, Charles Longuet, na primavera de 1872. Ela já namorara um pouco Gustave Flourens, um general comuneiro morto no cerco. Longuet participara ativamente da Internacional, na qual teve bom relacionamento com Marx apesar de seu proudhonismo, e fora membro da Comuna e editor de seu jornal oficial. Divertiram-se muito com os "olhos de ovelha" dos namorados como acontecera no noivado de Laura. Longuet experimentou diversos pratos franceses na família, e todo mundo estava feliz, exceto Jenny Marx que preferia que sua filha tivesse escolhido, por um acaso, um inglês ou um alemão "em vez de um francês que naturalmente junto com todas as qualidades encantadoras de sua nação também não está sem suas fraquezas e insuficiências… Não posso deixar de temer que o destino de Jenny como esposa política se exponha a todos os cuidados e preocupações que são inseparáveis disso"[8].

Longuet era tão pobre quanto a maioria dos refugiados franceses. Ele tinha sido estudante de medicina e conseguira arranjar um emprego temporário ensinando no King's Colle-

---

7. Harrison (1911, II, p 33s.).

8. Jenny Marx a Liebknecht, *MEW*, XXXIII, p. 703.

ge. Depois do casamento no cartório de registro de St. Pancras em meados de outubro de 1872, eles se mudaram para Oxford onde Longuet tentou se estabelecer como professor particular de francês. Logo, porém, eles estavam de volta em Londres: Jenny não gostara da "atmosfera ortodoxa e arrogante de Oxford... aquela impostura de sede da ciência" e, como escreveu a Kugelmann,

> Londres tem Modena Villas, e no quarto de frente do primeiro andar de Modena Villas eu posso sempre encontrar meu querido Mouro. Não posso exprimir quanto me sinto solitária quando estou separada dele e ele também diz que sente muita falta de mim e que durante minha ausência ele se isolou totalmente em seu antro... Embora casada meu coração está tão preso como sempre esteve ao lugar onde está meu papai, e a vida em outro lugar não seria vida para mim[9].

Jenny tornou-se governanta da família de um comerciante local e tentou dar aulas de canto e elocução, enquanto Longuet finalmente conseguiu o posto permanente de professor de Francês no King's College. Embora Longuet nunca fosse tão íntimo da Família Marx como Lafargue, Jenny continuava sendo a companhia preferida de Marx. O primeiro filho dela morreu na infância, mas ela teve mais cinco filhos antes de morrer em 1883. Marx apegou-se particularmente ao mais velho, Jean ou Johnny, a quem ele se referia como "a pupila dos meus olhos" e com quem gostava de brincar horas a fio os mesmos jogos animados que ele brincava com seus próprios filhos[10].

9. Jenny Marx a Kugelmann, in: Andreas, *Briefe*, p. 286, 291.

10. Cf. W. Liebknecht em *Reminiscences of Marx and Engels*, p. 116.

Das três filhas, portanto, apenas Eleanor ficou solteira[11]. Ao mesmo tempo que Longuet estava namorando Jenny, Eleanor desenvolvia uma profunda ligação com Hippolyte-Prosper-Olivier Lissagaray, um ostentoso francês basco que, com 34 anos, tinha exatamente o dobro da idade dela[12]. Ele era jornalista, fora ativo na Comuna e defendera sozinho a última barricada a ser guarnecida. Mas ele era individualista demais para ser adepto de qualquer escola de pensamento político. Os Lafargue tentavam humilhar o persistente Lissagaray.

> Na noite passada Lissa veio de novo (escreveu Eleanor a sua irmã Jenny)... novamente Laura e Lafargue apertaram a mão de cada um... mas não a dele! No todo eles se comportam muito estranhamente. Ou Lissagaray é o cavalheiro perfeito que a carta de Paul e o próprio comportamento dele proclamam que ele é e então deveria ser tratado como tal, ou então ele não é nenhum cavalheiro, e não deveria ser recebido por nós – uma coisa ou outra – mas este comportamento realmente deselegante por parte de Laura é muito desagradável. Eu apenas gostaria que Lissagaray não viesse[13].

Marx também desaprovava a união e se recusava a aludir a qualquer "engajamento". Eleanor dizia que ele era injusto para com Lissagaray, mas, como ele escreveu a Engels,

> eu não exijo nada dele exceto que forneça provas em vez de frases, que ele seja melhor do que sua reputação, que se tenha alguma razão para confiar nele. Você

---

11. Eleanor tem sido bem servida de biógrafos. Cf. Tzuzuki (1967); Kapp, *Eleanor Marx*, I. Este último livro está repleto de informação bem pesquisada sobre a Família Marx em geral.

12. Sobre Lissagaray cf. o prefácio a *Histoire de la Commune de 1871*. Paris, 1929.

13. Eleanor Marx a Jenny Marx, Coleção Bottigelli, citado por Tzuzuki (1967, p. 32).

> vê pela resposta qual o efeito que o homem continua a ter. O pior é que, para o bem da filha, eu devo agir com grande consideração e cuidado[14].

Ele estava certo de que sua intervenção forçaria Lissagaray a "dar uma boa aparência a uma má situação"[15]. Jenny Marx, porém, desaprovou com veemência a atitude de seu marido quando Engels imprudentemente lhe mostrou a carta de Marx[16]. Ela dizia que era a única a entender a posição de sua filha e tolerava as visitas de Lissagaray a Eleanor em Brighton, ao mesmo tempo que mantinha uma correspondência contínua com ela e lhe enviava seus cestos com comida especial e roupa.

Entrementes, Eleanor estava tentando estabelecer sua independência financeira. No verão de 1873, ajudada por dois clérigos e pelo velho Arnold Ruge (colega de Marx da década de 1840), ela conseguiu emprego como professora num internato feminino dirigido pelas senhoritas Hall em Brighton. Mas ela continuava com saudades de Lissagaray. Ela ficou doente e teve que voltar para Londres. Durante todo o ano de 1874 ela foi companheira constante de seu pai, tanto em casa como em suas viagens a Harrogate e Carlsbad. Marx a tinha proibido de ver Lissagaray e ela apelou a ele, provavelmente durante 1874:

> Eu quero saber, querido Mouro, quando posso ver L novamente. É *muito* difícil *nunca* vê-lo. Tenho feito o máximo que posso para ser paciente, mas é tão difícil, e não sei se poderei ser por muito tempo ainda. Não espero que você diga que ele pode vir aqui, nem o desejaria, mas não posso, de vez em quando, dar um passeio com ele? Você me deixa sair com Outine, com

14. Marx a Engels, *MEW*, XXXIII, p. 84.

15. Marx a Engels, *MEW*, XXXIII, p. 75.

16. Cf. Engels a Marx, *MEW*, XXXIII, p. 78.

> Frankel, por que não com ele? Além do mais, ninguém se espantaria de nos ver juntos, pois todo mundo sabe que somos namorados...
> Quando eu estava tão doente em Brighton (durante a semana em que eu desmaiava duas ou três vezes por dia) L foi ver-me, cada vez me deixava mais forte e mais feliz, e mais capaz de levar a carga um tanto pesada colocada sobre meus ombros. Faz *tanto* tempo desde que o vi, e estou começando a me sentir muito miserável não obstante todos os meus esforços para estar alegre e animada. Não aguento mais. Creia-me, querido Mouro, se eu o pudesse ver de vez em quando isso me faria mais bem do que todas as receitas da Sra. Anderson[17] juntas – sei isso por experiência[18].

Pelo fim do ano ela tinha se recuperado da doença (que Marx atribuía em grande parte à histeria)[19], e continuava uma animada correspondência com Lissagaray, que gostava de se dirigir a ela como "*ma petite femme*"[20]. Parece que mais tarde Marx relaxou suas restrições a Eleanor, pois em 1875 e 1876 ela estava ajudando Lissagaray em seu jornalismo e projetos publicitários. Ela traduziu para o inglês todo o clássico *História da Comuna* de Lissagaray, que fora publicado em francês em 1876. O próprio Marx ajudou consideravelmente na revisão da tradução. Mas quando uma anistia possibilitou a Lissagaray voltar a Paris em 1880, Eleanor não o seguiu. Durante estes anos o caso afastou Eleanor de seu pai; com a mãe foi pior ainda:

---

17. Elizabeth Garrett Anderson, a primeira mulher na Inglaterra a se formar em Medicina.

18. Eleanor Marx a Marx, Coleção Bottigelli, citado por Tzuzuki (1967, p. 35).

19. Cf. Marx a Engels, *MEW*, XXXIII, p. 110.

20. Cf. Kugelmann, em *Reminiscences*, p. 285.

> Por longos miseráveis anos houve uma sombra entre mim e meu pai... mas nosso amor era sempre o mesmo e, apesar de tudo, nossa fé e confiança mútuas. Minha mãe e eu nos amamos apaixonadamente, mas ela não me conhecia como meu pai. Uma das mais amargas entre as muitas tristezas amargas em minha vida é que minha mãe morreu pensando, apesar do nosso amor, que eu fora dura e cruel, e nunca percebeu que para poupar tristeza a ela e ao pai eu sacrificara os melhores anos de minha vida. Mas o pai, embora ele não *soubesse* até quase antes do fim, sentia que podia confiar em mim – nossas naturezas eram tão exatamente semelhantes!... O pai estava falando de minha irmã mais velha e de mim e disse: "Jenny se parece mais comigo, mas Tussy... é eu"[21].

Para se distrair, Eleanor se lançou em atividades políticas: escrevendo artigos – particularmente sobre a Rússia; e fazendo campanha para candidatos livres-pensadores nas eleições da diretoria da escola de Londres. Ela também fazia traduções e resumos de livros e passava longas horas no Museu Britânico onde encontrou-se com George Bernard Shaw. E, como sua mãe cada vez mais se retirava para o fundo, Eleanor passou a fazer o papel de anfitriã dos visitantes, diversos dos quais deixaram relatos admirando sua aparência, vivacidade e entendimento político. Hyndman, o fundador da Federação Social-Democrata, escreveu sobre ela que:

> Eleanor era a favorita de seu pai, com quem ela se parecia tanto quanto possível a uma moça. Uma testa larga, baixa, olhos pretos brilhantes, com face viva, e um sorriso animado, humorado, trazia em seu nariz e sua boca a feição judia do próprio Marx, uma ener-

21. Eleanor Marx a Olive Schreiner, citado em Havelock Ellis, Eleanor Marx. *Adelphi* (setembro de 1935, p. 348s.).

> gia física e determinação completamente iguais, às dele, e uma inteligência que nunca alcançou o sucesso literário ou político – pois ela era tanto uma política perspicaz quanto socióloga – das quais era capaz. Possivelmente ela se sentisse um pouco obscurecida pelo gênio de seu pai, cujos defeitos ela era incapaz de ver[22].

No fim da década de 1870 Eleanor se esforçou em construir uma carreira com interesse pelo teatro que ela herdara de seus pais. A Família Marx sempre estivera intensamente interessada em Shakespeare e se tornaram admiradores fervorosos da nova interpretação dada às tragédias por Henry Irving: Jenny Marx, ajudada por Eleanor, tinha publicado uma série de artigos no *Frankfurter Zeitung* defendendo Irving e sua "apresentação peculiar, fiel e original de Shakespeare"[23]. Eleanor era um membro entusiástico da Furnivall's New Shakespeare Society e amiga de atores e atrizes como Ernest Radford e Dolly Maitland. Ela também era membro do clube de leitura de Shakespeare que frequentemente se reunia na casa dos Marx. Um dos membros, Sra. Marian Comyn, deu a seguinte descrição de Marx num desses encontros:

> Como ouvinte ele era encantador, nunca criticando, sempre entrando no espírito de alguma brincadeira que acontecia, rindo quando achava alguma coisa particularmente cômica, até as lágrimas rolarem pelo rosto – o mais velho em anos, mas em espírito tão jovem como qualquer um de nós. E seu amigo, o fiel Frederic Engels, era igualmente espontâneo[24].

---

22. Hyndman (1912, p. 139).

23. Citado em Dornemann (1968, p. 300).

24. *The Nineteenth Century and After* (janeiro de 1922), citado em Kapp, *Eleanor Marx*, p. 193.

Mas, por mais que ele gostasse das reuniões do clube, Marx não foi a favor da atuação como carreira para sua filha e Eleanor não representou publicamente até julho de 1881 (quando apareceu em duas peças francesas de um ato). Engels estava no auditório e relatou a Marx: "Tussy foi muito boa nas cenas de paixão, embora fosse um tanto evidente que ela tomou Ellen Terry por modelo, como Radford tomou Irving, mas ela logo abandonará aquele hábito; se ela quiser causar impacto no público, deve absolutamente traçar sua própria linha, e eu estou certo de que o fará"[25]. Embora fosse interrompida pelas doenças e mortes de seus pais, Eleanor persistiu em sua ambição e finalmente, junto com seu futuro marido Edward Aveling, deu uma significativa contribuição para o teatro da época.

II. Obra

Durante os anos da Internacional Marx teve pouco tempo para prosseguir em seus estudos econômicos. No fim de novembro de 1871 Meissner o informou de que a primeira edição de *O capital* estava quase toda completamente vendida e lhe pediu – por 500 táleres de direitos autorais – que preparasse uma segunda edição mais barata que ele pretendia publicar em 12 pequenos livros separados. Marx trabalhou nela durante 18 meses; e o último volume só apareceu em junho de 1873, principalmente por causa de uma longa greve de impressores em Leipzig. Ele fez mudanças substanciais no primeiro capítulo com as quais, como disse sua filha Jenny, "ele está satisfeito – o que é raro"[26]. A primeira tradução estrangeira foi a russa, que apareceu em março de 1872. Ela

25. Engels a Marx, *MEW*, XXXV, p. 5.

26. Jenny Marx à Sra. Kugelmann, *MEW*, XXXIII, p. 695.

foi iniciada por um jovem populista chamado Lopatin, que se mudou para Londres no verão de 1870 para trabalhar sob a direção de Marx no Museu Britânico enquanto recebia lições de inglês com Eleanor. Lopatin não terminou a tradução (ele voltou à Rússia numa missão malsucedida para libertar Chernyshevsky da prisão). O trabalho foi assumido por Danielson, um tímido estudioso populista, que traduzia o livro à noite após voltar do banco no qual trabalhou durante 50 anos. Temia-se que os censores czaristas proibissem o livro, mas eles o acharam tão "dificilmente compreensível" que "poucos o leriam e menos ainda o entenderiam"[27]. Aqui eles erraram: a edição russa vendeu melhor do que qualquer outra e as cópias passavam avidamente de mão para mão – às vezes dentro da capa do Novo Testamento. Marx nem sequer teve tempo para reescrever o primeiro capítulo como gostaria; ele escreveu a Danielson lamentando as exigências que a Internacional lhe fazia: "Certamente numa bela manhã eu porei o ponto-final em tudo isso, mas há situações em que você é compelido pelo dever a se ocupar com coisas muito menos atraentes do que estudo teórico e pesquisa"[28].

Mesmo depois da mudança do Conselho Geral para Nova York em 1872 Marx gastou a maior parte do ano seguinte tentando resolver assuntos pendentes em Londres. Então, no outono de 1873, ele sofreu um sério colapso em sua saúde. O pouco tempo que ele teve durante os anos 1873 a 1875 foi gasto trabalhando na edição francesa. Já em 1867 havia planos para traduzir *O capital* para o francês e Elie Reclus (irmão do famoso geógrafo anarquista) dera início, assistido pelo antigo mentor de Marx, Moses Hess. Ele logo desistiu, porém, e foi

27. Citado em Uroyeva (1967). Este livro contém muito detalhe sobre a história da publicação de *O capital*.

28. Marx a Danielson, *MEW*, XXXIII, p. 311.

somente em 1871 (depois de não menos do que cinco outros tradutores terem tentado a tarefa) que Marx iniciou negociações com Roy, que adquirira considerável reputação como tradutor de Feuerbach. Roy era professor em Bordeaux; enviar pelo correio os vários capítulos e seções para Londres e de Londres naturalmente levou a novos adiamentos, que depois foram ainda aumentados pela dificuldade de Roy em ler a escrita de Marx (ele traduziu do manuscrito da segunda edição alemã). Marx teve sorte de ter sido apresentado (por Lafargue) a um editor parisiense extremamente enérgico, Maurice Lachâtre, que recentemente fora exilado para a Suíça. Marx aceitou de bom grado a proposta de Lachâtre de publicar em volumes separados pois "nesta forma a obra será mais facilmente acessível à classe operária, e esta consideração é mais importante para mim do que qualquer outra"[29].

Em fevereiro de 1872 o contrato com Lachâtre foi assinado. Mas o livro deveria ser publicado às custas do autor. Recorrendo a seu primo August Philips por ajuda financeira, Marx recebeu a resposta de que, "se necessário, estou pronto a ajudar você, como amigo e parente, até com dinheiro; mas não o farei para seus objetivos políticos e revolucionários"[30]. O trabalho de Roy, porém, não correspondeu à grande expectativa de Marx, e ele mesmo teve que reescrever sentenças inteiras e até páginas. Como resultado, a primeira parte não apareceu antes de maio de 1875 – devido aos atrasos causados em parte pela saúde de Marx, em parte pela lentidão de Roy e em parte pelo desejo de Lachâtre de publicar uma fotografia de Marx em sua edição (levando assim vantagem sobre os editores russos que tiveram suas fotografias proibidas pelo governo sob o

---

29. Marx a Lachâtre, *MEW*, XXXIV, p. 434.

30. Philips a Marx em: Blumenberg (1956, p. 111).

argumento de que isso implicaria respeito demais para com a personalidade de Marx). Isso tinha lhe custado, disse Marx, "mais problemas do que toda uma nova composição do livro em francês"[31]; e ele escreveu no posfácio a esta edição: "ele possui um valor científico independente do original e deveria ser usado até por leitores que sabem bem o alemão"[32].

Mesmo antes de estar terminada a edição francesa Marx recebeu cartas urgentes de seus editores alemães e russos pedindo o segundo volume. Engels garantiu a Kugelmann em outubro de 1876 que o "volume II seria atacado em alguns dias"[33]. Dois anos mais tarde Marx podia apenas esperar vagamente que ele poderia ser terminado "pelo fim do ano de 1879"[34]. Em abril de 1879 Marx explicou a situação numa longa carta a Danielson. Ele acabara de receber informação de que a situação política que estava piorando impediria que seu segundo volume fosse publicado na Alemanha. Ele quase deu boas-vindas à notícia, pois havia outros motivos além de razões de saúde para forçar a demora. Em primeiro lugar, a Inglaterra estava atravessando uma crise econômica que era de modo interessante diferente de todas as crises anteriores e "é, portanto, necessário observar o atual curso das coisas até que estejam maduras antes de eu poder 'digeri-las produtivamente', isto é, 'teoricamente'"[35]. Em segundo lugar, como Marx explicou francamente, "a quantidade de material que eu tenho, não somente da Rússia como também dos Estados Unidos etc., torna agradável para mim ter um 'pretexto' para

31. Marx a Mathilda Betham-Edwards, *MEW*, XXXIV, p, 146.

32. *Oeuvres*, ed. M. Rubel, I, p. 546.

33. Engels a Kugelmann, *MEW*, XXXIV, p. 217.

34. Marx a Danielson, *MEW*, XXXIV, p. 358.

35. Marx a Danielson, *MESC*, p. 315.

continuar meus estudos em vez de terminá-los finalmente para o público"[36].

O próprio Danielson havia fornecido a Marx numerosos livros sobre a economia agrícola russa desde a libertação dos servos – livros que tanto Engels como Jenny às vezes achavam como que queimando. Esse foi o assunto que ocupou a mente de Marx sobretudo nos anos 1876 e 1877. Como escreveu Engels, depois de 1870 Marx "estudava agronomia, situação agrícola na América e especialmente na Rússia, o mercado financeiro e instituições bancárias, e finalmente ciências naturais como geologia e fisiologia. Estudos matemáticos independentes também são grande parte dos numerosos manuscritos deste período"[37].

Um estudo da evolução da agricultura na Rússia iluminaria as ideias de Marx sobre a renda do solo no volume III de *O capital* do mesmo modo como o desenvolvimento industrial inglês fornecia os exemplos práticos para as ideias expostas no volume I. Ele aprendera russo especificamente para ser capaz de estudar as fontes originais. Marx amontoou grande quantidade de material, mas agora lhe faltava o poder de síntese e a força motriz para fazer algo com ele. Depois da morte dele Engels ficou espantado de encontrar entre os papéis de Marx mais de dois metros cúbicos de documentos contendo nada além de estatísticas russas. Durante estes anos Marx encheu com sua letra microscópica quase 3 mil páginas – contendo esses manuscritos quase exclusivamente notas de suas leituras. Em seus últimos anos essa leitura se tornou obsessão: ele não tinha mais o poder de criar, mas ao menos podia absorver. Assim os manuscritos para o volume III de *O capital* per-

---

36. Marx a Danielson, *MESC*, p. 317.

37. Engels, Prefácio a *Capital*. Chicago, 1909, II, p. 10.

maneceram virtualmente na condição em que tinham estado desde 1864-1865. Marx reescrevera quase a metade do volume II em 1870, mas depois disso ele só fez pequenos acréscimos e revisões – percebendo, como disse a Eleanor pouco antes da morte, que Engels seria capaz "de fazer algo com ele"[38]. Marx mantinha segredo sobre seus manuscritos para todo mundo, inclusive para Engels, que escreveu mais tarde a Bebel que "se eu estivesse a par disto, eu não o teria deixado descansar de dia ou de noite até que tudo estivesse pronto e impresso. Marx mesmo sabia disso melhor do que qualquer um..."[39]. De fato, o estado dos manuscritos era tão caótico que Engels publicaria o volume III de *O capital* somente onze anos depois da morte de Marx.

A relutância inata de Marx em completar qualquer obra econômica sua era animada por outras tarefas impostas a ele durante a década de 1870. Ele colaborou em duas versões abreviadas de *O capital*, volume I, na Alemanha por Johannes Most e na Holanda por Domela Nieuwenhuis. Ele não só ajudou Eleanor a traduzir o livro de Lissagaray para o inglês, mas também supervisionou muito detalhadamente a tradução alemã. Sua aversão a Lissagaray como possível genro era mais do que equilibrada por sua admiração pela *História da Comuna* dele. Em meados da década de 1870 Marx passou algum tempo ajudando Engels a escrever *Anti-Dühring* que, por causa de sua sistematização e clareza, tornar-se-ia o mais conhecido manual em círculos marxistas com uma circulação muito maior do que *O capital*[40]. No prefácio à segunda edição, escrito depois da morte de Marx, Engels diz que leu todo

38. Engels, Prefácio a *Capital*. Chicago, 1909, II, p. 11.

39. Engels a Bebel, *MEW*, XXXVI, p. 56.

40. Sobre as circunstâncias que deram motivo ao criticismo de Dühring a Marx, cf. adiante, p. 462.

o manuscrito para Marx e que Marx realmente escreveu um capítulo que consistia numa recensão da *História crítica da economia política* de Dühring.

Pelo fim de sua vida Marx se aproximou do positivismo, então tão em moda nos círculos intelectuais. Essa tendência, que começou em *Anti-Dühring* e Engels alimentou em seus *Ludwig Feuerbach* e *Dialética da natureza*, alcançou seu apogeu nos manuais soviéticos de materialismo dialético. Foi essa tendência que apresentou o marxismo como uma visão do mundo filosófica ou *Weltanschauung* consistindo em leis objetivas e particularmente leis do movimento dialético da matéria tomada em sentido metafísico como o componente básico da realidade. Isto era obviamente muito diferente da "unidade entre teoria e prática" como está exemplificado, por exemplo, em *Teses sobre Feuerbach*. Essa preferência pelo modelo das ciências naturais sempre esteve com Engels, embora não com Marx, que tinha, por exemplo, uma atitude muito mais reservada para com o darwinismo.

Marx sempre tivera uma grande admiração pela obra de Darwin. Ele lera *A origem das espécies* em 1860, um ano após sua publicação, e escrevera imediatamente a Engels que ele continha "a base de história natural para nossa visão"[41]. Ele achava que o livro tinha finalmente desfeito a teologia religiosa, mas lamentava "a maneira inglesa crua da apresentação"[42]. Dois anos mais tarde, porém, seu modo de ver era ligeiramente diferente:

> É notável como Darwin reconhece entre animais e plantas sua sociedade inglesa com sua divisão de trabalho, competição, abertura de novos mercados, "invenções" e a "luta pela existência" malthusiana.

41. Marx a Engels, *MEW*, XXX, p. 131.

42. Marx a Lassalle, *MEW*, XXX, p. 578.

> É o "bellum omnium contra omnes" de Hobbes, e lembra a *Fenomenologia* de Hegel em que a sociedade civil é descrita como um "reino animal espiritual", enquanto em Darwin o reino animal figura como sociedade civil[43].

Em 1866 Marx escreveu – novamente a Engels – e de modo ainda mais crítico: "em Darwin o progresso é meramente acidental" e o livro não rendeu muito "em relação à história e à política"[44]. Embora ele admitisse que o livro de Darwin pudesse ter "uma tendência socialista inconsciente", qualquer um que quisesse fazer toda a história depender da expressão darwiniana da "luta pela sobrevivência" demonstraria apenas sua "fraqueza de pensamento"[45]. Marx certamente usava metáforas biológicas para exprimir suas ideias e considerava seu método no estudo das formulações econômicas mais semelhante à biologia do que à física ou química. O único lugar em que Marx fez um paralelo direto entre ele mesmo e Darwin foi numa recensão irônica de sua própria obra para o jornal *Der Beobachter* de Stuttgart[46]. É certo que Marx desejava dedicar o segundo volume de *O capital* a Darwin. (Darwin rejeitou a homenagem, aparentemente porque ele tinha a impressão de que seria um livro claramente ateu e não queria ferir os sentimentos de sua família.) Mas isso não sugere mais do que o fato de Marx apreciar a obra de Darwin – e não que ele tenha abordado a história da mesma maneira que Darwin abordara a natureza. Assim, o fato de Engels igualar as visões de Marx

---

43. Marx a Engels, *MESC*, p. 156s.

44. Marx a Engels, *MEW*, XXXI, p. 248.

45. Marx a Kugelmann, *MEW*, XXXII, p. 685s.

46. Cf. Avineri, From Hoax to Dogma: a footnote on Marx and Darwin. *Encounter* (março 1967). Cf. tb. o artigo completo de Lucas (1964).

e de Darwin em seu famoso discurso à beira da sepultura de Marx é altamente desorientador[47].

É, contudo, verdadeiro que Marx prestou mais atenção às ciências naturais (psicologia, geologia e, sobretudo, matemática) durante a última década de sua vida do que em qualquer tempo antes. Ele se interessava muito pelos princípios de antropologia e se entusiasmou com a obra de Lewis Morgan, um escritor muito respeitado cuja reputação de erudito não sobreviveu a pesquisas subsequentes. No inverno de 1880-1881 Marx redigiu com grande cuidado uma centena de páginas de excertos do *Sociedade antiga* de Morgan, excertos mais tarde usados por Engels em seu *Origem da família*. O que interessava particularmente a Marx no livro de Morgan era a organização democrática política das tribos primitivas junto com sua propriedade comunitária. Marx não foi influenciado pelos julgamentos de valor vitorianos que permeiam o livro de Morgan, nem parece ter partilhado da grande admiração de Engels pela façanha dele. Particularmente, ele não via nenhum paralelo íntimo entre o comunismo primitivo e a futura sociedade comunista[48].

III. Saúde

O que impediu que Marx terminasse a obra de sua vida foi sua doença. No começo da década de 1870 seu antigo estilo de vida e as privações tinham prejudicado irremediavelmente sua saúde. Durante todos os últimos dez anos de sua vida a busca patética da sanidade física, que o levou de uma estância termal a outra, desempenhou um papel cada vez mais central. Engels relatou a Kugelmann que Marx começara a viver

47. Cf. Engels. Speech at the Graveside of Karl Marx, *MESW*, I. p. 153s.

48. Cf. tb. Lucas (1964) e a excelente edição de Krader (1972).

"bastante racionalmente" desde que abandonou seu trabalho teórico com o início da Guerra Franco-prussiana: ele fazia uma caminhada de duas horas até Hampstead na maioria dos dias e deixava a cerveja por semanas seguidas se ele se sentia indisposto[49]. Mal ele voltou a seu trabalho teórico (continuando com a tradução francesa do volume I) ele teve uma séria recaída; havia uma pressão sobre o cérebro com uma insônia concomitando que mesmo fortes doses de cloral não podiam aliviar. Temia-se uma congestão. Engels o convenceu a ir a Manchester no fim de maio de 1873 para consultar Gumpert, médico do próprio Engels, e o único em quem Marx tinha confiança total. Gumpert lhe passou um regime estrito para ser seguido e proibiu-o absolutamente de trabalhar mais de quatro horas por dia. Isto melhorou consideravelmente a saúde dele, mas as dores de cabeça voltaram no outono e Marx foi de novo ao norte para ver Gumpert. Ao mesmo tempo ele fez um tratamento de três semanas nas águas de Harrogate na companhia de Eleanor, que estava próxima de um esgotamento nervoso. Marx ocupou o tempo lendo *Chateaubriand* de Sainte-Beuve que ele achou cheio de "formas novas de expressão, falsa profundidade, exageros bizantinos, afetação sentimental, matizes berrantes, pintura verbal, teatral, majestoso – numa palavra, uma mistura de mentiras jamais alcançada antes na forma e no conteúdo"[50]. Gumpert detectou fígado inchado e recomendou muito a Marx que fizesse o tratamento Carlsbad. Harrogate certamente não trouxe nenhum alívio; até os carbúnculos voltaram no inverno; Marx era ainda atormentado pela insônia e incapaz de fazer qualquer escrito ou trabalho sério – uma situação que ele descreveu como "uma

49. Cf. Engels a Kugelmann, *MEW*, XXXIII, p. 218s.

50. Marx a Engels, *MEW*, XXXIII, p. 96.

sentença de morte para qualquer homem que não é uma besta"[51]. Em abril de 1874 ele esteve em Ramsgate por três semanas e em julho visitou a ilha de Wight, cujos habitantes o espantaram com sua religiosidade. Ele teve que deixar a ilha de Wight para cuidar de Eleanor, cujos nervos mais uma vez a tinham levado a um estado de colapso, e participar do funeral de seu neto Charles, que vivera pouco menos de um ano. Marx ficou, portanto, temporariamente sem netos – os quatro nascidos até então morreram na infância.

No fim de junho de 1874 Marx finalmente decidiu seguir o conselho de Gumpert e ir a Carlsbad, a estância termal da moda construída às margens escarpadas do rio Egen na Boêmia (agora Tchecoslováquia ocidental). Já em 1869 Kugelmann tentara convencer Marx a ir lá com a filha Jenny, mas Marx rejeitou categoricamente o lugar como "chato e caro"[52]. Agora, com mais dinheiro e menos saúde, ele decidiu ir e levou Eleanor com ele. A viagem foi arranjada por Kugelmann que lhes reservou quartos no Germania, um dos hotéis mais modestos. Na lista oficial de hóspedes consta: "Herr Charles Marx, senhor particular, com sua filha Eleanor, de Londres". Como pessoa particular Marx tinha que pagar uma taxa de banho dupla, mas ele esperava que tal descrição "evitaria a suspeita de que eu sou o famoso Karl Marx"[53]. Antecipando as dificuldades com a polícia, Marx requerera naturalização de súdito inglês antes da partida. No começo de agosto o procurador dele levou o requerimento ao Ministério do Interior junto com as necessárias referências de quatro respeitáveis proprietários. O Ministério do Interior, porém, rejeitou o pedido dele e se recusou a dar o motivo quando pressionado. De

51. Marx a Sorge, *MEW*, XXXIII, p. 634.

52. Marx a Engels, *MEW*, XXXII, p. 355.

53. Marx a Engels, *MEW*, XXXIII, p. 112.

fato, a informação passada pela Scotland Yard ao Ministério do Interior era de que o requerente era "o conhecido agitador alemão" e "não fora leal a seu rei e sua pátria"[54]. Marx também não escapou da constante vigilância policial em Carlsbad, embora fosse relatado apenas que a conduta dele "não levantou qualquer suspeita"[55].

Marx levou sua cura muito a sério e se deixou transformar, como ele mesmo disse, numa espécie de máquina. Ele devia estar em pé às 5h30 no mais tardar e passar por seis diferentes fontes bebendo um copo de água de cada uma num intervalo de 50 minutos. Depois de uma refeição matinal com um pão medicinal especial haveria uma hora de caminhada e o café da metade da manhã num dos cafés situados fora da cidade. Em seguida mais uma caminhada por entre as colinas em redor, depois a volta ao hotel para trocar de roupa e tirar uma sesta antes do almoço, que era precedido dia sim, dia não por um banho. Após o almoço havia mais caminhada ou passeios mais longos organizados seguidos por uma refeição ligeira e deitar cedo, terminando tudo às 21 horas. Marx gostava muito daquela vida, particularmente dos longos passeios entre as colinas de granito cobertas de pinheiro do Erzgebirge. Ele também gostava de continuar com seu hábito de dar apelidos espirituosos aos transeuntes mais conspícuos. Franziska Kugelmann recordou uma visita a uma fábrica de porcelana na qual ele observava um homem supervisionando um torno complicado.

> "Este foi sempre o seu trabalho", perguntou Marx, "ou já teve outro?" "Não", respondeu o homem, "não fiz nada mais por anos. É somente pela prática que se aprende a operar a máquina de modo a tornar a forma

54. Public Record Office, citado em Payne, *Karl Marx*, p. 460.

55. Kirsch (1953, p. 20).

> difícil lisa e sem defeito." "Assim a divisão do trabalho torna o homem um apêndice da máquina", disse Marx a meu pai quando continuamos. "O poder de pensamento dele é transformado em memória muscular."[56]

À tarde e à noite, em companhia geral, Marx preferia conversa leve com pessoas como Otto Knille (um renomado pintor) e Simon Deutsch (um jornalista austríaco que Marx recordava de seus dias em Paris). Pai e filha eram inseparáveis, seja nas caminhadas, seja em escrever cartas no terraço atrás do hotel. Segundo Eleanor, ainda embaraçosamente franca nas reações dela para com as pessoas e fumando quase continuamente, ela e seu pai passaram muito bem em Carlsbad e "o imenso conhecimento de história dele tornava cada lugar para o qual íamos mais vivo e presente no passado do que no próprio presente"[57].

Para Marx, o único inconveniente em Carlsbad era Kugelmann. Desde o começo de sua estada ele aborreceu Marx com seu "criticismo excessivo com o qual ele de modo totalmente desnecessário torna amarga sua própria vida e a de sua família"[58]. Infelizmente Kugelmann escolhera para Marx um quarto entre o dele e o de Eleanor. O resultado foi que

> eu tinha o prazer da companhia dele não só quando eu estava com ele, mas também quando estava só. Eu tolerava pacientemente o fluir contínuo de seu tagarelar solene pronunciado em voz profunda... mas minha paciência finalmente acabou quando ele começou a me incomodar demais com cenas domésticas. Esse homem extremamente pedante, esse filisteu *burguês* que discutia ninharias, imagina que sua esposa não

56. F. Kugelmann, em *Reminiscences of Marx and Engels*, p. 286.

57. E. Marx, em *Reminiscences*, p. 126.

58. Marx a Engels, *MEW*, XXXIII, p. 113.

> entende ou compreende sua natureza quase faustiana que está lutando por uma concepção superior do mundo; e ele atormenta a pobre mulher, que em todos os aspectos é superior a ele, da maneira mais revoltante. Chegamos a brigar. Eu me mudei para um andar mais alto e assim fiquei completamente livre dele (ele frustrara seriamente minha cura). Só nos reconciliamos um pouco antes da partida dele, que ocorreu no último sábado. Mas eu disse positivamente que não visitaria a casa dele em Hanover[59].

Segundo Eleanor, a Sra. Kugelmann (por quem ela tinha grande afeição) ouvia de seu marido que ela não era suficientemente grata pelos benefícios que ele lhe conferia e "a grande cena começou porque a Sra. K. não levantou seu vestido num dia poeirento"[60]. Franziska escreveu mais tarde que ainda havia outro ponto: Marx e Kugelmann discutiram violentamente durante uma longa caminhada em que Kugelmann "tentou convencer Marx a se abster de toda propaganda política e completar o terceiro livro de *O capital* antes de qualquer outra coisa"[61] – um assunto que sempre melindrava Marx. Marx e Eleanor partiram de Carlsbad aos 21 de setembro e cuidadosamente evitaram Hanover. Eles foram primeiro a Leipzig para visitar Liebknecht, que os levou para receber Wilhelm Blos ao ser libertado da prisão. Blos, então um jornalista social-democrata e mais tarde primeiro-ministro de Württemberg, escreveu posteriormente:

> Excitado e feliz eu passei pelas portas da prisão. Do lado de fora estava Liebknecht com um de seus filhos

59. Marx a Engels, *MEW*, XXXIII, p. 117.

60. Eleanor Marx a Jenny Longuet, Coleção Bottigelli, citado em Tzuzuki (1967, p. 37).

61. Kugelmann, em *Reminiscences*, p. 286.

> pequenos[62]. E perto dele estava, com uma moça bonita pelo braço, um homem alto, magro, com seus 50 anos, com uma longa barba branca, sendo apenas o bigode realmente preto. Suas feições eram viçosas e ele podia ser tomado por um jovial velho inglês. Mas eu o reconheci imediatamente por sua fotografia[63]...

Depois eles foram a Berlim para ver Edgar, o cunhado de Marx, que ganhava a vida como funcionário inferior embora mantivesse sua simpatia pelo comunismo. Depois de uma viagem a Hamburgo para ver Meissner eles voltaram a Londres no começo de outubro.

No ano seguinte Marx foi sozinho a Carlsbad. Sua viagem de ida foi animada pela discussão com um padre católico cuja reserva Marx conseguiu romper pelo efeito de uma garrafa de conhaque. Ao chegar ele anunciou em cartas para casa que a ausência de Kugelmann foi uma grande ajuda para sua saúde e pôs-se a desfrutar as longas caminhadas e a cerveja Pilsener. Ele passava muito tempo na companhia de Maxim Kovalevsky, um aristocrata russo liberal que partilhava de seu interesse pela história da propriedade da terra na Rússia e foi mais tarde uma visita frequente em Londres. Kovalevsky não era socialista, mas admirava Marx profundamente e passou a ocupar a posição na vida de Marx tão recentemente abandonada por Kugelmann.

A polícia continuava a observar Marx de perto, mas pôde apenas relatar a Praga que "ele vive sossegadamente, tem muito pouca relação com os outros hóspedes e frequentemente faz longas caminhadas sozinho". A cura foi muito benéfica: Engels relatou em outubro de 1875 que "Marx voltou de Carls-

---

62. Possivelmente Karl Liebknecht, afilhado de Marx, que teve um papel de liderança na revolução alemã abortiva de 1919.

63. Blos (1914, I, p. 162ss.).

bad totalmente mudado, forte, vigoroso, confiante e saudável, e pode mais uma vez levar seu trabalho a sério"[64].

Em 1876, pelo terceiro ano consecutivo, Marx voltou a Carlsbad. Desta vez levou Eleanor com ele dizendo que sentira muito a falta dela no ano anterior. Passaram aí o mês de praxe e se relacionaram um pouco mais com a sociedade – sobretudo com professores universitários alemães – e a questão que todos desejavam discutir era: o que você pensa de Wagner? Os pensamentos de Marx eram extremamente sarcásticos. A saúde de Eleanor causou muita preocupação a Marx e por pouco ela não pegou uma séria pneumonia no fim da estada deles. Na volta eles passaram algum tempo em Praga com o cunhado de Kugelmann, o negociante Max Oppenheim, e depois fizeram um desvio por Bingen e Kreuznach pois Marx queria mostrar a sua filha os lugares onde ele casara e passara sua lua de mel.

Em 1877 Marx não foi a Carlsbad; em vez disso ele foi à estância termal menos importante de Neuenahr, na Renânia. Numa longa justificação a Engels ele explicou que Carlsbad seria extremamente caro, pois Jenny não concordava em ser deixada para trás neste ano; e também porque uma mudança de regime seria benéfica. Engels respondeu presenteando Marx com mapas detalhados da Floresta Negra que ele usara nas campanhas de 1849. As leis antissocialistas de Bismarck de 1878 privaram Marx da oportunidade de viajar para estâncias termais da Alemanha ou da Áustria e neste ano ele teve que se arranjar com a equivalente inglesa em Malvern. Ele foi com sua esposa, sua filha Jenny e seu neto, todos seriamente doentes. Enquanto eles estavam lá Lizzie Burns (com quem Engels vivera desde a morte de Mary) morreu de um tumor na bexiga depois de longo sofrimento. Engels casou-se com

---

64. Engels a Bracke, *MEW*, XXXIV, p. 157.

ela no seu leito de morte segundo o rito da Igreja inglesa. No ano seguinte, Marx foi a Jersey, mas teve que voltar a Ramsgate para ficar com sua filha Jenny depois do nascimento de Edgar, seu terceiro neto. Durante este tempo a família estava preocupada com a doença de Jenny Marx, um câncer incurável do fígado. Em 1880 Marx levou sua mulher primeiro a Manchester para consultar Gumpert e depois para uma longa estada em Ramsgate. Confinada a sua cama por longos períodos e desconfiada de médicos, ela precisava de constante atenção da família. Na virada da década os assuntos doença e clima enchiam as cartas de Marx excluindo virtualmente todo o resto; de maneira bastante compreensível, tendo em vista sua própria doença e as tragédias que tinham ocorrido em sua família, ele estava agora mental e fisicamente exausto: numa palavra, sua carreira pública terminara.

IV. O cenário europeu

A morte da Internacional e a fragmentação do movimento da classe operária europeia significavam que os anos de 1870 viram o crescimento de partidos nacionais autônomos. Como muitas vezes, Marx considerava a guerra como catalisador de revolução. "A situação geral da Europa", ele escreveu a Sorge em 1874, "é tal que ela se dirige para uma guerra europeia geral. Devemos passar por esta guerra antes de poder pensar em qualquer eficácia externa decisiva da classe operária europeia"[65]. O único país no qual existia um partido proletário era a Alemanha para a qual, como Marx previra, o centro de gravidade do movimento operário se voltou depois da Guerra Franco-prussiana. Foi a Alemanha que ocupou mais a atenção de Marx durante a década de 1870. Mais exatamente, havia

65. Marx a Sorge, *MEW*, XXXIII, p. 635.

dois partidos proletários na Alemanha, o partido de Eisenach e os seguidores de Lassalle, e o início da década de 1870 viu tentativas de uni-los. Isto foi ajudado pela unificação da Alemanha sob a liderança da Prússia, pela renúncia de Schweitzer da presidência do partido lassalleano e pela crescente pressão que Bismarck fazia a ambos os partidos como consequência da Comuna de Paris. Quando o primeiro grande êxito eleitoral deles mostrou que ambos os partidos tinham alcançado um número quase idêntico de votos, iniciaram-se negociações e chegaram a um acordo sobre princípios no fim de 1874. Um programa unido seria adotado em Gotha, uma pequena cidade na Alemanha central, em maio de 1875.

Marx e Engels estavam um pouco sem contato com a situação dentro da Alemanha[66] e estavam irritados tanto com o conteúdo do programa como com o fato de eles não terem sido consultados. Engels escreveu uma longa carta a Bebel em março de 1875 na qual recapitulava as proposições lassalleanas inaceitáveis incluídas no programa: a rejeição de todos os partidos não proletários como uma "massa reacionária", a falta de espírito internacional, a citação das "leis de ferro" dos salários e a falta de consideração para com os sindicatos. E ele predisse que eles teriam que romper com Liebknecht se o programa fosse adotado[67]. O próprio Marx escreveu a Bracke em maio que "qualquer passo de movimento real é mais importante do que uma dúzia de programas"[68]. No modo de ver de Marx o partido de Eisenach deveria se limitar a concluir uma espécie de acordo prático para ação comum. Como estava, ele e Engels se dissociariam do programa imediatamente após o Congresso. A carta era acompanhada por um manuscrito intitulado

66. Cf Mehring (1936, p. 507s.).

67. Cf. Engels a Bebel, *MEW*, XXXIV, p. 125s.

68. Marx a Bracke, *MEW*, XXXIV, p. 137.

"Notas Marginais ao Programa do Partido dos Trabalhadores Alemães" que ele pediu a Bracke que distribuísse entre os líderes de Eisenach. Liebknecht, que achava que as negociações estavam por demais avançadas para serem suspensas, apenas permitiu que uns poucos líderes de Eisenach vissem o documento – e não, por exemplo, Bebel. Ele foi publicado somente em 1891 e ficou conhecido como *Crítica do programa de Gotha*, um dos mais importantes escritos teóricos de Marx.

A *Crítica do programa de Gotha*, tinha a forma de notas marginais e continha dois pontos principais: o primeiro era uma crítica às propostas do programa para distribuição do produto nacional, o outro era uma crítica de seus pontos de vista a respeito do Estado. Quanto ao primeiro ponto, Marx fazia objeção à tentativa de reintroduzir no partido "dogmas, ideias que em certo tempo tiveram algum sentido, mas que agora se tornaram lixo verbal obsoleto"[69]. Ele não achou muito revolucionária a declaração inicial de que o produto do trabalho pertencia à sociedade como um todo pois era uma proposição que tinha "em todos os tempos sido usada pelos defensores do estado da sociedade predominante em qualquer tempo dado"[70]. Além disso ele criticava o programa por não atacar os proprietários de terra junto com os capitalistas. Falar de "distribuição justa" e de "direitos iguais" era vago; propostas de que os trabalhadores deveriam receber o "produto integral de seu trabalho" mostravam um completo desprezo pelo gasto necessário para repor o capital, pela administração de serviços sociais, pela ajuda aos pobres etc. Em termos da futura sociedade comunista a frase "produto do trabalho" era sem sentido, pois

69. Marx. Crítica do Programa de Gotha, *MESW*, II, p. 125.

70. Marx. Crítica do Programa de Gotha, *MESW*, II, p. 19.

> dentro da sociedade cooperativa baseada em propriedade comum dos meios de produção, os produtores não trocam seus produtos; exatamente como o trabalho gasto nos produtos aparece aqui tão pouco como valor destes produtos, como qualidade material que eles têm, desde agora, em contraste com a sociedade capitalista, o trabalho individual não existe mais em forma indireta, mas diretamente como parte componente do trabalho total[71].

Marx então oferece uma descrição da distribuição do produto social no primeiro estágio da sociedade comunista "como ela emerge da sociedade capitalista, que é assim em qualquer aspecto – econômica, moral e intelectualmente ainda marcada com a marca de nascença da velha sociedade de cujo seio ela surge"[72]. Nessa sociedade o produtor individual receberia um certificado da sociedade de que ele fornecera tanta quantidade de trabalho (depois de descontar seu trabalho para os fundos comuns) e com esse certificado ele retiraria do estoque social dos meios de consumo o custo da quantidade equivalente de trabalho. A mesma quantidade de trabalho que dera à sociedade numa forma ele receberia de volta noutra[73].

Naturalmente, continuava Marx, esta igualdade era, de fato, desigual. A medição era feita com um padrão igual – o do trabalho: dado que as capacidades, famílias, situações dos homens etc. não eram as mesmas, surgiria então a desigualdade.

> Mas (continuava Marx numa passagem famosa) estes defeitos são inevitáveis na primeira fase da sociedade comunista, pois ela mal emergiu depois de prolonga-

71. Marx. Crítica do Programa de Gotha, *MESW*, II, p. 22s.

72. Marx. Crítica do Programa de Gotha, *MESW*, II, p. 23.

73. Marx. Crítica do Programa de Gotha, *MESW*, II.

> das dores de parto da sociedade capitalista. O direito nunca pode estar mais alto do que a estrutura econômica da sociedade e seu desenvolvimento cultural condicionado por ela.
>
> Numa fase superior da sociedade comunista, depois que a subordinação escravizadora dos indivíduos à divisão do trabalho, e com isso também a antítese entre trabalho físico e mental, desaparecer; depois que o trabalho se tornar não apenas um meio de vida, mas a necessidade primária da vida; depois que as forças produtivas também crescerem com o desenvolvimento completo do indivíduo, e todas as fontes da riqueza cooperativa fluírem mais abundantemente – somente então o horizonte estreito do direito burguês será ultrapassado em sua inteireza e a sociedade poderá gravar em seus estandartes: de cada um segundo sua capacidade, a cada um segundo suas necessidades![74]

Marx resumiu sua crítica desta seção do programa dizendo:

> O socialismo vulgar (e dele por sua vez uma seção da democracia) tomou dos economistas burgueses consideração e o tratamento da distribuição como independente do modo de produção e daí a apresentação do socialismo como ligado principalmente à distribuição. Depois que a relação real se tornou clara, por que retroceder novamente?[75]

A segunda crítica básica de Marx era sobre a seção em que o programa exigia um "Estado livre" e "a abolição do sistema salarial junto com a lei férrea dos salários". Marx replicou que os salários não eram o valor do trabalho, mas o valor da capacidade de trabalho. Este fato tornava claro que

---

74. Marx. Crítica do Programa de Gotha, *MESW*, II, p. 24.

75. Marx. Crítica do Programa de Gotha, *MESW*, II, p. 25.

> todo o sistema capitalista de produção gira em torno do aumento deste trabalho grátis estendendo a jornada de trabalho ou desenvolvendo a produtividade, isto é, aumentando a intensidade da capacidade de trabalho etc.; portanto, o sistema de trabalho assalariado é um sistema de escravidão, e realmente de uma escravidão que se torna mais violenta proporcionalmente ao desenvolvimento das forças produtivas sociais de trabalho, receba o trabalhador pagamento melhor ou pior[76].

A solução do programa para o problema estava tão desencaminhada como sua formulação: propunha cooperativas de trabalhadores ajudadas pelo Estado em vez da transformação revolucionária da sociedade.

Voltando à proposta de um "Estado livre" Marx declarou claramente que isso não poderia ser o objetivo de trabalhadores dignos de se chamarem "socialistas". Marx perguntou: "Por que transformação o Estado passará na sociedade comunista? Quais funções sociais continuarão a existir que sejam análogas às atuais funções do Estado?". Ele não respondeu especificamente a esta pergunta, mas disse: "Entre a sociedade capitalista e a comunista está o período da transformação revolucionária de uma na outra. Corresponde a isto também um período de transição política na qual o Estado não pode ser senão *a ditadura revolucionária do proletariado*"[77]. O programa continha de fato, segundo Marx, nada além da "velha familiar ladainha democrática" – sufrágio universal, legislação direta, direitos populares, uma milícia do povo etc., muito do que já se conseguira em repúblicas burguesas progressistas.

---

76. Marx. Crítica do Programa de Gotha, *MESW*, II, p. 27.

77. Marx. Crítica do Programa de Gotha, *MESW*, II, p. 30.

Apesar das ameaças, Marx não se desligou do programa; e a afirmação de Engels de que uma cisão no novo partido era absolutamente certa mostrou-se totalmente equivocada. A oposição crescente de Bismarck aos socialistas tornou cada vez mais implausível a política lassalleana de cooperação com o Estado, e o partido de Eisenach logo assumiu o controle. À medida que a industrialização da Alemanha crescia a uma taxa gigantesca, o novo Partido Social-Democrata dos Trabalhadores conseguia cada vez mais votos. Contudo Marx ainda estava longe de estar feliz com a política de seus colegas e discípulos. Até Bebel – a quem Marx e Engels consideravam o único membro completamente confiável do partido – comentou: "Não foi fácil chegar a um entendimento com os dois velhos em Londres"[78].

Embora Marx quisesse muito um jornal teórico para apresentar nele "a ignorância absoluta de professores e assistentes"[79], ele não daria as boas-vindas ao aparecimento em agosto de 1877 de *Die Zukunft*, uma publicação teórica bimensal destinada a suplementar o jornal do partido, o *Vorwärts*. Ele era financiado por Karl Hochberg, um filho rico de um agenciador de apostas de Frankfurt que tinha a melhor das intenções, mas, como disse Marx, "não dou a mínima para intenções"[80]. Ele se recusou a escrever para o jornal e se sentiu mais do que justificado quando leu as frases sobre justiça e as fantasias da futura sociedade comunista que lembravam o "verdadeiro socialismo" da década de 1840. O resultado de "introduzir um burguês no partido"[81] não tivera êxito. Marx resumiu sua opinião geral sobre a situação na Alemanha do seguinte modo:

---

78. Bebel (1910, II, p. 138).

79. Marx a Engels, *MEW*, XXXIV, p. 48.

80. Marx a Sorge, *MESC*, p. 309.

81. Marx a Bracke, *MEW*, XXXIV, p. 305.

...Um espírito podre está se fazendo sentir em nosso Partido na Alemanha, não tanto entre as massas como entre os líderes (classes superiores e "trabalhadores"). O compromisso com os lassalleanos levou a um compromisso com outros elementos parciais também: em Berlim (como *Most*) com Dühring e seus "admiradores", mas também com todo um bando de estudantes semiamadurecidos e doutores diplomados supersábios que querem dar ao socialismo uma orientação "mais alta, idealista", isto é, substituir sua base materialista (que requer estudo objetivo sério de quem quiser tentar usá-la) pela moderna mitologia com suas deusas Justiça, Liberdade, Igualdade e Fraternidade. O Dr. Hochberg, que publica *Die Zukunft*, é um representante desta tendência e "comprou sua entrada" no Partido – com a "mais nobre" das intenções, suponho, mas eu não dou a mínima para "intenções". Algo mais miserável do que este programa de *Die Zukunft* raramente foi visto à luz do dia com mais "modesta presunção".
Quando os próprios trabalhadores, como Herr Most e cia., desistem de trabalhar e se tornam *literatos profissionais*, sempre causam danos "teóricos" e estão sempre prontos a se unirem às mentes confusas da suposta casta "ilustrada". Socialismo *utópico*, especialmente, que por décadas esteve clareando as cabeças dos trabalhadores alemães com tanto esforço e trabalho – de cuja libertação os tornou teoricamente (e portanto também praticamente) superiores aos franceses e ingleses –, socialismo *utópico*, jogando com descrições fantásticas da futura estrutura da sociedade, está novamente se espalhando como fogo, e de forma muito mais infrutífera, não apenas comparado com os grandes utópicos franceses e ingleses, mas até com... Weitling. É natural que o utopismo, que *antes* da era do socialismo materialistamente crítico ocultava o último dentro de si mesmo em embrião, pode

> agora, chegando atrasado, ser apenas tolo, rançoso e reacionário desde as raízes...[82].

O Partido Social-Democrata Operário fundado no Congresso de Gotha certamente abrangia muitas espécies de socialismo: Johannes Most defendia algo muito próximo do anarquismo; socialistas "filantrópicos" eram legião, e as comunas descentralizadas e altamente igualitárias de Dühring eram muito atraentes à ala Eisenach do partido. A luta de Dühring para vencer as dificuldades causadas pela incapacidade de sua cegueira junto com seu radicalismo declarado, apesar da autoridade universitária, lhe deu uma popularidade em Berlim (onde ele ensinava) que só mais tarde seria manchada por desenvolver megalomania e antissemitismo violento. De modo geral, Dühring considerava seu ataque a Marx como sendo "da esquerda" e criticava o que ele chamava de escolasticismo hegeliano de Marx, seu determinismo econômico, sua dependência de Ricardo e a incerteza de suas ideias sobre a futura sociedade comunista. No entanto, apesar de sua caracterização espirituosa de Marx como um "velho Jovem Hegeliano", ele o prezava muito e tinha considerável estima por suas obras. Em 1877 o Congresso do Partido quase aprovou uma resolução de parar a publicação dos artigos de Engels contra Dühring. Johannes Most propôs a resolução declarando que os artigos de Engels eram "sem interesse para a maioria dos leitores do *Vorwärts*"[83]. Bebel conseguiu uma resolução de compromisso: eles seriam publicados num suplemento científico. Tendo em vista a "desmoralização do partido" causada por Liebknecht ter aberto a porta a quem quisesse, Marx deu as boas-vindas às leis antissocialistas aprovadas por Bismarck

---

82. Marx a Sorge, *MESC*, p. 309s.

83. Citado em Adamiak (1973). Este é um artigo admiravelmente pesquisado sobre os antecedentes de toda a controvérsia.

em outubro de 1878. No verão dois atentados contra a vida de Guilherme I naturalmente enfureceram Marx[84], pois deram imediatamente a Bismarck a desculpa para banir todas as organizações sociais-democratas e suas reuniões e publicações, uma proibição que seria mantida por doze anos.

O descontentamento de Marx em relação à situação na Alemanha concentrou-se mais uma vez em torno de uma nova publicação. Em agosto de 1879 apareceu o primeiro número de um *Jahrbuch* editado por três exilados em Zürich: o mesmo Hochberg que iniciara *Die Zukunft*, Karl Schramm (um jornalista social-democrata), e Eduard Bernstein, o futuro expoente do Revisionismo e um recente convertido das ideias de Dühring para as de Marx. O partido obviamente precisava de um ponto de encontro: Johannes Most começara a publicar o anarquista *Die Freiheit*; Karl Hirsch, um jornalista socialista que morava em Paris, iniciara um novo jornal chamado *Die Laterne*, publicado em Bruxelas. Hirsch foi convencido a se encarregar do editorial do planejado *Jahrbuch*, cuja preparação foi entregue aos três em Zürich: o primeiro número, porém, continha uma atitude tão quietista e reformista que Marx e Engels sentiram-se obrigados a protestar. Irritou-os também a atitude hostil dos editores de Zurique para com Hirsch por ter atacado em seu jornal um social-democrata chamado Kayser que votara a favor de proteger a indústria siderúrgica alemã. Kayser de fato consultara seus colegas antecipadamente e obteve a permissão deles de votar como votou. Marx, porém, classificou esta manobra de "cretinismo parlamentar"[85].

84. Cf. Kovalevsky, em *Reminiscences of Marx and Engels*, p. 299.

85. Marx a Sorge, *MEW*, XXXIV, p. 413.

Numa longa carta enviada a Bebel, Liebknecht e outros líderes do partido, Marx e Engels resumiram seu ressentimento. Eles rejeitavam o ponto de vista do grupo de Zürich de que a classe operária era incapaz de se emancipar, que só a reforma seria o objetivo do partido e que seu programa devia ser adiado. Esse tipo de atitude, disseram, lembrava-lhes 1848; e tais homens eram

> os representantes da pequena burguesia... cheios de ansiedade porque o proletariado, sob a pressão de sua posição revolucionária, pode "ir longe demais". Em vez de oposição política determinada, mediação geral; em vez de luta contra o governo e a burguesia, uma tentativa de convencê-los e persuadi-los; em vez de uma oposição desafiadora contra o mau tratamento de cima, submissão humilde e confissão de que a punição era merecida. Conflitos historicamente necessários são todos interpretados como equívocos, e toda discussão acaba na certeza de que depois de tudo todos concordamos no ponto principal[86].

Era naturalmente necessário que o proletariado fosse reforçado pelos convertidos burgueses. Mas estes deviam em primeiro lugar ser capazes de fazer uma contribuição valiosa para a causa proletária e, em segundo lugar, abandonar completamente seus preconceitos *petit-bourgeois*. Marx e Engels concluíam:

> Quanto a nós, em virtude de nosso passado há apenas um caminho para nós. Durante quase 40 anos acentuamos a luta de classe como a força motriz imediata da história, e particularmente a luta de classe entre burguesia e proletariado como a grande alavanca da revolução social moderna; é-nos, portanto, impossível colaborar com pessoas que querem eliminar esta luta

86. Marx e Engels a Bebel etc., *MESC*, p. 325.

> de classe do movimento. Quando a Internacional foi criada, formulamos expressamente o grito de guerra: a emancipação das classes operárias deve ser conseguida pelas próprias classes operárias. Não podemos colaborar com pessoas que abertamente declaram que os operários são incultos demais para se emanciparem e devem ser libertados de cima por filantrópicos grandes burgueses e pequeno-burgueses. Se o novo órgão do partido adotar uma linha que corresponde aos pontos de vista destes senhores, que é burguesa e não proletária, então nada resta para nós (por mais que o possamos lamentar) senão declarar publicamente nossa oposição a ele, e romper os laços de solidariedade que mantivemos até aqui em nossa representação do Partido Alemão no estrangeiro. Mas é de se esperar que as coisas não cheguem a *tal* ponto[87]...

No entanto, o *Jahrbuch* só durou dois números e em setembro de 1879 foi fundado o *Sozial-Demokrat*. Segundo Marx o novo jornal "não valia muito"[88]. Havia ainda lamentos sobre a infiltração de ideias pequeno-burguesas e as relações continuavam tensas. Isto era devido mais ao tom militar de Engels do que a Marx, com quem Liebknecht (por sua vez) achou mais fácil de lidar[89]. Mas toda a questão foi resolvida no fim de 1880 quando Bebel e Bernstein fizeram o que eles descreveram como uma "viagem a Canossa" para visitar Marx e Engels. Chegou-se a um acordo que Bernstein se encarregaria do editorial do *Sozial-Demokrat* e, um pouco para surpresa de todos, ele teve êxito nisso. (O que Marx pensava de Bernstein não foi registrado.) Apesar de todo o seu otimismo a respeito do futuro, Marx era muito mordaz a respeito da geração

87. Marx e Engels a Bebel etc., *MESC*, p. 327.

88. Marx a Sorge, *MEW*, XXXIV, p. 422.

89. Cf. Engels-Bebel, *Briefwechsel*, ed. W. Blumenberg, p. xvii.

que estava surgindo. Tomemos dois exemplos: ele observou a Engels que a obra de Dietzgen estava se deteriorando e que ele achava o caso do homem "totalmente incurável"[90]; Kautsky (que em breve se tornaria o teórico marxista líder na Alemanha) foi estigmatizado por Marx como "uma mediocridade mesquinha, esperto demais para a idade (ele só tem 26), diligente de certo modo, ocupa-se com estatísticas, mas não tira nada inteligente delas, pertencente por natureza à tribo dos filisteus"[91].

V. Rússia, França e Inglaterra

Até 1875 Marx estava extremamente cético a respeito das possibilidades de revolução na Rússia: seu otimismo imediatamente após a emancipação dos servos em 1861 durara pouco. Apesar do sucesso de *O capital* na Rússia e de sua admiração por pensadores individuais como Chernyshevsky, ele continuava a considerar o país como o sustentáculo da reação europeia, mais sujeito à pressão externa do que à subversão interna. No começo de 1877 – com a crescente tensão entre Rússia e Turquia – Marx predisse que "a Questão Oriental levaria à revolução na Rússia, seja qual for o resultado da guerra"[92]. Ele e Engels seguiam com grande atenção a guerra entre Rússia e Turquia (que ocupou a segunda metade de 1877), embora eles não fossem exatos na previsão de seu resultado. Marx estava "muito exultante com a atuação forte e nobre dos filhos de Maomé"[93]. Tanto Engels como Marx davam todo o apoio aos turcos baseados em que "estudamos o camponês

90. Marx a Engels, *MEW*, XXV, p. 31.

91. Marx a Jenny Longuet, *MEW*, XXXV, p. 178.

92. Marx a W. Freund, *MEW*, XXXIV, p. 245.

93. Jenny Marx a Sorge, *MEW*, XXXIV, p. 525.

turco – isto é, a massa do povo turco – e o descobrimos como um representante incondicionalmente mais corajoso e virtuoso do campesinato europeu"[94], e que "a derrota dos russos na Turquia europeia conduzirá diretamente a uma revolução na Rússia"[95]. Para Marx

> esta nova crise é um ponto decisivo na história europeia. A Rússia – e eu estudei sua situação a partir de fontes originais, tanto oficiais como não oficiais – já estava no limiar de uma revolução com todos os elementos prontos. Deverá começar com desafios e então haverá uma bela explosão! A não ser que a mãe Natureza seja cruel para nós, ainda experimentaremos esta alegria[96].

A derrota final dos turcos ele atribuiu à traição da Inglaterra e Áustria (cuja dissolução ele viu corretamente como inevitável)[97], e ao fracasso dos turcos em fazer sua própria revolução.

Depois do fracasso da guerra turca em abalar o sistema czarista, Marx cada vez mais punha suas esperanças na possibilidade de um movimento revolucionário dentro da Rússia. Ele estudara a situação russa muito detalhadamente – particularmente na preparação do volume III de *O capital*; com o sucesso lá do primeiro volume, era natural que os crescentes movimentos de resistência russos fossem buscar conselho com ele – conselho que ele prontamente lhes dava. Atividade política ampla era possível pela política liberal de Alexandre II após a emancipação dos servos em 1861. Os tipos mais radicais de atividade eram os vários ramos do populismo – sendo

---

94. Marx a Liebknecht, *MEW*, XXIV, p. 317.

95. Marx a Engels, *MEW*, XXXIV, p. 48.

96. Marx a Sorge, *MEW*, XXXIV, p. 296.

97. Marx a Liebknecht, *MEW*, XXXIV, p. 318.

sua característica essencial uma vontade de agir como catalisador de uma revolução apoiado nas amplas massas do campesinato e um desejo de refrear o desenvolvimento do capitalismo encontrando uma alternativa especificamente russa[98].

A questão fora aberta em 1874 por uma carta aberta de Tkatchev, um discípulo populista de Blanqui, que acusava Engels de subestimar o potencial revolucionário da *Obchtchina*, a comuna camponesa tradicional. A réplica de Engels deu a impressão de que ele considerava um estágio capitalista de desenvolvimento absolutamente necessário para a Rússia: um dos teóricos populistas principais, Mikhailovsky, atacou esta posição em 1877 – dizendo que *O capital* envolvia uma condenação dos esforços dos russos que trabalhavam por um desenvolvimento em seu país que pudesse evitar o estágio capitalista. Marx, cujos pontos de vista eram mais sutis e mais ambivalentes do que os de Engels, respondeu ele mesmo numa carta ao jornal *Notes on the Fatherland*. Ele rejeitava a acusação de Mikhailovsky: "Se a Rússia continuar a se mover no caminho que ela seguiu desde 1861, ela perderá a melhor oportunidade histórica jamais oferecida a um povo e sofrerá toda a evolução fatal do regime capitalista". E, defendendo o capítulo sobre "acumulação primitiva" em *O capital*, ele continuou:

> Se a Rússia tende a se tornar uma nação capitalista segundo o exemplo dos países da Europa Ocidental – e nestes últimos anos ela está tendo muitos problemas nesta direção – ela não será bem-sucedida sem primeiro ter transformado boa parte de seus camponeses em proletários; e depois disto, uma vez no seio do re-

98. Sobre o conceito de populismo cf. Pipes, Narodnichestvo: A Semantic Inquiry. *Slavic Review* (setembro 1964). A obra fundamental sobre o populismo russo é Venturi (1960).

> gime capitalista, ela experimentará as leis impiedosas como os outros povos profanos[99].

Em algumas notas marginais que ele escreveu sobre o livro *Estatismo e anarquia* de Bakunin no fim de 1874 Marx já chegara à conclusão de que

> onde a massa dos camponeses ainda são proprietários de propriedade privada, onde eles formam uma maioria mais ou menos importante da população... surge a seguinte situação: ou o campesinato impede qualquer revolução operária e a faz fracassar, como aconteceu na França até agora; ou o proletariado... deve como governo introduzir medidas que melhorem diretamente a situação do camponês ganhando-o assim para a revolução; medidas que facilitam essencialmente a transição da propriedade privada da terra para a coletiva de modo que o próprio camponês se converta por razões econômicas; o proletariado não deve, porém, entrar em choque com o campesinato, por exemplo, proclamando a abolição da herança ou a abolição da propriedade[100].

Marx, portanto, não rejeitava completamente a possibilidade de a Rússia evitar o estágio capitalista de desenvolvimento e expressava grande admiração pelo *Narodnaia Volya* ("A Vontade do Povo"), a ala terrorista do movimento populista, cujo objetivo expresso era esse. Seguindo o assassinato de Alexandre II em 1881 pelo *Narodnaia Volya*, Marx descreveu os terroristas como "pessoas corajosas sem nenhuma pose melodramática, diretos, realistas e heroicos". Eles estavam tentando ensinar a Europa que "o método de operação deles é especificamente russo e historicamente inevitável e que há tão pouca

---

99. Marx. *Oeuvres*, II, Paris, 1968, p. 1554.

100. Marx. Notas marginais ao *Estatismo e anarquia* de Bakunin, *MEW*, XVIII, p. 633.

razão em argumentar moralmente a favor ou contra como há no caso do terremoto de Chios"[101].

Marx tinha muito menos respeito pelos exilados populistas em Genebra (entre eles Plekhanov e Axelrod) que se opunham ao terrorismo e preferiam se concentrar na propaganda: "a fim de fazer propaganda na Rússia – eles vão para Genebra! Que *quid pro quo*! Estes senhores estão contra qualquer ação político-revolucionária. A Rússia deve dar um *salto mortale* no milênio anarquista-comunista-ateu! Enquanto isso eles preparam este salto com um maçante culto de doutrina..."[102]. Foi um dos membros desse grupo, Vera Sassoulitch, que escreveu a Marx em fevereiro de 1881, pedindo-lhe que esclarecesse especificamente sua atitude em relação ao desenvolvimento econômico russo.

> Ultimamente – escreveu ela – nós ouvimos dizer frequentemente que a comuna rural é uma forma arcaica condenada a perecer pela história, pelo socialismo científico e por tudo o que é menos sujeito a debate. As pessoas que pregam isto se declaram discípulos seus *par excellence*: "Marxistas". O argumento mais forte deles é geralmente: "Marx disse". "Mas como você deduz isto de *O capital* dele? Ele não discute nem o problema agrário nem a Rússia", foi a objeção. Seus discípulos replicam: "Ele teria dito isto se tivesse falado de nosso país"[103].

A curta resposta de Marx a este *cri de coeur* foi sibilina:

> A análise apresentada em *O capital* não oferece qualquer razão favorável ou contrária à vitalidade da comuna rural, mas o estudo especial que eu fiz dela, para

---

101. Marx a Jenny Longuet, *MEW*, XXXV, p. 179. Tinha havido um sério terremoto nesta região da Grécia na semana anterior.

102. Marx a Sorge, *MEW*, XXXIV, p. 477.

103. Sassoulitch a Marx, em: Marx, *Oeuvres*, II, p. 1556s.

> o que eu pesquisei o material em suas fontes originais, convenceu-me de que a comuna é o ponto de partida para a regeneração social da Rússia, mas que, a fim de ela funcionar como tal, seria necessário antes de tudo eliminar as influências deletérias que a assaltam de todos os lados e então garantir para ela as condições normais para um desenvolvimento espontâneo[104].

Embora a resposta de Marx fosse breve, baseava-se em três esboços muito longos que analisavam completamente o desenvolvimento da comuna camponesa e continham a conclusão mais otimista de que:

> Para salvar a comuna russa é necessária uma revolução russa. Além disso, o governo russo e os "novos pilares da sociedade" estão fazendo o máximo para preparar as massas para tal catástrofe. Se a revolução vem num momento oportuno, se ela concentrar todas as suas forças para garantir o livre-desenvolvimento da comuna rural, esta comuna logo evoluirá em elemento que regenera a sociedade russa e garante superioridade sobre os países escravizados pelo regime capitalista[105].

Em seu último pronunciamento sobre essa questão, o prefácio à tradução de 1882 do *Manifesto comunista*, Marx reiterava essa posição: "se a revolução russa se tornar um sinal para uma revolução proletária no Ocidente, de modo que se complementem mutuamente, a atual propriedade em comum da terra na Rússia pode servir de ponto de partida para uma evolução comunista"[106]. O legado doutrinal de Marx sobre essa questão vital, portanto, era fatalmente ambivalente[107].

---

104. Marx, *Oeuvres*, II, p. 1558.

105. Marx, *Oeuvres*, II, p. 1573.

106. *MESW*, I, p. 24.

107. Cf., em geral, Walicki (1969).

Na França o socialismo custou a ressurgir depois da experiência ruinosa da Comuna. Por volta de 1877 o Congresso dos Trabalhadores começou novamente a se reunir e os futuros líderes Guesde e Malon, ambos com tendência anarquista anterior, aproximaram-se de uma espécie de marxismo que eles proclamaram em seu jornal *L'Egalité*. Em outubro de 1879 foi formada a *Fédération du Parti des Travailleurs Socialistes*; e a anistia de 1880 fortificou os socialistas por permitir a volta de exilados, entre eles os dois genros de Marx. Em maio de 1880 Guesde veio a Londres para discutir um programa eleitoral com Marx, Engels e Lafargue. Marx estava de um modo geral feliz com o programa – cujo preâmbulo escreveu – pois incluía "reivindicações que de fato surgiram espontaneamente do próprio movimento operário"[108], embora ele protestasse contra a reivindicação de um salário mínimo previsto em lei (que Guesde insistia em incluir). "Se o proletariado francês é ainda tão infantil que precisa de tal engodo, não vale a pena elaborar nenhum programa"[109]. Ele também elaborou um extenso questionário para ser distribuído entre os operários franceses, revivendo assim uma ideia abordada no Congresso de Genebra em 1866 da Internacional. O questionário foi publicado na *Revue Socialiste* de Malon em abril de 1880 e 25 mil cópias foram impressas em separata[110]. A introdução insistia em que "somente os trabalhadores podem descrever com pleno conhecimento de causa os males que eles sofrem, somente eles – e não alguns salvadores providenciais – podem vigorosamente aplicar remédios às misérias sociais que eles padecem"[111].

---

108. Marx a Sorge, *MEW*, XXXIV, p. 476.

109. Marx a Sorge, *MEW*, XXXIV.

110. O questionário está reimpresso em Marx, *Oeuvres*, I, p. 1.527s. Cf. tb. Weiss (1936); Rubel (1957, p. 416s.).

111. Marx, *Oeuvres*, I, p. 1527.

Marx imaginava o empreendimento como sendo em primeiro lugar educativo no sentido de inculcar uma consciência de classe, embora não haja evidência de ter alcançado qualquer resultado. Ele duvidava que o novo partido pudesse permanecer unido por muito tempo e desta vez ele estava totalmente certo: no Congresso de St. Etienne em setembro de 1882 o partido cindiu-se nas alas reformista e revolucionária – a última liderada por Guesde, que acabou sendo atacado porque recebia ordens do "prussiano" Marx em Londres[112]. Na realidade o relacionamento entre Marx e Guesde era muito tênue, e a opinião de Marx sobre seus talvez discípulos na França era tão baixa que ele declarou a Lafargue: "o que é certo é que eu não sou marxista"[113]. Os seus dois genros de fato o desapontaram pela falta de senso político deles. Ele os rejeitou com desprezo, "Longuet como o último proudhonista e Lafargue como o último bakuninista! O diabo os carregue!"[114].

A Inglaterra era ainda o país onde as ideias de Marx causavam menos impacto. Até os Estados Unidos lhe davam mais estímulo. Ele seguiu de perto a "crise crônica" da América de 1873-1878 e estava particularmente interessado no progresso econômico dos estados mais novos como a Califórnia. Ele achava que havia uma boa possibilidade de "estabelecer um sério partido dos trabalhadores"[115] e pensava que a política governamental de apropriação da terra aliaria os negros e os fazendeiros à classe operária. Até a transferência da sede da Internacional para Nova York poderia acabar sendo opor-

112. Cf. em geral Lefranc (1963, p. 33s.).

113. Engels a Bernstein, *MEW*, XXXV, p. 388. Cf. uma observação semelhante feita por Liebknecht, citada em *K. Marx, Dokumente seines Lebens*, p. 363.

114. Marx a Engels, *MEW*, XXXV, p. 110. Cf. tb. Dommanget (1969).

115. Marx a Engels, *MEW*, XXXIV, p. 59.

tuna[116]. A classe operária britânica, porém (segundo Marx), afundara agora tanto que não era mais do que "a cauda do grande partido liberal, isto é, de seus escravizadores, dos capitalistas"[117]. E Engels, apesar de seu entusiasmo temporário por radicais da classe operária como Joseph Cowen, teve que prevenir Bernstein de que "no momento aqui não há nenhum movimento de classe operária no sentido continental"[118]. No entanto, Marx persistia em seu ponto de vista de que na Inglaterra era possível uma transição pacífica para o socialismo.

> Meu partido (ele escreveu em 1880) não considera uma revolução inglesa *necessária*, mas – de acordo com os precedentes históricos – *possível*. Se a evolução inevitável se transformar em revolução, não seria culpa apenas das classes dominantes, mas também da classe operária. Qualquer concessão pacífica das primeiras foi tirada delas por "pressão de fora". A ação delas acompanha aquela pressão e se a última estiver mais ou menos enfraquecida, é apenas porque a classe operária inglesa não sabe exercer o seu poder e usar suas liberdades, possuindo ambos legalmente[119].

Principalmente depois da Comuna, Marx começou a ser mais conhecido na sociedade inglesa. Durante a crise oriental de 1877 ele disse que publicou muitos artigos não assinados na "imprensa londrina em voga", atacando a política russa de Gladstone, tudo por intermédio de Maltman Barry, seu velho conhecido da Internacional. Ele também estava usando Barry para convencer os membros do Parlamento que "levantariam as mãos com horror se soubessem que na

116. Marx a Engels, *MEW*, XXXIV.

117. Marx a Liebknecht, *MEW*, XXXIV, p. 320.

118. Engels a Bernstein, *MEW*, XXXIV, p. 378.

119. Marx a Hyndman, em: Hyndman, *Record of an Adventurous Life*, p. 283. Cf. tb. *MEW*, XXXIV, p. 498.

realidade era o 'Red-Terror-Doctor (Doutor-Terror-Vermelho)', como eles gostam de me chamar, que estava sussurrando em seus ouvidos"[120]. No começo de 1879 o "Red-Terror-Doctor" chamou a atenção de ninguém menos do que a filha mais velha da rainha Victoria, que estava casada com o príncipe herdeiro alemão. Ela pediu a Sir Mountstuart Grant Duff, um membro liberal do Parlamento que fora subsecretário para a Índia, para se encontrar com Marx e lhe dar a sua opinião a respeito dele; ele então arranjou um almoço com Marx no Devonshire Club em St. James's Street. As impressões gerais de Grant Duff, segundo relato dele à princesa herdeira, foram as seguintes:

> Ele é um homem baixo, diria até pequeno, com cabelos e barba grisalhos que contrastam estranhamente com seu bigode ainda muito negro. O rosto é arredondado; a testa é bem formada e alta – os olhos um tanto duros, mas a expressão toda mais agradável que não, de modo algum a de um cavalheiro que tem por hábito comer bebês em seus berços – que eu suponho que é a ideia que a polícia faz dele. Sua conversa foi a de um homem bem-informado, e até erudito – muito interessado em gramática comparativa que o levou ao eslavo antigo e a outros estudos incomuns e usava muitas expressões pitorescas e um pouco de humor seco, e quando fala da "Vida do Príncipe Bismarck" de Hezechiall ele sempre se refere a ela, em contraste com o livro do Dr. Busch, como o *Antigo* Testamento. Foi tudo muito *positif*, um tanto cínico – sem nenhuma mostra de entusiasmo – interessante, e muitas vezes, como eu pensava, mostrando ideias muito corretas quando está conversando sobre o passado e

120. Marx a Sorge, *MEW*, XXXIV, p. 296.

> o presente, mas vagas e insatisfatórias quando se volta para o futuro[121].

Eles conversaram durante três horas: sobre a Rússia onde Marx esperava "um grande mas não distante estouro" e a Alemanha onde lhe parecia fortemente possível uma sublevação no exército. Marx ainda explicou que a revolução socialista seria uma questão a prazo muito longo e expressou seu alívio de que o provável assassino do imperador alemão, Nobiling, não o tinha, como planejara, visitado em Londres antes. A conclusão geral de Grant Duff foi: "Não será Marx, quer ele queira ou não, que virará o mundo de cabeça para baixo"[122].

O socialista inglês com quem Marx tinha mais contato em seus últimos anos foi H.M. Hyndman, o fundador da Federação Social-Democrata, e um homem de consideráveis recursos particulares[123]. Tendo lido a versão francesa de *O capital* numa viagem à América, ele estava ansioso por encontrar-se com Marx, a quem ele foi devidamente apresentado por Karl Hirsch no começo de 1880[124]. Regularmente durante o ano seguinte Marx, acompanhado por Eleanor, jantaria com Hyndman em sua elegante casa em Devonshire Place; e Hyndman por sua vez o visitaria (reverenciando-o como "o Aristóteles do século XIX")[125] e conversavam durante horas – andando ambos a passos largos pelo escritório de Marx. Hyndman acreditava numa revolução pacífica na Inglaterra e alguns pontos de vista seus eram claramente patrioteiros; mas ao

121. A Meeting with Karl Marx. *Times Literary Supplement* (15 de julho de 1949, p. 464).

122. A Meeting with Karl Marx. *Times Literary Supplement* (15 de julho de 1949).

123. Cf. Tzuzuki (1962).

124. Hyndman. *Record of an Adventurous Life*, p. 269s.

125. Hyndman. *Record of an Adventurous Life*, p. 271.

menos ele entendia (em certa medida) a teoria trabalhista de valor; e ele era também violentamente antirrusso, o que proporcionava um dos mais poderosos elos entre os dois homens. A amizade terminou, contudo, com uma violenta briga em junho de 1881. Hyndman acabara de publicar *The Textbook of Democracy: England for All* (O manual da democracia: Inglaterra para todos) que defendia um império autônomo descentralizado em que a reforma fosse preferentemente introduzida pelo rico e poderoso. Os dois capítulos do livro que tratavam do trabalho e do capital citavam muito *O capital* e ele devidamente reconheceu no prefácio seu débito nisto "para com a obra de um grande pensador e um escritor original"[126] – mas não mencionou o nome de Marx. O livro foi distribuído na reunião de fundação da Federação Democrática. Marx estava irritado porque Hyndman não fez um agradecimento específico de sua obra e estava aborrecido porque suas ideias apareceram num livro com cuja abordagem geral ele não simpatizava. Quando Hyndman se desculpou argumentando que muitos ingleses teriam menos simpatia pelas ideias se eles soubessem que eram de Marx e que de qualquer forma os ingleses não aprendem facilmente de estrangeiros, Marx ficou mais irritado ainda e escreveu – com grande prazer – uma repreensão ferina que acabou com a amizade[127].

Marx foi confortado, porém, com o aparecimento em dezembro de 1881 de um panfleto na série *Leaders of Modern Thought* (Líderes do Pensamento Moderno) dedicado a ele e escrito por Ernest Belfort Bax, um positivista e jornalista ami-

---

126. Hyndman, *Record of an Adventurous Life*, p. 285.

127. Cf. Marx a Eleanor Marx, *MEW*, XXXV, p. 422. A correspondência está reimpressa, com mais detalhes, em Bottigelli (1960, p. 636s.). Marx parece ter se desentendido com J. S. Stuart-Glennie, outro socialista "Tory" (conservador), pelos mesmos motivos. Cf. Tzuzuki (1967, p. 53s.).

go de Hyndman. Havia muitos erros na biografia de Marx e na apresentação de suas ideias econômicas, no entanto era "a primeira publicação inglesa imbuída de entusiasmo real pelas novas ideias e que as apresentava intrepidamente aos filisteus britânicos"[128]. Ele ficou muito satisfeito com a publicidade feita nos cartazes de West End de Londres e com a alegria que isto trouxe a Jenny dois dias antes da morte dela. Paradoxalmente, Marx continuava pouco conhecido no país em que ele viveu e trabalhou a maior parte de sua vida. Seu necrológio no *The Times* continha os mais ridículos erros e quando a edição inglesa de *O capital* finalmente apareceu em 1894 a sua venda na Inglaterra e nos Estados Unidos juntos nos primeiros anos foi extremamente fraca. Não é de surpreender que as últimas palavras registradas de Marx a respeito da Inglaterra fossem: "Ao diabo com os ingleses"[129].

Com a partida da Família Longuet em fevereiro de 1881 Marx começou os dois últimos solitários anos de sua vida. A separação foi extremamente dolorosa: os netos eram para Marx "fonte inesgotável de vida e alegria"[130] e durante semanas depois da partida deles, como ele escreveu a Jenny, "eu muitas vezes corri para a janela ao ouvir vozes de crianças... esquecendo, por um momento, de que elas estão do outro lado do Canal"[131]. Ele tinha cada vez menos tempo para companhia externa e achava que "é horrível ser tão 'velho' que só possamos prever em vez de ver", particularmente quando os recém-nascidos "têm diante deles o período mais revolucionário com que os homens jamais se confronta-

128. Marx a Sorge, *MEW*, XXXV, p. 248. Cf. ainda Pierson (1973, p. 59s.).

129. Marx a Eleanor Marx, *MEW*, XXXV, p. 422.

130. Marx a Danielson, *MEW*, XXXV, p. 154.

131. Marx a Jenny Marx, *MEW*, XXXV, p. 177.

ram"[132]. A saúde de Jenny continuava a se deteriorar, embora Marx consultasse os melhores médicos de Londres. Ela ainda tinha forças para ir ao teatro ocasionalmente, mas passava longos períodos na cama agarrando-se desesperadamente a uma vida que ela sabia que estava se abatendo. Em julho Marx a levou a Eastbourne por três semanas onde ela ficou numa cadeira de rodas. No mês seguinte eles decidiram ir a Argenteuil, um subúrbio no oeste de Paris, para fazer uma longa visita a Jenny, que estava sofrendo de asma. Depois de três semanas, porém, Marx recebeu notícias de que Eleanor estava sofrendo uma séria depressão nervosa e eles voltaram imediatamente a Londres, seguidos alguns dias depois por Jenny e Lenchen.

VI. Os últimos anos

Um semestre inteiro antes da morte dela em dezembro de 1881 estava claro que a esposa de Marx estava morrendo. Ele mesmo tivera um sério revés em outubro. Por dois meses ele ficou de cama com bronquite. Engels temia que ele pudesse morrer e Eleanor ficava sentada à cama dele durante muitas noites. Jenny estava num quarto ao lado, mas durante três semanas Marx não pôde visitá-la. Eleanor escreveu mais tarde:

> Foi um tempo terrível. Nossa querida mãe estava deitada no grande quarto da frente, o Mouro no pequeno quarto de trás. E os dois, que eram tão habituados um ao outro, tão próximos um do outro, nem sequer podiam estar juntos no mesmo quarto. Nossa querida velha Lenchen... e eu devíamos cuidar de ambos... Nunca esquecerei a manhã em que ele se sentiu forte bastante para ir ao quarto da mãe. Quando ficaram juntos ficaram jovens de novo – ela uma jovem moça

132. Marx a Jenny Marx, *MEW*, XXXV, p. 186.

> e ele uma juventude amorosa, ambos no limiar da vida, não um velho devastado pela doença e uma velha moribunda separando-se para sempre[133].

As dores insuportáveis características do câncer somente apareceram nos últimos dias e foram tratadas com morfina. Quando ela morreu no dia 2 de dezembro ela era "uma dama indo dormir, seus olhos mais cheios, mais bonitos, mais brilhantes do que nunca"[134]. A última palavra que ela falou ao marido foi: Bem. O médico de Marx proibiu-o de participar do funeral, mas ele se consolou com o fato de que no dia antes de morrer Jenny comentara, com referência às cerimônias fúnebres, "nós não somos tais pessoas *exteriores*"[135]. Marx nunca se recuperou da morte de Jenny. Ao vê-lo imediatamente depois, Engels observou a Eleanor que "o Mouro também morreu". Marx podia apenas se refugiar nos problemas de sua própria saúde pois "o único antídoto eficaz contra tristezas do espírito é a dor corporal"[136]. Meissner escreveu que era necessária uma terceira edição de *O capital*, volume I, mas Marx não tinha mais coragem para trabalhar nele.

Tendo se recuperado parcialmente de sua doença, Marx se sentia duplamente aleijado, "moralmente pela perda de minha esposa, e fisicamente pelo engrossamento da pleura"[137]. Ele decidiu ir mais uma vez à beira-mar em janeiro de 1882 e levou Eleanor com ele a Ventnor. Sua tosse e catarro bronquial eram constantes e Eleanor teve um pobre companheiro: ela estivera próxima de um colapso nervoso desde o verão anterior, depois de uma proposta de casamento do populista

---

133. Eleanor Marx a Liebknecht, *Reminiscences*, p. 127.

134. Marx a Jenny Marx, *MEW*, XXXV, p. 241.

135. Marx a Jenny Marx, *MEW*, XXXV, p. 240.

136. Marx a Jenny Marx, *MEW*, XXXV.

137. Marx a Sorge, *MEW*, XXXV, p. 247.

russo Leo Hartmann. Ela estava na agonia do rompimento de seu noivado com Lissagaray e desesperada por jamais ter a possibilidade de se estabelecer no teatro. Quando os amigos dela em Londres souberam de seu estado, Dollie Maitland se apressou em ir a Ventnor para ajudar. Não teve êxito. Além de ser absolutamente incapaz de se divertir sozinha, Dollie fazia infindáveis fofocas a Marx, que estava magoado porque sua filha buscara ajuda em outros e ansioso de que ela não "fosse sacrificada no altar da família como 'companheira' de um velho"[138]. Eleanor certamente tinha a impressão de que seu pai não apreciava sua tensão mental e que achava que ela estava alimentando sua enfermidade às custas da família dela.

Desiludido por Eleanor e Ventnor, com Jenny ocupada demais com seus bebês para ajudá-lo e Laura egoísta demais, Marx cedeu à pressão de Engels e de seu médico e foi para a Argélia. Ele se apressou a deixar Londres pois achava intolerável a turbulenta companhia de Engels. "O bom velho Fred", ele escreveu a sua filha Jenny, "pode facilmente matar qualquer um por falta de amor"[139]. Marx passou dois meses e meio sozinho em Argel num pequeno hotel com vista para a baía. A estação estava excepcionalmente fria e úmida; seus pensamentos eram "em grande parte absorvidos por lembranças de minha esposa, tal como uma parte da minha melhor parte da vida!"[140]; e todas as suas cartas a Engels e a suas filhas estavam cheias de detalhes rebuscados sobre sua saúde e o tempo que (no fim de sua estada) ficou suficientemente quente para persuadi-lo a cortar o cabelo e a barba. Suas cartas começaram a ter erros de ortografia e gramática – resultado do "obscure-

---

138. Marx a Engels, *MEW*, XXXV, p. 35.

139. Marx a Jenny Marx, *MEW*, XXXV, p. 289.

140. Marx a Engels, *MEW*, XXXV, p. 46.

cimento da mente"[141] produzido pela morte de Jenny e pela doença dele. Marx deixou Argel em maio de 1882 e foi para Monte Carlo onde ficou um mês, mas sua pleurisia e bronquite não davam sinais de diminuir.

Aos 6 de junho ele partiu para Argenteuil para ficar com Jenny pelos próximos três meses, procurando descanso "no barulho das crianças, este 'mundo microscópico' que é muito mais interessante do que o 'macroscópico'"[142]. A casa de Jenny, porém, estava longe de ser capaz de dar a paz que Marx procurava. Ela estava esperando outro bebê para meados de setembro e não encontrava apoio em seu marido, que ela criticava amargamente: o pouco tempo que Longuet passava em casa ele passava na cama, estando preocupado com suas atividades políticas em Paris, que Marx considerava tão fúteis como as de Lafargue. Longuet foi também indelicado o bastante para convidar Roy (o tradutor francês de *O capital*) a Argenteuil; diante da opinião de Marx sobre a capacidade dele, naturalmente houve grande constrangimento.

Durante o verão de 1882 os outros membros da família de Marx foram atraídos para Paris: Lenchen chegou em junho para ajudar Jenny, e tanto Eleanor como Laura chegaram pouco depois. Quando Laura ainda estava em Londres, Marx lhe escrevera dizendo que era seu "dever acompanhar o velho das montanhas" quando ele foi a Vevey na Suíça em setembro. Laura concordou e, enquanto estavam lá, Marx prometeu-lhe todos os seus documentos da Internacional para ela escrever sua história e abriu a possibilidade de ela fazer a tradução inglesa de *O capital*[143]. Eles voltaram a Argenteuil depois que Jenny deu à luz sua única filha. Totalmente diferente de suas

141. Marx a Engels, *MEW*, XXXV, p. 105.

142. Marx a Jenny Marx, *MEW*, XXXV, p. 330.

143. Cf. *Engels-Lafargue Correspondence*, I, p. 142.

relações com Laura, Eleanor se dava bem com Jenny e desenvolveu em Argenteuil capacidades que estavam totalmente adormecidas em Londres. Mas ela também partiu no fim de agosto e levou o filho mais velho de Jenny, Johnny, de volta para a Inglaterra onde por diversos meses ela atuou com firmeza exemplar como uma segunda mãe para ele.

Ao voltar da Suíça, Marx sentiu que não podia mais sobrecarregar Jenny e voltou para Londres – apenas para partir mais uma vez para Ventnor, sozinho, no fim de outubro. Ele sentia-se um pouco melhor de saúde e ficou bebendo rum com Engels até uma da manhã na véspera de sua partida. Na ilha Wight ele passava longas horas andando pelas colinas. Sua crescente solidão o levou a pedir a Laura para vir viver com ele. Somente de vez em quando reacendia agora a faísca do antigo fogoso Marx – quando, por exemplo, ele foi repentinamente notificado do sucesso de suas teorias na Rússia; ele comentou com excitação: "Prejudiquei um poder que, junto com a Inglaterra, é o verdadeiro baluarte da velha sociedade"[144]. Entrementes em Argenteuil a situação de Jenny estava deteriorando-se. Já desde o começo de abril ela sofria continuamente de fortes dores do que parecia ser câncer na bexiga. Ela tinha quatro filhos pequenos para cuidar além de um marido que só gritava com ela e nada fazia para ajudar. Sua sogra a culpava pelas dívidas da casa de Longuet e insistia continuamente com ela para que fosse trabalhar. Quando os Lafargue vieram visitá-la no começo de janeiro, eles a encontraram "mergulhada num entorpecimento quebrado por pesadelos e sonhos fantásticos". Ela logo começou a delirar e morreu aos 11 de janeiro de 1883, aos 38 anos de idade. Coube a Eleanor informar a seu pai. "Vivi muitos momentos

---

144. Marx a Laura Marx, *MEW*, XXXV, p. 408.

tristes", escreveu ela, "mas nenhum tão mau como aquele. Eu sabia que estava levando a meu pai a sentença de morte dele. Durante todo o longo ansioso caminho, eu quebrava a cabeça para encontrar um meio de lhe dar a notícia. Mas não era necessário, meu rosto me traía. O Mouro falou imediatamente 'nossa Jennychen morreu'"[145].

Irremediavelmente despedaçado pela morte de sua "primogênita, a filha que ele mais amava"[146], Marx voltou a Londres para morrer.

Em sua viagem de volta a Londres a rouquidão, resultado da laringite, impediu Marx de falar muito. Lenchen preparava para ele os melhores pratos tentando restaurar seu apetite e lhe dava constantes banhos de mostarda para aquecer-lhe os pés. Ele bebia meio litro de leite por dia e uma garrafa de conhaque durante quatro dias. Ele lia alternadamente: catálogos editoriais quando não estava bem e novelas francesas quando seu interesse intelectual ressurgia. Uma úlcera no pulmão complicou sua bronquite. No fim de fevereiro ele estava confinado a seu quarto com o vento nordeste trazendo constante geada e neve. Aos 10 de março Engels relatou a Laura que o médico achava que a saúde de Marx finalmente melhorara um pouco e que tudo estaria bem se ele aguentasse os próximos dois meses. Na manhã do dia 13 ele tomou vinho, leite e sopa. Mas quando Engels chegou em sua visita diária no começo da tarde ele encontrou a cena que tanto temera:

> A casa estava em lágrimas, parecia que chegara o fim. Pedi informação, tentei ter um quadro realista da situação e oferecer conforto. Houvera uma pequena hemorragia e iniciara-se uma repentina deterioração. Nossa boa velha Lenchen, que cuidou dele como ne-

---

145. Eleanor Marx a Liebknecht, *Reminiscences*, p. 126.

146. Eleanor Marx a Liebknecht, *Reminiscences*.

> nhuma mãe jamais cuidou de seu filho, subiu e desceu novamente: ele estava meio dormindo, poderia ir com ela? Quando entramos, ele estava lá sentado dormindo, mas para nunca mais despertar. Em dois minutos ele tinha falecido calmamente e sem sofrimento[147].

Resumindo seu desdém pela sociedade burguesa e seu internacionalismo, Marx morreu tanto sem testamento como sem pátria. Seus papéis foram selecionados por suas filhas e Engels antes de serem divididos entre os sociais-democratas alemães e os comunistas de Moscou. Marx foi enterrado no cemitério Highgate aos 17 de março de 1883. Sua sepultura malconservada ficava num canto afastado do cemitério até que em 1956 foi erguido um grande bloco de mármore tendo em cima uma cabeça em ferro fundido.

---

147. Engels a Sorge, *MEW*, XXXV, p. 460.

9
Epílogo

Para concluir, aqui estão descrições de várias pessoas que conheceram Marx pessoalmente. Elas são interessantes tanto pela divergência como pela revelação que cada uma apresenta. A elas segue-se o próprio relato de Marx sobre si mesmo conforme feito no jogo vitoriano de "confissões".

O aristocrata russo

Marx era o tipo de homem que é feito de energia, vontade e convicção inabalável. Ele era mais notável em sua aparência. Tinha os cabelos muito negros e mãos cabeludas, seu paletó estava sempre abotoado errado; mas ele tinha o aspecto de um homem com direito e poder de exigir respeito, não importava como ele aparecesse diante de você e o que ele fizesse. Seus movimentos eram desajeitados, mas convictos e confiados, suas maneiras desafiavam as convenções comuns nas relações humanas, mas elas eram dignificadas por algo altivo; sua voz agudamente metálica adaptava-se maravilhosamente aos julgamentos radicais que ele fazia das pessoas e coisas. Ele sempre falava em palavras imperativas que não tolerariam contradição e se tornavam mais agudas pela impressão quase dolorosa do tom que perpassava tudo o que ele dizia. Esse tom expressava a convicção firme de sua missão de dominar as mentes dos homens e prescrever-lhes suas leis. Diante de mim estava a incorporação de um ditador democrático como alguém poderia imaginar num sonho durante o dia.

P. Annenkov, Eine russische Stimme über Karl Marx.
Die neue Zeit (1883)

O senador americano

Ele não teria muito mais de 30 anos neste tempo, mas já era a cabeça reconhecida da escola socialista avançada. O homem um tanto atarracado, com testa larga, cabelos e barba muito negros e olhos faiscantes escuros, imediatamente atraía a atenção geral. Ele gostava muito da reputação de ter adquirido grande conhecimento... As declarações de Marx eram de fato cheias de sentido, lógicas e claras, mas nunca vi um homem cujo procedimento era tão provocador e intolerável. Ele jamais se deu à honra de sequer levar em consideração qualquer opinião que fosse diferente da sua. Qualquer um que o contradissesse era tratado como objeto de desprezo; ele tratava todo argumento de que não gostava ou com desprezo mordaz pela ignorância insondável que o movia, ou lançando opróbrios sobre as razões de quem o apresentava. Eu me lembro claramente do cortante desdém com que ele pronunciava a palavra *burguês*: e de burguês – isto é, um exemplo detestável da mais profunda degeneração mental e moral – ele chamava qualquer um que ousasse opor-se a suas opiniões.

The Reminiscences of Karl Schurz.
Londres, 1909, I, p. 138s.

O tenente prussiano destituído

Primeiro bebemos vinho do *Porto*, depois vinho claret que é um bordeaux tinto, finalmente champanhe. Depois do vinho tinto Marx ficou completamente bêbado. Era exatamente o que eu queria porque nestas ocasiões ele se tornava muito mais franco do que provavelmente seria de outro modo. Eu descobri a verdade sobre certas coisas que de outro modo continuariam meras suposições. Apesar de seu porre, Marx dominou a conversa até o último momento.

A impressão que ele me causou foi a de alguém que possuía uma rara superioridade intelectual, e ele era evidentemente um homem de uma personalidade excepcional. Se seu coração se igualasse a seu intelecto, se ele possuísse tanto amor quanto possui ódio, eu atravessaria o fogo por ele, mesmo que no fim ele mostrasse seu completo e franco desprezo por mim, e tivesse sugerido anteriormente seu desprezo de passagem. Ele era o primeiro e apenas um entre nós todos a quem eu confiaria a liderança, pois era um homem que nunca se perdia em pequenos assuntos quando tratava de grandes eventos.

Mas é de se lamentar, tendo em vista os nossos objetivos, que este homem com seu intelecto esplêndido não tivesse nobreza de alma. Estou convicto de que uma ambição pessoal perigosíssima consumiu todo o bem nele. Ele ri dos tolos que papagueiam seu catecismo proletário como ele ri dos comunistas *à la* Willich e dos burgueses. As únicas pessoas que ele respeita são os aristocratas, os genuínos, os que estão bem cônscios de sua aristocracia. A fim de evitar que eles governem, ele precisa de sua própria fonte de força, que ele só pode encontrar no proletariado. De acordo com isso ele preparou sob medida seu sistema para eles. Apesar de todas as suas garantias do contrário, a dominação pessoal era o objetivo de todos os seus esforços.

Engels e todos os seus antigos aliados, apesar de muito bem-dotados, estão muito atrás e abaixo dele; e se eles ousassem esquecer isto por um momento, ele os punha de volta em seu lugar com uma insolência vergonhosa digna de um Napoleão.

Techow a Schimmelpfennig,
em: K. Vogt, *Mein Prozess*. Genebra, 1859, p. 151s.

O discípulo fiel

Ninguém seria mais bondoso e mais justo do que Marx ao dar aos outros o que lhes era devido. Ele era grande demais para ser invejoso, ciumento ou vaidoso. Mas ele tinha tanto um ódio mortal pela falsa grandeza e pretensa fama de arrogante incapacidade e vulgaridade como por qualquer espécie de engano ou pretexto.

De todos os grandes, pequenos e médios homens que eu conheci, Marx é um dos poucos que era isento de vaidade. Ele era grande demais e forte demais para ser vaidoso, bem como orgulhoso demais. Ele nunca assumia uma atitude, era sempre ele mesmo. Ele era incapaz como uma criança de usar uma máscara ou de fingir. Enquanto razões sociais ou políticas não tornassem isto indesejável, ele sempre se expressava livremente e sem nenhuma reserva e seu rosto era o espelho de seu coração. E quando as circunstâncias exigiam moderação, ele mostrava uma espécie de embaraço infantil que muitas vezes divertiu seus amigos.

Ninguém seria mais sincero do que Marx – ele era a sinceridade encarnada. Bastava olhar para ele e sabia-se com quem se haveria de lidar. Em nossa sociedade "civilizada", com seu estado perpétuo de guerra, não se pode sempre dizer a verdade pois seria fazer o jogo do inimigo ou arriscar ser enviado ao ostracismo. Mas mesmo que seja muitas vezes desaconselhável falar a verdade, não é sempre necessário dizer uma inverdade. Eu não devo sempre dizer o que penso ou sinto, mas isto não significa que eu deva dizer o que eu não sinto ou penso. A primeira é sabedoria, a última é hipocrisia. Marx nunca foi hipócrita. Ele era absolutamente incapaz disso, exatamente igual a uma criança ingênua. A mãe dele sempre o chamava de "meu bebê grande", nem mesmo Engels conhecia-o ou o entendia melhor do que ela. De fato, quando ele estava no que geralmente se determina de sociedade, em que todas as coisas são julgadas pela aparência e se deve fazer violência aos sentimentos próprios, nosso "Mouro" era como um menino grande e ele podia ficar embaraçado ou vermelho como uma criança.

W. Liebknecht, *Karl Marx, Biographical Memoirs.*
Chicago, 1901, p. 93s.

O oponente anarquista

Nós nos víamos bastante frequentemente e eu o admirava muito pelo seu conhecimento e pela sua dedicação apaixonada e séria à causa do proletariado, embora ele sempre tivesse nisso uma mistura de vaidade pessoal; e eu ansiava conversar com ele, que era instrutivo e espirituoso enquanto não era inspirado por despeito insignificante – o que infelizmente acontecia muito frequentemente. Mas nunca houve intimidade verdadeira entre nós. Nossos temperamentos não combinavam. Ele me chamava de idealista sentimental; e ele estava certo. Eu o chamava de vaidoso, traiçoeiro e soturno; e eu também estava certo.

M. Bakunin, em: M. Nettlau, *M. Bakounine, Esquisse biographique avec extraits de ses oeuvres.*
In Folio, Biblioteca Nacional, Paris, 1901, p. 71.

A filha adorada

Para aqueles que conheceram Karl Marx nenhuma lenda é mais engraçada do que a que comumente o representa como um homem soturno, amargo, inflexível, inabordável, uma espécie de Júpiter Tonans, sempre lançando trovões, nunca se soube que tivesse sorrido, sentado indiferente e sozinho no Olimpo. Esta representação da mais jovial, da mais alegre alma que jamais respirou, de um homem transbordante de humor, de bom humor, cuja risada cordial era contagiosa e irresistível, do mais bondoso, mais gentil, mais simpático dos companheiros, é uma maravilha – e uma diversão – permanente daqueles que o conheceram.

Em sua vida familiar, como em suas relações com amigos, e até com conhecidos, penso que se poderia dizer que as principais características de Karl Marx eram seu bom humor ilimitado e sua simpatia sem fim. Sua bondade e paciência eram realmente magníficas. Um homem menos dócil ficaria geralmente furioso com as constantes interrupções, as constantes exigências feitas a ele por todos os tipos de pessoas...

Àqueles estudantes da natureza humana não será estranho que este homem, que era tão lutador, fosse ao mesmo tempo o mais bondoso e o mais gentil dos homens. Eles entenderão que ele podia odiar tão ferozmente apenas porque ele podia amar tão profundamente; que se sua pena mordaz podia tão seguramente prender uma alma no inferno como o próprio Dante, era porque ele era tão veraz e terno; que, se seu humor sarcástico podia morder como um ácido corrosivo, este mesmo humor podia ser como um bálsamo para os preocupados e aflitos.

Eleanor Marx, em: *Reminiscences of Marx and Engels.*
Moscou, s.d., p. 205s.

O cavalheiro inglês

A primeira impressão que tive de Marx, ao vê-lo, foi a de um homem potente, hirsuto, indomado, pronto, para não dizer ávido, a entrar em conflito e um tanto desconfiado de um ataque imediato.

Quando falava com indignação feroz da política do Partido Liberal, especialmente em relação à Irlanda, os pequenos olhos profundos do velho guerreiro acendiam, franzia suas pesadas sobrancelhas, seu nariz e rosto largos, fortes, moviam-se obviamente pela paixão, e ele derramava uma torrente de denúncia vigorosa, que mostrava tanto o ardor de seu temperamento como o domínio maravilhoso que ele tinha de nossa língua. O contraste entre sua maneira e expressão quando assim profundamente excitado pela raiva e sua postura quando apresentava seus pontos de vista sobre eventos econômicos da época era muito marcante. Ele mudava do papel de profeta e denunciador veemente ao de filósofo calmo sem qualquer esforço aparente, e eu senti desde o início que neste último terreno poderia passar um ano antes que eu deixasse de ser um estudante na presença de um mestre.

H.M. Hyndman, *Record of an Adventurous Life*.
Londres, 1911, p. 269s.

Confissão de Marx

Sua virtude favorita	Simplicidade
Sua virtude favorita no homem	Força
Sua virtude favorita na mulher	Fraqueza
Sua característica principal	Singeleza de propósito
Sua ideia de felicidade	Lutar
Sua ideia de miséria	Submissão
O vício que você mais desculpa	Credulidade

O vício que você mais detesta	Servilismo
Sua aversão	Martin Tupper[1]
Ocupação favorita	Ler
Poeta favorito	Shakespeare, Ésquilo, Goethe
Escritor favorito	Diderot
Herói favorito	Spartacus, Kepler
Heroína favorita	Gretchen
Flor favorita	Flor do loureiro
Cor favorita	Vermelho
Nome favorito	Laura, Jenny
Prato favorito	Peixe
Máxima favorita	*Nihil humani a me alienum puto*[2]
Lema favorito	*De omnibus dubitandum*[3]

1. Escritor popular vitoriano.

2. Nada de humano considero alheio a mim.

3. Deve-se duvidar de tudo.

Apêndices

Tabela cronológica

Os escritos de Marx, tanto livros como artigos, que não foram publicados durante sua vida, estão em negrito; os que foram publicados durante sua vida estão em caixa-alta.

	HISTÓRIA	ESCRITOS	PESSOAL
1818			Nascimento
1824			Batismo
1830	Lei da Grande Reforma		Entrou na escola de gramática
1835	*Zollverein* na Alemanha		Entrou na Universidade de Bonn
1836			Entrou na Universidade de Berlim
1837	Iniciou o reinado de Vitória	**Cartas a seu pai**	
1838	Surgimento do Cartismo	**Tese Doutoral**	Morte de Heinrich Marx
1839		**Tese Doutoral**	

1840	Ascenso de Frederico Guilherme IV	**Tese Doutoral**	
1841		**Poemas**	Obteve o doutorado; mudou-se para Bonn
1842		ARTIGOS para o *Rheinische Zeitung*	Morte do Barão von Westphalen; mudou-se para Colônia como editor do *Rheinische Zeitung*
1843		**Crítica da Filosofia do Direito de Hegel**; A QUESTÃO JUDAICA	Casamento; partida para Paris (outubro)
1844		CRÍTICA DA FILOSOFIA DO DIREITO DE HEGEL: INTRODUÇÃO; **Manuscritos econômicos e filosóficos**; NOTAS CRÍTICAS sobre "O Rei da Prússia e a Reforma Social"; A SAGRADA FAMÍLIA	Nascimento de Jenny (maio); encontro com Engels (setembro)

1845		**Teses sobre Feuerbach**	Mudou-se para Bruxelas (fevereiro); visitou a Inglaterra (julho); nascimento de Laura
1846	Revogação das Leis do Trigo	**A ideologia alemã**; CIRCULAR CONTRA KRIEGE; **Carta a Annenkov**	Fundação do comitê de correspondência (janeiro); questão com Weitling (março); nascimento de Edgar (dezembro)
1847		A POBREZA DA FILOSOFIA	Juntou-se à Liga Comunista (janeiro)
1848	Ano de revoluções; corrida do ouro na Califórnia	DISCURSO SOBRE O LIVRE--COMÉRCIO; O MANIFESTO COMUNISTA; REIVINDICAÇÕES DO PARTIDO COMUNISTA NA ALEMANHA; cerca de 80 ARTIGOS para o *Neue Rheinische Zeitung*	Mudou-se para Paris (março) e para Colônia (junho) como editor do *Neue Rheinische Zeitung*

1849		SALÁRIO, TRABALHO E CAPITAL; cerca de 20 ARTIGOS para o *Neue Rheinische Zeitung*	Partiu para Paris (maio) e para Londres (agosto); Nascimento de Guido (novembro)
1850	Lei das dez horas	DECLARAÇÕES DO COMITÊ CENTRAL PARA A LIGA COMUNISTA; ARTIGOS do *Neue Rheinische Zeitung*-Revue; AS LUTAS DE CLASSE NA FRANÇA	Morte de Guido (setembro); estabeleceu-se em Dean Street (dezembro)
1851	A Grande Exposição		Nascimento de Franziska (março); nascimento de Frederick Demuth (junho)
1852	Começo do Segundo Império na França (1852/1862)	(ARTIGOS para o *New York Herald Tribune*.) O DEZOITO BRUMÁRIO DE LUÍS BONAPARTE; OS GRANDES HOMENS DO EXÍLIO	Morte de Franziska (abril); dissolvida a Liga Comunista (novembro)

1853		O PROCESSO COMUNISTA DE COLÔNIA; PALMERSTON; O CAVALEIRO DA CONSCIÊNCIA NOBRE	
1854	Guerra da Crimeia	PALMERSTON E A RÚSSIA	
1855		Cerca de 100 ARTIGOS para o *Neue Oder-Zeitung*	Nascimento de Eleanor (janeiro); morte de Edgar (abril)
1856		REVELAÇÕES SOBRE A HISTÓRIA DIPLOMÁTICA DO SÉCULO XVIII; ARTIGOS para *People's Paper* e *Free Press*	Morte da Baronesa von Westphalen (julho); mudou-se para Grafton Terrace
1857	Sublevação Indiana	**Introdução Geral**	
1857/8		**Esboço de uma Crítica da Economia Política (*Grundrisse*)**	
1858		ARTIGOS para *New American Encyclopaedia*	

1859	*Origem das Espécies* de Darwin; *Sobre a Liberdade* de Mill	PREFÁCIO A UMA CRÍTICA DA ECONOMIA POLÍTICA; CRÍTICA DA ECONOMIA POLÍTICA; ARTIGOS para *Das Volk*	
1860	Estabelecido o Reino da Itália	HERR VOGT	
1861	Começou a guerra civil norte-americana	15 ARTIGOS para *Die Presse*	Visita a Holanda e Alemanha para ver Lassalle (abril-fevereiro)
1862	Abolida a servidão na Rússia; Bismarck Ministro-Presidente na Alemanha		Lassalle visitou Londres (julho)
1862/3		**Teorias da Mais-valia**; 30 ARTIGOS para *Die Presse*; **Manuscritos sobre a Questão Polonesa**	

1863	Fundado o Partido Socialista Lassalleano (ADAV)	**O Capital** vol. II (até 1877)	Morte de Mary Burns (janeiro); morte da mãe de Marx (novembro); Marx foi a Trier (dezembro)
1864	A Primeira Internacional	DECLARAÇÃO INAUGURAL DA PRIMEIRA INTERNACIONAL **O Capital** vol. III	Mudou-se para Modena Villas (março); morte de Wolff (maio); morte de Lassalle (agosto)
1865		**Valor, Preço e Lucro**; SOBRE PROUDHON	
1866	Guerra Austríaco--prussiana	PROGRAMA PARA O PRIMEIRO CONGRESSO DA INTERNACIONAL	
1867		O CAPITAL vol. I	Marx em Hamburgo para *O Capital* (abril/maio)
1868	Primeiro Ministério de Gladstone		Casamento de Laura
1869	Fundado o Partido Social--Democrata na Alemanha		Aposentadoria de Engels; Marx visitou Kugelmann (setembro--outubro)

1870	Guerra Franco--prussiana	DUAS DECLARAÇÕES SOBRE A GUERRA FRANCO--PRUSSIANA	Engels mudou-se para Londres (setembro)
1871	Comuna de Paris; Império Alemão	A GUERRA CIVIL NA FRANÇA	
1872	Congresso da Internacional em Haia	SUPOSTAS DIVISÕES NA INTERNACIONAL; PREFÁCIO À SEGUNDA EDIÇÃO DO MANIFESTO COMUNISTA; DISCURSO EM AMSTERDAM	Casamento de Jenny
1873		PREFÁCIO À SEGUNDA EDIÇÃO ALEMÃ DE O CAPITAL vol. I	
1874		**Observações sobre Estatismo e Anarquia de Bakunin**	Marx em Karlsbad (agosto--outubro)
1875	Congresso de Gotha	CRÍTICA DO PROGRAMA DE GOTHA; EDIÇÃO FRANCESA DE O CAPITAL vol. I	Marx em Karlsbad (agosto--setembro); mudou-se para Maitland Park Road

1876			Morte de Bakunin; Marx em Karlsbad (agosto-setembro)
1877	Guerra russo-turca	CONTRIBUIÇÃO A ANTI-DÜHRING; CARTA A MIKHAILOVSKY	Marx em Neuenahr (agosto-setembro)
1878	Leis antissocialistas na Alemanha		
1879		**Carta Circular**	
1880		QUESTIONÁRIO; INTRODUÇÃO AO PROGRAMA DOS TRABALHADORES FRANCESES; **Observações sobre Wagner**	
1881		**Carta a Vera Sassoulitch; Notas sobre a Sociedade Primitiva de Morgan**	Marx em Argenteuil (agosto-setembro); morte de Jenny Marx (dezembro)
1882		PREFÁCIO À SEGUNDA EDIÇÃO RUSSA DO MANIFESTO COMUNISTA	Marx em Argel, Monte Carlo etc. (fevereiro-junho)

1883	*Assim falou Zaratustra* de Nietzsche		Morte de Jenny Longuet (janeiro); morte de Marx (março)

Bibliografia crítica escolhida

I. Em inglês

A. Textos reunidos

MARX, K. *Selected essays*. Ed. H. Stenning. Londres e Nova York, 1926, reimpresso em 1968. Abreviação: Stenning.
Uma coleção de sete ensaios do jovem Marx, a maioria deles de pouca importância.

MARX, K.; ENGELS, F. *Selected works*. Moscou, 1935, diversas reimpressões. Abreviação *MESW*. É a antologia "clássica".
Nenhum dos primeiros escritos está incluído e menos da metade do material é de Marx. Contudo apresenta uma tradução completa e fiel de muitas obras de Marx.

MARX, K. *Capital, The communist manifesto and other writings*. Ed. M. Eastman, Nova York, 1932.
Concentra-se no *Capital* excluindo completamente os primeiros escritos.

MARX, K.; ENGELS, F. *Basic writings on politics and philosophy*. Ed. L. Feuer, Nova York, 1959.
Concentra-se sobre os escritos históricos de Marx, com uma útil seleção de cartas e ensaios no fim.

MARX, K. *Selected writings in sociology and social philosophy*. Ed. T. Bottomore e M. Rubel, Londres, 1956.
De muitos modos a melhor antologia, a partir de todos os textos de Marx disponíveis em inglês ou não.

MARX, K. *Early writings*. Ed. T. Bottomore, Londres, 1963. Abreviação: Bottomore.
Contém os ensaios publicados no *Deutsch-französische Jahrbücher* e o texto completo dos "Manuscritos de Paris".

MARX, K. *Writings of the young Marx on philosophy and society*. Ed. L Easton e K. Guddat, Nova York, 1967. Abreviação: EG.
Uma coleção abrangente dos escritos de Marx de 1841 a 1847. Contém extratos de *A Sagrada Família* e *A ideologia alemã*.

MARX, K. *The essential writings of Karl Marx*. Ed. D. Caute, Londres e Nova York, 1967.
Pequenos excertos com ênfase nos aspectos filosófico e revolucionário de Marx.

MARX, K. *Marxist social thought*. Ed. R. Freedman, Nova York, 1968.
Bastante abrangente no aspecto sociológico das obras tardias de Marx. Pouca referência à economia ou aos primeiros escritos de Marx.

MARX, K. *The early texts*. Ed. D. McLellan, Oxford, 1971. Abreviação: *ET*.
Uma seleção abrangente dos escritos até e inclusive 1844, com cartas.

MARX, K. *The portable Marx*. Ed. E. Kamenka, Nova York, 1971.
Uma seleção contendo extratos mais longos e algum material recentemente traduzido.

MARX, K. *Karl Marx on economy, class and social revolution*. Ed. Z. Jordan, Londres, 1971.
Uma coleção abrangente destinada a sociólogos.

MARX, K.; ENGELS, F. *Marx-Engels reader*. Ed. R. Tucker, Nova York, 1971.
Uma versão mais equilibrada e mais curta da edição de Moscou acima.

MARX, K. *The essential writings*. Ed. R. Bender, Nova York, 1972.
Uma grande coleção, bem-organizada, com devida ênfase nos escritos econômicos.

MARX, K. *Selected writings*. Ed. D. McLellan, Oxford, 2000.
Uma seleção abrangente do conjunto todo da obra de Marx.

MARX, K. *Karl Marx: a reader*. Ed. J. Elster, Cambridge, 1986.
Uma coleção útil, abreviada.

MARX, K. *Karl Marx: early political writings*. Ed. J. O'Malley, Cambridge, 1994.
Novas traduções excelentes dos trabalhos até *A pobreza da filosofia*, inclusive.

MARX, K. *Ethnological Notebooks* (Studies of Morgan, Phear, Maine Lubbock). Ed. L. Krader, Assem, 1972.

MARX, K. *Texts on Method*. Ed. T. Carver, Oxford, 1974.

MARX, K. *Readings from Karl Marx*. Ed. D. Sayer, Londres, 1989.
Uma seleção temática dos escritos sociológicos de Marx.

MARX, K. *Selected writings*. Ed. L. Simon, Indianapolis, 1994.
Uma boa seleção, não muito extensa, com uma introdução confiável.

MARX, K. *Later Political Writings*. Ed. T. Carver, Cambridge, 1996.
Novas traduções excelentes com boa introdução.

MARX, K. *The Marx reader*. Ed. C. Pierson, Cambridge, 1997.
Abrange as principais áreas do trabalho de Marx.

MARX, K. *On suicide*. Ed. E. Plant e K. Anderson, Evanston, 1999.

MARX, K. *Marx on globalization*. Ed. D. Renton, Londres, 2001.

MARX, K. *Marx on religion*. Ed. J. Raines, Filadélfia, 2002.
Uma boa coleção que abrange mais do que o título possa sugerir.

Marx and the Anglo-Russian Relations and Other Writings. Ed. D. Riazanov, introduction by B. Pearce. Londres, 2003.

Há também coleções de textos, a maioria artigos de jornais, sobre os seguintes temas específicos:

On Britain. Londres, 1953.

On Ireland. Londres, 1970.

Marx on China. Londres, 1968.

First Indian War of Independence. Moscou, 1960.

Revolution in Spain. Londres, 1939.

On Colonialism. Moscou, 1960.

Karl Marx on Colonialism and Modernization. Ed. S. Avineri, Nova York, 1968.

On Malthus. Londres, 1953.

On Literature and Art. Bombaim, 1956.

On Religion. Moscou, 1957.

On Revolution. Ed. S. Padover, Nova York, 1971.

A Penguin publicou uma seleção em oito volumes das obras de Marx, inclusive todo o *Capital* e o *Grundrisse*. Eles têm introduções substanciais e as traduções novas são muito boas. A tradução das Obras Reunidas (*Collected Works*) de Marx e Engels, que compreenderá 51 volumes, editada por Lawrence e Wishart, começou a aparecer em 1975. A tradução é confiável, embora às vezes dura, e é acompanhada de uma riqueza de informação menos importante.

B. Cartas reunidas

MARX, K.; ENGELS, F. *Selected Correspondence*. Londres, 1934. Abreviação: *MESC*.

MARX, K. *Letters to Kugelmann*. Londres, 1934.

MARX, K.; ENGELS, F. *Letters to Americans*. Nova York, 1963.

MARX, K. *On the Eastern Question*. Londres, 1899.

MEIER, O. (ed.). *The Daughters of Karl Marx, Family Correspondence 1866-1898*. Londres, 1982.

MARX, K. *Letters on Capital*. Londres, 1983.

MARX, K. *Selected Letters*. Ed. F. Raddatz, Boston, 1981.

PADOVER, S. (ed.). *Letters of Karl Marx*. Englewood Cliffs, 1979.

C. Obras individuais

Todas as obras abaixo apareceram ou aparecerão em *Collected Works*. A lista abaixo destina-se a conferir referências e indicar traduções alternativas.

1. *School Leaving Essays*. Tradução parcial em EG, MECW, I. 3ss.

2. *Letter to his father*. EG, *ET*, MECW, I. 10ss.

3. *Doctoral Thesis*. A tese está traduzida em N. LIVERGOOD, *Activity in Marx's Philosophy*. Haia, 1967. Apêndices parcialmente traduzidos em EG, *ET*, MECW, I. 29ss.

4. *Poems 1836-1841*. Parcialmente traduzido em R. PAYNE (ed.), *The unknown Marx*. Londres, 1972. MECW, I. 517ss.

5. *Articles for Rheinische Zeitung*. Seleções em EG, *ET*, MECW, I. 109ss.

6. *Critique of Hegel's Philosophy of Right*. Traduzido e editado por J. O'Malley. Cambridge, 1970. MECW, 3. 3ss.

7. *A Correspondence of 1843*. EG, *ET*, MECW, 3. 133ss.

8. *On the Jewish Question*. Bottomore, EG, *ET*; *A World without Jews*. Ed. D. Runes, Nova York, 1959. MECW, 3. 133ss.

9. *Critique of Hegel's Philosophy of Right: Introduction*. Bottomore, EG, *ET*, MECW, 3. 175ss.

10. *1844 Manuscripts*. Tradução completa em Bottomore; também por M. Milligan, Moscou, 1959. Amplas seleções em EG, *ET*, MECW, 3. 229ss.

11. *Critical Notes on "The King of Prussia and Social Reform"*. EG, *ET*, MECW, 3. 189ss.

12. *The Holy Family*. Moscou, 1956. MECW, 4.

13. *Theses on Feuerbach*. Apêndice a *The German Ideology*. Moscou, 1968. MECW, 4.

14. *The German Ideology*. Moscou, 1968. Seleções numa edição, com introdução, por C. Arthur, Londres, 1970. MECW, 5.

15. *Circular against Kriege*. *MEW*, IV. MECW, 6. 35ss.

16. *Letter to Annenkov*. Apêndice a *The Poverty of Philosophy*. Moscou, 1956. MECW, 38. 95ss.

17. *The Poverty of Philosophy*. Moscou, 1956. MECW, 6. 105ss.

18. *Karl Grün: the social movement in France and Belgium*. *MEW*, III. MECW, 6.

19. *The communism of the Rheinischer Beobachter*. *MEW*, V. MECW, 6. 220ss.

20. *Moralising criticism and criticising moralism*. Stening. MECW, 6. 312ss.

21. *Speech on free trade*. Boston, 1888. MECW, 6. 450ss.

22. *The Communist Manifesto*. *MESW*, I; também edições separadas por D. Ryazanow, Londres, 1936; H. Laski, Londres, 1948; A. Taylor, Harmondsworth, 1967. *The Communist Manifesto*. McLellan, 1993. Carver, Cambridge, 1996. MECW, 6. 481ss.

23. *Demands of the Communist Party in Germany. The Birth of his Communist League*. Ed. D. Struik, Nova York, 1971. MECW, 7. 3ss.

24. *Articles for Neue Rheinische Zeitung*. *MEW*, V e VI. MECW, 7, 8 e 9.

25. *Wage-labour and capital*. *MESW*, I. MECW, 9. 197ss.

26. *Addresses of the Central Committee to the Communist League. March Address*: *MESW*, I; *June Address*: *MEW*, VII. MECW, 10. 277ss.

27. *Articles for Neue Rheinische Zeitung – Revue*, *MEW*, VII. MECW, 10. 241ss.

28. *The Class Struggles in France*. *MESW*, I. MECW, 10. 45ss.

29. *Articles for New Herald Tribune*. Seleções em: H. CHRISTMAN (ed.), *The American Journalism of Marx and Engels*. Nova York, 1966; *Marx on India*. Ed. R. Dutt, Londres, 1934; *Revolution in Spain*. Londres, 1939; *Marx on China*. Londres, 1968; *The Eastern Question*. Ed. E. and E. Aveling, Londres, 1897. Também as coleções acima sobre a Inglaterra, Irlanda e colonialismo. Edição completa, ed. Ferguson e O'Neil, Nova York, 1973. MECW, 11. 327ss.

30. *The Eighteenth Brumaire of Louis Bonaparte*. *MESW*, I. Carver, 1996. MECW, 11. 99ss.

31. *The Great Men of Exile. The Cologne Communist Trial*. Ed. R. Livingstone, Londres, 1970. MECW, 11. 227ss.

32. *Palmerston and Russia*. Ed. L. Hutchinson, Londres, 1970. MECW, 12. 341ss.

33. *The Knight of the Noble Conscience. The Cologne Communist Trial*. Ed. R. Livingstone, Londres, 1970.

34. *Articles for Neue Oder-Zeitung*. *MEW*, XI. MECW, 13. 554ss.

35. *Secret Diplomatic History of the Eighteenth Century*. Ed. L. Hutchinson, Londres, 1970. MECW, 14. 25ss.

36. *Articles for The People's Paper and The Free Press. MEW*, XII. MECW, 14 e 15.

37. *General Introduction to Grundrisse*. Apêndice a *A Contribution to the Critique of Political Economy*, trad. I. Stone, Chicago, 1904; *Marx's Grundrisse*. Ed. D. McLellan, Londres, 1971. MECW, 28. 17. Carver, 1996.

38. *Grundrisse*. Seleção em *Marx's Grundrisse*, ed. D. McLellan, Londres, 1971; *Pre-Capitalist Economic Formations*. Ed. E. Hobsbawm, Londres, 1964. Tradução completa: Londres e Nova York, 1973. MECW, 28 e 29.

39. *Articles for New American Cyclopaedia. MEW*, XIV. MECW, 18. 3ss.

40. *Preface to A Critique of Political Economy. MESW*, I. MECW, 15.

41. *A Critique of Political Economy*. Traduzido por I. Stone, Chicago, 1904; reedição com introdução por M. Dobb, Londres, 1970.

42. *Articles for Das Volk. MEW*, XIII. MECW, 16. *passim*. MECW, 15.

43. *Herr Vogt. MEW*, XIV. MECW, 17. 21ss.

44. *Articles for Die Presse. MEW*, XV. MECW, 19 *passim*.

45. *Theories of Surplus Value*. 3 vol., Moscou, 1968; Londres, 1969. MECW, 30, 31, 32.

46. *Manuscripts on the Polish Question*. Haia, 1963. MECW, 19.

47. *Inaugural Address and Rules for First International. MESW*, I. MECW, 20. 5ss.

48. *Capital*, Vol. 3. Traduzido por E. Untermann, Chicago, 1909; Moscou, 1972. MECW, 37.

49. *Value, Price and Profit. MESW*, I. MECW, 20. 101ss.

50. *On Proudhon. MESW*, I. MECW, 20. 26ss.

51. *Results of the Immediate Process of Production*. Em alemão em *Archiv Marksa i Engelsa*, Moscou, 1934. MECW, 34. 355ss.

52. *Capital*, Vol. 1. Traduzido por S. Moore e E. Aveling, Londres, 1887; E. Untermann, Chicago, 1906; E. C. Paul, Londres, 1928; Moscou, 1968. *Capital*, vol. I. Abridged Editions by C. Arthur. Londres, 1992; D. McLellan. Oxford, 1995. MECW, 35.

53. *Capital*, Vol. 2. E. Untermann, Chicago, 1907; Moscou, 1971. MECW, 36.

54. *Two Adresses on the Franco-Prussian War. MESW*, I. MECW, 22. 3ff. e 263ss.

55. *On the Civil War in France. MESW*, I; ed. C. Hitchens, Londres, 1971; *The Drafts* também estão contidos em K. MARX e F. ENGELS, *On the Paris Commune*. Moscou, 1971; *Writings of Marx and Engels on the Paris Commune*. Ed. H. Draper, Nova York, 1971. MECW, 22. 307ss.

56. *The Alleged Splits in the International*. Freymond, Genebra, 1962. MECW, 23. 79ss.

57. *Preface to Second German edition of Communist Manifesto. MESW*, I e outras edições. MECW, 23. 174ss.

58. *Speech at Amsterdam*, 1872. *MEW*, XVII. MECW, 23. 254ss.

59. *Afterword to Second German edition of Capital*. Ver edições de *O Capital* acima.

60. *Remarks on Bakunin's Statism and Anarchy*. H. Mayer, Marx on Bakunin: A neglected Text. *Cahiers de l'ISEA*, 1959. MECW, 24. 81ss.

61. *Critique of the Gotha Programme. MESW*, II. MECW, 24. 81ss.

62. *French edition of Capital*, Vol. 1. *Oeuvres*, ed. M. Rubel, II, Paris, 1968. MECW, 35. 24.

63. *Letter to Mikhailovsky. Basic Writings on Politics and Philosophy*. Ed. L. Feuer, Nova York, 1959. MECW, 24. 196ss.

64. *Circular Letter. MESC*. MECW, 24. 253ss.

65. *A Workers' Enquiry*. C.P.G.B., Londres, 1933. MECW, 24. 328ss.

66. *Introduction to French Workers' Programme. Oeuvres*, Paris, 1963, I. MECW, 24. 340ss.

67. *Letter to Vera Sassoulitch (and preliminary drafts).* Seleções de Marx e Engels, *The Russian Menace to Europe.* Ed. P. Blackstock e B. Hoselitz, Londres, 1953. MECW, 24. 346ss.

68. *Notes on Wagner's Textbook of Political Economy. MEW*, XIX. *Texts on Method.* Ed. T. Carver, Oxford, 1924. MECW, 24. 531ss.

69. *Preface to Second Russian editon of Communist Manifesto. MESW*, I e outras edições. MECW, 24. 425ss.

D. Comentários

ACTON, H.B. *The illusion of the epoch.* Londres, 1955.
Uma crítica ao marxismo-leninismo como credo filosófico.

ACTON, H.B. *What Marx really said.* Londres, 1967.
Uma breve exposição crítica que se concentra nas ideias de Marx sobre o materialismo histórico.

ADAMIAK, R. Marx, Engels and Dühring. *Journal of the History of Ideas*, 1973.

ADAMS, H.P. *Karl Marx in his Early Writings.* 2. ed. Londres, 1965.
A primeira análise em inglês dos primeiros escritos de Marx até então, incluindo *A Sagrada Família.* Um pouco desatualizado.

ALTHUSSER, L. *For Marx.* Londres, 1970.
Uma interpretação controversa de Marx usando conceitos estruturalistas e freudianos. Defende a ideia de uma ruptura radical entre o jovem e o velho Marx.

ALTHUSSER, L. *Reading Capital.* Londres, 1971.
Uma tentativa de analisar *O Capital* de uma maneira científica e dá importância à filosofia sublinhando-a.

APPELBAUM, R. *Karl Marx.* Beverly Hills, 1988.
Uma introdução curta, bastante abrangente e situa Marx em seu contexto.

ARCHIBALD, P. *Marx and the Missing Link: Human Nature.* Atlantic Highlands, 1984.
Uma avaliação crítica e empírica detalhada da teoria de Marx sobre a natureza humana.

ARTHUR, C. *The New Dialectic and Marx's* Capital. Leiden, 2002.
Uma defesa importante e original do sistemático método dialético de Marx em *O capital.*

ASH, W. *Marxism and Moral Concetps.* Nova York, 1964.
Uma boa introdução à questão.

AVINERI, S. From hoax to dogma: a footnote on Marx and Darwin. *Ecounter*, mar. 1967.

AVINERI, S. The Hegelian origins of Marx's political thought. *Review of Metaphysics*, setembro 1967.

AVINERI, S. *The Social and Political Thought of Karl Marx.* Cambridge, 1968.
Um livro importante e interessante que enfatiza a continuidade do pensamento de Marx desde suas primeiras formulações e a influência de Hegel.

AVINERI, S. *Hegel's Theory of the Modern State.* Cambridge, 1972.

BAILEY, C. Karl Marx and Greek Atomism. *The Classical Quarterly*, 1928.

BALL, T.; FARR, J. (ed.). *After Marx.* Cambridge, 1984.
Uma coleção excelente de ensaios, principalmente analíticos, para marcar o centenário da morte de Marx.

BARTH, K. *From Rousseau to Ritschl.* Londres, 1939.

BARZUN, J. *Darwin, Marx and Wagner.* Boston, 1946.
Bom por colocar Marx numa tradição intelectual.

BEER, M. *The life and teaching of Karl Marx.* Londres e Manchester, 1921.
Um livro pequeno; desatualizado.

BEER, M. *Fifty years of international socialism.* Londres, 1937.

BELL, D. The Debate on Alienation. *Revisionism*, 1962.

BENSAID, D. *Marx for our times: adventures and misadventures of a critique.* Nova York, 2002.
Uma discussão eclética da crítica de Marx da razão histórica, social e científica.

BERKI, R. *Insight and vision. the problem of communism in Marx's thought.* Londres, 1983.

Uma discussão original e perspicaz das ideias de Marx sobre a sociedade comunista.

BERLIN, I. *Karl Marx. His Life and Environment*. Oxford, 1939.
Uma biografia breve e agradávável.

BERNSTEIN, S. Marx in Paris, 1848: A Neglected Chapter. *Science and Society*, vol. 3 e 4, 1938 e 1940.

BLAKELEY, G.; BRYSON, V. (ed.). *Marx and Other Four Letter Words*. Londres, 2005.
Ensaios que exploram o significado e as implicações de cada conceito-chave de Marx.

BLAUNER, R. *Alienation and Freedom*. Chicago, 1964.

BLOOM, S.F. *The world of nations. A study of the national implications in the work of Marx*. Nova York, 1941.
Uma exposição dos pontos de vista de Marx sobre a posição dos estados nacionais no desenvolvimento do comunismo.

BLOOM, S. Karl Marx and the Jews. *Jewish Social Studies*, 1942.

BLUMENBERG, W. *Karl Marx*. Londres, 1971.
Uma excelente breve biografia usando principalmente as próprias palavras de Marx com uma seleção variegada de fotografias.

BLUMENBERG, W. *Karl Marx: An Illustrated History*. Londres, 1998.
Um pequeno relato no qual, excepcionalmente, o texto é tão bom quanto as imagens.

BOBER, M.M. *Karl Marx's Interpretation of History*. 2. ed. Nova York, 1965, edição original 1927.
A discussão mais antiga e completa do materialismo histórico em inglês.

BÖHM-BAWERK, L.V. *Karl Marx and the Close of his System*. Londres, 1890. A crítica "clássica" ao *Capital* de Marx.

BOTTOMORE T. (ed.). *Karl Marx*. Nova York, 1971.
Uma coleção de comentários sobre Marx, com uma introdução, na série *Makers of Modern Social Science*.

BOTTOMORE, T. *The sociological theory of Marxism*. Londres, 1973.

Contém uma análise das teorias de Marx sobre as classes, o Estado, a revolução etc.

BOTTOMORE T. (ed.). *Modern interpretations of Marx*. Oxford, 1981.
Reimpressão de artigos clássicos, não tão modernos agora, sobre Marx.

BOUDIN, L.B. *The theoretical system of Karl Marx in the Light of recent criticism*. Chicago, 1907; reimpresso em Nova York em 1967.
Uma defesa da concepção materialista da história e da doutrina econômica de Marx contra o criticismo dos revisionistas.

BOWLEY, A. *Wages in the United Kingdom in the nineteenth century*. Cambridge, 1900.

BRAUNTHAL, J. *History of the International*. Londres, 1967.

BRAYBROOKE, D. Diagnosis and Remedy in Marx's Doctrine of Alienation. *Social Research*, outono 1958.

BRAYBROOKE, D. *Meeting Needs*. Princeton, 1987.
Apresenta uma extensa contextualização e uma reflexão sobre a teoria de Marx a respeito da alienação.

BRECKMAN, W. *Marx, The Young Hegelians, and the Origins of Radical Social Theory: Dethroning the Self*. Cambridge, 1999.
Um estudo original detalhando o início da Jovem Escola Hegeliana e os contínuos entrelaçamentos de suas concepções políticas e religiosas.

BRENKERT, G. *Marx's Ethics of Freedom*. Londres, 1983.
A discussão mais completa sobre a ética implícita nas obras de Marx.

BRISBANE, A. *A mental biography*. Boston: Ed. R. Brisbane, 1893.

BROWDER, E.R. *Marx and America*. Londres, 1959.
Uma útil e breve visão geral da posição da América no pensamento de Marx.

BRUDNEY, D. *Marx's attempt to leave philosophy*. Cambridge, 1998.

Considera detalhadamente os objetivos antifilosóficos de Feuerbach e Marx no início dos anos de 1840 e o modo como conflitam com a concepção de Marx de uma boa vida.

BUCHANAN, A. *Marx and justice: the radical critique of liberalism*. Totowa, 1981.
Um tratamento crítico e analítico do assunto indicado no título.

BUTLER, E. *The Saint-Simonian religion in Germany*. Cambridge, 1926.

CALLINICOS, A. *The revolutionary ideas of Karl Marx*. Londres, 1983.
Uma defesa perspicaz de Marx.

CAMPBELL, D. *The failure of Marxism: the concept of inversion in Marx's critique of capitalism*. Aldershot, 1996.
Considera que a principal fonte da força de Marx está mais em Hegel que no *Capital*.

CAREW-HUNT, R.N. *The theory and practice of communism*. Londres, 1963.
Contém uma seção um tanto superesquematizada e não confiável sobre Marx.

CARLEBACH, J. *Karl Marx and the Radical Critique of Judaism*. Londres, 1978.
Muito bom sobre o judaísmo de Marx.

CARMICHAEL, J. *Karl Marx. The Passionate Logician*. Londres, 1968. Uma breve biografia.

CARR, E.H. *Michael Bakunin*. Londres e Nova York, 1937.

CARR, E.H. *Karl Marx. A study in fanaticism*. Londres, 1943.
Uma biografia crítica bem escrita de tamanho médio.

CARSTEN, F.L. *The origins of Prussia*. Oxford, 1954.

CARTER, A. *Marx: a radical critique*. Brighton, 1988.
Uma crítica de Marx a partir de um ponto de vista anarquista.

CARVER, T. *Marx's social theory*. Oxford, 1982. Uma exposição breve e clara.

CARVER, T. *A Marx Dictionary*. Totowa, 1987. Uma ferramenta útil.

CARVER, T. (ed.). *The Cambridge companion to Marx*. Cambridge, 1991.
Uma boa coleção de ensaios conectando Marx às questões contemporâneas das Ciências Sociais.

CARVER, T. *The Postmodern Marx*. Londres, 1998.
Reavalia a contribuição de Marx ao pensamento social contemporâneo.

CHANG, S. *The Marxian Theory of the State*. Filadélfia, 1931; nova edição em 1965.
Uma boa exposição, mas confunde as ideias de Marx e de Lenin.

CIOLKOSZ, A. Karl Marx and the Polish Insurrection of 1863. *The Polish Review*, X, 1966.

COHEN, G. *Karl Marx's theory of history: a defence*. Oxford, 1978.
Um livro poderoso de grande sutileza filosófica e nuance lógica.

COHEN, G. *History, Labour and Freedom*. Oxford, 1988.
Uma coleção na qual se revisa e expande o trabalho anterior.

COHEN, G. *Karl Marx's Theory of History: A Defence*, revised and expanded edition. Oxford, 2001.
Uma revisão consideravelmente ampliada da clássica defesa analítica da concepção materialista de Marx da história.

COLE, G.D.H. *What Marx really meant*. Londres, 1934.
Uma exposição simpática e sistemática das ideias de Marx.

COLE, G.D.H. *History of socialist thought*. Londres, 1953, vol. 1 e 2.
Um posicionamento regular e bem pesquisado de Marx na história do pensamento socialista.

COLLIER, A. *Marx*. Oxford, 2004.
Como uma clara e incisiva apresentação do pensamento de Marx, insuperável.

COLLINS, H.; ABRAMSKY, C. *Karl Marx and the British Labour Movement. Years of the First International*. Londres, 1965.
Um relato muito bem documentado da participação de Marx na Primeira Internacional com referência especial à Inglaterra.

CONWAY, D. *A farewell to Marx: an outline and appraisal of his theories*. Harmondsworth, 1987.
Uma tentativa de mostrar que Marx entendeu tudo errado.

COOPER, R. *The logical influence of Hegel on Marx*. Seattle, 1925.
Uma comparação interessante, embora superada, entre a dialética de Hegel e a de Marx.

CORNU, A. *The Origins of Marxian Thought*. Springfield, 1957.
Trata da evolução das ideias de Marx até meados da década de 1840.

COWLING, M. (ed.). *The Communist Manifesto: new interpretations*. Edinburgh, 1998.
Uma boa coleção de ensaios para marcar o centenário.

COWLING, M.; WILDE, L. *Approaches to Marx*. Milton Keynes, 1989.
Uma útil coleção que aborda todos os temas mais importantes do trabalho de Marx.

CURTIS, M. (ed.). *Marxism*. Nova York, 1970.
Uma ampla reimpressão de artigos sobre o pensamento de Marx.

CURTIS, M. (ed.). *Marxism: the inner dialogues*. 2. ed. New Brunswick, 1997.
Reimpressão de muitos artigos influentes sobre a interpretação do pensamento de Marx, sobretudo dos anos de 1960.

DELFGAAUW, B. *The Young Marx*. Londres, 1967.
Um breve relato das ideias do jovem Marx e sua importância hoje.

DEMETZ, P. *Marx, Engels and the Poets*. Chicago, 1967.
Uma avaliação de Marx e Engels como críticos literários.

DERRIDA, J. *Spectres of Marx*. Nova York, 1994.
Discute a "nova ordem mundial" e a sua impossibilidade de exorcizar o fantasma de Marx.

DOBB, M. *Marx as an economist*. Londres, 1943.
Uma das melhores introduções breves a Marx como economista.

DRAPER, H. Marx, Engels and the New American Cyclopaedia. *Études de Marxologie*, 1968.

DRAPER, H. *Karl Marx's theory of revolution*, 3 vol. Nova York, 1977.
Uma discussão esplendidamente detalhada mostrando que Marx estava sempre certo.

DRAPER, H. *The Marx-Engels cyclopedia*, 3 vols. Nova York, 1985.
Cronologia enciclopédica da vida de Marx, uma lista e consideração dos seus escritos, e descrições das pessoas, periódicos, partidos etc. neles mencionados.

DUAN, Z. *Marx's Theory of social formation*. Avebury, 1995.
Uma interpretação original da periodização de Marx da história que vai de encontro a Cohen.

DUNAYEVSKAYA, R. *Marxism and freedom*. Nova York, 1958.
Contém seções sobre aspectos filosóficos dos *Manuscritos de 1844* e *O Capital*.

DUPRÉ, L. *The Philosophical Foundations of Marxism*. Nova York, 1966.
Uma discussão franca do pensamento de Marx até o *Manifesto comunista*, com alguns capítulos preliminares sobre Hegel.

EASTON, L. August Willich, Marx and Left Hegelian Socialism. *Études de Marxologie*, 1965.

ELLIS, H. Eleanor Marx. *Adelphi*, setembro 1935.

ELSTER, J. *Making sense of Marx*. Cambridge, 1985.
Uma visão aguda, séria do que em Marx faz sentido a partir de uma perspectiva de "escolha racional".

ELSTER, J. *An introduction to Marx*. Cambridge, 1986.
Uma excelente introdução – rigorosa e acessível.

EVANS, M. *Karl Marx*. Londres e Nova York, 1975.
Uma excelente introdução, concentrando-se no histórico e político.

FARRINGTON, B. *The faith of Epicurus*. Londres, 1967.

FERRARO, J. *Freedom and determination in history according to Marx and Engels*. Nova York, 1992.
Argumenta que a relação dialética entre liberdade e determinismo é o cerne do pensamento de Marx.

FETSCHER, I. *Marx and Marxism*. Nova York, 1971.
Contém artigos sobre a continuidade, a burocracia, a futura sociedade comunista etc. no pensamento de Marx.

FINDLAY, J.N. *Hegel: a re-examination*. Londres, 1958.

FINE, B. *Marx's Capital*. Londres, 1975.
Uma boa e breve introdução.

FISCHER, E. *Marx in His Own Words*. Londres, 1970.
Uma leve, mas fiel, leitura rápida das principais ideias de Marx.

FORBES, I. *Marx and the New Individual*. Boston, 1990.
Uma discussão minuciosa da noção de que Marx era um individualista.

FOSTER, J. *Marx's Ecology: Materialism and Nature*. Nova York, 2000.
Destaca os elementos ambientalistas na crítica de Marx ao capitalismo.

FROMM, E. *Marx's Concept of Man*. Nova York, 1963.
Esta introdução a seleções dos "Manuscritos de 1844" retrata Marx como um pensador humanista e existencialista.

GAMBLE, A.; WALTON, P. *From Alienation to Surplus Value*. Londres, 1972.
Concentra-se sobre o trabalho e a mais-valia como temas unificadores nas obras de Marx com atenção especial ao *Grundrisse* e a *Teorias da mais valia*.

GARAUDY, R. *Karl Marx: the evolution of his thought*. Londres, 1967.
Um relato confiável e legível de um (no tempo em que escreveu) comunista ortodoxo.

GEMKOW, H. et al. *Karl Marx. A Biography*. Berlim, 1970.
Uma espécie de hagiografia bem documentada, mas totalmente acrítica.

GERAS, N. *Marx and human nature: refutation of a legend*. Londres, 1983.
Declaração convincente de que Marx tinha uma concepção da natureza humana em geral.

GILBERT, A. *Marx's politics – Communists and citizens*. Londres, 1981.
Reavalia a teoria e a prática de Marx nas revoluções de 1848 e o considera um protoleninista.

GILLMAN, J.M. *The falling rate of profit: Marx's law and its significance to 20th century capitalism*. Londres, 1958.
Uma análise das limitações da lei de Marx quando aplicada ao capitalismo monopolista.

GIRARDI, G. *Marxism and Christianity*. Dublin, 1968.
Um exame das possibilidades de diálogo entre marxismo e cristianismo.

GODELIER, M. *Rationality and irrationality in economics*. Londres, 1972.
Examina as estruturas básicas dos pontos de vista econômicos de Marx.

GOTTLIEB, R. *Marxism 1844-1990: origins, betrayal, rebirth*. Nova York, 1992.
Uma descrição criteriosa cobrindo a trajetória indicada no título.

GOULD, C. *Marx's social ontology: individuality and community in Marx's theory of social reality*. Cambridge, Mass, 1978.
Uma reconstrução crítica da filosofia social básica de Marx.

GRAHAM, K. *Karl Marx, our contemporary*. Hemel Hempstead, 1992.
Uma breve discussão analítica das principais ideias de Marx e sua relevância contemporânea.

GREGOR, A.J. *A survey of Marxism*. Nova York, 1965. Os primeiros capítulos discutem os aspectos filosóficos de Marx.

HAENISCH, W. Karl Marx and the democratic association of 1847. *Science and Society*, 1937.

HAMILTON, R. *The Bourgeois Epoch: Marx and Engels on Britain, France and Germany*. Chapel Hill, 1991.
Critica as tentativas de Marx de escrever história da política moderna.

HAMPDEN JACKSON, J. *Marx, Proudhon and European Socialism*. Nova York, 1962. Um confiável breve relato das relações entre os dois homens.

HÄNINEN, S.; PALDAN, L. *Rethinking Marx*. Berlim, 1984.
Uma coleção internacional de pequenos artigos escritos por 45

estudiosos do marxismo para marcar o centenário da morte de Marx.

HARRISON, F. *Autobiographic Memoirs*. Londres, 1911.

HARRISON, R. *Before the Socialists*. Londres, 1965.

HEIMANN, E. *History of Economic Doctrines*. Nova York, 1964.

HOBSBAWM, E. *Labouring Men*. Londres, 1964.

HODGES, D. *The Literate Communist: 150 Years of the Communist Manifesto*. Nova York, 1999.
Considera a história anterior e posterior ao *Manifesto comunista* e seus paradoxos inspiradores.

HOOK, S. *Towards the Understanding of Karl Marx*. Nova York, 1933. Continua uma introdução boa às partes mais sistemáticas do pensamento de Marx.

HOOK, S. *From Hegel to Marx*. 2. ed. Ann Arbor, 1962. Um estudo das relações de Hegel e Marx com os jovens hegelianos.

HOROWITZ, D. (ed.). *Marx and Modern Economics*. Londres, 1968. Contém ensaios que examinam a importância hoje de teorias econômicas de Marx que são mais particularmente abstratas.

HOWARD, D. *The Development of the Marxian Dialectic*. Chicago, 1972. Um tratamento confiável do pensamento do jovem Marx.

HUNT, E.; SCHWARTZ, J. *Critique of Economic Theory*. Londres, 1972.

HUNT, R. *The Political Ideas of Marx and Engels*, vol. I. Londres e Pittsburgh, 1975. Uma análise detalhadíssima das atividades de Marx durante 1848.

HUNT, R. *The Political Ideas of Marx and Engels*, vol. II. Londres, 1974 e 1983. Uma análise completa defendendo Marx contra a acusação de totalitarismo.

HYNDMAN, H.M. *Record of an Adventurous Life*. Londres, 1911.

HYNDMAN, H.M. *Further Reminiscences*. Londres, 1912.

HYPPOLITE, J. *Studies on Marx and Hegel*. Londres, 1969. Contém avaliações profundas da crítica de Marx à *Filosofia do Direito* de Hegel e de *O Capital*.

JESSOP, B. (ed.). *Karl Marx's Social and Political Thought: Critical Assessments*, 4 vols. Londres, 1990. Uma extensa coleção de artigos previamente publicados avaliando Marx.

JOHNSTON, W. Marx's verses of 1836-7. *Journal of the History of Ideas*, abril 1967.

JORDAN, Z. *The Evolution of Dialectical Materialism*. Londres, 1967. Os primeiros capítulos contêm um bom relato do naturalismo e do materialismo em Marx.

JOSEPH, H.W.B. *The Labour Theory of Value in Karl Marx*. Londres, 1923. Uma crítica cuidadosa por um filósofo ortodoxo.

KAIN, P. *Marx and Ethics*. Oxford, 1988. Uma boa e minuciosa discussão.

KAIN, P. *Marx and Modern Political Theory*. Lanham, 1993. Compara Marx a teóricos anteriores, ao pluralismo e ao feminismo.

KAMENKA, E. *Marxist Ethics*. Londres, 1969. Uma breve análise da tradição ética marxiana.

KAMENKA, E. *The Ethical Foundation of Marxism*. 2. ed. Londres, 1972. Uma descrição e uma crítica da ética de Marx a partir de uma posição filosófica analítica.

KANDEL, E.P. *Marx and Engels. The Organizers of the Communist League*. Moscou, 1953. Contém muita informação sobre Marx no fim da década de 1840.

KAPP, Y. *Eleanor Marx*. Londres, 1972.

KARATANI, K. *Transcritique: On Kant and Marx*. Cambridge, 2003. Um estudioso japonês lê Marx a partir de Kant, concentrando-se no *Capital*.

KAUFMANN, W. *Hegel*. Nova York, 1965.

KAUTSKY, K. Hours with Karl Marx. *The Modern Thinker*, 1933.

KENAFICK, K.J. *Michael Bakunin and Karl Marx*. Melbourne, 1948, impressão particular. Um amplo relato do relacionamento deles por um discípulo de Bakunin.

KETTLE, A.C. *Karl Marx, Founder of Modern Communism*. Londres, 1963. Uma boa breve biografia por um comunista.

KITCHING, G. *Karl Marx and the Philosophy of Praxis*. Londres, 1988. Analisa o pensamento social de Marx a partir de uma perspectiva wittgensteiniana.

KOLAKOWSKI, L. *Marxism and Beyond*. Londres, 1968. Contém ensaios que realçam a relação entre o indivíduo e a história no pensamento de Marx.

KOLAKOWSKI, L. *Main Currents of Marxism*, vol. I. Oxford, 1978. Uma discussão completa do pensamento de Marx a partir de um ponto de vista principalmente filosófico.

KOREN, H. *Marx and the Authentic Man*. Duquesne, 1967. Uma breve descrição da concepção humanista de Marx do homem.

KORSCH, K. *Karl Marx*. Nova York, 1936. Uma profunda biografia por um ex-comunista.

KORSCH, K. *Marxism and Philosophy*. Londres, 1971. Uma brilhante avaliação dos elementos hegelianos em Marx.

KOUVALAKIS, S. *Philosophy and Revolution: From Kant to Marx*. Londres, 2003. Aborda o desenvolvimento de Marx como um hegeliano radical até o início de 1844.

KRADER, L. *The Ethnological Notebooks of Karl Marx*. Assen, 1972.

LALLIER, A. *The Economics of Marx's Grundrisse: An Annotated Summary*. Londres, 1989. Uma exposição cuidadosa, seguindo de perto o texto.

LEFEBVRE, H. *The Sociology of Marx*. Londres, 1968. Uma excelente introdução à sociologia de Marx.

LEFF, G. *The Tyranny of Concepts*. Londres, 1961, Uma crítica importante da concepção materialista da história de Marx.

LEHING, A. *From Buonarotti to Bakunin*. Leiden, 1970.

LEKAS, P. *Marx on Classical Antiquity: Problems of Historical Methodology*. Brighton, 1988. Aponta inconsistências no tratamento de Marx da história greco-romana.

LEWIS, J. *The Life and Teaching of Karl Marx*. Londres, 1965. Uma boa biografia de tamanho médio que apresenta Marx de modo favorável.

LEWIS, J. *The Marxism of Marx*. Londres, 1972. Um comentário sábio e humanitário por um comunista veterano.

LICHTHEIM, G. *Marxism, an Historical and Critical Study*. Londres, 1961. Um excelente estudo da evolução das doutrinas marxistas desde suas origens até 1917.

LICHTHEIM, G. *From Marx to Hegel*. Nova York, 1971. Contém uma série de ensaios sobre a tradição hegeliano-marxista até o dia de hoje.

LIEBKNECHT, W. *Karl Marx, Biographical Memoirs*. Chicago, 1901.

LITTLE, D. *The Scientific Marx*. Minneapolis, 1986.
Discute a teoria econômica de Marx favoravelmente à luz dos princípios contemporâneos do método científico.

LOBKOWICZ, N. *Theory and Practice. The History of a Marxist Concept*. Notre Dame, 1967.
Um exame do conceito de "práxis" de Marx contra o pano de fundo Jovem Hegeliano.

LOBKOWICZ, N. (ed.). *Marx and the Western World*. Notre Dame, 1967.
Uma ampla coleção de artigos sobre a importância do pensamento de Marx hoje.

LOVELL, D. *Marx's Proletariat: The Making of a Myth*. Nova York, 1988.
Examina o conceito de Marx do proletariado e a razão pela qual suas expectativas provaram-se equivocadas.

LÖWITH, K. *From Hegel to Nietzsche*. Londres, 1965.
Um relato abrangente da filosofia alemã do século XIX: Marx é considerado, entre muitos outros, na tradição hegeliana.

LÖWITH, K. Hegel and the Christian Religion. In: *Nature, History and Existentialism*. Evanston, 1966.

LOWY, M. *The Theory of Revolution in the Young Marx*. Leiden, 2003.
Um estudo da relação de Marx com a experiência da nascente classe trabalhadora e o incipiente movimento socialista do trabalho.

LUKÁCS, G. *History and class consciousness*. Londres, 1970.
Uma nova ênfase extremamente influente sobre a influência de Hegel sobre Marx.

LUKES, S. Alienation and Anomie. *Philosophy, Politics and Society*. Oxford, 1967.

MACINTYRE, A.C. *Marxism: an interpretation*. Londres, 1953.
Uma breve e aguda avaliação filosófica de Marx.

MAGUIRE, J. *Marx's Paris Writings*. Dublin, 1972.
Um comentário bem-informado e minucioso sobre os escritos de 1844.

MAGUIRE, J. *Marx's Theory of Politics*. Cambridge, 1978.
Combina história e análise da maneira mais satisfatória.

MANDEL, E. *The Formation of Marx's Economic Thought*. Londres, 1971.
Uma excelente análise da evolução do pensamento econômico de Marx até e inclusive o *Grundrisse*.

MANUEL, F. *A Requiem for Karl Marx*. Cambridge, 1995.
Uma biografia intelectual.

MARCUSE, H. *Reason and Revolution*. Londres, 1941.
Contém um relato da noção de Marx sobre o trabalho.

MARCUSE, L. Heine and Marx: A History and a Legend. *Germanic Review*, 1955.

MARTIN, R. *On your Marx*. Minneapolis, 2002.
A despeito do título, uma leitura pós-moderna matizada de Marx e de suas lições para o século XXI.

MAZLISH, B. The tragic farce of Marx, Hegel and Engels. *History and Theory*, 1972.

MAZLISH, B. *The meaning of Karl Marx*. Nova York, 1984.
Uma breve introdução idiossincrásica e estimulante.

MCCARTHY, G. *Marx and the ancients: classical ethics, social justice, and nineteenth-century political economy*. Lanham, 1990.
Parte da consideração do débito de Marx para com Epicuro e Aristóteles de modo a lançar luz às suas visões sobre democracia, ética e economia política.

MCCARTHY, T. *Marx and the Proletariat: A Study in Social Theory*. Westport, 1978.
Um pequeno livro que examina se há consistência interna na defesa de Marx da revolução proletária.

MCGOVERN, A. Karl Marx's first political writings: the *Rheinische Zeitung* 1842-43. *Demythologising Marxism*. Ed. F. Adelman. Haia, 1969.

MCLELLAN, D. Marxist or Populist? The Russian section of the First International. *Études de Marxologie*. Paris, 1964.

MCLELLAN, D. *The young Hegelians and Karl Marx*. Londres, 1969.
Uma investigação do pensamento social e político dos Jovens Hegelianos e sua influência na gênese do pensamento de Marx.

MCLELLAN, D. *Marx before marxism*. Londres e Nova York, 1970.
Uma descrição detalhada da evolução do pensamento de Marx até e inclusive os *Manuscritos de 1844*.

MCLELLAN, D. *The thought of Karl Marx*. Londres e Nova York, 1971.
Uma introdução cronológica e temática ao pensamento de Marx.

MCLELLAN, D. *Karl Marx: interviews and recollections*. Londres, 1981.
Uma coleção de reminiscências pessoais de Marx.

MEEK, R.L. *Studies in the labour theory of value*. Londres, 1956.
O melhor tratamento deste assunto em inglês.

MEGILL, A. *Karl Marx: the burilen of reann (Why Marx rejected politics and the market)*. Lanham, 2002.
Um importante e cuidadoso estudo argumentativo que aponta a falha de Marx em reconhecer as virtudes potenciais da política e do mercado para sua fé injustificada na inserção da razão nos assuntos humanos.

MEHRING, P. *Karl Marx*. Londres, 1936.
A biografia clássica de Marx; um pouco superada e ligeiramente hagiográfica.

MEIKLE, S. (ed.). *Marx – International Library of Critical Essay in the History of Philosophy*. Dartmouth, 2002.
Uma útil reimpressão de vários artigos sobre Marx com uma tendência filosófica.

MENGELBERG, K. Lorenz von Stein and his Contribution to Historical Sociology. *Journal of the History of Ideas*, 1961.

MEYER, A.G. *Marxism: the unity of theory and practice. A critical essay*. Cambridge, Mass., 1954.
Apresenta uma interpretação funcional da sociologia de Marx.

MINS, L.E. *The Founding of the First International*. Nova York, 1937.

MITRANY, D. *Marx against the peasant*. Londres, 1951.
Um ataque aos pontos de vista de Marx e de seus seguidores a respeito dos camponeses.

MOGGACH, D.; BROWNE, P. *The Social Question and the Democratic Revolution*. Ottawa, 2000.
Uma coleção de ensaios a respeito do *Manifesto comunista*, seu contexto e relevância na contemporaneidade.

MOORE, S. *From Marx to markets*. Filadélfia, 1993.
Afirma mostrar que a concepção materialista de Marx da história deveria tê-lo conduzido a uma adoção de mercados.

MORGAN, R. *The German social democrats and the First International*. Cambridge, 1965.

MORISHIMA, M. *Marx's Economics*. Cambridge, 1973.
Um exame complexo da economia teórica de Marx.

MURRAY, P. *Marx's Theory of Scientific Knowledge*. Nova Jersey, 1990.
Um estudo cuidadoso da dívida de Marx para com Hegel no desenvolvimento de seu método científico.

NICOLAIEVSKI, B. Toward a History of the Communist Leage 1847-1852. *International Review of Social History*, 1956.

NICOLAIEVSKI, B. Who is distorting history? *Proceedings of the American Philosophical Society*, abr. 1961.

NICOLAIEVSKI, B.; MAENCHEN-HELFEN, O. *Karl Marx. Man and Fighter*. Londres, 1933; 3. ed. 1973.
Uma excelente biografia enfatizando as atividades políticas de Marx.

NOYES, P. *Organization and Revolution*. Princeton, 1966.

OAKLEY, A. *Marx's critique of political economy: intellectual sources and evolution*, vol. II. Londres, 1985.
A mais completa discussão da evolução dos escritos econômicos de Marx.

OISHI, T. *The unknown Marx reconstructing a unified perspective*. Londres, 2001.
Um estudo inovador que revela uma linha desenvolvimental direta dos Manuscritos de 1844 ao *Capital*, com ênfase especial ao *A miséria da filosofia*.

OLLMAN, B. *Alienation: Marx's critique of Man in Capitalist Society*. Cambridge, 1971.
Um estudo original e bem documentado da alienação em Marx, prestando muita atenção ao modo como Marx usa seus conceitos.

OLLMAN, B. *Dialectical Investigations*. Nova York, 1993.
Uma boa introdução à dialética de Marx e sua aplicação a sete estudos de caso.

OLLMAN, B. *Dance of the Dialectic: Steps in Marx's Method*. Urbana e Chicago, 2003.
Reimpressão do material revisado de dois dos livros anteriores do autor com artigos adicionais.

OLSSEN, E. Marx and the resurrection. *Journal of the History of Ideas*, 1968.

O'NEILL, J. The concept of estrangement in the early and later writings of Karl Marx. *Philosophy and Phenomenological Research*, set. 1964.

PADOVER, S. *Karl Marx. An intimate biography*. Nova York, 1978.
Hostil às ideias de Marx, mas bom na área sugerida pelo título.

PAGE, L. *Karl Marx and the critical examination of his works*. Londres, 1987.
Um livro pequeno e consistentemente negativo.

PANICHAS, G. *Marx Analysed: philosophical essays on the thought of Karl Marx*. Londres, 1985.
Uma reimpressão dos artigos analíticos clássicos sobre o conceito de Marx de justiça e sua concepção materialista da história.

PAPPENHEIM, F. *The Alienation of Modern Man*. Nova York, 1959.
Coloca o conceito de alienação de Marx num contexto moderno.

PARIJS, P. VAN. *Marxism Recycled*. Cambridge, 1993.
Uma coleção perspicaz de ensaios analíticos.

PATERSON, R. *The Nihilistic Egoist – Max Stirner*. Oxford, 1971.

PAUL, E. (ed.). *Marxism and liberalism, special issue of social philosophy and policy*. Vol. 3. Spring, 1986.
Uma boa coleção de ensaios analíticos favoráveis e contrários às visões de Marx sobre o liberalismo.

PAYNE, R. *Marx, a biography*. Londres, 1968.
Muita informação sobre a vida privada de Marx, embora a compreensão do autor a respeito das ideias de Marx seja extremamente deficiente.

PEFFER, R. *Marxism, Morality and Social Justice*. Princeton, 1990.
Uma discussão excelente, minuciosa e analítica.

PELCZYNSKI, Z.A. *Hegel's Political Writings*. Oxford, 1964.

PEREZ-DIAZ, V. *State, bureaucracy, and civil society: a critical discussion of the political theory of Karl Marx*. Londres, 1978.
Uma breve mas perspicaz discussão sobre os assuntos do título.

PETERS, H. *Red Jenny: A Life with Karl Marx*. Londres, 1986.
Uma biografia breve e bem fundamentada.

PETROVIC, G. *Marx in the Mid-Twentieth Century*. Garden City, 1967. Enfatiza a importância humanista de Marx hoje.

PIERSON, S. *Marxism and the origins of British Socialism*. Ithaca e Londres, 1973.

PIKE, J. *From Aristotle to Marx*. Aldershot, 1998.
Investiga a base aristotélica da ontologia social de Marx.

PINES, C. *Ideology and false consciousness: Marx and his historical progenitors*. Albany, 1993.

Verifica as raízes do conceito de alienação de Marx em seus predecessores, de Bacon a Hegel.

PLAMENATZ, J. *German Marxism and Russian communism*. Londres, 1954.
Contém uma das discussões clássicas sobre o materialismo histórico assim como está delineado no Prefácio de Marx.

PLAMENATZ, J. *Man and Society*, vol. II. Londres, 1963.
Uma análise clara e crítica dos principais temas sociais e políticos em Marx.

PLAMENATZ, J. *Karl Marx's philosophy of man*. Oxford, 1975.
Uma discussão longa, cuidadosa e analítica.

PLANT, R. *Hegel*. Londres, 1973.

POPPER, K.R. *The open society and its enemies*, vol. II. Londres, 1952.
Um ataque a Marx como pensador totalitário.

POSTONE, M. *Time, labor, and social domination: A reinterpretation of Marx's critical theory*. Nova York, 1993.
Uma esplêndida reconstrução da teoria social de Marx, baseada no *Grundrisse*.

PRAWER, S. *Karl Marx and world literature*. Oxford, 1978.
Um livro maravilhoso que pesquisa a origem das metáforas de Marx, de suas citações, alusões literárias etc.

PRICE, R. *The French Second Republic*. Londres, 1972.

RADDATZ, F. *Karl Marx, a political biography*. Londres, 1978.
Uma leitura boa, vigorosa, mas não muito, sobre Marx como pensador.

RATTANSI, A. *Ideology, method and Marx*. Londres, 1989.
Bons ensaios relacionando os Manuscritos de Paris, o *Grundrisse* e o *Capital*.

REEVES, N. Heine and the Young Marx. *Oxford German Studies*, 1972-3.

REISS, E. *Marx: a clear guide*. Londres, 1992.
Uma boa introdução, voltada para estudantes de graduação.

RIEMER, N. *Karl Marx and prophetic politics*. Nova York, 1987. Mostra Marx como um profeta secular.

ROBERTS, M. *Analytical Marxism. A critique*. Londres, 1996. Resume e analisa as principais interpretações analíticas do pensamento de Marx.

ROBINSON, J. *An Essay in Marxian Economics*. Londres, 1942. Uma tentativa impressionante de revitalizar as principais doutrinas econômicas de Marx.

ROCKMORE, T. *Marx after Marxism: The Philosophy of Karl Marx*. Oxford, 2002.
Uma boa descrição do que Marx tomou de Hegel em vários estágios do seu desenvolvimento intelectual.

ROSDOLSKY, R. *The Making of Marx's Capital*. Londres, 1977. Um estudo intensivo, pioneiro da posição do *Grundrisse* na evolução intelectual de Marx.

ROSSITER, C.L. *Marxism: The View from America*. Nova York, 1960.
Contrapõe as ideias de Marx – geralmente mais ou menos equiparadas com as de seus discípulos – com o modo americano de vida.

ROTHENSTREICH, N. *Basic Problems of Marx's Philosophy*. Nova York, 1965.
Um comentário filosófico a respeito das Teses de Marx sobre Feuerbach.

RUBEL, M. *Five Essays on Karl Marx*, ed. J. O'Malley and K. Algonzin. Cambridge, 1981.
Ensaios compostos por um importante estudioso de Marx, além de uma bibliografia de seus escritos.

RUBEL, M.; MANALE, M. *Marx without Myth*. Oxford, 1975. Uma cronologia detalhada da vida e obra de Marx.

RYAZANOV, D. *Karl Marx, Man, Thinker and Revolutionist*. Nova York, 1927. Uma bem-informada série de palestras sobre a vida de Marx.

SABINE, G. *Marxism*. Nova York, 1958. Uma breve discussão um tanto superesquematizada.

SALTER, F. *Karl Marx and Modern Socialism*. Londres, 1921. Descreve as ideias de Marx e a influência delas a partir dos movimentos trabalhistas.

SANDERSON, J. *An Interpretation of the Political Ideas of Marx and Engels*. Londres, 1969. Um pequeno livro que procura reunir os principais textos de Marx e de Engels a respeito do materialismo histórico, o Estado, a revolução e a futura sociedade comunista.

SAVILLE, J. *Ernest Jones Chartist*. Londres, 1952.

SCHLESINGER, R. *Marx, His Time and Ours*. Londres, 1950. Um livro importante que investiga a contínua importância das ideias de Marx para o século XIX.

SCHMIDT, A. *The Concept of Nature in Marx*. Londres, 1971. Uma importante e bem documentada consideração da importância do materialismo de Marx.

SCHMITT, R. *Introduction to Marx and Engels: A Critical Reconstruction*, 2. ed. Boulder, 1997. Uma introdução equilibrada e acessível escrita para estudantes de graduação.

SCHOYEN, A. *The Chartist Challenge*. Londres, 1958.

SCHUMPETER, J. *History of Economic Analysis*. Nova York, 1954.

SCHWARTZCHILD, L. *Karl Marx: The Red Prussian*. Nova York, 1948. Uma biografia fortemente crítica.

SCHWEICKART, D. *Against Capitalism*. Cambridge, 1993. Defende um socialismo de mercado com plano de investimento descentralizado e democracia nas relações de trabalho, vagamente baseado em Marx.

SEIGEL, J. *Marx's Fate: The Shape of a Life*. Princeton, 1978. Uma tentativa muito interessante de casar uma abordagem psicanalítica com uma discussão erudita da evolução das ideias de Marx.

SHANIN, T. (ed.). *Late Marx and the Russian Road*. Nova York, 1983. Apresenta uma reavaliação dos estudos de Marx sobre a Rússia e as implicações para seu pensamento como um todo.

SHORTALL, F. *The Incomplete Marx*. Aldershot, 1994. Objetiva mostrar como o desenvolvimento do pensamento de Marx limita o projeto teórico do *Capital*, mas também vai além de tais limitações.

SILBERNER, D. Was Marx an Antisemite? *Judaica*, 1949.

SLOAN, P. *Marx and the Orthodox Economists*. Oxford, 1973. Uma defesa de Marx contra pensamento econômico posterior.

SMITH, C. *Marx at the Millennium*. Londres, 1996. Um velho comunista reflete sobre as lições de Marx para o século XXI.

SMITH, C. *Karl Marx and the Future of the Human*. Lanham, 2005. Traz uma descrição das ideias de Marx que se concentram no humanismo revolucionário.

SPARGO, J. *Karl Marx, His Life and Works*. Nova York, 1910. A primeira biografia de Marx em inglês.

SPRIGGE, C.J.S. *Karl Marx*. Londres, 1938; Nova York, 1962. Uma breve biografia.

STANLEY, J. *Mainlining Marx*. New Brunswick, 2002. Uma coleção de artigos estimulantes sobre vários aspectos do pensamento de Marx.

STEELE, D. *From Marx to Mises: Post-Capitalist Society and the Challenge of Economic Calculation*. La Salle, 1992. Excelente discussão dos aspectos econômicos da teoria de Marx.

STEPANOVA, E.A. *Karl Marx*. Moscou, 1962. Uma breve espécie de pura hagiografia.

SUCHTING, W. *Marx: An Introduction*. Londres, 1983. Uma introdução completa que se concentra sobre o materialismo histórico e *O Capital*.

SULLIVAN, S. *Marx for a Post-Commit Era*. Nova York, 2002. Aplica as ideias de Marx aos problemas da pobreza, corrupção e banalidade na sociedade contemporânea.

SWEENEY, P.M. *The Theory of Capitalist Development*. Nova York, 1942. A melhor continuação moderna das ideias econômicas de Marx.

THOMAS, P. *Karl Marx and the Anarchists*. Londres, 1980. Um relato completo das relações de Marx com os anarquistas e o pensamento anarquista.

TUCKER, R. *Philosophy and Myth in Karl Marx*. Cambridge, 1961. Uma interpretação muito original – embora às vezes muito duvidosa – do pensamento de Marx como uma continuidade baseada em certas pressuposições escatológicas.

TUCKER, R. *The Marxian Revolutionary Idea*. Londres, 1970. Uma série de ensaios tratando do estado e revolução em Marx.

TURNER, D. *On the Philosophy of Marx*. Dublin, 1968. Um livro pequeno, escrito principalmente para filósofos.

TZUZUKI, C. *The Life of Eleanor Marx*. Oxford, 1967.

UROYEVA, A. *For all Time and Men*. Moscou, 1967.

VENABLES, V. *Human Nature, the Marxian View*. Nova York, 1945. Uma das melhores exposições da visão marxista do homem.

VENTURI, F. *Roots of Revolution*. Londres, 1960.

WAGNER, Y.; STRAUSS, M. The Programme of The *Communist Manifesto* and its Theoretical Implications. *Political Studies*, dezembro 1969.

WALICKI, A. *The Controversy over Capitalism*. Oxford, 1969.

WALKER, A. *Marx: His Theory and Its Context*. Rivers Oram, 1990. Situa a política e a economia de Marx em seu contexto intelectual e histórico.

WALTON, P.; HALL, S. (ed.). *Situating Marx*. Londres, 1972. Uma série de ensaios centrados no *Grundrisse* de Marx.

WEISS, J. Dialectical Idealism and the Work of Lorenz von Stein. *International Review of Social History*, 1963.

WHEEN, F. *Karl Marx*. Londres, 1999. Uma brilhante leitura cheia de detalhes sobre a vida de Marx, embora sem muito sobre o seu pensamento.

WHITE, J. *Karl Marx and the Intellectual Origins of Dialectical Materialism*. Basingstoke, 1996. Aborda brilhantemente o desenvolvimento do pensamento alemão até Marx e de Marx até os revolucionários russos.

WILSON, E. *To the Finland Station*. Londres, 1940; última edição em 1970. Um relato muito legível (embora ocasionalmente inexato) das ideias de Marx bem como de seus predecessores se sucessores.

WOLFE, B. *Marxism: 100 years in the Life of a Doctrine*. Londres, 1967. Um estudo da evolução das doutrinas marxistas com seções sobre as ideias políticas de Marx em 1848 e 1871.

WOLFF, J. *Why Read Marx Today*? Oxford, 2002. Uma avaliação curta, cuidadosa e analítica sobre Marx.

WOLFSON, M. *Karl Marx*. Nova York, 1971. Uma breve crítica das principais doutrinas econômicas de Marx.

WOOD, A. *Karl Marx*. Londres, 1981. Uma excelente discussão das questões filosóficas contidas na obra de Marx.

WOODCOCK, G. *Proudhon*. Londres, 1956.

WORSLEY, P. *Marx and Marxism*. Londres, 2002. Uma pequena boa introdução.

WRIGHT, D. *The Trouble with Marx*. New Rochelle, 1967. Um ataque "incontido" às ideias de Marx sobre história e economia.

WRIGHT MILLS, C. *The Marxists*. Nova York, 1962. Contém um agudo relato das ideias sociológicas de Marx.

ZEITLIN, I. *Marxism: A Re-examination*. Nova York, 1967. Um livro pequeno e interessante que apresenta de maneira favorável os elementos sociológicos no pensamento de Marx.

ZELENY, J. *The Logic of Marx*. Oxford, 1980. Um relato original e estimulante das categorias subjacentes a *O Capital*.

II. Em alemão

A. Textos reunidos

MARX, K.; ENGELS, F. *Gesamtausgabe* (=MEGA). Frankfurt, 1927-. *Aus den Literarischen Nachlass von K. Marz, F. Engels, F. Lassalle*. Ed. F. Mehring, Stuttgart, 1902.

MARX, K.; ENGELS, F. *Werke* (=MEW), 39 vol. Berlim, 1956-.

MARX, K. *Werke – Schriften – Briefe*. Ed. Lieber, Furth, Kautsky, 6 vol. Stuttgart, 1962-.

MARX, K.; ENGELS, F. *Ausgewählte Schriften in 2 Bänden*. Berlim, 1952.

MARX, K.; ENGELS, F. *Studienausgabe in 4 Bänden*. Ed. Fetscher, Frankfurt, 1966.

MARX, K. *Texte zu Methode und Praxis*. Ed. G. Hillmann 3, Reinbek, 1966.

MARX, K. *Ausgewählte Schriften*. Ed. Goldenburg, Munique, 1962.

MARX, K. *Auswahl*. Ed. F. Borkenau, Frankfurt, 1956.

MARX, K. *Die Frühschriften*. Ed. S. Landshut e J. Mayer, Stuttgart, 1932.

MARX, K.; ENGELS, F. *Gesamtausgabe*, 12 vols. Berlim, 1972. Ainda em progresso, mais de 100 volumes planejados.

B. Coleções sobre temas específicos

MARX, K. *Bildung und Erziehung*. Ed. H. Wittig, Paderborn, 1968.

MARX, K.; ENGELS, F. *Über Literatur und Kunst*. Berlim, 1967.

MARX, K. *Dokumente seines Lebens*. Berlim, 1970.

C. Cartas reunidas

Freiligraths Briefwechsel mit Marx und Engels. 2 vol. Manfred Haeckel [ed.]. Berlim, 1968.

Karl Marx Privat. Ed. Wolfgang Schwerbrock, Munique, 1962.

Familie Marx in Briefen. Ed. Manfred Müller, Berlim, 1966.

Briefe und Dokumente der Familie Marx aus den Jahren 1862-1873. Ed. B. Andreas. Hanover, 1962.

Liebknechts Briefwechsel mit Marx und Engels. Ed. G. Eckert, Haia, 1963.

D. Comentários

ADAMCZYK, K. *Marx und Engels zur Koalitions und Streikfrage*. Breslau, 1917.

ADLER, G. *Die Grundlagen der Karl Marx'schen Kritik der bestehende Volkswirtschaft*. Tübingen, 1887.

ADLER, M. *Marx als Denker*. Viena, 1921.

ADORATSKI, V. *Karl Marx, Eine Sammlung von Erinnerungen und Aufsätzen*. Moscou, 1934.

ALEXANDER, E. *Europa und der russische Imperialismus. Karl Marx und das europäische Gewissen*. Recklinghausen, 1957.

ANDREAS, B. Die Familie Marx in Briefen und Dokumenten. *Archiv für Sozialgeschichte*, 1962.

ANDREAS, B. Zur Agitation und Propaganda des ADAV 1863/64. *Archiv für Sozialgeschichte*, 1963.

ANDREAS, B.; MÖNKE W. Neue Daten zur "Deutschen Ideologie". *Archiv für Sozialgeschichte*, 1968.

BALSER, F. *Sozial-Demokratie 1848/49-1863*. Stuttgart, 1962.

BARION, J. *Hegel und die marxistische Staatslehre*. Bonn, 1963.

BARNIKOL, E. *Bruno Bauer: Studien und Materialen*. Assen, 1972.

BARTEL, H. *Marx und Engels in Kampf um ein revolutionäres deutsches Parteiorgan 1879-1890*. Berlim, 1961.

BARZEN, M. et al. (eds.). *Studien zu Marx' ersten Paris-Aufenthalt und zur Entstehung der 'Deutschen Ideologie'*. Trier, 1990.

BAUER, B. Charakteristik Ludwig Feuerbach. *Wigandsvierteljahrschrift*, 1845.

BAUMGARTEN, D. Über den "verloren geglaubten" Anhang zu Karl Marx Doktordissertation. In: *Gegenwartsprobleme der Soziologie*. Ed. Eisermann: Potsdam, 1949.

BEBEL, A. *Aus meinem Leben*. Stuttgart, 1910.

BECKER, G. *Karl Marx und Friedrich Engels in Köln 1848-1849*. Berlim, 1963.

BECKER, G. Der neue Arbeiter-Verein in London 1852. *Zeitschrift für Geisteswissenschaft*, 1966.

BECKER, W. *Kritik der Marxschen Wertlehre*. Hamburgo, 1972.

BEKKER, K. *Marx's philosophische Entwicklung, sein Verhältnis zu Hegel*. Zurique, 1940.

BERLIN, I. *Karl Marx. Sein Leben und sein Werk*. Munique, 1959.

BERNSTEIN, E. *Die neue Zeit*, 1898.

BERNSTEIN, E. *Karl Marx und Michael Bakunin*. Tübingen, 1960.

BITTEL, K. *Karl Marx. Neue Rheinische Zeitung – Politisch-Oekonomische Revue*. Berlim, 1955.

BLOCH, E. *Über Karl Marx*. Frankfurt, 1968.

BLOS, W. *Denkwürdigkeiten eines Sozial-demokraten*. Munique, 1914.

BLOS, W. *Mohr und General*. Berlim, 1965.

BLUMENBERG, W. Ein unbekanntes Kapitel aus Marx Leben. *International Review of Social History*, 1956.

BLUMENBERG, W. *Karl Marx in Selbstzeugnissen und Bilddokumenten*. Hamburgo, 1962.

BLUMENBERG, W. Zur Geschichte des Bundes der Kommunisten. *International Review of Social History*, 1964.

BOBINSKA, C. *Marx und Engels über polnische Probleme*. Berlim, 1958.

BOCKELMANN, F. *Uber Marx und Adorno*. Freiburg, 1998.

BOCKMÜHL, K. *Leiblichkeit und Gesellschaft, Studien zur Religionskritik und Anthropologie im Frühwerk von Ludwig Feuerbach und Karl Marx*. Göttingen, 1961.

BORCHARDT, J. *Die volkswirtschaftlichen Grundbegriffe nach der Lehre von K. Marx*. Berlim, 1920.

BORN, S. *Erinnerungen eines Achtundvierzigers*. Leipzig, 1896.

BORN, S. *Erinnerungen*. Berlim, 1898.

BRACHT, W. *Trier und K. Marx*. Trier, 1947.

BRUEGEL, F.; KAUTSKY, B. *Der deutsche Sozialismus von L. Gall bis K. Marx. Ein Lesebuch*. Viena e Leipzig, 1931.

BRÜGEL, L. Aus den Londoner Flüchtlingstagen von Karl Marx. *Der Kampf*, XVII, 1924.

BRUPBACHER, F. *Marx und Bakunin. Ein Beitrag zur Geschichte der Internationalen Arbeiterassoziation*. Berlim, 1922.

BUGGENHAGEN, E.A. von. *Die Stellung zur Wirklichkeit bei Hegel und Marx*. Radolfzell, 1933.

BUNSEN, V. *Aus seinen Briefen*. Leipzig, 1869.

BÜRGERS, H. Erinnerungen an F. Freiligrath. *Vossische Zeitung*, setembro-dezembro 1870.

BUSCH, E. *Der Irrtum von K. Marx*. Basel, 1894.

CALVEZ, J.Y. *Karl Marx, Darstellung und Kritik seines Denkens*. Freiburg, 1964.

COHNSTAEDT, W. *Die Agrarfrage in der deutschen Sozialdemokratie von Karl Marx bis zum Breslauer Parteitag*. München, 1903.

CORNU, A. *Karl Marx und Friedrich Engels*. Vol. 1-3, Berlim, 1954-1968.

CUNOW, H. *Die Marxsche Geschichts, Gesellschafts und Staatstheorie*. Berlim, 1920.

CZOBER, E. Zur Geschichte des Kommunistenbundes. *Archiv für die Geschichte des Sozialismus und der Arbeiterbewegung*, 1925.

DAHRENDORF, R. *Marx in Perspektive. Die Idee des Gerechten im Denken von Karl Marx*. Hanover, 1952.

DEMETZ, P. *Marx, Engels und die Dichter*. Stuttgart, 1959.

DICKE, G. *Der Identitätsgedanke bei Feuerbach und Marx*. Colônia e Opladen, 1960.

DORNEMANN, L. *Jenny Marx. Der Lebensweg einer Sozialist*. Berlim, 1968.

DRAHN, E. *Marx – Bibliographie*. Charlottenburg, 1920.

ENGELS, F. *Anti-Düring*. Moscou, s.d.

ENSE, V. *Tagebücher*. Leipzig, 1861.

EUCHNER, W. *Karl Marx*. Munique, 1982.

FETSCHER, I. Marxismus und Bürokratie. *International Review of Social History*, 1960.

FETSCHER, I. *Karl Marx und der Marxismus*. Munique, 1967.

FEUERBACH, L. *Sämtliche Werke*. Stuttgart, 1959.

FISCHER, E. *Was Marx wirklich sagte*. Viena, 1968.

FISCHER, H. *Karl Marx und sein Verhältniss zu Staat und Wirtschaft*. Jena, 1932.

FLECHTHEIM, O. *Marx heute: pro und contra*. Hamburgo, 1983.

FLEISCHER, H. *Marx und Engels*. Munique, 1970.

FÖRDER, H. *Marx und Engels am Vorabend der Revolution*. Berlim, 1960.

FRIEDENTHAL, R. *Karl Marx: Seine Leben und Seine Zeit*. Munique, 1981.

FRIEDRICH, M. *Philosophie und Ökonomie beim jungen Marx*. Berlim, 1960.

FRITSCH, B. *Die Geld- und Kredittheorie von Karl Marx*. Einsiedeln, 1954.

FROMM, E. *Das Menschenbild bei Marx*. Frankfurt, 1963.

FROMM, E. *Marx – von rechts gelesen. Das konservative Marx-bild der achtziger Jahre*. Berlim, 1989.

GANS, E. *Rückblicke auf Personen und Zustände*. Berlim, 1836.

GEMKOW, H. *Karl Marx. Eine Biographie*. Berlim, 1968.

GENTSCH, L. *Realsozialismus und Karl Marx*. Frankfurt, 1992.

GIELKENS, J. *Karl Marx und seine niederlandische Verwandten*. Trier, 1999.

GOITEIN, I. *Probleme der Gesellschaft und des Staates bei Moses Hess. Ein Beitrag zu dem Thema Hess und Marx mit bisher unveröffentlichten Quellenmaterial*. Leipzig, 1931.

GOLLWITZER, H. *Die Marxistische Religionskritik und der christliche Glaube*. Hamburgo, 1967.

GROSS, G. *Karl Marx. Eine Studie*. Leipzig e Berlim, 1885.

GRÜNBERG, C. *Archiv für die Geschichte des Sozialismus und der Arbeiterbewegung*, 1926.

HAMMACHER, E. *Das philosophisch-ökonomische System des Marxismus*. Leipzig, 1909.

HANSEN, J. *Gustav von Mevissen*. Berlim, 1906.

HARTMANN, K. *Die Marxsche Theorie*. Berlim, 1970.

HAVADTÖY, A. *Arbeit und Eigentum in den Schriften des jungen Marx*. Basel, 1951.

HEISLER, D. Ungeliebter Sohn. *Der Spiegel*, 23-11-1972.

HEISS, R. Hegel und Marx. *Symposium, Jahrbuch für Philosophie*, 1948.

HERWEGH, G. *Briefwechsel*. Ed. M. Herwegh, Munique, 1898.

HESS, M. *Briefwechsel*. Ed. Silberner: Haia, 1959.

HESS, M. Philosophische Aufsätze. Berlim: Ed. A. Cornu e W. Mönke, 1961.

HILLMAN, G. *Marx und Hegel*. Frankfurt am Main, 1966.

HIRSCH, H. *Denker und Kämpfer*. Frankfurt, 1955.

HOROWITZ, H. *Die Familie Lwow. Monatsschrift für Geschichte und Wissenschaft des Judentums*. Frankfurt, LXXII, 1928, p. 487s.

IORIO, M. *Karl Marx: Geschichte, Gesellschaft, Politik*. Gruyter, 2003.

KÄGI, P. *Genesis des historischen Materialismus*. Viena, 1965.

KAISER, B. *Ex libris Karl Marx und Engels: Schicksal und Verzeichnis*. Berlim, 1967.

KELSEN, H. *Sozialismus und Staat. Eine Untersuchung der politischen Theorie des Marxismus*. Leipzig, 1920.

KIRSCH, E. *Karl Marx in Karlsbad*. Berlim, 1953.

KOBER, A. Karl Marx Vater und das napoleonische Ausnahmegesetz gegen die Juden, 1808. *Jahrbuch des Kölnischen Geschichtsvereins*, XIV, 1932.

KOPPEL, A. *Für und wider Karl Marx. Prolegomena zu einer Biographie*. Sem local de publicação, 1905.

KORSCH, K. *Marxismus und Philosophie*. Leipzig, 1930.

KORSCH, K. *Karl Marx*. Frankfurt, 1967.

KRAUSE, H. *Marx und Engels und das zeitgenössische Russland*. Giessen, 1958.

KUCZYNSKI, J. *Zurück zu Marx! Antikritische Studien zur Theorie des Marxismus*. Leipzig, 1926.

KÜNZLI, A. *Karl Marx. Eine Psychographie*. Viena, 1966.

KUX, E. *Karl Marx: Die revolutionäre Konfession*. Stuttgart, 1967.

KUYPERS, J. Karl Marx belgischer Freundeskreis. *International Review of Social History*, 1962.

LAMM, H. Karl Marx und das Judentum. In: *Karl Marx 1818-1968*. Mainz, 1968.

LASSALLE, F. *Nachgelassene Briefe und Schriften*. Stuttgart: Ed. G. Mayer, 1921.

LENZ, F. *Staat und Marxismus: Grundlegung und Kritik der marxistischen Gesellschaftslehre*. Stuttgart e Berlim, 1921.

LESSNER, F. Vor 1848 und nachher. *Deustsche Worte*, XVIII, 1898.

LEWIN-DORSCH, E. Familie und Stammbaum von Karl Marx. *Die Glocke*. Berlim, IX, 1924, p. 309, 240.

LIEBKNECHT, W. *Karl Marx zum Gedächtnis*. Nuremburg, 1896.

LIEBKNECHT, W. *Reminiscences of Marx and Engels*. Moscou, s.d., p. 130.

LIFSCHITZ, M. *Karl Marx und die Ästhetik*. Dresden, 1967.

LOW, K. *Der Mythos Marx und seine Macher*. Munique, 1996.

LÖWITH, K. *Von Hegel zu Nietzsche*. Stuttgart, 1941.

LUCAS, E. Marx und Engels Auseinandersetzung mit Darwin. *International Review of Social History*, 1964.

LUCAS, E. Die Rezeption Lewis H. Morgans durch Marx und Engels. *Saeculum*, 1964.

MANDEL, E. *Entstehung und Entwicklung der ökonomischen Lehre von Karl Marx*. Frankfurt, 1968.

Karl Marx 1818-1968. Sem editor, Mainz, 1968.

Karl Marx als Denker, Mensch und Revolutionär. Ein Sammelbuch. Viena e Berlim, 1928.

Karl Marx Album. Berlim, Dietz Verlag, 1953.

Karl Marx. Chronik seines Lebens in Einzeldaten. Frankfurt, 1971.

MASARYK, T.G. *Die philosophischen und soziologischen Grundlagen des Marxismus*. Viena, 1899.

MASSICZEK, A. *Der menschliche Mensch. Karl Marx' jüdischer Humanismus*. Viena, 1968.

MAYER, G. *Friedrich Engels, Eine Biographie*. Haia, 1934.

MEHRING, F. Freiligrath und Marx in ihrem Briefwechsel. *Die neue Zeit*, abril 1912.

MEHRING, F. *Karl Marx. Geschichte seines Lebens*. Stuttgart, 1918.

MENDE, G. *Karl Marx' Entwicklung vom revolutionäre Demokraten zum Kommunisten*. Berlim, 1955.

MEYER, H. Karl Marx und die Deutsche Revolution von 1848. *Historische Zeitschrift*, dezembro 1951.

MILLER, S.; SAWADZKI, B. *Karl Marx in Berlin*. Berlim, s.d.

MOLNER, M. Die Londoner Konferenz der Internationale in 1871. *Archiv für Sozialgeschichte*, 1964.

MOMMSEN, W. Lassalle und Bismarck. *Archiv für Sozialgeschichte*, 1963.

MONZ, H. *Karl Marx und Trier, Verhältnisse-Beziehungen-Einflüsse*. Treves, 1964.

MONZ, H. Die rechtsethischen und rechtspolitischen Anschauungen des Heinrich Marx. *Archiv für Sozialgeschichte*, 1968.

MONZ, H. *Gerechtigkeit bei Marx und in der Hebräischen Bibel. Übereinstimmung, Fortführung und zeitgenössische Identifikation*. Baden-Baden, 1995.

MORF, O. *Das Verhältnis von Wirtschaftstheorie und Wirtschaftsgeschichte bei Karl Marx*. Basel, 1951.

MORGENTHALER, W. *Der Mensch Karl Marx*. Berna, 1962.

MOSKOVSKAYA, N. *Das Marxsche System*. Berlim, 1929.

MÜLLER, H.P. *Karl Marx über Maschinerie, Kapital and industrielle Revolution, Exzerpte und Manuskriptenwürfe 1857-1861*. Opladen, 1992.

MUTIS, C. *Anti-Marx. Betrachtungen über dem Inneren der Marxschen Ökonomik*. Jena, 1927.

NA'AMAN, S. *Lassalle*. Hanover, 1970.

NEHER, W. *Arnold Ruge als Politiker und Politischer Schriftsteller*. Heidelberg, 1933.

NETTLAU, M. Londoner deutsche kommunistische Diskussionem, 1845. *Grünberg-Archiv*, 1925.

OBERMANN, K. *Zur Geschichte des Bundes der Kommunisten 1849-52*. Berlim, 1955.

OBERMANN, K. Die soziale Frage in den Anfägen der sozialistischen und kommunistischen Bewegung in Deutschland, 1843-45. *Annali*, 1963.

OBERWINDER, H. *Sozialismus und Sozialpolitik*. Berlim, 1887.

OELSSNER, F. *Die ökonomische Theorie von Karl Marx als Anleitung für die sozialistische Wirtschaftsführung*. Berlim, 1959.

OISERMAN, T. *Die Entstehung der Marxistischen Philosophie*. Berlim, 1962.

OPPENHEIMER, F. *Das Grundgesetz der Marxschen Gesellschaftslehre*. Berlim, 1903.

OPPENHEIMER, F. *Die soziale Frage und der Sozialismus. Eine kritische Auseinandersetzung mit der marxistischen Theorie*. Jena, 1913.

OSCHILEWSKI, W.G. *Grosse Sozialisten in Berlin*. Berlim e Grünewald, 1956.

PILGRIM, V. *Adieu Marx: Gewalt und Ausbeutung im Hause des Wortführers*. Reinbek bei Hamburgo, 1990.

POPITZ, H. *Der entfremdete Mensch, Zeitkritik und Ge schichtsphilosophie des jungen Marx*. Basel, 1953.

POPPER, K. *Falsche Propheten. Hegel, Marx und die Folgen*. Berna, 1958.

POST, W. *Kritik der Religion bei Karl Marx*. Munique, 1969.

PRIESTER, E. Karl Marx in Wien. *Zeitschrift für Geschichtswissenschaft*, 1953.

PRUTZ, R. *Zehn Jahre*. Leipzig, 1856.

REISSNER, H. *Eduard Gans. Ein Leben im Vormärz*. Tübingen, 1965.

RING, M. *Erinnerungen*. Berlim, 1898.

RJAZANOV, D. Zur Geschichte der Ersten Internationale. *Marx--Engels Archiv*, 1925.

ROEHR, H. *Pseudoreligiöse Motive in den Frühschriftem von Karl Marx*. Tübingen, 1962.

ROSDOLSKY, R. Friedrich Engels und das Problem der "Geschichtslosen Völker". *Archiv für Sozialgeschichte*, IV, 1964.

ROSDOLSKY, R. *Zur Entstehungsgeschichte des "Kapitals"*. Frankfurt, 1968.

RUBEL, M. *Marx-Chronik. Daten zu Leben und Werk*. Munique 1968.

RUBEL, M. (ed.). *Marx und Engels über die Russische Kommune*. Munique, 1972.

RUEHLE, O. *Karl Marx, Leben und Werk*. Helleran, 1928.

RUGE, A. *Briefwechsel und Tageblätter*. Ed. Nerrlich: Berlim, 1886.

SANNWALD, R.P. *Marx und die Antike*. Einsiedeln, 1956.

SASS, H.M. Feuerbach Statt Marx. *International Review of Social History*, 1967.

SCHIEDER, W. Der Bund der Kommunisten im Sommer 1850. *International Review of Social History*, 1968.

SCHIEDER, W. *Karl Marx als Politiker*. Munique, 1991.

SCHIEL, H. *Die Umwelt des jungen Marx. Die Triere Wohnungen der Familie Marx. Ein unbekanntes Auswanderungsgesuch von Karl Marx*. Treves, 1954.

SCHILLER, F. *Über die ästhetische Erziehung des Menschen*. Ed. W. Henckman, Munique, 1967.

SCHLÜTER, H. *Die Anfänge der deutschen Arbeiterbewegung in Amerika*. Stuttgart, 1907.

SCHMIDT, A. *Der Begriff der Natur in der Lehre von Marx*. Frankfurt, 1962.

SCHÖLER, U. *Ein Gespenst Verschwand in Europa: Über Marx und die sozialistische Idee nach dem Scheitern des sowjetischen Staatssozialismus*. Bonn, 1999.

SCHÖNKE, M. *Karl und Heinrich Marx und ihre Geschwister. Lebenszeugnisse-Briefe-Dokumente*. Bonn, 1993.

SCHRAEPLER, E. Der Bund der Gerechten. *Archiv für Sozialgeschichte*, 1962.

SCHUFFENHAUER, W. *Feuerbach und der junge Marx. Entstehungsgeschichte der marxistische Weltanschauung*. Berlim, 1965.

SCHULZ, W. *Die Bewegung der Produktion. Eine geschichtlich-statistische Abhandlung*. Zurique, 1943.

SEILER, S. *Das Complott vom 13 Juni 1849 oder der letzte Sieg der Bourgeoisie in Frankreich*. Hamburgo, 1850.

SENS, W. *Karl Marx. Seine irreligiöse Entwicklung und antichristliche Einstellung*. Halle, 1936.

SICHTERMANN, B. *Der tote Hund beisst: Karl Marx, neu gelesen*. Berlim, 1990.

SILBERNER, E. *Moses Hess*. Leiden, 1966.

SLONIMSKY, L.Z. *Versuch einer Kritik der Karl Marx'schen ökonomischen Theorien*. Berlim, 1899.

STADLER, P. *Karl Marx*. Basel, 1966.

STAMMLER, R. *Die materialistische Geschichtsauffassung*. Gütersloh, 1921.

STEIN, H. *Der Kölner Arbeiterverein 1848-49*. Colônia, 1921.

STEIN, H. Karl Marx und der Rheinische Pauperismus. *Jahrbuch des kölnischen Geschichtsvereins*, XIV, 1932.

STENBERG, F. *Marx und die Gegenwart*. Colônia, 1955.

SULTAN, H. *Gesellschaft und Staat bei Karl Marx, Friedrich Engels*. Jena, 1922.

THIER, E. *Das Menschenbild des jungen Marx*. Göttingen, 1957.

TREITSCHKE, V.H. *Deutsche Geschichte im Neunzehnten Jahrhundert*. Leipzig, 1905.

TUCKER, R. *Karl Marx. Die Entwicklung seines Denkens von der Philosophie zum Mythos*. Munique, 1972.

VICTOR, W. *Marx und Heine*. Berlim, 1952.

VON KROSIGK, L. *Jenny Marx: Liebe und Leid im Schatten von Karl Marx*. Wuppertal, 1975.

VORLÄNDER, K. *Kant und Marx*. Tübingen, 1926.

VORLÄNDER, K. *Karl Marx: Sein Leben und sein Werk*. Leipzig, 1929.

WACHSTEIN, B. Die Abstammung von Marx. In: Festskrift i anledning of Professor David Simonsens 70-aaroge födseldag. Copenhagem, 1923, p. 277s.

WALCHER, J. *Ford oder Marx. Die praktische Lösung der sozialen Frage*. Berlim, 1925.

WALCKER, C. *Karl Marx. Gemeinverständliche, kritische Darlegung seines Lebens und seiner Lehren*. Leipzig, 1897.

WASILEWSKI, L. Karl Marx und der polnische Aufstand von 1863. *Polen*, XXVII, 1915.

WEISENGRÜN, P. *Der Marxismus und das Wesen der sozialen Frage*. Leipzig, 1900.

WEISS, H. Die Enquête Ouvrière von Karl Marx. *Zeitschrift für Sozialforschung*, 1936.

WERYHA, W. *Marx als Philosoph*. Berna e Leipzig, 1894.

WILDERMUTH, A. *Marx und die Verwirklichung der Philosophie*. Haia, 1970.

WOLTMANN, L. *Der historische Materialismus. Darstellung und Kritik der Marxistischen Weltanschauung*. Düsseldorf, 1900.

ZELENY, J. *Die Wissenschaftslogik bei Marx und das "Kapital"*. Berlim, 1968.

ZIMMERMANN, R. *Jenny Marx und ihre Töchter. Frauen im Schatten des Revolutionärs*. Munique, 1992.

III. Em francês

ALTHUSSER, L. et al. *Lire le Capital*. Paris, 1966; *Pour Marx*. Paris, 1965.

ANDLER, C. *Le Manifeste Communiste de K. Marx et F. Engels*. Paris, 1901.

ANSART, P. *Marx et l'anarchisme*. Paris, 1969.

ARON, R. *Le Marxisme de Marx*. Paris, 2002.

ARON, R.; DANDIEU; HOLSTEIN, H. *De Marx au marxisme*. Paris, 1948.

ARTOUS, A. *Marx, l'Etat et la politique*. Paris, 1999.

ARVON, H. *Le Marxisme*. Paris, 1955.

ASVELD, P. *La pensée religieuse du jeune Hegel*. Paris, 1953.

ATTALI, J. *Karl Marx on l'esprit du monde*. Paris, 2005.

AXELOS, K. *Marx, penseur de la technique*. Paris, 1961.

BAAS, E. *Introduction critique au marxisme*. Colmar e Paris, 1960.

BABY, J. *Principes fondamentaux d'économie politique*. Paris, 1949.

BAKUNIN, M. *Correspondance avec Herzen et Ogareff*. Paris, 1986.

BALIBAR, E. La *Philosophie de Marx*. Paris, 1993.

BANCAL, J. *Proudhon: Pluralisme et Autogestion*, vol. II. Paris, 1970.

BARBIER, M. *La Pensée politique de Karl Marx*. Paris, 1992.

BARBU, Z. *Le développement de la pensée dialectique*. Paris, 1947.

BARTOLI, H. *La doctrine économique et sociale de Karl Marx*. Paris, 1950.

BAYART, P. *Que savez-vous du marxisme*? Lille, 1948.

BERDIAEFF, N. *Problèmes du communisme*. Paris, 1933.

BERNARD, J. *Théorie marxiste du Capital*. Paris, 1953.

BIGO, P. *Marxisme et humanisme, introduction à l'oeuvre économique de Karl Marx*. Paris, 1953.

BLUMENBERG, W. *Karl Marx*. Paris, 1967.

BOISSONNET, J. *La misère par la surabondance, Karl Marx, père de la crise mondiale*. Paris, 1938.

BOTTIGELLI, E. La Rupture Marx-Hyndman. *Annali*, 1960.

BRUHAT, J. *K. Marx et F. Engels. Essai biographique*. Paris, 1971.

BURET, E. *De la misère des classes laborieuses em Angleterre et em France*. Paris, 1840.

CAILLOIS, R. *Description du marxisme*. Paris, 1950.

CAIRE, G. *L'aliénation dans les oeuvres de Jeunesse de Karl Marx*. Aix-en-Provence, 1957.

CALVEZ, J.Y. *La pensée de Karl Marx*. Paris, 1956.

CANTIN, S. *Le Philosophe et le deni du politique*. Sainte-Foy, 1992.

CHAMBRE, H. *De Karl Marx a Mao Tse Toung*. Paris, 1954.

CHAPPELLE, A. *Hegel et la Religion*, vol. II. Paris, 1964.

CHAVANCE, B. (ed.). *Marx en perspective*. Paris, 1985.

CORNU, A. *Karl Marx, l'homme et l'oeuvre. De l'hégélianisme au matérialisme historique (1818-1845)*. Paris, 1934.

CORNU, A. *Karl Marx et la Révolution de 1848*. Paris, 1948.

CORNU, A. *Karl Marx et Friedrich Engels*, vol. III. Paris, 1954-.

COTTIER, G. *Du romantisme au marxisme*. Paris, 1961.

COTTIER, G.M.M. *L'athéisme du jeune Marx et ses ori gines hégéliennes*. Paris, 1959.

COTTIER, G.M.M. Du romantisme au marxisme. Paris, 1961.

DAVE, V. *Michel Bakounine et Karl Marx*. Paris, 1900.

DESROCHES, H. *Signification du marxisme*. Paris, 1949.

DESROCHES, H. *Marxisme et religions*. Paris, 1962.

DESROCHES, H. *Socialisme et sociologie religieuse*. Paris, 1965.

DINER-DENES, J. *Karl Marx. L'homme et son génie*. Paris, 1933.

DOLLÉANS, E. *Le Chartisme*. Paris, 1949.

DOLLÉANS, E. *Histoire du movement ouvrier*. Paris, 1957.

DOMMANGET, M. *L'Introduction du marxisme en France*. Lausanne, 1969.

ELLENSTEIN, J. *Marx*. Paris, 1981.

FREYMOND, J. *La Première Internationale*. Genebra, 1962.

FOUGEYROLLAS, P. *Le marxisme en question*. Paris, 1959.

GARAUDY, R. *Karl Marx*. Paris, 1964.

GARDAZ, M. *Marx et l'argent*. Paris, 1987.

GOLLWITZER, H. *Athéisme marxiste et foi chrétienne*. Paris, 1965.

GRAZIADEI, A. *La théorie de la valeur. Critique aux doc trines de Marx*. Paris e Turim, 1935.

GREGOIRE, F. *Aux sources de la pensée de Marx: Hegel, Feuerbach*. Louvain, 1947.

GUÉRIN, D. *Pour un marxisme libertaire*. Paris, 1968.

GUIHENEUF. *La théorie marxiste de la valeur*. Paris, 1951.

GUILLAUME, J. *Karl Marx, pangermaniste, et l'Association Internationale des Travailleurs de 1864 a 1870*. Paris, 1915.

GUTERMANN, N.; LEFEBVRE, H. *La conscience mystifiée*. Paris, 1936.

HALDANE, J.B.S. *La Philosophie marxiste et les sciences*. Paris, 1936.

HAUBTMANN, P. *Marx et Proudhon, leurs rapports personnels 1844-1847*. Paris, 1947.

HEINE, H. *Lutèce*. Paris, 1855.

HENRY, M. *Marx: Une Philosophie de la réalité. Une philosophie de l'économie*, vol. II. Paris, 1976.

HEPNER, B.P. *Karl Marx: la Russie et l'Europe*. Paris, 1954.

HIRSCH, H. Marxens Milieu. *Études de Marxologie*, agosto de 1965.

HYPPOLITE, J. *Logique et existence*. Paris, 1953; *Études sur Hegel et Marx*. Paris, 1955.

HYPPOLITE, J. La conception hégélienne de l'état et as critique par Karl Marx. *Études sur Marx et Hegel*. Paris, 1965.

KAPLAN, F. *Marx antisémite?* Paris, 1990.

KLUGMANN, N.; DUMESNIL DE GRAMONT, M. *Le profète rouge. Essai sur Marx et marxisme*. Paris, 1938.

LABICA, G. (ed.). *L'Oeuvre de Marx, un siècle après*. Paris, 1985.

LABRIOLA, A. *Karl Marx, l'économiste et le socialiste*. Paris, 1910.

LACROIX, J. *Marxisme, existentialisme et personnalisme*. Paris, 1950.

LEFEBVRE, H. *Pour connaitre la pensée de Karl Marx*. Paris, 1947.

LEFEBVRE, H. *Le matérialisme dialectique*. Paris, 1961.

LEFEBVRE, H. *Karl Marx, sa vie, son oeuvre, avec un exposé de sa philosophie*. Paris, 1964.

LEFEBVRE, H. *Sociologie de Marx*. Paris, 1966.

LEFEBVRE, H. *Le Marxisme*. Paris.

LEFRANC, G. *Le mouvement socialiste sous la Troisième République*. Paris, 1963.

LEPP, I. *Le marxisme. Philosophie ambiguë et efficace*. Paris, 1949.

LUKÁCS, G. *Histoire et conscience de classe. Essai de dialectique marxiste*. Paris, 1964.

MAN, H. DE *Au-de-là du marxisme*. Paris, 1929.

MANDEL, E. *Traité d'économie marxiste*. 2 vols. Paris, 1962.

MANDEL, E. *La formation de la pensée économique de Karl Marx, de 1843 jusqu'à la rédaction du Capital*. Paris, 1967.

MARC, A. *Marx et Hegel*. Paris, 1939.

MARCHAL, J. *Deux essais sur le marxisme*. Paris, 1954.

MASCOLO, D. *Le communisme (dialectique de besoins et de valeurs)*. Paris, 1953.

MAUBLANC, R. *Le marxisme et la liberté*. Paris, 1945.

MERLEAU-PONTY, M. *Les aventures de la dialectique*. Paris, 1955.

MOLNAR, M. *Le déclin de la Première Internationale. La Conférence de Londres de 1871*. Genebra, 1963.

MOLNAR, M. *La Politique d'Alliances du Maxisme 1848-1889*. Budapeste, 1967.

MOLNAR, M. *Marx, Engels et la politique internationale*. Paris, 1975.

MONNEROT, J. *Sociologie du communisme*. Paris, 1949.

MOSSE, E. *Marx et le problème de la croissance dans une économie capitaliste*. Paris, 1957.

NAVILLE, P. *Psychologie, marxisme et matérialisme*. Paris, 1946.

NAVILLE, P. *Le nouveau Leviathan, I. De l'aliénation à la jouissance. La genèse de la sociologie du travail chez Marx et Engels*. Paris, 1957.

NICOLAIEVSKI, B.; MAENCHEN-HELFEN, O. *La vie de Karl Marx*. Paris, 1970.

VAN OVERBERGH, C. *Karl Marx, sa vie et son oeuvre, Bilan du marxisme*. 2. ed. Bruxelas, 1948.

VAN OVERBERGH, C. *Karl Marx, critique de son économie politique*. Bruxelas, 1949.

VAN OVERBERGH, C. *Karl Marx, critique de saguerre des classes*. 3. ed. Bruxelas, 1950.

VAN OVERBERGH, C. *Le marxisme. Critique de ses huit caractères fondamentaur*. 2. ed. Bruxelas, 1950.

PECQUEUR, C. *Théorie nouvelle d'économie sociale et politique*. Paris, 1842.

PERCHIK, L. *Karl Marx, Notice biographique*. Paris, 1933.

PIETTRE, A. *Marx et le marxisme*. Paris, 1957.

PLOTKIN, N. Les Alliances des Blanquistes dans la Proscription. *Revue des Révolutions Contemporaines*, LXV, 1951.

RAPHAEL, M. *La théorie marxiste de la connaissance*. Paris, 1934.

Recherches internationales à la lumière du marxisme: le Jeune Marx. Artigos de vários autores, Paris, 1960.

RENNES, J. *Exposé du marxisme*. Paris, 1934.

ROUGERIE, J. Sur l'Histoire de la lère Internationale. *Le Mouvement Social*, maio-junho 1965.

ROZENTHAL, M. *Les problèmes de la dialectique dans le Capital de Marx*. Paris e Moscou, 1959.

RUBEL, M. *Bibliographie des oeuvres de Karl Marx*. Paris, 1956.

RUBEL, M. Les Cahiers d'études de Karl Marx (1840-1853). *International Review of Social History*, 1957.

RUBEL, M. *Karl Marx. Essai de biographie intellectuelle*. Paris, 1957.

RUBEL, M. *Karl Marx devant le bonapartisme*. Paris e Haia, 1960.

SALVAGGIO, S. *Les Chantiers du sujet: Homme social et action chez le jeune Marx*. Paris, 1994.

SCHUMPETER, J. *Capitalisme, socialisme et démocratie*. Payot, 1950.

SEE, H. *Matérialisme historique et interprétation économique de l'histoire*. Paris, 1947.

SEGAL, *Principes d'économie politique*. Paris, 1936.

SEVE, L. *Marxisme et théorie de la personnalité*. Paris, 1969.

SOMERHAUSEN, L. *L'humanisme agissant de Karl Marx*. Paris, 1946.

THAO, T.D. *Phénoménologie et matérialisme dialectique*. Paris, 1952.

THIERRY-MAULNIER. *La pensée marxiste*. Paris, 1948.

TROTSKY, L. *Le marxisme à notre époque*. Paris, 1946.

TRUMER, M. *Le matérialisme historique chez Karl Marx et Friedrich Engels*. Paris, 1933.

VADÉE, M. *Marx: Penseur du possible*. Paris, 1992.

VANCOURT, R. *Marxisme et pensée chrétienne*. Paris, 1948.

VENE, A. *Vie et doctrine de Karl Marx*. Paris, 1946.

VERDES, J. Marx vu par la police Française (1871-1883). *Cahiers de l'ISEA*, agosto 1966.

WACKENHEIM, C. *La faillite de la religion d'après Karl Marx*. Paris, 1963.

ÁRVORE GENEALÓGICA

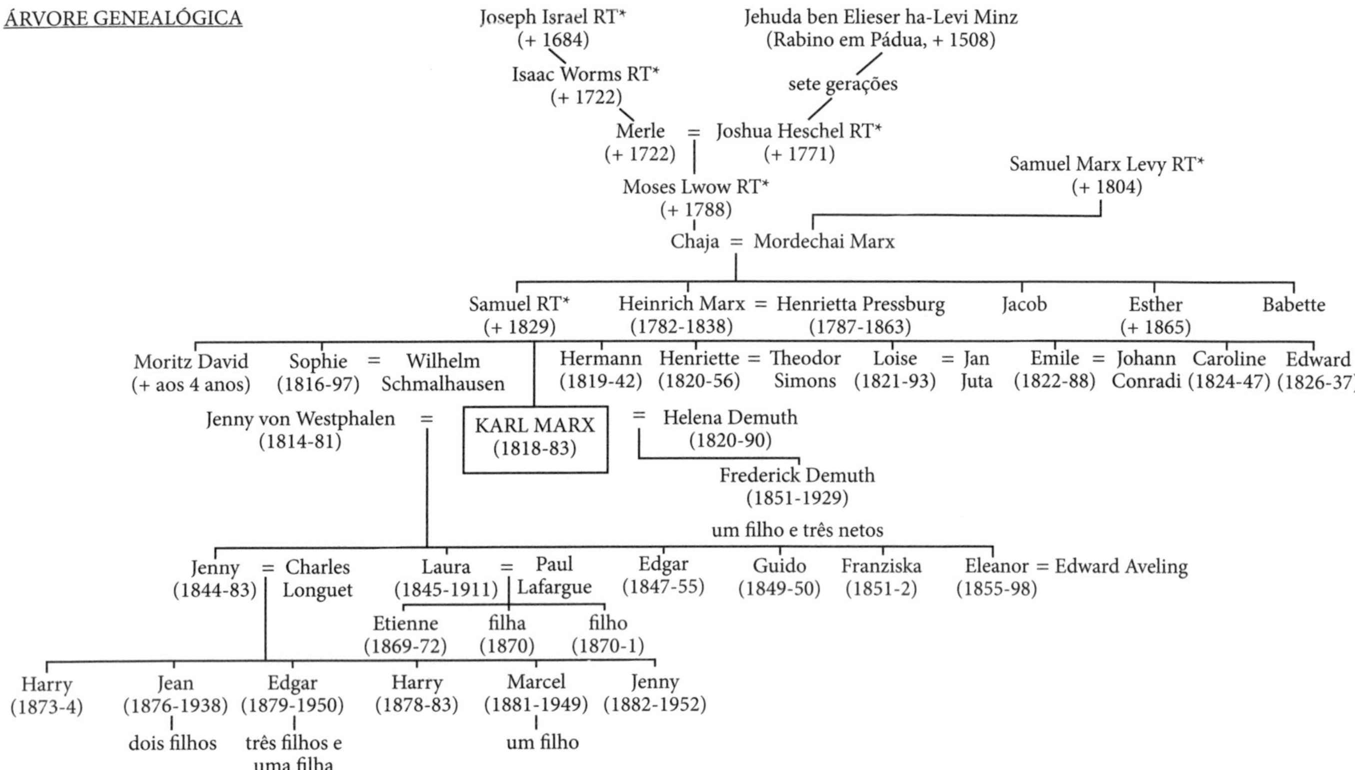

*Rabino em Trier

DIAGRAMA DA "ECONOMIA" DE MARX

As obras planejadas estão em itálico; as escritas mas não publicadas durante a vida de Marx estão em negrito; as publicadas durante a vida de Marx estão em caixa alta

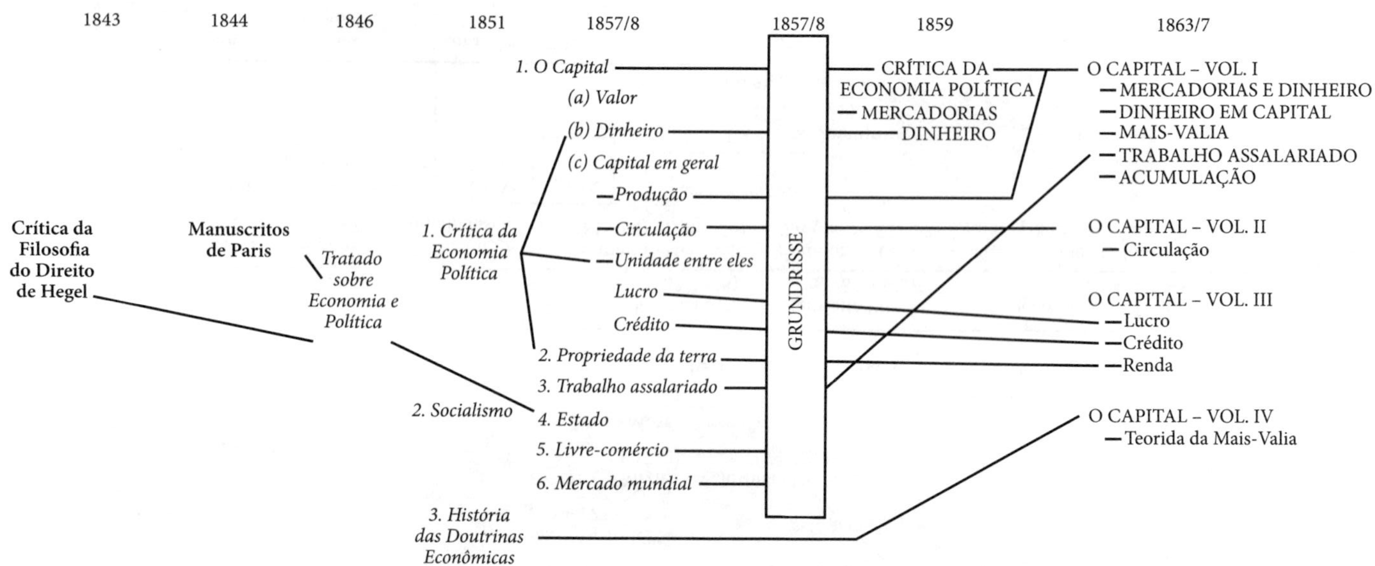

Índice

EDITORA VOZES LTDA.
Rua Frei Luís, 100 – Centro – Cep 25689-900 – Petrópolis, RJ
Tel.: (24) 2233-9000 – E-mail: vendas@vozes.com.br